普通高等教育"十一五"国家级规划教材

教育部全国普通高等学校优秀教材（一等奖）

新编21世纪法学系列教材

总主编 曾宪义 王利明

民 法

第十版

上册

主 编 王利明

撰稿人（以撰写章节先后为序）

王利明 王 轶 高圣平

朱 虎 石佳友 姚 辉

龙翼飞 孙若军 张新宝

Civil Law

中国人民大学出版社

·北京·

内容简介

本书是高等学校法学专业核心课程教材之一，根据教育部审定的《民法教学基本要求》编写，反映了我国《民法典》及其他民事立法、民事司法以及民法学研究的最新发展。本书注重借鉴和吸收其他国家和地区民法学研究的最新成果，注重阐明民法学科的基本理论和基本制度，使之符合本科民法学教学的需要。本书共7编76章：第一编为民法总则，第二编为物权，第三编为合同，第四编为人格权，第五编为婚姻家庭，第六编为继承，第七编为侵权责任。

主编简介

王利明 中国人民大学一级教授、博士研究生导师，教育部长江学者奖励计划特聘教授，兼任国务院学位委员会法学学科评议组成员兼召集人、教育部人文社会科学委员会委员、教育部全国高等学校法学学科教学指导委员会副主任委员、中国法学会副会长、中国法学会民法学研究会会长、中国法学会法学教育研究会副会长、中国法学会审判理论研究会副会长、中国国际经济贸易仲裁委员会副主任等。

总序

曾宪义

在人类文明与文化的发展中，中华民族曾作出过伟大的贡献，不仅最早开启了世界东方文明的大门，而且对人类法治、法学及法学教育的生成与发展进行了积极的探索与光辉的实践。

在我们祖先生存繁衍的土地上，自从摆脱动物生活、开始用双手去进行创造性的劳动、用人类特有的灵性去思考以后，我们人类在不断改造客观世界、创造辉煌的物质文明的同时，也在不断地探索人类的主观世界，逐渐形成了哲学思想、伦理道德、宗教信仰、风俗习惯等一系列维系道德人心、维持一定社会秩序的精神规范，更创造了博大精深、义理精微的法律制度。应该说，在人类所创造的诸种精神文化成果中，法律制度是一种极为奇特的社会现象。因为作为一项人类的精神成果，法律制度往往集中而突出地反映了人类在认识自身、调节社会、谋求发展的各个重要进程中的思想和行动。法律是现实社会的调节器，是人民权利的保障书，是通过国家的强制力来确认人的不同社会地位的有力杠杆，它来源于现实生活，而且真实地反映现实的要求。因而透过一个国家、一个民族、一个时代的法律制度，我们可以清楚地观察到当时人们关于人、社会、人与人的关系、社会组织以及哲学、宗教等诸多方面的思想与观点。同时，法律是一种具有国家强制力、约束力的社会规范，它以一种最明确的方式，对当时社会成员的言论或行动作出规范与要求，因而也清楚地反映了人类在各个历史发展阶段中对于不同的人所作出的种种具体要求和限制。因此，从法律制度的发展变迁中，同样可以看到人类自身不断发展、不断完善的历史轨迹。人类社会几千年的国家文明发展历史已经无可争辩地证明，法律制度乃是维系社会、调整各种社会关系、保持社会稳定的重要的工具。同时，法律制度的不断完善，也是人类社会文明进步的显著体现。

由于发展路径的不同、文化背景的差异，东方社会与西方世界对于法律的意义、底蕴的理解、阐释存有很大的差异，但是，在各自的发展过程中，都曾比较注重法律的制定与完善。中国古代虽然被看成是“礼治”的社会、“人治”的世界，被认为是“只有刑，没有法”的时代，但从《法经》到《唐律疏议》《大清律例》等数十部优秀成文法典的存在，充分说明了成文制定法在中国古代社会中的突出地位，唯这些成文法制所体现出的精神旨趣与现代法律文明有较大不同而已。时至20世纪初叶，随着西风东渐、东西文化交流加快，中国社会开始由古代的、传统的社会体制向近现代文明过渡，建立健全的、符合现代理性精神的法律文明体系方成为现代社会的共识。正因为如此，近代以来的数百年间，在西方、东方各主要国家里，伴随着社会变革的潮起潮落，法律改革运动也一直呈方兴未艾之势。

从历史上看，法律的文明、进步，取决于诸多的社会因素。东西方法律发展的历史均充分证明，推动法律文明进步的动力，是现实的社会生活，是政治、经济和社会文化的变迁；同时，法律内容、法律技术的发展，往往依赖于一大批法律专家以及更多的受过法律教育的社会成员的研究和推动。从这个角度看，法学教育、法学研究的发展，对于法律文明的发展进步，也有着异常重要的意义。正因为如此，法学教育和法学研究在现代国家的国民教育体系和科学研究体系中，开始占有越来越重要的位置。

中国近代意义上的法学教育和法学研究，肇始于19世纪末的晚清时代。清光绪二十一年（公元1895年）开办的天津中西学堂，首次开设法科并招收学生，虽然规模较小，但仍可以视为中国最早的近代法学教育机构（天津中西学堂后改名为北洋大学，又发展为天津大学）。三年后，中国近代著名的思想家、有“维新骄子”之称的梁启超先生即在湖南《湘报》上发表题为《论中国宜讲求法律之学》的文章，用他惯有的富有感染力的激情文字，呼唤国人重视法学，发明法学，讲求法学。梁先生是清代末年一位开风气之先的思想巨子，在他的辉煌的学术生涯中，法学并非其专攻，但他仍以敏锐的眼光，预见到了新世纪中国法学研究和法学教育的发展。数年以后，清廷在内外压力之下，被迫宣布实施“新政”，推动变法修律。以修订法律大臣沈家本为代表的一批有识之士，在近十年的变法修律过程中，在大量翻译西方法学著作，引进西方法律观念，有限度地改造中国传统的法律体制的同时，也开始推动中国早期的法学教育和法学研究。20世纪初，中国最早设立的三所大学——北洋大学、京师大学堂、山西大学堂均设有法科或法律学科目，以期“端正方向，培养通才”。1906年，应修订法律大臣沈家本、伍廷芳等人的奏请，清政府在京师正式设立中国第一所专门的法政教育机构——京师法律学堂。次年，另一所法政学堂——直属清政府学部的京师法政学堂也正式招生。这些大学法科及法律、法政学堂的设立，应该是中国历史上近代意义上的正规专门法学教育的滥觞。

自清末以来，中国的法学教育作为法律事业的一个重要组成部分，随着中国社会的曲折发展，经历了极不平坦的发展历程。在20世纪的大部分时间里，中国社会一直充斥着各种矛盾和斗争。在外敌入侵、民族危亡的沉重压力之下，中国人民为寻找适合中国国情的发展道路而花费了无穷的心力，付出过沉重的代价。从客观上看，长期的社会骚动和频繁的政治变迁曾给中国的法治与法学带来过极大的消极影响。直至70年代末期，以“文化大革命”宣告结束为标志，中国社会开始用理性的目光重新审视中国的过去，规划国家和社会的未来，中国由此进入长期稳定、和平发展的大好时期，以这种大的社会环境为背景，中国的法学教育也获得了前所未有的发展机遇。

从宏观上看，实行改革开放以来，经过二十多年的努力，中国的法学教育事业所取得的成就是辉煌的。首先，经过“解放思想，实事求是”思想解放运动的洗礼，在中国法学界迅速清除了极左思潮及苏联法学模式的一些消极影响，根据本国国情建设社会主义法治国家已经成为国家民族的共识，这为中国法学教育和法学研究的发展奠定了稳固的思想基础。其次，随着法学禁区的不断被打破、法学研究的逐步深入，一个较为完善的法学学科体系已经建立起来。理论法学、部门法学各学科基本形成了比较系统和成熟的理论体系和学术框架，一些随着法学研究逐渐深入而出现的法学子学科、法学边缘学科也渐次成型。1997 年，国家教育主管部门和教育部高校法学学科教学指导委员会对原有专业目录进行了又一次大幅度调整，决定自 1999 年起法学类本科只设一个单一的法学专业，按照一个专业招生，从而使法学学科的布局更加科学和合理。同时，在充分论证的基础上，确定了法学专业本科教学的 14 门核心课程，加上其他必修、选修课程的配合，由此形成了一个传统与更新并重、能够适应国家和社会发展需要的教学体系。法学硕士和博士研究生及法律硕士专业学位研究生的专业设置、课程教学和培养体系也日臻完善。再次，法学教育的规模迅速扩大，层次日趋齐全，结构日臻合理。目前中国有六百余所普通高等院校设置了法律院系或法律本科专业，在校本科学生和研究生已达二十余万人。除本科生外，在一些全国知名的法律院校，法学硕士研究生、法律硕士专业学位研究生、法学博士研究生已经逐步成为培养的重点。

众所周知，法律的进步、法治的完善，是一项综合性的社会工程。一方面，现实社会关系的发展，国家政治、经济和社会生活的变化，为法律的进步、变迁提供动力，提供社会的土壤。另一方面，法学教育、法学研究的发展，直接推动法律进步的进程。同时，全民法律意识、法律素质的提高，则是实现法治国理想的关键的、决定性的因素。在社会发展、法学教育、法学研究等几个攸关法律进步的重要环节中，法学教育无疑处于核心的、基础的地位。中国法学教育过去二十多年所走过的历程令人激动，所取得的成就也足资我们自豪。随着国家的发展、社会的进步，在 21 世纪，我们面临着更严峻的挑战和更灿烂的前景。“建设世界一流法学教育”，任重道远。

首先，法律是建立在经济基础之上的上层建筑，以法治为研究对象的法学也就成为一门实践性很强的学科。社会生活的发展变化，势必要对法学教育、法学研究不断提出新的要求。经过二十多年的奋斗，中国改革开放的前期目标已顺利实现。但随着改革开放的逐步深入，国家和社会的一些深层次问题，比如说社会主义市场经济秩序的真正建立、国有企业制度的改革、政治体制的完善、全民道德价值的重建、环境保护和自然资源的合理利用等等，也已经开始浮现出来。这些复杂问题的解决，无疑最终都会归结到法律制度的完善上来。建立一套完善、合理的法律制度，构建理想的和谐社会，乃一项持久而庞大的社会工程，需要全民族的智慧和努力。其中的基础性工作，如理论的论证、框架的设计、具体规范的拟订、法律实施中的纠偏等等，则有赖于法学研究的不断深入，以及高素质人才特别是法律人才的养成，而培养法律人才的任务，则是法学教育的直接责任。

其次，21 世纪是一个多元化的世纪。20 世纪中叶发生的信息技术革命，正在极大地改变着我们的世界。现代科学技术，特别是计算机网络信息技术的发展，使传统的生活方式、思想观念发生了根本的改变，并由此引发许多人类从未面对过的问题。就法学教育而言，在21世纪所要面临的，不仅是教学内容、研究对象的多元化问题，而且还有培养对象、培养目标的多元化、教学方式的多元化等一系列问题，这些问题都需要法学界去思考、去探索。

中国人民大学法学院建立于1950年，是新中国诞生后创办的第一所正规高等法学教育机构。在半个多世纪的岁月中，中国人民大学法学院以其雄厚的学术力量、严谨求实的学风、高水平的教学质量以及丰硕的学术研究成果，在全国法学教育领域处于领先地位，并开始跻身于世界著名法学院之林。据初步统计，中国人民大学法学院已经为国家培养法学专业本科生、硕士生、博士生一万余人，培养各类成人法科学生三十余万人。经过多年的努力，中国人民大学法学院形成了较为明显的学术优势，在现职教师中，既有一批资深望重、在国内外享有盛誉的法学前辈，更有一大批在改革开放后成长起来的优秀中青年法学家。这些老中青法学专家多年来在勤奋研究法学理论的同时，也积极投身于国家的立法、司法实践，对国家法制建设贡献良多。

有鉴于此，中国人民大学法学院与中国人民大学出版社经过研究协商，决定结合中国人民大学法学院的学术优势和中国人民大学出版社的出版力量，出版一套“21世纪法学系列教材”。自1998年开始编写出版本科教材，包括按照教育部所确定的法学专业核心课程和其所颁布印发的《全国高等学校法学专业核心课程基本要求》而编写的14门核心课程教材，也包括法学各领域、各新兴学科教材及教学参考书和案例分析在内，到2000年12月3日在人民大会堂大礼堂召开举世瞩目的“21世纪世界百所著名大学法学院院长论坛暨中国人民大学法学院成立五十周年庆祝大会”之时，业已出版了50本作为50周年院庆献礼，到现在总共出版了80本。为了进一步适应高等法学教育发展的形势和教学改革的需要，最近中国人民大学法学院与中国人民大学出版社决定将这套教材扩大为四个系列，即：“本科生用书”、“法学研究生用书”、“法律硕士研究生用书”以及“司法考试用书”，总数将达二百多本。我们设想，本套教材的编写，将更加注意“高水准”与“适用性”的合理结合。首先，本套教材将由中国人民大学法学院具有全国影响的各学科的学术带头人领衔，约请全国高校优秀学者参加，形成学术实力强大的编写阵容。同时，在编写教材时，将注意吸收中国法学研究的最新的学术成果，注意国际学术发展的最新动向，力求使教材内容能够站在21世纪的学术前沿，反映各学科成熟的理论，体现中国法学的水平。其次，本套教材在编写时，将针对新时期学生特点，将思想性、学术性、新颖性、可读性有机结合起来，注意运用典型生动的案例、简明流畅的语言去阐释法律理论与法律制度。

我们期望并且相信，经过组织者、编写者、出版者的共同努力，这套法学教材将以其质量效应、规模效应，力求成为奉献给新世纪的精品教材，我们诚挚地祈望得到方家和广大读者的教正。

2006年7月1日

序言

法学教育是高等教育的重要组成部分，是建设社会主义法治国家、构建社会主义和谐社会的重要基础，并居于先导性的战略地位。在我国社会转型的新世纪、新阶段，法学教育不仅要为建设高素质的法律职业共同体服务，而且要面向全社会培养大批治理国家、管理社会、发展经济的高层次法律人才。近年来，法学教育取得了长足的进步，法科数量增长很快，教育质量稳步提高，培养层次日渐完善，目前已经形成了涵盖本科生、第二学士学位生、法学硕士研究生、法律硕士研究生、法学博士研究生的完整的法学人才培养体系，接受法科教育已经成为莘莘学子的优先选择之一。随着中国法治事业的迅速发展，我们有理由相信，中国法学教育的事业大有可为，中国法学教育的前途充满光明。

教育的基本功能在于育人，在于塑造德才兼备的高素质人才。法学教育的宗旨并非培养只会机械适用法律的“工匠”，而承载着培养追求正义、知法懂法、忠于法律、廉洁自律的法律人的任务。要完成法学教育的使命，首先必须认真抓好教材建设。我始终认为，教材是实现教育功能的重要工具和媒介，法学教材不仅仅是法学知识传承的载体，而且是规范教学内容、提高教学质量的关键，对法学教育的发展有着不可估量的作用。

第一，法学教材是传授法学基本知识的工具。初学法律，既要有好的老师，又要有好的教材。正如冯友兰先生所言：“学哲学的目的，是使人作为人能够成为人，而不是成为某种人。其他的学习(不是学哲学)是使人能够成为某种人，即有一定职业的人。”一套好的教材，能够高屋建瓴地展示法律的体系，能够准确简明地阐释法律的逻辑，能够深入浅出地叙述法律的精要，能够生动贴切地表达深奥的法理。所以，法学教材是学生学习法律的向导，是学生步入法律殿堂的阶梯。如果在入门之初教材就有偏颇之处，就可能误人子弟，学生日后还要花费大量时间与精力来修正已经形成的错误观念。

第二，法学教材是传播法律价值理念的载体。好的法学教材不仅要传授法学知识，更要传播法律的精神和法治的理念，例如对公平、正义的追求，尊重权利的观念。本科、研究生阶段的青年学子，正处在人生观、价值观形成的阶段，一套优秀的法学教材，对于他们价值观的塑造和健全人格的培养具有重要意义。

第三，法学教材是形成职业共同体的主要条件。建设社会主义法治国家，有赖于法律职业共同体的生成。一套好的法学教材，向法律研习者传授共同的知识，这对于培养一个接受共同的价值理念、共同的法律思维、共同的话语体系的法律共同体，具有重要的作用。

第四，法学教材是所有法律研习者的良师益友。没有好的教材，一个好的教师或可弥补教材的欠缺和不足，但对那些没有老师指导的自学者而言，教材就是老师，其重要作用是显而易见的。

长期以来，在我们的评价体系中，教材并没有获得应有的注重，对学术成果的形式优先考虑的往往是专著而非教材。在不少人的观念中，教材与创新、与学术精品甚至与学术无缘。其实，要真正写出一部好的教材，其难度之大、工作之艰辛、影响之深远，绝不低于一部优秀的专著，它甚至可以成为在几百年甚至更长的时间内发挥作用的传世之作。以查士丁尼的《法学阶梯》为例，所谓法学阶梯，即法学入门之义，就是一部教材。但它概括了罗马法的精髓，千百年来，一直是人们研习罗马法最基本的著述。日本著名学者我妻荣说过，大学教授有两大任务：一是写出自己熟悉的专业及学术领域的讲义乃至教科书；二是选择自己最有兴趣、最看重的题目，集中精力进行终生的研究。实际上，这两者是相辅相成的。写出一部好教材，必须要对相关领域形成一个完整的知识体系，还要能以深入浅出的语言将问题讲清楚、讲明白。没有编写教材的基本功，实际上也很难写出优秀的专著。当然，也只有对每一个专题都有一定研究，才能形成对这个学术领域的完整把握。

虽然近几年我国法学教育发展迅速，成绩显著，但是法学教育也面临许多挑战。各个学校的师资队伍和教学质量参差不齐，这就更需要推出更多的结构严谨、内容全面、角度各有侧重、能够适应不同需求的法学教材，为提高法学教学和人才培养质量、保障法学教育健康发展提供前提条件。

长期以来，中国人民大学法学院始终高度重视教材建设。作为新中国成立后建立的第一所正规的法学教育机构，中国人民大学法律系最早开设了社会主义法学教学课堂，编写了第一套社会主义法学讲义，培养了新中国第一批法学本科生和各学科的硕士生、博士生，产生了新中国最早的一批法学家和法律工作者。中国人民大学法律系因此被誉为"新中国法学教育的工作母机"。半个多世纪以来，中国人民大学法学院为社会主义法制建设培养了大批优秀的法律人才，并为法学事业的振兴和繁荣作出了卓越贡献，也因此成为引领中国法学教育的重镇、凝聚国内法律人才的平台和沟通中外法学交流的窗口，并在世界知名法学院行列中崭露头角。为了对中国法学教育事业作出更大的贡献，我们有义务也有责任出版一套体现我们最新研究成果的法学教材。

承蒙中国人民大学出版社的大力支持，我们组织编写了本套教材，其中包括本科生用书、法律硕士研究生用书、法学研究生用书和司法考试用书四大系列，分别面向不同层次法科教育需求。编写人员以中国人民大学法学院教师为主，反映了中国人民大学法学院整体的研究实力和学术视野。相信本套教材的出版，一定能够为新时期法学教育的繁荣发展发挥应有的作用。

是为序。

2006 年 7 月 10 日

第十版修订说明

《民法典》已于 2021 年 1 月 1 日实施，国务院、最高人民法院等为配合《民法典》的实施发布了一系列的规范性文件，学术界就《民法典》相关规范的研究也日渐深入。为使本书所反映的内容与时俱进，我们以习近平法治思想为指导，根据党的二十大报告的精神，并结合新近修订或制定的《最高人民法院关于适用〈中华人民共和国民法典〉合同编通则若干问题的解释》等规范性文件对《民法》（第九版）作了全面修订。修订工作由各位编撰者分头完成，最后经王利明教授审订、统稿。

修订后的《民法》教材共 7 编：第一编为民法总则，第二编为物权，第三编为合同，第四编为人格权，第五编为婚姻家庭，第六编为继承，第七编为侵权责任。

本书由王利明教授任主编，参加本书第十版编撰、修订的作者为（以撰写章节先后为序）：

王利明教授：第一章，第十一章，第十二章至第十七章，第三十章至第三十三章；

王轶教授：第二章至第十章，第三十九章至第四十七章，第五十章，第五十三章，第五十四章，第五十七章，第五十八章；

高圣平教授：第十八章至第二十九章，第六十八章至第七十一章；

朱虎教授：第三十四章至第三十八章；

石佳友教授：第四十八章，第四十九章，第五十一章，第五十二章，第五十五章，第五十六章；

姚辉教授：第五十九章至第六十二章；

龙翼飞教授：第六十三章，第六十七章；

孙若军教授：第六十四章至第六十六章；

张新宝教授：第七十二章至第七十六章。

《民法典》的内容博大精深，由于时间仓促、作者能力所限，本书不足之处在所难免，尚祈广大读者不吝指正。

编著者

2023 年 12 月

第一版编写说明

《民法》一书是高等学校法学专业核心课程教材之一，它是根据教育部审定的《民法教学基本要求》编写的。我们编写的基本指导思想是：遵循马列主义、毛泽东思想，尤其是邓小平理论，立足于我国社会主义初级阶段建设和发展的实际，努力反映依法治国、建设社会主义法治国家的要求，反映民事立法和运用民事法律规范调整社会生活的成果，借鉴和吸收国内外民法学研究的思想和观点，注重阐明本学科的基本理论和基本制度，使之符合本科民法学教学的需要。

本书共 6 编 33 章：第一编为民法总论，第二编为物权，第三编为债权总论，第四编为债权分论，第五编为人身权，第六编为民事责任。

本书由王利明任主编，参加本书编著的作者为（以撰写章节先后为序）：

王利明：第一章、第十章、第十一章、第十二章、第十三章、第十四章、第十五章、第十六章、第二十一章、第二十二章；

王轶：第二章、第三章、第四章、第五章、第六章、第七章、第八章、第九章、第二十五章、第二十六章、第二十七章；

郭明瑞：第十七章，第十八章第一、二节，第十九章、第二十章；

崔建远：第十八章第三节、第二十三章、第二十四章；

汪泽：第二十八章、第二十九章、第三十章、第三十一章、第三十二章、第三十三章。

对于本书的编写，尽管我们付出了努力，但由于能力、资料所限，不足之处在所难免，尚请广大读者批评指正。

编著者

2000 年 3 月

缩略语表

上　册

1.《民法通则意见》——《最高人民法院关于贯彻执行〈中华人民共和国民法通则〉若干问题的意见（试行）》

2.《诉讼时效司法解释》——《最高人民法院关于审理民事案件适用诉讼时效制度若干问题的规定》

3.《总则编司法解释》——《最高人民法院关于适用〈中华人民共和国民法典〉总则编若干问题的解释》

4.《合同编通则司法解释》——《最高人民法院关于适用〈中华人民共和国民法典〉合同编通则若干问题的解释》

5.《物权编司法解释（一）》——《最高人民法院关于适用〈中华人民共和国民法典〉物权编的解释（一）》

6.《建筑物区分所有权司法解释》——《最高人民法院关于审理建筑物区分所有权纠纷案件适用法律若干问题的解释》

7.《物业服务纠纷司法解释》——《最高人民法院关于审理物业服务纠纷案件适用法律若干问题的解释》

8.《民间借贷规定》——《最高人民法院关于审理民间借贷案件适用法律若干问题的规定》

9.《土地承包解释》——《最高人民法院关于审理涉及农村土地承包纠纷案件适用法律问题的解释》

10.《拍卖变卖规定》——《最高人民法院关于人民法院民事执行中拍卖、变卖财产的规定》

11.《担保制度司法解释》——《最高人民法院关于适用〈中华人民共和国民法典〉有关担保制度的解释》

12.《建设工程司法解释（一）》——《最高人民法院关于审理建设工程施工合同纠纷案件适用法律问题的解释（一）》

13.《民商事审判会议纪要》——《最高人民法院关于印发〈全国法院民商事审判工作会议纪要〉的通知》

总目录

上　册

第一编

民法总则

第二编

物　权

下　册

第三编

合　同

第六编

继　承

第七编

侵权责任

目录

上　册

第一编
民法总则

第二编 物 权

1 PART ONE

| 第一编 |

民法总则

第一章
民法概述

本章概要

民法是调整平等主体之间人身关系和财产关系的法律，理解这个概念要从形式和实质两个层面来进行。民法是私法，是权利法，也是市场经济与市民社会的基本法。我国采取的是民商合一的立法体例。民法的法律渊源包括法律、行政法规、地方性法规、司法解释、行政规章、习惯等。

第一节　民法的概念

一、民法的语源

民法作为调整平等主体之间的人身关系与财产关系的法律，在各国法律体系中都占据着重要地位。“民法”一词最早见于《尚书·孔氏传》。[①] 不过，《尚书·孔氏传》中提及的民法一词，并非近代意义上的民法。至于古代法律典籍中出现的“民事”一词，也与现代民法中的民事一词有极大的差异。

据许多学者考证，私法意义上的“民法”一词出现于明治时代的日本，中文“民法”一词是由日文转译而来，而日文中“民法”一词究竟是译自法语还是荷兰语，目前仍有争议。[②] 20 世纪初叶上海南洋公学译书馆将《日本法规大全》（日本明治三十四年即 1901

① 在《尚书·汤诰》篇中有“咎单作明居”一语，“孔氏传”对该句所作的注释是：“咎单，臣名，主土地之官，作《明居民法》一篇，亡。”在清末立法时，民政部奏文中称：“民法之称，见于尚书孔传”。所谓《尚书·孔氏传》，经明清学者考证，系魏晋人伪托西汉经学家孔安国对《尚书》经文的注释。

② 穗积陈重指出：“‘民法’一语，自箕作麟祥博士以其翻译法语‘droit civil’以来，开始被普遍使用，所以我们原以为这是箕作博士始创的译语。但是当就此问题请教箕作博士时，博士解释说，这是采用了津田先生《泰西国法论》说载录之单词，不是自己的发明。于是又去请教津田先生，先生回答说，这个单词是他作为荷兰语‘Burgerlyk Regt’的译语而新创的。”［日］穗积陈重：《法窗夜话》，东京，河山书房。转引自叶孝信主编：《中国民法史》，2 页，上海，上海人民出版社，1993。

年第三版）译成中文，其第三类法规为“民法”。光绪三十二年（1907 年）修订法律馆参照南洋公学译本翻译完成《新日本法规大全》，对系统化的私法法典亦采用“民法”之称谓。[①] 清末变法时，修律大臣沈家本聘请日本学者松冈义正等人起草大清民律草案，借鉴“民法”一词，结合“唐律”“明律”“清律”的传统称呼，自创“民律”一词。此后清末、民初民法典草案皆称“民律”草案。1926 年，北洋政府曾起草一部民法草案，1929 年南京国民政府颁布了《中华民国民法》总则编，从而在法律上正式使用了“民法”的称谓。

近代一些大陆法系国家所使用的“民法”一词（法文为 droit civil，英文为 civil law，德文为 bürgerliches Recht，荷兰文则为 Burgerlyk Regt）皆由市民法（ius civile）转译而来。同时，因格劳秀斯编著国际法时，以万民法称之，故西方学者大多认为，罗马法的万民法为国际法的语源，而市民法则为民法的语源。词源上的“民法”都源于拉丁文的“市民法”[②]。在罗马法中，“市民法”是对罗马市民适用的法律总称，与“万民法（ius gentium）”相对应。市民法适用于罗马公民之间的关系，万民法主要适用于罗马公民与外国人之间的关系。但是，在查士丁尼制定《国法大全》时，罗马帝国对其境内的所有居民皆赋予市民权，导致市民法与万民法的融合。自中世纪以来，“市民法（ius civile）”一词成为罗马法的总称，西方学者称之为私法。中世纪的时候，市民法又与教会法相对应。法国大革命之后，市民被理解为公民，因而民法被认为是适用于全体公民的法律。

二、我国民法的概念

我国《民法典》第 2 条从民法的调整对象和任务的角度，给民法下了一个定义，即民法是调整平等主体的自然人、法人和非法人组织之间的人身关系和财产关系的法律规范的总和。这一定义科学地揭示了我国民法所调整的社会关系的范围和任务，明确地划定了民法与其他法律部门的界限，解决了长期以来有关民法定义的争论。归纳起来，《民法典》第 2 条对民法的界定具有以下意义。

（1）确立了我国民法统一调整社会主义市场交易关系的基本法地位。依据《民法典》第 2 条，我国民法统一调整平等主体之间的财产关系，而平等主体之间的财产关系实质上就是指财产归属关系与交易关系。无论何类民事主体，只要以平等的民事主体的身份从事交易，就应当遵循民法的规范，并受民法的调整。

（2）突出了对人的尊重，体现了以人为本的理念。1986 年《民法通则》第 2 条曾将人身关系置于财产关系之后，但《民法典》第 2 条则将人身关系调整至财产关系之前，这宣示了民法对民事主体人身权利的保护，强调人身自由和人格尊严不受侵害，并以此作为民事立法的基础。

（3）界定了民法典的体系。民法典的分则就是由调整人身关系和调整财产关系的具体法律构建起来的，《民法典》第 2 条关于民法调整对象的规定奠定了民法典分则体系的

① 参见张生：《民国初期民法的近代化》，4 页，北京，中国政法大学出版社，2002。

② ［德］迪特尔·梅迪库斯：《德国民法总论》，邵建东译，15 页，北京，法律出版社，2000。

基础，使民法典分则与总则保持协调一致。具体而言，人身关系主要分为两大类，即人格关系和身份关系。其中，身份关系的调整表现为婚姻家庭编、继承编，人格关系的调整则表现为人格权编；财产关系的调整表现为物权编、合同编。

（4）确立了我国的民商合一的立法模式。《民法典》并未根据主体或行为的性质区分普通民事主体和商事主体，并在此基础上规定不同的法律规则。这不仅符合现代民事立法的趋向，也消除了民商分离所产生的法律冲突的弊端。在《民法典》的体系中，商法是作为民法的特别法而存在的，并未与民法相分立而独立存在。

三、形式意义上的民法和实质意义上的民法

（一）形式意义上的民法

形式意义上的民法就是指民法典。法典是按照一定体系将各项法律制度系统编纂在一起的法律。民法典就是指按照一定的体系结构将各项基本的民事法律规则与制度加以系统编纂而形成的规范性文件。法典化就是体系化，民法典的重要特点首先表现在它是体系化、系统化的产物，满足了形式理性的要求，所以民法典属于民事法律中最高形式的成文法。

民法的法典化最早追溯至古罗马法。在罗马的法典编纂方面，最有成效、影响最深远的是东罗马帝国皇帝查士丁尼的《国法大全》，即《查士丁尼法典》《学说汇纂》《法学阶梯》和《新律》。自18世纪法典化运动以来，大陆法系各国大都制定了民法典，比较有代表性的法典是1804年的《法国民法典》，该法典以罗马法为蓝本，巧妙地运用法律形式把刚刚形成的资本主义社会的经济规则直接译成法的语言，从而“成为世界各地编纂一切新法典时当做基础来使用的法典”①。1900年的《德国民法典》是潘德克顿学派理论成果的结晶，体现了法典逻辑性和科学性的要求。正是在这个意义上，该法典常常被称为“科学法”。就逻辑体系而言，《德国民法典》构建了完整的近代民法体系。② 因而，其被认为是代表了19世纪法典化的最高成就。1912年的《瑞士民法典》及晚近颁布的1992年《荷兰民法典》等也都各具特色，在大陆法系影响很大。可见，自19世纪法典化运动以来，大陆法系各国基本上都制定了民法典，这也是大陆法系国家法律体系的主要标志。因此，“不管在哪里，民法典都往往被当作整个法律制度的核心”③。

我国《民法典》是中华人民共和国成立以来第一部以“典”命名的法律，其分为七编，共1260条，10万多字。习近平同志指出，“民法典在中国特色社会主义法律体系中具有重要地位，是一部固根本、稳预期、利长远的基础性法律”④。在汉语中，所谓“典”，通常有“经典”“典范”“典籍”等含义。⑤ 这也表明，凡是纳入《民法典》的规

---

① 《马克思恩格斯文集》，第10卷，598页，北京，人民出版社，2009。

② 参见［德］K. 茨威格特、H. 克茨：《比较法总论》，潘汉典等译，220页，北京，法律出版社，2003。

③ ［美］艾伦·沃森：《民法法系的演变及形成》，李静冰译，191页，北京，中国政法大学出版社，1992。

④ 2020年5月29日习近平在十九届中共中央政治局第二十次集体学习时的讲话。

⑤ 例如，《说文解字》记载：“典，五帝之书也。”《玉篇·丌部》云：“典，经籍也。”《书·五子之歌》云：“有典有则，贻厥其子孙。”《孔传》云：“典谓经籍。”

则，都具有基础性、典范性的特点。我国《民法典》的特点主要在于：

第一，《民法典》是私法的基本法。我国民事法律制度建设一直秉持“民商合一”的传统，在《民法典》之外，还有大量的单行法，包括商事特别法，它们都是民法的组成部分。整个民事立法就在《民法典》的统率下，构成一个完整的体系。可以说，《民法典》是我国民事法律的集大成者。

第二，《民法典》是市场经济的基本法。《民法典》包括民事活动平等、自愿、公平、诚信等基本原则，关于私法自治和保障人格尊严等基本价值的规定，既是市场经济的基本准则，也是市场主体的基本行为准则；同时，《民法典》所确立的有关物权、合同、担保等法律制度，也旨在维护交易安全和秩序，为市场经济的发展奠定了基本的法律框架和制度保障。

第三，《民法典》是社会生活的百科全书。《民法典》与每个人的生活息息相关。一个人从出生到死亡，均受到《民法典》的调整。《民法典》所调整的民事主体之间的人身关系和财产关系，是社会生活和经济生活中最普通、最常见的社会关系和经济关系，涉及经济社会生活方方面面，同人民群众的生产生活密不可分，同各行各业的发展息息相关。

第四，《民法典》是行政执法和司法的基本遵循。一方面，现代法治的核心理念是“规范公权，保障私权”。《民法典》确立了完善的私权保障体系，有利于规范行政执法行为。政府机关要以保障《民法典》有效实施为重要抓手推进法治政府建设，把《民法典》作为行政决策、行政管理、行政监督的重要标尺。另一方面，《民法典》规定了基本的民事裁判规则，确立了解决民事纠纷的基本规则，明确了法律适用的基本准则，为法官正确处理民事关系、解决民事纠纷提供了基本规范。

（二）实质意义上的民法

实质意义上的民法，是指所有调整民事关系的法律规范的总称，包括《民法典》和其他民事法律、法规等所包含的民事法律规范。除《民法典》之外，我国还有两百多部单行法律，其中大量的都是民事法律。比较典型的民事法律如《著作权法》《商标法》《专利法》《收养法》等。此外，一些法律虽然形式上是管理性质的法律，但其中也包含了大量的民事法律规范，如《产品质量法》《土地管理法》《城市房地产管理法》等，这些法律所包含的民法规范也是我国实质意义上民法的组成部分。在我国实行民商合一的立法体制下，一些商事特别法如《公司法》《保险法》《票据法》等，同样是我国民法的重要组成部分。除了法律，我国还颁行了大量的行政法规、司法解释，其中不少都是民事法律规范。它们都是实质意义上民法的组成部分。

实质意义上的民法的特点在于：一方面，它是调整平等主体关系的法律规范，而并不注重外在的形式。尽管形式意义上的《民法典》是最高形式的成文法，但毕竟无法涵盖全部的民事法律关系，还必须存在大量的置于其他法律、法规中的民法规范。另一方面，实质意义上的民法不限于法律、法规，还包括了大量的其他规范性文件和司法解释。所以，实质意义上的民法在法源上意义更为宽泛。正是由于该原因，实质意义上的民法也被称为广义的民法。

需要指出，实质意义上的民法与形式意义上的民法并不是对立的，而是相辅相成的。

一方面，由于《民法典》是私法的基本法，因此，形式意义上的民法（即《民法典》）可以连接整个实质意义上的民法，这就是说，在《民法典》统率下，我国的民事立法将构成一个完整的、具有逻辑性的、协调一致的体系。另一方面，仅仅靠形式意义上的民法调整纷繁复杂的民事关系是不够的，还需要借助大量的实质意义上的民法规范调整各种民事关系，但这些规范应当以《民法典》的规范为基础，不得与《民法典》的基本规则和制度相冲突，当然，在这一前提下，如果其他法律对民事关系的调整有特别规定，则原则上应当适用该特别规定。

四、民法和商法

商法，又称商事法，可以分为形式意义上的商法和实质意义上的商法。形式意义上的商法，专指在《民法典》之外的商法典以及公司法、保险法、破产法、票据法、海商法、证券法、信托法等单行法；实质意义上的商法，则是指一切有关商事的法律规范的总称。

关于民法与商法的关系，历来存在民商合一和民商分立的观点。所谓民商合一，是指不区分民法和商法，而将民事法律规范统一适用于各种民商事关系。从立法模式上来说，民商合一就是指只有《民法典》而不制定单独的商法典，民法规范广泛适用于调整所有平等主体之间的法律关系；然而，民商分立则意味着严格区分民法与商法，并基于主体或者行为性质的不同，在《民法典》之外独立制定商法典，采用与民事法律不同的商事法律规范。① 民商分立的体制最早起源于法国。20 世纪初《瑞士民法典》中包括了公司法、商业登记法等商法的内容，从而开创了民商合一的立法体例。②

我国《民法典》明确采纳了民商合一的体例。③ 民商合一体例并不一定追求法典意义上的合一，其核心在于强调将《民法典》统一适用于所有民商事关系、统辖商事特别法。我国《民法典》的编纂坚持民商合一的体例，即从《民法典》总则到分则，再到商事特别法，从而形成一个完整的民商合一的内在逻辑体系。《民法典》总则编的制定本身是民商事法律体系化的根本标志。申言之，《民法典》的总则编对《民法典》的各组成部分及商法规范进行了高度抽象，诸如平等原则、自愿原则、诚实信用原则、公平原则和等价有偿原则等，均应无一例外地适用于商事活动。就具体规则而言，一方面，《民法典》的总则编没有区分商人和非商人，而是采取了自然人、法人、非法人组织的主体划分标准，这实际上既包括民事主体，又包括商事主体。自然人就包括了商自然人，法人包括了营利法人，非法人组织则包括个人独资企业、合伙企业等。另一方面，《民法典》总则编既没有采用商行为的概念，也没有区分商事代理和民事代理，而采用了统一的民事法律行为与代理的概念与制度。此外，《民法典》总则编中的诉讼时效制度也适用于全部的民商事活动。

我国《民法典》的编纂坚持民商合一的立法理念，形成了在《民法典》统率下，由各

---

① 参见赵万一：《论民法的商法化与商法的民法化》，载《法学论坛》，2005 (4)。

② 参见谢怀栻：《外国民商法精要》，3 版，57～58 页，北京，法律出版社，2014。

③ 参见李建国：《关于〈中华人民共和国民法总则（草案）〉的说明》。

个民商事单行法所组成的完整的私法规范体系，这种做法符合我国的立法传统，也有利于降低法律适用成本，保障法律规则的准确理解和适用。《民法典》与各个商事法律构成了一个有机的整体，二者之间是普通法与特别法之间的关系。也就是说，在出现商事纠纷后，首先应当适用商事特别法，如果无法适用商事特别法，则适用《民法典》的规则。

第二节　我国民法的调整对象

一、民法的调整对象概述

民法的调整对象就是民法规范所调整的各种社会关系。根据我国《民法典》第2条的规定，我国民法调整平等主体之间的人身关系和财产关系。由此可见，民法调整的社会关系的最本质特点在于其平等性，这是民法区别于其他部门法的根本特点。所谓平等主体，是指主体以平等的身份介入具体的社会关系，而不是在一般意义上判断主体间的平等性。例如，国家和公民虽然不是一般意义上的平等关系，但只要在具体法律关系中，各个主体都是以平等的身份出现的，即可判断其具有平等性。平等是指在财产关系和人身关系中当事人的地位平等，并不涉及在政治关系中当事人的地位平等问题。

平等性主要表现在：第一，当事人参与法律关系时，其地位是平等的，任何一方都不具有凌驾或优越于另一方的法律地位。正是法律地位的平等，决定了当事人必须平等协商，不得对另一方发出强制性的命令或指示。第二，适用规则的平等。任何民事主体参与民事活动都要平等地受到民事法律的拘束，不享有法外的特权，不能凌驾于法律之上，即“法律面前人人平等”。第三，权利保护的平等。在任何一方的权利受到侵害之后，都应当平等地受到民法的保护和救济。

民法主要调整平等主体间的社会关系，但这种关系也存在例外。一方面，在身份法领域，当事人之间的关系可能不完全是平等的，如父母子女之间的亲权关系、监护人与被监护人之间的监护关系等就不完全是平等的。另一方面，随着现代民法对实质正义的强化，在形式平等之外，民法已开始强调对消费者、劳动者等弱势群体的保护，以实现形式平等与实质平等、机会平等与结果平等之间的平衡。还应当看到，尽管在征收关系中，国家行使征收权本身所产生的不是平等主体之间的关系，但基于征收所产生的补偿关系可以理解为平等主体之间的关系，因此，我国《民法典》第243条也规定了征收制度。

二、民法调整平等主体之间的人身关系

所谓人身关系，是指没有直接的财产内容但具有人身属性的社会关系。有人认为，“persoenliche Eigenschaft”可以简译为“人身”，而我国民法理论所言之“人身关系”，原本仅指“身份关系”，后来有学者理解为包含所谓“人格关系”[①]。其实，我国民法中的

---

① 徐国栋：《“人身关系”流变考（上）》，载《法学》，2002（6）。

身份关系具有特定的含义，不包括人格关系。民法调整平等主体之间的人身关系，这种平等指的是法律地位的平等，而不是指具体的生活事实中的平等，如父母与未成年子女之间的关系在生活上是管教与被管教的关系，但在民法中，两者的法律地位是平等的。

所谓人身关系是基于一定的人格和身份产生的，因此，人身关系包括以下两类。

（1）基于自然人、法人和非法人组织的人格产生的人身关系。这些关系在民法上表现为自然人、法人和非法人组织的人格权，包括自然人的生命权、身体权、健康权、姓名权、肖像权、名誉权、荣誉权、隐私权、婚姻自主权等权利，以及法人、非法人组织的名称权、名誉权、荣誉权。此外，凡是属于《民法典》第 109 条所规定的自然人的人身自由、人格尊严范畴的人格权益，都属于因人格而产生的人身关系。

（2）基于自然人、法人和非法人组织的一定身份产生的人身关系。身份关系是民事主体基于彼此间的身份而形成的相互关系。具体表现为：第一，在亲属关系中的地位。这类关系在民法上表现为自然人的身份权，包括夫妻之间、父母子女之间、有扶养关系的祖父母与孙子女或外祖父母与外孙子女之间依法相互享有的身份权，以及因监护关系产生的监护权等。第二，基于知识产权获得的地位。如自然人、法人和非法人组织基于著作权、专利权、商标权而享有的人身权。

三、民法调整平等主体之间的财产关系

（一）民法调整平等主体之间的财产关系的内容

所谓财产关系，是指人们在产品的生产、分配、交换和消费过程中形成的具有经济内容的关系。财产关系是以社会生产关系为基础的，涉及生产和再生产的各个环节，包括各类性质不同的关系。根据我国《民法典》第 2 条的规定，民法所调整的财产关系只是发生在平等的民事主体之间的财产关系。其特点在于：

（1）主体平等。平等性包括两个方面：一方面，是指民事主体在从事各种交易行为以及行使财产权利、利用和取得财产等方面，彼此之间在法律地位上是平等的。不论双方的经济实力如何悬殊，都不允许任何一方将自己的意志强加于人。另一方面，民事主体在从事各种交易活动时，都应当遵循公平、自愿等原则，彼此间的关系应当是平等、互利的，当其财产利益受到损害时，应当得到同等价值的补偿。民法调整的财产关系大部分应贯彻等价有偿的原则，至于当事人依法自愿形成的赠与、借用、无偿保管等民事关系，虽然不符合等价有偿原则，却是法律所允许的。

（2）平等主体间的财产关系，包括财产归属关系和财产流转关系。财产归属关系是指财产所有人和其他权利人因占有、使用、收益、处分财产而发生的社会关系。财产流转关系是指因财产的交换而发生的社会关系。财产归属关系往往是发生财产流转关系的前提条件，财产流转关系通常又是实现财产归属关系的方法。这两种财产关系，又称为横向财产关系，都应该由我国民法调整。这是由我国社会主义市场的统一性以及民法对市场经济关系进行统一调整所决定的。

（3）民法调整的财产关系的重心是交易关系。所谓交易，是指独立的、平等的市场

主体就其所有的财产或利益进行的交换。在民法上，交易的表现形式多种多样，其常见的形式是合同，其特殊形式是侵权损害赔偿和不当得利返还等。从民法调整对象的性质来看，所谓平等主体之间的财产关系，主要指交易关系。

（二）平等主体之间的财产关系的特征

民法调整的财产关系的首要特点，在于它是一种平等主体之间的财产关系。与身份关系相比较，该财产关系还具有下列特点。

第一，财产关系是一种以经济利益的计算为核心的关系。在市民社会中，民事主体作为合理的人，能够从自身利益出发设定、变更或终止财产关系，最终实现其个人利益的最大化。而身份关系不同，尽管有些身份关系与财产关系有密切的联系，但整体来看，它并不主要是一种经济上的利害关系。①

第二，财产关系充分体现了主体的自由意志。主体享有对其财产的处分权，并有权依其意志移转财产所有权权能。财产关系的产生、变更和消灭体现了法律给予主体充分的自由空间，国家尽量不予干预。但在身份关系中，当事人的意思自由要受到一定的限制。例如，法律对结婚、离婚、收养都进行了比较严格的限制，亲属法上许多权利，如监护权、亲权等，都具有专属性，不得抛弃和转让。尤其在现代社会，为了保护婚姻家庭关系中的弱者利益，法律逐渐加大了对婚姻家庭关系的干预，因此，婚姻家庭法具有私法公法化的趋势。②

第三，财产关系具有很强的变动性。尤其是在市场经济社会，财产往往通过流转才能实现资源的合理配置，充分实现物尽其用，因此，财产关系总是处于一种变动之中。而身份关系则具有极大的稳定性，通常不会发生变动③，也不宜发生变动，具有很强的人身专属性。

第四，就救济方式而言，财产关系遭受侵害时主要通过损害赔偿等财产性的救济方法对受害人提供保护；而亲属、婚姻等身份关系在受侵害时较多使用非财产救济手段，当然，依据《民法典》第 1182 条的规定，在人身权益遭受侵害的情形下，受害人也有权主张侵权损害赔偿责任。

第三节　我国民法典的编纂和体系

一、我国民法典的编纂

（一）民法典的编纂过程

中国古代实行“诸法合一、民刑不分”的立法政策，以刑为本，并没有形成近代

---

① 参见谢怀栻：《外国民商法精要》，3 版，138～139 页，北京，法律出版社，2014。
② 参见夏吟兰：《论婚姻家庭法在民法典体系中的相对独立性》，载《法学论坛》，2017（4）。
③ 参见谢怀栻：《外国民商法精要》，3 版，138～139 页，北京，法律出版社，2014。

意义上的民法，甚至不存在民法的概念。清末变法时，西学东渐，民法开始传入中国，清政府于 1911 年第一次制定了民律草案。辛亥革命以后，国民政府的修订法律馆在北京开始了民律草案的起草工作。1925 年，草案完成，史称第二次民律草案。以后，南京国民政府于 1929 年 5 月 30 日颁布民法典总则；1929 年 11 月 22 日颁布民法债编；1929 年 11 月 30 日颁布了物权编；1930 年 12 月 26 日颁布亲属编和继承编，形成《中华民国民法》。

中华人民共和国建立以后，废除了“六法全书”，《中华民国民法》不再在大陆适用。立法机关为适应社会需要，早在 1950 年就颁行了《婚姻法》，并先后于 1954 年、1962 年、1979 年和 2001 年四次启动民法典制定工作，但都因各种原因而中断。随着我国改革开放进程的推进，亟须民法规范，因此，我国立法机关于 1986 年颁布了《民法通则》，这是我国第一部调整民事关系的基本法，但该法只是对民事活动基本规则的规定，且大多是关于民法总则的规范，并不是一部完整的民法典。随着改革开放的深化和市场经济的发展，我国陆续制定了一系列规范市场活动的民事基本法。例如，我国立法机关先后制定了《企业破产法》（1986 年）、《公司法》（1993 年）、《合伙企业法》（1997 年）等法律，完善了市场主体法律制度；1999 年颁布《合同法》，统一了我国的合同法律制度，建立和完善了市场交易的基本规则和原则。

2001 年，第九届全国人大常委会组织起草了《中华人民共和国民法（草案）》，并于 2002 年 12 月提交全国人大常委会审议，但鉴于民法典内容复杂、体系庞大，许多重要问题尚未达成共识，立法机关决定采取分阶段、分步骤制定民法典的方式，待条件成熟以后再制定民法典。按照这一工作思路，2007 年《物权法》颁行，对所有权、用益物权、担保物权等物权制度作出了全面规定；2009 年《侵权责任法》颁行，对民事权利进行了更加周密的保护。这些法律都是我国民法的重要组成部分，其颁行是完善我国民事立法体系的重要步骤。

2014 年 10 月，党的十八届四中全会提出加强市场法律制度建设，并作出了“编纂民法典”的重大决定。自此，民法典的编纂进入了一个新的历史阶段。民法典编纂并不是对现行法的简单汇编，而是要在总结现行立法和司法经验的基础上，尤其是要结合我国改革开放实践中出现的各种新情况、新问题，进行必要的制度完善、设计和创新。2016 年 6 月 27 日，全国人大常委会决定按“两步走”的工作安排进行民法典编纂，即先制定民法典总则，后制定民法典各分编。① 2017 年 3 月 15 日，《中华人民共和国民法总则》由中华人民共和国第十二届全国人民代表大会第五次会议通过，自 2017 年 10 月 1 日起施行。②《民法总则》的颁行极大地推进了我国民法典的编纂进程，它是民法典的总纲，纲举目张，整个民商事立法都应当在民法总则的统辖下具体展开。在此之后，民法典各分编的编纂工作全面展开，2019 年 12 月 16 日，全文共计 1260 条的《中华人民共和国民法典（草案）》对外公布，向全社会征求意见。2020 年 5 月 28 日，最终通过了中华人民共和国成立以来的第一部《民法典》。《民法典》第 1260 条规定：“本法自 2021 年 1

① 参见李建国：《关于〈中华人民共和国民法总则（草案）〉的说明》。
② 《民法典》生效后，该法已被废止。

月 1 日起施行。《中华人民共和国婚姻法》、《中华人民共和国继承法》、《中华人民共和国民法通则》、《中华人民共和国收养法》、《中华人民共和国担保法》、《中华人民共和国合同法》、《中华人民共和国物权法》、《中华人民共和国侵权责任法》、《中华人民共和国民法总则》同时废止。”

（二）编纂民法典的意义

1. 推进民事立法的体系化

我国民法典的颁布有力地促进了民事立法的体系化。一方面，就内部体系而言，民法典按照“总-分”结构，形成由总则、物权、合同等构成的完整体系。各分编也在总则所包含的价值和原则指引下形成了由概念、规则、制度构成的、具有内在一致性的整体，实现了形式的一致性、内容的完备性以及逻辑自足性，最终形成民法典中自成体系又密切联系的物权编、合同编、人格权编、婚姻家庭编、继承编、侵权责任编等体例。另一方面，就外部体系而言，民法典的颁布有效衔接了民法典和单行法，有利于消除民法典与单行法之间的冲突和矛盾。此外，民法典有助于制度的科学化，为良法善治奠定基础。民法典作为上位法，可以有效指导行政法规等的制定，并促进行政法规等规范性文件与民法典保持一致，有利于避免民法规范与行政法规、地方法规等的矛盾冲突，可有效地防止政出多门，保障交易主体稳定的预期，维持市场经济的正常运行。

2. 有效提升国家治理体系和治理能力的现代化

国家治理体系和治理能力现代化的主要特征是实现法治，即全面依法治国，其中的核心在于规范公权力，保障私权利。民法典建立起完备的民事权利体系，构建和完善了民事权利保护和救济规则，鼓励个人积极维护自身权利，将有利于规范公权。民法典的各项规则为各级政府依法行政明确了边界，国家机关要把民法典作为行政决策、行政管理、行政监督的重要标尺，不得违背法律法规随意作出减损公民、法人和非法人组织合法权益或增加其义务的决定，这必将有力推动政府治理能力的提升。另一方面，作为社会生活百科全书，民法典通过合理的架构为民事活动提供各种基本准则，为交易活动确立基本的规则依据，为各种民事纠纷的预防和解决提供基本的遵循。此外，民法典还确立了“负面清单”管理模式，有效地处理了个人与个人、个人与社会、个人与国家的关系，在对个人的保护中，同时强调对公共利益的维护，以实现个人和社会之间关系的平衡，必将推动社会共建共治共享、促进社会和谐有序。

3. 完善社会主义市场经济法律体系

社会主义市场经济本质上是法治经济。民法各项制度根植于市场经济的土壤，但其也反作用于市场经济，是市场经济有序发展的重要制度保障。习近平同志指出，“……民法典，是一部体现对生命健康、财产安全、交易便利、生活幸福、人格尊严等各方面权利平等保护的民法典”①。我国《民法典》总则编所规定的诚实信用、公平原则等，确立了市场主体活动的基本原则，为诚信经济的建立提供了法律保障；民法典总则编中的民

---

① 2020 年 5 月 29 日习近平在十九届中共中央政治局第二十次集体学习时的讲话。

事主体涵盖了市场主体；民事法律行为制度、代理制度为市场主体从事交易活动提供了巨大的便利；民法的物权制度、合同制度是市场经济最基本的规则，是支撑市场经济的两根最重要的法律支柱，民法的担保制度也为融通资金、繁荣经济、保障债权提供了有力的制度保障。编纂民法典不仅完善了市场经济基本的法律制度，而且有利于创造良好的营商环境，并充分调动民事主体的积极性和创造性、维护市场交易秩序和交易安全。①

4. 为实现人民群众美好幸福生活提供保障

民法典的要义是为民立法，以民为本。“人民的福祉是最高的法律”。编纂民法典，就是顺应保障人民群众美好幸福生活的要求，形成更加完备、更加切实的民事权利体系，完善权利保护和救济规则，形成较为有效的权利保护机制，使人民群众享有更多、更直接、更实在的获得感、幸福感和安全感。我国《民法典》充分保障人民群众美好幸福生活，主要表现在以下几方面：一是通过人格权编充分保障人格尊严。在进入新时代以后，我国作为世界第二大经济体，人民物质生活条件得到了极大改善，在基本温饱得到解决之后，人民群众就会有更高水平的精神生活追求，就希望过上更有尊严、更体面的生活。因此，“保护人格权、维护人格尊严，是我国法治建设的重要任务”②，党的二十大报告强调，“加强个人信息保护”，这就充分回应了时代的需要，强化了对人格权的保护。二是《民法典》通过各项制度安排充分保障人民群众的物质生活需求。党的二十大报告指出，要“依法保护民营企业产权和企业家权益”，要“深化农村土地制度改革，赋予农民更加充分的财产权益。保障进城落户农民合法土地权益”，要“加强知识产权法治保障”，这些都宣示了对财产权的保护。三是《民法典》通过各项民事责任制度充分保障人民的合法权益。《民法典》通过各项规则守护百姓“舌尖上的安全”“车轮上的安全”“头顶上的安全”等财产和人身安全。

5. 弘扬社会主义核心价值观

社会主义核心价值观是社会主义核心价值体系的内核，《民法典》第 1 条开宗明义地指明，我国民法典的立法目的之一是，弘扬社会主义核心价值观。民法典吸收五千年中华优秀传统文化精华，继承重家庭、讲仁爱、守诚信、尚互助、促和谐的法律传统，弘扬中华民族传统美德，强化规则意识，增强道德约束，倡导契约精神，弘扬公序良俗。③民法典对于社会主义核心价值观的弘扬，主要表现在如下几个方面：一是民法确认平等原则，强化了对财产权的平等保护。这些都是法律面前人人平等原则的具体化，也是反对特权、反对歧视等社会现实的要求。二是民法确认自愿原则，贯彻私法自治理念，贯彻了“法无禁止皆自由”的精神。这实际上进一步弘扬了自由的理念。三是民法确认了诚实信用原则，要求从事民事活动，遵循诚信原则，秉持诚实、恪守承诺，大力提倡契约精神。这有利于强化人们诚实守信、崇法尚德，有利于维护社会正常的生活和交易秩

---

① 参见王晨：《关于〈中华人民共和国民法典（草案）〉的说明》。

② 沈春耀作关于民法典各分编（草案）修改情况和民法典（草案）编纂情况的汇报，载《人民日报》，2018-08-28。

③ 参见李建国：《关于〈中华人民共和国民法总则（草案）〉的说明》。

序。四是民法确认了公序良俗原则，禁止滥用私权，强调行使民事权利必须履行民事义务，鼓励见义勇为和救助行为，致力于构建和睦的人际关系。五是重视家庭的和睦，弘扬家庭美德，重视家庭文明建设。中华民族的传统美德就是敬老爱幼、重视治国齐家，重视家庭和睦和社会和谐，家庭成员应当敬老爱幼，互相帮助，维护平等、和睦、文明的婚姻家庭关系。

6. 为依法行政、公正司法提供基本遵循

民法典具有基础性和典范性，为依法行政、公正司法提供基本遵循。正如习近平同志指出的，“有关政府机关、监察机关、司法机关要依法履行职能、行使职权，保护民事权利不受侵犯、促进民事关系和谐有序……民法典实施水平和效果，是衡量各级党政机关履行为人民服务宗旨的重要尺度”[①]。《民法典》对于依法行政、公正司法的作用还表现在：一是资信集中，方便找法。法典化的一个重要优势在于“资信集中”。民法典的权威性和简化性，有助于“降低法律适用者搜寻成本，同时减少裁判恣意”[②]。可以说，执法者、法官只要有一部民法典在手，并通过领略其规则和精神，就可以找到民事裁判的主要依据。二是统一裁判依据。民法典的颁行可以保障法官裁判依据的统一性，正是因为法律适用具有一致性，法官的自由裁量权将在规范的约束下进行，保障法官平等、统一地对不同案件作出判决，实现判决结果的可预测性，符合“类似情况类似处理”的要求，从而实现法的安定性。[③] 三是提升执法和司法人员的能力。由于“法典集中了某一部分的所有法律规范，具有内在的体系性和完备性，从而容易为人所知晓其全部内容”[④]，它不仅可以起到举一反三、触类旁通的效果，而且为通过法律解释来填补法律漏洞提供了制度性空间。民法典颁布后，执法和司法人员如果能够真正学懂、弄通民法典的规则，就可以基本把握处理和裁判民事纠纷的基本规则，并能够形成体系化的思维方式来处理民事纠纷。

二、我国民法典的体系

（一）大陆法系国家经典的民法典体系

民法典体系包括形式体系（外在体系）和价值体系（内在体系）两方面。[⑤] 形式体系是指民法典的各编以及各编的制度、规则体系，价值体系是指贯穿于民法典的基本价值，包括民法的价值、原则等内容。大陆法系国家的民法典历来以私法自治为价值展开体系。[⑥]

---

① 2020年5月29日习近平在十九届中共中央政治局第二十次集体学习时的讲话。

② 苏永钦：《民事立法与公私法的接轨》，51页，北京，北京大学出版社，2005。

③ 参见梁慧星：《中国民法典编纂的几个问题》，载《人民法院报》，2003-04-30。

④ 石佳友：《民法法典化的方法论问题研究》，33页，北京，法律出版社，2007。

⑤ Vgl. Franz Bydlinski，System und Prinzipien des Privatrechts，Springer Verlag，Wien/New York，1996，S. 48ff.

⑥ 意思自治与私法自治基本上是同义语。但两者有一定的区别，意思自治与私法自治的关系表现在：前者是后者的重要组成部分，但不完全等同。因为私法自治是私法领域中最基本的原则，而私法包括民法、商法等实体法。而意思自治是民事实体法中的基本原则，所以，意思自治应当包括在私法自治的内容之中。

私法自治是指民事主体依法享有在法定范围内广泛的行为自由，并可以根据自己的意志产生、变更、消灭民事法律关系。凡是法律不加以禁止的领域，私法主体都可以实行意思自治，这就是所谓“法不禁止即自由”的法治理念。近几十年来，随着社会的发展和高科技的进步，民法的人文价值得到进一步发展，进入21世纪以来，尊重与保护人权已经成为整个国际社会的普遍共识。尤其是随着社会的发展，人格权和侵权行为已经成为民法新的增长点，这正凸显了人文关怀的价值。我国《民法典》不仅确立了私法自治的理念，而且以“关心人、培养人、发展人、使人之为人”作为立法的基本使命，尊重人的价值，尊重人的尊严，保护社会弱者利益，实现社会实质正义，从而彰显了人文关怀的精神。

就形式体系（外在体系）而言，从世界范围来看，大陆法国家具有两种具有代表性的民法典体系。

（1）罗马式，它是由罗马法学家盖尤斯（Gaius）在其《法学阶梯》（institutiones）一书中提出的，优帝编制法律时采用了这种形式，将民法分为人法、物法和诉讼法。这种三编的编纂体系被《法国民法典》接受。《法国民法典》剔除了其中诉讼法的内容，并把物法分为财产及对所有权的各种限制和取得财产的各种方法，从而明确规定了人法、财产法、财产权取得法三编。瑞士、比利时、意大利等欧洲大陆国家民法采纳此种模式。[①] 但近几十年来，法国率先突破了自己的三编制体系，为适应金融担保的需要，单设了担保一编。

（2）德国式，它是罗马法大全中的《学说汇纂》所采用的体例，该体系是潘德克顿（Pandekten System）学派在注释罗马法特别是在对《学说汇纂》的解释的基础上形成的。该体系把民法典分为五编：总则、债法、物权、亲属、继承。其通过“提取公因式”的方式规定了总则，规定民法共同的制度和规则，在民事权利中区分了物权和债权，把继承单列一编，从而形成了较为完整、明晰的体系。大陆法系许多国家与地区都接受了德国式民法典体系，如日本、泰国、韩国、葡萄牙、希腊、俄罗斯等国家以及我国台湾地区、澳门特区的民法。不过，日本在继受德国式时，采纳了萨克逊式体例，将物权置于债权之前。[②]

应当看到，最近几十年来制定的民法典，如《荷兰民法典》《魁北克民法典》等，都采取了与德、法民法典有所不同的体例安排。总的来说，民法典体系虽然反映了民法的发展规律，但也要根据本国的法律传统、现实需求而相应地发展变化，不存在一成不变、普遍适用于各国的民法典体系。比如，《荷兰民法典》就根据其海运发展的现实需要而单设运输一编，而《魁北克民法典》出于保障债权的需要而单独设立了“优先权和抵押权”一编。

虽然这两大体系对大陆法系各国民法典的影响很大，但由于五编制最突出的特征在于通过提取公因式的方法抽象出了总则，减少了重复的规定或定义[③]，避免立法中的“叠

---

①② 参见郑玉波：《民法总则》，40页，北京，中国政法大学出版社，2003。

③ 参见［德］哈里·韦斯特曼：《德国民法基本概念》，张定军等译，10页，北京，中国人民大学出版社，2013。

床架屋”，因此大陆法系许多国家与地区都接受了德国式民法典体系。在我国，自清末变法以来，对德国民法的继受成为我国民事立法与理论研究的主流。中华民国民法更是深受《德国民法典》的影响，如梅仲协先生就曾指出：“现行民法采德国立法例者十之六七，瑞士立法例十之三四，而法日苏联之成规，亦尝撷一二。”①

作为世界上最新的民法典，我国《民法典》固然借鉴了其他民法典的成功经验和做法，但更注重回应社会现实需求和体现时代发展特色，产生了不少亮点。其中，最令人瞩目的是民法典体系的创新，即在系统总结我国立法和司法实践经验的基础上，我国《民法典》采用的是七编制体例，将总则置于各编之首，统领分编；将物权、合同、人格权、婚姻家庭、继承五编并列，用以完整保护民事主体的各项权利；将侵权责任编置于最后，作为民事权利救济规范的集合。这种体系创新使我国《民法典》不同于世界上其他任何一部民法典，是我国《民法典》对世界范围内民事立法作出的重大贡献，也是我国《民法典》屹立于世界民法典之林的牢固基础。

（二）我国民法典的体系

我国《民法典》采取了七编制体例，即由总则、物权、合同、人格权、婚姻家庭、继承、侵权责任七编构成。具体而言：

（1）总则编。《民法典》第一编总则分为 10 章，具体包括“基本规定”“自然人”“法人”“非法人组织”“民事权利”“民事法律行为”“代理”“民事责任”“诉讼时效”“期间计算”。民法总则作为民法典的奠基部分，主要包括普遍适用于民商法各个部分的基本规则，它统领整个民商事立法，因而构成民法典中最基础、最通用，同时也是最抽象的部分。《民法典》总则编以《民法通则》为基础，确立私法主体的平等地位，注重保障自然人的人格尊严，弘扬私法自治，强化私权保障理念。民法典之所以被称为“民事权利的宣言书”，正是因为民法总则确立的完整的权利保障体系在各分编得以充分展开。《民法典》总则编所广泛确认的人格权、物权、债权、知识产权、亲属权、继承权等权利，为各分编的制定提供了依据，决定着《民法典》的体系安排。

（2）物权编。依据《民法典》第 205 条规定，物权编是调整有关因物的归属和利用而产生的民事关系的规范，该编共计 258 条，其内容包括通则、所有权、用益物权、担保物权和占有五个分编。物权编的体系包括如下内容：一是通则，所谓通则，是指物权的一般规则和共同规则。二是所有权制度。物权编第二分编规定了所有权，在所有权这一分编中，包括一般规定、国家所有权和集体所有权、私人所有权、业主的建筑物区分所有权、相邻关系、共有、所有权取得的特别规定。三是用益物权制度。《民法典》物权编的第三分编规定了用益物权。在用益物权一编中，规定了土地承包经营权、经营权、建设用地使用权、宅基地使用权、居住权、地役权；此外，还规定了海域使用权、探矿权、采矿权、取水权和养殖捕捞权等准用益物权。四是担保物权制度。《民法典》物权编第四分编规定了担保物权。在该编中，规定了一般规定、抵押权、质权、留置权。担保物权设定的主要目的是担保债权的实现，尤其是合同之债的履行。五是占有制度。《民法

① 梅仲协：《民法要义》，序言，北京，中国政法大学出版社，1998。

典》物权编第五分编规定了占有制度。物权编以专章的形式（第五分编第 20 章）对占有作出规定，对于保护财产既存关系、维护财产秩序具有重要意义。

（3）合同编。合同编是调整有关合同的订立、履行、保全等法律关系的规范，该编共计 526 条，条文在民法典中超过 1/3，分为通则、典型合同和准合同三个分编：第一分编为通则，通则是关于合同的一般规则，或者说是所有典型合同共同适用的规则，也就是合同法的总则，其主要规范合同的订立、合同的效力及合同的履行、保全、变更和转让、终止、违约责任等问题。此外，该分编中还包括了有关债的规则。第二分编为典型合同，所谓典型合同，也就是有名合同，合同编一共规定了 19 种典型合同，包括买卖合同，供用电、水、气、热力合同，赠与合同，借款合同，保证合同，租赁合同，融资租赁合同，保理合同，承揽合同，建设工程合同，运输合同，技术合同，保管合同，仓储合同，委托合同，物业服务合同，行纪合同，中介合同，合伙合同。第三分编是准合同。在该分编中，规定了无因管理、不当得利制度，严格地说，这些内容都属于传统债法的内容，本不应当规定在合同编，但由于我国民法典没有设置独立的债法总则，而合同编在一定程度上又发挥了债法总则的功能，所以将这些法定之债的内容作为准合同，规定在合同编之中。

（4）人格权编。人格权编共计 51 条，其内容分为 6 章，即一般规定，生命权、身体权和健康权，姓名权和名称权，肖像权，名誉权和荣誉权，隐私权和个人信息保护。该体系由人格权编总则与分则两部分构成：一是总则。它是关于人格权基本规则的规定，集中在第一章一般规定中，总则确立了人格权一般性、共通性的法律规则。二是分则。它是关于具体人格权的规定。该编从第二章至第六章就是具体人格权的特殊规则。民法典人格权编从第二章到第六章都是对具体人格权的详细规定，具体人格权是按照物质性人格权和精神性人格权具体展开的。人格权编通过总分结构的设计安排，构建了人格权制度的完整体系。

（5）婚姻家庭编。婚姻家庭编是调整婚姻关系和家庭关系的法律规范的总和，我国《民法典》婚姻家庭编是在原《婚姻法》《收养法》的基础上经过修改、补充而形成的，共分为五章，具体包括一般规定、结婚、离婚、家庭关系、收养，共计 79 条。该编的特点在于：以婚姻关系为核心调整婚姻关系，同时也调整家庭关系，注重树立优良家风，弘扬家庭美德，重视家庭文明建设，目的在于保持中华民族传统的尊老爱幼、家庭和谐等优良传统美德，该编既注重保护家庭成员的权利，也注重家庭成员义务的履行和保障。

（6）继承编。继承编主要调整因为财产继承而产生的民事关系，该编一共分为 4 章，即一般规定，法定继承，遗嘱继承和遗赠、遗产的处理，共计 45 条。该编的特点在于：一方面，为落实宪法关于保护继承权的规定，该编强化了对私有财产的延续性保护，全面保障继承权。遗产的概念较之以往更为抽象、概括，保持了遗产范围的开放性，更有利于财产权的保护。另一方面，该编注重弘扬社会主义核心价值观，维护家庭成员的和睦、和谐，鼓励家庭成员之间的相互扶助。在遗产分配中，不限于血缘关系，也注重家庭成员之间的相互扶养。该编不仅强化继承权的男女平等，而且强调家庭成员之间的平等，同一顺序的继承人，原则上是平等的。此外，该编尊重遗嘱自由，强化遗嘱自由原则的保障和贯彻，取消了公证遗嘱的绝对效力，增加了打印和录像遗嘱两种遗嘱形式。

（7）侵权责任编。《民法典》侵权责任编共分为10章，共计95条，该编是按照“总则＋分则”的模式来构建其自身的体系。总的来说，侵权责任编的分则体系是按照如下两条线索构建的：一是归责原则的特殊性。即适用过错推定责任的侵权行为，（如物件致人损害责任）、适用严格责任展开的侵权行为（如产品责任、环境污染责任、高度危险责任以及饲养动物损害责任），规定在分则中。二是责任主体的特殊性。侵权责任编第三章所包括的各类侵权行为，具有责任主体的特殊性，表现在“侵权行为实施主体和侵权责任承担主体的分离”。在这些侵权类型中，当某一行为人实施侵权行为之后，非致害行为实施者需要对他人行为承担责任，就产生了所谓的替代责任或转承责任（vicarious liability），并在此基础上构建了侵权责任法体系。

我国《民法典》七编制的模式既借鉴了大陆法系国家民法典的经验，又为了回应当代中国的实践需要和时代需要而进行了体例上的创新，主要表现在：一是以民事权利为中心而构建，即由物权、合同债权、人格权、婚姻家庭中的权利（亲属权）、继承权以及对权利进行保护的法律即侵权责任编所构成。这表明我国的民法本质上是一部权利法，民法典各编通过全面保障民事权利，全面体现和贯彻了法治的价值。与五编制相比，七编制的权利体系更完整，既全面囊括了物权、债权、婚姻家庭中的权利（亲属权）和继承权，还对人格权进行了体系化的规范。二是体系的重大创新。这些创新体现在人格权独立成编、侵权责任独立成编以及合同编通则发挥债法总则的功能。三是民法典的体系是以从权利到救济的逻辑体系而展开的。民法典各编分别规定各项权利制度之后，又规定侵权责任制度。在七编制下，首先确认了各项基本的民事权利，最后规定了保护权利的侵权责任编，因此，我国民法典的整体框架思路是从“确权”到“救济”，始终以权利为中心来构建民法体系。四是民法典各编自成体系，其主要是按照总分结构来构建的。这些创新充分体现了我国民法典的中国特色、实践特色和时代特色。

第四节　民法的性质

一、民法是私法

公法和私法的区分最初由罗马法学家乌尔比安提出，并被《学说汇纂》所采纳。关于公法和私法的分类标准极不统一，主要存在三种不同的划分标准：第一，利益说，即根据法律保护的利益涉及的是公共利益还是私人利益区分公法和私法。此种标准最初为乌尔比安所倡导。第二，隶属说，也称为“意思说”，此种观点为德国学者拉邦德倡导，他认为应根据调整对象是隶属关系还是平等关系来区分公、私法，公法的根本特征在于调整隶属关系，私法的根本特征在于调整平等关系。第三，主体说，该说由德国学者耶律内克所倡导。此种观点认为，应当以参与法律关系的各个主体为标准来区分公法和私法，如果这些主体中有一个是公权主体，即法律关系中有一方是国家或国家授予公权的组织，则构成公法关系。该学说为现代公法、私法划分的通说。

20世纪以来，由于国家干预经济的加强，传统的私法中渗进了公法的因素，出现了私法公法化的现象，公法中的义务介入私法领域，对民事权利构成了一定的限制。据此，很多学者认为，公法和私法发生了部分的融合，不应当再区分所谓的公法和私法，并认为民法即私法的观点已难成立。

上述各种分类标准都是相对合理的，不可能存在一种绝对合理的划分标准。应当将社会关系的性质和主体的性质结合起来，作为区分公法和私法的标准。从原则上说，凡是平等主体之间的财产关系和人身关系都属于私法关系，而具有等级和隶属性质的关系属于公法关系；私法关系的参与主体都是平等主体，国家介入也是作为特殊的民事主体来参与的，而公法关系中必然有一方是公权主体，其参与社会关系也仍然要行使公权力。

在我国，区分公法和私法的意义是重大的。长期以来，我国一直否认公法、私法的划分，认为在社会主义公有制下，国家广泛参与社会生活，经济关系和人身关系都有国家干预的色彩，所以社会主义国家的法律都具有公法性质，而不存在私法。这种观点显然是计划经济的反映，导致在实践中过分强调国家利益和国家干预，漠视了私人利益和私人自主调整。此种否认公法、私法分类的观点显然不符合我国社会主义市场经济的实践，也不利于社会主义民主法治的完善。区分公法、私法的意义主要体现在以下方面。

（1）由于民法是私法，因此，要贯彻私法自治原则，赋予民事主体广泛的行为自由，并使当事人之间的合法约定能够具有优先于任意法适用的效力。按照私法自治原则，民事主体有权在法定的范围内根据自己的意志从事民事活动，通过民事法律行为构建其法律关系。在市场经济条件下“尽可能地赋予当事人行为自由是市场经济和意思自治的共同要求”①。民事关系特别是合同关系越发达、越普遍，则意味着交易越活跃，市场经济越具有活力，社会财富才能在不断增加的交易中得到增长。私法不仅给每个人提供了必要的发展其人格的可能性，而且由私法赋予的决策自由往往对主体而言更为有利。② 在纠纷发生后，如果涉及私法关系，产生的就是私法上的后果，即当事人个人之间的责任；如果涉及公法关系，则产生个人对国家如何负责的问题。③

（2）在公法领域中，公共权力必须法定，“法无授权不可为”，没有国家法律的明确授权，公权力机关就不得任意行为。而在私法领域，奉行私法自治的理念，法无禁止即可为，其赋予了当事人广泛的自由。这两项原则也符合“规范公权、保障私权”的法治理念。

（3）有助于正确认定法律责任的性质。出现社会纠纷以后，如果涉及私法关系，产生的就是私法上的后果，即当事人之间的责任；如果涉及公法关系，则产生个人对国家如何负责的问题。私法规范的是民事法律关系，而公法主要规范行政法律关系。私法强调对公民、法人的合法民事权利的保护，充分尊重民事主体在法定的范围内所享有的行为自由，尊重民事主体依法对自己的民事权利和利益所作出的处分④，而公法则更注重对民事关系的干预和对社会经济生活的管理。

（4）有助于明确民法规范的基本属性。明确民法为私法，就是要在民法中尤其是在

---

① 江平：《市场经济和意思自治》，载《中国法学》，1993（6）。

② 参见［德］迪特尔·梅迪库斯：《德国民法总论》，邵建东译，14页，北京，法律出版社，2000。

③ 参见谢怀栻：《外国民商法精要》，51～52页，北京，法律出版社，2002。

④ 参见梁慧星：《民法总论》，29页，北京，法律出版社，1996。

合同法中尽量减少强行性规范，努力扩大任意性规范的数量。在民法中，原则上当事人有约定时依约定，无约定时则依法律规定，当事人的约定要优先于法律的任意性规定而适用。我国民事立法中要尽量减少有关国家行政机关的管理规则，减少对当事人从事合法的民事行为所施加的限制。有关对民事关系进行限制和干预的规则应由公法而不是由民法予以规定。

最后需要指出的是，民法只是私法最主要的部分，不完全等同于私法，或者说，民法是私法的核心部分。[①] 除民法之外，国际私法等也应当属于私法的组成部分。

二、民法是市场经济的基本法

从民法的内容来看，民法调整的财产关系实际上主要就是财产归属关系和财产流通关系。恩格斯指出，民法是“将经济关系直接翻译成法律原则”[②]，其只是“以法的形式表现了社会的经济生活条件”[③]。这就深刻地阐述了民法与市场经济的联系。欧洲中世纪后期，资本主义商品生产和交换在封建的自然经济的空隙中产生和发展，促使了罗马法的复兴。1804 年的《法国民法典》以罗马法为蓝本，巧妙地运用法律形式把刚刚形成的资本主义社会的经济规则直接译成法的语言，从而“成为世界各地编纂一切新法典时当做基础来使用的法典”[④]。列宁在“十月革命”胜利后，就提出了要按商业原则管理经济，因此需要制定民法典。他说，当前的任务是发展民事流转，这是新经济政策的要求，而这样就要求加强革命法制。马克思主义经典作家的思想为了解民法与市场经济的关系、把握民法的发展规律提供了理论指导。

在市场经济条件下，财产归属关系是财产交易的前提，而交易的最终目的也是财产的归属转换。马克思在描述商品交换过程时指出：“商品不能自己到市场去，不能自己去交换。因此，我们必须找寻它的监护人，商品占有者……为了使这些物作为商品彼此发生关系，商品监护人必须作为有自己的意志体现在这些物中的人彼此发生关系，因此，一方只有符合另一方的意志，也就是说，每一方只有通过双方共同一致的意志行为，才能让渡自己的商品，占有别人的商品。可见，他们必须彼此承认对方是私有者。”[⑤] 这就表明商品关系的形成必须具备三个条件：一是必须要有独立的商品“监护人”（所有者）；二是商品交换者必须对商品享有所有权；三是商品交换者必须意思表示一致。这就是在交换过程中形成的商品关系的内在要求，与此相适应，形成了以调整财产所有和财产交换为目的，由民事主体、物权、债和合同等制度组成的具有内在联系的民法体系。民法就是按照市场经济的内在要求来构建的，符合市场经济的基本运行规律。

由于民法是市场经济的基本法，我国实行民商合一的立法体例，因此，市场主体从事各种活动，应当遵循民法的基本规则，我国《民法典》所确认的意思自治、合同自由、

---

① 参见［德］卡尔·拉伦茨：《德国民法通论》（上册），王晓晔等译，8 页，北京，法律出版社，2003。

② 《马克思恩格斯文集》，第 10 卷，598 页，北京，人民出版社，2009。

③ 《马克思恩格斯文集》，第 4 卷，307 页，北京，人民出版社，2009。

④ 《马克思恩格斯文集》，第 10 卷，598 页，北京，人民出版社，2009。

⑤ 《马克思恩格斯选集》，第 2 卷，3 版，127～128 页，北京，人民出版社，2012。

诚实守信等价值理念将成为市场经济的基本准则。《民法典》所确认的平等保护财产权、人身权等原则、规则，也激活了市场主体的活力，维护了交易安全和秩序，保障了市场经济的正常运转。《民法典》还构建了完善的合同制度、担保制度，这既是市场交易的基本准则，也是市场经济有序发展的根本保障。如果要确认我国的经济是以平等、等价和自由竞争、由市场引导生产要素自由流转和组合的市场经济，那么就应当充分贯彻意思自治、诚实信用、鼓励交易、公平正义等价值理念，尽量减少国家对经济生活的干预，加强对民事主体权利的保障。所以，市场经济的成熟在很大程度上是以民商事规则的成熟为标志的。

三、民法是市民社会的百科全书

市民社会（civil society），原指伴随着西方现代化的社会变迁而出现的，与国家相分离的社会自组织状态。现代社会中的每个社会成员，既是市民社会的成员，也是国家的公民，其以市民社会成员的身份与他人形成各种民事关系以实现自己的权利，必然要求获得民法上的保护。正是从这个意义上说，民法是市民社会的权利典章，是市民社会中民事权利的保护神①，而市民社会的关系都要求通过民法的调整来实现市民社会的正常秩序。民法作为市民社会的基本法，其所调整的人身关系和财产关系涉及社会生活的方方面面，直接关系到人民群众的切身利益和社会的生产生活秩序。

民法典作为市民生活的百科全书，将人民生活所形成的法律关系作为调整对象，完整覆盖了社会生活的各个方面。民法典直接关系着人民群众的切身利益和社会的生产生活秩序，与每个人的生活息息相关，实现对人“从摇篮到坟墓”各个阶段的保护，每个人都将在民法慈母般爱抚的眼光下走完自己的人生旅程。例如，在司法经验的基础上，民法典侵权责任编中新增了“人格物”的保护规则，规定了侵害人格物的精神损害赔偿。民法典强化人文关怀，对未成年人、精神障碍者等弱势群体，民法典通过监护等制度充分保护其合法利益。民法典也对妇女群体进行特殊保护，禁止家庭暴力，禁止性骚扰。此外，民法典还对老年人群体进行特殊保护，规定了成年监护、居住权、生命尊严等制度，其中，生命尊严能充分体现临终关怀，据此未来可建立生前预嘱等制度，从而确保人在生命的所有阶段都能充分享有尊严。

四、民法是权利法

民法典是全面保障私权的基本法，其立法宗旨就是“保护民事主体的合法权益”，习近平同志指出，民法典“是一部体现对生命健康、财产安全、交易便利、生活幸福、人格尊严等各方面权利平等保护的民法典”②，故其是权利法，是权利保护法，是私权保障的宣言书，其核心功能是确认和保障私权。私权的保障彰显了人民的根本利益，是确保人民

---

① 参见胡宝海：《民法上的人》，3页，北京，中国社会科学出版社，1999。

② 2020年5月29日习近平在十九届中共中央政治局第二十次集体学习时的讲话。

群众享受美好生活的前提和基础，更是促进人民群众追求美好生活的动力。因此，民法典通过保障民权，实现人民的福祉，确保人民的美好幸福生活，为法治社会奠定基础。

我国民法典以民事权利的确认与保护为核心，民事权利的保护既是民法典的出发点，也是其落脚点。我国民法典在民事权利保障方面具有如下特点：一方面，在体系安排上，民法典分则各编先列举物权、合同债权、人格权、婚姻家庭中的权利以及继承权，最后以侵权责任编结束和兜底，其体系构建整体上坚持了从权利到救济的思路。另一方面，我国民法典所保护的民事权益范围具有开放性，其不仅构建了完整的民事权利体系，而且还保护各种新型的利益，扩张了民事权益的保护范围，适应了社会生活发展的需要。此外，民法典提供了较为完整的救济措施和损害预防手段，《民法典》第179条规定了11种责任承担方式，用各种责任形式保护民事权利。在侵权责任编中，《民法典》第1167条确认了预防性的责任承担方式，除此之外，又在侵权责任编第二章“损害赔偿”中全面规定了损害赔偿责任，其中包括了侵害财产权、侵害人身权的损害赔偿责任，损害赔偿又具体包括了财产损害赔偿、精神损害赔偿以及惩罚性赔偿。除侵权责任外，民法典还在物权、人格权等编中规定了独特的物权请求权、人格权请求权，这就形成了绝对权请求权与侵权责任编中的损害赔偿请求权的有效衔接。

五、民法是人法

21世纪是权利的世纪，是弘扬人格尊严和维护人的价值的世纪。党的二十大报告明确提出：“坚持走中国人权发展道路，积极参与全球人权治理，推动人权事业全面发展。”当今世界，尊重与保护人权已经成为国际社会的共识，并成为当代法律关注的重点，对人的尊重和保护被提升到前所未有的高度。“在民法的慈母般的眼里，每一个个人就是整个的国家。”[①] 我国民法典充分反映这样的时代精神，全面彰显人文关怀精神，成为充分关心人、爱护人、保障人的尊严的法律。我国民法之所以是人法，主要表现在：

一是强化了对个人人格尊严的保护，人格权法之所以独立成编，主要目的就是要落实宪法关于维护个人人格尊严的原则。人格权编规定各项具体人格权，都是为了维护个人的人格尊严；同时，人格权编规定一般人格权，以人格尊严作为认定人格利益的标准，主要也是为了维护个人的人格尊严。

二是民法典在维护形式正义的前提下，也注重对弱势群体的关怀，强化了对妇女、儿童、消费者等弱势群体的保护，以维护实质正义。例如，民法典合同编确认了强制缔约、对格式条款的规制等一系列规则，也是考虑到了相关主体缔约能力的不足，体现出对消费者的倾斜保护。

三是对未成年人的保护。我国民法典充分体现未成年人利益最大化原则。例如，在监护制度中，监护人履行监护职责必须以被监护人利益最大化为原则。再如，民法典在规定收养的条件时，要求收养人不得有犯罪记录等。此外，在婚姻家庭和继承关系中，民法典也注重保护胎儿、未成年人的利益。例如，在离婚制度中，在子女抚养方面，民

---

① ［法］孟德斯鸠：《论法的精神》（下册），张雁深译，190页，北京，商务印书馆，1997。

法典要求法院要以有利于未成年子女的原则作出判决。再如，民法典总则编与继承编对胎儿的继承利益作出了规定，要求为胎儿保留继承份额，等等。

六、民法主要是实体法

按照法律规定的内容不同，法律可以分为实体法与程序法。实体法一般是指规定主要权利和义务（或职权和职责）的法律，程序法一般是指保障权利和义务得以实施的程序的法律。[①] 一般认为，民法是实体法，民事诉讼法是程序法。从我国民法典的内容来看，其也主要是实体法规范。当然，民法典作为实体法，既是行为规范，又是裁判规范。民法典主要是行为规范，但也不限于行为规范，例如，民法关于权利能力的规定等就不是行为规范。民法典作为行为规范主要具有两个方面的功能：一是确立交易规则；二是确立生活规则。一方面，民法典作为交易规则，为交易当事人从事各种交易行为提供明确的行为规则，使其明确自由行为的范围、逾越法定范围的后果和责任，从而对其行为后果产生合理预期。另一方面，民法典作为社会生活的规则，它是人们长期以来生活习惯的总结，确立了人与人正常交往关系的规范，是社会公共道德和善良风俗的反映。按照民法的规则行为，有助于建立人与人正常和睦的生活关系，维护社会生活的和谐与稳定。

民法典也是司法机关正确处理民事纠纷所要依循的基本准则。“民法属于行为规范，对于此种规定如不遵守，而个人相互之间惹起纷争时，就得向法院诉请裁判，此时法院应以民法为其裁判之准绳。”[②] 民法典为司法裁判提供了一套基本的体系、框架、规范和术语，力求通过法律的制定使整个司法过程都处于法律的严格控制之下。此外，民法典也对法官行使的自由裁量权作出了必要的限制。在民法中，裁判规范也可以分为两类：一类是具体的裁判规则，如《民法典》第 50 条关于在何种情形下，人民法院可以撤销死亡宣告的规定；另一类就是授予法官自由裁量权的基本规则和一般条款。在现代社会，法官不得以法无明文规定而拒绝对民事案件的裁判，也不得以法律规定不明确而拒绝援引法律条文。就民事案件的裁判而言，法官所应依据的基本规则就是民法典。

第五节　民法与其他法律部门的关系

一、民法和宪法

宪法是国家根本大法，是社会主义法律体系的基础，宪法与民法虽然是两个不同的法律部门，但两者之间也存在密切的联系，作为国家根本法的宪法，是民法的制定依据，

① 参见沈宗灵主编：《法理学》，332 页，北京，高等教育出版社，1994。

② 郑玉波：《民法总则》，15 页，北京，中国政法大学出版社，2003。

尤其是宪法关于公民基本权利的规定是民事权利的上位法依据。因此，我国《民法典》在第1条开宗明义地规定“根据宪法，制定本法”，这一规定包含如下含义：一方面，表明宪法具有最高的法律效力，民法典的规范不得与宪法的规定相抵触。在我国，宪法是国家的根本大法，是治国安邦的总章程，是保障国家统一、民族团结、经济发展、社会进步和长治久安的法律基础。要维护法制的统一，首先必须保障宪法的实施，维护宪法的权威。① 同时，宪法对于民法的解释、适用也具有重要的指导意义。在我国，虽然宪法尚不具有可司法性，法官也不能直接援引宪法裁判民事案件，但在司法实践中，法官仍然可以以宪法规范作为价值指导，适用民法裁判规则，并对民法规范进行合宪性解释，也可以援引宪法作为论证依据。另一方面，民法典规范的价值和效力来源于宪法规定。②这就是宪法学者所说的“法源法定”。在民法典编纂过程中，相关规则的设计应当立足于宪法文本，遵守宪法的规定。③ 我国《宪法》第5条规定：“一切法律、行政法规和地方性法规都不得同宪法相抵触。”这也表明，民法典的制定必须符合宪法的原则和精神。此外，民法作为重要的法律部门，其具有贯彻宪法规则与原则的作用。例如，民法通过保护民事主体的各项人格权益，有利于落实宪法关于人格尊严保护的规定，进一步丰富和发展宪法的规则，并且为宪法的合宪性审查提供具体的参考标准。

但作为两个不同的法律部门，民法和宪法也存在较大的区别。

第一，性质不同。宪法本质上是公法，民法属于私法。宪法主要规制国家机关的行为，而民法主要规范私主体的行为。④ 宪法所建立的法秩序不同于民法。宪法规范国家机构的设置，国家机关的权力和义务，其中虽然会涉及个人的权利和利益，但并不直接。而民法所建构的法秩序则主要调整平等私主体之间的关系，与个人的权利和利益直接相关。

第二，调整对象和调整方法不同。宪法主要调整国家和公民之间的关系，而民法则是调整平等主体之间财产关系和人身关系的法律。并非所有宪法上的权利都可以转化为民事权利，也并非所有的民法问题都涉及宪法，因为宪法基本权利大多是公法上的权利。而民法典所保护的权利仅限于私权，而不包括所有的公法上的权利。⑤

第三，义务的性质不同。宪法义务虽然对公民具有约束力，但宪法所设定的许多义务主要是针对国家的，并不能直接规制公民的行为，而是要求国家机关制定相关的法律法规，为公民的行为规范提供法律依据。基于宪法的规定，相应的国家机关有义务依据宪法所规定的基本权利制定具体的法律法规，在部门法的层面对主体的基本权利提供充分保护。而民法所设定的义务主要是针对民事主体，每个民事主体都负有遵守的义务。基于这一原因，民事义务与宪法所规定的义务并不完全等同。

---

① 参见胡康生：《学习宪法 忠于宪法 维护宪法权威》，载《中国人大》，2009（5）。

② 参见韩大元：《由〈物权法（草案）〉的争论想到的若干宪法问题》，载《法学》，2006（3）。

③ 参见叶海波：《“根据宪法，制定本法”的规范内涵》，载《法学家》，2013（5）。

④ 参见赵万一：《从民法与宪法关系的视角谈我国民法典制订的基本理念和制度架构》，载《中国法学》，2006（1）。

⑤ 参见王泽鉴：《民法学说与判例研究》，第2册，218页以下，台北，自版，1996；孙森焱：《民法债编总论》（上），210页，台北，自版，1979。

第四，涉及的范围不同。宪法的调整范围涉及多个法律部门，并不仅仅局限于民法。一方面，宪法所确定的权利并不仅仅涉及民事领域，部分宪法规定的基本权利也无法都转化为民事权利，一般而言，只有那些体现了特定主体的私益、具有私法上可救济性的权利，才有必要具体化为民事权利。例如，宪法所确认的公民所享有的宗教信仰自由就应当通过行政法予以保障，无法转化为民事权利。再如，宪法所确认的公民所享有的劳动的权利，就主要应当通过社会法予以保障。另一方面，宪法所确认的权利需要多个部门法共同予以保障，而不能仅靠民法。例如，在国家公权力机关违法行使权力侵害公民依据宪法享有的财产权和人身权时，则必须通过行政诉讼法和国家赔偿法的规定给予保护。再如，如何防止个人数据信息被泄露，保护公民的通信秘密，还需要国家通过制定个人信息保护法等规定予以规范和保障。

二、民法和行政法

行政法就是国家通过各级行政机关管理国家政治、文化、教育、劳动人事、卫生等事务的法律规范的总和，是规范国家机关行为并发挥其组织、指挥、监督和管理职能的法律形式。行政法是我国法律体系中的一个重要部门。

在采用公、私法划分形式的国家中，行政法属于典型的公法，与作为私法的民法存在实质性差异。具体而言，两者存在如下几个方面的区别。

第一，调整对象不同。行政法所调整的行政关系与民法所调整的一定范围的人身关系和财产关系是不同的。行政关系主要是根据国家意志产生的，国家对各个领域的组织、指挥、监督和管理都体现了国家权力的运用，而民事关系主要是基于民事主体的自主自愿而产生的。任何行政关系都是在国家行政管理活动中产生的，有时行政关系的双方都是国家行政机关，有时是以国家行政机关为一方，以其他国家机关、企事业单位和社会团体，以及公民为另一方。而民事关系的主体主要是自然人和法人，国家只是在例外的情况下（如发行国库券，发行国债等）才成为民事主体。

第二，行政法是控制和规范行政权的法。它是控制公权力行使的法，其产生是为了保障依法行政。行政权是组织社会生活、维护社会秩序、保障人民财产和人身安全的权力，但一旦被滥用就可能侵害人民的权利，危害社会秩序。因此，必须通过行政法对其进行控制。而民法是保障私权的法。它通过确认、保障自然人、法人等的财产权和人身权，来维护自然人、法人的合法权益，鼓励人们从事广泛的民事行为，促进社会经济的发展。如果说法治的核心是规范公权和保障私权的话，这两项职能是分别由公法如行政法和民法来实现的。

由行政法规范的行政权力和民法所保护的民事权利的性质不同：一方面，行政机关所享有的行政权力是由国家授予的，直接体现着国家的意志和利益，行政权往往与行政机关的职责密切联系，并且与特定的主体不可分离。而民事权利一般是与权利人本身的意志和利益相联系的，大多数民事权利可以依法由权利人抛弃、转让和继承。另一方面，从行政权行使的目的来看，其通常服务于公共利益的实现，而民事权利主要体现的是民事主体的私人利益。还要看到，行政权本身具有国家强制性。当主体另一方不履行法定义务，妨碍国家行政机关行使行政权时，行政机关可依据其权力，强制义务人履行义务。而在民事关系中，当义务人不履行义务时，权利人一般只能通过民事诉讼程序请求司法机关处理和解决纠纷，促使义务人履行义务。

第三，规范的性质不同。行政法大多是一些程序性的规定，因为对于行政机关而言，“法无授权不可为”。因而，行政法主要是通过行政组织法来控制行政权的权源，通过行政程序法规范行政权行使的方式。[①] 但民法规范主要是实体规范，民法以规定民事主体的实体权利义务为主要内容。民法规范大体上可以区分为行为规则和裁判规则。

第四，调整方法不同。民法具有任意性，由于民法以意思自治为原则，体现“法不禁止皆可为”的精神，所以民法中的大多数规范，特别是债和合同法规范体现了较强的任意性特点，当事人的意思可在合法的前提下优先于任意法而适用。因此，法律行为制度允许当事人通过意定主义的方式来调整自己的行为。而行政法具有强制性，行政法多为强行法，一般不允许当事人通过协商来改变法律的规定。

三、民法和经济法

“经济法”一词具有双重含义：一是指调整经济关系的所有经济法律规范，在这个意义上使用的经济法概念通常又称为经济立法；二是指调整特定的经济关系的法律部门，即作为独立的法律部门的经济法。在这个意义上所说的经济法，就是国家行政权力作用于经济领域，国家行政机关对国民经济实行组织、管理、监督、调节的法律规范的总称，它主要调整纵向的、具有行政隶属特征的经济管理关系。从这个意义上说，经济法也称为经济行政法。[②] 经济法和民法在调整对象上的主要区别在于：

（1）经济法调整的经济管理关系是国家在管理经济活动中所产生的关系，其内容包括计划、组织、调节、监督等多方面。由于这种关系主要发生在有隶属关系的上下级之间，所以也称为纵向的关系。而民法的调整对象主要是发生在平等主体之间的财产关系和人身关系，民法不仅调整经济关系，也调整非经济关系，民法调整的社会关系的主要特点在于其平等性。

（2）经济法调整的经济管理关系是按指令和服从原则建立起来的行政隶属关系，所以经济法规范大多是强行性规范，违反该规范所产生的责任大多是行政责任。而民法的调整对象是民事主体之间在平等协商基础上建立起来的平等关系，故民法以任意性规范为主，违反民法的规定主要产生民事责任，由此决定了经济法主要采取指令和服从的调整方法，而民法主要采取意思自治的调整方法。

（3）经济法调整的经济管理关系是以国家对经济生活的宏观调控为宗旨的关系，它主要调整的是市场主体的利益与国家利益、公共利益的冲突，其目的在于维持良好的市场秩序，实现特定的公共政策。而民法主要调整民事主体之间的关系，目的在于保护单个民事主体的合法权益。

---

① 参见姜明安：《行政法》，37页，北京，北京大学出版社，2017。

② 有关经济行政法的观点，参见梁慧星、王利明：《经济法的理论问题》，北京，中国政法大学出版社，1986。

四、民法和社会法

社会法是调整因个人基本生活权利保障而衍生的相关社会关系的法律规范总称。社会法是近几十年来发展起来的、跨越公法和私法的法律部门，其内容主要包括劳动法、社会保障法、社会救助法等法律。社会法以保护社会大众和弱势群体为宗旨，在缓和社会矛盾、维护社会稳定方面发挥着重要的作用。民法与社会法之间具有密切联系：一方面，二者都强调对弱势群体的保护。随着民法人文关怀精神的彰显，民法与社会法一样，都强调对社会弱势群体的保护。另一方面，二者在功能上具有一定的互补性。社会法强调对人的保障，注重维护社会稳定，民法尤其是侵权法则注重对受害人的救济，在民法无法为受害人提供充分的救济时，社会法可以对受害人提供补充性的保护。

社会法和民法的主要区别在于：

（1）从法律性质上说，民法是私法，以维护民事主体的私人利益为主要目标。尽管现代民法已经从个人本位向社会本位演进，为了维护社会公共利益也加强了对私人关系的干预，但毕竟民法维护的主要还是私人利益。而社会法作为以维护社会公共利益为主要目标的法律，在性质上并不是私法，它的目的在于建立较为完备的社会保障制度，维护社会全体成员的共同福利，谋求社会大众共同福利的增进，因此其兼具公法与私法双重性质。①

（2）民法以私法自治为原则，表现出较强的任意法的特性；而社会法主要是强行法，它不允许当事人之间自由设立权利义务。例如，就社会保险而言，尽管存在自愿险，但更多的是法定的强制险。当然，社会法中也有自治的内容，如劳动合同中的部分内容也允许当事人自由约定。

（3）民法注重维护形式正义，而社会法则注重维护实质正义。民法调整的是平等主体之间的关系，而社会法不以平等主体之间的社会关系为起点，而以实质平等的价值理念构建社会法的规则体系，尤其注重保护弱势群体的权益。②

（4）民法的许多规则，如债与合同、物权制度、知识产权制度等，都具有创造财富的功能，而社会法主要具有满足社会成员的基本生活需要的财富分配功能。

（5）社会法以保护公民的生存权为目标，即实现社会保障的根本目的就是使公民获得基本的生存条件。而民法不仅保护民事主体的生存权，而且保护民事主体参与市民生活所应当享有的各种权利。③

五、民法与民事诉讼法

民事诉讼法是用来调整当事人、法院及其他诉讼参与人之间实施诉讼活动以及由此形成的诉讼关系的法律规范的总称。马克思曾经指出：“审判程序和法二者之间的联系如

---

①② 参见郑尚元：《社会法的定位和未来》，载《中国法学》，2003（5）。

③ 参见林嘉：《社会保障法的理念、实践与创新》，23页，北京，中国人民大学出版社，2002。

此密切，就像植物的外形和植物的联系，动物的外形和血肉的联系一样。审判程序和法律应该具有同样的精神，因为审判程序只是法律的生命形式，因而也是法律的内部生命的表现。”[①] 可见，民法和民事诉讼法是相互依赖、密不可分的。一方面，民法所规定的实体规则在很大程度上决定了民事诉讼法的规则设计。例如，就侵权责任而言，民事诉讼法所规定的举证责任分配规则应当以民法典侵权责任编的相关规定为基础。另一方面，民事诉讼法可以从程序上起到对民事权利的全面保障作用，为民事权利提供了规则化、体系化的程序保护规则。法谚云，“救济走在权利之前”，民事权利的实现需要民事诉讼的保障，如果诉讼程序的设置无法保障民事权利的实现，那么实体法中的权利也就变成无源之水、无本之木，也难以真正实现。

当然，作为不同的法律部门，民法和民事诉讼法也存在如下区别。

第一，性质不同。民事诉讼法是程序法，旨在规范民事主体实现其民事权利的民事诉讼程序。而民法是实体法，旨在规范民事主体之间实体的民事权利义务关系。实体法和程序法虽然紧密联系，但基本内容和基本原则都各自不同。[②] 与此相应，民法属于私法，而民事诉讼法属于公法，因为后者以规范国家司法权的行使作为其重要内容。

第二，调整对象不同。民法调整民事主体之间的人身关系和财产关系，而民事诉讼法是调整民事诉讼活动和诉讼关系的法律，以规范诉讼程序和诉讼关系为对象，以公正、适当解决纠纷为目的。民法主要调整实体权利义务关系，而民事诉讼法主要规范当事人、法院和诉讼关系人实施的民事诉讼法律关系。[③] 民法主要是任意法，以当事人意思自治为原则；而民事诉讼法为强行法，采纳程序法定主义。

第三，从立法目的来说，民法主要考量实体正义，民法中的正义除了具体的法律规范内容外，还需要综合考虑社会、历史、经济等多种因素，通过价值衡量对当事人直接的权利义务进行分配才能实现。民事诉讼法虽也以保护民法上的实体权利为目的，但其所追求的是程序正义，其以诉讼规则为准则，以法律事实为依据。当然，这并不是说两者是截然对立的。一方面，法官在追求程序正义的同时，在裁判时也需要考量多种社会因素，即将实体法中的实质正义纳入裁判的考量之中。另一方面，程序正义是通向实质正义的必经之路，程序正义是看得见的正义，只有充分维护程序正义，才能真正实现当事人权利的平等保护。

第六节　民法的渊源

民法的渊源是指民事法律规范借以表现的形式，它主要表现在各国家机关根据其权限所制定的各种规范性文件之中。正是从这个意义上说，合同、章程等民事法律行为本身并不是法源。

---

① 《马克思恩格斯全集》，第1卷，178页，北京，人民出版社，1956。

②③ 参见张卫平：《民事诉讼法学方法论》，载《法商研究》，2016（2）。

一、宪法

宪法是国家的根本法，由全国人民代表大会制定，并具有最高的法律效力。毫无疑问，宪法作为国家的根本大法，理应成为民法的渊源，宪法中关于社会主义建设的方针和路线的规定、关于财产所有制和所有权的规定、关于公民基本权利和义务的规定等，都是调整民事关系的重要法律规范。因此，《民法典》第 1 条规定："为了保护民事主体的合法权益，调整民事关系，维护社会和经济秩序，适应中国特色社会主义发展要求，弘扬社会主义核心价值观，根据宪法，制定本法。"

宪法规范能否在裁判中被引用？在我国，2009 年最高人民法院发布的《关于裁判文书引用法律、法规等规范性法律文件的规定》（以下简称《引用法律规定》）第 4 条规定，"民事裁判文书应当引用法律、法律解释或者司法解释。对于应当适用的行政法规、地方性法规或者自治条例和单行条例，可以直接引用"。但宪法的原则和精神可以在说理中予以阐释。从该条来看，并没有将宪法列入民事裁判文书可以引用的范围之中。因此，依据该规定，法官在裁判民事案件时，不得直接援引宪法。但是，这并不意味着，裁判文书不能援引宪法。一方面，宪法可以成为裁判中说理论证的重要依据。另一方面，法官在裁判过程中，如果因适用法律出现复数解释时，就应当以宪法的原则、价值和规则为依据，确定文本的含义，得出与宪法相一致的法律解释结论。如果某个解释结论符合宪法，就应当选择其作为解释结论；如果所作的解释结论违反了宪法，就应当予以排除。通过这种方式，使文本的含义能够与宪法保持一致。由此，可以让宪法规范在民法中得到贯彻。

二、民事法律

民事法律是由全国人民代表大会及其常务委员会制定和颁布的民事立法文件，是我国民法的主要表现形式。民事法律主要由两部分组成：第一，民法典。民法典由总则编、物权编、合同编、人格权编、婚姻家庭编、继承编以及侵权责任编构成。第二，民事单行法。就民事单行法而言，我国已制定了公司法、保险法、海商法、票据法、证券法、著作权法、专利法以及商标法等法律。上述法律都是民事法律的重要组成部分，也是裁判中应当依循的基本规则，法官可以直接援引这些法律裁判案件。

在各项民事法律中，民法典是基础性法律，是私法的基本法，民法典和民事单行法之间的关系，就像树根、主干与枝叶之间的关系，民法典是树根和主干，而民事单行法是枝叶，其必须以民法典为基础和根据。正是在民法典的统率下，各项民事法律构成了一个完整的整体。民法典为民事单行法的制定提供了民事基本法的依据，并且为民事单行法的解释、适用提供了价值基础和规范依据。

三、行政法规

国务院作为最高国家行政机关，它可以根据宪法、法律和全国人民代表大会常务委员会的授权，制定、批准和发布法规、决定和命令，其中有关民事的法规、决定和命令，是民法的重要表现形式，其效力仅次于宪法和民事法律。例如，2007 年国务院颁布的《商业特许经营管理条例》，2011 年 1 月 21 日国务院颁布的《国有土地上房屋征收与补偿条例》等，都是重要的民法渊源，在处理民事案件时，法官也可以援引这些行政法规裁判案件。

四、行政规章

根据《立法法》的规定，行政规章是指国务院各部委以及各省、自治区、直辖市的人民政府和省、自治区的人民政府所在地的市以及设区市的人民政府根据宪法、法律和行政法规等制定和发布的规范性文件。一些行政规章也包含调整民事关系的内容，其也可能成为民事裁判的依据。关于行政规章在司法裁判中的运用，《引用法律规定》第 4 条并没有将其规定为民事裁判可以直接引用的裁判规范，但从该司法解释第 6 条的规定来看，对行政规章而言，法官“根据审理案件的需要，经审查认定为合法有效的，可以作为裁判说理的依据”。从该条规定来看，在民事裁判中，行政规章并不能直接作为裁判依据，而需要经过法院的审查认定。当然，在特殊情况下，如果法律对行政规章的适用作出了明确规定，则其也可以成为民事裁判的依据。

五、司法解释

司法解释是最高人民检察院和最高人民法院依法作出的属于检察、审判工作中具体应用法律的解释。《立法法》第 104 条规定：“最高人民法院、最高人民检察院作出的属于审判、检察工作中具体应用法律的解释，应当主要针对具体的法律条文，并符合立法的目的、原则和原意。”“最高人民法院、最高人民检察院作出的属于审判、检察工作中具体应用法律的解释，应当自公布之日起三十日内报全国人民代表大会常务委员会备案。”这就确立了司法解释的法律渊源地位。从法理的角度来看，司法解释并不属于法律体系的组成部分，但司法解释已经成为我国各级审判机关处理案件中的重要裁判规则，并被裁判者直接援引，所以司法解释事实上已经成为法律渊源。

2010 年 11 月 26 日，最高人民法院发布了《关于案例指导工作的规定》，从而建立了案例指导制度。该制度对于保障裁判的统一、规范法官的自由裁量权、保障法律的准确适用等都具有十分重要的意义。根据《关于案例指导工作的规定》第 7 条的规定，最高人民法院发布的指导性案例的效力是“各级人民法院在审判类似案件时应当参照”。可见，指导性案例并不是法律渊源，不能直接作为裁判依据，只是可以在判决书说理部分来加以使用。从这个意义上讲，指导性案例可以成为说理的理由。

六、地方性法规或者自治条例和单行条例

地方性法规，是指省、自治区、直辖市以及设区的市的人民代表大会及其常务委员

会，在宪法、法律规定的权限内所制定、发布的决议、命令、法规等规范性法律文件。地方性法规虽然在效力范围上具有从属性，且在适用范围上具有地域局限性，但地方性法规是地方国家权力机关依据宪法的授权而制定的法规，同样具有法的效力，其中调整民事关系的内容属于民法的渊源。

自治条例和单行条例也可以成为民法的渊源。所谓自治条例，是指民族自治地方的人民代表大会依据宪法和法律，结合当地民族自治地区特点所制定的、管理自治地方事务的综合性法规。所谓单行条例，是指民族自治地方的人民代表大会在宪法和法律所规定的自治权范围内，结合民族地区的特点，就某方面具体问题所制定的法规。《引用法律规定》第 4 条规定："民事裁判文书应当引用法律、法律解释或者司法解释。对于应当适用的行政法规、地方性法规或者自治条例和单行条例，可以直接引用"。依据这一规定，自治条例和单行条例也可以成为民事裁判的依据，可以成为民法的渊源。

需要指出的是，行政规章和地方性法规虽然可以成为民法渊源，但其不能直接作为判断合同效力的依据。在我国司法实践中，人民法院确认合同无效，应以全国人大及其常委会制定的法律和国务院制定的行政法规为依据，而不得以地方性法规、行政规章为依据。

七、国际条约和国际惯例

国际条约是两个或两个以上的国家就政治、经济、贸易、军事、法律、文化等方面的问题确定其相互权利义务关系的协议。国际条约的名称包括条约、公约、协定、和约、盟约、换文、宣言、声明、公报等。国际惯例也称为国际习惯，分为两类：一类为属于法律范畴的国际惯例，具有法律效力；另一类为属于非法律范畴的国际惯例，不具有法律效力。① 按照《国际法院规约》第 38 条，国际惯例是指"作为通例（general practice）之证明而经接受为法律者"。因此，国际惯例主要是指前一种类型。一般而言，对于我国缔结或者参加的国际条约，如果其与我国民事法律的规定不同，除我国声明保留的条款外，应适用国际条约的规定。如果我国民事立法和我国缔结或者参加的国际条约均没有规定的，则可以适用国际惯例。从这个意义上说，我国签订或加入的国际条约以及国际惯例也可以成为我国民法的渊源。

应当指出的是，国际条约优先于国内法而适用的效力，主要是针对涉外民事关系而言的，而国内的民事关系原则上仍受国内法调整，不应当盲目地扩张国际条约的适用范围。国际惯例的适用只限于中国法律和中国缔结或者参加的国际条约没有规定的情况。国际惯例只有在不违背我国法律规定的前提下，才可适用。

八、不违背公序良俗的习惯

所谓习惯，是指当事人所知悉或在实践中的生活和交易习惯。所谓生活习惯，是指

① 参见黄进：《国际私法》，82 页，北京，法律出版社，1999。

人们在长期的社会生活中形成的习惯。所谓交易习惯，是指交易当事人在当时、当地或者某一行业、某一类交易关系中，所普遍采纳的，且不违反公序良俗的习惯做法。我国是幅员辽阔的多民族国家，在少数民族聚居的地区，生活习惯在民法渊源中具有一定的意义。例如，1951年《最高人民法院西南分院关于赘婿要求继承岳父母财产问题的批复》中指出："如当地有习惯，而不违反政策精神者，则可酌情处理。"《民法典》第10条规定："处理民事纠纷，应当依照法律；法律没有规定的，可以适用习惯，但是不得违背公序良俗。"当然，习惯要成为民法渊源，并成为裁判的依据，其必须经过"合法性"判断，即不得违反法律的强制性规定和公序良俗。

依据《民法典》第10条，处理民事纠纷采纳"有法律依法律，无法律依习惯"的规则，也就是说，在存在具体法律规则时，应当优先适用该具体的法律规则，而不能直接适用习惯法；此处所说的"法律"是指具体的法律规则，而不包括法律的基本原则。只有在不存在具体的法律规则时，法官才能考虑适用习惯法。

第七节　民法的适用

一、民法的适用范围

民法的适用范围，是指民事法律法规在何时、何地、对何人发生法律效力。民法的适用范围，实际上就是民法的效力范围。正确了解民事法律规范的适用范围，是准确适用民事法律规范的重要条件。从内容上看，民法的适用范围包括时间上的适用范围、空间上的适用范围和对人的适用范围。

（一）民法在时间上的适用范围

民法在时间上的适用范围，是指民事法律规范在时间上所具有的法律效力。其具体包括两个方面：民法的生效和民法的失效。民事法律规范开始生效的时间通常有以下两种情况：一是自民事法律颁布之日起生效；二是民事法律通过并颁布以后经过一段时间再开始生效。一般来说，民法的效力自实施之日发生，至废止之日停止。当然，法律规范何时开始实施，可以由法律规范本身规定，也可以由制定法律的机关以命令或决议的方式予以规定。如果立法对法律规范效力的停止时期不加规定，应认为该法律一直有效，直至法律被明文废止或修改时才停止效力。也有少数法律规范在公布之时即规定了停止效力的日期。

民事法律规范对其实施前发生的民事关系有无溯及既往的效力，是关于民法在时间上的效力的一个重要问题。法律是否溯及既往，是指新的法律颁布实施后，对它生效之前发生的事件和行为是否适用。如果适用，即具有溯及力；如果不适用，即不具有溯及力。[①] 一般的原则是新法没有溯及既往的效力。法律不得溯及既往的根据在于：在法律尚

---

① 参见公丕祥主编：《法理学》，384页，上海，复旦大学出版社，2002。

未公布之前，人们只能按照旧的法律实施行为，而依据旧的法律所作出的任何行为都是合法的。如果在新的法律颁布以后，新的法律产生推翻人们依据旧的法律所实施的行为的效力，就会打破人们对依据法律而行为的后果的预期。所以，法律不溯及既往的原则，旨在提醒人们遵守法律。如果人们按照现行的法律去行为，由此形成的各种法律关系却被未来的法律所否定，也不利于社会关系的稳定和法律权威性的保障。[①]

当然，法律不溯及既往不是绝对的，在某些情况下，民事法规也可以作出有溯及力的规定，但需以有明文规定为限。2020 年 12 月 29 日，最高人民法院发布了《关于适用〈中华人民共和国民法典〉时间效力的若干规定》（以下称《规定》）。该《规定》明确了“法不溯及既往”的基本原则及其例外规则。《规定》在第 1 条就开宗明义，重申了法不溯及既往的基本原则，对于民法典施行前发生的法律事实引起的民事纠纷案件，《民法典》原则上不具有溯及力。《规定》中也按照立法法的精神和规定确立了例外情形的溯及适用规则：一是有利溯及适用规则。《规定》从是否更有利于保护民事主体合法权益、是否更有利于维护社会和经济秩序、是否更有利于弘扬社会主义核心价值观等角度，作为判断有利溯及的标准，确立了特殊情形下可以溯及既往。二是新增规定的溯及适用规则。新增规定的溯及适用在学理上是法不溯及既往的重要例外情形，也是在长期审判实践和一系列司法解释基础上发展而来的溯及适用的类型。在理论上，新增规定的溯及适用也被称为“空白溯及”，即让新法溯及适用于旧法的空白之处。《规定》明确了“既判力”优于溯及力规则。也就是说，溯及既往必须是尚未终审的案件，如果是已经终审、产生既判力的裁判，即便是当事人对此提起了再审，亦应按照既判力优于溯及力的原则，《民法典》的规定不能溯及既往。这是因为已经审结的案件，就产生了既判力。如果由于《民法典》有新规定就要重新审理，势必会在一定程度上动摇法的安定性和生效裁判的权威性、公信力。因此，《规定》明确了裁判的既判力优先于溯及力的原则，即不得以判决的个案解释不同于《民法典》的规定为由，推翻已经生效的判决。

（二）民法在空间上的适用范围

民法在空间上的适用范围，是指民事法律规范在地域上所具有的效力。任何国家都是根据主权、领土完整和法制统一的原则，来确定各种法律、法规的空间效力范围。关于空间效力，一般可以分为域内效力和域外效力。《民法典》第 12 条规定：“中华人民共和国领域内的民事活动，适用中华人民共和国法律。法律另有规定的，依照其规定。”该条对我国民事法律在空间上的适用范围作出了规定。

所谓域内效力，是指一国的法律效力可以及于该国管辖的全部领域。就民事领域而言，我国民事法律规范的效力及于我国主权管辖的全部领域，但在确定某一个具体民事法律法规的效力时，由于制定、颁布民事法规的机关不同，民事法规适用的空间范围也不相同，这大体上有两种情况：第一，凡属全国人民代表大会及其常务委员会、国务院及其所属各委、部、局、署、办等中央机关制定并颁布的民事法规，适用于中华人民共和国的领土、领空、领海，以及根据国际法、国际惯例应当视为我国领域的一切领域，

---

① 参见高鸿钧：《现代法治的困境及其出路》，载《法学研究》，2003（2）。

如我国驻外使馆，我国航行或停泊于境外的船舶、飞机等。第二，凡属地方各级立法机关根据各自的权限所颁布的民事法规，只在各该立法机关管辖区域内发生效力。

需要指出的是，依据《民法典》第12条规定，在我国领域范围内从事民事活动，原则上需要适用我国的法律，但在法律另有规定时，则可能需要适用其他法律。《涉外民事关系法律适用法》第2条规定："涉外民事关系适用的法律，依照本法确定。其他法律对涉外民事关系法律适用另有特别规定的，依照其规定。本法和其他法律对涉外民事关系法律适用没有规定的，适用与该涉外民事关系有最密切联系的法律。"依据这一规定，对于在我国领域内发生的涉外民事关系，在法律有特别规定的情形下，也可能适用外国法。

所谓域外效力，是指法律在其制定国管辖领域以外的效力。[①] 在现代社会，法律一般不能当然产生域外效力，但是随着国际交往的发展，为保护国家和公民、法人的利益，也可以在例外情况下具有域外效力。例如，《海洋环境保护法》第2条第3款规定："在中华人民共和国管辖海域以外，造成中华人民共和国管辖海域污染的，也适用本法。"

（三）民法对人的适用范围

民法对人的适用范围，就是指民事法律规范对于哪些人具有法律效力。关于一国法律的对人效力，存在两种不同的理论：一是属人主义，不论其处于国内或国外，只要该人具有本国国籍，属本国国民即适用本国的法律，不论其所在何处均可适用。[②] 二是属地主义，即以领土主权为原则，以地域为标准，确定法律对人的拘束力。凡是居住在本国领土之内的人，无论其国籍属于本国还是外国，均受本国法律的管辖。[③] 从《民法典》第12条规定来看，其对属地主义作出了规定，但没有对属人主义作出规定。本书认为，民法应当为属人主义预留空间。

民法对人的适用范围主要有以下三种不同的情况：第一，我国民法对居住在中国境内的中国公民或设立在中国境内的中国法人，具有法律效力。中国公民、中国法人在中国领域内一律适用中国法律。第二，我国民法对居留在我国境内的外国人、无国籍人和经我国政府准许设立在中国境内的外国法人，原则上具有法律效力。第三，居留在外国的我国公民，原则上应适用所在国的民法，而不适用我国民法。但是，依照我国民法的特别规定和我国缔结或参加的国际条约、双边协定以及我国认可的国际惯例，应当适用我国民法的，仍然适用我国民法。

二、民法适用的基本原则

法的适用，有广义和狭义之分。广义的法的适用是指运用法律规范调整社会关系。[④] 它包括法的遵守和司法适用。而狭义的法的适用，仅指司法适用，即法院和仲裁机构依

① 参见公丕祥：《法理学》，383页，上海，复旦大学出版社，2002。
②③ 参见郑玉波：《民法总则》，27页，北京，中国政法大学出版社，2003。
④ 参见梁慧星：《民法总论》，274页，北京，法律出版社，2007。

据法定职权和法定程序行使司法权、运用法律处理具体案件的专门活动。[①] 本书采广义的法的适用的概念。基于民法法源的多元化，民法的适用应当遵循一定的原则，以便准确适用法律。具体说来，民法的适用应当遵循以下基本原则。

（一）上位法优先于下位法原则

所谓上位法优先于下位法原则，是指在效力较高的规范性法律文件与效力较低的规范性法律文件相冲突的情况下，应当适用效力较高的规范性法律文件。上位法和下位法的界定，主要是从两个方面来确定的：第一，从法源或法律的位阶而言，如果一个较低的规范来源于一个较高的规范，或者一个较低的规范是根据一个较高的规范而制定的，则前者可称为下位法，后者可称为上位法。第二，从制定机关来看，如果将数个法律、法规和规范性文件相比较，某个规范性文件的制定机关的地位高于另一个规范性文件的制定机关，那么处于高位阶的机关制定的规范性文件在效力上称为上位法，反之则称为下位法。

上位法优于下位法在我国的具体表现形式是：第一，宪法具有最高的效力。第二，法律的效力低于宪法但高于其他任何法规和规范性文件。第三，行政法规的效力高于地方性法规、规章。国务院制定的行政法规的效力高于各个部委和地方政府制定的规章，以及享有立法权的地方人民代表大会及其常委会制定的地方性法规。第四，地方性法规的效力高于地方政府制定的规章。

在民法的适用中，如果上位法与下位法之间有冲突，那么应当优先适用上位法。但是，如果上位法规定的原则较为抽象，下位法的规定对上位法作了补充和细化，两者之间又不发生冲突和矛盾时，则可以同时适用上位法和下位法。

（二）新法优先于旧法原则

《立法法》第92条规定了新法优于旧法原则。该原则主要适用于同一位阶的规范之间，也就是说，是针对两个具有相同法律位阶的法律发生冲突时所适用的规则。[②] 当然，如果在新普通法中明文规定修改或废止特别法，则新普通法优于特别法。[③] 新法优先于旧法原则适用于两种情况：一是新法颁布后，旧法已经被废止，则自然应当适用新法；二是新法颁布以后，旧法没有被废止，则旧法继续有效。如果两部法律所涉及的内容相同或相似，则应当适用新法。

（三）特别法优先于普通法原则

在法理上，根据法律的适用范围有无限制，法律可以分为普通法和特别法。民事普通法，是指适用于全国领域、规定一般事项，并且无适用的时间限制的民事法律。民事特别法，是指适用于特定区域、规定特定的事项，或在适用时间上有限制的民事法律。

---

① 参见孙国华、朱景文主编：《法理学》，315页，北京，法律出版社，1999。

② 参见郑玉波：《民法总则》，27页，北京，中国政法大学出版社，2003。

③ 参见史尚宽：《民法总论》，16页，北京，中国政法大学出版社，2000。

在具有相同等级效力的法律之间，特别法应当优先于普通法而适用。这也就是法谚所说的："特别法优于普通法"（Lex specialis derogate legi generali）。对此，我国《立法法》第 92 条规定："同一机关制定的法律、行政法规、地方性法规、自治条例和单行条例、规章，特别规定与一般规定不一致的，适用特别规定……"在民事法律规范适用中，这一原则具体体现在如下几个方面。

（1）在不同的法律之间，民事特别法优先于民事普通法而适用。例如，有关公司法人的设立，应当先适用《公司法》的规定，在《公司法》没有规定时才适用《民法典》关于法人制度的规定。《民法典》第 11 条规定："其他法律对民事关系有特别规定的，依照其规定。"这就明确确认了特别法优先于普通法的原则。现代社会生活纷繁芜杂，《民法典》虽然在民事立法中具有基础性地位，但一部《民法典》不可能调整所有的民事关系，即便是民法典生效之后，其也不能成为调整民事法律关系的唯一法律渊源，而仍然需要单行法予以配套和补充。在法律适用方面，《民法典》与民事单行法是普通法与特别法之间的关系，按照特别法优先于普通法的规则，此处所说的"其他法律"，不是指《民法典》总则编以外的各编，而是指《民法典》之外的各个单行法律，其他法律对民事关系有特别规定，具体来说包括如下情况：第一，民事特别法优先于《民法典》。《民法典》是民事领域的基本法，当然要统辖各个单行民事法律，但是在法律适用上，民事特别法的规定属于特别规定，应当优先适用。例如，知识产权的相关问题首先应当适用《著作权法》《专利法》《商标法》等法律的规定，在上述法律没有就某事项作出规定时，才适用《民法典》的规定。第二，商事特别法应当优先于《民法典》。我国已经颁布了《公司法》《票据法》《证券法》等一系列商事特别法，与《民法典》相比，其规定也属于特别规定，应当优先适用。

需要指出的是，由于《民法典》是基础性法律，因此，如果单行法和《民法典》之间存在明显的冲突，此种冲突既包括规则内容方面的冲突，也包括价值发生冲突，此时，应当援引《民法典》，而不能援引单行法的规定。另外，单行法虽然有规定，但该规定不清晰，则仍然应当适用《民法典》的规定。

（2）在民法典内部，关于总则和分则之间的关系，如果两者规定的是同一事项，原则上分则的规定应当优先于总则的规定。例如，有关买卖合同中的违约责任的确定，应当优先适用关于买卖合同的规定，然后才能适用合同编通则关于违约责任的规定。

（3）如果同一个条款中同时包含了一般规则和特别规则时，特别规则要优先于一般规则适用。另外，例外规定优先于原则规定的适用，就是指对于特定事项，如果有例外规定，就应当适用例外规定，而排除原则规定的适用。

还要指出的是，就特别法和普通法的关系而言，如果普通法已经修改了特别法，则不应当适用特别法优先于普通法的规则，而应当适用新法优先于旧法的规则。

（四）强行法优先于任意法原则

法律规范大体可分为任意性规范和强行性规范两种。所谓任意性规范，是指当事人可以通过约定排除其适用的规范。任意性规范允许当事人在法律规定的范围内自由作出约定，当事人之间的意思表示可以具有优先于任意性规范而适用的效力。债法中的规范大多是任意性的。

所谓强行性规范，是指当事人不能通过其约定加以改变的规范，其可分为强制性规定与禁止性规定两种。强制性规定，指命令当事人应为一定行为之法律规定。禁止性规定，指命令当事人不得为一定行为之法律规定。禁止性规定与强制性规定是不一样的。[①]根据史尚宽先生的观点，“令行”，则为“强制规定”；“禁止”则为“禁止规定”，与其对应的是任意法（任意性规定）。[②] 此种区分在法律上的意义主要在于，违反禁止性规定通常应宣告无效；如果违反强制性规定，可以通过适当方式予以弥补，不必宣告无效。但如果不能弥补，应宣告无效。《民法典》第153条第1款规定：“违反法律、行政法规的强制性规定的民事法律行为无效。但是，该强制性规定不导致该民事法律行为无效的除外。”法律、行政法规的强制性规定在性质上属于强行法，其在效力上优于任意法，因此，对某一事项，如果强行法已经作出规定的，任意法不得再发挥作用，法官应直接援引强行法的规定对案件作出裁判。但如果强行法、任意法分别规定的是不同事项，则不存在两种规范冲突的问题，也自然不存在何者优先的问题。

《问题与思考》

1. 试述民法的调整对象。
2. 比较实质意义上的民法和形式意义上的民法。
3. 简述民法的性质。
4. 简述《民法典》制定的意义。
5. 简述《民法典》的体系结构。
6. 试述民法与宪法的关系。
7. 如何理解现代民法的发展趋势。
8. 简述民法与商法的关系。
9. 简述习惯在民法中的地位。
10. 简述民法适用范围的含义及分类。
11. 简述民法适用的基本原则。

---

① 参见王泽鉴：《民法总则》，234页，台北，三民书局，1996。

② 参见史尚宽：《民法总论》，329～330页，北京，中国政法大学出版社，2000。

第二章

民法的基本原则

本章概要

民法的基本原则，即观察、处理民法问题的准绳。它是民法的本质和特征的集中体现，反映了市民社会和市场经济的根本要求，表达了民法的基本价值取向，是高度抽象的、最一般的民事行为规范和价值判断准则。在我国现行的民事立法上，承认了平等原则、自愿原则、公平原则、诚实信用原则、公序良俗原则以及绿色原则。其中平等原则是民法的基础原则，是自愿原则发挥作用的基础和前提。自愿原则是民法最重要、最有代表性的原则，是民法核心理念的体现。民法最重要的使命，就是确认并保证民事主体自主决定自由交往的实现。公平原则，意在谋求当事人之间的利益衡平。在交易领域内，公平原则是对自愿原则的有益补充。诚实信用原则，将最低限度的道德要求上升为法律要求，以谋求个人利益与社会公共利益的和谐。公序良俗原则，包括公共秩序和善良风俗两项内容，对个人利益与国家利益以及个人利益与社会公共利益之间的矛盾和冲突发挥双重调整功能。绿色原则是代内正义、代际正义、种际正义三重正义观的体现，意在谋求人与自然的和谐共生。诚实信用原则、公序良俗原则和绿色原则是对自愿原则的必要限制，谋求实现民事主体之间自由的和谐共存以及人与自然之间的和谐共存。

本章着重介绍民法的诸项基本原则及其相互关系。重点问题包括：民法基本原则的概念和功能，各项民法基本原则的含义及功能，诸项民法基本原则之间的关系。

第一节　民法基本原则概述

从民法学界既有的讨论看，对于何谓民法基本原则，看法不一。从立法论角度出发进行的讨论中，讨论者常常在不同的含义上使用民法基本原则一词，也常常赋予各项具体的民法基本原则以不同的含义，对于何谓民法基本原则的回答自然也不会一样。就此而言，何谓民法基本原则的问题在大多数语境下属于民法问题中的解释选择问题。从解释论角度出发进行的讨论，即使讨论者面对相同的民法文本，由于对民法基本原则的界定不同，对民法基本原则的功能所赋予的期待不同，对何谓民法基本原则的回答也不一致。但这种不一致，并不会对民法规则的设计或适用产生实质影响。就此而言，何谓民法基本原则的问题在大多数语境下属于纯粹民法学问题中的解释选择问题。①

在民法学界既有的讨论中，体现在民法总论教科书中的共识是：原则，即观察问题、处理问题的准绳。民法的基本原则，即观察、处理民法问题的准绳。它是民法的本质和特征的集中体现，反映了市民社会和市场经济的根本要求，表达了民法的基本价值取向，是高度抽象的、最一般的民事行为规范和价值判断准则。详言之：

民法的基本原则是民事立法的准则。民法的基本原则，蕴含着民法调控社会生活所欲实现的目标、所欲达致的理想。它一方面蕴含着包括民法在内所有部门法都应信奉的基本价值准则；另一方面集中体现了民法区别于其他法律，尤其是行政法和经济法的特征。它贯穿于整个民事立法，确定了民事立法的基本价值取向，是制定具体民法规范、设计具体民法制度的基础。在制定民事立法的过程中，立法者应遵循体系强制的要求，将各项民法的基本原则落实到相应的民法制度和规范中。在进行立法解释的过程中，民法的基本原则也是立法者解释的准则。唯有如此，才能实现民法体系化的要求，保持各项民法制度和规范在价值取向上的和谐，为类似问题类似处理法治原则的实现开辟可能。

民法的基本原则是民事主体进行民事活动的基本准则。民事主体所进行的各项民事活动，不仅要遵循具体的民法规范，还要遵循民法的基本原则。在现行法上对于民事主体的民事活动欠缺相应的具体民法规范进行调整时，民事主体应依民法基本原则的要求进行民事活动。民事主体不得约定在民事活动中排除民法基本原则的适用，民事主体约定排除民法基本原则适用的条款属于违反效力性强制性规定的条款，应被认定为绝对无效。

民法的基本原则是裁判者对民事法律、法规进行解释的基本依据。民法的基本原则不直接涉及民事主体具体的权利和义务，具有高度的抽象性。“它不预先设定任何确定的、具体的事实状态，没有规定具体的权利和义务，更没有规定确定的法律后果”②，在未经足够的具体化以前不能作为裁判者的裁判规范。但裁判者在裁断民事案件时，须对所应适用的法律条文进行解释，以阐明法律规范的含义，确定特定法律规范的构成要件和法律效果，并辨别法律规范的类型。裁判者在对法律条文进行解释时，如有两种以上的解释结论，应采用其中符合民法基本原则的解释结论。无论采用何种解释方法，其解释结论均不能违反民法基本原则。另外，如果裁判者在裁断案件时，在现行法上未能获得据以作出裁判的依据，这就表明在现行法上存在法律漏洞。此时，裁判者应依据民法的基本原则参酌既有裁判、学说、域外立法例等来进行法律漏洞的补充。

---

① 关于民法学问题的类型区分，参见王轶：《民法典编纂争议问题的类型区分》，载《清华法学》，2020（3）。

② ［美］迈克尔·D. 贝勒斯：《法律的原则》，张文显等译，468页，北京，中国大百科全书出版社，1996。

民法的基本原则，是民法学者讨论价值判断问题时应当权衡的主要因素。民法的诸项基本原则包含着民法上冲突的价值取向，如何经由学术的讨论，发现冲突所在，认识冲突的本质，提出协调冲突的可行办法并阐明其理由，是民法学者进行民法学研究的一项核心任务。

在我国现行的民事立法上，承认了平等原则、自愿原则、公平原则、诚实信用原则、公序良俗原则以及绿色原则。

第二节　平等原则

所谓平等原则，也称为法律地位平等原则。我国《民法典》第 4 条明文规定：民事主体在民事活动中的法律地位一律平等。

平等观念是民法得以产生和发展的思想前提。平等原则在不少国家的民事立法上未设有明文规定，学者称之为无须明文规定的公理性原则。我国民法明文规定这一原则，强调民事主体在民事活动中的法律地位一律平等，任何一方不得把自己的意志强加给对方，意在以我国特殊的历史条件为背景，突出强调民法应反映社会主义市场经济和社会主义民主政治的本质要求。

平等原则首先体现为一项民事立法和民事司法的准则：即立法者和裁判者对于民事主体应平等对待。这是一项基本的宪法原则，是分配正义的要求，因为正义一词的核心语义是公平，即一视同仁、平等对待。这其实也是所有部门法都应奉行的一项立法和司法的准则。作为一种组织社会的工具，民法是通过对民事主体间冲突的利益关系以及民事主体利益与公共利益之间的冲突关系进行协调，来实现其组织社会秩序的功能。“而在分配利益和负担的语境中可以有两种意义上的平等对待。一种是强式意义上的平等对待，它要求尽可能地避免对人群加以分类，从而使每一个人都被视为‘同样的人’，使每一个参与分配的人都能够在利益或负担方面分得平等的‘份额’。另一种是弱式意义上的平等对待，它要求按照一定的标准对人群进行分类，被归入同一类别或范畴的人才应当得到平等的‘份额’，因此，弱式意义上的平等对待既意味着平等对待，也意味着差别对待——同样的情况同样对待，不同的情况不同对待。”①

近代民法②相对比较重视强式意义上的平等对待。因此平等原则主要体现为民事主体民事权利能力的平等，即民事主体作为民法“人”的抽象的人格平等。民法上的“人”包括自然人、法人和非法人组织等。一切自然人，无论国籍、年龄、性别、职业；一切经济组织，无论中小企业还是大企业，都是民法上的“人”，都具有平等的权利能力。社会经济生活中的劳动者、雇主、消费者、经营者等具体类型，也都在民法上被抽象为

---

① 郑成良：《法律之内的正义》，40 页，北京，法律出版社，2002。

② 所谓近代民法，是指经过 17、18 世纪的发展，于 19 世纪欧洲各国编纂民法典而获得定型化的一整套民法概念、原则、制度、理论和思想的体系。在范围上包括德国、法国、瑞士、奥地利、日本等大陆法系民法，并且包括英美法系的私法。参见梁慧星：《从近代民法到现代民法》，载梁慧星主编：《民商法论丛》，第 7 卷，北京，法律出版社，1997。

“人”，同样具有民法上平等的人格。正是借助这一点，民事立法实现了从身份立法到行为立法的转变，即从按社会成员的不同身份赋予不同权利的立法，转变为不问社会成员的身份如何，对同样行为赋予同样法律效果的立法。[①] 之所以如此，是因为近代民法建立在对当时社会生活所作出的两个基本判断之上。这两个基本判断是近代民法制度、理论的基石。第一个基本判断，是平等性。在当时不发达的市场经济条件下，从事民事活动的主体主要是农民、手工业者、小业主、小作坊主。而所有这些主体，在经济实力上相差无几，一般不具有显著的优越地位。因此立法者对当时的社会生活作出了民事主体具有平等性的基本判断。第二个基本判断，是互换性。所谓互换性，是指民事主体在民事活动中频繁地互换其位置，在此交易中作为出卖人与相对人发生交换关系，在彼交易中则作为买受人与相对人发生交换关系。这样，即使平等性的基本判断存有不足，也会因互换性的存在而得到弥补。[②] 在这种意义上，互换性从属于平等性。[③] 当然，近代民法上的平等原则也有限地包括弱式意义上的平等对待，主要体现为根据自然人的年龄、智力和精神健康状况，区分自然人的行为能力状况，并分别设置相应的法律规则等。

现代民法与近代民法不同。现代民法上的平等原则在侧重强式意义上的平等对待的同时，更加重视兼顾弱式意义上的平等对待。面对用人单位与劳动者、生产者与消费者之间的分化和对立，单纯强调抽象的民法上人格的平等，只追求形式上的平等，忽视实质上的平等，已经无法维持社会的和平。弱式意义上的平等对待，日渐受到重视，具体表现为：在生活消费领域内，将民事主体区分为经营者和消费者；在生产经营领域内，将民事主体区分为用人单位和劳动者，分别设置相应的法律规则，侧重对消费者和劳动者利益的特殊保护。

我国现行民事立法中规定的平等原则，即属于现代民法上的平等原则：既强调民事主体抽象的人格平等，因此《民法典》第 14 条确认，自然人的民事权利能力一律平等；又注重弱式意义上的平等对待，《民法典》第 128 条规定，“法律对未成年人、老年人、残疾人、妇女、消费者等的民事权利保护有特别规定的，依照其规定。”在我国就有《未成年人保护法》《老年人权益保障法》《残疾人保障法》《妇女权益保障法》《消费者权益保护法》等着重保护未成年人、老年人、残疾人、妇女、消费者等的权益。这种意义上的平等原则，包含着民法上讨论价值判断问题的一项实体性论证规则，即：如果不存在足够充分且正当的理由要求弱式意义上的平等对待，就应当贯彻强式意义上的平等对待。

平等原则还体现为一项民事主体进行民事活动的行为准则，即要求民事主体之间应平等相待，这是民法上平等原则的核心和灵魂，也是民事法律关系区别于其他类型法律关系的根本所在。它是指民事主体在进行民事活动时应认识到彼此都享有独立、平等的法律人格，其中平等以独立为前提，独立以平等为归宿。在具体的民事法律关系中，民事主体互不隶属，各自能独立地表达自己的意志。离开了民事主体之间的平等相待，民法的基本理念就失去了生存的土壤，民法的其他各项基本原则以及各项民事法律制度也

① 参见李开国：《民法总则研究》，70～71 页，北京，法律出版社，2003。

② 参见梁慧星：《从近代民法到现代民法》，载梁慧星主编：《民商法论丛》，第 7 卷，北京，法律出版社，1997。

③ 参见李开国：《民法总则研究》，70～71 页，北京，法律出版社，2003。

就丧失了存在的依据。

必须看到，民法可以确认平等原则，并通过兼顾弱式意义上的平等对待，在一定程度上推动实质平等的实现。但实现民事主体之间的实质平等，不是民法独力承担的使命。民法是以民事主体之间平等的假定作为前提和基础。实现民事主体之间的实质平等，还要借助民法以外的其他法律部门，如宪法和宪法相关法、行政法、经济法、社会法等。例如被认为是经济法重要内容的反垄断法，其主要功能就体现为营造平等竞争的市场环境。

第三节 自愿原则

自愿原则，又称意思自治原则，是指法律确认民事主体得自由地基于其意志去进行民事活动的基本准则。基于意思自治原则，法律制度赋予并且保障每个民事主体都具有在一定的范围内，通过民事法律行为，特别是合同行为来调整相互之间关系的可能性。我国《民法典》第 5 条规定：民事主体从事民事活动，应当遵循自愿原则，按照自己的意思设立、变更、终止民事法律关系。

意思自治原则是市民社会自治在民法领域的体现。所谓市民社会自治，就是组成市民社会的主体，如自然人、法人或者非法人组织在处理私人事务时，可以按照自己的或者按照彼此的共同意愿自主地行事，不受外在因素的干预，尤其是不受公权力的干预。因而，意思自治原则是民事主体根据他的意志自主形成法律关系的原则，是对通过表达意思产生或消灭法律后果这种可能性的法律承认。依此原则，“在私法自治范围内，法律对于民事主体的意思表示，即依其意思而赋予法律效果；依其表示而赋予拘束力；其意思表示之内容，遂成为规律民事主体行为之规范，相当于法律授权民事主体为自己制定的法律”①。在深受大陆法系法律传统影响的中国，自由在民事立法中的实现，是自由能够在生活实践中实现的一项必要条件。确认意思自治原则为民法的基本原则，是在民法调整的社会生活领域内实现自由的第一步。意思自治原则不仅应当在民法中得到确认，更应当成为民法最重要、最有代表性的原则。就与其他几项民法基本原则的关系而言，平等原则是意思自治原则的实践和逻辑前提，意思自治原则的存在和实现，以平等原则的存在和实现为基础，只有在民事主体地位独立、平等的基础上，才能保障当事人从事民事活动时的意志自由；交易领域中的公平原则是对意思自治原则的补充；诚实信用原则、公序良俗原则以及绿色原则是对意思自治原则的必要限制。可见，就诸民法基本原则的关系而言，意思自治原则是处于核心地位的民法基本原则。

意思自治原则强调私人相互间的法律关系应取决于个人的自由意思，从而给民事主体提供了一种受法律保护的自由。这种自由，就是民事主体的个人自由。社会发展的历史告诉我们一个经验法则：保证个人自主决定实现的制度是符合人性的制度，也是最有生命力的制度。意思自治原则派生出了社团自治、保障物权、合同自由、婚姻自由、家

---

① 梁慧星：《民法总论》，2 版，175 页，北京，法律出版社，2011。

庭自治、遗嘱自由以及自己责任、过错责任等民法的基本理念。这些理念是意思自治原则在民法不同领域的具体体现，也是民法对冲突的利益关系据以作出价值判断的基本依据。在一般的意义上，民法保证了意思自治原则，保证了上述民法理念的实现，就是保证了民法所追求的公平、正义的实现。因为民法上的公平、正义是建立在意思自愿的要素上，而非任何一种内容合理或正确性的要素上，所以法谚云“对心甘情愿者不存在不公正”。

意思自治原则的核心是合同自由原则。合同自由反映了市场经济的内在要求。在市场上，准入的当事人被假定为自身利益的最佳判断者，因此民事主体自愿进行的各项自由选择应当受到法律的保障，并排除国家和他人的非法干预。一般认为，合同自由原则包括以下内容：缔约自由，即当事人可以自由决定是否与他人缔结合同；选择相对人的自由，即当事人可以自由决定与何人缔结合同；内容自由，即双方当事人可以自由决定合同的内容；变更或解除的自由，即当事人可以经由自由协商变更或解除合同，或可自由决定是否行使约定的、法定的解除权解除合同；方式自由，即当事人有选择合同形式的自由；争议解决方式的自由，即当事人可以经由自由协商，以确定双方争议解决的具体方式。

当然，意思自治原则所保障的民事主体的自由从来都不是绝对的、无限制的自由。特别是20世纪以来，民事主体的自由开始受到多方面的限制，包括来自公法上的限制以及来自私法本身的限制。公法上的限制主要体现为出于推动特定公共政策实现的目的，对自由竞争进行的规制；私法上的限制主要体现为诚实信用和公序良俗原则限定了意思自治的外部边界。于是，“整个私法现在似乎超越了保障个人自决的目标，而要服务于社会正义的实现：‘这样，对公民生存的确保、对弱者的保护，即使在私法中也获得了与追随个人利益同样的地位。’”① 公法上的限制欲在民法领域内发挥作用，大多需要借助公序良俗原则的引致功能。

可见，自由及其限制问题属于民法上一个最为核心的问题。自由不能没有限制，否则自由本身就不可能实现或不可能很好地实现；但是又必须严格限制对自由的限制，应当强调只能在为了保证自由真正实现的情况下才能对自由加以限制。我国现行民事立法中，得以限制自由的足够充分且正当的理由就是公共利益，其包括国家利益和社会公共利益。② 所谓国家利益，不能作宽泛的理解，应仅限于国家在整体上具有的政治利益、经济利益以及安全利益等。③ 所谓社会公共利益，首先是指不特定第三人的利益④；其次是

---

① ［德］哈贝马斯：《在事实与规范之间》，童世骏译，495～496页，北京，生活·读书·新知三联书店，2003。

② 参见我国《民法典》第117条、第132条、第143条、第153条等的规定。

③ 我国《国有土地上房屋征收与补偿条例》第8条第1项将为了国家利益的需要表述为“国防和外交的需要”。

④ 我国《国有土地上房屋征收与补偿条例》第8条第2项、第3项、第4项、第5项确认的“由政府组织实施的能源、交通、水利等基础设施建设的需要”、“由政府组织实施的科技、教育、文化、卫生、体育、环境和资源保护、防灾减灾、文物保护、社会福利、市政公用等公共事业的需要”、“由政府组织实施的保障性安居工程建设的需要”、“由政府依照城乡规划法有关规定组织实施的对危房集中、基础设施落后等地段进行旧城区改建的需要”等都可归入为了社会公共利益的需要、为了不特定第三人利益的需要。

与基本的法律价值相联系的私人利益，如生命利益、健康利益等[①]；再次是弱势群体的利益。[②] 必须指出，得以限制民事主体自由的国家利益和社会公共利益，必须最终能够落实为个人的利益。国家利益和社会公共利益，归根结底也只不过是以“国家”或“社会”名义表达的个人利益。确认某类个人利益为国家利益或社会公共利益，从而使其能够在冲突的利益关系中处于优先地位，并得到确认和保护，是民法协调利益冲突的重要策略。民法组织社会秩序的功能，很大程度上要借助这一策略才能实现。当然，确认何种类型的个人利益为国家利益或社会公共利益，需要经过法律所认可的表决程序，遵循法律所规定的表决规则。

第四节　公平原则

公平原则是进步和正义的道德观在法律上的体现，对于弥补法律规定的不足和在交易领域保证意思自治原则的实现，具有重要意义。我国《民法典》第 6 条规定：民事主体从事民事活动，应当遵循公平原则，合理确定各方的权利和义务。

公平原则包括两层含义：一是立法者和裁判者在民事立法和司法的过程中应维持民事主体之间的利益均衡；二是民事主体应依据社会公认的公平观念从事民事活动，以维持当事人之间的利益均衡。

公平原则的第一层含义是对立法者和裁判者行使的权力提出的要求。它包括两个方面的内容：其一，民法上凡涉及民事主体利益关系安排的法律规范，均应维持参与民事活动各方当事人之间的利益均衡。我国《民法典》第 182 条第 2 款、第 183 条、第 1186 条、第 1188 条第 2 款前段、第 1190 条第 1 款后段、第 1254 条第 1 款第 2 句后段确认的法定补偿义务制度，就是公平原则的典型法律体现。[③] 其二，一旦民事法律行为领域内民事主体之间的利益关系非自愿地失去均衡时，应依据公平原则给予特定当事人调整利益关系的机会。使用“非自愿地失去均衡”这样的限定，意味着理解和适用公平原则不能仅着眼于利益衡量，还要考察导致利益关系失衡的原因。如《民法典》第 151 条确认，一方利用对方处于危困状态、缺乏判断能力等情形，致使民事法律行为成立时显失公平的，受损害方有权请求人民法院或者仲裁机构予以撤销。在这种意义上，公平原则也是对意思自治原则的有益补充。我国现行民事立法中，有不少制度在这种意义上体现了公平原则。[④]

公平原则的第二层含义主要是对在民事活动中处于优势地位的民事主体提出的要求。这种含义的公平原则主要适用于合同领域，属于当事人缔结合同关系，尤其是确定合同内容时，所应遵循的指导性原则。它具体化为合同法上的基本原则就是合同正义原则。合同正义系属平均正义，要求维系合同双方当事人之间的利益均衡。如我国《民法典》

① 我国《民法典》第 506 条第 1 项确认，合同中免除造成对方人身损害责任的免责条款无效。

② 认可弱势群体的利益为社会公共利益，有助于动用国家公权力对弱势群体进行倾斜保护。

③ 参见王轶：《作为债之独立类型的法定补偿义务》，载《法学研究》，2014（2）。

④ 如我国《民法典》第 533 条的规定等。

第496条第2款第1句规定，采用格式条款订立合同的，提供格式条款的一方应当遵循公平原则确定当事人之间的权利和义务。在民法上就一方给付与对方的对待给付之间是否符合公平原则的要求，是否具有等值性，其判断依据一般采主观等值原则，即当事人主观上愿意以此给付换取对待给付，即为公平合理，至于客观上是否等值，在所不问。因为的确不存在真正令人信服而又实用的标准来确定客观上是否等值。

2021年1月1日废止的《民法通则》第4条在确认公平原则的同时，也规定民事活动应当遵循等价有偿原则。等价有偿原则同样要求保持当事人之间利益关系的均衡。那么该原则与公平原则之间是何关系？《民法通则》规定等价有偿原则是有其特殊的历史背景的。20世纪70年代末期，中国刚刚开始进行改革开放的时候，法学界就是否需要民法、需要什么样的民法，存在巨大的意见分歧。民法学者必须对这些问题作出明确的回答。在学术争论的过程中，佟柔先生明确提出，商品经济是人类经济发展中不可逾越的阶段，而民法是调整社会商品经济关系的基本法律规范。① 民法是为特定历史时期的商品经济服务的，并且也必然受特定历史时期的商品经济范围的制约。②《民法通则》接受了这一认识，将民法定位为调整商品经济关系的基本法。而商品经济关系的一个突出特征就是等价有偿。不难看出，《民法通则》规定等价有偿原则，强调“不允许巧取豪夺，不允许用超经济的办法取得利益，不允许无偿平调，不允许凭借优势地位强迫对方接受不等价的交换”③。

在当时的历史条件下，以上论述对于推动我国民事立法和民法学的发展居功至伟。但在今天看来，商品经济关系尽管是民法所调整的社会关系中非常重要的一部分内容，但毕竟只是一部分内容。而民法所调整的社会关系并非都要求等价有偿。因此从立法论的角度看，未来的民事立法不应再将等价有偿作为民法的一项基本原则加以规定。④ 在解释论上，也应将等价有偿原则限定为属于民法所调整的商事活动应遵循的一项基本原则。以这种认识为前提，等价有偿原则是公平原则的重要组成部分，在商事交易中，等价有偿原则几乎就是公平原则的全部。但公平原则属于等价有偿原则的上位原则，存在并非等价有偿但却符合公平原则的情形。如赠与合同中仅赠与人负担给付义务，并不符合等价有偿原则的要求，但赠与人与受赠人利益关系的失衡建立在双方自愿的基础上，符合公平原则的要求。

第五节　诚实信用原则

诚实信用，要求处于法律上特殊联系的民事主体应忠诚、守信，做到谨慎维护对方的利益、满足对方的正当期待、给对方提供必要的信息等。民法上的诚实信用原则是最低限度的道德要求在法律上的体现。《民法典》第7条规定：民事主体从事民事活动，应

---

① 参见王利明：《新中国民法学的奠基人》，载《佟柔文集》，北京，中国政法大学出版社，1996。

② 参见佟柔、王利明：《我国民法在经济体制改革中的发展与完善》，载《中国法学》，1985（1）。

③ 王家福：《民法的基本原则》，载《中华人民共和国民法通则讲座》，北京，中国法制出版社，2000。

④ 同样的观点请参见郭明瑞主编：《民法》，17页，北京，高等教育出版社，2003。

当遵循诚信原则，秉持诚实，恪守承诺。该原则作为民法的一项基本原则，具有适用于民法所有领域的效力。

诚实信用原则作为一般条款，对当事人的民事活动起着指导作用，确立了当事人以善意方式行使权利、履行义务的行为规则，如果当事人行使权利违背诚实信用原则的要求，即构成权利的滥用。① 它要求当事人在进行民事活动时必须遵循基本的道德要求，以平衡当事人之间的利益冲突和矛盾，并通过这种平衡实现平衡当事人的利益与社会公共利益之间的冲突和矛盾的功能。诚实信用原则的这一作用，有助于增进人与人之间的信赖，营造和谐的社会关系；有助于培育良好的市场信用，维护交易安全，降低交易费用，从而推动市民社会的良性运转以及市场经济的良性发展。

诚实信用原则为不少民法规范提供了正当性依据，也是解释法律和民事法律行为的依据。此外，诚实信用原则尚有补充性功能，即诚实信用原则具有填补法律漏洞的功能。当裁判机关在司法审判或仲裁实践中遇到立法当时未预见的新情况、新问题时，可直接依据诚实信用原则行使公平裁量权，调整当事人之间的权利义务关系。因此，诚实信用原则意味着承认裁判活动的创造性与能动性。②法官在适用诚实信用原则进行漏洞填补时，应当参考与本案类似的案例，借鉴民法学说中对判断本案具有重要意义的指导性观点。

诚实信用原则着力维护最低限度的道德要求，这里的道德要求主要体现为交易道德的要求，而最低限度的交易道德又是市场经济能够顺利运行的前提。因此诚实信用原则实际上承担着保护社会公共利益的使命，它对民事主体提出了积极的要求，在功能上限制了意思自治原则发挥作用的范围。

诚实信用原则是法律吸收最低限度道德要求的产物，但何为最低限度的道德要求，需要立足价值共识，借助特定国家和地区的民事立法，尤其是特定国家和地区的民事司法予以具体化。有学者曾言："在一个具体情况下的权利行使究竟在什么条件下才是违反诚信原则，因而不被准许，是无法逐一列举的，因为'诚实信用'是一个一般条款，它需要通过判例来进行补充和不断予以完善。"③ 因此民法学对于诚实信用原则的研究，应当采取面向司法的姿态，着力整理司法审判实践中已有的案例，将其类型化，以明确诚实信用原则的具体内容，为在民事立法上实现诚实信用原则的具体化奠定基础。④

第六节　公序良俗原则

公序良俗是公共秩序和善良风俗的合称，其包括两层含义：一是从国家的角度定义公共秩序，二是从社会的角度定义善良风俗。公序良俗原则是现代民法一项重要的法律

---

① 关于诚实信用原则与禁止权利滥用规则之间关系的论述，请参看林诚二：《民法理论与问题研究》，12～14页，北京，中国政法大学出版社，2000。

② 参见彭万林主编：《民法学》，39页，北京，中国政法大学出版社，1994。

③ ［德］卡尔·拉伦茨：《德国民法通论》（上册），王晓晔等译，308页，北京，法律出版社，2003。

④ 我国《民法典》即在总结审判实践经验的基础上，参考民法学说和域外的立法经验，对诚实信用原则进行了具体化，如第500条、第509条第2款、第558条等。

原则，是指一切民事活动应当遵守公共秩序及善良风俗。在现代市场经济社会，它有维护国家社会一般利益及一般道德观念的重要功能。我国《民法典》第8条规定：民事主体从事民事活动，不得违反法律，不得违背公序良俗。

公序良俗原则中的公序，一般应当限定为经由法律、行政法规的强制性规定建构的秩序。这里所谓“法律、行政法规”不限于民事法律和民事法规，一切法律和行政法规中的强制性规范都可以通过公序原则在民法中发挥作用。在这种意义上，公序原则属于民法中的引致规范。它经历了一个发展的过程：起初公共秩序仅指政治的公序，包括与保卫社会主要组织即国家和家庭为目的的公共秩序。第二次世界大战以后，由于市场经济的发展及国家经济政策的变化，在传统的政治公序之外，又认可了经济的公序。所谓经济的公序，是指为了调整当事人间的契约关系，而对经济自由予以限制的公序。经济的公序分为指导的公序和保护的公序两类。市场经济条件下，指导的公序地位趋微，保护的公序逐渐占据了重要位置。与保护劳动者、消费者、承租人和接受高利贷的债务人等现代市场经济中的弱者相关的保护性公序，成为目前各个国家和地区判例和学说上讨论、研究的焦点。①

良俗，即善良风俗，学界一般认为系指为社会、国家的存在和发展所必要的一般道德，是特定社会所尊重的起码的伦理要求。不难看出，善良风俗是以道德要求为核心的。但善良风俗原则与诚实信用原则不同。善良风俗原则并不强制民事主体在民事活动中积极地实现特定的道德要求，它只是消极地设定了民事主体进行民事活动不得逾越的道德底线。诚实信用原则强制民事主体在民事活动中积极地实现特定的道德要求，它设定了民事主体进行民事活动必须满足的道德标准。因此善良风俗原则通常派生禁止当事人采用特定行为模式的禁止性规范，诚实信用原则通常派生要求当事人必须采用特定行为模式的法律规范。②

公序良俗原则属于一般条款，与诚实信用原则一样，需要借助特定国家和地区的民事立法，尤其是特定国家和地区的民事司法予以具体化。因此民法学对于公序良俗原则的研究，同样应当立足价值共识，采取面向司法的姿态，着力整理司法审判实践中已有的案例，将其类型化，以明确公序良俗原则的具体内容，为在民事立法上实现公序良俗原则的具体化奠定基础。

与诚实信用原则相仿，公序良俗原则具有填补法律漏洞的功效。这是因为公序良俗原则包含了法官自由裁量的因素，具有极大的灵活性，其能处理现代市场经济中发生的各种新问题，在确保国家一般利益、社会道德秩序，以及协调各种利益冲突、保护弱者、维护社会正义等方面发挥极为重要的机能。③

一旦人民法院在司法审判实践中，遇到立法当时未能预见到的一些扰乱社会秩序、有违社会公德的行为，而又缺乏相应的禁止性规定时，可通过适用公序良俗原则，认定

---

① 参见梁慧星：《市场经济与公序良俗原则》，载《中国社会科学院研究生院学报》，1993（6）。

② 对于诚实信用原则和善良风俗原则之间的关系，学界一向存有争议，详细的讨论请参阅于飞：《论诚实信用原则与公序良俗原则的区别适用》，载《法商研究》，2005（2）。在笔者看来，不同的见解反映了讨论者对诚实信用原则和善良风俗原则不同的概念界定及功能期待，这一问题属于纯粹民法学问题中的解释选择问题。

③ 参见梁慧星：《民法总论》，2版，45页，北京，法律出版社，2011。

该行为无效。必须指出的是，公序良俗原则判断的对象是民事法律行为本身。

公序良俗原则承担着维护国家利益和社会公共利益的使命，在功能上构成了对意思自治原则的限制。

第七节　绿色原则

绿色原则，是指民事主体从事民事活动，应当遵循的节约资源、保护生态环境的原则。《民法典》第9条规定：民事主体从事民事活动，应当有利于节约资源、保护生态环境。

绿色原则既传承了天地人和、人与自然和谐共生的传统文化理念，又与我国是人口大国，需要长期处理好人与资源生态的矛盾这样一个国情相适应。[①] 绿色原则首先要求在人与自然的关系上秉承一代人之内的分配正义，即代内正义；又要求在人与自然的关系上秉承不同代人之间的分配正义，即代际正义；还要求在人与自然的关系上秉承人与其他物种之间的分配正义，即种际正义，是三重正义观的体现。

人类对自然的认识经历了一个发展变化的过程，无论是近代产生世界性影响的《法国民法典》《德国民法典》，还是我国制定于改革开放初期阶段的《民法通则》，总体而言，人与自然的关系，主要被看作是主体与客体的关系，也就是征服者与被征服者的关系，由此带来的弊端日渐显现。第一次工业革命以来，人类对自然资源的开发利用能力大大增强，也对环境造成了前所未有的污染和破坏，环境问题大量出现，人们逐渐认识到“人类必须克己以求可持续发展”[②]，人与自然是生命共同体，人类必须尊重自然、顺应自然、保护自然。只有遵循自然规律，人类才能有效防止在开发利用自然上走弯路，这是无法抗拒的规律。党的十九届四中全会通过的决定指出“坚持和完善生态文明制度体系，促进人与自然和谐共生。”决定强调生态文明建设是关系中华民族永续发展的千年大计。必须践行绿水青山就是金山银山的理念，坚持节约资源和保护环境的基本国策，坚持节约优先、保护优先、自然恢复为主的方针，坚定走生产发展、生活富裕、生态良好的文明发展道路，建设美丽中国。

为实行最严格的生态环境保护制度，推进绿色发展，民法典总则编第9条规定了绿色原则，确认“民事主体从事民事活动，应当有利于节约资源、保护生态环境。”这意味着绿色原则将作为一项基本原则融入民法内部价值体系。并通过指导民法典分编及特别法规范的立法，影响外部规范体系的解释和适用，在民事主体从事民事活动的全过程发挥重要作用。绿色原则的确立是民法社会化的重要体现，是重大的立法创新。绿色原则具有以下价值功能，一是在民法中确立绿色发展理念，协调经济发展与环境保护的关系；二是在民法中确立生态安全价值，协调交易安全与生态安全的关系；三是在民法中确立

---

① 参见李建国：《关于〈中华人民共和国民法总则（草案）〉的说明》。

② 崔建远：《编纂民法典必须摆正几对关系》，载《清华法学》，2014（6）。

生态伦理观，协调代内公平与代际公平的关系①；四是绿色原则具有“节约资源”和“保护生态环境”的双重面向，这里所谓节约资源是指节约所有相关财产或资源，即将某项民事活动涉及的一切资源，或者说因此产生的一切成本和收益纳入考量，换言之，要认可效率意义上的绿色原则。②

作为绿色原则的具体化，民法典物权编确认，用益物权人行使权利，应当遵守法律有关保护和合理开发利用资源的规定；设立建设用地使用权应当符合节约资源、保护生态环境的要求。民法典物权编的编纂，也自始至终秉持“物尽其用”的立法宗旨，尽可能地发挥物的效用，同时尽量降低社会成本。民法典合同编确认，当事人在履行合同过程中，应当避免浪费资源、污染环境和破坏生态。民法典合同编的编纂，也自始至终贯彻“鼓励交易”的立法宗旨，尽可能促成合同关系的成立，尽可能促成合同效力的发生，尽可能促成合同债权的实现，意在遵循合同自愿原则，借助市场机制，尽可能实现资源的优化配置，为资源的有效利用开辟可能。民法典侵权责任编在《中华人民共和国侵权责任法》设专章规定环境污染责任的基础上，进一步完善了环境污染和生态破坏责任的相关规定，不仅明确因污染环境、破坏生态造成他人损害的，侵权人应当承担侵权责任；而且强调侵权人故意违反国家规定污染环境、破坏生态造成严重后果的，被侵权人有权请求相应的惩罚性赔偿；还确认违反国家规定造成生态环境损害，生态环境能够修复的，国家规定的机关或者法律规定的组织有权请求侵权人承担修复责任并有权请求侵权人赔偿相应的损失和费用。此外，效率原则本身就是民法典侵权责任编的基石性价值之一。③

综上，就诸项民法基本原则而言，平等原则是民法的基础原则，它构成了自愿原则的逻辑前提。自愿原则是民法最重要、最有代表性的原则，是民法基本理念的体现。民法最重要的使命，就是确认并保证民事主体自由的实现；公平原则意在谋求当事人之间的利益衡平，在民事法律行为领域内，只有违背自愿原则的不公平安排，方会成为民法通过公平原则予以纠正的对象，因此在民事法律行为领域内，公平原则是对自愿原则的有益补充；诚实信用原则将最低限度的道德要求上升为法律要求，以谋求个人利益与社会公共利益的和谐；公序良俗原则包括公共秩序和善良风俗两项内容，对个人利益与国家利益以及个人利益与社会利益之间的矛盾和冲突发挥双重调整功能。诚实信用原则和善良风俗原则都是以道德要求为核心的。但善良风俗原则与诚实信用原则不同。善良风俗原则并不强制民事主体在民事活动中积极地实现特定的道德要求，它只是消极地设定了民事主体进行民事活动不得逾越的道德底线。诚实信用原则则强制民事主体在民事活动中积极地实现特定的道德要求，它设定了民事主体进行民事活动必须满足的道德标准。诚实信用原则和公序良俗原则是对自愿原则的必要限制，力图谋求不同民事主体之间自由的和谐共存。绿色原则是代内正义、代际正义、种际正义三重正义观的体现，也是对自愿原则的必要限制，意在谋求人与自然的和谐共生关系。

由前述民法诸基本原则间的关系，我们可以推导出一项法治社会应当遵循的基本准

---

① 参见吕忠梅课题组：《“绿色原则”在民法典中的贯彻论纲》，载《中国法学》，2018（1）。

② 参见贺剑：《绿色原则与法经济学》，载《中国法学》，2019（2）。

③ 参见王轶：《民法典编纂与国家治理现代化》，载《中国人民大学学报》，2020（4）。

则，也是一项重要的立法原则和司法原则，即对于民事主体自由的确认和保护，既不需要理由也不需要设置明确的法律依据；但对民事主体自由的限制，则既需要有足够充分且正当的理由，又需要设置明确的法律依据。这里所谓足够充分且正当的理由，就包含在诚实信用原则、公序良俗原则和绿色原则之中，其实质就是维护国家利益和社会公共利益的需要。前述民法诸基本原则间的关系同时也对应着讨论民法价值判断问题的一项论证规则，即：在讨论民法上价值判断问题的过程中，作出的价值判断倾向于限制民事主体自由的一方，应承担论证自身价值判断结论正当性的责任。如果不能论证证明存在足够充分且正当的理由要求剥夺或限制民事主体的自由，就应当确认或保障民事主体的自由。

问题与思考

1. 试述民法基本原则的意义。
2. 试述自愿原则的含义及主要体现。
3. 试述诚实信用原则的功能。
4. 试述民法诸项基本原则之间的关系。
5. 案例分析：

蒋某与黄某于1963年5月登记结婚，婚后夫妻关系一直较好，并收养一子。1990年7月，蒋某继承父母遗产而取得面积为51平方米的房屋一套。1995年因城市建设，该房屋被拆，拆迁单位将一套面积为77.2平方米的住房安置给了蒋某，并以蒋某的名义办理了房屋产权登记手续。1996年，黄某与比他小近30岁的张某相识后，二人便一直在外租房公开同居生活。2000年9月，黄某与蒋某将蒋某继承所得房产以8万元的价格出售。双方约定在房屋交易中产生的税费由蒋某负担。2001年春节，黄某、蒋某将售房款中的3万元赠与其养子。2001年年初，黄某因肝癌晚期住院治疗，于2001年4月18日立下书面遗嘱，将总额为6万元的财产赠与张某，其中包括出售前述房屋所获款的一半即4万元，及住房补助金、公积金、抚恤金和自己所用的手机一部等。该遗嘱于2001年4月20日在某公证处得到公证。2001年4月22日，黄某因病去世。黄某的遗体火化前，张某偕同律师上前阻拦，并当着蒋某的面宣布了黄某留下的遗嘱。当日下午，张某以蒋某侵害其财产权为由诉讼至某人民法院。法院认为，遗赠人黄某的遗赠行为违反了法律的原则和精神，损害了社会公德，破坏了公共秩序，应属无效行为，依照我国《民法通则》第7条的规定，于2001年10月11日作出一审判决，驳回原告张某的诉讼请求。一审宣判后，张某不服一审驳回诉讼请求的判决，于2001年11月提起上诉。二审法院认为，抚恤金是死者单位对死者直系亲属的抚慰，黄某死后的抚恤金不是其个人财产，不属于遗赠财产的范围；黄某的住房补助金、公积金属于夫妻共同财产，黄某未经蒋某同意，单独对夫妻共同财产进行处理，侵犯了蒋某的合法权益，当庭作出了驳回上诉、维持原审的终审判决。

试分析黄某的遗嘱是否违背公序良俗原则。

第三章
民事法律关系

本章概要

在社会生活中，人与人之间必然发生各种类型的社会关系。民事法律关系，即民法调整的人与人之间的关系，是民法的基本概念。民事法律关系是整个民法逻辑体系展开与构建的基础。民法学在一定意义上就是民事法律关系之学，以研究民事法律关系的各项要素以及民事法律关系的变动为主要内容。本章着重介绍民事法律关系的基本问题。重点问题包括：民事法律关系的概念和分类，民事法律关系的要素，民事法律事实。

第一节　民事法律关系概述

一、民事法律关系的概念

在社会生活中，人与人之间必然发生各种类型的社会关系。民事法律关系，即民法调整的人与人之间的关系，是民法的基本概念。民事法律关系是整个民法逻辑体系展开与构建的基础。[①] 民法学在一定意义上就是民事法律关系之学，以研究民事法律关系的各项要素以及民事法律关系的变动为主要内容。

民事法律关系是由民事法律规范调整所形成的以民事权利和民事义务为核心内容的社会关系，是民法所调整的平等主体之间的人身关系和财产关系在法律上的表现。在社会生活中，个人和组织为了满足自身的各种需要，必须从事社会经济活动，相互之间要发生各种社会关系。为了使社会关系的确立和发展和谐有序，国家运用各种法律来调整社会关系，从而使受法律调整的社会关系获得了法律关系的性质。由于调整各种社会关系的法律不同，所形成的法律关系也有所不同。民事法律关系是法律关系的一种，是现

① 参见王利明：《民法总则研究》，174页，北京，中国人民大学出版社，2003。

代社会中最重要的一类法律关系。民法组织社会秩序功能的实现主要就依赖对民事法律关系的调整。

由于民法自身功能的局限，以及实际的社会生活中，平等主体之间的社会关系丰富多样，民法所调整的只能是平等主体的个人和组织间的一部分社会关系。这意味着，平等主体间的社会关系与民事法律关系之间并非一一对应。民事法律关系并非是在忠实地描述此类实际的社会关系，恰恰相反，它们中间只有非常有限的一部分会被民法反映、表述为民事法律关系。民事法律关系是“对一部分现实生活的撷取。生活关系是一个连续同一体，而我们正是从这一连续同一体中取出一部分来，对其进行法律观察”[①]。一言以蔽之，民事法律关系构造了一个不同于“生活世界”的“民法世界”。

平等主体之间的哪些社会关系会成为民事法律关系？这是民法上的价值判断问题。从立法的角度观察，它关系到我们社会生活法律化的程度，需要立法者经由法律认可的表决程序作出决定。从司法的角度观察，只有平等主体之间具有可诉性的社会关系，才是民事法律关系。这里所谓可诉性，是指法院会对此类社会关系中发生的纠纷立案进行处理。例如在现实生活中，甲出于表达朋友情谊的目的请乙吃饭，却未能信守许诺，乙起诉要求甲承担违约责任，法院之所以通常不受理此类案件，就是因为依据当下人们广泛分享的价值共识，甲和乙之间并不存在具有可诉性的社会关系。至于何种平等主体间的社会关系具有可诉性，可以被描述为民事法律关系，在审判实践中，需要人民法院从民法的规范目的出发经由法律认可的表决程序，遵循法律规定的表决规则进行价值判断。

二、民事法律关系的分类

民事法律关系可以按不同的标准进行分类。民事法律关系的分类，对于把握具体的民事法律关系的性质和特点，了解当事人之间的相互关系和正确适用法律都具有意义。

（一）人身法律关系和财产法律关系

根据民法调整对象的不同，民事法律关系可以区分为人身法律关系和财产法律关系。人身法律关系是指与民事主体的人身不可分离、为满足民事主体的人身利益所形成的民事法律关系，如因人的姓名、名称、名誉、荣誉而发生的关系，因发明、发现以及因创作出科学、文学、艺术作品而发生的法律关系中的人身权利义务方面，都属于人身法律关系。这类关系虽然不具有直接的物质利益内容，但并不是与人的物质利益不发生联系。财产法律关系是指因财产的所有和财产的流转所形成的、满足民事主体财产利益需要的民事法律关系，如财产所有权关系、租赁关系、借贷关系、买卖关系等。

区分人身法律关系和财产法律关系的意义在于：

（1）两类关系中权利的性质不同。财产法律关系中确立的权利是财产权利，通常是

---

① ［德］迪特尔·梅迪库斯：《德国民法总论》，邵建东译，51页，北京，法律出版社，2000。

可以转让的；而在人身法律关系中确立的权利一般与权利主体的人身是不可分离的，不能转让。例如，荣誉权的权利人是不能把荣誉权转让给任何人的。当然也有例外，如法人、个体工商户的名称权就可以转让。

（2）对这两类关系的保护方法不同。财产法律关系受到破坏时，主要适用财产补救法，通过返还原物、赔偿损失等民事责任的方式加以保护；人身法律关系受到侵犯，主要通过恢复被侵害的权利的方式来保护。例如对于侵害名誉权，主要靠恢复名誉、消除影响等责任方式保护权利人的利益，单纯用赔偿的办法并不能满足保护名誉权的要求。

（二）绝对法律关系和相对法律关系

根据民事法律关系义务主体的范围不同，民事法律关系可以区分为绝对法律关系和相对法律关系。绝对法律关系，是指与权利人相对应的义务人是权利人以外一切不特定人的民事法律关系。在这种法律关系中，法律给一个人提供对于所有其他人的权利，权利人无须义务人的积极协助，即可直接行使和实现其权利；义务人则是一切不特定的人，其义务一般表现为消极的不作为，即尊重权利人的权利，不实施任何妨碍权利人行使和实现其权利的行为。所有权关系、人格权关系通常都属绝对法律关系。相对法律关系，是指与权利人相对应的义务人是特定人的民事法律关系。在这种法律关系中，参与法律关系的往往是特定人，其中权利人必须由具体的义务人积极协助才能实现其权利，义务人只是特定的一人或数人，其他第三人对权利人则不负有积极义务，如债权关系。

绝对法律关系与相对法律关系可以基于一定的因素相互转化。例如所有权关系和人格权关系通常属于绝对法律关系，一旦所有权或人格权受到侵害，就会在权利人和侵害人之间产生侵权损害赔偿等请求权关系，这些请求权关系属于相对法律关系。再如债权关系本属相对法律关系，一旦债务人履行债务，将标的物的所有权移转给债权人，债权人即成为标的物的所有权人，因而产生绝对法律关系。

区分绝对法律关系和相对法律关系的意义在于，有利于确定民事法律关系的义务人及其义务，从而更好地适用民法规范。例如，保管关系是相对法律关系，保管人是义务人，负有保管义务，其他人则不负有这种义务。

（三）物权关系和债权关系

根据权利的实现方式，可以把财产法律关系区分为物权关系和债权关系。物权关系是指权利人可以直接支配物，不需要义务人实施某种积极行为予以配合即可行使并实现其权利的民事法律关系。显然，它是一种绝对的民事法律关系。所有权关系以及其他物权的关系都是物权关系。债权关系，是指权利人必须由义务人的一定行为相配合，才能行使和实现其权利的民事法律关系。义务人的一定行为通常是积极的行为，所以债权关系属于相对法律关系。区分物权关系与债权关系的意义在于，物权和债权作为两类基本的财产权有不同特点。正是根据这种分类，民法中存在物权法律制度和债权法律制度这两种财产法律制度。

第二节　民事法律关系的要素

民事法律关系的要素是指构成民事法律关系的必要因素。任何民事法律关系都由几项要素构成，要素发生变化，具体的民事法律关系就随之变更。民事法律关系包括主体、内容和客体三个要素。

一、民事法律关系主体

民事法律关系的主体，简称民事主体，是指参加民事法律关系的人。在我国，民事主体包括自然人、法人、非法人组织和国家等。近代民法以来，自然人成为民事主体，通常认为除了其作为自然人外，不需要任何额外的条件。但社会组织要成为民事主体，必须由法律赋予其主体资格。此类主体人格的确定，应依据以下条件：其一，具备独立法律人格者应有自身的独立性；其二，赋予主体独立法律人格，必须对第三人有益无害；其三，赋予主体独立的法律人格，对其内部成员应利多弊少。[①] 民事法律关系作为人与人之间的社会关系，总是要有双方或多方主体参加。民事法律关系的每一方主体可以是单一的，也可以是多数的。例如，在债权关系中，债权人和债务人每一方都既可以是一个人，也可以是几个人。在相对法律关系中，每一方主体都是特定的；在绝对法律关系中，承担义务的一方是不特定的。

二、民事法律关系的内容

大多数民事法律关系并不是由某种单一的关系组成，而是一个由各种法律上的联系组成的综合体。它是一个整体，是一种“结构”。民事法律关系的内容，主要包括民事主体所享有的权利、可以行使的权力、负担的义务以及受到的其他法律拘束等。其中民事权利和民事义务是民事法律关系的核心要素。

民事权利，是经由民法规范或法院判决类型化的自由，基于这种自由，民事主体或者可以保障自己的利益，或者可以获得法律上的利益。它具体包括：（1）免受他人侵扰的自由；（2）作出自主决定或向他人提出积极主张的自由；（3）这种自由是有保障的自由，法律不但保障这种自由的实现，而且一旦这种自由受到侵犯，民事主体有权请求国家发动公权力予以保护。但并非民事主体所有的自由都以权利的形式存在。

民事主体可以行使的权力，属于私法上的权力。在某些民事法律关系中，其内容表现为特定民事主体享有权力，而相对人应受到相应的拘束，服从权力的行使。其他民事主体则不得干预权力人行使权力。比如在监护关系中，监护人对被监护人享有的监护权，即属于私法上的权力，被监护人应服从监护权的行使，接受监护人行使监护权带来的法

---

① 参见崔建远：《市场秩序与法制完善》，载《时代论评》，1989（1）。

律效果。在代理关系中，代理人享有的代理权也是属于私法上的权力，被代理人应接受代理人行使代理权产生的相应法律效果。在公司法中，公司的经营管理者，如董事长、董事、总经理等就公司的事务对于公司其他工作人员享有的管理权，也是属于私法上的权力。私法上的权力，与民事权利不同，权力的享有者和行使者行使权力，并非直接为自己谋取利益，而是服务于他人的利益。私法上的权力在这一点上与公权力类似，公权力的享有者和行使者行使权力也应当不是直接为自己谋取利益，而是服务于授予其公权力的人民大众。但私法上的权力也不同于公权力，二者的取得原因、行使规则以及行使目的都存在区别。比如行使私法上的权力通常都是服务于特定民事主体的利益，但行使公权力可以是服务于特定主体的利益，也可以是服务于不特定主体的利益。

民事义务，是法律上拘束的类型化，这种法律上的拘束，可以基于法律的规定或者当事人的意志产生，通常是要求民事主体为一定行为或不为一定行为，目的是满足相对人权利的实现。

在绝对法律关系中，民事义务通常表现为不为一定行为，以免侵扰相对人的自由。在相对法律关系，尤其是债的关系中，民事义务的类型比较丰富。以买卖合同为例，当事人通常需要负担以下类型的民事义务。

（1）主合同义务，即直接决定民事主体间交易类型的民事义务。依据《民法典》第598条的规定，出卖人的主合同义务是“应当履行向买受人交付标的物或者交付提取标的物的单证，并转移标的物所有权的义务”。依据《民法典》第626条的规定，买受人的主合同义务是“应当按照约定的数额和支付方式支付价款”。基于合同双方当事人的主合同义务，可以判定当事人之间的合同类型。主合同义务又称主给付义务，是请求权指向的对象，通常需要基于当事人的特别约定才能产生，属于约定义务。

（2）从合同义务，即辅助主合同义务实现债权人交易目的的民事义务。依据《民法典》第599条的规定，出卖人的从合同义务是“应当按照约定或者交易习惯向买受人交付提取标的物单证以外的有关单证和资料”。从合同义务又称从给付义务，也是请求权指向的对象，其产生除了可以依据当事人之间的特别约定，还可以基于交易习惯，也属于约定义务。

（3）附随义务，即依据诚实信用原则，根据合同的性质、目的、交易习惯产生的民事义务。依据《民法典》第509条第2款的规定，买卖合同双方当事人都“应当遵循诚实信用原则，根据合同的性质、目的和交易习惯履行通知、协助、保密等义务”。附随义务大多并非给付义务，因此通常不是请求权指向的对象，合同当事人通常无法请求对方履行附随义务，而只能在对方违反附随义务时，主张其承担民事责任。但在例外的情况下，附随义务，尤其是附随义务中的协助义务等可以作为给付义务，成为请求权指向的对象。与主合同义务和从合同义务都是约定义务不同，附随义务属于法定义务。

（4）间接义务，又称不真正义务，是法律要求民事主体谨慎对待自身利益的民事义务。依据《民法典》第591条第1款的规定，买卖合同双方当事人在对方违约后，都“应当采取适当措施防止损失的扩大”，即属此类义务。再如《民法典》第620、621条规定的买受人收到标的物时及时检验以及及时通知出卖人标的物数量或质量不符合约定的义务，也属间接义务。间接义务并非给付义务，不是请求权指向的对象。当事人违反间接义务，属于自甘风险的行为，无须向对方承担违约责任，但由此带来的损失要由义务违反者自己承受。间接义务，属于法定义务。

民事主体受到的其他法律拘束，主要存在于一方当事人享有形成权的情形。例如在合同关系中，当事人一方取得解除合同的权利，对方当事人即会受到相应的法律拘束。

三、民事法律关系的客体

民事法律关系的客体是指民事权利和民事义务所指向的对象。民事权利和民事义务如果没有具体的对象，就将成为无法落实、毫无意义的东西。

以民事法律关系是民事主体之间的关系为认识前提，民事法律关系的客体应当只有一种类型，即民事主体的行为。但从立法技术的角度考虑，如将所有民事法律关系的客体一概界定为行为，就无法对不同类型的法律关系进行有效的区分，以权利类型划分为基础的法典编排体例也会受到冲击。因此通说并未遵循统一的标准来认定民事法律关系的客体，而是认为，民事法律关系的客体主要有五类，即物、行为、智力成果以及商业标志、人身利益和权利。其中，物主要是物权法律关系的客体，例如所有权、用益物权法律关系的客体一般仅限于物；担保物权法律关系的客体一般也是物，但不限于物，还包括权利，如建设用地使用权抵押、权利质押等。债权法律关系的客体是行为；人身权法律关系的客体是人身利益；知识产权法律关系的客体是智力成果以及商业标志等。

第三节　民事法律事实

一、民事法律事实的概念和意义

民事法律事实，是民法的基本概念，指民法认可的能够引起民事法律关系产生、变更和消灭的客观现象。民事法律规范本身并不能在当事人之间引起民事上的权利、义务关系，而只是表明民事主体享有权利和承担义务的可能性。但是，法律可以根据需要，规定一些事实条件，在发生这些事实时，就使民事法律关系产生、变更和消灭。这些由法律规定的、能够产生一定法律后果的事实，就是法律事实。

法律事实出现时，产生如下法律后果。

第一，引起民事法律关系的产生。只有通过法律事实，才能使民事法律所规定的权利义务，转化为当事人实际享有的权利和承担的义务。

第二，引起民事法律关系的变更。因法律事实的出现而导致民事法律关系的变更通常包括：主体变更（权利主体或义务主体发生变化等）；内容变更（主体享有的民事权利和承担的民事义务在范围和性质上发生变化等）；客体变更（客体发生变化）。

第三，引起民事法律关系消灭，使主体之间的权利义务等不再存在。

二、民事法律事实的分类

为了实现不同的目的，可以对民事法律事实做不同的类型区分。较为简洁、实用的区分是根据是否与当事人的意志有关，将法律事实分为事件和行为两大类。

事件，是指与当事人的意志无关，能够引起民事法律后果的客观现象。例如，人的死亡使继承人取得继承遗产的权利，物的自然灭失引起所有权关系的消灭，他人的行为使当事人享有不当得利返还请求权，国家的征收使当事人丧失财产所有权等。

行为，是指当事人的有意识的活动。行为可分为表示行为和非表示行为。表示行为包括民事法律行为和准民事法律行为，非表示行为是指事实行为。①

（1）民事法律行为，是民事主体通过意思表示设立、变更、终止民事法律关系的行为。民事法律行为是实现行为人自由意志的民法工具，是最主要的民事法律事实。

（2）准民事法律行为，是指行为人实施的有助于确定民事法律关系相关事实因素的意愿表达或事实通知行为。此类行为并非民事法律行为，没有包含行为人对于民事主体间利益关系安排的设想，不以直接引起民事法律关系的变动为目标，而是为民事法律关系的变动准备条件，但可以准用民事法律行为的相关规则。

属于准民事法律行为的主要有催告、通知等。这些催告、通知是行为人有意为之，并借助这些催告和通知推动民事法律关系的变动。准民事法律行为主要包括：

1）催告。如与限制民事行为能力人订立合同的相对人依据《民法典》第 145 条第 2 款的规定，催告限制民事行为能力人的法定代理人进行追认；与无权代理人订立合同的相对人依据《民法典》第 171 条第 2 款的规定，催告被代理人进行追认；合同关系的相对方催告解除权人确定是否行使解除权；债权人在债务人于履行期限届满仍未履行债务的情况下，催告债务人进行债务的履行等。催告在学说上被称为“意思通知”。

2）通知。如债权人将转让权利事项通知债务人；当事人一方将因不可抗力不能履行合同的情况通知对方；买受人在异议期间将标的物的质量或者数量不符合约定的情形通知出卖人等。通知在学说上被称为“观念通知”或“事实通知”。由于准民事法律行为属于表示行为，当事人的意愿也会导致一定法律后果的出现，所以法律要求行为人必须要有知道他所从事活动的法律意义，以及能够判断这些行为的后果的能力。因此，准民事法律行为通常要适用有关民事行为能力的法律规定。此外，准民事法律行为常向特定民事主体为之，法律关于接受意思表示的规定、关于意思表示解释的规定、关于意思表示瑕疵和代理的规定等也有适用余地。不过究竟某项准民事法律行为得准用哪些关于民事法律行为的规定，应进行个案的考察，应分析其在多大范围内和民事法律行为的意思表示是相似的，以作出具体的判断。②

3）宽恕。《民法典》第 1125 条第 2 款确认，继承人遗弃被继承人，或者虐待被继承

---

① 参见王轶：《论民事法律事实的类型区分》，载《中国法学》，2013（1）。

② 参见［德］卡尔·拉伦茨：《德国民法通论》（下册），王晓晔等译，712～713 页，北京，法律出版社，2003。

人情节严重；伪造、篡改、隐匿或者销毁遗嘱，情节严重；以欺诈、胁迫手段迫使或者妨碍被继承人设立、变更或者撤回遗嘱，情节严重等，如以后确有悔改表现，被继承人表示宽恕或者事后在遗嘱中将其列为继承人的，该继承人不丧失继承权。

（3）事实行为，是指行为人实施的一定行为，一旦符合了法律的构成要件，不管当事人主观上是否有确立、变更或消灭某一民事法律关系的意思，都会由于法律的规定，从而引起一定的民事法律效果的行为。事实行为有合法的，也有不合法的。从事智力创造活动，拾得遗失物、漂流物等属于合法的事实行为；侵害国家、集体的财产或他人的人身、财产则是不合法的事实行为。

民事法律关系的产生、变更和消灭，有时只以一个法律事实为根据，有时需要以两个或两个以上的法律事实的相互结合为根据。例如，遗嘱继承法律关系中，继承人继承遗产就需要立遗嘱的单方民事行为和遗嘱人死亡的事件这两个法律事实才能够发生。这种引起民事法律关系的产生、变更或消灭的两个以上的事实的总和，叫作民事法律关系的事实构成。要求事实构成的民事法律关系，只有在事实构成具备的情况下，才能引起民事法律关系的产生、变更和消灭。民事法律事实的区分，其主要价值在于：民法对于民事法律行为的调整采取意思主义的调控方式，主要依据民事主体的意思安排当事人之间的利益关系；对于准民事法律行为、事件以及事实行为的调整采取法定主义的调控方式，只要符合法律认可的事实构成，法律会直接对当事人之间的利益安排作出决定。

问题与思考

1. 简述民事法律关系的概念和分类。
2. 试述民事义务。
3. 简述民事法律事实的类型划分。
4. 案例分析：

2001 年 1 月 1 日，原告甲一行四人入住由被告乙食品批发部开办的宾馆 502 房间。该房为标准间，以某两个伙伴名义进行了登记。甲及另外一人也同居该室，但未办理加铺手续。次日凌晨三时许，该宾馆 302 号房间失火，火势迅速蔓延，致使宾馆三层以上发生重大火灾，原告等人为逃生而破窗跳楼，身上有多处被火烧伤，另有跌伤等其他损伤，随身所带物品也付之一炬。（案例来源：苏号朋主编：《民法总论案例选评》，59 页，北京，对外经济贸易大学出版社，2006）

请问：本案中存在哪些民事法律关系？每一个民事法律关系的主体、客体和内容是什么？

第四章
自然人

本章概要

自然人即生物学意义上的人，是基于出生而取得民事主体资格的人。其外延包括本国公民、外国公民和无国籍人。自然人与公民不同，公民仅指具有一国国籍的人。本章着重介绍我国民法中的自然人制度，以及在我国特殊的历史背景下所出现的自然人参与商事活动的特殊形式——个体工商户和农村承包经营户。重点问题包括：自然人的民事权利能力，自然人的民事行为能力，监护制度，自然人的户籍、住所，宣告失踪与宣告死亡制度。

第一节　自然人的民事权利能力

自然人即生物学意义上的人，是基于出生而取得民事主体资格的人。其外延包括本国公民、外国公民和无国籍人。自然人与公民不同，公民仅指具有一国国籍的人。《民法通则》使用“公民（自然人）”，将公民等同于自然人。《民法典》则径直使用“自然人”。

一、自然人民事权利能力的概念

自然人的民事权利能力，是指法律赋予自然人得享有民事权利、承担民事义务的资格。

它是自然人参加民事法律关系，取得民事权利、承担民事义务的法律依据，也是自然人享有民事主体资格的标志。自然人的民事权利能力与其享有的民事权利，是两个有内在联系，但又意义不同的法学概念。其主要区别是：（1）民事权利能力是一种资格，是自然人取得民事权利的前提，它对自然人实现民事权利来说，还是一种可能性。民事权利是民事法律关系的要素，它是自然人在具体的民事法律关系中实际取得的，是自然人民事权利能力得以实现的结果。（2）民事权利能力不仅指享有民事权利的资格，而且还指承担民事义务的能力，它既可以称为权利能力，也可称为义务能力。民事权利和民事义务则是两个不同的概念，它们在具体的民事法律关系中，互相独立或相互对应，并且互相是不可代替的。（3）尽管近代民法以来，自然人成为民事主体无须任何的额外条件，但自然人的民事权利能力是法律赋予的，它的内容和范围是直接由法律确定的。民事权利则是在具体的民事法律关系中产生的，因此一般说来，它的内容和范围可以直接取决于民事主体的意志，也可以取决于法律的规定。（4）民事权利能力与自然人的人身是不可分割的。依据《民法典》第13条的规定，自然人从出生时起到死亡时止，具有民事权利能力，依法享有民事权利，承担民事义务。自然人的民事权利能力非依法律规定不能受限制或被剥夺，而且自然人自己也不能放弃或转让。自然人的民事权利则可以依法放弃和转让。①

在实体法中具有民事权利能力的自然人，当然具有诉讼法上的当事人能力，即具有成为诉讼中的原告、被告或第三人的资格。

二、自然人民事权利能力的特征

自然人的民事权利能力具有以下特征。

（一）普遍性与平等性

由于民事权利能力是自然人从事民事活动的前提条件，而从事民事活动又是自然人生存发展的基本前提，所以，民事权利能力就是自然人的生存资格。现代文明社会以保存人的生存资格为第一要义，普遍地、无区别地赋予所有自然人以民事权利能力是法律的一项不可动摇的基本原则。我国《民法典》第14条规定：自然人的民事权利能力一律平等。

可见，在我国民法上，自然人都平等地拥有民事主体资格，都平等地享有法律上所规定的民事权利能力，不受民族、种族、性别、年龄、职业、职务、家庭出身、宗教信仰、教育程度、财产状况的限制。民事权利能力的平等，是机会的平等，它赋予了自然人同样的参与民事活动的机会，并不谋求结果的平等。民法上的平等原则，首先是指民事主体权利能力的平等。

（二）不可转让性

民事权利能力是自然人生存和发展的必要条件，转让民事权利能力，无异于抛弃自己的生存权。因此，民事权利能力是不可转让的，当事人自愿转让、抛弃的，法律不承认其效力。②

三、自然人民事权利能力的开始

《民法典》第13条规定：自然人从出生时起到死亡时止，具有民事权利能力，依法

① 参见佟柔主编：《中国民法》，67～68页，北京，法律出版社，1990。

② 参见彭万林主编：《民法学》，56页，北京，中国政法大学出版社，1994。

享有民事权利，承担民事义务。可见，自然人的民事权利能力始于出生。

就如何确定自然人的出生时间，在民法学界主要有三种学说，即一部露出说、全部露出说、独立呼吸说。近代各国民法多采用全部露出说。在我国，出生后有呼吸的婴儿，即使是随即死亡，根据户口制度也要进行出生登记和死亡登记。可见，我国实际上是采用独立呼吸说，即每一个出生婴儿，从其第一次呼吸开始，就成为自然人，享有民事权利能力。《民法典》第 15 条确认，自然人的出生时间，以出生证明记载的时间为准；没有出生证明的，以户籍登记或者其他有效身份登记记载的时间为准。有其他证据足以推翻以上记载时间的，以该证据证明的时间为准。其中出生证明，即出生医学证明，记载有新生儿的姓名，性别，出生时间，父亲、母亲姓名等。户籍登记是国家公安机关按照国家户籍管理法律法规，对公民的身份信息进行登记记载的制度。户籍登记以外的其他有效身份登记，包括我国公民居住证、港澳同胞回乡证、台湾居民的有效旅行证件、外国人居留证等。

对未出生胎儿的法律地位的确认，有两种立法主义：一为总括保护主义，即只要其出生时尚生存，胎儿就和已出生婴儿一样具有民事权利能力。此为罗马法上所确立的一项原则，《瑞士民法典》作了同样的规定。我国台湾地区“民法”第 7 条就胎儿的权利能力也采总括保护主义。二为个别保护主义，即胎儿原则上无民事权利能力，但在若干例外情形下则视为有民事权利能力。法、德、日等国民法采此主义。《民法典》施行之前，我国民法采个别保护主义。如《继承法》第 28 条规定：“遗产分割时，应当保留胎儿的继承份额。胎儿出生时是死体的，保留的份额按照法定继承办理。”这就是说，胎儿出生后，如果是活婴，即享有继承权，能够继承为其保留的继承份额；如果是死体，为其保留的继承份额，应由被继承人的法定继承人分割。个别保护主义由于没有承认胎儿在作为活体出生后，就其出生前遭受的损害得享有损害赔偿请求权等，对于胎儿的利益保护很不充分，我国《民法典》转采总括保护主义，以求周到地保护胎儿的利益。《民法典》第 16 条规定：涉及遗产继承、接受赠与等胎儿利益保护的，胎儿视为具有民事权利能力。但是胎儿娩出时为死体的，其民事权利能力自始不存在。《总则编司法解释》第 4 条确认，“涉及遗产继承、接受赠与等胎儿利益保护，父母在胎儿娩出前作为法定代理人主张相应权利的，人民法院依法予以支持。”

四、自然人民事权利能力的终止

自然人的民事权利能力终于死亡。民法上讲的死亡，包括生理死亡和宣告死亡。在古代法上还承认有所谓法律上的死亡，即自然人在生存期间被依法强行剥夺其权利能力，现代民法没有法律上的死亡制度。导致民事权利能力终止的，仅限于生理死亡。

生理死亡也称自然死亡，它是指自然人的生命的终结。如何认定生理死亡时间，历来也有种种学说，如脉搏停止说、心脏搏动停止说、呼吸停止说，等等。随着现代医学的发展，移植器官的手术的成功和完善，各国又普遍提出脑死亡的学说。可见，死亡的时间的确决定于医学技术水平，应当以医学上确定的死亡时间为准。在我国，一般是以呼吸和心跳均告停止为自然人生理死亡的时间。但不少学者主张应改采脑死亡说。

对于自然人的生理死亡时间有争议的，存在死亡时间的证明问题。《民法典》第15条确认，自然人的死亡时间，以死亡证明记载的时间为准；没有死亡证明的，以户籍登记或者其他有效身份登记记载的时间为准。有其他证据足以推翻以上记载时间的，以该证据证明的时间为准。其中死亡证明是指有关单位出具的证明自然人死亡的文书。死亡证明是记载死亡时间的原始凭证，具有证明死亡时间的准确性与规范性，因此死亡证明记载的时间可以作为判断自然人死亡时间的最基本的依据。关于死亡登记，根据我国户籍管理制度，自然人死亡后，户主、亲属等应当在规定的时间内向公安机关申报死亡登记，注销户口。没有死亡证明的，以户籍登记记载的死亡时间为准。如果互有继承权的几个人在同一事件中死亡，又不能确定死亡先后时间的，应推定没有继承人的人先死亡。死亡人各自都有继承人的，如几个死亡人辈分不同，推定长辈先死亡；几个死亡人辈分相同，推定同时死亡，彼此不发生继承，由他们各自的继承人分别继承。

自然人的死亡关系到民事主体是否存在、原权利义务关系是否变更以及继承的法律关系是否发生等重要问题。因此，妥当认定自然人死亡时间具有重要意义。

第二节　自然人的民事行为能力

一、自然人民事行为能力的概念

自然人的民事行为能力，是指自然人能够独立通过意思表示，进行民事行为的能力。民法设自然人的民事行为能力制度，意在保护未成年人和神志不健全人的利益。

自然人要有民事行为能力，一方面要达到一定的年龄，从而具备一定的社会活动经验；另一方面还要有正常的精神状态，能够理智地进行民事活动。我国现行民事立法就是以自然人的年龄和精神健康状况作为确定自然人民事行为能力状况的依据。具备民事行为能力者，通常在事实上就有相应的正确识别事物、判断事物的能力，即有相应的意思能力。在这种意义上，可以说意思能力是自然人具有行为能力的基础。但意思能力与行为能力不能完全等同。意思能力的有无属于纯粹的事实判断，行为能力的有无是以事实判断的结论为前提，进行价值判断的产物。所以有无意思能力通常应结合具体情形进行判断，但有无行为能力通常应依据法律确立的一般标准进行判断。可能会出现有健全的意思能力却无行为能力的情形，如早慧的儿童；也可能会出现有行为能力，却无相应意思能力的情形，如完全行为能力人处于醉酒等心智迷乱的状况。

自然人的民事行为能力和民事权利能力都是由法律规定的，非依法律不得限制和剥夺。

但两者是有区别的。第一，民事权利能力是每一自然人都具备的能享有权利和承担义务的资格。民事行为能力则并非每个自然人都能够具备。第二，民事权利能力通常始于出生，止于死亡。民事行为能力通常以达到一定的年龄标准并具备正常的精神状态为前提。虽然民事行为能力与民事权利能力是两个不同的法律概念，但两者又是密切相关的。自然人具有民事权利能力，是具有民事行为能力的前提。

二、自然人民事行为能力的划分

《民法典》根据我国自然人的具体情况，按照年龄阶段的不同和理智是否正常，将自然人的民事行为能力划分为：完全民事行为能力、限制民事行为能力和无民事行为能力三种。

（一）完全民事行为能力

完全民事行为能力，是指自然人具有的通过自己独立的意思表示进行民事法律行为的能力。

在一般情况下，自然人达到成年的时候，不仅能够有意识地实施民事法律行为，而且能够理智地判断和理解法律规范和社会共同生活规则，能够估计到实施某种行为可能发生的后果及对自己的影响。因此，已达成年的自然人，一般被认为是具有完全民事行为能力的人。各个国家和地区关于成年的年龄规定不一，我国《民法典》第 17 条第 1 句规定：18 周岁以上的自然人为成年人。第 18 条第 1 款规定：成年人为完全民事行为能力人，可以独立实施民事法律行为。第 18 条第 2 款规定：16 周岁以上的未成年人，以自己的劳动收入为主要生活来源的，视为完全民事行为能力人。依据《民法通则意见》第 2 条的规定，所谓“以自己的劳动收入为主要生活来源”，是指 16 周岁以上不满 18 周岁的自然人，能够以自己的劳动取得收入，并能维持当地群众一般生活水平。

（二）限制民事行为能力

限制民事行为能力，是指自然人独立通过意思表示进行民事法律行为的能力受到一定的限制。我国《民法典》第 17 条第 2 句规定：不满 18 周岁的自然人为未成年人。第 19 条确认，8 周岁以上的未成年人为限制民事行为能力人。第 22 条确认，不能完全辨认自己行为的成年人为限制民事行为能力人。

依据《民法典》第 19 条以及第 22 条的规定，限制民事行为能力人实施民事法律行为由其法定代理人代理或者经其法定代理人同意、追认，但是可以独立实施纯获利益的民事法律行为或者与其年龄、智力、精神健康状况相适应的民事法律行为。《总则编司法解释》第 5 条确认，“限制民事行为能力人实施的民事法律行为是否与其年龄、智力、精神健康状况相适应，人民法院可以从行为与本人生活相关联的程度，本人的智力、精神健康状况能否理解其行为并预见相应的后果，以及标的、数量、价款或者报酬等方面认定。”

（三）无民事行为能力

无民事行为能力，是指自然人不具有以自己独立的意思表示进行民事法律行为的能力。《民法典》第 20 条确认，不满八周岁的未成年人为无民事行为能力人。第 21 条确认，不能辨认自己行为的成年人以及不能辨认自己行为的八周岁以上的未成年人为无民事行为能力人。

依据《民法典》第 20 条以及第 21 条的规定，无民事行为能力人由其法定代理人代理实施民事法律行为。

三、自然人无民事行为能力和限制民事行为能力的认定

我国立法对自然人的无民事行为能力和限制民事行为能力采取认定制度。《民法典》第 24 条第 1 款规定：不能辨认或者不能完全辨认自己行为的成年人，其利害关系人或者有关组织，可以向人民法院申请认定该成年人为无民事行为能力人或者限制民事行为能力人。

认定自然人为无民事行为能力人或者限制民事行为能力人，必须具备以下要件：（1）自然人须为不能辨认或者不能完全辨认自己行为的成年人。依据我国民事司法实践，判断当事人是否患有精神病，人民法院应当根据司法精神病学鉴定或者参照医院的诊断、鉴定确认。在不具备诊断、鉴定条件的情况下，也可以参照群众公认的当事人的精神状态认定，但应以利害关系人没有异议为限。（2）须经其利害关系人或者有关组织申请。利害关系人包括近亲属以及其他利害关系人。这里所说的近亲属，主要是指精神病人的配偶、父母、成年子女以及其他近亲属等。依据《民法典》第 24 条第 3 款的规定，其他组织包括居民委员会、村民委员会、学校、医疗机构、妇女联合会、残疾人联合会、依法设立的老年人组织、民政部门等。依据我国《民事诉讼法》第 189 条第 2 款的规定，人民法院经审理认定申请有事实根据的，判决该自然人为无民事行为能力人或限制民事行为能力人；认定申请没有事实根据的，应当判决予以驳回。8 周岁以上的未成年人不能辨认自己行为，也应类推适用前述规定，方得被认定为无民事行为能力人。

认定自然人为无民事行为能力人或限制行为能力人，意在保护不能辨认或者不能完全辨认自己行为的成年人的合法权益，并维护正常的社会交往秩序。不能辨认或者不能完全辨认自己行为的成年人，未被宣告为无民事行为能力人或限制民事行为能力人的，一旦在诉讼中当事人的利害关系人提出该当事人为不能辨认或者不能完全辨认自己行为的成年人，要求认定该当事人无民事行为能力或限制民事行为能力的，应由利害关系人向人民法院提出申请，由受诉人民法院按照特别程序立案审理，原诉讼中止。当事人的利害关系人在诉讼中提出该当事人不能辨认或者不能完全辨认自己行为的，应承担相应的举证责任。

自然人被宣告为无民事行为能力人或限制民事行为能力人，其行为能力只是处于一时的中止或受限制的状态，所以，当其智力障碍排除，具有辨认事物的能力时，依据《民事诉讼法》第 190 条的规定，人民法院根据其本人或者其监护人的申请，证实该自然人无民事行为能力或者限制民事行为能力的原因已经消除的，应当作出新判决，撤销原判决，认定其为限制民事行为能力人或完全民事行为能力人。

四、自然人民事行为能力的终止

自然人民事行为能力的终止，是指其民事行为能力的消灭。自然人具有民事行为能力，须以民事权利能力为前提和条件。自然人失去权利能力，其民事行为能力随之终止。所以自然人自生理死亡时起，权利能力和行为能力同时归于消灭。自然人在一定期间内因处于精神病状态丧失意思能力，只能认为其民事行为能力中止。

五、自然人的诉讼行为能力

自然人的诉讼行为能力是指自然人得以自己的独立意志进行诉讼行为的能力。我国《民事诉讼法》第 57 条规定，无诉讼行为能力人由他的监护人作为法定代理人代为诉讼。该法仅认无诉讼行为能力和有诉讼行为能力之别，并未将诉讼行为能力与民事行为能力对应，区分完全诉讼行为能力、限制诉讼行为能力和无诉讼行为能力。考虑到诉讼行为的复杂性，且攸关当事人利益，宜认完全行为能力人为有诉讼行为能力人，认限制行为能力人和无行为能力人为无诉讼行为能力人。

第三节　自然人的民事责任能力

广义上自然人的民事责任能力是指自然人对自己的侵权行为、债务不履行行为以及其他民事违法行为，如违反先合同义务的行为等承担民事责任的能力。这种意义上的自然人的民事责任能力解决的是自然人是否具备承担相应民事责任的资格问题。不具备民事责任能力的自然人自然无须承担民事责任，但自然人具备民事责任能力并不意味着就要承担民事责任。具备民事责任能力的自然人，在不具备民事责任的其他构成要件时，或者有特殊的免责事由时，也无须承担民事责任。狭义上自然人的民事责任能力是指以过错责任作为侵权损害赔偿一般归责原则时，自然人承担侵权损害赔偿责任的能力。本节着重介绍这种意义上的自然人的民事责任能力。

自然人的民事责任能力，从比较法的角度观察，存在不同的立法例。传统民法通常采行为能力结合识别能力的判断标准，也有采行为能力的判断标准。我国《民法典》第 1188 条就自然人的责任能力采行为能力的判断标准，完全民事行为能力人具备民事责任能力，无完全民事行为能力人不具备民事责任能力。[①]

从立法论的角度着眼，人类社会为维持自身的延续和发展，应在一定程度上容忍来自无完全民事行为能力人的风险。现行民事立法有关自然人在侵权损害赔偿责任中责任能力判断标准的规定，对于无完全民事行为能力人及其监护人未免过于严苛。不如改采如下判断标准：具备完全民事行为能力者，自然具备责任能力。在无完全民事行为能力

---

① 参见王轶：《作为债之独立类型的法定补偿义务》，载《法学研究》，2014（2）。

人的责任能力方面，既要避免放纵其侵权行为，又要避免对其课加过分的责任，应以自然人在具体情况下是否具备认识其责任所必要的理解力作为判断依据。如自然人在具体情形下具备相应的理解力，即应认可其具备责任能力，否则即无责任能力，应由未尽监护职责的监护人承担责任。从立法技术和司法技术的角度考量，此时的责任能力可以被过错吸收。作为这一判断标准的补充，在实施侵权行为的无完全民事行为能力人没有责任能力，而监护人又尽到了监护职责的情况下，法院应根据受害人的申请，结合侵权行为人及其监护人的财产状况，基于公平原则的考量，要求侵权行为人或者其监护人适当补偿受害人的损失。另外，无论自然人的行为能力状况如何，若其于行为的一瞬间处于无意识状态，或因精神错乱处于不能自由决定意志的状态时，其无民事责任能力。此时依无法得到损害赔偿的受害人的申请，基于公平原则考量，对侵权行为人或其监护人课加适当补偿义务的规则也应有适用余地。如果自然人处于前述状态是由于原因自由行为，即自然人是由于酗酒或吸食毒品等处于前述状态，则其仍应对其行为负责。

第四节 监 护

一、监护的概念和沿革

监护是指对无完全民事行为能力的未成年人和成年人的人身、财产及其他合法权益进行监督和保护的一种民事法律制度。履行监督和保护职责的人，称为监护人；被监督、保护的人，称为被监护人。

早在罗马法上，即有所谓的监护和保佐制度。监护和保佐制度均是对自权人而设，监护和保佐到了共和国末年，已经成为一种社会公益性质的职务，不再完全是私人的事情，而受公法保护。监护人和保佐人无正当理由也不能随意辞职。最初，监护的主要作用在于补充受监护人的能力，保佐则是代理被保佐人管理财产。这种区别到帝政后期便逐渐消失。[①] 现代有些国家和地区的民法，如我国台湾地区“民法”，区分父母与未成年子女之间适用的亲权制度和父母以外的人与未成年人、禁治产人之间适用的监护制度。我国现行民事立法不区分亲权和监护，且依据监护对象的不同，把监护分为未成年人监护及成年人监护两种。

二、监护权的性质

对于监护权性质的讨论，意在明确监护人的法律地位。关于监护权的性质，历来有不同认识，主要有以下三种观点：一为权利说，该说认为监护权是一种身份权；二为义务说，该说认为监护权并未赋予监护人任何利益，而只是课以沉重的负担，因此就事实而言，监护权是法律课加给监护人的片面义务；三为职责说，该说认为监护权纯粹为保

① 参见周枏：《罗马法原论》（上册），241～242页，北京，商务印书馆，1994。

护被监护人的利益，决不允许监护人借监护以谋取自身利益。关于监护权性质的争论，是有关纯粹民法学问题中解释选择问题的争论，不同的观点面对的是民事法律中相同的法律规定，不同的主张也不应当影响法律的适用。我国《民法典》第 34 条明文规定监护为职责。本书认为，职责说实际上就是在强调监护权系属一项民法中的权力。理由在于：第一，监护制度中，监护人行使监护权系为他人利益服务，而非为自己谋求利益，这与权力的本意是相通的。罗马法上，监护和保佐成了一种社会公益性质的职务，监护人和保佐人无正当理由不能随意辞职，也是依据同样的考虑。第二，我国法律认可被监护人应服从监护人权力的行使。第三，监护人对监护权的享有和行使是独占性的，他人不得僭越。

三、监护人的设定

监护人可以是一人，也可以是数人，但应当是具有监护能力的人。《总则编司法解释》第 6 条确认，“人民法院认定自然人的监护能力，应当根据其年龄、身心健康状况、经济条件等因素确定；认定有关组织的监护能力，应当根据其资质、信用、财产状况等因素确定。”

依照《民法典》的规定，我国监护人的设定方式有：

（一）法定监护

所谓法定监护，指监护人是由法律直接规定而设置的监护。尊老爱幼是中华民族的传统美德，为将父母子女之间的法律义务进一步明确化，法定化，强调家庭责任，促进家庭关系的和谐，《民法典》第 26 条确认，父母对未成年子女负有抚养、教育和保护的义务。成年子女对父母负有赡养、扶助和保护的义务。依据《民法典》第 27 条的规定，父母是未成年人子女的监护人。未成年人的父母已经死亡或者没有监护能力的，由下列有监护能力的人按顺序担任监护人：（1）祖父母、外祖父母；（2）兄、姐；（3）其他愿意担任监护人的个人或者组织，但是须经未成年人住所地的居民委员会、村民委员会或者民政部门同意。父母具有抚养、教育和保护未成年子女的法定义务，与未成年子女的关系最为密切，对未成年人的健康成长至关重要。基于此，父母无条件成为未成年人的法定监护人。只有在父母死亡或者没有监护能力的情况下，才可以由其他个人或者有关组织担任监护人。[①]

依据《民法典》第 32 条，没有依法具有监护资格的人的，监护人由民政部门担任，也可以由具备履行监护职责条件的被监护人住所地的居民委员会、村民委员会担任。

依据《民法典》第 28 条的规定，无民事行为能力或者限制民事行为能力的成年人，由下列有监护能力的人按顺序担任监护人：（1）配偶；（2）父母、子女；（3）其他近亲属；（4）其他愿意担任监护人的个人或者组织，但是须经被监护人住所地的居民委员会、村民委员会或者民政部门同意。同样依据《民法典》第 32 条，没有依法具有监护资格的人的，监护人由民政部门担任，也可以由具备履行监护职责条件的被监护人住所地的居

① 参见贾东明主编：《〈中华人民共和国民法总则〉释解与适用》，65 页，北京，人民法院出版社，2017。

民委员会、村民委员会担任。

依据《民法通则意见》第21条的规定，夫妻离婚后，与子女共同生活的一方无权取消对方对该子女的监护权。

（二）遗嘱监护

依据《民法典》第29条，被监护人的父母担任监护人的，可以通过遗嘱指定监护人。父母与子女之间血缘关系最近，通常情感最深厚，父母通常最关心子女的健康成长与权益保护，应当允许父母选择自己最信任的、对于保护子女最有利的人担任监护人。遗嘱监护制度有助于满足实践中一些父母在生前为其需要监护的子女做出监护安排的要求，体现了对父母意愿的尊重，也有利于更好地保护被监护人的利益。遗嘱指定监护应当优先于法定监护。①《总则编司法解释》第7条确认，“担任监护人的被监护人父母通过遗嘱指定监护人，遗嘱生效时被指定的人不同意担任监护人的，人民法院应当适用民法典第二十七条、第二十八条的规定确定监护人。”“未成年人由父母担任监护人，父母中的一方通过遗嘱指定监护人，另一方在遗嘱生效时有监护能力，有关当事人对监护人的确定有争议的，人民法院应当适用民法典第二十七条第一款的规定确定监护人。”

（三）协议确定监护人

依据《民法典》第30条的规定，依法具有监护资格的人之间可以协议确定监护人。协议确定监护人应当尊重被监护人的真实意愿。协议监护需要注意如下几点：第一，协议主体必须是依法具有监护资格的人。未成年人的父母具有监护能力的，不得与其他人签订协议，确定由其他人担任监护人，推卸自身责任。对于未成年人，协议监护只限于父母死亡或者没有监护能力的情形。父母丧失监护能力，不能作为协议监护的主体的，可以对协议确定监护人提出自己的意见。第二，协议确定的监护人必须从具有监护资格的人之间产生，不得在法律规定的具有监护资格的人之外确定监护人。否则协议无效。《总则编司法解释》第8条第2款确认，“依法具有监护资格的人之间依据民法典第三十条的规定，约定由民法典第二十七条第二款、第二十八条规定的不同顺序的人共同担任监护人，或者由顺序在后的人担任监护人的，人民法院依法予以支持。”第三，协议监护是具有监护资格的人平等协商的产物，协议签订后，由协议确定的人即需依法履行监护职责。②

（四）指定监护

依据《民法典》第31条，对监护人的确定有争议的，由被监护人住所地的居民委员会、村民委员会或者民政部门指定监护人，有关当事人对指定不服的，可以向人民法院申请指定监护人；有关当事人也可以直接向人民法院申请指定监护人。居民委员会、村

① 参见贾东明主编：《〈中华人民共和国民法总则〉释解与适用》，69～70页，北京，人民法院出版社，2017。

② 参见贾东明主编：《〈中华人民共和国民法总则〉释解与适用》，71页，北京，人民法院出版社，2017。

民委员会、民政部门或者人民法院应当尊重被监护人的真实意愿，按照最有利于被监护人的原则在依法具有监护资格的人中指定监护人。依据《总则编司法解释》第 9 条的规定，指定监护人时具体参考的因素包括：与被监护人生活、情感联系的密切程度；依法具有监护资格的人的监护顺序；是否有不利于履行监护职责的违法犯罪等情形；依法具有监护资格的人的监护能力、意愿、品行等。人民法院依法指定的监护人一般应当是一人，由数人共同担任监护人更有利于保护被监护人利益的，也可以是数人。在居民委员会、村民委员会、民政部门或者人民法院指定监护人前，被监护人的人身权利、财产权利以及其他合法权益处于无人保护状态的，由被监护人住所地的居民委员会、村民委员会、法律规定的有关组织或者民政部门担任临时监护人。监护人被指定后，不得擅自变更；擅自变更的，不免除被指定的监护人的责任。依据《最高人民法院关于适用〈中华人民共和国民事诉讼法〉的解释》第 351 条的规定，被指定的监护人不服指定，应当自接到通知之日起 30 日内向人民法院提出异议。经审理，认为指定并无不当的，裁定驳回异议；指定不当的，判决撤销指定，同时另行指定监护人。判决书应送达异议人、原指定单位及判决指定的监护人。

（五）意定监护

我国当前人口老龄化趋势明显，为利于成年人基于自己的意愿选任监护人，具有完全民事行为能力的成年人，依据《民法典》第 33 条可以与其近亲属、其他愿意担任监护人的个人或者组织事先协商，以书面形式确定自己的监护人。协商确定的监护人在该成年人丧失或者部分丧失民事行为能力时，履行监护职责。《总则编司法解释》第 11 条确认，“具有完全民事行为能力的成年人与他人依据民法典第三十三条的规定订立书面协议事先确定自己的监护人后，协议的任何一方在该成年人丧失或者部分丧失民事行为能力前请求解除协议的，人民法院依法予以支持。该成年人丧失或者部分丧失民事行为能力后，协议确定的监护人无正当理由请求解除协议的，人民法院不予支持。”“该成年人丧失或者部分丧失民事行为能力后，协议确定的监护人有民法典第三十六条第一款规定的情形之一，该条第二款规定的有关个人、组织申请撤销其监护人资格的，人民法院依法予以支持。”

（六）委托监护

我国民事司法实践认可监护人可以将监护职责部分或者全部委托给他人。《总则编司法解释》第 13 条确认，“监护人因患病、外出务工等原因在一定期限内不能完全履行监护职责，将全部或者部分监护职责委托给他人，当事人主张受托人因此成为监护人的，人民法院不予支持。”

四、监护权的内容

《民法典》第 34 条第 1 款规定：“监护人的职责是代理被监护人实施民事法律行为，保护被监护人的人身权利、财产权利以及其他合法权益等。”可见，监护权主要包括以下几项内容。

（一）保护被监护人的人身权利、财产权利以及其他合法权益

监护人应当保护被监护人人身方面的合法权益，主要包括被监护人的生命权、身体权、健康权、姓名权、肖像权、名誉权、荣誉权、隐私权、婚姻自主权等权利，以及自然人的人身自由、人格尊严。

监护人为了被监护人的利益，可以合理利用或处分被监护人的财产。当被监护人的人身权利、财产权利以及其他合法权益受到非法侵害时，监护人作为法定代理人有权代理被监护人请求人民法院给予保护，代为参加民事诉讼活动。

（二）担任被监护人的法定代理人

《民法典》第23条规定："无民事行为能力人、限制民事行为能力人的监护人是其法定代理人。"被监护人可以进行与他的年龄、智力、精神健康状况相适应的民事法律行为，或者独立实施纯获利益的民事法律行为，其他民事法律行为由其法定代理人代理，或者征得其法定代理人的同意。在被监护人合法权益受到侵害或者与人发生争议时，可由监护人代理其进行诉讼。

（三）教育和照顾被监护人

监护人应当教育被监护的未成年人，使他们在品德、智力、体质等方面全面发展。我国《义务教育法》第11条第1款规定："凡年满六周岁的儿童，其父母或者其他法定监护人应当送其入学接受并完成义务教育；条件不具备的地区的儿童，可以推迟到七周岁。"第2款规定："适龄儿童、少年因身体状况需要延缓入学或者休学的，其父母或者其他法定监护人应当提出申请，由当地乡镇人民政府或者县级人民政府教育行政部门批准。"监护人应当关心照顾被监护人的生活，使他们健康成长、维持正常生活，不得虐待和遗弃。

依据《民法典》第34条第2款，监护人依法履行监护职责产生的权利，受法律保护。

监护人不履行监护职责，侵害被监护人的合法权益的，应当承担法律责任；给被监护人造成财产损失的，应当赔偿损失。

如果因监护人管教不严，致使被监护人实施不法行为造成他人损失的，由监护人承担民事责任。监护人尽了监护职责的，可以适当减轻其民事责任。监护人在承担赔偿责任时，应首先从被监护人的财产中支付赔偿费用，不足部分由监护人以自己的财产适当承担。监护人可以将监护职责部分或者全部委托给他人。因被监护人的侵权行为需要承担民事责任的，应当由监护人承担，但另有约定的除外；被委托人确有过错的，负连带责任。

《民法典》第35条确认，监护人应当按照最有利于被监护人的原则履行监护职责。监护人除为维护被监护人利益外，不得处分被监护人的财产。未成年人的监护人履行监护职责，在作出与被监护人的利益有关的决定时，应当根据被监护人的年龄和智力状况，

尊重被监护人的真实意愿。成年人的监护人履行监护职责，应当最大程度地尊重被监护人的真实意愿，保障并协助被监护人实施与其智力、精神健康状况相适应的民事法律行为。对被监护人有能力独立处理的事务，监护人不得干涉。

依据《民法典》第 36 条，监护人有下列情形之一的，人民法院根据有关个人或者组织的申请，撤销其监护人资格，安排必要的临时监护措施，并按照最有利于被监护人的原则依法指定监护人：（1）实施严重损害被监护人身心健康行为的；（2）怠于履行监护职责，或者无法履行监护职责并且拒绝将监护职责部分或者全部委托给他人，导致被监护人处于危困状态的；（3）实施严重侵害被监护人合法权益的其他行为的。有权申请人民法院撤销监护人资格的个人或者组织包括：其他依法具有监护资格的人，居民委员会、村民委员会、学校、医疗机构、妇女联合会、残疾人联合会、未成年人保护组织、依法设立的老年人组织、民政部门等。个人或者民政部门以外的组织未及时向人民法院申请撤销监护人资格的，民政部门应当向人民法院申请。

依据《民法典》第 37 条，依法负担被监护人抚养费、赡养费、扶养费的父母、子女、配偶等，被人民法院撤销监护人资格后，应当继续履行负担的义务。

被监护人的父母或者子女被人民法院撤销监护人资格后，除对被监护人实施故意犯罪的外，确有悔改表现的，经其申请，人民法院依据《民法典》第 38 条，可以在尊重被监护人真实意愿的前提下，视情况恢复其监护人资格，人民法院指定的监护人与被监护人的监护关系同时终止。

五、监护关系的终止

依据《民法典》第 39 条，监护关系得基于以下原因终止：（1）被监护人取得或者恢复完全民事行为能力；（2）监护人丧失监护能力；（3）被监护人或者监护人死亡；（4）人民法院认定监护关系终止的其他情形。

监护关系终止后，被监护人仍然需要监护的，应当依法另行确定监护人。

第五节　自然人的姓名、住所、户籍和身份证

一、姓名

姓名，是自然人借以相互识别的文字符号系统的总称。姓名是自然人的姓氏和名字的结合，其中，姓氏表明家族系统；名字则标示姓名持有者本人。在我国，除一些少数民族外，大多数人的姓名主要以四种形式表现，即单姓单名、单姓双名、复姓单名、复姓双名。除本名外，一些人还拥有笔名、艺名，中国传统上还习惯在姓名之外另起“字”、“号”。

在法律上，姓名的意义主要体现在两个方面：其一，姓名是使自然人特定化的社会标志。自然人是独立的民事主体，得以自己的名义享受权利和承担义务，自然人在具体

的民事法律关系中通过姓名相互标示和区别，彼此作为独立的人格而对待。特定的姓名，代表特定的民事主体，从而姓名成为民事主体资格的外在表现。其二，姓名是自然人维持其个性所必不可少的要素，其性质与生命、名誉、肖像、隐私等一样，是自然人作为人所必须具备的人格利益。人的社会生活区别于社会的群体生活的根本之处，在于人除了生存之外，还有理性思维以及其他精神方面的需要，因此，人不仅有基于生存本能而产生的物质利益，更有着人作为万物之灵所独具的精神利益，从一定意义上说，人脱离动物的过程，也同时是人的精神利益生成的过程。人格利益是人的精神利益的主要方面，在民法上，则表现为人格权的客体。

二、住所

自然人的住所在法律上具有重要意义：首先，它可以和自然人的姓名结合，成为民事活动中识别自然人的标志；其次，它还是诸多法律关系的连结点。

《民法典》第 25 条规定："自然人以户籍登记或者其他有效身份登记记载的居所为住所；经常居所与住所不一致的，经常居所视为住所。"我国民事司法实践确认，自然人离开住所地最后连续居住 1 年以上的地方，为经常居住地。但住医院治病的除外。自然人由其户籍所在地迁出后至迁入另一地之前，无经常居住地的，仍以其原户籍所在地为住所。自然人的住所可以有数处。

确定自然人的住所，对于决定国籍、案件管辖、司法文书送达地点、债务履行地、国际私法上准据法的适用、宣告失踪和宣告死亡地等，都有重要的法律意义。

三、户籍和身份证

户籍是以户为单位记载自然人的姓名、出生、住所、结婚、离婚、收养、失踪和死亡等事项的法律文件。户籍制度是国家通过户口登记和管理，确认自然人身份，保护自然人权利，维护社会秩序的一项法律制度。在我国，户籍是证明自然人身份的重要文件，它对于确定自然人何时开始和终止民事权利能力和民事行为能力，明确自然人的家庭状况和财产继承关系，确定自然人的姓名权等，都有重要的法律意义。为进一步维护社会秩序，便于自然人参加各种社会活动，我国自 1984 年起开始实行居民身份证制度。《中华人民共和国居民身份证法》规定，居民身份证是为了证明居住在中华人民共和国境内的公民的身份，保障公民的合法权益，便利公民进行社会活动，维护社会秩序。居住在中华人民共和国境内的年满 16 周岁的中国公民，应当依照规定申请领取居民身份证；未满 16 周岁的中国公民，可以依照规定申请领取居民身份证。居民身份证登记的项目包括：姓名、性别、民族、出生日期、常住户口所在地住址、公民身份号码、本人相片、指纹信息、证件的有效期和签发机关。公民身份号码是每个公民唯一的、终身不变的身份代码。在办理常住户口登记项目变更；兵役登记；婚姻登记、收养登记；申请办理出境手续，以及法律、行政法规规定需要用居民身份证证明身份的其他情形，公民应当出示居民身份证证明身份。

第六节 宣告失踪和宣告死亡

一、宣告失踪

（一）宣告失踪的概念和条件

宣告失踪是指自然人离开自己的住所，下落不明达到法定期限，经利害关系人申请，由人民法院宣告其为失踪人的法律制度。它是人民法院在法律上以推定方式确认自然人失踪的事实，结束失踪人财产无人管理、所负担的义务得不到履行的不正常状态，从而维护自然人的合法权益和社会经济秩序稳定的重要制度。

在我国，依据《民法典》第 40 条的规定，宣告自然人失踪须具备以下条件。

(1) 须有自然人下落不明满 2 年的事实。所谓下落不明，是指自然人离开最后居住地后没有音讯的状况。依据《民法典》第 41 条，自然人下落不明的时间，从其失去音讯之日起计算。

自然人只有持续下落不明满 2 年的，有关利害关系人才能向人民法院申请宣告他为失踪人。下落不明的时间应从最后获得该自然人消息之日起计算。战争期间下落不明的时间应从战争结束之日或者有关机关确定的下落不明之日起计算。

(2) 须由利害关系人向人民法院提出申请。《总则编司法解释》第 14 条确认，这里所谓利害关系人包括：被申请人的近亲属；依据《民法典》第 1128 条、第 1129 条规定对被申请人有继承权的亲属；债权人、债务人、合伙人等与被申请人有民事权利义务关系的民事主体，但是不申请宣告失踪不影响其权利行使、义务履行的除外。宣告失踪须有利害关系人提出申请，人民法院才能进行宣告，没有利害关系人申请，人民法院不能主动宣告某自然人为失踪人。依据《民事诉讼法》第 183 条的规定，利害关系人的申请书应当写明失踪的事实、时间和请求，并附有公安机关或者其他有关机关关于该公民下落不明的书面证明。

(3) 须由人民法院依照法定程序宣告。宣告失踪只能由人民法院作出判决，其他任何机关和个人无权作出宣告失踪的决定，人民法院接到宣告失踪的申请后，应对下落不明的自然人发出公告，公告期为 3 个月。公告期届满，人民法院应当根据被宣告失踪的事实是否得到确认，作出宣告失踪的判决或者驳回申请的判决。

（二）宣告失踪的法律后果

自然人被宣告失踪后，其民事主体资格仍然存在，因而不发生继承，也不改变与其人身有关的民事法律关系。宣告失踪所产生的法律后果主要是为失踪人设立财产代管人。依据《民法典》第 42 条的规定，失踪人的财产由他的配偶、成年子女、父母或者其他愿意担任财产代管人的人代管。代管有争议的、没有以上规定的人或者以上规定的人无能力代管的，人民法院应从有利于保护失踪人及其利害关系人的合法权益、有利于财产的管理出发，为失踪人指定财产代管人。无民事行为能力人、限制民事行为能力人失踪的，监护人即为财产代管人。

失踪人的财产代管人，有权从失踪人的财产中支付失踪人所欠税款、债务及应付的其他费用，包括支付失踪人应付的赡养费、扶养费、抚育费和因代管财产所需的管理费等必要的费用等。代管人追索失踪人的债权所取得财产，应为失踪人所有，由代管人管理。代管人为失踪人清偿债务应以失踪人的全部财产为限，代管人管理失踪人财产所支出的费用，可以从失踪人的财产中支付。失踪人的财产代管人拒绝支付失踪人所欠税款、债务和其他费用，债权人提起诉讼的，人民法院应当将代管人列为被告。失踪人的财产代管人向失踪人的债务人要求偿还债务的，可以作为原告提起诉讼。

代管人应当妥善管理失踪人的财产，维护其财产权益。财产代管人因故意或者重大过失造成失踪人财产损失的，应当承担赔偿责任。

财产代管人不履行代管职责、侵害失踪人财产权益或者丧失代管能力的，失踪人的利害关系人可以向人民法院申请变更财产代管人。财产代管人有正当理由的，可以向人民法院申请变更财产代管人。人民法院变更财产代管人的，变更后的财产代管人有权要求原财产代管人及时移交有关财产并报告财产代管情况。

（三）失踪宣告的撤销

失踪人重新出现，经本人或者利害关系人申请，人民法院应当撤销失踪宣告。失踪人重新出现，有权要求财产代管人及时移交有关财产并报告财产代管情况。

二、宣告死亡

（一）宣告死亡的概念和条件

宣告死亡是指自然人离开自己的住所，下落不明达到法定期限，经利害关系人申请，由人民法院宣告其死亡的法律制度。它是人民法院以判决的方式推定自然人死亡。法律上设立宣告死亡制度，对结束下落不明的自然人与他人之间的人身关系和财产关系的不稳定状况，稳定社会经济生活是有重要意义的。

在我国，宣告自然人死亡须具备以下条件。

（1）自然人下落不明须达到法定的期间。《民法典》第 46 条确认，自然人离开住所下落不明满 4 年的；或因意外事件下落不明，从事件发生之日起满 2 年的，利害关系人可以申请宣告他死亡。因意外事件下落不明，经有关机关证明该自然人不可能生存的，申请宣告死亡不受 2 年时间的限制。战争期间下落不明的，《总则编司法解释》第 17 条确认，“自然人在战争期间下落不明的，利害关系人申请宣告死亡的期间适用民法典第四十六条第一款第一项的规定，自战争结束之日或者有关机关确定的下落不明之日起计算。”

（2）须有利害关系人的申请。依据《总则编司法解释》第 16 条，被申请人的配偶、父母、子女，以及依据《民法典》第 1129 条规定对被申请人有继承权的亲属应当认定为

《民法典》第46条规定的利害关系人。被申请人的配偶、父母、子女均已死亡或者下落不明的，不申请宣告死亡不能保护其相应合法权益的，被申请人的其他近亲属，以及依据《民法典》第1128条规定对被申请人有继承权的亲属应当认定为《民法典》第46条规定的利害关系人。被申请人的债权人、债务人、合伙人等民事主体不能认定为《民法典》第46条规定的利害关系人，但是不申请宣告死亡不能保护其相应合法权益的除外。只有利害关系人提出宣告死亡的申请，人民法院才能依法作出死亡宣告。宣告失踪不是宣告死亡的必经程序，自然人下落不明，符合申请宣告死亡的条件，利害关系人可以不经申请宣告失踪而直接申请宣告死亡。但利害关系人只申请宣告失踪的，应当宣告失踪。对同一自然人，有的利害关系人申请宣告死亡，有的利害关系人申请宣告失踪，符合宣告死亡条件的，人民法院应当宣告死亡。

(3) 须由人民法院进行宣告。宣告死亡的案件只能由人民法院审理，其他任何单位和个人都无权宣告自然人死亡。人民法院受理宣告死亡的案件后，须发出寻找失踪人的公告。宣告死亡的公告期间为1年，因意外事故下落不明，经有关机关证明该自然人不可能生存的，宣告死亡的公告期间为3个月。公告期间届满仍不能确定失踪人尚生存的，人民法院才能依法对其作出死亡宣告。人民法院判决宣告公民失踪后，利害关系人向人民法院申请宣告失踪人死亡，从失踪的次日起满4年的，人民法院应当受理。宣告失踪的判决即是该公民失踪的证明，审理中仍应依照《民事诉讼法》第185条的规定进行公告。人民法院发出寻找失踪人的公告的期间，不包括在被宣告死亡的自然人下落不明所须达到的法定期间之内。

依据《民法典》第48条，被宣告死亡的人，人民法院宣告死亡的判决作出之日视为其死亡的日期；因意外事件下落不明宣告死亡的，意外事件发生之日视为其死亡的日期。

(二) 申请宣告死亡的利害关系人的顺序

《民法通则意见》第25条确认，申请宣告死亡的利害关系人是有顺序的，其顺序为：(1) 配偶；(2) 父母、子女；(3) 兄弟姐妹、祖父母、外祖父母、孙子女、外孙子女；(4) 其他有民事权利义务关系的人。但申请撤销死亡宣告则不受上述顺序限制。就这一规定，学界有不同意见。有学者认为，宣告死亡制度虽与宣告失踪制度颇为类似，但二者的立法目的截然不同。失踪宣告制度的规范目的在于保护失踪人利益免受损害，于失踪达到法定期间时依法宣告其为失踪人，并为其指定财产代管人，由财产代管人保护失踪人利益。死亡宣告制度的立法目的在于保护被宣告人利害关系人的利益，而利害关系人在地位上一律平等，不应有先后之分。因此，在申请死亡宣告上不应有顺序限制，以免前一顺序的利害关系人基于感情或其他不正当目的不提出申请，致使其他利害关系人的合法利益遭受损害。[①]《民法典》未设顺序限制。

本书认为宣告失踪与宣告死亡制度的最大区别，在于宣告失踪制度仅仅带来了失踪人财产管理关系上的变化，而宣告死亡制度则不仅带来了财产关系的变化，更使特定利害关系人的人身关系发生了变化。前列得以申请宣告死亡的利害关系人中，因被申请人

---

① 参见梁慧星：《民法总论》，2版，124页，北京，法律出版社，2011。

的死亡宣告引起人身关系变化的，主要是被申请人的配偶。依据《民法典》第 51 条，被宣告死亡的人与配偶的婚姻关系，自死亡宣告之日起消灭。以这一规定为前提，意味着可以由其他人决定被申请人与其配偶之间的夫妻关系的存续，这是明显不妥当的。较为妥当的做法是配偶以外的人申请宣告自然人死亡的，不导致被宣告死亡的人与配偶的婚姻关系消灭。在自然人被宣告死亡后，其配偶向婚姻登记机关书面声明婚姻关系消灭的，婚姻关系才归于消灭。

（三）宣告死亡的法律后果

被宣告死亡的自然人与他人之间现存的各种民事法律关系，在法律没有特别规定时，归于消灭。从这个意义上讲，自然人被宣告死亡会产生与生理死亡同样的法律后果。这主要包括被宣告死亡的自然人与其配偶之间婚姻关系消灭；他的继承人因此可以继承其遗产；受遗赠人可以取得遗赠等。

宣告死亡只是依法对失踪人死亡的推定，事实上该失踪人的生命不一定终结。某自然人在甲地被宣告死亡，但他仍在乙地生存时，就应承认其享有民事权利能力。因此，《民法典》第 49 条规定，自然人被宣告死亡但是并未死亡的，不影响该自然人在被宣告死亡期间实施的民事法律行为的效力。

（四）死亡宣告的撤销

失踪人被宣告死亡只是法律上的推定死亡。当被宣告死亡的人重新出现，经本人或者利害关系人申请，人民法院应当撤销死亡宣告。死亡宣告被撤销的，婚姻关系自撤销死亡宣告之日起自行恢复，但是其配偶再婚或者向婚姻登记机关书面声明不愿意恢复的除外。被宣告死亡的人在被宣告死亡期间，其子女被他人依法收养的，在死亡宣告被撤销后，不得以未经本人同意为由主张收养关系无效。被撤销死亡宣告的人有权请求依照继承法取得其财产的民事主体返还财产。无法返还的，应当给予适当补偿。利害关系人隐瞒真实情况，致使他人被宣告死亡取得其财产的，除应当返还财产外，还应当对由此造成的损失承担赔偿责任。

第七节　个体工商户与农村承包经营户

“户”属于我国现行民事立法认可的独立类型的民事主体，包括个体工商户和农村承包经营户。

一、个体工商户

（一）个体工商户的概念

自然人从事工商业经营，经依法登记，为个体工商户。个体工商户可以起字号。

一般情况下，自然人作为民事主体参加各种民事活动，主要是为了满足自己日常生活的需要；自然人一旦以个体工商户的资格从事商品生产和经营活动，就成为商事主体。根据我国法律，个体工商户享有合法财产权，包括对自己所有的合法财产享有占有、使用、收益和处分的权利，以及依据法律和合同享有各种债权。个体工商户依法在法律规定和核准登记的经营范围内，充分享有自主经营权利，并经批准可以起字号、刻图章、在银行开立账户，以便开展正常的经营活动。个体工商户的合法权益受到法律保护，当其合法权益受到非法侵犯时，有权请求人民法院予以保护。

（二）个体工商户的债务承担

个人经营的个体工商户，以全部个人财产承担无限清偿责任，而不是以全部家庭财产对其债务承担责任。其债权人只能就经营者的个人财产提出债权请求。家庭经营的个体工商户，应以家庭共有财产来承担清偿责任，家庭成员的个人财产并非个体工商户所负债务的责任财产。无法区分是个人经营还是家庭经营的，以家庭共有财产承担清偿责任。

二、农村承包经营户

（一）农村承包经营户的概念

农村集体经济组织的成员，依法取得农村土地承包经营权，从事家庭承包经营的，为农村承包经营户。在承包合同中，发包方总是集体经济组织，承包方是承包经营户。在承包合同规定的范围内，农村承包经营户一方面能够自主地安排生产计划、作物布局、增产措施，并统一支配户内劳动力，组织生产协作，独立或相对独立地完成生产任务；另一方面能够以独立或相对独立的商品生产者和经营者的身份进入交换领域，与其他民事主体发生商品交换关系。

（二）农村承包经营户的民事主体资格

农村承包经营户与个体工商户一样，都是属于商事主体。根据国家有关法律或承包经营合同的规定，农村承包经营户享有合法的财产所有权，享有承包的土地及其他生产资料的使用权，对依法承包的土地、果园、山岭享有长期承包权。在承包合同因某些特殊原因变更或解除时，承包户对土地、果树等方面的投资有要求补偿的权利。这些民事权利均应受到法律的严格保护。同时，农村承包经营户必须在合同规定的范围内进行经营活动，全面履行合同中规定的各项义务，不得损害发包方的合法权益，否则，将依法承担民事责任。

（三）农村承包经营户责任的承担

农村承包经营户的债务，以从事农村土地承包经营的农户财产承担；事实上由农户部分成员经营的，以该部分成员的财产承担。

问题与思考

1. 试析民事权利能力与民事行为能力的区别与联系。

2. 试析宣告失踪与宣告死亡的法律效果的区别。

3. 试述胎儿利益的保护。

4. 案例分析：

1985 年 5 月，被告乙（当时 14 岁）因急事向原告甲借钱，甲因与被告的哥哥关系好，遂将现金 100 元、又从银行取款 1 374 元，共计 1 474 元借给被告，并商定 4 到 9 个月内还清。因到期未还，原告多次索要未果，遂起诉到某市人民法院，要求依法追回此款。

被告之母辩称：被告乙所借之钱转借给淘金人丙，丙下落不明，故无法还钱。被告人未成年，其所实施的行为属无效民事法律行为，所以不能承担责任。（案例来源：苏号朋主编：《民法总论案例选评》，335 页，北京，对外经济贸易大学出版社，2006）

试对本案进行分析。

第五章
法　人

本章概要

现代社会进行各类社会活动的主体，除自然人外，还有以团体名义进行活动的各类组织。其中，最重要的就是法人。法人是具有民事权利能力和民事行为能力，依法独立享有民事权利和承担民事义务的组织。这种组织既可以是人的结合团体，也可以是依特殊目的所组织的财产。从根本上讲，法人与非法人组织一样，是自然人实现自身特定目标的手段，它们是法律技术的产物，它们的存在从根本上减轻了自然人在社会交往中的负担。法律确认法人为民事主体，意在为自然人充分实现自我提供有效的法律工具。本章着重介绍法人的基本制度。重点问题包括：法人的概念和特征，法人的本质，法人的成立，法人的能力。

第一节　法人制度概述

一、法人的概念、沿革及特征

现代社会，进行各类社会活动的主体，除自然人外，还有以团体名义进行活动的各类组织。其中，最重要的就是法人。法人是具有民事权利能力和民事行为能力，依法独立享有民事权利和承担民事义务的组织。这种组织既可以是人的结合团体，也可以是依特殊目的所组织的财产。从根本上讲，法人与非法人组织一样，是自然人实现自身特定目标的手段，它们是法律技术的产物，它们的存在从根本上减轻了自然人在社会交往中的负担。法律确认法人为民事主体，意在为自然人充分实现自我提供有效的法律工具。

《民法典》总则编第三章对法人问题作了较为详细的规定，它包括一般规定、营利法人、非营利法人、特别法人四部分内容。

与自然人以及非法人组织相比较，法人的基本法律特征可以归纳为以下四点。

第一，法人是依法成立的一种社会组织。这是法人与自然人之间的最大区别。法人是社会组织，但不是任何组织都能取得法人资格，只有那些具备法定的条件，并得到法律认可或依法获得批准的社会组织，才能取得法人资格。

第二，法人拥有独立的财产或者经费。法人拥有独立的财产或者经费，是法人作为独立主体存在的基础和前提条件，也是法人独立地享有民事权利和承担民事义务的物质基础。①

第三，法人独立承担民事责任。法人能够独立承担民事责任，是它拥有独立财产的必然反映和结果。正因为法人有独立的财产，所以它理所当然地要独立负担由自己活动所产生的财产责任。既然法人的财产与法人成员的财产以及创立人的财产是相互独立的，则除法律另有规定外，法人的成员或创立人个人对法人的债务不承担责任，而应由法人以自己的财产承担民事责任。在这一点上，法人与非法人组织存在明显区别。非法人组织通常不能独立承担民事责任，其出资人或者设立人通常要对非法人组织的债务承担无限责任。

第四，法人能够以自己的名义参加民事活动，这一特征是法人有自己独立财产的必然结果，同时也是法人的人格独立于其成员或创立人人格的明证。

二、法人的本质

我国民法学界通说认为，对法人本质的看法在民法上涉及法人的民事权利能力、民事行为能力、民事责任能力以及法人机关与法人之间的关系等问题，意义重大。自 18 世纪以来，尤其是在 19 世纪，法人的本质问题，一直是域外民法学者关注的问题。归纳起来，主要有以下三种看法。

（一）法人拟制说

根据法人拟制说，除自然人之外无独立人格的存在，对于法律所拟制的人应采取限制的态度，表现为法人应经过国家的特许才能成立。同时主张区分法人与其成员的财产、区分法人与其成员的人格、区分法人与其成员的责任。这对于现代法人制度的建立有重要意义。该说是特定历史背景的产物，反映了 19 世纪的个人主义和个人本位的法律思想的影响，现代很多国家和地区的立法不再采此说。

（二）法人否认说

法人否认说，也就是不承认法人存在的各种学说。包括耶林倡导的受益人主体说和赫尔德（Hoelder）以及宾德（Binder）主张的管理人主体说。受益人主体说认为，拟制的团体是不存在的。因为意思是个人的意思，并不存在集合体的意思，即使有，至少也是无从证实的。被集合目的所决定的个人的意思仍旧是个人的意思。既然集合体并没拥有和他们的成员所有的意思不同的另一意思，那么他们就不能成为权利主体。因此，法人仅仅是形式上的权利义务的主体，而实际上的权利义务的归属者，只是享有法人财产

① 参见王利明：《试论企业法人的独立财产》，载《中国法学》，1986（6）。

利益的多数个人。管理人主体说认为，法人的财产并不属于法人本身所有，而属于管理其财产的自然人。法人否认说否认法人作为独立主体的存在，难以适应社会经济生活发展的需要，所以一直没有成为通说。[①]

（三）法人实在说

法人实在说认为，法人并不是法律虚构的，也并非没有团体意思和利益，而是一种客观存在的主体。该说又分为“有机体说”和“组织体说”。

有机体说，又称团体人格说或具体实在说。该说的集大成者基尔克（Gierke）认为，法律主体是与意思能力联系在一起的，自然人有意思能力，成为自然的有机体，而法人有团体意思，在社团法人中有社员的集合意思，在财团法人中有捐助行为意思，因此应成为社会有机体。有机体说产生于19世纪末期，这个时期，正是所谓从个人本位向团体本位演化的时期，有机体说强调团体的价值及其重要性，正适合于这个时期民事立法的需要。

组织体说的代表人物米休德（Michoud）等人认为，法人是一种具有区别于其成员的个体意志和利益的组织体。法人的本质不在于其作为社会的有机体，而在于其具有适合为权利主体的组织，这种组织就是具有一定目的的社团或财团。法人是一种抽象的实在，法人具有区别于其成员个人利益的团体利益；具有自己的组织；法人组织的意志是由法人的机关实现的。组织体说说明了法人的组织特征，以及法人与其机关以及其成员之间的关系，这些都奠定了大陆法系关于法人制度的基本理论。组织体说不仅为大多数大陆法系民法学者所接受。[②] 我国学界通说认为，《民法典》关于法人的本质采组织体说。

三、法人的分类

（一）以法人设立的目的及所依据的法律不同，法人可以区分为公法人和私法人

在大陆法系国家和地区，以实现公共福利为目的，依据公法所设立、组织的法人为公法人。追求私人目的，依据私法所设立的法人为私法人。公法人大多是基于行使公权力的行为，特别是依照一项法律而成立，或最后经法律认可作为公共事业的承担者而成立。私法人则是根据私法的设立行为，如设立合同和捐助行为而成立。[③]

（二）以法人成立的基础为标准，私法人可以分为社团法人和财团法人

社团法人是以人的组合作为法人成立基础的私法人，所以又称法人型人合组织，例如各种公司、合作社，各种协会、学会等都是社团法人。财团法人是以一定的目的财产作为成立基础的私法人。财团法人的形态是无成员的，表现为独立的特别财产，因

---

①② 参见王利明：《论法人的本质和能力》，载王利明：《民商法研究》，第3辑，北京，法律出版社，1999。

③ 参见［德］卡尔·拉伦茨：《德国民法通论》（上册），王晓晔等译，178页，北京，法律出版社，2003。

此又被称为“一定目的的财产的集合体”，例如各种基金会、私立学校、医院、图书馆、博物馆、科学研究机构、宗教教堂、寺庙，以及孤儿院、救济院等慈善机构都是财团法人。

社团法人与财团法人的区分意义在于，前者以人为基础，后者以特定财产为基础，导致以下差别。①

（1）设立行为的差别。社团法人的设立行为，限于生前行为，并是二人以上所为的共同行为，表现为以设立法人为目的订立设立合同并制定章程的行为，简称社团章程行为；财团法人的设立行为，是行为人所为的捐助行为，简称捐助行为，不限于生前行为，可以是死因行为。捐助行为，性质上属于无相对人的单方行为，得于生前为之，是为生前捐助行为，应订立捐助章程，订明法人目的及所捐财产，故为要式行为。捐助行为亦得以遗嘱为之。此种遗嘱捐助，无另定章程的必要。②

（2）设立程序的差别。财团法人一般以追求公益事业为目的，其设立在多数国家较为严格。社团法人内部形态不一，依法适用不同的设立程序，其中非营利社团法人在许多国家只需登记即可。

（3）设立人地位的差别。社团法人的设立人在社团法人成立后，取得社团法人的社员资格。财团法人的设立人完成财团法人设立后，未必与财团法人有联系。

（4）变更和解散的条件不同。在社团法人，社员可以依决议自动加以变更，还可以依决议自愿解散。在财团法人，其目的、章程及组织的变更、管理方法的修改，或者解散，须由特定机构（如法院或主管机关）依职权为之，不存在自愿决议的变更或解散。

（5）内部组织不同。社团法人以社员大会为意思机关或权力机关，董事会或理事会系依据其指示进行管理，为自律法人。财团法人则无社员大会或意思机关，只有一个管理机关，依章程目的进行管理，属他律法人。财团法人有时设有受益人。

我国民事立法迄今未采用社团法人、财团法人的称谓。

（三）以法人的设立目的为标准，私法人可区分为公益法人和营利法人

以营利为目的所设立的法人是营利法人，反之为公益法人。社团法人中，既有公益法人，也有营利法人。公益法人和营利法人设立所依据的法律、程序，即国家对法人所进行的管理是不同的。

（四）我国现行法对于法人的分类

在《民法典》中，法人被分为营利法人、非营利法人和特别法人。

营利法人是指以取得利润并分配给股东等出资人为目的成立的法人，包括有限责任公司、股份有限公司和其他企业法人等。营利法人经依法登记成立。企业法人以从事生产、流通、科技等活动为内容，以获取盈利和增加积累、创造社会财富为目的，它是一种经营性的社会经济组织。依照现行民事立法，我国的企业法人有三种分类方法：一是

---

① 参见龙卫球：《民法总论》，336～337页，北京，中国法制出版社，2002。

② 参见王泽鉴：《民法概要》，北京，中国政法大学出版社，2003。

根据所有制性质将企业法人分为全民所有制企业法人、集体所有制企业法人、私营企业法人以及混合所有制法人；二是根据是否有外资参与，将企业法人分为中资企业法人、外商投资企业法人；三是根据企业的组合形式，将企业分为单一企业法人、联营企业法人和公司法人。在我国，公司法人是以营利为目的的企业法人。公司又分为有限责任公司、股份有限公司。

非营利法人是指为公益目的或者其他非营利目的成立，不向出资人、设立人或者会员分配所取得利润的法人，包括事业单位、社会团体、基金会、社会服务机构等。

具备法人条件，为适应经济社会发展需要，提供公益服务设立的事业单位，经依法登记成立，取得事业单位法人资格；依法不需要办理法人登记的，从成立之日起，具有事业单位法人资格。事业单位法人通常仅能在服务于其社会公益事业目的实现所必需的范围内进行民事活动，超出这一范围，事业单位法人不具备相应的权利能力。事业单位法人不以营利为目的，一般不参与商品生产和经营活动，虽然有时也能取得一定收益，但该收益只能用于目的事业，且属于辅助性质。它们的独立经费主要来源于国家财政拨款，也可以通过集资入股或由集体出资等方式取得。事业单位以法人名义从事民事活动所产生的债务，应以它们的独立经费或财产负清偿责任。

具备法人条件，基于会员共同意愿，为公益目的或者会员共同利益等非营利目的设立的社会团体，经依法登记成立，取得社会团体法人资格；依法不需要办理法人登记的，从成立之日起，具有社会团体法人资格。社会团体法人通常仅能在实现其章程所定目的所必需的范围内进行民事活动，超出这一范围，社会团体法人即无权利能力。社会团体法人采取由参加成员出资或由国家资助的办法形成团体财产，并以此对其债务负清偿责任。社会团体法人可分为：学术性社会团体法人、行业性社会团体法人、专业性社会团体法人及联合性社会团体法人等。

具备法人条件，为公益目的以捐助财产设立的基金会、社会服务机构等，经依法登记成立，取得捐助法人资格。依法设立的宗教活动场所，具备法人条件的，可以申请法人登记，取得捐助法人资格。

特别法人包括机关法人、农村集体经济组织法人、城镇农村的合作经济组织法人、基层群众性自治组织法人。机关法人是指依法享有国家赋予的公权力，并因行使职权的需要而具备相应的民事权利能力和民事行为能力的国家机关。有独立经费的机关和承担行政职能的法定机构从成立之日起，具有机关法人资格，可以从事为履行职能所需要的民事活动。机关法人仅能在服务于其职权需要的范围内进行民事活动，超出这一范围，机关法人即不具备相应的权利能力。国家机关以法人的资格进行活动的，与其他当事人处于平等的法律地位。有独立经费的机关法人以自己的名义参加民事活动所产生的债务，应以它的独立经费给予偿还，若债务超出其经费而另需抵补的，应由国家有关立法加以保证。国家机关依照法律或行政命令成立，不需要进行核准登记程序，即可取得机关法人资格。农村集体经济组织、城镇农村的合作经济组织依法取得法人资格。居民委员会、村民委员会具有基层群众性自治组织法人资格，可以从事为履行职能所需要的民事活动。未设立村集体经济组织的，村民委员会可以依法代行村集体经济组织的职能。

第二节　法人的成立

一、设立中的法人应具备的条件

设立中的法人应具备的条件，主要是指特定社会组织欲经由法人的设立程序，从而成为法人所必须具备的条件。只有具备了这些条件，进入法人的设立程序才有意义。设立中的法人，通常须具备以下条件。

（一）依法成立

依法成立是指作为设立中法人的社会组织，其成立必须合法，其设立目的和宗旨要符合国家利益和社会公共利益的要求，它的组织机构、设立方式等要符合法律的要求。

（二）有必要的财产和经费或必要的经费来源

设立中的法人需要有必要的财产和经费或能够提供经费来源。拥有必要的财产和经费或者有必要的经费来源，对于法人来讲极其重要，是其享有民事权利和承担民事义务的物质基础，也是其得以独立承担民事责任的财产保障。

（三）有自己的名称、组织机构和场所

设立中的法人应当有自己的名称、组织机构和住所。这样一旦法人设立成功，法人的名称在形式上可以将特定的法人与其他法人区别开来，也可以将法人与其成员区别开来，从而表现法人的独立人格。法人必须具备一定的组织机构，如权力机关、执行机关和监督机关等，这是实现法人团体意志，独立享有民事权利和承担民事义务的组织保证。法人要从事生产经营活动，就必须有自己固定的场所，有些法人还可以设有分支机构或在几个场所设立机构。在法律上明确法人的住所，对于法人业务活动的开展，债务的履行，国家有关部门对法人的监督和管理，都有重要的意义。

（四）满足法律规定的其他条件

设立中的法人还需满足法律规定的其他条件。如我国《公司法》第 11 条规定，设立公司必须依法制定公司章程。再如《社会团体登记管理条例》第 11 条规定，申请成立社会团体，应当向登记管理机关提交社会团体的章程草案。

符合以上条件，进入设立程序，符合法人设立的相应原则，即可成为法人。

设立中的法人尽管可以经由设立程序，取得法人资格，但其本身并非法人。设立人为设立法人从事的民事活动，其法律后果由法人承受；法人未成立的，其法律后果由设立人承受，设立人为二人以上的，享有连带债权，承担连带债务。设立人为设立法人以自己的名义从事民事活动产生的民事责任，第三人有权选择请求法人或者设立人承担。

二、法人设立的原则

（一）法人设立的原则概述

法人设立的原则，因法人类型及时代的不同而不同，大致包括以下原则。

（1）自由设立主义。自由设立主义，又称为放任主义，即国家对于法人的设立，不加任何干涉，不作任何限制，完全由当事人自由处断。在欧洲中世纪，由于商事公司勃兴，各国曾多采用放任主义，但因有碍交易安全，近代以来，除瑞士民法对于非营利法人仍采此主义外，已不多见。

（2）特许设立主义。特许设立主义，也称立法特许主义，即法人的设立需有专门的法令或国家特别许可。如英国于1720年制定“泡沫法案”，不许滥设公司，规定具有法人资格的公司须经国会许可始得成立。

（3）许可设立主义。许可设立主义，又称核准设立主义，指法人设立时除了应符合法律规定的条件外，还要经过主管行政官署的批准，主管机关依照规定进行审查，作出批准或不批准的决定。①

（4）准则设立主义。准则设立主义，也称登记主义，指法律预先规定法人成立的条件，设立人可依照该条件设立，一旦符合法人的成立条件，无须经过主管部门批准，就可直接到登记机关办理登记，法人即可成立。现代各个国家和地区对一般公司大多实行准则主义。

（5）强制设立主义。即国家以法令规定某种行业或某种情况下必须设立一定法人组织的设立原则。

（二）我国法人的设立原则

1. 营利法人的设立原则

在我国，营利法人主要是企业法人，企业法人分为公司企业法人与非公司企业法人。公司企业法人依照《公司法》的规定，分为有限责任公司和股份有限公司。有限责任公司以及股份有限公司的设立，一般采准则设立主义，即符合相关法律关于有限责任公司或股份有限公司的成立条件的，仅须向公司登记机关申请设立登记，公司即可成立。但也有采许可设立主义的，如《公司法》第6条第2款规定：“法律、行政法规规定设立公司必须报经批准的，应当在公司登记前依法办理批准手续。”非公司企业法人，依据《企业法人登记管理条例》第14条的规定，首先须经主管部门或有关审批机关批准，然后才向登记机关申请登记，属许可设立主义。

2. 非营利法人的设立原则

非营利法人的设立原则不一。如事业单位法人的设立，需依照法律和行政命令的规定，在设立原则上通常采特许设立主义。事业单位法人自成立之日起，即具有法人资格。

---

① 参见江平主编：《法人制度论》，113页，北京，中国政法大学出版社，1994。

社会团体法人的设立，有采特许设立主义，需要按照法律和行政命令的规定来设立，如妇女联合会、工会、共青团组织等；也有采许可设立主义的，即法人的设立需要经过业务主管部门审查同意，然后向登记机关申请登记才可成立，如各种协会、学会等。

3. 特别法人的设立原则

特别法人的设立原则，不尽一致。其中机关法人的设立，取决于宪法和相关国家机构设置法的特别规定，在设立原则上采特许设立主义。机关法人自成立之日起，即具有法人资格。

三、法人的名称和住所

法人都有自己的名称，并以其主要办事机构所在地为住所。依法需要办理法人登记的，应当将主要办事机构所在地登记为住所。

第三节　法人的民事能力

一、法人的民事权利能力

法人的民事权利能力，就是法人能够以自己的名义参与民事法律关系并且取得民事权利和承担民事义务的资格。认可法人具备民事权利能力，就是认可了法人在民法中的“做人资格”。法人自成立之时起具有民事权利能力。

尽管法人具有民事权利能力，属于民事主体，具有民法中的“做人资格”，但法人的民事活动范围，即法人的“做事资格”会受到自身性质以及法律、法规的限制。简述如下。

（1）自身性质的限制。尽管法人与自然人一样，都是独立的民事主体，但专属自然人的某些权利，法人不可能享有，例如生命权、身体权、健康权、婚姻自主权等，法人当然不能享有。

专属于自然人的义务，如扶养义务，法人当然不能负担。除此以外，各种财产权，包括受遗赠权，以及一部分人格权，如名称权、名誉权等，法人均能享有。

（2）法律、法规的限制。与自然人以及非法人组织一样，法人的民事活动范围受法律和行政法规的限制。

二、法人的民事行为能力

法人的民事行为能力，是法人以自己的独立意志实施民事法律行为的能力。关于法人有无行为能力的问题，有不同见解。持法人拟制说者认为，法人是法律的拟制物，没有意思能力，也没有行为能力，法人是通过代理人来实施民事法律行为的。持法人实在说者认为，法人是社会的实在物，有意思能力，并具有行为能力，法人是通过自己的机关实现其意思，进行各项民事法律行为的。我国就法人本质采法人实在说，因此《民法典》第57条明确规定，法人是具有民事权利能力和民事行为能力的组织。

与自然人相比，法人的民事行为能力主要具有以下特点。

(1) 法人的行为能力和权利能力同时产生、同时终止。当法人具备相应的成立条件，并经由设立程序取得法人资格后，即开始享有权利能力，也同时开始具备行为能力。当法人终止时，其权利能力和行为能力都随之终止。而自然人从出生之时起即享有权利能力，但行为能力则是要达到一定年龄并且智力状况健康方可完全具备。自然人的权利能力要到其死亡时才终止，但行为能力却有可能在此之前因精神失常而暂时中止。

(2) 自然人的行为能力通常是由自己来实现，法人则不同，法人的行为能力通常是由法人的机关或者法人机关委托的代理人来实现。法人机关的行为，视同法人的行为。法人机关还可以委托其他法人、自然人或非法人组织作为法人的代理人，以法人的名义进行民事活动。

三、目的范围对营利法人的限制

就目的范围对于营利法人的限制，目前主要有以下认识：一为权利能力限制说。该说认为，营利法人的目的范围对于法人的限制，是对法人权利能力的限制。就此说，因对法人本质理解的差异，理由上又有不同。基于法人实在说的权利能力限制说认为，法人的权利能力范围与行为能力范围是一致的，因此，法人的目的范围，对于法人的权利能力和行为能力一体构成限制。基于法人拟制说的权利能力限制说认为，由于法人仅具权利能力，故目的范围只可能是对于法人权利能力的限制。二为行为能力限制说。该说认为，法人的权利能力仅受其性质及法律、法规的限制。法人的目的范围，属于对法人行为能力的限制。三为代表权限制说。该说认为，法人的目的，不过是划定法人机关的对外代表权的范围。四为内部责任说。该说认为法人的目的，不过决定着法人机关在法人内部的责任。考虑到在我国，营利法人登记并非登记法人的目的，而是登记法人的经营范围，因而该问题在我国相应地就可以转化为营利法人的经营范围对于营利法人的限制问题。

就经营范围对于营利法人的限制，以前述不同的认识为前提，对营利法人超出经营范围所为的民事法律行为效力的判断也就不同。详言之，就营利法人超出经营范围进行的民事法律行为，如采权利能力限制说，该行为应为无效；如采行为能力限制说或代表权限制说，该行为通常应属效力未定；如采内部责任说，该行为应属有效。其中权利能力限制说一方面忽视了对善意交易相对人利益的保护，不利于交易安全，也不利于维护交易秩序[①]；另一方面，营利法人的权利能力事关营利法人在民法中的“做人资格”，营利法人的经营范围充其量只会限制其在民事活动中的“做事资格”，采权利能力限制说混淆了两种不同的资格。内部责任说则忽视了对营利法人出资者利益的保护，不利于营利法人的存续和发展。唯有行为能力限制说及代表权限制说在利益衡量上较好地兼顾了各

---

① 参见王利明：《论法人的本质和能力》，载王利明：《民商法研究》，第3辑，北京，法律出版社，1999。

方当事人的利益，而且符合我国现行民事立法的规定。如《合同法司法解释一》第 10 条规定："当事人超越经营范围订立合同，人民法院不因此认定合同无效。但违反国家限制经营、特许经营以及法律、行政法规禁止经营规定的除外。"学界通说认为这一规定应解释为当事人超越经营范围订立的合同通常应属效力未定的合同。《民法典》第 505 条坚持了这一做法。

在我国民法中，代表权限制说较行为能力限制说更为可取。因为一方面，在市场经济条件下，除国家禁止或限制经营的事项外，营利法人的经营范围并非国家管理经济的手段和中介，而是投资者借以控制自身投资风险的工具，应由营利法人的投资者权衡利弊，自行决断。采代表权限制说，一旦确定营利法人的经营范围，营利法人法定代表人的代表权限即应受到限制，法定代表人未经授权不得逾越经营范围进行民事法律行为。投资者借助经营范围控制投资风险的目的即可实现。采行为能力限制说则有违比例原则，即采取的手段与欲实现的目的不相称，缺乏实质上的正当性。另一方面，营利法人的行为能力是指营利法人以自己的独立意志去进行民事法律行为的能力，而营利法人的经营范围是营利法人的出资者控制自身投资风险的手段，二者并无逻辑上的关联，采行为能力限制说缺乏形式上的正当性。《民法典》第 61 条第 3 款确认，法人章程或者法人权力机构对法定代表人代表权的限制，不得对抗善意相对人。营利法人超越经营范围实施的民事法律行为的效力应当适用该款规定。

四、法人的民事责任能力

法人的民事责任能力，是指法人据以独立承担过错侵权损害赔偿责任的资格。在传统民法上，法人拟制说完全否认法人的责任能力，法人实在说则承认法人的责任能力。我国立法一向肯定法人的民事责任能力。如《民法通则》第 43 条规定："企业法人对它的法定代表人和其他工作人员的经营活动，承担民事责任。"第 121 条规定："国家机关或者国家机关工作人员在执行职务中，侵犯公民、法人的合法权益造成损害的，应当承担民事责任。"《民法通则意见》第 58 条进一步规定："企业法人的法定代表人和其他工作人员，以法人名义从事的经营活动，给他人造成经济损失的，企业法人应当承担民事责任。"第 152 条规定："国家机关工作人员在执行职务中，给公民、法人的合法权益造成损害的，国家机关应当承担民事责任。"《侵权责任法》第 34 条第 1 款确认："用人单位的工作人员因执行工作任务造成他人损害的，由用人单位承担侵权责任。"《民法典》第 61 条第 2 款规定，法定代表人以法人名义从事的民事活动，其法律后果由法人承受。第 62 条也确认，法定代表人因执行职务造成他人损害的，由法人承担民事责任。法人承担民事责任后，依照法律或者法人章程的规定，可以向有过错的法定代表人追偿。

法人具有民事责任能力，可独立承担民事责任。其中营利法人以其全部财产承担民事责任，营利法人的投资者则仅承担有限责任。

五、公司人格否认制度

所谓公司人格否认，又称"揭开公司面纱"，是指对照法人制度的目的，就某一具有法人资格的公司，贯彻其形式上的独立性，会导致违反正义、衡平的后果。可以在特定的具体案件中，否定其法人人格，将公司与其股东在法律上视为同一体。[①] 公司人格否认制度并非全面否定法人的独立人格，而是在承认公司具有法人人格的前提下，对特定法律关系中的公司人格及股东有限责任加以否认，直接追索公司背后成员的责任。我国《公司法》第 20 条第 3 款确认："公司股东滥用公司法人独立地位和股东有限责任，逃避债务，严重损害公司债权人利益的，应当对公司债务承担连带责任。"这就是关于公司人格否认的规定。

这一制度的理论基础是：法律之所以赋予某种团体以法人资格，是根据对这个团体的社会评价而从立法政策上采取的手段。换言之，法律认为该团体具有以之为权利主体的价值时，才在法的政策上以之为法人，从而，如果法人资格完全成为一种虚构时，或者法人资格被滥用（为了规避某种法律的适用）时，仍然承认法人资格，就不符合原来承认法人资格的目的了，这时就有了否认法人人格的必要。可见，公司人格否认制度所表明的价值取向在于：法律既应充分肯定公司人格独立的价值，将维护公司的独立人格作为一般原则，鼓励投资者在确保他们对公司债务不承担个人风险的前提下大胆地对公司投入一定的资金，又不能容忍股东利用公司从事不适当活动，谋取法外利益，将公司人格否认作为公司人格独立必要而有益的补充，使二者在深沉的张力中，形成和谐的功能互补。[②] 公司人格否认制度使股东有限责任制度本身的许多弊端得到了有力的克服。[③] 通说认为，为避免公司制度的存在受到消极影响，公司人格否认制度的适用必须受到严格限制。其通常的适用情形为：（1）财产混同，即公司的财产不能与该公司成员的财产或其他公司的财产作清楚的区分。（2）人格混同，即公司与其成员之间或与其他公司之间无严格的人格区分。（3）利用公司逃避约定义务。（4）利用公司规避法律义务。

第四节 法人的机关及法人分支机构

一、法人机关的概念、种类

法人的机关，是根据法律或法人章程的规定，对内管理法人事务或者对外代表法人从事民事活动的个人或集体。法人的类型不同，法人的机关也存在区别。

事业单位法人设理事会的，除法律另有规定外，理事会为其决策机构。社会团体法人应当设会员大会或者会员代表大会等权力机构以及理事会等执行机构。捐助法人应当设理事会、民主管理组织等决策机构，并设执行机构。捐助法人应当设监事会等监督机构。

营利法人的法人机关一般由权力机构、执行机构和监督机构三部分构成。权力机构

① 参见谢怀栻：《外国民商法精要》，261 页，北京，法律出版社，2002。
② 参见蔡立东：《公司人格否认论》，载梁慧星主编：《民商法论丛》，第 2 卷，北京，法律出版社，1994。
③ 参见王利明：《公司有限责任制度的若干问题（下）》，载《政法论坛》，1994（3）。

行使修改法人章程，选举或者更换执行机构、监督机构成员，以及法人章程规定的其他职权。权力机构是法人意思的形成机关，如股份有限公司的股东代表大会和有限责任公司的股东会，它们有权决定法人生产经营活动中的重大问题，但通常却不能代表法人对外进行民事活动。执行机构行使召集权力机构会议，决定法人的经营计划和投资方案，决定法人内部管理机构的设置，以及法人章程规定的其他职权。执行机构是法人权力机构的执行机关，对法人的权力机构负责，以实现业已形成的法人意志，或经权力机构授权就相关事项作出决断，如有限责任公司以及股份有限公司的董事会。有限责任公司以及股份有限公司可以设经理，由董事会聘任或者解聘。经理对董事会负责，主持公司的生产经营管理工作，组织实施董事会决议等，经理列席董事会会议。营利法人设监事会或者监事等监督机构的，监督机构依法行使检查法人财务，监督执行机构成员、高级管理人员执行法人职务的行为，以及法人章程规定的其他职权。监督机构是对法人执行机关的行为进行监督检查的机关，如股份有限公司的监事会。监督机构通常也不得代表法人对外进行民事活动。法人机关是法人的组成部分，法人的法定代表人在其权限范围内所为的一切行为，均为法人本身的行为，其行为后果由法人承担。法人机关的权限应受法律或法人章程的限制。

二、法定代表人

法人的主要负责人是法人的法定代表人。我国《民法典》第 61 条第 1 款规定，依照法律或者法人章程的规定，代表法人从事民事活动的负责人，为法人的法定代表人。营利法人的执行机构为董事会或者执行董事的，董事长、执行董事或者经理按照法人章程的规定担任法定代表人；未设董事会或者执行董事的，法人章程规定的主要负责人为其执行机构和法定代表人。依据我国《公司法》第 13 条的规定，公司法定代表人依照公司章程的规定，由董事长、执行董事或者经理担任，并依法登记。事业单位法人的法定代表人依照法律、行政法规或者法人章程的规定产生。社会团体法人的理事长或者会长等负责人按照法人章程的规定担任法定代表人。捐助法人的理事长等负责人按照法人章程的规定担任法定代表人。

在我国现行民事立法中，只有法定代表人可以代表法人对外进行民事活动或代表法人进行诉讼。法定代表人可以授权法人的其他工作人员以及其他民事主体作为法人的代理人，对外进行民事活动或进行诉讼。法人的其他工作人员未经法定代表人授权，不得以法人名义对外进行民事活动或进行诉讼。法定代表人的权限可以受到法人章程或法人权力机构的限制，但该项限制不得对抗善意相对人。

三、法人分支机构

法人可以依法设立分支机构。法人的分支机构是法人的组成部分，它是法人在某一区域设置的完成法人部分职能的业务活动机构。法律、行政法规规定分支机构应当登记的，依照其规定。法人的分支机构经法人授权并办理登记，可以成为独立的民事主体，可以以自己的名义在银行开立结算账户，对外进行各项民事活动。法人的分支机构进行民事活动所发生的债务和所产生的责任由法人承担；也可以先以该分支机构管理的财产承担，不足以承担的，由法人承担。法人的分支机构还可以在法人的授权范围内以自己的名义参与民事诉讼。

第五节　法人的变更和终止

一、法人的变更

法人的变更是指在法人的存续期间内，法人在组织机构、性质、活动范围、财产或者名称、住所、隶属关系等重要事项上发生的变动。

法人的变更，包括以下类型。

1. 法人组织机构的变更

法人组织机构的变更包括：（1）法人的合并，即将两个以上的法人合并成为一个新的法人。法人的合并又包括新设合并和吸收合并。前者指两个以上的法人合并为一个新法人，原来的法人消灭。后者指一个法人归并到一个现存的法人中去。（2）法人的分立，即一个法人分为两个以上的法人。法人的分立又包括新设式分立和派生式分立。前者指解散原法人，分立为两个以上的新法人。后者指原法人继续存续，但从中分出新的法人。

2. 法人责任形式的变更

如比较法上，有的国家和地区允许将有限责任公司变为无限责任公司，或将无限责任公司变为有限责任公司等。

3. 法人性质、活动范围、财产、名称、住所、隶属关系等的变更

法人存续期间登记事项发生变化的，应当依法向登记机关申请变更登记。法人的实际情况与登记的事项不一致的，不得对抗善意相对人。登记机关应当依法及时公示法人登记的有关信息。

二、法人的终止

（一）概述

法人的终止，是指从法律上消灭法人的民事主体资格。法人解散、被宣告破产或者存在法律规定的其他原因，依法完成清算、注销登记的，法人终止。法人终止，法律、行政法规规定须经有关机关批准的，依照其规定。

依据《民法典》第 69 条，有下列情形之一的，法人解散：（1）法人章程规定的存续期间届满或者法人章程规定的其他解散事由出现；（2）法人的权力机构决议解散；（3）因法人合并或者分立需要解散；（4）法人依法被吊销营业执照、登记证书，被责令关闭或者被撤销；（5）法律规定的其他情形。

法人解散的，除合并或者分立的情形外，清算义务人应当及时组成清算组进行清算。法人的董事、理事等执行机构或者决策机构的成员为清算义务人。法律、行政法规另有规定的，依照其规定。清算义务人未及时履行清算义务，造成损害的，应当承担民事责任；主管机关或者利害关系人可以申请人民法院指定有关人员组成清算组进行清算。《民法典》第72条第1款规定："清算期间法人存续，但是不得从事与清算无关的活动。"不难看出，清算为法人终止的必经程序。清算组织的主要任务是了结现务、收取债权、清偿债务、移交剩余财产。法人清算后的剩余财产，根据法人章程的规定或者法人权力机构的决议处理。法律另有规定的，依照其规定。清算结束并完成法人注销登记时，法人终止；依法不需要办理法人登记的，清算结束时，法人终止。

（二）企业法人的终止

1. 企业法人终止的判断标准

对企业法人终止的判断标准，主要有以下三种学说：一是事实终止主义，又称解散终止主义，认为只要出现了解散事由，企业法人即终止。二是清算终止主义，这种观点认为具备解散事由仅是企业法人终止的原因。企业法人解散后，应当进行清算。清算终结后，企业法人才终止。三是登记要件主义，这种观点认为，企业法人应当以办理注销登记的时间为终止的时间。《公司法》第188条规定："公司清算结束后，清算组应当制作清算报告，报股东会、股东大会或者人民法院确认，并报送公司登记机关，申请注销公司登记，公告公司终止。"《企业破产法》第121条规定："管理人应当自破产程序终结之日起十日内，持人民法院终结破产程序的裁定，向破产人的原登记机关办理注销登记。"可见，我国在企业法人终止问题上通常实行的是登记要件主义。

2. 企业法人的终止原因

企业法人的终止得基于以下原因。

第一，自愿解散，即基于企业法人投资者或者股东的意愿，解散法人。我国《民法典》第69条第1、2、3项规定的"解散"和《公司法》第180条第1、2、3项规定的"解散"，实际上都属于企业法人的自愿解散。企业法人的自愿解散通常有：

（1）依章程规定解散，即根据企业法人章程规定的解散事由而解散。如投资者或者股东在开办企业时，在章程中规定了经营的期限，当经营的期限届满时，企业的股东或者投资者根据章程的规定而决定解散。

（2）股东决定解散。企业法人的股东或者出资者决定解散，是指虽然章程规定的解散事由没有出现或者章程没有对企业法人的解散事由作出规定，但是企业法人的投资者或者股东不愿意让其设立的法人继续经营时，也可以决定解散其投资设立的企业法人。

（3）因企业法人的合并或分立而解散。

第二，强制解散，是指在企业法人的设立或者经营活动中有违反法律或者行政法规的情形，主管机关依法强令其解散。强制解散主要包括：

（1）吊销企业法人营业执照。所谓吊销营业执照，实际上是主管机关依法撤销对企业法人的经营许可。

(2) 依法撤销或关闭。所谓依法撤销或关闭，是主管机关依法采用决定的形式，对违反法律、行政法规的企业法人采取的一种行政性处罚措施，它属于强制解散的一种形式，如一些小矿山、小造纸厂，因违反环境保护法而被环境主管部门强令关闭。

(3) 命令撤销或关闭。由于国家产业结构的调整或者政策的变化，主管机关采取发布具有普遍约束力的决定或者命令的形式，强令撤销或者关闭某类企业法人。

第三，司法解散。所谓司法解散，是指企业法人在特定情形下基于法院的裁决而解散。我国《公司法》第 182 条就此规定："公司经营管理发生严重困难，继续存续会使股东利益受到重大损失，通过其他途径不能解决的，持有公司全部股东表决权百分之十以上的股东，可以请求人民法院解散公司。"

第四，破产解散。所谓破产解散，是指在企业法人不能支付其到期债务时，因企业法人自身或者债权人向法院申请而进入破产清算程序，法院裁定宣告破产后，企业法人解散。在我国，企业法人破产适用《企业破产法》的规定。

第五，企业法人自动歇业。所谓自动歇业，是指企业法人自动停止经营活动。我国《企业法人登记管理条例》第 22 条规定，企业法人领取《企业法人营业执照》后，满 6 个月尚未开展经营活动或者停止经营活动满 1 年的，视同歇业。

3. 企业法人解散后的清算

企业法人解散并不意味着法人的终止。企业法人解散后应成立清算组织，进行清算。清算组织是指以清算企业法人债权债务为目的而依法设立的组织。依照我国现行民事立法，企业法人清算组织的产生，有以下类型。

(1) 由法律规定的人选组成清算组织。如《公司法》第 183 条第 2 句前段规定，有限责任公司的清算组织由股东组成。

(2) 由董事或者股东大会确定的人选组成清算组织。如《公司法》第 183 条第 2 句后段规定，股份有限公司的清算组织由董事或者股东大会确定人选。

(3) 由主管机关确定的人选组成清算组织。如民事司法实践中，被撤销的企业法人，由主管机关组织有关机关和有关人员组成清算组织。

(4) 由法院指定的人选组成清算组织。如《公司法》第 183 条第 3 句规定，如果公司解散逾期不成立清算组的，人民法院可以根据债权人的申请，指定有关人员组成清算组。

我国通说认为清算组织是清算法人的机关，清算组织成员或者清算组织的负责人履行清算义务，对外代表清算法人，对内履行其职务。

4. 清算法人

所谓清算法人，是指处于清算状态中的法人。企业法人被解散后，应当进行清算，从解散的事由出现至清算程序结束，并办理注销登记之前，企业法人一直处于清算的状态，处于清算状态的法人为清算法人。

《民法典》第 72 条第 1 款规定："清算期间法人存续，但是不得从事与清算无关的活动。"《公司法》第 186 条第 3 款第 1 句规定："清算期间，公司存续，但不得开展与清算无关的经营活动。”可见，我国现行民事立法就清算法人的法律地位，即清算法人与解散事由出现前法人之间的关系，采“同一法人说”，即认为企业法人的解散并不意味着企业法人人格的消灭，只有办理注销登记时，企业法人的人格才归于消灭。因此，清算法人虽不能再进行积极的民事活动，但是，在清算期间企业法人的人格仍然存续，仍得在清算范围内，以原企业法人的名义，对外主张债权或者承担债务。因此，清算法人与解散事由出现前的法人，在本质上是相同的，不过是得从事的民事活动的范围受到限制而已。

5. 注销登记

所谓注销登记，通常是指登记主管机关根据企业法人的申请，对符合终止条件的企业法人，依照法定程序消灭其法人资格的一种具体行政行为。

值得注意的是，我国现行法上还认可依职权注销。所谓依职权注销，是指登记主管机关在企业法人没有申请注销登记的情况下，单方依照职权注销企业法人登记的行为。如《企业法人登记管理条例》第 22 条规定，企业法人领取《企业法人营业执照》后，满 6 个月尚未开展经营活动或者停止经营活动满 1 年的，视同歇业，登记主管机关应当收缴《企业法人营业执照》《企业法人营业执照》副本，收缴公章，并将注销登记情况告知开户银行。再如该《条例》第 33 条规定，企业法人被吊销《企业法人营业执照》，登记主管机关应当收缴其公章，并将注销登记情况告知其开户银行，其债权债务由主管部门或者清算组织负责清理。

问题与思考

1. 试析法人的本质。
2. 试述法人与自然人的民事权利能力的区别。
3. 试述法人的民事行为能力。
4. 试析营利法人超越经营范围的民事法律行为的效力。
5. 试述企业法人的清算。
6. 案例分析：

德胜公司注册地在萨摩国并在该国设有总部和分支机构，但主要营业机构位于中国深圳，是一家由台湾地区凯旋集团公司全资设立的法人企业。由于决策失误，德胜公司在中国欠下 700 万元债务。（案例来源：法律职业资格考试题）

请问：谁应当清偿该笔债务？

第六章
非法人组织

本章概要

非法人组织是不具有法人资格，但是能够依法以自己的名义从事民事活动的组织。非法人组织包括个人独资企业、合伙企业、不具有法人资格的专业服务机构等。其中合伙是指自然人、法人或非法人组织订立合伙合同，共同出资、合伙经营、共享收益、共担风险的营利性组织。合伙属于非法人组织的重要类型，得以自己的名义进行民事活动。本章着重介绍合伙的基本问题。重点问题包括：合伙人的出资，合伙的债务承担，合伙的内部关系。

一、非法人组织概述

非法人组织是不具有法人资格，但是能够依法以自己的名义从事民事活动的组织。非法人组织包括个人独资企业、合伙企业、不具有法人资格的专业服务机构等。非法人组织应当依照法律的规定登记。设立非法人组织，法律、行政法规规定须经有关机关批准的，依照其规定。非法人组织的财产不足以清偿债务的，其出资人或者设立人承担无限责任。法律另有规定的，依照其规定。如依据《合伙企业法》第 57 条规定，特殊的普通合伙企业，一个合伙人或者数个合伙人在执业活动中因故意或者重大过失造成合伙企业债务的，应当承担无限责任或者无限连带责任，其他合伙人以其在合伙企业中的财产份额为限承担责任。

非法人组织作为组织体，需要和法人一样确定自然人代表该组织体从事民事活动，因此非法人组织可以确定一人或者数人代表该组织从事民事活动。

有下列情形之一的，非法人组织解散：（1）章程规定的存续期间届满或者章程规定的其他解散事由出现；（2）出资人或者设立人决定解散；（3）法律规定的其他情形。非法人组织解散的，应当依法进行清算。法律未就非法人组织专设规定的事项，可以参照适用法人的一般规定。

本章重点介绍作为非法人组织的合伙。

二、合伙的概念

合伙是指自然人、法人或非法人组织订立合伙合同，共同出资、合伙经营、共享收益、共担风险的营利性组织。合伙属于非法人组织的重要类型，得以自己的名义进行民事活动。[①] 在我国现行民事立法上，合伙包括个人合伙、合伙型联营与合伙企业。

个人合伙是指两个以上的自然人按照协议，各自提供资金、实物、技术等，共同经营，共同劳动。

合伙型联营，又称半紧密型联营，即企业之间或者企业、事业单位之间共同经营，但不具备法人条件的联营。

合伙企业，是指自然人、法人和非法人组织依照《合伙企业法》在中国境内设立的普通合伙企业和有限合伙企业。普通合伙企业由普通合伙人组成，合伙人对合伙企业债务承担无限连带责任。有限合伙企业是由普通合伙人与有限合伙人组成的，其中普通合伙人对合伙企业债务承担无限连带责任，有限合伙人以其认缴的出资额为限对合伙企业债务承担责任。[②]

设立合伙企业的合伙协议应当依法由全体合伙人协商一致，以书面形式订立。合伙协议经全体合伙人签名、盖章后生效。合伙企业的营业执照签发日期，为合伙企业成立日期。在合伙企业领取营业执照前，合伙人不得以合伙企业名义从事经营活动。

三、合伙人的出资和合伙财产

（一）合伙人的出资

合伙人的出资是合伙进行业务活动的物质基础。《合伙企业法》第16条则规定普通合伙企业的合伙人可以用货币、实物、知识产权、土地使用权或者其他财产权利出资，也可以用劳务出资。[③]

上述出资应当是合伙人的合法财产及财产权利。对货币以外的出资需要评估作价的，可以由全体合伙人协商确定，也可以由全体合伙人委托法定评估机构进行评估。经全体合伙人协商一致，合伙人也可以用劳务出资，其评估办法由全体合伙人协商确定，并在合伙协议中载明。合伙人出资的义务，应在合同中明确规定。合伙人的出资数额不一定相等，出资的种类也不一定相同，但都须将出资按其价值折为若干股份。在合伙关系中，股份表示了合伙人对合伙财产应享有的份额，通常可以决定合伙人之间分配收益和分担债务的比例。同时，各合伙人的出资数额又构成了全体合伙人的出资总额，它往往能够显示合伙的经济实力和经营规模，关系到合伙在进行民事活动时的资信声誉。我国现行民事立法对合伙人的最低出资数额和全体合伙人的最低出资数额没有作出规定，所以，

---

① 详细的论述请参见王利明：《民法总则研究》，448～450页，北京，中国人民大学出版社，2003。

② 参见《合伙企业法》第2条。

③ 但依据《合伙企业法》第64条第2款的规定，有限合伙人不得以劳务出资。

在合伙合同中如实载明是很必要的。

目前随着交易的发展，合伙出资类型也较以前多样化。在合伙设立过程中，许多合伙人是以信用和单纯不作为作为出资的。所谓信用，是指合伙人在社会上的良好声誉。信用是一种广义的财富，是一种财产利益。所谓信用出资，是指以合伙人在社会上之名望供合伙利用。所谓不作为，系指有所不为而言，即不从事一定行为。[①]

须注意的是，合伙人的出资不仅仅包括已履行的出资，也应包括尚未履行的出资，对于这部分尚未履行的出资，从合伙人内部关系来讲，则形成一种债权关系（出资请求权），实际上也是合伙财产的一部分。

（二）合伙财产

1. 合伙财产的构成

合伙财产的构成不仅对合伙的交易相对人关系重大，而且对于合伙人之间的相互关系也十分重要。一般来说，合伙财产既包括合伙人的最初出资（含出资请求权），以及用出资资金购买和以其他方式取得的财产，也包括在合伙的经营期间所取得的盈利和利息。我国《合伙企业法》第 20 条即确认，合伙企业存续期间，合伙人的出资和所有以合伙企业名义取得的收益，以及依法取得的其他财产均为合伙企业的财产。

2. 合伙财产的法律性质

《合伙企业法》第 20 条规定，合伙企业存续期间，合伙人的出资和所有以合伙企业名义取得的收益，以及依法取得的其他财产均为合伙企业的财产。在合伙企业进行清算前，除非法律另有规定，合伙人通常不得请求分割合伙企业的财产，但并未明确合伙企业财产的法律性质。可见，我国现行民事立法就合伙财产的法律性质，允许合伙人在合伙合同中作出约定。以将合伙作为非法人组织的重要类型，认可其为独立的民事主体为前提，合伙人未在合伙合同中就合伙财产的法律性质作出明确约定的，就合伙财产中的实物和货币，宜作为共同共有的对象；就合伙财产中的建设用地使用权、土地承包经营权、知识产权以及其他财产权利宜作为准共有的对象[②]；以劳务、不作为出资的，出资人和合伙之间存在债权、债务关系。

3. 合伙人的财产份额

在合伙关系中，全体合伙人应当作为一个整体共同管理和使用合伙财产；同时，各合伙人又要按其出资比例享有一定的财产份额。这种财产份额类似于公司的股份，并不意味着合伙财产由合伙人按份共有。合伙的共有财产形成后，合伙人的财产份额就决定其取得盈余和承担亏损的比例，以及合伙终止时分割财产的比例，进而形成一种随合伙经营状况会不断变动的财产权利和义务。此种财产份额与合伙人身份密切联系在一起，并为相应的合伙人享有，不能任意转让，不能任意扩大或缩小。一般情况下，合伙人的财产份额在其出资时已经确定下来。

---

① 参见马强：《合伙法律制度研究》，90～95 页，北京，人民法院出版社，2000。

② 参见马强：《合伙法律制度研究》，114～118 页，北京，人民法院出版社，2000。

就合伙企业而言，依照《合伙企业法》的规定，在合伙企业存续期间，合伙人向合伙人以外的人转让其在合伙企业中的全部或者部分财产份额时，须经其他合伙人一致同意。合伙人之间转让在合伙企业中的全部或者部分财产份额时，应当通知其他合伙人。合伙人向合伙人以外的人依法转让其财产份额的，除非合伙协议另有约定，否则在同等条件下，其他合伙人有优先受让的权利。经全体合伙人同意，合伙人以外的人依法受让合伙企业财产份额的，经修改合伙协议即成为合伙企业的合伙人，依照修改后的合伙协议享有权利，承担责任。合伙人以其在合伙企业中的财产份额出质的，须经其他合伙人一致同意。未经其他合伙人一致同意，合伙人以其在合伙企业中的财产份额出质的，其行为相对其他合伙人无效；由此给善意第三人造成损失的，由行为人依法承担赔偿责任。

四、合伙的债务承担

合伙债务，是指于合伙关系存续期间，合伙以其字号或全体合伙人的名义，在与第三人发生的民事法律关系中所承担的债务。承担合伙债务的财产应以合伙财产和各合伙人的个人财产为限。普通合伙人应以自己的全部财产承担债务的清偿责任，即普通合伙人对合伙债务承担无限责任。有限合伙人以其在合伙企业中的财产份额为限承担责任。就特殊的普通合伙企业而言，一个合伙人或者数个合伙人在执业活动中因故意或者重大过失造成合伙债务的，应当承担无限责任或者无限连带责任，其他合伙人以其在合伙企业中的财产份额为限承担责任。

合伙人个人财产毕竟有限，难免会发生合伙人个人财产不足以清偿自己依据合伙合同应承担的合伙债务的情况，此时其他合伙人是否有义务以个人财产代替其他合伙人清偿合伙债务？对这个问题，各个国家和地区的立法有分担主义和连带主义的区别。分担主义，就是合伙的债权人求偿债权时，对于每一个普通合伙人仅能按其出资比例或损益分配比例请求清偿，要求其承担无限责任。连带主义，就是合伙的债权人，对于合伙债务，可以对普通合伙人中的一人或数人或全体成员，同时或先后请求清偿全部或一部，普通合伙人中的一人如果被请求清偿全部合伙债务时，即应清偿全部债务，不得以有其他合伙人为由主张按其各自分担部分清偿。

就个人合伙和合伙企业中的普通合伙人，我国现行民事立法采连带主义。如《合伙企业法》第 38 条确认，普通合伙企业对其债务，应先以其全部财产进行清偿。第 39 条确认，普通合伙企业不能清偿到期债务的，各合伙人应当承担无限连带清偿责任。第 40 条同时确认，合伙人由于承担连带责任，所清偿数额超过其应当承担的数额时，有权向其他合伙人追偿。就合伙型联营，只有法律有特别规定或联营各方作出专门约定，才承担连带责任，否则即采分担主义，由联营各方按照协议的约定或者出资比例、盈余分配比例，以各自所有的或者经营管理的财产承担清偿责任。

由于有限合伙人以外的合伙人对于合伙债务需承担无限责任，就会出现合伙财产和合伙人的个人财产作为责任财产在清偿合伙债务时的顺序问题。其他国家和地区的立法有并存主义和补充连带主义之别。所谓并存主义，就是对合伙债务，债权人可就合伙财产和合伙人个人财产选择请求清偿。所谓补充连带主义，就是对合伙债务，债权人应首先要求以合伙财产予以清偿，合伙财产不足清偿时，各个合伙人就不足之额连带负其责任，即合伙人个人对合伙债务仅负补充责任。我国民事司法实践采补充连带主义。全体合伙人对合伙经营的亏损额，对外应当负连带责任，这里，“亏损”和“亏损额”都是指合作组织或合伙财产总额以外的损失。因此不难看出：我国实践中的做法正是先以合伙财产清偿合伙债务，不足部分由合伙人承担连带责任。[①]《合伙企业法》就普通合伙人即采补充连带主义，该法第38条、第39条规定，合伙企业对其债务，应先以其全部财产进行清偿。合伙企业不能清偿到期债务的，各合伙人应当承担无限连带清偿责任。

当合伙债务与合伙人个人债务同时存在，必然涉及合伙的债权人和合伙人个人的债权人权利实现的顺序问题。其他国家和地区的立法有合伙债权优先原则和双重优先权原则之别。合伙债权优先原则是指合伙债权人就合伙财产优先受偿，不足部分，与合伙人个人债权人就合伙人的个人财产共同受偿。双重优先权原则，它是指合伙人个人的债权人优先于合伙的债权人从合伙人的个人财产中得到满足，合伙债权人优先于合伙人个人的债权人从合伙财产中得到满足。易言之，合伙财产优先用于清偿合伙债务，个人财产优先用于清偿个人债务。我国审判实践采双重优先权原则，即按照以下原则承担合伙债务：合伙人的共有财产首先应用于偿还合伙债务。偿还之后若有剩余共有财产的，应根据各合伙人享有的份额进行分割，再分别用于清偿合伙人的个人债务；反之，合伙人的个人财产首先应用于偿还个人债务，偿还个人债务之后若有剩余的，再用以偿还合伙债务。

某人虽然不是某现存合伙的真正合伙人，但他以言辞、文字或行为表明他是该合伙的合伙人，或者同意他人以言辞、文字或行为表明该某人为某现存合伙的合伙人，从而使第三人相信这种表述并对该合伙施以信用，则在该某人与现存合伙之间产生表见合伙。表见合伙人也要对第三人承担合伙人的责任。

五、合伙的内部关系

（一）合伙经营事务的执行

合伙的一个重要特点是合伙人共同管理、共同经营。合伙是在合伙人协商一致基础上建立的联合体，所以合伙人对合伙的内部事务享有充分的民主权利。

就个人合伙而言，个人合伙的经营活动，由合伙人共同决定，合伙人有执行和监督的权利。合伙人可以推举负责人。合伙负责人和其他人员的经营活动，由全体合伙人承担民事责任。

依照《合伙企业法》的规定，在普通合伙企业中，各合伙人对执行合伙企业事务享有同等的权利，可以由全体合伙人共同执行合伙企业事务，也可以由合伙协议约定或者全体合伙人决定，委托一名或者数名合伙人执行合伙企业事务。执行合伙企业事务的合伙人，对外代表合伙企业，并应当定期向其他不参加执行事务的合伙人报告事务执行情

① 参见马强：《合伙法律制度研究》，132～133页，北京，人民法院出版社，2000。

况以及合伙企业的经营状况和财务状况。合伙企业委托一名或者数名合伙人执行合伙企业事务的，其他合伙人不再执行合伙企业事务。但不参加执行事务的合伙人有权监督执行事务的合伙人，检查其执行合伙企业事务的情况。被委托执行合伙企业事务的合伙人不按照合伙协议或者全体合伙人的决定执行事务的，其他合伙人可以决定撤销该委托。合伙人为了解合伙企业的经营状况和财务状况，有权查阅会计账簿等财务资料。合伙人依法或者按照合伙协议对合伙企业有关事项作出决议时，合伙协议未约定或约定不明确的，实行一人一票的表决方法，并经全体合伙人过半数通过。除合伙协议另有约定外，合伙企业的下列事务必须经全体合伙人同意：改变合伙企业的名称；改变合伙企业的经营范围、主要经营场所的地点；处分合伙企业的不动产；转让或者处分合伙企业的知识产权和其他财产权利；以合伙企业名义为他人提供担保；聘任合伙人以外的人担任合伙企业的经营管理人员。合伙协议约定或者经全体合伙人决定，合伙人分别执行合伙企业事务时，执行事务合伙人可以对其他合伙人执行的事务提出异议。提出异议时，应暂停该项事务的执行。如果发生争议，可由全体合伙人依照约定或者法律规定共同决定。

（二）合伙内部的损益分配

合伙内部的损益分配，直接关系到各合伙人的切身利益，所以其分配方法应当在合同中明确规定。通常情况下，各合伙人应按其在合伙中出资份额的比例分享盈利和分担亏损；在有合同约定时，应按约定的办法进行分配。

就个人合伙，全体合伙人对合伙经营的亏损额，对内应按照协议约定的债务承担比例或者出资比例分担；协议未规定债务承担比例或者出资比例的，可以按照约定的或者实际的盈余分配比例承担。但是对造成合伙经营亏损有过错的合伙人，应当根据其过错程度相应地多承担责任。只提供技术性劳务，不提供资金、实物的合伙人，对于合伙经营的亏损额，应当按照协议约定的债务承担比例或者技术性劳务折抵的出资比例承担；协议未规定债务承担比例或者出资比例的，可以按照约定的或者合伙人实际的盈余分配比例承担；没有盈余分配比例的，按照其余合伙人平均投资比例承担。

就普通合伙企业，依据《合伙企业法》第 33 条的规定，由合伙人依照合伙协议约定的比例分配和承担，合伙协议未约定或者约定不明确的，由合伙人协商决定；协商不成的，由合伙人按照实缴出资比例分配、分担；无法确定出资比例的，由合伙人平均分配、分担。但合伙协议不得约定将全部利润分配给部分合伙人或者由部分合伙人承担全部亏损。应当注意的是，有限合伙企业的合伙协议可以约定将全部利润分配给部分合伙人。

六、退伙和入伙

（一）退伙

所谓退伙，是指合伙人脱离合伙关系，丧失合伙人的资格。在传统民法上，退伙分为声明退伙（又称任意退伙）和法定退伙。我国现行民事立法上的退伙包括协议退伙、约定退伙、声明退伙、法定退伙等，简述如下。

所谓协议退伙，是指基于合伙人之间达成的协议，某一合伙人退伙。如《合伙企业法》第45条第2项规定，合伙协议约定合伙企业的经营期限的，经全体合伙人一致同意，合伙人可以退伙。

所谓约定退伙，是指合伙合同约定的退伙事由具备，合伙人脱离合伙。如《合伙企业法》第45条第1项规定，合伙协议约定合伙企业的经营期限的，合伙协议约定的退伙事由出现，合伙人可以退伙。

所谓声明退伙，是指基于合伙人的意思退伙。如《合伙企业法》第45条第3项和第4项规定，合伙协议约定合伙企业的经营期限的，一旦发生合伙人难以继续参加合伙企业的事由或者其他合伙人严重违反合伙协议约定的义务，应允许合伙人声明退伙。再如《合伙企业法》第46条规定，合伙协议未约定合伙企业的经营期限的，合伙人在不给合伙企业事务执行造成不利影响的情况下，可以退伙，但应当提前30日通知其他合伙人。

所谓法定退伙，是指法律规定的条件满足，合伙人脱离合伙。如就普通合伙企业，依据《合伙企业法》第48条，作为合伙人的自然人死亡或者被依法宣告死亡；合伙人个人丧失偿债能力；作为合伙人的法人或者非法人组织依法被吊销营业执照、责令关闭、撤销，或者被宣告破产；法律规定合伙人必须具有相关资格而丧失该资格；合伙人在合伙企业中的全部财产份额被人民法院强制执行，合伙人当然退伙。

合伙人被依法认定为无民事行为能力人或者限制民事行为能力人的，经其他合伙人一致同意，可以依法转为有限合伙人，普通合伙企业依法转为有限合伙企业。其他合伙人未能一致同意的，该无民事行为能力或限制民事行为能力的合伙人退伙。此外，依据《合伙企业法》第49条，合伙人因未履行出资义务、因故意或者重大过失给合伙企业造成损失、因执行合伙企业事务时有不正当行为或者因合伙协议约定的其他事由，经其他合伙人一致同意，可以决议将其除名。对合伙人的除名决议应当书面通知被除名人。被除名人接到除名通知之日，除名生效。被除名人对除名决议有异议的，可以在接到除名通知之日起30日内，向人民法院起诉。

合伙人退伙的，其他合伙人应当与该退伙人按照退伙时的合伙企业的财产状况进行结算，退还退伙人的财产份额。退伙时有未了结的合伙企业事务的，待了结后进行结算。退伙人在合伙企业中财产份额的退还办法，由合伙协议约定或者由全体合伙人决定，可以退还货币，也可以退还实物。普通合伙人的退伙人对基于其退伙前的原因发生的合伙企业债务，与其他合伙人承担无限连带责任。合伙人退伙时，合伙企业财产少于合伙企业债务的，退伙人应当依据《合伙企业法》第33条第1款的规定分担亏损。

合伙人违反有关协议退伙、约定退伙以及声明退伙的规定，擅自退伙的，应当赔偿由此给合伙企业造成的损失。

依据《合伙企业法》第13条的规定，合伙企业登记事项因退伙而发生变更的，执行合伙事务的合伙人应当于作出变更决定或者发生变更事由之日起15日内，向企业登记机关办理有关登记手续。

（二）入伙

所谓入伙，是指合伙成立后，第三人加入合伙并取得合伙人的资格。第三人入伙应当以接受原合伙合同的基本内容为前提，并经全体合伙人的一致同意，签订入伙合同成为新的合伙人。《合伙企业法》第 43 条即规定，新合伙人入伙时，除合伙协议另有约定外，应当经全体合伙人一致同意，并依法订立书面入伙协议。同时，该法第 13 条又规定：合伙企业登记事项因入伙、合伙协议修改等发生变更的，应当于作出变更决定或者发生变更事由之日起 15 日内，向企业登记机关申请办理有关变更登记手续。

新合伙人与其他合伙人通常享有一致的权利，承担同样的义务。如《合伙企业法》第 44 条第 1 款规定，入伙的新合伙人与原合伙人享有同等权利，承担同等责任，入伙协议另有约定的，从其约定。该条第 2 款则规定：新合伙人对入伙前合伙企业的债务承担无限连带责任。

七、隐名合伙

所谓隐名合伙，是指当事人在协议中约定一方对于他方所经营的事业出资而分享其利益并分担其损失的合伙。隐名合伙合同的当事人包括隐名合伙人和出名营业人双方。其中，出资人称为隐名合伙人。隐名合伙人只能以货币、实物、知识产权等作为出资，不能以劳务和信用出资。隐名合伙人不得参加合伙的经营管理，对合伙仅享有维护其自身利益的有限的权利，如查阅权、分得利润权等，仅以其出资为限对合伙债务承担有限的清偿责任，对超出其出资的部分不负清偿责任。经营人称为出名营业人。隐名合伙合同各方当事人的人数，可以各为一人，也可以一方或双方均为多数人。隐名合伙因其具有减轻投资风险和短期内迅速筹集资金的作用而为不少国家和地区的法律所确认。我国现行民事立法尚未对隐名合伙设明文规定。

八、合伙的终止

合伙的终止，即合伙事业终结，合伙关系归于消灭。合伙解散是导致合伙终止的原因。合伙的解散包括自愿解散和强制解散。合伙因合伙协议约定的经营期限届满合伙人决定不再经营、因合伙协议约定的解散事由出现或者因全体合伙人决定解散而解散，即属自愿解散。合伙因被依法吊销营业执照而解散即属于强制解散。

合伙解散并不意味着合伙即终止。合伙解散后应进行清算，清算完毕，办理注销登记手续，合伙方终止。以合伙企业为例进行说明。依照《合伙企业法》，合伙企业解散后应当进行清算，并通知和公告债权人。清算人由全体合伙人担任；未能由全体合伙人担任清算人的，经全体合伙人过半数同意，可以自合伙企业解散事由出现后 15 日内指定一名或者数名合伙人，或者委托第三人，担任清算人。15 日内未确定清算人的，合伙人或者其他利害关系人可以申请人民法院指定清算人。清算人在清算期间执行下列事务：清理合伙企业财产，分别编制资产负债表和财产清单；处理与清算有关的合伙企业未了结的事务；清缴所欠税款；清理债权、债务；处理合伙企业清偿债务后的剩余财产；代表合伙企业参加诉讼或者仲裁活动。

合伙企业财产在支付清算费用后，按下列顺序清偿：合伙企业所欠招用的职工工资、社会保险费用、法定补偿金、合伙企业所欠税款、合伙企业的债务；合伙企业财产按上述顺序清偿后仍有剩余的，依据《合伙企业法》第33条第1款的规定进行分配。

清算结束，应当编制清算报告，经全体合伙人签名、盖章后，在15日内向企业登记机关报送清算报告，办理合伙企业注销登记。此时合伙企业才终止。

合伙企业注销后，原普通合伙人对合伙企业存续期间的债务仍应承担无限连带责任。

问题与思考

1. 试析合伙债务的承担。
2. 试析合伙的内部关系。
3. 试述退伙。
4. 试述隐名合伙。
5. 案例分析：

1997年4月，高某出资2万元购买二手汽车一辆，与邻居杨某商定，由高某负责联系业务，杨某负责开车，两人合伙从事货运，所得收入按5∶1的比例在高某和杨某之间分配。

1997年8月4日，由于杨某的疏忽造成货主李某货物损失1.2万元，高、杨遂发生争吵，杨某于8月10日退伙，并交给高某2 000元赔偿费。三天后，高某又同程某达成协议，由程某负责开车，仍按5∶1的比例在两人之间分配收入。8月15日，李某和其弟弟在与高某交涉时，高某将李某的弟弟打成重伤，随后潜逃。

李某兄弟找到杨某和程某，要他们负责赔偿损失1.2万元及医药费7 000元，杨、程说他们只是替高某打工的，要钱去找高某。李某兄弟遂向人民法院起诉。（案例来源：郭明瑞主编：《民法总论案例教程》，128页，北京，北京大学出版社，2004）

请问：（1）高某、杨某和程某之间是否成立合伙关系？

（2）李某的货物损失应当由谁承担赔偿责任？李某的弟弟所花的医药费由谁承担？

第七章
民事权利

本章概要

权利的内容，为法律上的自由；权利的外形，为法律上之力；权利的目标，是服务于权利人特定利益的实现或维持。因而，权利就是服务于民事主体特定利益的实现或维持，由法律上之力保证实现的自由。法不仅仅是静止的条文，更是活的力量。自由以权利的形式实现于民法，仅是自由实现于现实生活的必要条件。自由的真正实现，尚有赖于民事主体的民事活动。只有通过民事主体的民事活动，才能将民法所认可的客观权利转化为主观权利。在这一转化的过程中，民事主体应秉承为权利而斗争的信念。权利是类型化的自由，为权利而斗争，就是在为自由而斗争，就是在为民法真实的生命而斗争。本章着重介绍民事权利的基本问题。重点问题包括：民事权利的概念，民事权利的分类，民事权利的行使和保护。

第一节　民事权利的概念

近代民法以来，权利是私法无可争辩的核心概念。“权利”的概念，起源于古罗马法，拉丁文为“jus”，既指权利，也指法律，并包含有公平正义的含义。我国法律上的“权利”一词系外来语。

从权利概念的产生来看，它强调的是具有独立地位的主体间的自主平等关系，强调国家站在“公正”立场上保护个人的利益，可见该术语是特定历史背景下的产物，有着自身独特的文化意蕴。

关于权利的概念，有不同的认识。主要有以下四种学说。

一为主观说，该说由德国法学家温特夏德（Windscheid）提出，认为权利的本质是意思自由，即人的意思能够自由活动或能够任意支配的范围。意思是权利的基础，没有意思就没有权利。

二为客观说，又称利益说，该说由德国法学家耶林（Jhering）提出，认为权利的本质就是法律保护的利益。这种观点强调，权利是为了保护权利人的某种利益的，但它本身并不是这种利益，只是一种法律的形式，可以依此形式主张利益。

三为法力说，该说由德国学者梅克尔（Merkel）提出，他认为权利的本质为法律上之力，权利总是由“特定利益”和“法律上之力”两个因素构成。所谓“法律上之力”，系由法律所赋予的一种力量，凭借此力量，既可以支配标的物，也可以支配他人。

四为框架概念说，该说由德国学者拉伦茨提出。他认为：“某人拥有一种权利，意思是说，他依法能享有什么，或者应该享有什么。这当然不是一个定义，只是一个框架概念。所谓‘什么’，所谓某人享有，可以有各种情况，它可以是对人的‘尊重’或不得侵犯，也可以是权利人自己单独保有的有关一种客体的行为范围，也可以是另一个人（权利人的债务人）的给付义务，还有，像我们所看到的，其他的一些什么。”[①]

本书认为，基于权利类型的多样性，力图具体地界定权利的概念，既不必要，也不可能。我们的确只能提供一个认识权利的框架。但拉伦茨的框架概念说未免过于笼统，这种概念界定某种意义上使权利丧失了其指称功能。实际上，尽管客观说、主观说以及法力说分别着眼于权利的不同角度来界定权利，失之片面，但却都在一定程度上揭示了权利的特征。不妨在综合以上三种学说的基础上，提出一个有关权利的框架性概念。即权利的内容，为法律上的自由；权利的外形，为法律上之力；权利的目标，是服务于权利人特定利益的实现或维持。因而，权利就是服务于民事主体特定利益的实现或维持，由法律上之力保证实现的自由。这种自由，可以是自主决定的积极自由，如形成权；可以是免受侵扰的消极自由，如人格权；也可以二者兼具，如物权。

需要强调的是，法不仅仅是静止的条文，更是活的力量。自由以权利的形式实现于民法，仅是自由实现于现实生活的必要条件。自由的真正实现，尚有赖于民事主体的民事活动。只有通过民事主体的民事活动，才能将民法所认可的客观权利转化为主观权利。

第二节　民事权利的分类

民事权利依其内容、作用等，可以区分为不同的类型。其中，常见的分类有如下几种：

一、人身权、财产权、知识产权、社员权[②]

依学界通说，以民事权利的内容为标准，可以将民事权利区分为人身权、财产权、知识产权和社员权。[③] 民事权利的这种类型区分，与成文民法，尤其是民法典的编排体

---

① ［德］卡尔·拉伦茨：《德国民法通论》（上册），王晓晔等译，280页，北京，法律出版社，2003。

② 详细的介绍请参见谢怀栻：《论民事权利体系》，载《法学研究》，1996（2）。本书仅在某些具体观点上与谢怀栻老师的认识略有不同，大部分的内容未作改动。

③ 执笔人认为，社员权并非与人格权、财产权以及知识产权并列的权利类型，而是财产权与民法上权力的结合体。

例，以及民事特别法的设置有着密切联系，也与民法教科书的编写体例直接相关。某种意义上，了解了这种民事权利类型划分的基本内容，也就了解了民法的基本内容。

（一）人身权

人身权包括人格权和身份权。人格权是民事权利中最基本、最重要的一种，因为人格权是直接与权利主体的存在和发展相联系的。对人格权的侵害就是对权利人自身的侵害，所以它在民事权利体系中应该居于首位。人格权是以权利人的人格利益为客体（保护对象）的民事权利。对人格利益的认定，随着时代的发展逐步深入，所以人格利益的范围日益扩大，人格权的内容也日益丰富。

我国《民法通则》第一编第五章第四节在“人身权”的标题下规定的人身权有生命健康权、姓名权（名称权）、肖像权、名誉权、荣誉权和婚姻自主权（第 98 条至第 103 条）。《民法典》第一编第五章第 110 条以及人格权编确认，自然人享有生命权、身体权、健康权、姓名权、肖像权、名誉权、荣誉权、隐私权、婚姻自主权等权利。法人、非法人组织享有名称权、名誉权、荣誉权等权利。

（二）财产权

财产权是很重要的民事权利，必须将之单列。在没有将知识产权和社员权从财产权和非财产权划出来时，通常说，以享受社会生活中除人格利益和身份的利益以外的外界利益为内容的权利都是财产权。现在可以将财产权界定为以财产利益为客体的民事权利。[①] 在确认财产权只包括物权和债权的情况下，也可以说，财产权是通过对有体物和权利的直接支配，或者通过对他人请求为一定行为（包括作为和不作为）而享受生活中的利益的权利。

（三）知识产权

在大陆法国家，以前把知识产权称为无体财产权，列入财产权之中（与物权、债权并列）。从“知识产权”一词在国际上流行，特别是“世界知识产权组织”成立之后，“知识产权”就完全取代了“无体财产权”一词。至于把知识产权从财产权中划分出来，则是因为知识产权有它的特点，与财产权大大不同。

知识产权是权利人依法就特定客体享有的专有的权利。这些客体包括作品；发明、实用新型、外观设计；商标；地理标志；商业秘密；集成电路布图设计；植物新品种以及法律规定的其他客体。就知识产权，特别需要注意的是：（1）知识产权的客体首先包括人的智力成果，有人称为精神的（智慧的）产出物。这种产出物（智力成果）也属于一种无形财产或无体财产，但是它与那种属于物理的产物的无体财产（如电气）、与那种属于权利的无形财产（如抵押权）不同，它是人的智力活动（大脑的活动）的直接产物。这种智力成果又不仅是思想，而且是思想的表现。但它又与思想的载体不同。其次还包

① 谢怀栻老师原文中对财产权的界定是：以可以与权利主体的人格和亲属关系相分离的生活利益为内容，而又不属于知识产权和社员权的权利，均属财产权。

括商业标志等。（2）权利主体对智力成果或商业标志为独占的排他的利用，在这一点，类似于物权中的所有权，所以过去将之归入财产权。（3）权利人从知识产权取得的利益既有经济性质的，也有非经济性的。这两方面结合在一起，不可分。因此，知识产权既与人格权（其利益主要是非经济的）不同，也与财产权（其利益主要是经济的）不同。

下面简要介绍知识产权中的一些主要类型。

（1）著作权。在我国，著作权包括如下人身权和财产权：发表权、署名权、修改权、保护作品完整权、复制权、发行权、出租权、展览权、表演权、放映权、广播权、信息网络传播权、摄制权、改编权、翻译权、汇编权、应当由著作权人享有的其他权利和获得报酬权等（《著作权法》第10条）。

（2）专利权。专利权是以保护促进物质文明的发展为目的而对受到批准的发明进行独占利用的排他的权利。我国专利法规定的专利权包括发明专利权、实用新型专利权和外观设计专利权（《专利法》第2条）。专利权还包括专利申请权（《专利法》第6条、第8条）以及发明人的署名权（《专利法》第16条）。

（3）商标权。商标权是商标注册人对注册商标进行独占使用的排他的权利，又称商标专用权。我国的注册商标包括商品商标、服务商标、集体商标和证明商标等（《商标法》第3条）。商标是产业活动中的一种识别标志，所以商标权的作用主要在于维护产业活动中的秩序，与专利权的作用主要在于促进产业的发展不同。

此外，如原产地名称、专有技术、反不正当竞争等也规定在《巴黎公约》中，但原产地名称不是智力成果，专有技术和不正当竞争只能由反不正当竞争法保护，一般不列入知识产权的范围。

著作权与专利权、商标权有时有交叉情形，这是知识产权的一个特点。

（四）社员权

民法中的社团的成员（社员）基于其成员的地位与社团发生一定的法律关系，在这个关系中，社员对社团享有的各种权利的总体，称为社员权。社员权的权利主体是社员，其相对人是社团。社员只是社团的一分子。所以社员权与前面的各种权利不同，不是个人法上的权利，而是团体法上的权利。

社员权的特点是：（1）社员权以社员资格（地位）为发生的基础，与这种资格相终始。（2）社团与其分子即社员在一定情形下，不是完全平等的，社员有时须受团体意思（决议）的拘束。因此，在这个范围内，意思自治原则受到限制，社员权的行使与效力要受到限制。（3）社员权是一个复合的权利，包括多种权利，其中有具经济性质的，有具非经济性质的。前者以求得经济利益为主，后者以非经济利益为主。这一点与知识产权类似。（4）社员权具有专属性，只可以随社员资格的移转而移转，一般不能继承。

社员权只与社员资格联系而与社员个人的人身无关，所以不能以之为人身权或身份权。社员权中的具财产性质的权利，如利益分配请求权，在未经具体分配时，是一种抽象的总括的权利，不是债权。在已进行具体分配、分配额确定后，可以转化为债权。这种债权可以单独地转让或继承。

社员权包括非经济性的与经济性的。前者又称共益权，后者又称自益权。社员权中最重要的一种是营利社团法人（公司）里的社员权，即股权。股权中非经济性质的权利有会议参加权、决议权、选举权与被选举权、股东会决议撤销诉权、股东会决议无效诉权、董事会决议无效或撤销的诉权、股东会召集请求权等。经济性质的权利有股息分配请求权、剩余财产分配请求权、新股认购权、股份收购请求权等。这些权利又因公司种类而有不同，例如股份有限公司股东还有股票交付请求权、股份转让权等。我国现在在社员权中，股权是主要的。在其他社团中，社员权还不为人们所重视。不过随着社团的增多，特别是如各种俱乐部的设立，社员权将会日益得到人们的认识，受到人们的重视。

社员权是团体法中的概念，因此，社员权除由法律规定的外，由该团体（社团）的章程去规定（这与个人法中的权利，特别是债权，由当事人自行约定有所不同）。当然，章程也是全体社员制定的。但章程通过不以每个社员同意为必要，章程对每个社员（包括在通过时投反对票的社员）有拘束力。所以一个社团社员的权利义务，要根据章程去决定。这一点与人格权截然不同，而与债权（根据当事人的约定）有点相似。

二、支配权、请求权、抗辩权、形成权

根据权利的作用，民事权利可以区分为支配权、请求权、抗辩权、形成权。

支配权是指可以对权利的客体直接支配并排斥他人干涉的权利，如物权。支配权的特点表现在①：第一，其客体通常是特定的。第二，其权利主体是特定的，而义务主体是不特定的。第三，支配权的实现不需要义务人的积极行为，但义务人不得实施妨碍支配权实现的行为。第四，支配权因支配而产生排他性的效力。支配权常常是确认之诉的对象。

请求权是指得请求他人为一定行为或不为一定行为的权利，如债权的请求权、非债权的请求权等。其中债权的请求权属于独立请求权，可以独立存在；非债权的请求权，如我国《民法典》第 179 条第 1 款规定的基于侵权的请求权，像停止侵害请求权、排除妨碍请求权、消除危险请求权、返还财产请求权等，属于非独立请求权。非独立请求权通常不得单独转让，应结合可转让的权益一并转让。请求权可以存在于债权债务关系中，如债权的请求权；也可以存在于其他法律关系中，如非债权的请求权。请求权的特点是：第一，具有相对性。请求权都是发生在特定相对人之间的一种权利。第二，具有非公示性。第三，请求权作为独立的实体权利，连接了实体法和程序法。因为民事诉讼得被区分为确认之诉、给付之诉和形成之诉，给付之诉是这三种诉讼的核心，而给付之诉的基础就是请求权。②

抗辩权是指对抗请求权的权利。抗辩权依其行使的法律效果得区分为永久抗辩权和延期抗辩权。所谓永久抗辩权是指该项抗辩权的行使可以永久地阻止某项请求权的实现。如《民法典》第 192 条就诉讼时效期间届满的法律效果采抗辩权发生说，这种时效抗辩权即属永久的抗辩权。所谓延期抗辩权是指可以暂时阻止某项请求权实现的抗辩权。如

---

① 参见王利明：《民法总则研究》，211 页，北京，中国人民大学出版社，2003。

② 参见王利明：《民法总则研究》，213 页，北京，中国人民大学出版社，2003。

我国《民法典》第525条规定的同时履行抗辩权、第527条规定的不安抗辩权以及《民法典》第687条确认的一般保证中保证人的先诉抗辩权等。抗辩权的特点是：第一，其是由法律明确规定的权利。第二，其作用在于对抗对方的请求权。第三，其行使必须以请求权的行使为前提。

抗辩权与民事诉讼中的抗辩不同。① 抗辩，又称异议，是指在民事诉讼中提出事实上的主张，它可以对抗请求权，也可以对抗请求权以外的其他权利。这种抗辩包括三种情况：一是提出一些事实，如果事实存在，对方所主张的权利就不会发生。如当事人主张双方之间订立的合同无效，因此对方不得依据合同主张其进行债务的履行。二是提出这样的事实，一旦事实存在，对方所主张的权利尽管曾经发生，但现在已归于消灭。如当事人主张其已依照合同的约定或法律的规定履行了自己的合同义务。三是主张有特定的事实存在，因此可以依据实体法的规定行使抗辩权。

形成权是指当事人一方可以依自己的意思表示使法律关系发生变动的权利，如追认权、撤销权、抵销权等。根据形成权的行使是否需要通过诉讼程序，可以将形成权区分为简单形成权与形成诉权，前者如合同解除权，后者如债权人的撤销权；根据形成权的行使是着眼于消灭一特定的法律关系还是形成一特定的法律关系，可以将形成权区分为消极形成权与积极形成权，前者如抵销权，后者如追认权、优先购买权等。形成权的特点是：第一，依据权利人自己的意思表示，就能够使既存的法律关系发生、变更或消灭。第二，其效力的发生不需要相对人作出某种辅助行为或共同行为。第三，其不存在被直接侵害的可能。第四，其不能与其所依附的法律关系分离。第五，其受到除斥期间的限制。

三、绝对权与相对权

根据权利人可以向其主张权利实现的义务人的范围，民事权利可以分为绝对权和相对权。绝对权是指义务人不确定，权利人无须通过义务人实施一定的积极协助行为即可实现的权利，如所有权、人格权。由于绝对权的权利人可以向一切人主张权利的实现，在这种意义上，他可以对抗除他以外的任何人，因此又称为对世权。绝对权通常需要通过特定的公示手段，或者经由法律的规定以及习惯法予以公示。相对权是指义务人为特定人，权利人必须通过义务人积极地实施或不实施一定行为才能实现的权利，如债权。由于相对权的权利人只能向特定的义务人主张权利的实现，在这种意义上，他对抗的是特定的义务人，因此又称对人权。

区分绝对权和相对权的意义主要在于：第一，对两种权利的保护方法不同。在传统民法上，如德国民法典上，除侵权损害赔偿制度外，尚有绝对权保护请求权制度发挥对绝对权的保护作用。对相对权的保护则无类似制度。我国现行民事立法尚未明确认可绝对权保护的请求权，而是用基于侵权的请求权制度取代绝对权保护的请求权。第二，在权利被侵害时，侵权损害赔偿责任的构成条件不同。在通常情形下，只要侵权行为人存

① 参见［德］卡尔·拉伦茨：《德国民法通论》（上册），王晓晔等译，333页，北京，法律出版社，2003。

在过错，即应对其侵权行为给绝对权人造成的损害承担赔偿责任；但侵权行为人对相对权人（如债权人）承担损害赔偿责任，我国民法学界通说主张需侵权行为人存在侵害债权的故意。

绝对权与相对权的区分并不是绝对的。所谓“债权的物权化”即属绝对权与相对权区分的例外。所谓债权的物权化，如租赁权的物权化。租赁权属于债权，本应遵守债权相对性的制约，即租赁权人只能向租赁合同关系的对方当事人（与之订立租赁合同的出租人）主张自己权利的实现。但依据我国《民法典》第725条的规定，租赁物在承租人按照租赁合同占有期限内发生所有权变动的，不影响租赁合同的效力。这就意味着承租人可以向出租人以外的第三人主张租赁权的实现。再如房屋买卖合同中，买受人在取得房屋所有权以前，通过办理预告登记手续保全自己的债权请求权的，其债权具有绝对效力。另外在所谓“权利上的权利”情形，也存在绝对权与相对权区分的例外。权利上的权利最典型者为权利质押权。质押权可以设定在证券化的债权上，由于权利上的权利总与产生它的那个权利具有同样的结构，因而如果被设定负担的权利是一个债权，则权利上的权利就具有类似债权的特点。[①]

四、主权利与从权利

以权利的相互关系为标准，可以将民事权利分为主权利与从权利。主权利是指在相互关联着的两个民事权利中可以独立存在的权利。从权利是以主权利的存在为其存在前提的权利。如债权与担保债权的抵押权，前者是主权利，后者是从权利。二者的区分意义在于：主权利移转或消灭时，从权利也随之移转和消灭。

五、既得权与期待权

民事权利根据其成立要件是否全部具备，可以分为既得权与期待权。既得权是指成立要件已全部具备的权利，如物权、债权等都属既得权。期待权则是处于向既得权过渡阶段的权利，是指权利的成立要件尚未完全具备，但将来有可能完全具备的权利。如在采用所有权保留作为担保方式的分期付款买卖中，当事人经常约定尽管出卖人先将标的物交付于买受人，但在买受人尚未支付完毕全部价款以前，出卖人仍保留标的物的所有权，此时买受人仅取得所有权的期待权。期待权不同于单纯的期待。期待权常会对特定的民事主体产生法律认可的拘束，如前述所有权保留买卖中买受人的期待权会对出卖人产生法律上的拘束；单纯的期待则不具备这种法律效力。如在被继承人死亡以前，继承人的继承权并不能够对被继承人产生任何法律上的拘束，因此继承权就不是一种期待权，而是一种单纯的期待。[②]

认可期待权为独立的民事权利类型，是社会经济生活提出的要求，它可以使期待权

---

① 参见［德］卡尔·拉伦茨：《德国民法通论》（上册），王晓晔等译，298页，北京，法律出版社，2003。
② 参见王轶：《期待权初探》，载《法律科学》，1996（4）。

更便利地作为一种“商品”在市场上流转。期待权总是指向特定既得权的期待权，包含有特定既得权的“基因”。因此期待权在转让或设定权利负担时，通常可以参照适用相关既得权的规则。

第三节 民事权利的行使和保护

一、民事权利的行使

民事权利的行使也就是民事权利内容的实现。权利人通过实施行使权利的行为，可以实现权利所追求的利益，以满足自身的需要。在行使权利的方式上，权利人可以实施某种事实行为来行使权利，也可以实施某种民事法律行为来行使权利；可以由自己行使权利，也可以授权他人行使权利。

民事主体按照自己的意愿依法行使民事权利，不受干涉。民事主体行使权利时，应当履行法律规定的和当事人约定的义务。《民法典》第132条规定，“民事主体不得滥用民事权利损害国家利益、社会公共利益或者他人合法权益”。这就是禁止滥用权利原则。我国民法一方面鼓励权利人正当地行使权利，另一方面又确立了权利行使的规则，划定了权利行使的边界，禁止任何人滥用权利。但究竟何种情形构成权利滥用，需要借助裁判者的裁断予以具体化。在实践中，确定行为人是否滥用权利，应该坚持主客观标准的统一。权利人滥用权利，可能发生的法律后果主要包括：第一，不发生权利行使本应发生的法律效果。即尽管权利人行使了权利，但在构成权利滥用时不发生权利行使的法律效果。如合同关系中债权人行使解除权未遵循诚实信用原则的要求，不发生合同解除的法律效果。第二，承担损害赔偿责任或其他类型的民事责任。如果权利滥用给他人造成了损害的，在符合侵权责任承担条件时，应承担损害赔偿责任或其他类型的民事责任。

如果权利人长期地不主张或行使自己的权利（如请求权、形成权或抗辩权等），尤其是当权利人对于有关财产的安排或对某种他本来可以用以保护自己不受侵害的措施置之不理，使得相对人合理地认为权利人不会再行使他的权利时，该权利可能失效。权利失效的后果是权利不再存在。

二、民事权利的保护

民事权利的保护措施，按照性质可以分为自我保护和国家保护两种。

（一）民事权利的自我保护

民事权利的自我保护，是指权利人自己采取各种合法手段来保护自己的权利不受侵犯。例如，依法向侵权行为人提出请求等。这种保护措施由于是由当事人自己采取的，因而又被称为私力救济或自我救济。权利主体采取一定的方式保护其权利，是法律赋予权利本身的属性。为维护正常的社会秩序，采取自我保护手段应受到法律的严格限制，权利主体只能以法律许可的方式和在法律允许的限度内保护自己的权利。[①] 我国民法明文规定的自我保护措施，有正当防卫、紧急避险和自助行为。

1. 正当防卫

依据法释（2022）6号第30条的规定，所谓正当防卫，是指为了使国家利益、社会公共利益、本人或者他人的人身权利、财产权利以及其他合法权益免受正在进行的不法侵害，而针对实施侵害行为的人采取的制止不法侵害的行为。

通过正当防卫实现民事权利的自我保护，必须符合一定的条件：首先是现实性。所谓现实性，是指对本人或他人的人身和财产实施的侵害行为必须是现实的，即该侵害行为已经开始并正在进行。其次是违法性。所谓违法性，是指对本人或他人的人身和财产实施的侵害行为并非依法或依据合同约定进行的合法行为。如果是公务人员依法进行的职权行为或医生依据医疗服务合同实施手术，就不得进行正当防卫。再次是针对性。所谓针对性，是指正当防卫必须针对侵害人本人实施。不法侵害行为来自侵害人，防卫的目的在于制止侵害，故防卫行为只能对侵害人本人实施，不得针对第三人。最后是目的性。所谓目的性，是指防卫人具有保护合法权益的意图。防卫不得出于报复，不得针对侵害非法权益的行为。

进行正当防卫不能违反比例原则，即防卫人采取的防卫措施与实现保护权利的目的应当相称。防卫人通常应采取既能避免自己或他人权利遭受损害，又仅给侵害人造成最小损失的方法来进行防卫。

依据《民法典》第181条的规定，在通常情形下，因正当防卫造成的损害，防卫人不承担民事责任。但正当防卫超过必要的限度，造成不应有损害的，防卫人应当承担适当的民事责任。所谓超过必要限度，造成不应有损害，是指正当防卫违反比例原则，致侵害人遭受严重损害，而防卫人在当时完全有条件采取符合比例原则的防卫措施。此时有过错的防卫人应适当承担赔偿责任。《总则编司法解释》第31条确认，对于正当防卫是否超过必要的限度，人民法院应当综合不法侵害的性质、手段、强度、危害程度和防卫的时机、手段、强度、损害后果等因素判断。经审理，正当防卫没有超过必要限度的，人民法院应当认定正当防卫人不承担责任。正当防卫超过必要限度的，人民法院应当认定正当防卫人在造成不应有的损害范围内承担部分责任；实施侵害行为的人请求正当防卫人承担全部责任的，人民法院不予支持。实施侵害行为的人不能证明防卫行为造成不应有的损害，仅以正当防卫人采取的反击方式和强度与不法侵害不相当为由主张防卫过当的，人民法院不予支持。

2. 紧急避险

依据法释（2022）6号第32条，紧急避险，是指为了使国家利益、社会公共利益、本人或者他人的人身权利、财产权利以及其他合法权益免受正在发生的急迫危险，不得已而采取的紧急措施。

其构成条件如下：首先是危险的紧迫性。所谓危险的紧迫性，是指合法权益正遭受

---

① 参见佟柔主编：《中国民法》，41页，北京，法律出版社，1990。

危险。“危险”是指现实存在的某种有可能立即对合法权益造成损害的紧迫事实状态；“合法权益”意味着紧急避险不适用于非法利益遭受危险。其次是避险措施的必要性。所谓避险措施的必要性，是指避险人在不得已的情况下采取避险措施。不采取该措施就不足以使合法权益避免现实正在遭受的危险，不足以保全较大的合法权益。最后是避险行为的合理性。即避险行为适当并不得超过必要的限度。必要限度要求避险行为造成的损害应当小于危险可能造成的损害。这里的损害仅限于财产损害，可依财产价值的大小加以衡量。《总则编司法解释》第 33 条第 1 款确认，对于紧急避险是否采取措施不当或者超过必要的限度，人民法院应当综合危险的性质、急迫程度、避险行为所保护的权益以及造成的损害后果等因素判断。依据《民法典》第 182 条第 3 款的规定，因紧急避险采取的措施不当或者超过必要的限度，造成不应有的损害的，紧急避险人应当承担适当的民事责任。此处的适当，是指紧急避险人仅对不应有的损害承担民事责任。《总则编司法解释》第 33 条第 2 款进一步明确，紧急避险采取措施并无不当且没有超过必要限度的，人民法院应当认定紧急避险人不承担责任。紧急避险采取措施不当或者超过必要限度的，人民法院应当根据紧急避险人的过错程度、避险措施造成不应有的损害的原因力大小、紧急避险人是否为受益人等因素认定紧急避险人在造成的不应有的损害范围内承担相应的责任。

以发生原因为标准，危险可分为人为原因引起的危险和自然原因引起的危险。这里所谓危险由人为原因引起，是指人的行为导致了危险状态的出现，并不意味着危险本身是人的行为。《民法典》第 182 条第 1、2 款对此分别作出规定，即危险由人为原因引起的，引起险情的人对紧急避险造成的损害承担民事责任。危险是由自然原因引起的，紧急避险人不承担责任或者可以给予适当补偿。如果行为人也是受益人，自可责令其承担法定补偿义务。但此种法定补偿义务并非民事责任，而是根据公平原则在受益人与受害人之间进行的利益平衡。

紧急避险与正当防卫的主要区别是：第一，紧急避险属于放任行为，只能在不得已的情况下进行。即避险行为必须属于特定情形下唯一可能采取的有效措施；正当防卫则无此要求。正当防卫属于合法行为。为权利而斗争是权利人的义务。因此即使当人们还可以采取其他的方式逃避侵害，比如，逃走或回避，法律也应允许人们对违法的侵害进行防卫。第二，紧急避险损害的是合法权益，所以法律要求进行利益权衡，避险行为造成的损害不得大于该行为所避免的损害；正当防卫则是针对不法行为的，它以能够制止不法侵害为限，不存在进行类似利益权衡的要求。

3. 自助行为

自助行为是指权利人为实现自己的请求权，在情事紧迫而又不能及时请求国家机关予以救助的情况下所采取的对他人的财产或自由施加扣押、拘束或其他相应措施的合法行为。《民法典》第 1177 条规定：“合法权益受到侵害，情况紧迫且不能及时获得国家机关保护，不立即采取措施将使其合法权益受到难以弥补的损害的，受害人可以在保护自己合法权益的必要范围内采取扣留侵权人的财物等合理措施；但是，应当立即请求有关国家机关处理。”“受害人采取的措施不当造成他人损害的，应当承担侵权责任。”

自助行为仅在公力救济无法及时发挥作用时方可适用。因此自助人借助自助行为保护的请求权，必须是可以申请国家机关强制执行的请求权。如诉讼时效期间届满的债权请求权、与债务人的人身相关的债权请求权等，即不得采取自助行为。

行为人在实施自助行为之后，必须立即向有关机关申请援助，请求处理。行为人无故申请迟延，应立即释放债务人或把扣押的财产归还给债务人之外，造成损害的还应负赔偿责任。行为人的自助行为如果不被有关国家机关事后认可，也必须立即停止侵害并对受害人负赔偿责任。

（二）民事权利的国家保护

民事权利的国家保护是指当民事权利受到侵犯时，由国家机关给予保护。这种保护手段是由国家机关采取的，所以又称公力救济。由于民事权利受宪法、民法、行政法、刑法等多个法律部门的保护，因而在权利人的权利受到侵犯时，权利人可以依法请求有关行政机关给予保护，也可以诉请人民法院或仲裁机关予以判决或仲裁。应该指出，任何民事主体在其民事权利受到他人非法侵犯时，都有权向人民法院提起诉讼，请求依法保护。

由于民事权利的种类不同，受到侵害的方式不同，当事人提起诉讼请求的目的和要求也不同。一般来说，当事人提起的民事诉讼请求有如下三类。

（1）确认之诉，即请求人民法院确认某种权利是否存在的诉讼。如确认某项财产所有权的归属、确认合同的有效无效、确认某种身份的存在与否等。

（2）给付之诉，即请求人民法院责令对方为某种行为，以实现自己的权利的诉讼。如请求交付财产、支付违约金和赔偿金等。

（3）形成之诉，即请求人民法院通过判决变更现有的某种民事权利义务关系，形成某种新的民事权利义务关系的诉讼。如因请求分割共有财产、终止合同关系、解除收养关系、申请死亡宣告等而提起的诉讼。

上述各种诉讼形式通常也称为民事权利的诉讼保护方式。在权利人的权利受到侵害以后，是否提起诉讼，可以由权利人依法自行决定。

问题与思考

1. 试述民事权利的本质。
2. 试述民事权利的自我保护。

第八章

物

本章概要

民法上所说的物与日常生活中的物不尽相同，后者泛指世间一切物理上所称之物，前者则必须能够成为民事权利的客体。民法上的物是指存在于人体之外，占有一定空间，能够为人力所支配并且能满足人类某种需要，具有稀缺性的物质对象。物在民事法律关系中占有十分重要的地位，是重要的民事法律关系客体。本章着重介绍物的基本问题。重点问题包括：物的概念和特征，物的分类，货币和有价证券。

第一节　概　述

一、物的概念和特征

（一）物的概念

民法上所说的物与日常生活中的物不尽相同，后者泛指世间一切物理上所称之物，前者则必须能够成为民事权利的客体。民法上的物是指存在于人体之外，占有一定空间，能够为人力所支配并且能满足人类某种需要，具有稀缺性的物质对象。物在民事法律关系中占有十分重要的地位，是重要的民事法律关系客体，不少国家和地区的民法典在总则编中对物加以规定。

（二）物的特征

1. 物须存在于人体之外

人的身体为人格所附，以个人尊严为基本原理的近代法思想，不允许对生存的人的身体或身体的一部分具有排他性或全面性的支配权。① 物的这一特征表明物须具有非人格性。但与身体分离的毛发、牙齿，属于物。人死亡后的遗体也属于物。随着科学技术的发展，活人的身体不属于物的观念受到挑战，如器官移植、器官捐赠等，均是以活人的器官作为合同的标的物。但对于这一类合同，债权人无权请求强制执行。

2. 物主要限于有体物

我国现行民事立法未就物的概念和种类作出专门规定。通说认为，所有权的客体原则上应限于有体物，他物权的客体则可包括有体物和作为无体物的权利。

3. 物能满足人的需要

物能满足人的需要，也就是说物必须对人有价值。这种价值，不以物质利益为限，精神利益也包括在内。物可以是由劳动创造的，大部分物为劳动产品；也可以是天然存在的，例如钻石和水。因此，劳动产品和非劳动产品，只要它们具有能满足人的需要的属性，都可以成为民法中的物，换言之，都可以成为交易的对象。

4. 物必须具有稀缺性

并非一切能满足人的需要的物都必然能成为民法中的物。阳光和空气能满足人的需要，在通常情况下却不能成为民法中的物，原因在于它们是无限地供给的，不具有稀缺性。要成为民法中的物，除了须具有效用外，还必须具有稀缺性。②

5. 物必须能为人支配

不能为人所支配的东西，例如日月星辰，尽管可能具有巨大价值，但不能成为民法中的物。

6. 物须独立成为一体

所谓物须独立成为一体，是指物应能独立地满足人们生产、生活的需要。在交易实践中，物能否独立满足人们的需要，应根据交易的具体情形确定。

二、物的分类

物依据不同的标准，可以有不同的分类。物的分类主要有：

1. 动产和不动产

把物区分为动产和不动产，是物最重要的一种分类。在空间上占有固定位置，不能移动或者移动后会影响其经济价值的物，为不动产；凡是能在空间上移动而不会损害其经济价值的物，为动产。不动产是指土地以及房屋、林木等地上定着物。其中土地，根据《土地管理法》的规定，包括农用地、建设用地和未利用地等。土地中的土沙、岩石以及地下水，为土地的组成部分。但土地中的矿物，专属于国家所有，并非土地的构成成分。除土地外，不动产还包括房屋、林木、尚未与土地分离的农作物等地上定着物，

① 参见［日］四宫和夫：《日本民法总则》，唐晖等译，129页，台北，五南图书出版公司，1995。

② 参见彭万林主编：《民法学》，50页，北京，中国政法大学出版社，1994。

土地使用权等不动产权利也被视同不动产。

区分动产和不动产的意义在于：第一，物权变动的条件不同。动产物权的变动，一般仅依交付即可生相应的法律效果；而不动产非经登记，不生物权变动的法律效果。第二，得以设定的他物权类型不同。他物权中的用益物权，通常仅能设定在不动产上。第三，法律适用及诉讼管辖不同。就不动产发生的纠纷，依物之所在地法解决。且发生法院的专属管辖，如我国《民事诉讼法》第 33 条第 1 项就确认，因不动产纠纷提起的诉讼，由不动产所在地人民法院管辖。

2. 流通物、限制流通物和禁止流通物

流通物是法律允许在民事主体之间自由流转的物，大部分物为流通物。限制流通物是指在流转过程中受到法律和行政法规一定程度限制的物。禁止流通物是指法律或行政法规禁止自由流转的物。

区分流通物、限制流通物和禁止流通物，其意义在于：合同标的物为流通物的，具备了合同的其他生效要件，合同即可生效；合同标的物为限制流通物的，除须具备合同的一般生效要件外，还应办理批准等手续，合同方可完全生效；合同标的物为禁止流通物的，合同无效。

3. 替代物和不可替代物

这是结合特定的交易类型，依据通常的交易观念，对物进行的类型区分。如果着眼于物的物理属性，世上的任何一个物都是独一无二、不可替代的。但强调物的这种物理属性，无助于民法调整功能的实现。民法上相关的制度设计要求在某些民事活动中无视物的这种物理属性，而是结合特定的交易类型，依据通常的交易观念，将物区分为替代物和不可替代物。在交易观念上认为替代物并非独一无二的物，认为同样品质、种类的物可以相互替代，因此替代物在交易中按习惯能够以数量、容量和重量加以确定。如承揽合同中由承揽人提供材料制作物品，该物通常即为替代物。再如消费保管合同中的保管物、借款合同中的货币也属替代物。不可替代物，在交易观念上认为是独一无二的物，不能由同样品质、种类的物取代。如租赁合同中的租赁物、借用合同中的借用物、承揽合同中定作人提供材料加工的物、一般保管合同中的保管物、仓储合同中的货物等，都属于不可替代物。就替代物和不可替代物的划分，不可泛泛而论，言某物是替代物或不可替代物，因为即使是同一物品，在不同的交易中，依据不同的交易观念，或为替代物、或为不可替代物。如货币，在借款合同中自然是替代物；但如果甲和乙之间订立租赁合同，甲租赁乙的连号货币 10 张供作展览，此情形下的货币即为不可替代物。

替代物和不可替代物的划分，与特定物和种类物的划分不同。特定物和种类物的划分，纯系依据当事人的意志。种类物以“类”的形式存在，种类物成为特定物，或是基于当事人的指定、选择，或是基于当事人的协议，或是基于当事人的交付行为。同一物在此交易中为特定物，在彼交易中可能是替代物或不可替代物，反之亦然。

在某些民事活动中划分替代物和不可替代物，其法律意义在于：替代物即使灭失，仍可通过交付同样种类、品质、数量（或容量、重量）的物进行同一义务的履行。如承揽合同中承揽人提供材料制作的物品毁损、灭失，承揽人的合同义务并不因此消灭，可通过再行制作符合合同约定的新的物品，进行合同义务的履行。不可替代物一旦灭失，交付物品的义务即无法履行，可能需要通过金钱赔偿代替原义务的履行。如租赁合同中租赁物灭失，承租人无法返还原租赁物，得进行金钱赔偿或选择其他救济方式。

4. 主物和从物

以物与物之间是否具有从属关系为标准，可以把物区分为主物和从物。凡两种以上的物互相配合、按一定经济目的组合在一起时，起主要作用的物为主物；配合主物的使用而起辅助作用的物为从物。可见，尽管从物是独立的物，而非主物的构成成分，但它在客观上、经济上从属于其他物，补充其他物的效用。

区分主物与从物，其意义在于：当事人没有特别约定时，对主物的处分及于从物，以贯彻物尽其用原则。

5. 可分物和不可分物

凡可进行实物分割而不改变其经济用途和价值的物，为可分物。凡经实物分割后，将使该物失去其原有的经济用途，降低其价值的物，为不可分物。

区分可分物与不可分物，其意义在于：在共有关系终止时，这两种物的分割方式不同。对于可分物，可进行实物分割；对于不可分物，只能进行价值分割，有的共有人得到原物，其他的共有人得到金钱补偿。

6. 原物和孳息

原物是指原已存在之物，孳息是由原物所产生的收益。孳息可分为天然孳息和法定孳息。所谓天然孳息，系指果树、动物的出产物，及其他依物的使用方法所收获的物。所谓法定孳息，是指利息、租金等因法律关系所获得的收益。孳息都必须是独立的物。

区分原物和孳息，其意义在于：通常情况下，原物所有人有权取得孳息之所有权。转移原物的所有权，孳息的所有权应同时转移。

7. 可消耗物和不可消耗物

可消耗物是指不能重复使用，一经使用就灭失或改变其原有状态的物。不可消耗物是指经反复使用不改变其形态、性质的物。

区分可消耗物和不可消耗物，其意义在于：借用合同、租赁合同等只能以不可消耗物为标的物。

8. 单一物、结合物和集合物

单一物是指形态上能独立成为个体而存在的物；结合物，又称合成物，是指由数个物结合而成的独立物，如房屋；集合物，又称聚合物，是指由多数的单一物或结合物集合而成，各物仍保持其独立存在的物，如工厂、图书馆、羊群等。

区分单一物、结合物和集合物，其意义在于：对于单一物或结合物，原则上权利应存在于物的整体，在物的组成部分上，不应存在独立的权利。对于集合物，其整体不应作为一个权利的客体，权利应存在于各个独立的单一物或结合物上。但现代民法上的财团抵押为其例外。

第二节 纸币和有价证券

一、纸币

纸币是物的一种，是可以用票面金额来表现其价值的一种特殊的物。纸币具有以下特征。

(1) 纸币属动产。

(2) 纸币是种类物，而且通常充当可替代物。它的价值是通过票面上的数额来表示的，可以进行交换，是一般等价物，是法定的支付手段、流通手段和结算手段。在民事法律关系中，纸币是许多交易的法定支付手段。

(3) 纸币是可消耗物。纸币一经其所有人使用，即转入他人之手，发生了所有权的移转，所以辗转流通是纸币的特有机能，而供人消费更是纸币的唯一目的。

由于纸币通常充当可替代物，在交易上可以互相替代，所以作为所有权客体的纸币，具有以下特点：纸币所有权与对于纸币的占有是合一的，可以推定纸币的占有人为所有人；所有人将一定数额的纸币出借给他人时，借用人即时取得纸币的所有权，借用人只需在借用期届满时返还同样数额的金钱即可；丧失对纸币占有，一般即丧失对纸币的所有权，所以只能主张不当得利返还请求权，而无法行使所有物返还请求权。

如果说纸币实现了信用货币从具体物品到抽象符号的飞跃，那么，随着人类步入信息文明时代，建立在区块链、人工智能、云计算和大数据等基础上的数字货币则实现了信用货币由纸质形态向无纸化方向发展的飞跃。

二、有价证券

有价证券是设立并证明某种财产权的书面凭证，是物的一种。有价证券持有人享有两种不同性质的权利，一是对有价证券本身的所有权；二是有价证券上所记载的权利。有价证券可以分为不记名的、指定人的和记名的三种。

凡是在有价证券中没有指明该证券的权利享有人的，即是不记名有价证券。在这种情况下，提示不记名有价证券的人，就享有该有价证券中所包含的权利。不记名有价证券可以用民法上的交付方式转让给他人。可以兑换一定金额的不记名有价证券，不能以遗失、被盗、非法出让为理由，要求善意取得人返还。不记名有价证券人的权利同该证券原占有人的权利不发生关系。所以证券义务人不能因为自己同证券原占有人之间发生纠纷，而拒绝对证券现持有人履行义务。

指定人有价证券是用指明一定的第一个取得人的名字的方法，或者指明根据“其指示”进行交付的方法制作的有价证券。第一个取得指定人有价证券的人在把该证券转让给他人时，不是按照民法上普通转让债权的方法，而是用在该证券背面签注的方法办理，这就是“背书”。在这种背书中，可以指明接受证券的人，并由背书人签名盖章；或者仅有背书人签名盖章，这就叫“空白背书”。在后一种情况下，指定人有价证券实际上变成了不记名有价证券。债务人对持有指定人有价证券的人不得提出他对第一取得人或其他原持有人的异议。

凡是在有价证券中记载该证券权利人的，便是记名有价证券。记名有价证券可以按照民法上转让普通债权的手续转让给他人。对于记名有价证券，只有证券上指定的人或者能够证明是合法受让的第三人，才有权要求债务人履行债务，实现权利。

有价证券主要包括：

1. 票据

票据是发票人依法发行的、由自己无条件支付或委托他人无条件支付一定金额的有价证券。根据我国《票据法》的规定，票据包括汇票、本票和支票。汇票是指由出票人签发，委托付款人在见票时或者在指定日期无条件支付确定的金额给收款人或者持票人的票据。汇票分为银行汇票和商业汇票。本票是指由出票人签发的，承诺自己在见票时无条件支付确定的金额给收款人或者持票人的票据。本票主要是指银行本票。支票是出票人签发的，委托办理支票存款业务的银行或者其他金融机构在见票时无条件支付确定的金额给收款人或者持票人的票据。

2. 股票

股票是公司签发的，证明股东所持股份的凭证。它是股份有限公司股份的表现形式，既是资本有价证券，又是流通证券、要式证券。股票可以分为：

（1）记名股票和不记名股票

所谓记名股票是在票面上记载股东姓名或者名称的股票；所谓不记名股票是在票面上不记载股东姓名或者名称的股票。

（2）普通股和特别股

普通股是股份有限公司发行的标准股份或股票。持有普通股的股东，根据法律或章程的一般规定享有权利、承担义务，不享有或不承担特别的权利、义务；特别股是指其所代表的权利、义务大于或小于普通股的股份或股票，包括后配股和优先股两类。

（3）A 种股票、B 种股票和 H 种股票

A 种股票，又称人民币股票，指以人民币标明面值，以人民币认购和交易的股票；B 种股票，又称人民币特种股票，指以人民币标明面值，以外币认购和交易，专供外国和我国港澳台投资者买卖的股票；H 种股票，指获香港联合交易所批准上市的人民币特种股票，即以人民币标明面值，以港币认购和进行交易的股票。

3. 公司债券

公司债券是指公司依照法定程序发行的、约定在一定期限内还本付息的有价证券。公司债券依据不同的标准，可以有不同的分类，如根据公司债券是否记载债权人的姓名或名称，可以把公司债券分为记名公司债券和无记名公司债券。记名公司债券是指在债券上记载债权人姓名或者名称，并在置备的公司债券存根簿上载明债券持有人的姓名或

名称及债券编号等事项的公司债券；无记名公司债券是指在债券及债券存根簿上均不记载债券持有人的姓名或名称的公司债券。根据公司债券与公司股份的联系，可以把公司债券划分为可转换公司债券和不可转换公司债券以及带股票买入权的公司债券。根据公司债券是否设置有担保，可把公司债券分为担保公司债券和无担保公司债券。根据公司债券持有人是否有权参与公司的决策和经营管理，可以把公司债券分为参加公司债券和非参加公司债券。

4. 国库券

国库券是指国家发行的，到期还本付息的有价证券。

5. 提单

提单是指用以证明海上货物运输合同和货物已经由承运人接受或者装船，以及承运人保证据以交付货物的单证。

6. 仓单

仓单是指保管人向存货人开具的证明保管物已经入库的有价证券。仓单是要式证券，是物权凭证。

《问题与思考》

1. 试述物的概念和特征。
2. 试述物的分类。
3. 试述有价证券的分类。
4. 案例分析：

甲男和乙女系恋人关系。某日两人一同外出游玩，因天气炎热，两人所带的水很快就用完了。甲男见乙女非常口渴，就说："在这等着，我给你买水喝。"甲男买回某品牌饮料几瓶，递给乙女两瓶。几天之后，甲男从朋友处得知其中一瓶饮料中了一等奖 4 999 元，十分生气，遂对乙女说："饮料是我掏钱买的让你喝的，但是中奖的权利并没有给你，你得把奖金给我。"两人发生争执。

请问：奖金应当归谁所有？为什么？

第九章

民事法律行为

本章概要

民事法律行为，属于表示行为的一种，是指以意思表示为核心要素的表示行为。在所有类型的民事法律事实中，民事法律行为可谓是最重要的一种。民事法律行为是实现自愿原则的工具，是民事主体实现个人自由的重要手段。民事法律行为是高度概括、抽象的法律概念，对应着无限丰富的社会生活类型。它一方面为民法通过成文法的方式调整社会生活提供了可能，另一方面作为民法典总则编中的一般规定，民事法律行为制度统辖着物权编、合同编、人格权编、婚姻家庭编、继承编等具体的设权行为规则，为个人自由的确认和保障在民法的各个组成部分都能得到体现和落实提供了可靠的保证。民事法律行为对应着民法意定主义的调控方式，形成了不同于法定主义体系的独特法律调整制度，体现了民法调整方式的独特性。民事法律行为是实现特定公共政策的中介。正是由于上述原因，民事法律行为制度的相关理论在现代民法学说中居于重要地位，形成学说中令人瞩目的独立领域。本章着重介绍民事法律行为的基本问题。重点问题包括：民事法律行为的概念和特征，意思表示，民事法律行为的成立条件，民事法律行为的生效条件，民事法律行为的效力类型。

第一节　概　述

依据《民法典》第133条，民事法律行为是民事主体通过意思表示设立、变更、终止民事法律关系的行为。换言之，民事法律行为，属于表示行为的一种，是指以意思表示为核心要素的表示行为。在其他国家和地区的民法上，与“民事法律行为”概念相当的是“法律行为”。我国《民法通则》以“民事行为”来指称以意思表示为核心要素的表示行为。“民事行为”这一概念是我国《民法通则》的创造。在《民法通则》中，民事法律行为仅是民事行为的一种，是指“公民或者法人设立、变更、终止民事权利和民事义务的合法行为”。《民法典》未坚持《民法通则》的做法。在所有类型的民事法律事实中，民事法律行为可谓是最重要的一种。其重要性体现在：

第一，民事法律行为是实现自愿原则的工具，是民事主体实现个人自由的重要手段。民事法律行为以意思表示为核心要素，意思表示包含着民事主体对如何安排自身利益关系的设想，民法认可得按照民事主体的自由意志安排其与其他民事主体之间的利益关系，这为民事主体法律上的决定自由的实现提供了可能；另一方面，在意思与表示不一致以及意思与表示不自由的情况下，民法认可民事法律行为的效力存在欠缺，并提供了相应的补救手段，这又为事实上的决定自由的实现开辟了渠道。可见，通过民事法律行为，民事主体可以自主地塑造自己与他人之间的法律关系，民事法律行为所产生的法律效果，通常就是从事民事法律行为的民事主体希望发生的法律效果。

第二，民事法律行为是高度概括、抽象的法律概念，对应着无限丰富的社会生活类型。它一方面为民法通过成文法的方式调整社会生活开辟了可能，另一方面作为民法典总则编中的一般规定，民事法律行为制度统辖着物权编、合同编、人格权编、婚姻家庭编、继承编等具体的设权行为规则，为个人自由的确认和保障在民法的各个组成部分都能得到落实和体现提供了可靠的保证。

第三，民事法律行为对应着民法意定主义的调控方式，形成了不同于法定主义体系的独特法律调整制度，体现了民法调整方式的独特性。

第四，民事法律行为是实现特定公共政策的中介。民事法律行为是民事主体追求自身利益的工具，因此民事法律行为制度通常并不以积极追求特定公共政策的实现为目标。但借助民事法律行为的效力制度，尤其是借助绝对无效的民事法律行为制度，可以使民事法律行为制度避免成为实现特定公共政策的障碍。

正是由于上述原因，民事法律行为制度的相关理论在现代民法学说中居于重要地位，形成学说中令人瞩目的独立领域。

第二节 民事法律行为的分类

一、单方民事法律行为、多方民事法律行为（双方民事法律行为、共同行为和决议行为）

以民事法律行为的成立所需意思表示的数量为标准，可以把民事法律行为区分为单方民事法律行为和多方民事法律行为。

单方民事法律行为，又称一方行为、单独行为，是指根据一项意思表示就可成立的民事法律行为。单方民事法律行为还可以作进一步的区分：一是须向特定人进行的单方民事法律行为，如行使法定解除权解除合同的行为、效力未定的合同中当事人行使追认权的行为等。进行此类单方民事法律行为的当事人常享有依据先前订立的合同或法律的规定产生的权利。此类单方民事法律行为中包含的意思表示只有到达作为接收方的特定人，才能生效。二是无须向特定人进行的单方民事法律行为，又称严格的单方民事法律行为，如抛弃动产所有权的行为等。此类单方民事法律行为所包含的意思表示一经作出，即可生效。

多方民事法律行为是指通常需要两项以上意思表示才可成立的民事法律行为。多方民事法律行为包括双方民事法律行为、共同行为和决议。

（1）双方民事法律行为，是指需要两项内容互异但相互对应的意思表示一致才可成立的民事法律行为，如合同行为、遗赠抚养协议、委托监护协议、收养协议等。其中合同行为是典型的双方民事法律行为。

（2）共同行为，又称协定行为，是两个以上当事人并行的意思表示达成一致才可成立的民事法律行为。两个以上的合伙人订立合伙合同的行为，即为共同行为。我国民法典将合伙合同也归为典型合同。

（3）决议是指多个民事主体在表达其意思表示的基础上遵循表决程序，依据表决原则作出决定。这里所谓多个民事主体通常是指法人或非法人组织的成员以及法人或非法人组织内部设立的机构，例如股份有限公司的股东代表大会、股份有限公司的董事会等。这里所谓表决原则，可以采取全体同意原则，也可以采取多数决原则。采取全体同意表决原则的决议行为，就是共同行为。如果采取多数决原则，无论股东是否参加股东代表大会，无论股东在表决时是否赞成决议的内容，一旦决议作出，只要该决议不存在违反法律、行政法规强制性规定以及公序良俗的情形，股东都应遵守决议。《民法典》第 134 条第 2 款确认，“法人、非法人组织依照法律或者章程规定的议事方式和表决程序作出决议的，该决议行为成立。”决议通常仅就法人或非法人组织的内部事务作出决断，并不直接对法人或非法人组织与第三人之间的关系产生效力。

二、要式行为、不要式行为

以民事法律行为是否应当或者必须依据法律或行政法规采用特定的形式，可以把民事法律行为区分为要式行为和不要式行为。

要式行为，指依法律或行政法规的规定，应当或者必须采用特定形式的民事法律行为。

不要式行为，指法律或行政法规对其形式并无特别要求的民事法律行为。

法律或行政法规要求必须采用特定形式的要式行为，未采用特定形式的，民事法律行为不成立。法律或行政法规要求应当采用特定形式的，不采用特定形式的，不影响民事法律行为的成立。

三、主民事法律行为、从民事法律行为

以民事法律行为之间的相互依从关系为标准，可以把民事法律行为区分为主民事法律行为和从民事法律行为。

主民事法律行为，指不需要有其他民事法律行为的存在就可独立成立的民事法律行为。

从民事法律行为，指从属于其他民事法律行为而存在的民事法律行为。

从民事法律行为的成立和效力取决于主民事法律行为。主民事法律行为未成立，从

民事法律行为无由成立。

主民事法律行为无效，将导致从民事法律行为不能生效。

四、独立的民事法律行为、辅助的民事法律行为

以民事法律行为是否有独立的实质内容为标准，可以把民事法律行为区分为独立的民事法律行为和辅助的民事法律行为。

独立的民事法律行为，指借助行为人自己的意思表示即可发生效力的民事法律行为。有完全民事行为能力的民事主体所为的民事法律行为，皆为独立的民事法律行为。

辅助的民事法律行为，指辅助他人的民事法律行为使之确定发生效力的民事法律行为。法定代理人对限制民事行为能力人依法不能独立实施的合同行为进行的追认，被代理人对代理人超越代理权进行的民事法律行为的追认，皆属于辅助的民事法律行为。

独立的民事法律行为有自身独立的实质内容。辅助的民事法律行为则没有自身独立的实质内容。因此有关民事法律行为内容的生效条件，通常仅适用于独立的民事法律行为以及被辅助的民事法律行为。

五、生前行为、死因行为

根据民事法律行为效力的发生是在行为人生前还是死后，可以把民事法律行为区分为生前行为和死因行为。

生前行为，是在行为人生前发生效力的民事法律行为。多数民事法律行为属于此类。

死因行为，是以行为人的死亡为生效要件的民事法律行为。遗嘱为典型的死因行为。

六、负担行为、处分行为

在比较法上，存在以法律行为的内容为标准，将法律行为区分为负担行为与处分行为的立法例。

在德国以及我国台湾地区等一些国家和地区的民法上，以法律行为的内容不同为标准，尚存在负担行为和处分行为的区分。其中负担行为是指使一个人相对于另一个人（或另若干人）承担为或不为一定行为义务的法律行为。负担行为的首要义务是确立某种给付义务，即产生某种债务关系。[①] 因此负担行为又称债权行为。处分行为指以引起现存权利的直接变动为目的的法律行为。处分行为包括物权行为和准物权行为。物权行为指以直接引起物权变动为目的的处分行为。准物权行为是指准用物权行为相关法律规则的处分行为，即以直接引起债权等权利移转、消灭为目的的处分行为，如债的免除、债权让与等行为。负担行为不以行为人享有处分权作为效力发生的条件，处分行为效力的发生则要求行为人享有处分权。因此负担行为的行为人可以为数次内容相同的负担行为，

① 参见［德］卡尔·拉伦茨：《德国民法通论》（下册），王晓晔等译，435～436页，北京，法律出版社，2003。

对数人负担相同的债务；而处分行为的行为人就同一内容仅得为一次处分行为。另负担行为所产生的法律效果受相对性制约，即依据生效的负担行为，一方仅得向对方主张权利的实现。而处分行为一旦发生效力，通常具有绝对性，即其法律效果得对抗任何人。

通说认为，我国现行民事立法不认可负担行为与处分行为的区分。

七、有因行为、无因行为

在财产给予行为中[①]，以民事法律行为与其原因的关系为标准，可以把民事法律行为区分为有因行为和无因行为。

有因行为，是指进行财产给予的原因属于该民事法律行为组成部分，即民事法律行为与进行财产给予的原因在法律上相互结合、不可分离。进行财产给予的原因不存在，民事法律行为即不存在或不发生效力。无因行为，指民事法律行为不存在进行财产给予的原因或者法律行为与进行财产给予的原因可以分离。对于无因行为，即使没有进行财产给予的原因或者进行财产给予的原因不存在，民事法律行为的存在或效力不受影响。

在德国以及我国台湾地区等一些国家和地区的民法上，就向当事人一方给予财产的法律行为，不但存在负担行为和处分行为的区分，还以法律行为与进行财产给予的原因的关系为标准，存在有因行为与无因行为的区分。通常负担行为属于有因行为，处分行为属于无因行为。其中负担行为的原因是指当事人承担义务的法律目的。买卖、互易、租赁等双务合同是要因负担行为的典型表现形式。在这些合同中，一方之所以承担给付义务，是因为他要因此使另一方承担对待给付的义务。以买卖合同为例，出卖人之所以承担交付标的物并将标的物的所有权移转给买受人的义务，是因为他要使买受人承担支付价金的义务，反之亦然。处分行为的原因是指作为其基础和前提的负担行为。如买卖合同是出卖人移转标的物所有权与买受人这一处分行为的原因。有的处分行为没有原因。

作为例外，也存在无因的负担行为。如德国民法认可的独立的债务约定和创设性的债务承认，即属无因的负担行为。

第三节 民事法律行为的成立

一、民事法律行为成立概述

民事法律行为的成立，主要解决成立民事法律行为，应具备哪些必不可少的事实要素，即阐明民事法律行为的成立要件问题。我国的民事立法和民法学说一度不重视区分民事法律行为的成立要件和生效要件，实际上，确定民事法律行为是否有效的第一步，应是确定该民事法律行为是否已成立。民事法律行为的成立，仅解决民事法律行为是否

---

① 财产给予行为是指一方向另一方给予一定财产的行为。行为人既可以通过一项有利于对方的处分行为给予对方财产，也可以通过一项使对方获得债权的负担行为来给予对方财产。

存在这一事实认定。因此依据民事法律行为的成立要件，仅能作出民事法律行为成立或不成立两种结论。民事法律行为的成立要件揭示了民事法律行为的事实构成。事实构成齐备，民事法律行为即成立，可以进一步判断其是否具备生效条件，能否依照当事人的预期产生相应的法律效力。事实构成不齐备，民事法律行为即不成立，自然就谈不上是否生效的问题。民事法律行为的生效，即一个民事法律行为能否被评价为一个具有合法性的民事法律行为，属于价值判断问题。如果说民事法律行为的成立要件主要归属于当事人得有所作为的范畴，民事法律行为的生效要件就已超出了当事人所能控制的范围，体现了法律对民事法律行为的肯定或否定评价。

根据民事法律行为的成立要件，还可以区分民事法律行为与其他类型的民事法律事实，尤其是可以区分民事法律行为与事实行为。

二、民事法律行为的成立要件

（一）民事法律行为的一般成立要件

民事法律行为的一般成立要件，是确认在法律或行政法规未设特别规定，当事人也未作特别约定的情况下，民事法律行为是否成立的标准。民事法律行为的一般成立要件包括：（1）当事人。即进行特定民事法律行为的民事主体。在单方民事法律行为中，存在一方当事人即可；在双方民事法律行为中，需要有双方当事人；在共同行为中，需要有两方以上当事人；在决议行为中，需要有某一组织的成员或内部机构参与表决。（2）意思表示。即表意人将其期望发生某种法律效果的内心意思以一定方式表现于外部的行为。在单方民事法律行为中，有一项意思表示即可；在双方民事法律行为中，需要有两项一致的意思表示；在共同行为中，需要有两项以上内容相同的意思表示；在决议行为中，需要每个参与者独立作出意思表示，然后遵守表决程序和表决规则作出决定。

（二）民事法律行为的特别成立要件

民事法律行为的特别成立要件，是指依据法律或行政法规的规定或者依据当事人的约定，某些民事法律行为的成立，除当事人和意思表示外，还应具备特别的事实要素，如实施特定的事实行为或采用特定的形式等。如依据《民法典》第 814 条的规定，在当事人未作特别约定，也不存在特殊交易习惯的情况下，客运合同的成立除双方意思表示一致外，尚需要承运人向旅客交付客票。另依据《民法典》第 890 条的规定，除当事人另有约定外，保管合同自保管物交付时成立。

第四节 意思表示

一、意思表示的构成要素

意思表示属于民事法律行为的核心要素，是指表意人将其期望发生某种法律效果的内心意思以一定方式表现于外部的行为。

意思表示的构成要素，即意思表示的构成成分。我国民法学界对于意思表示的构成要素存有不同认识。“五要素说”主张应将意思表示细分为目的意思、效果意思、表示意思、行为意思、表示行为五项要素；“二要素说”认为，意思表示仅包括效果意思和表示行为两项要素；“三要素说”主张意思表示应包括目的意思、效果意思和表示行为三项要素。

民法中讨论意思表示的构成要素，不是为了揭示民事主体进行意思表示的生理过程，而是意图借助意思表示的构成要素，实现两个目标：一是可以据此判断意思表示是否成立，即是否存在意思表示。二是可以针对意思表示的构成要素设置相应的法律规则，以落实自愿原则或设置自愿原则的必要例外。因此，意思表示由哪些要素构成，尽管以民事主体进行意思表示的生理过程为基础，以落实自愿原则为目标，但其既非事实判断问题，又非价值判断问题，而是一个如何用民法的概念去解释、表述、描述、想象生活世界的解释选择问题。属于民法法律技术的组成部分。作为民法的法律技术，一方面应能够满足实现民法调整功能的需要；另一方面应力求简洁，避免烦琐。以这一认识为前提，前述观点虽无真假、对错之分，但有优劣之别。“五要素说”和“二要素说”尽管也可满足实现民法特定调整功能的需要，但前者过于烦琐，超出设计或解释相关法律规则通常之需；后者则失之简略，反而增加了设计或解释相关法律规则的难度。“三要素说”，即认意思表示由目的意思、效果意思和表示行为三项要素构成，当为妥当的学说。其中目的意思和效果意思属于意思表示的主观要件，表示行为属于意思表示的客观要件。

目的意思是指明民事法律行为，尤其是指明民事法律行为标的具体内容的意思要素，它是意思表示据以成立的基础。[①] 目的意思的内容根据其法律性质可以分为要素、常素和偶素。要素是指构成某种意思表示所必须具备的意思内容。如标的、数量条款作为买卖合同的必要条款，即属买卖合同中意思表示的要素。要素可以使我们得以区分不同类别的意思表示。目的意思必须包含要素，缺少要素，既不存在目的意思，也不存在意思表示。《合同编通则司法解释》第 3 条第 1 款确认，“当事人对合同是否成立存在争议，人民法院能够确定当事人姓名或者名称、标的和数量的，一般应当认定合同成立。但是，法律另有规定或者当事人另有约定的除外。”该款认定在通常情况下，标的和数量是目的意思必须包含的要素。常素是指行为人作出某种意思表示通常应含有的、内容完全等同的意思要素。如合同关系中的违约责任条款，即属合同关系中意思表示的常素。常素的内容可以由法律来确定或推定，因此目的意思中可以不包含常素。偶素是指并非某种类型的意思表示必须或当然具有，而是基于当事人的特别意图所确定的意思表示的意思要素。如买卖合同当事人约定该合同须同时使用中、英文字拟定，该项约定即属买卖合同中意思表示的偶素。偶素必须经由当事人的特别约定方可成为特定意思表示的内容。因此目的意思中未必都包含偶素。

效果意思是指当事人欲使其目的意思发生法律上效力的意思要素。效果意思又常被称为效力意思、法效意思或设立法律关系的意图。具备了法效意思意味着行为人要有意

---

① 参见董安生：《民事法律行为》，227 页，北京，中国人民大学出版社，1994。

识地追求设立、变更或终止某一特定民事法律关系的法律效果。

表示行为是指行为人将其内在的目的意思和效果意思以一定方式表现于外部，为行为相对人所了解的行为要素。[①] 只有具备以上三项要素，意思表示才能成立。例如，某人在拍卖会上招呼其朋友，被拍卖师误认为是举牌。其实该某人虽有表示行为，但没有目的意思和效果意思，即不得认为存在意思表示。再如甲将欲购买乙房产的目的意思用书面形式表达出来，但尚未最终决定是否将其作为要约发给乙。乙偶然发现这一目的意思，随即向甲作出承诺。此时，当事人之间不能成立合同关系。因为甲虽有目的意思，但并无效果意思和表示行为，不得认为存在意思表示。

二、意思表示的形式

意思表示的形式，即表示行为的方式，通常也是民事法律行为的形式。依据《民法典》第 135 条，民事法律行为可以采用书面形式、口头形式或者其他形式；法律、行政法规规定或者当事人约定采用特定形式的，应当采用特定形式。意思表示的形式主要有如下种类。

（一）口头形式

口头形式指以对话的形式所进行的意思表示。口头形式属于以明示的、直接的方式进行意思表示。“对话”的外延包括电话交谈、托人带口信、当众宣布自己的意思等。口头形式的民事法律行为，是不要式的民事法律行为，具有简便迅速的优点，但同时由于缺乏客观记载，一旦发生纠纷，日后难以取证，因此，大多适用于即时清结或标的数额小的交易。

（二）书面形式

书面形式指用书面文字形式所进行的意思表示。书面形式也属于以明示的、直接的方式进行意思表示。合同书以及任何记载当事人权利、义务内容的文件，都属书面形式。我国《民法典》第 469 条第 2 款规定：“书面形式是合同书、信件、电报、电传、传真等可以有形地表现所载内容的形式。”第 3 款规定：“以电子数据交换、电子邮件等方式能够有形地表现所载内容，并可以随时调取查用的数据电文，视为书面形式。”书面形式可促使当事人深思熟虑后才实施民事法律行为，使权利义务关系明确化，并可保存证据，有助于预防和处理争议。书面形式是要式民事法律行为的一种形式，是否采用，由法律或行政法规规定。主要适用于履行期限较长、交易规则复杂、标的数额较大的交易行为。

（三）推定形式

推定形式指当事人通过有目的、有意义的积极行为将其内在意思表现于外部，使他人可以根据常识、交易习惯或相互间的默契，推知当事人已作某种意思表示，从而使民

---

① 参见董安生：《民事法律行为》，235 页，北京，中国人民大学出版社，1994。

事法律行为成立。推定形式又被称为默示的或间接的意思表示。如租期届满后，承租人继续交纳房租，出租人接受之，由此可推知当事人双方作出了延长租期的民事法律行为。《总则编司法解释》第18条确认，“当事人未采用书面形式或者口头形式，但是实施的行为本身表明已经作出相应意思表示，并符合民事法律行为成立条件的，人民法院可以认定为民法典第一百三十五条规定的采用其他形式实施的民事法律行为。”

（四）沉默方式

沉默方式指既无语言表示又无行为表示的消极行为，在法律有特别规定、当事人约定或者符合当事人之间的交易习惯的情况下，以拟制的方式，视为当事人的沉默已构成意思表示，由此使民事法律行为成立。这种沉默方式又被称为“带表示的沉默”或“规范化的沉默”。通常情况下，内部意思之外部表达须借助于积极的表示行为，沉默不是表示行为，因此，沉默不是意思表示，不能成立民事法律行为。依据《民法典》第140条第2款，沉默只有在有法律规定、当事人约定或者符合当事人之间的交易习惯时，才可以视为意思表示。

三、意思表示与意思实现

意思实现，是指民事主体作出特定的行为以代替相应的意思表示。我国《民法典》第480条规定：“承诺应当以通知的方式作出；但是，根据交易习惯或者要约表明可以通过行为作出承诺的除外。”其后段所谓“根据交易习惯或者要约表明可以通过行为作出承诺”，即属关于意思实现的规定。依据我国《民法典》第484条第2款的规定，承诺不需要通知的，根据交易习惯或者要约的要求作出承诺的行为时，承诺生效。《民法典》第638条第2款确认，在试用买卖中，试用人在试用期间内，以标的物为试用以外的行为时，如将标的物出租或出卖时，即视为试用人认可该标的物，这也属于意思实现的一种具体类型。从我国《民法典》第480条以及第484条第2款的规定看，仍将意思实现作为意思表示的一种，只不过意思实现的表示行为与通常的意思表示不同。

四、意思表示的生效

意思表示的生效即意思表示效力的发生，与民事法律行为的生效不同。民事法律行为发生效力意味着该民事法律行为符合法律的价值取向，可以依照民事主体的预期产生相应的法律效果。意思表示生效并不意味着意思表示的内容符合了法律认可的价值取向。意思表示只要符合特定的形式要件，即可发生效力。因此意思表示生效，通常仅产生形式上的拘束力。例如，要约只是要约人的意思表示，生效要约的拘束力主要是使承诺人取得承诺的资格，而不能发生要约人所预期的法律效果。

当事人作出的意思表示无须受领的，意思表示一经作出即可发生效力。《民法典》第138条规定，无相对人的意思表示，表示完成时生效。法律另有规定的，依照其规定。

如果当事人作出的意思表示需受领的，则意思表示的生效通常采取到达主义或了解主义。即采对话方式的，意思表示为相对人了解的时间，就是意思表示发生效力的时间。《民法典》第 137 条第 1 款确认，以对话方式作出的意思表示，相对人知道其内容时生效。采非对话方式的，意思表示到达相对人的时间就是意思表示发生效力的时间。所谓到达相对人，是指到达相对人可以控制的领域，如住宅、信箱、经营场所等，因此可以期待并能够推断相对人可以或有可能去了解意思表示的内容。采到达主义的例子，如我国《合同法》第 16 条第 1 款规定，要约到达受要约人时生效。第 26 条第 1 款规定，承诺通知到达要约人时生效。《民法典》第 137 条第 2 款第 2、3 句确认，以非对话方式作出的采用数据电文形式的意思表示，相对人指定特定系统接收数据电文的，该数据电文进入该特定系统时生效；未指定特定系统的，相对人知道或者应当知道该数据电文进入其系统时生效。当事人对采用数据电文形式的意思表示的生效时间另有约定的，按照其约定。

《民法典》第 139 条确认，以公告方式作出的意思表示，公告发布时生效。

依据《民法典》第 141 条，行为人可以撤回意思表示。撤回意思表示的通知应当在意思表示到达相对人前或者与意思表示同时到达相对人。

五、意思表示的解释

（一）意思表示的解释对象

一旦当事人对意思表示的内容存在不同认识时，即有对意思表示进行解释的必要。关于意思表示的解释对象，历来存有争议，于是出现了意思主义理论、表示主义理论和折中主义理论之别。

意思主义理论认为，意思表示的解释，重在解释行为人的内在意思。意思主义理论的基本思想源自德国 18 世纪的理性法学派，并在 19 世纪德国的法律行为学说中居于支配地位。按照这一理论，意思表示的实质在于行为人的内心意思，法律行为本身不过是实现行为人意思自治的手段。因此，意思表示解释的目的仅在于发现或探求行为人的真意。在表示与意思不一致的情况下，法律行为应依据对行为人真意的解释而成立。

表示主义理论认为，意思表示的解释，重在解释行为人所表示出来的意思。表示主义理论是 19 世纪末德国民法学说争论的产物。按照这一理论，法律行为的本质不是行为人的内在意思，而是行为人表示出来的意思。因此，表示主义理论主张：对于意思表示的解释原则上采取客观性立场，在表示与意思不一致时，以外部的表示为准；对于有相对人的意思表示的解释，应以相对人足以客观了解的表示内容为准，以保护相对人的信赖利益。

折中主义理论认为当内在意思与表示出来的意思不一致时，或采意思主义，或采表示主义，以求审时度势，兼顾意思主义理论和表示主义理论的合理因素。

我国通说主张就意思表示的解释对象应采折中主义理论。即在区分意思表示类型的基础上，决定采意思主义还是表示主义。对于无须受领的意思表示，如遗嘱等，通常须采意思主义。对于需受领的意思表示，如要约、承诺等通常应采表示主义。但在表示人能够证明相对人知道或者应该知道表示人真实意愿时，也应采意思主义。考虑到意思表示既包含着行为人的自主决定，又是行为人变动与其他民事主体之间关系的重要手段，会对其他民事主体的利益产生直接或间接的影响，因此在类型化的基础上，采折中主义理论能够较好地兼顾行为人与其他民事主体的利益，应予坚持。《民法典》第142条采折中说，主张有相对人的意思表示的解释，应当按照所使用的词句、结合相关条款、行为的性质和目的、习惯以及诚信原则，确定意思表示的含义。无相对人的意思表示的解释，不能完全拘泥于所使用的词句，而应当结合相关条款、行为的性质和目的、习惯以及诚信原则，确定行为人的真实意思。

（二）意思表示解释的方法

依据《民法典》第142条的规定，我国对于意思表示进行解释的方法主要有：

1. 文义解释

意思表示是由语言文字构成的，欲确定意思表示的含义，必须先了解其所用的词句，确定词句的含义。因此，解释意思表示必须先由文义解释入手，而且其余的各种解释方法，最终都要落脚到文义解释。所谓文义解释，是指通过对意思表示所使用的文字词句的含义的解释，以探求当事人的真实意思。但考虑到语言文字大多具有多义性，而意思表示人运用语言的能力以及所具备的法律知识也各有不同，词不达意在所难免。所以在进行文义解释时，不应拘泥于当事人所使用的文字，而应探求当事人的真意。《合同编通则司法解释》第1条第1款所谓解释合同条款“应当以词句的通常含义为基础”，以及第2款“有证据证明当事人之间对合同条款有不同于词句的通常含义的其他共同理解，一方主张按照词句的通常含义理解合同条款的，人民法院不予支持”，就是确认文义解释方法的规则。

2. 体系解释

体系解释，又称整体解释，是指把意思表示的全部条款和构成部分看做一个统一的整体，从各个条款以及构成部分的相互关联、所处的地位的总体联系上阐明当事人有争议的用语的含义。体系解释得到不少国家和地区法律的认可，是被广泛采用的解释方法。这种解释方法把意思表示看作一个整体，要理解其整体的意思必须准确理解其各个部分的意思；要理解各个部分的意思，也必须将各个部分置于整体之中，使其相互协调，才可能理解各个部分的意思。《合同编通则司法解释》第1条第1款所谓解释合同条款应当“结合相关条款”，就是确认体系解释方法的规则。

3. 习惯解释

所谓习惯解释，是指意思表示所使用的文字词句有疑义时，应参照当事人的交往习惯解释。交往习惯是指某种存在于交往中的行为习惯或语言习俗，是当事人在交往活动中的惯常做法。这种习惯或习俗通常出现在某个特定的交往参与人阶层，该交往阶层的成员通常都遵守这些习惯或习俗，因此可以认为他们中间的每个人都知悉这些惯例。交往习惯也可以存在于特定当事人之间，比如合同当事人之间。如果有存在于特定当事人之间的交往习惯，则进行习惯解释时，该交往习惯优先于特定交往阶层间的习惯。运用习惯解释时，应注意以下问题：首先，习惯应当是客观存在的，主张习惯存在的当事人，负有当然的举证责任，《合同编通则司法解释》第 2 条第 2 款确认，“对于交易习惯，由提出主张的当事人一方承担举证责任”。其次，习惯必须适法，如果习惯违背法律、行政法规的强制性规定或者公序良俗，则不能作为解释的依据，《合同编通则司法解释》第 2 条第 1 款确认，《民法典》所称的“交易习惯”必须“不违反法律、行政法规的强制性规定且不违背公序良俗”。最后，习惯应当是当事人双方已经知道或者应当知道而又没有明确排斥的，《合同编通则司法解释》第 2 条第 1 款第 2 项就民法典所称的“交易习惯”就明确是“在交易行为当地或者某一领域、某一行业通常采用并为交易对方订立合同时所知道或者应当知道的做法”[①]。

4. 目的解释

所谓目的解释，是指如果意思表示所使用的文字或某个条款可能作两种解释时，应采取最适合于意思表示目的的解释。当事人为意思表示都有一定的目的，该目的是当事人真意的核心，是决定意思表示内容的指针。[②] 因此，对于意思表示的解释应符合当事人所欲达成的目的。所谓当事人所欲达成的目的是指双方当事人共同的目的或者至少是为对方当事人已知或应知的一方当事人的目的。《合同编通则司法解释》第 1 条第 1 款所谓解释合同条款应当结合“合同的性质和目的”，就是确认目的解释方法的规则。目的解释的结果可以验证文义解释、体系解释、习惯解释的结果是否正确。

5. 诚信解释

所谓诚信解释，是指对意思表示进行解释时，应遵循诚实信用原则。严格来讲，诚信解释并非意思表示的解释方法，而是进行意思表示解释时应遵循的原则。诚信解释的主要功能在于，依据诚实信用原则对于运用前述几种解释方法所得出的结论进行检验。违反诚实信用原则的解释结论，不应被采纳。《合同编通则司法解释》第 1 条第 1 款所谓解释合同条款应当结合“诚信原则”就是关于诚信解释的规定。

此外，还有历史解释方法。《合同编通则司法解释》第 1 条第 1 款所谓解释合同条款应当“参考缔约背景、磋商过程、履行行为等因素确定争议条款的含义”，就是关于历史解释方法的规定。

第五节 民事法律行为的生效条件

一、民事法律行为的生效概述

民事法律行为生效与民事法律行为具有拘束力不同。成立的民事法律行为无论是否生效，都对当事人具有拘束力，当事人不得随意变更或者解除。民事法律行为生效是指

① 苏惠祥主编：《中国当代合同法论》，261 页，长春，吉林大学出版社，1992。

② 参见杨仁寿：《法学方法论》，221 页，台北，三民书局，1989。

已经成立的民事法律行为产生当事人预期的法律效力。民事法律行为之所以能够具有当事人期待的法律效力，并非当事人自由意志之功，而是民事法律行为符合法律认可的价值取向的结果。即被法律评价为合法的民事法律行为才能够产生当事人预期的法律效果。可见，民事法律行为的效力本身介入了国家意志。如果民事法律行为不符合国家意志，该民事法律行为即不得生效。《民法典》第502条第1款规定，依法成立的合同，自成立时生效。这实际上揭示了民事法律行为具有法律效力的根源，为正确理解民事法律行为的法律效力提供了依据。

二、民事法律行为的一般生效要件

依据《民法典》第143条的规定，任何民事法律行为欲生效，皆须符合如下一般有效要件。

（一）行为人具有相应的行为能力

行为人具有相应的行为能力是对自然人提出的要求，法人和非法人组织不存在不具备相应行为能力的问题。这一有效要件在学理上又被称为有行为能力原则或主体合格原则。民事法律行为以当事人的意思表示为基本要素，自然人具有健全的理智，是作出合乎法律要求的意思表示的前提。

在我国现行民事立法中，完全行为能力人可以独立为民事法律行为。8周岁以上的未成年人作为限制民事行为能力人，可以进行与他的年龄、智力相适应的民事法律行为；不能完全辨认自己行为的精神病人作为限制民事行为能力人，可以进行与他的精神健康状况相适应的民事法律行为。判断限制行为能力人进行的民事法律行为是否与其年龄、智力、精神健康状况相适应，可以从行为与本人生活相关联的程度，本人的智力或精神状态能否理解其行为，并预见相应的行为后果，以及行为标的数额等方面认定。日常生活中的定型化行为，如利用自动售货机，利用公共交通工具，购票进入游园场所等行为，应属限制行为能力人可以独立实施的民事法律行为。其他的民事法律行为由限制行为能力人的法定代理人代理，或者征得他的法定代理人的同意。如限制行为能力人征得其法定代理人同意，可以为独立的营业行为，或支配其自由财产。《民法典》第144条确认，无民事行为能力人实施的民事法律行为无效。因此无行为能力人通常不能独立实施民事法律行为，由他的法定代理人代理进行民事法律行为。

依据《民法典》第145条第1款的规定，限制民事行为能力人为纯粹获得利益的民事法律行为，如接受奖励、无负担的赠与、报酬等，民事法律行为的效力不受影响。

具备民事行为能力的自然人在进行民事法律行为时，欠缺必要意思能力的，也会影响民事法律行为的效力。我国民事司法实践一向认可，间歇性精神病人即使未受无民事行为能力或限制民事行为能力的宣告，其进行的民事法律行为，确能证明是在发病期间实施的，应当认定无效；行为人在神志不清的状态下所实施的民事法律行为，应当认定无效。

（二）当事人的意思表示真实

意思表示真实，包括两个方面的含义：一是指行为人的内心意思与外部的表示行为相一致的状态。二是指当事人是在意志自由的前提下，进行意思表示的状态。与此相对应，行为人意思表示不真实，即意思表示有瑕疵包括两种情形：第一，意思与表示不一致，即行为人的内心意思与外部的表示行为不一致。第二，行为人意思表示不自由。将意思表示真实作为民事法律行为的有效要件，是为了贯彻私法自治原则，保证行为人事实上决定自由的实现。

1. 行为人意思与表示不一致

（1）真意保留

真意保留又称心意保留、单独虚伪表示，属有瑕疵的意思表示，指行为人故意隐瞒其真意，而表示其他意思的意思表示。在现实生活中，真意保留较为罕见，我国现行民事立法未就真意保留对民事法律行为效力的影响专设条文，学界通说认为，基于真意保留所为的民事法律行为，效力不因此受到影响。但该真意保留为相对人明知时，民事法律行为应不生效力。

（2）戏谑表示

戏谑表示又称缺乏真意的表示，指行为人作出的意思表示并非出于真意，并且期待对方会立即了解其表示并非出自真意。与真意保留不同，戏谑表示中“缺乏真意的表意人并不想以他所不具备的法律行为意思一劳永逸地欺骗受领人；而只是想暂时地，如为了开玩笑，或为了让对方吃一惊，或使人陷入窘境，使对方获得他想发出真实的意思表示的印象”①。我国现行民事立法未就戏谑表示对民事法律行为效力的影响专设条文，学界通说认为，该民事法律行为应不生效力。意思表示的相对人非因过错未了解其为戏谑表示的，行为人应赔偿相对人信赖利益的损失，但赔偿数额不得超过相对人于民事法律行为有效时可以获得利益的范围。

（3）虚伪表示

虚伪表示又称伪装表示，指行为人与相对人通谋而为虚假的意思表示，实际上并不期待民事法律行为产生效力。隐藏行为也属虚伪表示的一种。隐藏行为指行为人将其真意隐藏在虚假的意思表示中。《民法典》第 146 条第 1 款确认，行为人与相对人以虚假的意思表示实施的民事法律行为无效。第 2 款确认，以虚假的意思表示隐藏的民事法律行为的效力，依照有关法律规定处理。学界通说主张基于隐藏行为所为的民事法律行为，隐藏真意的虚假意思表示应不生效力，至于被隐藏的真实意思表示，则应依据关于该意思表示的规定来具体判断。

（4）错误

错误指行为人由于认识错误或欠缺对错误的认识，致使意思与表示不一致。所谓认识错误，又称内容错误，是指行为人错误地认识了其所使用的表达方式的意义。即行为人以为他使用的表达方式具有这样的意义，但相对人对该表达方式的意义作出了另一种

---

① ［德］卡尔·拉伦茨：《德国民法通论》（下册），王晓晔等译，496 页，北京，法律出版社，2003。

理解且其能够合理作出这种理解。所谓欠缺对错误的认识，又称表达错误，是指行为人对内在意思的表达存在错误，即在表示行为中发生的错误，如使用的语词或符号发生了错误或有计算上的错误等。

在传统民法中，严格区分错误和误解及其对法律行为效力的影响。前者指行为人非故意的意思与表示不一致，属于有瑕疵的意思表示，法律行为通常为可撤销行为。后者指相对人对于他人的意思表示产生了错误的理解。在单方法律行为中，受领意思表示的相对人存在误解的，不影响法律行为的效力。在双方法律行为中，受领意思表示的相对人存在误解的，则双方当事人之间不存在一致的意思表示，法律行为不成立。我国现行民事立法中关于重大误解的规定，如《民法典》第147条的规定，在审判实践中发挥相当于传统民法中错误的作用。

行为人在意志形成阶段对行为的性质、对方当事人、标的物的品种、质量、规格等产生错误判断，并基于此错误判断为意思表示，并非前述内容错误或表示错误，而是属于所谓的动机错误。动机错误影响的是行为人的决策，在通常情形下不影响民事法律行为的效力。但动机错误在例外的情况下可以被视为内容错误。《总则编司法解释》第19条确认，“行为人对行为的性质、对方当事人或者标的物的品种、质量、规格、价格、数量等产生错误认识，按照通常理解如果不发生该错误认识行为人就不会作出相应意思表示的，人民法院可以认定为民法典第一百四十七条规定的重大误解。”

（5）误传

误传指因传达人或传达机关的错误导致行为人意思与表示不一致。《总则编司法解释》第20条确认，行为人以其意思表示存在第三人转达错误为由请求撤销民事法律行为的，适用重大误解的规定。我国民事司法实践一向认可，意思表示由第三人义务转达，而第三人由于过失转达错误或者没有转达，使他人造成损失的，一般可由意思表示人负赔偿责任。但法律另有规定或者双方另有约定的除外。可见，在行为人撤销民事法律行为的同时，应承担赔偿意思表示相对人信赖利益损失的责任。赔偿数额不得超过相对人于民事法律行为有效时所受利益的范围。

2. 意思表示不自由

（1）欺诈

所谓欺诈是指故意告知对方虚假情况，或者故意隐瞒真实情况，诱使对方基于错误判断作出意思表示。其中所谓故意，是指行为人实施欺诈行为的目的就在于使对方产生或加重动机错误。所谓故意隐瞒真实情况，当以行为人存在有说明义务为前提，若行为人故意未进行必要的说明，导致对方产生或加重动机错误，即构成欺诈。如依据《民法典》第500条第2项，行为人在订立合同过程中应当遵循诚实信用原则，就与订立合同有关的重要事实履行说明义务。如果行为人不存在说明义务，自然没有故意隐瞒真实情况的问题。行为人故意告知的虚假情况或者故意隐瞒的真实情况，可能是涉及行为的性质，也可能是涉及标的物的价值等，只要是使对方产生错误判断，并基于此错误判断进行了意思表示的，都属此类。行为人实施欺诈行为须导致对方基于错误的判断作出了意思表示。如果对方未陷入错误或作出的错误判断与欺诈行为无关，则不得适用民法有关欺诈的相关规定。欺诈可以由民事法律行为的一方当事人实施，也可以由第三人实施。

我国民事司法实践一向认可，一方当事人故意告知对方虚假情况，或者故意隐瞒真实情况，诱使对方当事人作出错误意思表示的，可以认定为欺诈行为。法释（2022）6号第21条即秉此立场。但需要指出的是，欺诈的后果是导致被欺诈方基于错误的判断作出意思表示，即欺诈方的欺诈行为影响到了行为人的决策，使行为人产生动机错误或加重了行为人的动机错误，通常并非导致行为人作出错误的意思表示。即使行为人由于被欺诈而产生或加重的动机错误，依据前述对于错误的介绍，可以认定为错误的，仍应适用民法关于欺诈的相关规定，而非关于错误的相关规定。在这种意义上，民法关于欺诈的相关规定属于关于错误相关规定的特别规则。

（2）胁迫

所谓胁迫是指以给自然人及其亲友的生命健康、荣誉、名誉、财产等造成损害或者以给法人、其他组织的名誉、荣誉、财产等造成损害为要挟，迫使对方作出违背真意的意思表示。我国民事司法实践一向认可，以给自然人及其近亲属的人身权利、财产权利以及其他合法权益造成损害或者以给法人、非法人组织的荣誉、名誉、财产权益等造成损害为要挟，迫使对方基于恐惧心理作出违背真实的意思表示的，可以认定为胁迫行为。法释（2022）6号即秉此立场。关于胁迫须注意：第一，胁迫行为必须是非法的。胁迫行为给对方施加了一种强制和威胁，这种强制和威胁必须是非法的。如果一方有合法的根据对另一方施加某种压力，则不构成胁迫。如合同订立以后，一方拒不履行合同义务，另一方以将要提起诉讼等合法手段向对方施加压力，要求其履行合同，就不构成胁迫。第二，胁迫人声称要造成的损害必须是被胁迫人可以相信将要发生的情况，并足以使被胁迫人感到恐怖、害怕。如果胁迫人声称将要造成损害的威胁是毫无根据、根本不可能发生的，被胁迫人根本不会相信，也就不会使被胁迫人感到恐怖，从而不构成胁迫。第三，胁迫行为可以由民事法律行为的当事人作出，也可以由第三人作出。第四，被胁迫人作出的违背真意的意思表示须符合胁迫人的意愿。被胁迫人作出的意思表示尽管违背其意愿，但并不符合胁迫人的意愿，不适用民法关于胁迫的相关规定。

当事人被胁迫作出的意思表示，属于意思表示不自由，民事法律行为的效力会受到影响。这是保护当事人事实上决定自由的需要。

（3）利用对方处于危困状态、缺乏判断能力等

一方利用对方处于危困状态、缺乏判断能力等，致使对方作出违背真意的意思表示，也属于意思表示不自由的一种具体类型。其中一方利用对方处于危困状态，就是乘人之危。乘人之危是指行为人利用对方当事人的急迫需要或危难处境，迫使其作出违背真意的意思表示。我国民事司法实践一向认可，一方当事人乘对方处于危难之机，为牟取不正当利益，迫使对方作出不真实的意思表示，严重损害对方利益的，可以认定为乘人之危。乘人之危导致对方当事人意思表示不自由，必须以利用对方当事人的急迫需要或危难处境为前提，而且要求对方当事人基于此被迫作出违背真意的意思表示。即乘人之危的一方对相对方急迫需要或危难处境的利用应存在违背诚实信用的情形。如果对方当事人为摆脱急迫需要或危难处境，自愿为特定意思表示的，即使该意思表示的内容违背其通常的意愿，也不得主张乘人之危。就缺乏判断能力，《合同编通则司法解释》第11条确认，“当事人一方是自然人，根据该当事人的年龄、智力、知识、经验

并结合交易的复杂程度，能够认定其对合同的性质、合同订立的法律后果或者交易中存在的特定风险缺乏应有的认知能力的，人民法院可以认定该情形构成民法典第一百五十一条规定的‘缺乏判断能力’”。被别人利用危困状态或者缺乏判断力作出的意思表示，属于意思表示不自由，民事法律行为的效力会受到影响。这也是保护当事人事实上决定自由的需要。

（三）不违反法律或行政法规的强制性规定，不违背公序良俗

民事法律行为欲生效，即不得违反法律或行政法规的强制性规定，不得违背公序良俗。《民法典》第143条第3项规定，民事法律行为不得违反法律、行政法规的强制性规定。其中所谓法律、行政法规是指全国人民代表大会及其常务委员会通过，由国家主席签发的立法文件；以及以国务院令的形式颁布，由国务院总理签发的立法文件，即仅限于我国《立法法》规定的法律和行政法规。

作为民事法律行为的生效要件，所谓不违反法律或行政法规，并非指民事法律行为必须符合法律或行政法规的所有规定，而是指民事法律行为不存在违反与其效力相关的法律或行政法规的规定。与民事法律行为效力相关的规定，主要是指禁止当事人采用特定行为模式的强制性规定，更准确地讲，是指效力性强制性规定。

法律和行政法规设置强制性规定，意在维护国家利益和社会公共利益。要求民事法律行为不得违反法律和行政法规的强制性规定，意在避免民事法律行为损害国家利益和社会公共利益。但社会生活类型众多，经济往来方式繁杂，法律和行政法规的强制性规定不可能将一切有可能损害国家利益或社会公共利益的情况都罗列无遗。如果民事法律行为存在有其他损害国家利益或社会公共利益情形的，也应归于无效，这就是《民法典》第143条第3项所谓“不违背公序良俗”的含义。

在民法典编纂的过程中，就是否应当继续规定民事法律行为的一般生效条件，存在争议。有观点主张，我国未来民事立法就民事法律行为效力应采“负面清单式”立法技术，即无须正面列举民事法律行为的一般生效条件①，而只需详尽规定民事法律行为效力存在欠缺的情形。当事人所为民事法律行为，只要不存在效力存在欠缺的情形，该民事法律行为即生效。

本书认同这一观点。理由在于：第一，正面列举民事法律行为一般生效条件，就生效民事法律行为的判断而言，存在未尽周延之处。因为没有满足前述民事法律行为的一般生效条件，并不能够就得出民事法律行为一定不能生效的结论。以前文提及的真意保留为例，学界通说认为，基于真意保留所为的民事法律行为，效力不因意思表示不真实受到影响。仅在该真意保留为相对人明知时，民事法律行为方不生效力。第二，正面列举民事法律行为一般生效条件，就生效民事法律行为的判断而言，还存在不够准确之处。因为满足了前述民事法律行为的一般生效条件，民事法律行为也未必生效。例如民事法律行为虽然没有违反法律、行政法规效力性的强制性规定，也没有违背公序良俗，但损

① 2002年9月16—25日，全国人大常委会法制工作委员会在京召开民法典草案专家讨论会，根据执笔人当时的记录，中国社会科学院法学研究所张广兴研究员在会上阐述了这一观点。

害了特定第三人应受法律保护的合法权益，该民事法律行为应属相对该特定第三人无效的民事法律行为，并非无瑕疵的、生效的民事法律行为。第三，正面列举民事法律行为的一般生效条件，将行为人具有相应的民事行为能力作为民事法律行为一般生效条件的第一项，未免失之过宽。因为该项条件仅是对自然人，而非是对所有类型民事主体提出的要求。[①] 就法人和非法人组织而言，不应存在实施法律行为，不具备相应民事行为能力的问题。因为法人或者非法人组织实施了法律或者行政法规禁止或者限制实施的民事法律行为，不能认为法人或者非法人组织此时不具备相应的民事行为能力，而是应当根据法律或者行政法规禁止或者限制规定的规范目的，去妥当判断民事法律行为的效力。至于法人或者非法人组织超越目的范围实施民事法律行为，则应区别而论：行使国家公权力的法人或者非法人组织，超越目的范围，属于没有权利能力的问题。依据民商法设立的法人或者非法人组织，超越目的范围，属于超越法定代表人或者负责人代表权的问题，也与民事行为能力无关。可见，行为人具有相应的民事行为能力，作为民事法律行为的一般生效要件，仅仅只是对自然人提出的要求，设置为一般规则，失之过宽。第四，正面列举民事法律行为的一般生效条件，就以往的实践来看，可能产生误导作用。以往我国民商事审判实践以及仲裁实践中，不乏裁判者遇到纠纷，即将当事人所为民事法律行为与一般生效条件逐项对照审查，凡有对照不上的，无论是否存在法律明确规定的效力存在欠缺的情形，一律认定无效。这一做法，既浪费了有限的司法资源，又不利于贯彻意思自治的基本原则。因而，《民法典》正面规定民事法律行为的一般生效条件，尚有商讨余地。

就立法技术而言，如果不再规定民事法律行为的一般生效条件，可以采用的替代方法是：第一，民事主体实施民事法律行为需要具备相应的民事行为能力，既然仅是对自然人的要求，就可以在自然人民事行为能力部分，详细规定民事行为能力欠缺对民事法律行为效力的影响，或者将自然人民事行为能力制度一并在民事法律行为效力制度中作出规定。第二，设置意思表示不真实影响民事法律行为效力发生的一般规则，然后再设置真意保留虽属意思表示不真实，通常也不影响民事法律行为效力发生的例外规则，同时将意思表示不真实的各种情形，如非诚意表示、虚伪表示、错误、欺诈、胁迫等，根据典型生活形态予以最大程度的类型化，并规定对应的效力形态。第三，民事法律行为不得违反法律、行政法规效力性的强制性规定，不得存在其他损害公共利益的情形，是根据认定民事法律行为绝对无效的规则推导出来的，无须再做重复的规定。

采用“负面清单式”的立法技术，仅在当事人所为民事法律行为，存在法律明文规定的效力有欠缺的情形，才能认定民事法律行为效力存在欠缺，这不但有助于减轻裁判者的思考负担，也有利于避免不当否认民事法律行为的效力。

三、民事法律行为的特别生效条件

一般情况下，民事法律行为具备一般生效条件，即产生法律效力。但在特殊情况下，

---

① 参见崔建远主编：《合同法》，5版，97～98页，北京，法律出版社，2010。

基于法律、行政法规的规定或者基于当事人的约定，民事法律行为除具备一般生效条件外，还须具备特别生效条件，才能产生完全的法律效力。如《民法典》第502条第2款第1句规定，依照法律、行政法规规定，合同应当办理批准等手续的，依照其规定。这里的批准等手续即民事法律行为的特别生效要件。就批准等作为民事法律行为的法定特别生效条件而言，依据《民法典》第502条第2款第2、3句的规定，“未办理批准等手续影响合同生效的，不影响合同中履行报批等义务条款以及相关条款的效力。应当办理申请批准等手续的当事人未履行义务的，对方可以请求其承担违反该义务的责任。”《合同编通则司法解释》第12条第1款确认，“合同依法成立后，负有报批义务的当事人不履行报批义务或者履行报批义务不符合合同的约定或者法律、行政法规的规定，对方请求其继续履行报批义务的，人民法院应予支持；对方主张解除合同并请求其承担违反报批义务的赔偿责任的，人民法院应予支持。”可见，合同中当事人履行报批义务条款及因该报批义务而设定的相关条款得自依法成立时生效，其他条款则自办理批准手续之日起生效，此类合同属于尚未完全生效的合同，属于一种独立的合同行为效力类型。[①] 再如我国民事司法实践认可，凡是依法或者依双方的约定必须由本人亲自实施的民事行为，本人未亲自实施的，应当认定行为无效。可见，本人亲自实施民事法律行为也得基于法律的规定或当事人的约定，成为民事法律行为的生效要件。

第六节 效力存在欠缺的民事法律行为

一、绝对无效的民事法律行为

（一）绝对无效民事法律行为的概念

绝对无效的民事法律行为，是指已经成立的民事法律行为，严重欠缺民事法律行为的生效条件，因而自始、绝对、确定、当然、永久不按照行为人设立、变更和终止民事法律关系的意思表示发生法律效力的民事法律行为。

（二）无效民事法律行为的分类

1. 违反法律、行政法规强制性规定的民事法律行为

《民法典》第153条第1款确认，违反法律、行政法规的强制性规定的民事法律行为无效，但是该强制性规定不导致该民事法律行为无效的除外。

法律、行政法规的规定，不少仅是事实行为违反的对象，不会成为民事法律行为违反的对象，此类规定，可以称之为简单规范，无须依据《民法典》第153条第1款作是否为强制性规定的类型区分。一旦出现当事人约定排除此类规定适用的情形，应首先考察是否存在法律、行政法规禁止作出此类约定的强制性规定，如果存在，此类约定因违

① 参见王轶：《合同效力认定的若干问题》，载《国家检察官学院学报》，2010（5）。

反法律、行政法规的强制性规定而无效；如果不存在，还要进一步考察此类约定是否存在其他损害公共利益，因而应当无效的情形。否则，不应否认此类约定的效力。法律、行政法规中能够被民事法律行为违反的规定，可以称之为复杂规范，需要做是否强制性规定的类型区分。复杂规范中，涉及国家利益、社会公共利益等公共利益的确认、保障和维护的法律规定，为强制性规定。

依据作用和功能的不同，强制性规定可以区分为要求当事人必须采用特定行为模式的强制性规定，以及禁止当事人采用特定行为模式的强制性规定。违反要求当事人必须采用特定行为模式的强制性规定，也就是没有遵循此类强制性规定的要求采用特定的行为模式，典型的例子是没有遵循法律、行政法规的规定办理相应的批准手续，民事法律行为的法定特别生效条件就不具备，此时民事法律行为并非绝对无效，这是《民法典》第 153 条第 1 款后段“但是该强制性规定不导致该民事法律行为无效的除外”的第一种具体类型。

禁止当事人采用特定行为模式的强制性规定，依据其规范目的的不同，学说将其进一步区分为管理性的强制性规定与效力性的强制性规定。其中管理性的强制性规定以实现特定管理秩序的维护为规范目的，不以否认民事法律行为的效力为规范目的，违反此类强制性规定，当事人要承受行政法乃至刑法上的不利法律后果，民事法律行为并非绝对无效，这就是《民法典》第 153 条第 1 款后段“但是该强制性规定不导致该民事法律行为无效的除外”的第二种具体类型。《合同编通则司法解释》第 16 条第 1 款确认，“合同违反法律、行政法规的强制性规定，有下列情形之一，由行为人承担行政责任或者刑事责任能够实现强制性规定的立法目的的，人民法院可以依据民法典第一百五十三条第一款关于‘该强制性规定不导致该民事法律行为无效的除外’的规定认定该合同不因违反强制性规定无效：（一）强制性规定虽然旨在维护社会公共秩序，但是合同的实际履行对社会公共秩序造成的影响显著轻微，认定合同无效将导致案件处理结果有失公平公正；（二）强制性规定旨在维护政府的税收、土地出让金等国家利益或者其他民事主体的合法利益而非合同当事人的民事权益，认定合同有效不会影响该规范目的的实现；（三）强制性规定旨在要求当事人一方加强风险控制、内部管理等，对方无能力或者无义务审查合同是否违反强制性规定，认定合同无效将使其承担不利后果；（四）当事人一方虽然在订立合同时违反强制性规定，但是在合同订立后其已经具备补正违反强制性规定的条件却违背诚实信用原则不予补正；（五）法律、司法解释规定的其他情形。”违反管理性强制性规定不导致民事法律行为无效，不意味着就放纵了当事人违反管理性强制性规定的行为，当事人应依法承担行政责任或者刑事责任。《合同编通则司法解释》第 16 条第 3 款进一步确认，“当事人的违法行为未经处理的，人民法院应当向有关行政管理部门提出司法建议。当事人的行为涉嫌犯罪的，应当将案件线索移送刑事侦查机关；属于刑事自诉案件的，应当告知当事人可以向有管辖权的人民法院另行提起诉讼。”效力性的强制性规定，以否认民事法律行为的效力，从而禁绝此类民事法律行为的发生为规范目的，违反效力性的强制性规定，民事法律行为绝对无效。《民法典》第 153 条第 1 款前段“违反法律、行政法规的强制性规定的民事法律行为无效”，指的就是这种情形。

《民法通则》第 58 条第 1 款第 6 项规定，以合法形式掩盖非法目的的民事行为绝对无效。《合同法》第 52 条第 3 项规定，以合法形式掩盖非法目的的合同绝对无效。前引两项规定中所谓“非法目的”中的“法”也应限定为法律或行政法规的效力性强制性规定，因此，以合法形式掩盖非法目的的民事法律行为，就是《民法典》第 153 条第 1 款前段“违反法律、行政法规的强制性规定的民事法律行为无效”的具体类型，无须单设规定。

法律、行政法规的强制性规定，并不限于民事法律或民事法规中的强制性规定，而是包括所有法律、所有行政法规中的强制性规定。在这种意义上，《民法典》第 153 条第 1 款的规定属于所谓的“引致规范”，将其他法律或行政法规中的强制性规定引入民事法律行为的效力判断中来。

2. 违背公序良俗的民事法律行为

《民法典》第 153 条第 2 款确认，违背公序良俗的民事法律行为无效。该款的含义是，民事法律行为虽然没有违反法律、行政法规的效力性强制性规定，但是存在着其他损害国家利益、社会公共利益等公共利益的情形，民事法律行为也可能绝对无效。《合同编通则司法解释》第 17 条第 1 款确认，“合同虽然不违反法律、行政法规的强制性规定，但是有下列情形之一，人民法院应当依据民法典第一百五十三条第二款的规定认定合同无效：（一）合同影响政治安全、经济安全、军事安全等国家安全的；（二）合同影响社会稳定、公平竞争秩序或者社会公共利益等违背社会公共秩序的；（三）合同背离社会公德、家庭伦理或者有损人格尊严等违背善良风俗的。”第 2 款确认，“人民法院在认定合同是否违背公序良俗时，应当以社会主义核心价值观为导向，综合考虑当事人的主观动机和交易目的、政府部门的监管强度、一定期限内当事人从事类似交易的频次、行为的社会后果等因素，并在裁判文书中充分说理。当事人确因生活需要进行交易，未给社会公共秩序造成重大影响，且不影响国家安全，也不违背善良风俗的，人民法院不应当认定合同无效。”

（三）绝对无效民事法律行为的效力

《民法典》第 155 条确认，无效的民事法律行为自始没有法律约束力。绝对无效的民事法律行为自民事法律行为成立之时起，当然、确定、绝对、永久不能生效，不存在成为生效民事法律行为的可能。在这一点上，绝对无效的民事法律行为与生效条件不齐备的民事法律行为不同。尽管生效条件不齐备的民事法律行为也不能生效，但一旦生效条件齐备，即可生效。

绝对无效的民事法律行为通常都损害了或有可能损害国家利益或社会公共利益。在这一点上，绝对无效的民事法律行为与可撤销的民事法律行为以及效力未定的民事法律行为不同。

由于绝对无效的民事法律行为自成立之时起当然无效，且通常事关国家利益以及社会公共利益的保护，因而法院或者仲裁机构可以在处理民事纠纷的过程中，依职权主动认定民事法律行为绝对无效。诉请法院认定民事法律行为绝对无效，应当属于公益诉讼的一种。一旦民事法律行为被认定为绝对无效，该民事法律行为对于任何人都属无效。在这三个方面，绝对无效的民事法律行为与相对特定第三人无效的民事法律行为不同。

表现在：首先，相对特定第三人无效的民事法律行为，仅在特定第三人主张民事法律行为无效时，法院或者仲裁机构才可依职权去审查民事法律行为的效力，而不得依职权直接确认民事法律行为无效。其次，相对特定第三人无效的民事法律行为，只有该特定第三人可以主张民事法律行为无效，其他民事主体不得主张。最后，相对特定第三人无效的民事法律行为，仅在其与特定第三人的关系上，归于无效。

（四）民事法律行为的部分无效

《民法典》第 156 条规定，民事法律行为部分无效，不影响其他部分效力的，其他部分仍然有效。由此可见，如果民事法律行为表面上是一个行为，实质上由若干部分组成，或在内容上可以分为若干部分，即有效部分和无效部分可以独立存在，一部分无效并不影响另一部分的效力，那么无效部分被确认无效后，有效部分继续有效。但是，如果无效部分与有效部分有牵连关系，确认部分内容无效将影响有效部分的效力，或者从行为的性质、目的、交易的习惯以及强制性规定的目的，民事法律行为部分有效违背当事人的意愿、对于当事人已无意义或无法实现强制性规定目的的，民事法律行为应被确认为全部无效。

二、可撤销的民事法律行为

（一）可撤销的民事法律行为的概念

可撤销的民事法律行为，是指民事法律行为虽已成立并生效，但因意思表示不真实，可以因行为人撤销权的行使，使其自始不发生效力的民事法律行为。可撤销的民事法律行为在被撤销前，已发生效力，明显不同于绝对无效的民事法律行为。

（二）可撤销的民事法律行为的种类

1. 基于重大误解实施的民事法律行为

《民法典》第 147 条规定，基于重大误解实施的民事法律行为，行为人有权请求人民法院或者仲裁机构予以撤销。这里所谓重大误解，依我国学界通说以及审判实践中的做法，等同于传统民法中的错误。重大误解要求行为人是对民事法律行为的重要事项，如对标的物的品种、质量、规格、数量等存在错误认识或未认识到自己的错误，从而严重背离了自己的真实意愿。

并非所有存在重大误解的情况都会影响民事法律行为的效力。如果表示人作出了错误的意思表示，受领人却是在表示人真实意愿的基础上作出了回应，从而使双方在表示人真实意愿的基础上形成了一致的意思表示，则民事法律行为不因重大误解成为可撤销的民事行为。

2. 一方利用对方处于危困状态、缺乏判断能力等情形，致使成立时显失公平的民事法律行为

民事法律行为成立时显失公平，必须是出于非自愿的原因，实施民事法律行为的结果对一方当事人过分有利，对他方当事人过分不利。显失公平一方面着眼于实施民事法律行为的结果，要求当事人之间的利益关系在民事法律行为成立时明显失衡。另一方面，显失公平要求当事人之间的利益关系严重失衡并非当事人自愿的结果，而是由于一方当事人利用对方处于危困状态、缺乏判断能力等情形。

《民法典》第 151 条规定，一方利用对方处于危困状态、缺乏判断能力等情形，致使民事法律行为成立时显失公平的，受损害方有权请求人民法院或者仲裁机关予以撤销。

3. 因一方或者第三人的欺诈、胁迫，当事人在违背真实意思的情况下实施的民事法律行为

《民法典》第 148 条确认，一方以欺诈手段，使对方在违背真实意思的情况下实施的民事法律行为，受欺诈方有权请求人民法院或者仲裁机构予以撤销。第 149 条确认，第三人实施欺诈行为，使一方在违背真实意思的情况下实施的民事法律行为，对方知道或者应当知道该欺诈行为的，受欺诈方有权请求人民法院或者仲裁机构予以撤销。第 150 条确认，一方或者第三人以胁迫手段，使对方在违背真实意思的情况下实施的民事法律行为，受胁迫方有权请求人民法院或者仲裁机构予以撤销。

因一方或者第三人的欺诈、胁迫，致使当事人违背真实意思为民事法律行为，属于意思表示不自由，民事法律行为的效力因此受到影响，为可撤销的民事法律行为。这是保护当事人事实上决定自由的需要，至于受欺诈方、受胁迫方是否因此遭受财产损害，在所不问。

（三）撤销权

撤销权是享有撤销权的当事人，能通过自己单方面的意思表示使民事法律行为的效力归于消灭的权利。撤销权为形成权。可撤销的民事法律行为不存在对国家利益或社会公共利益的危害，公权力无须直接干预其效力，因而赋予当事人撤销权，意在贯彻私法自治原则，因此可撤销民事法律行为效力的消灭，必须有行使撤销权的行为，仅有可撤销事由而无行使撤销权的行为，民事法律行为的效力不受影响。

享有撤销权的人包括：因产生重大误解，致自身利益遭受较大损失的行为人；因非自愿的原因导致行为人之间的利益关系严重失衡，处于过分不利地位的行为人；被欺诈、胁迫的行为人。撤销权人行使权利的意思表示，须向法院或仲裁机关作出，而非向相对人作出。因此撤销权的现实实现，必须借助于法院或仲裁机关的裁断。若法院或仲裁机关承认撤销权人的撤销权，则依据《民法典》第 155 条“被撤销的民事法律行为自始没有法律约束力”的规定，民事法律行为的效力溯及于其成立之时消灭。

《民法典》第 152 条第 1 款第 1 项规定，当事人自知道或者应当知道撤销事由之日起一年内、重大误解的当事人自知道或者应当知道撤销事由之日起 90 日内没有行使撤销权，撤销权消灭；第 2 项规定，当事人受胁迫，自胁迫行为终止之日起 1 年内没有行使撤销权，撤销权消灭。该 1 年期限和 90 日的期限，为除斥期间。依据《民法典》第 152 条第 1 款第 3 项的规定，具有撤销权的当事人知道撤销事由后明确表示或者以自己的行为表明放弃撤销权的，撤销权消灭。所谓以行为表明放弃撤销权，如在知道撤销事由以后，仍然自愿向对方作出履行或要求对方继续履行，或在法院起诉要求对方实际履行或者请求对方承担违约责任等，都表明其已经放弃了撤销权。另依据《民法典》第 152 条第 2 款的规定，当事人自民事法律行为发生之日起 5 年内没有行使撤销权的，撤销权也消灭。撤销权一旦消灭，民事法律行为即成为确定有效的民事法律行为。

撤销权人行使撤销权撤销民事法律行为，与享有解除权的人行使解除权解除合同一样，都会导致民事法律行为的效力终止，但两者存有明显区别：第一，适用范围不同。撤销权既可以针对单方民事法律行为，也可以针对多方民事法律行为等；解除权主要针对双方民事法律行为。第二，产生条件不同。存在有当事人意思表示不真实的民事法律行为，是撤销权产生的必要条件；而解除权则无此前提，只有法律规定的条件成就（如对方根本违约等），或者当事人事先约定的条件具备，方可产生。第三，行使权利产生的法律效果不同。撤销权的行使具有溯及效力，该权利行使后，民事法律行为通常自成立之时起不发生效力；解除权的行使可以有溯及效力，也可以无溯及效力。如《民法典》第 566 条第 1 款规定，合同解除后，尚未履行的，终止履行；已经履行的，根据履行情况和合同性质，当事人可以要求恢复原状。

（四）撤销权与变更权

依《民法通则》第 59 条以及《合同法》第 54 条的规定，可撤销的民事行为同时也是可变更的民事行为。这就是说，对此类民事行为，撤销权人有权请求予以撤销，也可以不要求撤销而仅要求变更民事行为的内容。所谓变更，是指要求改变民事行为的某些内容，如适当调整民事行为的价格条件，适当减轻一方承担的义务等。通过变更可以使当事人之间的权利、义务趋于公平合理，并使其符合当事人的意愿。这种请求变更民事行为的权利即变更权，也属一种形成权，应向人民法院或者仲裁机构主张。当事人行使变更权的，其撤销权消灭，民事行为确定生效。变更权的规定，使权利人取得了调整当事人间利益关系的可能，符合鼓励交易的原则，并缓和了撤销权的僵硬，无疑为妥当的制度设计。因此《合同法》第 54 条第 3 款规定，当事人请求变更的，人民法院或仲裁机构不得撤销。这一规定尊重当事人的意愿，妥当贯彻了私法自治原则。《民法典》未在类似情形下设置变更权，是否妥当，有待进一步讨论。

三、效力待定的民事法律行为

（一）效力待定的民事法律行为的概念

效力待定的民事法律行为，又称效力未定的民事法律行为，是指民事法律行为虽已成立，但是否生效尚不确定，只有经由特定当事人的行为，才能确定生效或不生效的民事法律行为。效力待定的民事法律行为，既存在转变为确定不生效民事法律行为的可能，也存在转变为确定有效民事法律行为的可能。效力待定的民事法律行为并不存在对国家利益或社会公共利益的危害，因此没有发动公权力对民事法律行为的效力进行干预的必要。允许经由特定当事人的行为最终确定民事法律行为的效力，是贯彻私法自治原则的需要。

（二）效力待定的民事法律行为的类型

1. 限制民事行为能力人所实施的依法不能独立实施的民事法律行为

限制民事行为能力人可以实施纯获利益的民事法律行为，可以实施与其年龄、智力、精神健康状况相适应的民事法律行为，这些民事法律行为，都属于限制民事行为能力人依法可以独立实施的民事法律行为，民事法律行为的效力不因自然人为限制民事行为能力人而受影响。但依据《民法典》第 145 条第 1 款后段，限制民事行为能力人实施的其他民事法律行为经法定代理人同意或者追认后有效。这些民事法律行为，事先经法定代理人同意的，效力不因自然人为限制民事行为能力人而受影响；未经法定代理人事先同意的，属于效力未定的民事法律行为。

此类效力未定的民事法律行为，其效力得经由如下途径最终确定。

（1）法定代理人及时追认的，民事法律行为确定有效。法定代理人未及时追认的，民事法律行为确定不发生效力。

《民法典》第 145 条第 2 款第 1、2 句确认，相对人可以催告法定代理人自收到通知之日起一个月内予以追认。在此期限内法定代理人未作表示的，视为拒绝追认，民事法律行为确定不发生效力。

（2）善意相对人在法定代理人追认前行使撤销权，撤销其生效意思表示的，民事法律行为确定不发生效力。

《民法典》第 145 条第 2 款第 3 句确认，民事法律行为被法定代理人追认之前，善意相对人有撤销的权利。这里所谓善意相对人，是指不知道也不应该知道对方为限制民事行为能力人的相对人。所谓有撤销的权利，是指善意相对人可以撤销其向限制民事行为能力人作出的意思表示。善意相对人行使撤销权应在法定代理人追认之前，并应以通知的方式作出。善意相对人行使撤销权的行为属于单方民事法律行为，其撤销权的行使导致民事法律行为确定不发生效力。

2. 无权处分行为

无权处分行为是指当事人在对财产（包括物和权利）没有处分权能的情况下，实施了以引起财产权利变动为目的的民事法律行为。本章第二节在介绍民事法律行为的类型区分时曾提及，我国现行民事立法没有像德国民法典一样区分负担行为和处分行为，因此我国现行民事立法中无权处分行为的含义与德国民法典的存有差异。如出卖他人之物的买卖合同在德国民法典中属于负担行为，并非无权处分行为，但在我国现行民事立法中属于典型的无权处分行为。

我国《合同法》第 51 条曾规定，“无处分权的人处分他人财产，经权利人追认或者无处分权的人订立合同后取得处分权的，该合同有效。”该条将无权处分合同认定为效力待定的合同，这一规定的妥当性，备受学说和司法的质疑与挑战。在不认可负担行为和处分行为区分的背景下，出卖他人之物的买卖合同是无权处分合同的典型形态。《最高人民法院关于审理买卖合同纠纷案件适用法律问题的解释》第 3 条规定，“当事人一方以出卖人在缔约时对标的物没有所有权或者处分权为由主张合同无效的，人民法院不予支持。”“出卖人因未取得所有权或者处分权致使标的物所有权不能转移，买受人要求出卖人承担违约责任或者要求解除合同并主张损害赔偿的，人民法院应予支持。”该条将出卖他人之物的买卖合同认定为生效合同。《民法典》第 597 条第 1 款坚持了这一做法，《合同编通则司法解释》第 19 条采相同态度，该条第 1 款确认：“以转让或者设定财产权利为目的订立的合同，当事人或者真正权利人仅以让与人在订立合同时对标的物没有所有权或者处分权为由主张合同无效的，人民法院不予支持；因未取得真正权利人事后同意或者让与人事后未取得处分权导致合同不能履行，受让人主张解除合同并请求让与人承担违反合同的赔偿责任的，人民法院依法予以支持。”随之也出现了主张认可负担行为与处分行为区分的呼声。

对负担行为与处分行为的区分问题，民法学界争讼已久。立法机关态度坚定，在多次立法研讨会上，明确予以否定。[①] 裁判者则态度不一，否定者有之，肯定者也不乏其人。其实，即使不认可负担行为与处分行为的区分，无权处分合同也可认定为生效的合同行为。在债权形式主义的物权变动模式、债权意思主义的物权变动模式以及混合主义的物权变动模式之下，作为基于合同行为发生物权变动法律效果的充分条件，当事人享有处分权都是不可或缺的一环。立法者设计调整无权处分合同的法律规则，若不考虑满足善意取得构成要件的例外情形，其核心目的应在于避免受让人从无权处分人处获得相应权利。此时立法者有两种可能的选择：一是让处分权的欠缺直接影响合同行为效力的发生，从而实现欲追求的目的；二是不让处分权的欠缺影响合同行为的效力，而是让处分权的欠缺影响无权处分人履行义务的能力，从而也可实现欲追求的目的。二者相较，后者价值判断结论妥当性更高，且手段与目的更为相称，更合比例原则的要求。

有一种观点认为，在债权形式主义的物权变动模式之下，若让无权处分合同生效，则以出卖他人动产的买卖合同为例，一旦出卖人将他人之物交付于买受人，买受人即可取得标的物的所有权，标的物的有处分权人即无法保护自己的利益，善意取得制度也会变得无用武之地。这一看法尚有讨论空间，因为合同尽管已经生效，但出卖人负担的主合同义务是交付标的物或者交付提取标的物的单证，并且转移标的物的所有权于买受人。在出卖人并非标的物所有权人或者有处分权人的前提下，出卖人可能能够将标的物或者提取标的物的单证交付于买受人，但在没有满足善意取得构成要件的情况下，出卖人并不能够转移标的物的所有权于买受人，因而不存在损害标的物有处分权人利益的问题。[②]《合同编通则司法解释》第 19 条第 2 款即采此态度，该款确认“前款规定的合同被确认有效，且让与人已经将财产交付或者移转登记至受让人，真正权利人请求认定财产权利未发生变动或者请求返还财产的，人民法院应予支持。但是，受让人依据民法典第三百一十一条等规定善意取得财产权利的除外。”

---

① 有观点以《民法典》第 215 条为据，认为我国现行民事立法已经认可负担行为与处分行为的区分。这一观点尚有讨论空间，该条仅是区分了设立、变更、转让、消灭不动产物权合同效力的发生条件与物权变动法律效果的发生条件，认为办理物权登记手续就是在履行生效合同的主合同义务，不能将物权登记手续的办理当作合同的法定特别生效条件，这本就是债权形式主义物权变动模式的题中应有之义。如果用历史解释的方法确定该条的含义，没有立法资料显示该条意在认可负担行为与处分行为的区分。

② 参见王轶：《物权变动论》，214 页，北京，中国人民大学出版社，2001。

3. 无权代理行为

无权代理行为即行为人没有代理权、超越代理权或者在代理权终止后，以代理人的身份所进行的民事法律行为。无权代理行为包括广义的无权代理行为和狭义的无权代理行为。广义的无权代理行为包括表见代理和狭义的无权代理。这里仅讨论狭义的无权代理。依据《民法典》第171条第1款的规定，狭义的无权代理行为属于效力待定的民事法律行为，其效力得经由如下途径最终确定。

（1）被代理人及时追认的，民事法律行为确定有效。被代理人未及时追认的，民事法律行为确定不发生效力。

《民法典》第171条第1款确认，无权代理行为，经被代理人追认后，该民事法律行为有效，对被代理人产生拘束力。被代理人的追认，应向相对人为之，并应在合理期限内进行。《民法典》第171条第2款规定，相对人可以催告被代理人自收到通知之日起1个月内予以追认。如与无权代理人订立合同的相对人可以通过催告的方式，要求被代理人在催告后的1个月内进行追认。在此期限内被代理人未作表示的，视为拒绝追认，民事法律行为确定不发生效力。

（2）善意相对人在被代理人追认前行使撤销权，撤销其生效意思表示的，民事法律行为确定不发生效力。

《民法典》第171条第2款第3句确认，无权代理合同在被代理人追认之前，善意相对人有撤销其生效意思表示的权利。这里所谓善意相对人，是指不知道也不应该知道对方为无权代理人，又没有举证证明其有理由相信对方有代理权的相对人。这就意味着，相对人的“善意”须同时具备两项条件：一是依据“消极观念说”确定的善意判断标准，相对人为善意，即其不知道也不应该知道对方为无权代理人；二是相对人不符合“积极观念说”确定的善意判断标准，即其没有举证证明有理由相信对方为有权代理人。之所以对善意相对人作如此烦琐的界定，是考虑到该款规定与《民法典》第172条的协调问题。依据《民法典》第172条的规定，相对人有理由相信无权代理人有代理权的，即相对人符合“积极观念说”确定的善意标准的，构成表见代理，该无权代理行为为有效民事法律行为，而非效力待定的民事法律行为。

善意相对人行使撤销权应在被代理人追认之前，并应以通知的方式作出。善意相对人行使撤销权的行为属于单方民事法律行为，其撤销权的行使导致民事法律行为确定不发生效力。

4. 无权代表行为

无权代表行为是指法人的法定代表人或者非法人组织的负责人超越代表权限实施的民事法律行为。所谓超越代表权限实施的民事法律行为，包括法人的法定代表人或非法人组织的负责人违反法律、行政法规限制代表权限的规定实施民事法律行为以及未经法人或非法人组织授权，超越法人或非法人组织章程中规定的经营范围实施的民事法律行为；也包括他们超越法人或非法人组织通过章程或决议对其代表权设定的其他限制实施的民事法律行为。

法人或非法人组织事后通过决议对无权代表行为进行追认的，民事法律行为确定有效。为保护善意相对人的利益，《民法典》第 61 条第 3 款确认，法人章程或者法人权力机构对法定代表人代表权的限制，不得对抗善意相对人。第 108 条确认，非法人组织除适用第四章外，参照适用第三章第一节法人的一般规定。《民法典》第 504 条也规定，相对人不知道而且不应当知道法定代表人、负责人是超越代表权限订立合同的，即相对人为善意的，该无权代表行为有效。依据《合同编通则司法解释》第 20 条第 1 款和第 2 款的规定，法人的法定代表人或者非法人组织的负责人违反法律、行政法规限制代表权的规定实施民事法律行为时，相对人未尽到合理审查义务，不得主张自己为善意。法人的法定代表人或者非法人组织的负责人超越章程或者权力机构对代表权的限制，法人或者非法人组织举证证明相对人知道或者应当知道该限制的，相对人非善意。

四、相对特定第三人无效的民事法律行为

民事法律行为所引发的民事主体与民事主体之间的利益关系中，包括实施民事法律行为的当事人与特定第三人之间的利益关系。对此种类型的利益关系进行调整，需要借助授权第三人规范。所谓授权第三人规范，即授予民事法律行为以外特定第三人以权利的规范，该权利的行使可以决定影响该特定第三人利益的民事法律行为的效力。

被授权的特定第三人如果被授予的是请求确认民事法律行为相对其无效的权利，则以合同行为的效力判断为例，特定第三人援引此类授权第三人规范，请求裁判者确认损害自身权益的合同行为相对无效，与合同得被主张绝对无效明显不同。主要区别在于：第一，绝对无效的合同行为是属于对任何人都不得主张其效力的合同行为，即该合同行为不但在合同当事人之间是无效的，而且对于合同关系以外的任何民事主体都是无效的。但相对特定第三人无效的合同行为则有所不同。该合同行为仅仅相对于特定第三人不得主张其效力，但在合同当事人之间，该合同行为仍属有效，仍然具备法律拘束力。而且对于该特定第三人以外的其他任何民事主体，该合同行为也都属于有效的合同行为。第二，绝对无效的合同行为属于自始、当然无效的合同行为。该类合同行为从来没有发生过法律拘束力，而且无须任何有权机关认定，即不得产生任何法律拘束力。但相对特定第三人无效的合同行为自成立之时具有法律拘束力，仅在被授权的特定第三人主张裁判者确认该合同相对无效时，该合同行为方相对该特定第三人自始无法律效力。第三，绝对无效的合同行为属于确定、永久不能发生法律效力的合同行为。绝对无效的合同行为属于损害公共利益，存在严重违法性的合同行为，因此不存在成为生效合同行为的可能。相对特定第三人无效的合同行为则与此不同。该种类型的合同行为仅损害了特定第三人的利益，为贯彻意思自治原则，其命运取决于该特定第三人的意志。

我国《民法典》第 221 条第 1 款第 2 句规定，“预告登记后，未经预告登记的权利人同意，处分该不动产的，不发生物权效力。”这里之所以“不发生物权效力”，原因即在于就出卖人或转让人与其他民事主体所实施的处分不动产的合同行为，预告登记的权利人有权主张该行为相对自己无效。《民法典》第 409 条第 1 款第 2、3 句规定，“抵押权人与抵押人可以协议变更抵押权顺位以及被担保的债权数额等内容。但是，抵押权的变更未经其他抵押权人书面同意，不得对其他抵押权人产生不利影响。”抵押权人与抵押人变

更抵押权顺位以及被担保的债权数额等内容的协议，对其他抵押权人产生不利影响的，其他抵押权人应有权主张该协议相对自己无效。《民法典》第422条规定，“最高额抵押担保的债权确定前，抵押权人与抵押人可以通过协议变更债权确定的期间、债权范围以及最高债权额。但是，变更的内容不得对其他抵押权人产生不利影响。”抵押权人与抵押人变更债权确定期间等内容的协议，对其他抵押权人产生不利影响的，其他抵押权人应有权主张该协议相对自己无效。《最高人民法院关于审理商品房买卖合同纠纷案件适用法律若干问题的解释》第7条规定：“买受人以出卖人与第三人恶意串通，另行订立商品房买卖合同并将房屋交付使用，导致其无法取得房屋为由，请求确认出卖人与第三人订立的商品房买卖合同无效的，应予支持。”这里所谓“无效”，应属相对特定第三人无效。依据《物权编司法解释（一）》第12条第2项规定，其他按份共有人“以其优先购买权受到侵害为由，仅请求撤销共有份额转让合同或者认定该合同无效”，不予支持。这就意味着，在其他按份共有人不但请求认定按份共有人向共有人之外的人转让其份额的合同无效，而且请求按照同等条件购买该共有份额的，人民法院应予支持。这里的无效也应该理解为相对特定第三人无效。

可见，在现行民事立法以及司法解释中，不乏有关相对特定第三人无效合同行为的规定。但值得注意的是，现行民事立法及司法解释，在确立协调合同关系当事人与合同关系以外特定第三人利益冲突的法律规则时，也不乏采用授予该特定第三人撤销权的例证。最典型的，就是《民法典》第538、539条有关债权人撤销权的规定等。

从立法论的角度出发，协调合同关系当事人与合同关系以外特定第三人的利益关系，认定合同相对特定第三人无效较授予特定第三人撤销权更具价值判断上的妥当性。原因在于，授予特定第三人撤销权的情形，基于该特定第三人撤销权的行使，合同行为不仅相对于该特定第三人不发生效力，在合同当事人之间也丧失拘束力。但相对特定第三人无效的情形，该特定第三人仅得主张合同行为相对自己无效，在合同当事人之间，合同行为仍然有效。就实现对特定第三人合法权益的保护而言，认定合同相对特定第三人无效，更符合比例原则的要求，也更有利于意思自治原则的实现。

《民法典》第154条规定，“行为人与相对人恶意串通，损害他人合法权益的民事法律行为无效。”这里的无效当属相对特定第三人无效，即行为人与相对人恶意串通，损害他人合法权益的民事法律行为，相对该合法权益被损害的他人无效。

五、尚未完全生效的民事法律行为

尚未完全生效的民事法律行为可以基于法律、行政法规的规定产生。依据《民法典》第502条第2款第1句的规定，“依照法律、行政法规的规定，合同应当办理批准等手续的，依照其规定。”这里的批准等手续即合同行为的法定特别生效要件。

就批准等作为民事法律行为的法定特别生效条件而言，在我国原有法律、行政法规中较为常见。典型者如《中华人民共和国中外合资经营企业法》（已失效）第3条第1句规定，“合营各方签订的合营协议、合同、章程，应报国家对外经济贸易主管部门（以下称审查批准机关）审查批准。”第13条第2句规定，“约定合营期限的合营企业，合营各方同意延长合营期限的，应在距合营期满六个月前向审查批准机关提出申请。”再如《中华人民共和国中外合作经营企业法》（已失效）第5条第1句规定，“申请设立合作企业，应当将中外合作者签订的协议、合同、章程等文件报国务院对外经济贸易主管部门或者国务院授权的部门和地方政府（以下简称审查批准机关）审查批准。”第7条前段规定，“中外合作者在合作期限内协商同意对合作企业合同作重大变更的，应当报审查批准机关批准”。第10条规定，“中外合作者的一方转让其在合作企业合同中的全部或者部分权利、义务的，必须经他方同意，并报审查批准机关批准。”第24条第1句规定，“合作企业的合作期限由中外合作者协商并在合作企业合同中订明。中外合作者同意延长合作期限的，应当在距合作期满一百八十天前向审查批准机关提出申请。”[①]

就登记作为民事法律行为的法定特别生效条件，在我国原有法律、行政法规中则难觅其踪。《中华人民共和国担保法》第41条规定，“当事人以本法第四十二条规定的财产抵押的，应当办理抵押物登记，抵押合同自登记之日起生效。”该条规定自出台之日起就备受诟病，长期被作为立法设计不圆满的典型予以批评。当然，随着《中华人民共和国物权法》的颁布施行，《担保法》的该条规定终被《物权法》第187条、第188条取代。[②]登记作为民事行为法定特别生效条件，在司法解释中倒可一见，即《最高人民法院关于适用〈中华人民共和国担保法〉若干问题的解释》第6条第1项和第2项，此两项确认，“未经国家有关主管部门批准或者登记对外担保的”以及“未经国家有关主管部门批准或者登记，为境外机构向境内债权人提供担保的”，“对外担保合同无效”。司法解释虽属民法法律渊源，但既非法律，也非行政法规，作如是规定，是否妥当尚值得讨论。

就批准作为民事法律行为的法定特别生效条件而言，未办理批准手续的，民事法律行为效力如何？最高人民法院的司法解释也经历了一个认识不断推进的过程。

依据《合同法司法解释一》（已失效）第9条第1款前段的规定，“依照合同法第四十四条第二款的规定，法律、行政法规规定合同应当办理批准手续，或者办理批准、登记等手续才生效，在一审法庭辩论终结前当事人仍未办理批准手续的，或者仍未办理批准、登记等手续的，人民法院应当认定该合同未生效”。可以看出此类合同当是未生效的合同。

依据《合同法司法解释二》（已失效）第8条的规定，“依照法律、行政法规的规定经批准或者登记才能生效的合同成立后，有义务办理申请批准或者申请登记等手续的一方当事人未按照法律规定或者合同约定办理申请批准或者未申请登记的，属于合同法第四十二条第（三）项规定的‘其他违背诚实信用原则的行为’，人民法院可以根据案件的具体情况和相对人的请求，判决相对人自己办理有关手续；对方当事人对由此产生的费用和给相对人造成的实际损失，应当承担损害赔偿责任。”可以看出，此时合同虽未生效，但当事人须负担办理申请批准或申请登记的先合同义务。

依据《最高人民法院关于审理外商投资企业纠纷案件若干问题的规定（一）》第1条

① 《外国投资法》将《中外合资经营企业法》以及《中外合作经营企业法》中的审查批准制度调整为“准入许可”制度和“国家安全审查”制度。

② 《物权法》第178条规定：“担保法与本法的规定不一致的，适用本法。”

的规定，“当事人在外商投资企业设立、变更等过程中订立的合同，依法律、行政法规的规定应当经外商投资企业审批机关批准后才生效的，自批准之日起生效；未经批准的，人民法院应当认定该合同未生效。当事人请求确认该合同无效的，人民法院不予支持。”“前款所述合同因未经批准而被认定未生效的，不影响合同中当事人履行报批义务条款及因该报批义务而设定的相关条款的效力。”可见，合同中当事人履行报批义务条款及因该报批义务而设定的相关条款得自依法成立时生效，其他条款则自办理批准手续之日起生效，此时属于尚未完全生效的合同，是一种独立的合同行为效力类型。[①] 该司法解释在第6条进一步确认，“外商投资企业股权转让合同成立后，转让方和外商投资企业不履行报批义务，受让方以转让方为被告、以外商投资企业为第三人提起诉讼，请求转让方与外商投资企业在一定期限内共同履行报批义务的，人民法院应予支持。受让方同时请求在转让方和外商投资企业于生效判决确定的期限内不履行报批义务时自行报批的，人民法院应予支持。”“转让方和外商投资企业拒不根据人民法院生效判决确定的期限履行报批义务，受让方另行起诉，请求解除合同并赔偿损失的，人民法院应予支持。赔偿损失的范围可以包括股权的差价损失、股权收益及其他合理损失。”可见，股权转让合同尚未报批，属于尚未完全生效合同。转让方和外商投资企业在特定情形下不履行报批义务，还要承担如同合同已经获批，从而完全生效，当事人不履行生效合同的主合同义务须承担的违约损害赔偿责任。

《民法典》第502条第2款确认，依照法律、行政法规的规定，合同应当办理批准等手续的，依照其规定。未办理批准等手续影响合同生效的，不影响合同中履行报批等义务条款以及相关条款的效力。应当办理申请批准等手续的当事人未履义务的，对方可以请求其承担违反该义务的责任。该款规定，就是关于尚未完全生效合同的规定。

尚未完全生效的民事法律行为也可以基于当事人的约定产生。就现行民事立法而言，这在附生效条件的民事法律行为以及附始期的民事法律行为中较为常见。因为附条件或期限的，可以是整个民事法律行为，也可以是民事法律行为的部分条款。就后者而言，未附条件或期限的条款，可以自依法成立之时起生效，附了条件或期限的，条件成就或者期限届至时，发生效力。以附所有权保留条款的分期付款买卖为例。以《民法典》作为一般规则确认的债权形式主义的物权变动模式为基础，所有权保留法律构成的具体方式是：在附所有权保留的动产分期付款买卖交易中，分期付款买卖合同中除与动产标的物所有权转移相关的合同条款外，其余条款一旦满足《民法典》第502条第1款以及《民法典》第143条的规定，即自成立之时起生效。与动产标的物所有权转移相关的合同条款，乃为附有《民法典》第158条中的“生效条件”的条款，其在价款支付完毕等条件成就前，尚不发生效力。但服务于买受人提前享用动产标的物的需要，出卖人须在其他合同条款生效的前提下，应买受人的请求交付动产标的物于买受人。由于分期付款买卖合同中与动产标的物所有权转移相关的合同条款尚未生效，买受人尚不享有要求出卖人转移动产标的物所有权的请求权。出卖人此时进行的交付动产标的物的行为，并非是在履行其在买卖合同中所负担的主合同义务，即《民法典》第598条所谓“出卖人应当

① 参见王轶：《合同效力认定的若干问题》，载《国家检察官学院学报》，2010（5），160页。

履行向买受人交付标的物或者交付提取标的物的单证，并转移标的物所有权的义务”。出卖人所进行的动产标的物的交付行为，仅是服务于买受人对于标的物的提前享用而已。一旦与动产标的物所有权转移相关的合同条款所附生效条件成就，买受人支付完毕了合同约定的价款或履行了其他合同义务，买受人即得要求出卖人履行转移标的物所有权的合同义务。考虑到“动产物权设立和转让前，权利人已经依法占有该动产”的，“物权自民事法律行为生效时发生效力”①。保留所有权的分期付款买卖合同中，动产标的物的所有权得依此项关于简易交付的规定，自与动产标的物所有权转移相关的合同条款生效之时，转归买受人所有。②

综上所述，尚未完全生效的民事法律行为当为民事法律行为效力的独立类型。

六、民事法律行为被确认绝对无效、被撤销或确定不发生效力的法律后果

有效的民事法律行为能实现行为人所期望的法律效果，被确认无效、被撤销或确定不发生效力的民事法律行为尽管不能实现行为人预期的法律效果，但并非不发生任何法律效果。被确认绝对无效、被撤销或确定不发生效力的民事法律行为发生如下法律后果。

（一）返还财产

民事法律行为自成立至被确认绝对无效、被撤销或确定不发生效力期间，当事人可能已根据该民事法律行为取得了对方的财产。民事法律行为被确认绝对无效、被撤销或确定不发生效力后，当事人取得财产的法律根据已丧失，依据《民法典》第157条第1句，原物仍存在的，交付财产的一方可行使所有物返还请求权，请求受领财产的一方返还财产。不能返还或者没有必要返还的，应当折价补偿。《合同编通则司法解释》第24条第1款确认，“合同不成立、无效、被撤销或者确定不发生效力，当事人请求返还财产，经审查财产能够返还的，人民法院应当根据案件具体情况，单独或者合并适用返还占有的标的物、更正登记簿册记载等方式；经审查财产不能返还或者没有必要返还的，人民法院应当以认定合同不成立、无效、被撤销或者确定不发生效力之日该财产的市场价值或者以其他合理方式计算的价值为基准判决折价补偿。”第25条确认，“合同不成立、无效、被撤销或者确定不发生效力，有权请求返还价款或者报酬的当事人一方请求对方支付资金占用费的，人民法院应当在当事人请求的范围内按照中国人民银行授权全国银行间同业拆借中心公布的一年期贷款市场报价利率（LPR）计算。但是，占用资金的当事人对于合同不成立、无效、被撤销或者确定不发生效力没有过错的，应当以中国人民银行公布的同期同类存款基准利率计算。”“双方互负返还义务，当事人主张同时履行的，人民法院应予支持；占有标的物的一方对标的物存在使用或者依法可以使用的情形，对方请求将其应支付的资金占用费与应收取的标的物使用费相互抵销的，人民法院应予支持，但是法律另有规定的除外。”

---

① 《民法典》第226条。

② 详请参见王轶：《论所有权保留的法律构成》，载《当代法学》，2010（2），23～24页。

（二）赔偿损失

依据《民法典》第157条第2句的规定，民事法律行为被确认绝对无效、被撤销或确定不发生效力，如系由一方或双方的过错造成，皆发生赔偿损失问题，要由有过错的一方向无过错的一方赔偿因民事法律行为被确认无效、被撤销或确定不发生效力所发生的损失。在双方皆有过错的情况下，各自承担相应的责任。《合同编通则司法解释》第24条第2款确认，当事人请求赔偿损失的，“人民法院应当结合财产返还或者折价补偿的情况，综合考虑财产增值收益和贬值损失、交易成本的支出等事实，按照双方当事人的过错程度及原因力大小，根据诚信原则和公平原则，合理确定损失赔偿额。”

（三）其他法律后果

《合同编通则司法解释》第24条第3款还确认，“合同不成立、无效、被撤销或者确定不发生效力，当事人的行为涉嫌违法且未经处理，可能导致一方或者双方通过违法行为获得不当利益的，人民法院应当向有关行政管理部门提出司法建议。当事人的行为涉嫌犯罪的，应当将案件线索移送刑事侦查机关；属于刑事自诉案件的，应当告知当事人可以向有管辖权的人民法院另行提起诉讼。”

第七节　附条件与附期限的民事法律行为

一、附条件的民事法律行为

（一）附条件的民事法律行为的概念

附条件的民事法律行为，指民事法律行为效力的开始或终止取决于将来不确定事实的发生或不发生的民事法律行为。《民法典》第158条规定，民事法律行为可以附条件，但是按照其性质不得附条件的除外。附生效条件的民事法律行为，自条件成就时生效。附解除条件的民事法律行为，自条件成就时失效。

民事法律行为通常均可以由当事人设定条件，以此限制民事法律行为的效力，从而满足当事人的各种不同需要。但在我国现行民事立法中，为保持法律关系的稳定性，保护权利相对人的合理预期，行使形成权的民事法律行为通常不得附条件。如《民法典》第568条第2款确认，行使抵销权的民事法律行为不得附条件。学界通说认为，诸如行使解除权、撤销权、追认权、优先购买权等形成权的民事法律行为也不得附条件。其他类型的民事法律行为，如果附条件与民事法律行为性质不符或有违公序良俗原则的，也不得附条件。如收养行为即不得附条件，否则有悖公序良俗。

民事法律行为所附的条件，应满足如下要求。

第一，条件必须是将来的事实。已经发生的事实，无论当事人是否知晓，都不能作为条件。作为民事法律行为条件的事实可以是自然事件，可以是合同一方当事人的行为或者第三人的行为，也可以是一个社会事件，如公职人员的选举结果等。

第二，条件必须是不确定的事实，即该事实是否发生，是当事人无法精确预料的。这里的当事人仅限于进行民事法律行为的当事人。必定要发生的事实不能作为条件，确定不会发生的事实也不能作为条件。《总则编司法解释》第 24 条确认，“民事法律行为所附条件不可能发生，当事人约定为生效条件的，人民法院应当认定民事法律行为不发生效力；当事人约定为解除条件的，应当认定未附条件，民事法律行为是否失效，依照民法典和相关法律、行政法规的规定认定。”

第三，条件必须合法，不能以违反法律的事实作为条件。我国民事司法实践认可，附条件的民事行为，如果所附的条件是违背法律规定的，应当认定该民事行为无效。

第四，条件必须是当事人设定的条件，不能是法律规定的与民事法律行为效力有关的条件。民事法律行为中附条件的主要作用在于，可以把当事人的动机反映到民事法律行为中，使其具有法律的意义。除个别例外情况，如公序良俗原则发生作用的情形，民法通常并不过问当事人进行民事法律行为的动机，因此民事法律行为的动机不受司法审查。但通过民事法律行为附条件，可以使当事人进行民事法律行为的动机成为司法审查的对象。

（二）条件的类型

1. 延缓条件与解除条件

在民事立法中，根据条件是限制民事法律行为效力的发生还是决定民事法律行为效力的丧失，常将条件区分为延缓条件与解除条件。

民事法律行为效力的发生以特定条件的成就为原则，该特定条件即为延缓条件，又称生效条件或停止条件。依据《民法典》第 158 条，当事人对合同的效力可以约定附条件。附生效条件的合同，自条件成就时生效。附延缓条件的民事法律行为，在条件成就之前，民事法律行为已经成立，但民事法律行为的效力处于停止的状态。在延缓条件成就之前，生效与否尚不确定的民事法律行为业已产生相应的法律拘束力。以附延缓条件的合同为例，合同的双方当事人在合同生效与否尚不确定时，就已相互负担义务，即不得从事任何有可能导致在合同生效后影响自身合同义务履行的行为。这种义务，并非生效合同的合同义务。义务的内容，应根据诚实信用原则，结合合同的性质、目的和交易习惯予以判定，通常属于消极的不作为义务。与这种义务相对应的，是合同的双方当事人都已处于一种受法律保护的状态。这种受法律保护的状态，一旦符合期待权的构成条件，即适用民法调整民事权利的相关规定。延缓条件一旦成就，民事法律行为即产生效力。

业已生效的民事法律行为，于特定条件成就时其法律效力丧失，该特定条件即为解除条件。依据《民法典》第 158 条，附解除条件的合同，自条件成就时失效。附解除条件的民事法律行为，在条件成就与否确定前，民事法律行为业已生效。一旦解除条件成就，民事法律行为的效力即终止。以合同行为为例，如果附解除条件的合同属于继续性合同，解除条件成就时，合同并非溯及于成立之时归于消灭，而是从解除条件成就之时，不再具有法律的拘束力。附解除条件的合同属于非继续性合同的，解除条件成就时，合同得溯及于成立之时归于消灭。对于附解除条件的合同行为，当事人不仅受生效合同关系的约束，还不得从事任何有可能影响解除条件成就时自身义务履行的行为，合同的双方当事人也都处于一种与此相应的受法律保护的状态。这种受法律保护的状态，符合期待权的构成条件的，同样得适用民法调整民事权利的相关规定。

2. 积极条件与消极条件

在学说上，以作为条件的事实的性质系属积极的抑或消极的为标准，将条件区分为积极条件与消极条件。积极条件，又称肯定条件，是以某事实的发生，为条件的成就。消极条件，又称否定条件，是以某事实的不发生，为条件的成就。延缓条件与解除条件既可以是积极条件，也可以是消极条件。

3. 随意条件、偶成条件、混合条件

在学说上，根据条件的成就是否受当事人意思左右，将条件区分为随意条件、偶成条件和混合条件。依当事人一方的意思，可决定其成就与否的条件，为随意条件。随意条件包括非纯粹随意条件与纯粹随意条件。非纯粹随意条件成就与否虽取决于当事人一方的意思，但在该方当事人意思之外，尚须有某种积极的事实。如采所有权保留作为担保方式的分期付款买卖中，买卖合同相关合同条款效力的发生取决于买受人是否支付相应的合同价款，该条件即为非纯粹随意条件，又称任意条件。纯粹随意条件成就与否完全取决于当事人一方的意思。如《民法典》第 638 条第 1 款规定，试用买卖的买受人在试用期内可以购买标的物，也可以拒绝购买。买卖合同效力的发生取决于买受人的意愿，这种“条件”即为纯粹随意条件，又称意愿条件，此时不能认为买卖合同为附条件的民事法律行为。

条件成就与否与当事人的意思无关，而是取决于其他事实的，为偶成条件。如“若明天下雨，就赠与雨伞”。条件成就与否取决于当事人以及第三人的意思的，为混合条件。如“若与某女订婚，就赠与房屋”。

（三）对附条件的民事法律行为的保护

附条件的民事法律行为，是当事人基于意思自治原则，使行为人的动机获得法律表现的形式，因而受到法律的保护。按照法律的要求，作为条件的事实必须是因其自然进程发生或不发生的，不能受到任何一方当事人的不当影响，否则，都难免对他方当事人产生不公平的结果。《民法典》第 159 条规定，附条件的民事法律行为，当事人为自己的利益不正当地阻止条件成就的，视为条件已成就；不正当地促成条件成就的，视为条件不成就。这就是所谓条件成就或不成就的拟制。这里所谓不正当，主要是指当事人的行为违背了诚实信用原则的要求。

二、附期限的民事法律行为

（一）附期限的民事法律行为的概念

附期限的民事法律行为，是以一定期限的到来作为效力开始或终止原因的民事法律行为。《民法典》第160条规定，民事法律行为可以附期限，但是按照其性质不得附期限的除外。附生效期限的民事法律行为，自期限届至时生效。附终止期限的民事法律行为，自期限届满时失效。期限与条件不同。任何期限都是确定地要到来的；而条件的成就与否具有不确定性。期限可以与条件一起，共同组成对一个民事法律行为效力的限制因素。

民事法律行为所附的期限，可以是期间，也可以是期日。期限具有如下特点：第一，期限是民事法律行为的一种附款。它与民事法律行为的其他条款一起共同构成了附期限的民事法律行为。由于它是一种附款，也就是说，是民事法律行为的组成部分，因此原则上应当由当事人自由设定。至于法律所规定的法定期限，如行使撤销权的期限等，不属于附期限的民事法律行为所称的期限。第二，期限是限制民事法律行为效力的附款。民事法律行为如果设定了生效期限或终止期限，则民事法律行为的效力在时间上受到限制。有的期限直接决定着民事法律行为效力的发生，有的决定民事法律行为效力的消灭。第三，期限是以将来确定发生的事实的到来为内容的附款，因为期限是必然到来的。

附期限的民事法律行为与民事法律行为中履行期限当事人的义务是不同的。所谓履行期限，是指双方当事人约定的履行合同义务的时间，在履行期限到来之前，当事人双方不需要实际履行合同义务，债权人也不能请求债务人实际履行债务，否则债务人有权予以拒绝。例如，合同约定5月1日交货、10月1日付款、6月底交付房屋等，都属于履行期限的合同。但履行期限都只是对实际履行合同义务的规定，而并不是对合同效力的规定。在履行期限到来之前合同已经发生效力，当事人的权利义务已经发生，双方都应当受到合同的拘束。然而，在生效期限尚未到来时，合同根本没有生效，当事人也不能享有权利并承担义务。换言之，债权债务并没有产生。

民事法律行为附期限与民事法律行为的性质或公序良俗原则相悖的，则不得附期限。如收养行为即不得附期限。

（二）期限的类型

1. 延缓期限与解除期限

根据期限是限制民事法律行为效力的发生还是决定民事法律行为效力的丧失，民事立法将期限区分为延缓期限与解除期限。延缓期限，又称始期，即民事法律行为效力的发生以特定期限的到来为条件，该特定期限即为延缓期限。

附延缓期限的民事法律行为与履行期限尚未届至的民事义务是不同的。以合同行为为例，二者的区别表现在：第一，附延缓期限的合同，期限限制的是合同行为的效力；履行期限尚未届至的合同义务，期限限制的是义务的履行。第二，附延缓期限的合同在期限届至前，合同效力尚不发生；履行期限尚未届至的合同义务以存在有效合同为前提。第三，附延缓期限的合同中，合同当事人在期限届至前履行合同义务的，得主张返还；合同当事人自愿履行期限尚未届至的合同义务，不得主张返还。

业已生效的民事法律行为于特定期限到来时，效力终止，该特定期限即为解除期限，又称终期。

附延缓期限的民事法律行为得适用附延缓条件的民事法律行为的相关规定；附解除

期限的民事法律行为得适用附解除条件民事法律行为的相关规定。但专门针对附条件民事法律行为设置的规定，如有关条件成就或不成就拟制的规定，附期限的民事法律行为不得适用。另附期限的民事法律行为中，当事人受保护的法律状态符合期待权构成条件的，与附条件民事法律行为中的期待权相比，该期待权转化为既得权的可能性更为确定。

2. 确定期限与不确定期限

学说上以作为期限内容的事实发生的时期是否确定为标准，将期限区分为确定期限与不确定期限。作为期限内容的事实发生的时期确定的，为确定期限。作为期限内容的事实发生的时期不确定的，为不确定期限。

（三）法律对期限的限制

法律不允许对民事法律行为附加不能期限。所谓不能期限是指约定的期限过于久远，违背常情。

问题与思考

1. 民事法律行为的概念和特征是什么？
2. 民事法律行为的成立应具备什么条件？
3. 意思表示的构成要素有哪些？
4. 无效民事法律行为的法律效果是什么？
5. 什么是附条件和附期限的民事法律行为？
6. 案例分析：

黎先生为装修房屋前往建材市场购买木地板。行至某门市部前，发现其中一种地板不错，就向售货员询问单价，售货员告诉他“38 元一平方米”。一听价格如此便宜，黎先生当即决定购买 80 平方米，并很快付了价款。正当黎先生装车之时，门市部经理刚好来到，顺便问售货员：“怎么卖?”售货员告诉他卖 38 元一平方米，经理当即说“搞错了”。经查对进货凭证，该种木地板进价为 73 元一平方米，于是经理和售货员要求黎先生“补点价款”（至少不低于进价），否则就“不卖了”。但是，黎某坚决不同意。（案例来源：张玉敏主编：《民法案例》，37 页，北京，中国人民大学出版社，2004）

请问：售货员与黎先生达成的买卖合同属于什么性质的民事法律行为？该民事法律行为效力如何？

第十章
代　理

本章概要

代理，是一人以他人的名义或以自己的名义独立与第三人为民事法律行为，由此产生的法律效果直接或间接归属于该他人的法律制度。代理制度属于民事法律行为制度的重要组成部分。本章着重介绍代理制度的基本问题。重点问题包括：代理的概念和特征，直接代理与间接代理，代理权的行使，表见代理。

第一节　概　述

一、代理的概念和特征

（一）代理的概念

代理，是一人以他人的名义或以自己的名义独立与第三人为民事法律行为，由此产生的法律效果直接或间接归属于该他人的法律制度。在代理制度中，以他人名义或自己名义为他人实施民事法律行为的人，称为代理人。由他人代为实施民事法律行为的人，称为被代理人，也称本人。与代理人实施民事法律行为的人，称为第三人。代理人的使命，在于代他人为民事法律行为，包括代他人作出或接受意思表示。在事实行为的实施中，不存在代理问题。我国《民法典》第 161 条第 1 款规定，民事主体可以通过代理人实施民事法律行为。因此，代理就是民事法律行为的代理，在这种意义上，代理制度属于民事法律行为制度的重要组成部分。

我国现行的民事立法上，明确规定了代理制度，并将代理区分为直接代理和间接代理。其中，《民法典》总则编第七章为关于代理制度的一般规定及关于直接代理制度的规定；《民法典》合同编第二十三章“委托合同”设有两个条文，即第 925 条和第 926 条，规定间接代理关系及其消灭的特殊原因；第二十五章“行纪合同”专就贸易活动中的间接代理关系设有特别规定。

各个国家和地区的民事立法上，之所以广泛承认代理制度，原因在于：第一，委托代理制度属于私法自治的扩张。“在现代分工的社会，从事交易活动，事必躬亲，殆不可能，假手他人，实有必要。”[①] 就完全民事行为能力的自然人而言，委托代理制度可以扩张当事人自由意思得以处断的社会事项的范围；就法人及非法人组织而言，则可以克服其活动地域和自身性质的限制。委托代理制度使民事主体不仅可以利用自己的能力和知识参加民事活动，而且可以利用他人的能力和专门知识进行民事活动，从而扩张了民事主体从事民事活动的范围，有效降低了交易成本，为民事主体更好地实现自己的权利、参与社会经济活动提供了极大的便利。第二，法定代理和指定代理制度属于私法自治的补充。对于不具备完全民事行为能力的自然人，该制度可以补充其意思能力的欠缺。无民事行为能力人或限制民事行为能力人可以借助代理制度参加各种社会活动，在一定范围内消除了此类民事主体由于意思能力的欠缺可能带来的各种不便。

（二）代理的特征

1. 代理人以作出或接受意思表示为职能

代理人进行代理行为，以代被代理人实施民事法律行为为使命，由于意思表示是民事法律行为的核心要素，因而代被代理人独立为意思表示或接受意思表示，是代理人的职能。在这种意义上，代理只能适用于民事法律行为。

凡意思表示具有严格的人身性质，必须由表意人亲自作出决定和进行表达的行为，尽管包含有意思表示因素，也不得适用代理。例如订立遗嘱、收养子女等行为，不得代理。此外，法律规定或当事人约定应由本人实施的民事法律行为，同样不得代理。《民法典》第161条第2款就此规定，依照法律规定、当事人约定或者民事法律行为的性质，应当由本人亲自实施的民事法律行为，不得代理。我国民事司法实践认可，凡是依法或者依双方的约定必须由本人亲自实施的民事行为，本人未亲自实施的，应当认定行为无效。

2. 代理人得以被代理人的名义或自己的名义进行活动

代理有直接代理和间接代理之分。狭义的代理仅指直接代理，即代理人须以被代理人的名义进行代理行为，大陆法系各国一般仅承认狭义的代理。广义的代理不仅包括直接代理，而且包括间接代理。所谓间接代理，就是代理人以自己的名义代被代理人为民事行为。我国现行民事立法采广义的代理。

3. 代理行为的法律效果

直接归属于被代理人或经由间接代理人归属于被代理人。

二、代理关系

代理是一种特殊的民事法律关系。它由三方当事人构成。首先是本人，即被代理人；其次是代理人；最后是相对人，又称第三人。代理人与本人之间可能存在监护关系、财

---

① 王泽鉴：《民法总则》（增订版），441页，北京，中国政法大学出版社，2001。

产代管关系、委托合同关系、合伙合同关系、劳动合同关系、雇佣合同关系等。在直接代理中，本人与相对人之间存在与代理行为相对应的诸种民事法律关系。在间接代理中，一旦本人依《民法典》第925条直接介入或依《民法典》第926条行使介入权，或相对人依《民法典》第926条行使选择权，本人与相对人之间也可存在与代理人的代理行为相对应的诸种法律关系。在直接代理中，因代理行为的法律效果由被代理人直接承受，代理人与相对人之间通常并不发生任何法律关系。在间接代理中，代理人与相对人之间存在与代理行为相对应的诸种法律关系。

就代理关系的当事人，最值得注意的是代理人。就委托代理而言，在直接代理中，因代理行为的法律效果直接归属于本人，故代理人只要不是无民事行为能力人即可，无须具备与代理行为相应的民事行为能力。但在间接代理中，代理人须先承受代理行为的法律效果，因此代理人应具备与代理行为相应的民事行为能力。在法定代理和指定代理中，各个国家和地区的立法通常都要求代理人具备完全民事行为能力。

三、代理与类似制度比较

（一）代理与代表

法人的法定代表人可以代表法人进行民事活动，其法律效果由法人承受。与代理人代理本人进行民事法律行为，其法律效果直接或间接由被代理人承受颇为相似。但代理制度与代表制度之间存有如下差别：首先，代理人的行为，仅其效果归于本人；代表人的行为，则视为本人的行为。其次，代理通常仅限于民事法律行为的代理；代表的事项既可以是民事法律行为，也可以是事实行为。

（二）代理与传达

在传达制度中，使者需要进行意思表示的转达，从而使相应的法律效果归属于特定民事主体。在这一点上，与代理制度有相似之处。但二者有如下区别：第一，使者不能决定意思表示的内容，代理人则可以决定意思表示的内容。因此就传达制度而言，关于错误、欺诈、胁迫、善意、恶意等问题，应就使用使者的人进行判断，而不能就使者进行判断；但就代理制度而言，前述事项应就代理人进行判断。第二，无民事行为能力人不得成为代理人，但可以做使者。第三，不可代理的身份行为，却可以借助使者传达意思表示。①

（三）代理与中介

我国《民法典》合同编第二十六章规定有中介合同，即中介人向委托人报告订立合同的机会或者提供订立合同的媒介服务，委托人支付报酬的合同。就中介人接受委托，为委托人进行事务的处理而言，与代理制度有相似之处。但代理制度与中介制度有重大

---

① 参见王泽鉴：《民法总则》，444页，北京，北京大学出版社，2009。

差别，体现在代理制度中代理人得以本人或自己名义为本人订立合同。中介制度中中介人仅是通过报告订约机会或提供媒介服务，服务于委托人合同的订立。

（四）代理与经销

所谓经销，系出卖人和买受人约定在一定的区域和期间就特定商品持续进行交易的协议。无论一般经销协议或独家经销协议，均属于买卖合同。[①] 作为买受人的经销商从作为出卖人的供货商处购入商品，然后经销商作为出卖人转售商品，谋取利益。经销商与供货商之间只存在买卖合同关系，可见，经销与代理制度显有不同。

四、代理的类型

（1）根据代理权产生的根据不同，代理可以区分为委托代理和法定代理。委托代理又称为意定代理，是基于被代理人的授权所发生的代理。法定代理指基于法律的直接规定而发生的代理。《民法典》第 163 条规定，代理包括委托代理和法定代理。委托代理人按照被代理人的委托行使代理权，法定代理人依照法律的规定行使代理权。

（2）根据代理人代理权来源的不同，代理可以区分为本代理和复代理。代理人的代理权来源于被代理人直接授予代理权的行为，或来源于法律的规定，这种代理称为本代理。复代理又称为再代理，是代理人为了实施代理权限内的全部或部分行为，以自己的名义选定他人担任被代理人的代理人，该他人称为复代理人，其代理行为产生的法律效果直接归属于被代理人。代理人选择他人担任复代理人的权利，称为复任权，是代理权的一项内容。

在委托代理中，由于代理人的选定，是基于被代理人对他的知识、技能、信用的信赖，因而代理的内部关系具有较强的人身信赖性质，代理人原则上应负担亲自执行代理事务的义务，不得转委托他人处理代理事务。但在事先得到被代理人同意或事后得到其认可的情况下，以及在发生紧急情况使代理人不能亲自处理代理事务，任这种状况持续将进一步损害被代理人之利益时，法律也允许产生复代理，以更好地保护被代理人的利益。《民法典》第 169 条就此规定，委托代理人为被代理人的利益需要转托他人代理的，应当取得被代理人的同意或者追认。事先没有取得被代理人同意的，应当在事后及时告诉被代理人，如果被代理人不同意，由代理人对自己所转托的人的行为负民事责任，但在紧急情况下，为了保护被代理人的利益而转托他人代理的除外。法释（2022）6 号第 26 条确认，前述所谓“紧急情况”是指由于急病、通信联络中断、疫情防控等特殊原因，委托代理人自己不能办理代理事项，又不能与被代理人及时取得联系，如不及时转委托他人代理，会给被代理人的利益造成损失或者扩大损失的情形。

法定代理中，由于法定代理权发生的基础不是特定当事人之间的信赖关系，而是法律的直接规定，同时法定代理人的权限范围又比较广泛，且不得任意辞任，被代理人往

---

① 参见梁慧星：《民法总论》，2 版，237 页，北京，法律出版社，2011。

往也缺乏为同意表示的意思能力。因此，法定代理人应无条件地享有复任权。[①] 法定代理人复任权的行使，应尽善良管理人的注意义务。

复代理人是被代理人的代理人，而不是代理人的代理人，因此，他只能以被代理人的名义为民事法律行为，其行为的法律效果直接归属于被代理人。选任复代理人之后，代理人仍可继续行使代理权。复代理人的行为，受代理人的监督。代理人对复代理人还享有解任权，可取消其代理权限。

（3）根据代理人进行代理活动的方式，可以将代理区分为直接代理和间接代理。代理人在进行代理活动时以被代理人的名义，进行代理活动的法律效果直接由被代理人承受的代理制度，即是直接代理制度。

代理人在进行代理活动时以自己的名义，进行代理活动的法律效果间接由被代理人承受的代理制度，即是间接代理制度。

（4）以代理人系代为意思表示，或仅代受意思表示为标准，可以将代理区分为积极代理和消极代理。代为意思表示的代理，为积极代理，又称主动代理。仅代受意思表示的代理，为消极代理，又称被动代理。

（5）以代理权是否被限定为标准，可以将代理区分为概括代理与限定代理。代理权范围无特别限定的代理，为概括代理，又称一般代理。代理权范围有特别限定的代理，为限定代理，又称特别代理。

（6）在有数个代理人时，以代理权的行使方式为标准，可以将代理区分为单独代理与共同代理。

各代理人得单独行使代理权的，为单独代理。数个代理人共同行使代理权的，为共同代理。如父母的法定代理权，原则上应共同行使。在委托代理，代理人有数人的，也应共同行使代理权。在共同代理，若仅由其中一人行使代理权的，为无权代理，非经本人或其他共同代理人承认，通常不生效力。

我国司法实践中，数个委托代理人共同行使代理权的，如果其中一人或者数人未与其他委托代理人协商，所实施的行为侵害被代理人权益的，由实施行为的委托代理人承担民事责任。

第二节 代理权

一、代理权的性质

代理权为代理关系的基础。关于代理权的性质，有不同见解。主要有：第一，“权利说”。该说认为代理权为一项民事权利。第二，“资格说”，又称“地位说”。该说认为代理权是由于法律规定或被代理人的授予，而产生的一种资格或地位。该说认为，代理权虽然也称为“权”，但与其他权利不同。其他权利皆以利益为依归，而代理权对于代理人

① 参见佟柔主编：《中国民法》，215页，北京，法律出版社，1990。

并无利益可言，所以代理权仅为一种资格或地位。第三，“权力说”。该说认为，代理权（power of agency）是一种权力—义务关系，代理人被授予改变被代理人与第三人之间的法律关系的权力，被代理人承担接受这种被改变的关系的相应义务。“权力说”为英美法所主张。

本书认为，“权利说”具有自身难以克服的缺陷：代理制度非为代理人的利益而设，这是众所周知的事实。若将代理人的法律地位解释为权利，必然得出代理制度为代理人的利益而设的结论，因为权利是权利人维持或获得某种利益的工具。这种解释显然是于理不通的。[①]“资格说”虽较“权利说”可取，但该说没有揭示代理权的特性，且语意不明。本书采“权力说”，认为代理权属于私法上的权力。因为第一，代理人行使代理权，系为他人，而非自己谋取利益，与权力本意相通；第二，代理人有权排除他人对于处理代理事务的干扰；第三，《民法典》第162条规定，代理人在代理权限内，以被代理人名义实施的民事法律行为，对被代理人发生效力。汉语中，“权力”与“权限”常相互替代。因此，采“权力说”符合我国现行民事立法的规定。

二、代理权的取得

（一）委托代理

在委托代理中，代理人取得代理权是基于被代理人的授权行为。依据《民法典》第165条的规定：“委托代理授权采用书面形式的，授权委托书应当载明代理人的姓名或者名称、代理事项、权限和期限，并由被代理人签名或者盖章。”该授权行为属单方民事法律行为，无须取得代理人或第三人的同意，即可发生授予代理权的效力。授予代理权的行为可向代理人为之，也可向特定第三人为之，也可采公告的方式向不特定第三人为之；该行为可以采明示的方式，也可以采默示的方式，如店主雇用店员出售商品，由该事实可间接推知存在授予代理权的行为。《民法典》第170条确认，执行法人或者非法人组织工作任务的人员，就其职权范围内的事项，以法人或者非法人组织的名义实施民事法律行为，对法人或者非法人组织发生效力。法人或者非法人组织对执行其工作任务的人员职权范围的限制，不得对抗善意相对人。

授权行为的书面形式，称为授权委托书，又称代理证书。它是由被代理人制作的，证明代理人之代理权并表明其权限范围的证书。授权委托书只存在于委托代理中，在法定代理中，不存在授权委托书。在实际生活中，介绍信也被作为授权委托书使用，司法实践承认其法律效力。授权委托书具有单独的证明力。实践中，代理人实施代理行为，只需出具授权委托书，即可表明其代理权的存在。授权委托书的各种事项应记载明确，委托书授权不明的，应作出不利于被代理人的解释。

授予代理权的民事法律行为，大多以代理人和被代理人之间存在有基础关系为前提。如代理人与被代理人之间存在委托合同关系、合伙合同关系、承揽合同关系、劳动合同

---

① 参见彭万林主编：《民法学》，114页，北京，中国政法大学出版社，1994。

关系或雇佣合同关系等。授予代理权的民事法律行为系独立于这些基础关系的民事法律行为。学说上称为授权行为的独立性。就我国现行民事立法是否应当认可授权行为的独立性，存在争议。

如果认可授权行为的独立性，一旦作为授予代理权民事法律行为前提的委托合同、合伙合同等不成立、无效、被撤销或确定不发生效力，授予代理权的民事法律行为也相应不发生效力，代理人的代理权随之丧失，学说上称为授权行为的有因性。基于授权行为的有因性丧失代理权的代理人，仍以代理人身份与第三人进行代理行为的，为无权代理，善意第三人可借助表见代理制度保护自身的利益，以此实现对交易安全的保护。

（二）法定代理

在法定代理中，代理权之取得基于法律的直接规定。法定代理主要适用于被代理人为无行为能力人或限制行为能力人的情况。法律之所以作出规定，一是为了保护处于特定情况下的民事主体的利益；二是为了维护交易安全。

三、代理权行使的一般要求

（一）亲自行使代理权

被代理人之所以委托特定的代理人为自己服务，是基于对该代理人知识、技能、信用的信赖。因此，代理人必须亲自实施代理行为，才合于被代理人的愿望。除非经被代理人同意或有不得已的事由发生，不得将代理事务转委托他人处理。

（二）谨慎、勤勉、忠实地行使代理权

代理制度通常系为被代理人的利益而设，被代理人设立代理的目的，是为了利用代理人的知识和技能为自己服务，代理人的活动是为了实现被代理人的利益。因此，代理人行使代理权，应从被代理人的利益出发，而不是从他自己的利益出发，应谨慎、勤勉、忠实地处理好被代理人的事务，以增进被代理人的福利。

代理人应谨慎、勤勉地行使代理权。代理人不履行勤勉义务，疏于处理代理事务，使被代理人设定代理的目的落空，并遭受损失的，依据《民法典》第164条第1款规定，代理人不履行或者不完全履行职责，造成被代理人损害的，应当承担民事责任。代理人应向被代理人忠实报告处理代理事务的一切重要情况，以使被代理人知道事务的进展以及自己利益的损益情况。在代理事务处理完毕后，代理人还应向被代理人报告执行任务的经过和结果，并提交必要的文件材料。代理人在执行代理事务过程中，应尽保密义务，对于其知晓的被代理人的个人秘密和商业秘密，不得向外界泄露，或利用它们同被代理人进行不正当竞争。

代理人与相对人恶意串通，损害被代理人合法权益的，被代理人由此受到损失的，依据《民法典》第164条第2款的规定，由代理人和相对人负连带赔偿责任。

四、代理权行使的限制

（一）自己代理

所谓自己代理，是指代理人在代理权限内与自己为民事法律行为。在这种情况下，代理人同时为代理关系中的代理人和第三人，交易双方的交易行为实际上只由一个人实施。由于交易皆是以对方利益为代价追求自身利益的最大化，很难避免代理人为自己的利益牺牲被代理人利益的情况，因而自己代理，依据《民法典》第 168 条第 1 款的规定，除非事前得到被代理人的同意或事后得到其追认，法律不予承认。

（二）双方代理

双方代理又称同时代理，指一个代理人同时代理双方当事人为民事法律行为的情况。在交易中，当事人双方的利益总是互相冲突的，通过讨价还价，才能使双方的利益达到平衡。而由一个人同时代表两种利益，难免顾此失彼，因此，对于双方代理，依据《民法典》第 168 条第 2 款的规定，除非事先得到过双方当事人的同意或事后得到了其追认，法律应不予承认。

五、代理行为

代理行为即代理人行使代理权进行的民事法律行为。

（一）代理行为的性质

讨论代理行为的性质，是为了回答代理行为的法律效果为何直接或间接由被代理人承受。关于代理行为的性质，主要有以下学说：

（1）本人行为说。该说认为代理行为并非代理人的行为，而是本人的行为。该说实际上是将代理人的行为拟制为本人的行为。

（2）共同行为说。该说认为本人对于代理人的意思，以及代理人对于相对人的意思，互相结合方能产生法律效力，因此代理行为属于本人与代理人的行为。

（3）代理人行为说。该说认为代理行为就是代理人的行为，但其法律效果依法律规定直接或间接归属于本人。

学界通说认为，我国现行民事立法就直接代理中的委托代理采本人行为说，就直接代理中的法定代理采代理行为说，就间接代理采代理人行为说。

（二）代理行为的生效条件

代理行为属代理人行使代理权进行的民事法律行为，首先应满足民事法律行为的一般生效条件，方可发生当事人预期的法律效果。在判断代理行为是否满足民事法律行为一般生效条件时应注意，关于行为能力的有无，在法定代理和指定代理场合应就代理人决定之。关于意思表示是否真实，是否存在瑕疵，应就代理人决定之。但在委托代理中，如果代理人是依照本人的指示进行意思表示，关于意思表示是否真实，是否存在瑕疵，应就本人决定之。

除了满足民事法律行为的一般生效条件外，以代理人身份进行代理行为的当事人应具备代理权。无权代理的民事法律行为通常为效力存在欠缺的民事法律行为。

第三节 无权代理

一、无权代理的概念和类型

无权代理，是指不具有代理权的当事人所实施的代理行为。

无权代理，包括以下三种情况。

（1）根本未经授权的代理。即当事人实施代理行为，根本未获得被代理人的授权。

（2）超越代理权的代理。即代理人虽然获得了被代理人的授权，但他实施的代理行为不在被代理人的授权范围之内。就其超越代理权限所实施的代理行为，成立无权代理。依据《总则编司法解释》第 25 条的规定，数个委托代理人共同行使代理权，其中一人或者数人未与其他委托代理人协商，擅自行使代理权的，也属于无权代理。

（3）代理权已终止后的代理。即代理人获得了被代理人的授权，但在代理证书所规定的期限届满后，代理人继续实施代理行为，就其超过代理权存续期限所实施的代理行为，成立无权代理。

二、无权代理的法律效果

（一）发生与有权代理同样的法律效果

基于以下两种情形，无权代理可以发生与有权代理同样的法律效果。

1. 被代理人行使追认权

通过被代理人行使追认权，可使无权代理行为中所欠缺的代理权得到补足，转化为有权代理，发生与有权代理同样的法律效果。被代理人追认权的行使，有明示和默示两种方式。

所谓明示的方式，指被代理人以明确的意思表示对无权代理行为予以承认。所谓默示的方式，是指被代理人虽没有明确表示承认无权代理行为对自己的效力，但以特定的行为，如以履行义务的行为对无权代理行为予以承认。追认无权代理行为有效的权利，是被代理人基于意思自治原则所享有的权利，其法律性质为形成权。

被代理人追认权的行使，可以向交易相对人作出，也可以向无权代理人作出。一经作出追认，无权代理行为即获得如同有权代理行为同样的法律效力，因为追认的表示具有溯及力，无权代理行为自始有效，被代理人应接受因无权代理行为发生的法律效果。

被代理人追认权的行使，受到了交易相对人催告权的限制。所谓交易相对人的催告权，是指交易相对人在被代理人行使追认权之前，得向被代理人发出催告，要求其在相当期限内作出是否追认表示的权利。交易相对人催告被代理人在一定期间内行使追认权的，被代理人应及时行使，不及时行使的，视为拒绝追认。

2. 表见代理

表见代理为无权代理的一种，属广义的无权代理，它是指行为人虽没有代理权，但交易相对人有理由相信行为人有代理权的无权代理。此时，该无权代理可发生与有权代理同样的法律效果。我国《民法典》第 172 条明确承认了表见代理制度，确认行为人没有代理权、超越代理权或者代理权终止后以被代理人名义订立合同，相对人有理由相信行为人有代理权的，该代理行为有效。法律确认表见代理制度，意在保护动态的交易安全。

表见代理制度的构成要件为：

第一，行为人无代理权。即行为人在以代理人的身份进行民事法律行为时，并无代理权。所谓无代理权，仅指行为人对于正在实施的民事法律行为无代理权，包括根本未取得过代理权、超越代理权以及曾经取得的代理权已归于消灭。

第二，交易相对人有理由相信行为人拥有代理权。

这一要件要求交易相对人须为善意且无过失。民法中“善意”的判断标准有“积极观念说”和“消极观念说”之别。“积极观念说”是指当特定法律状态不存在时，交易相对人有理由相信存在有特定的法律状态。此时，交易相对人应承担举证责任，举证证明自己的确有理由相信存在有特定的法律状态。“消极观念说”则仅要求交易相对人不知道、也不应该知道不存在特定的法律状态。此时，交易相对人无须承担举证责任。表见代理制度中，交易相对人的善意须符合“积极观念说”的要求，其应就其善意负担举证责任。但交易相对人无须举证证明自己不存在过失。

通常情况下，交易相对人得通过证明有如下情形存在，来证明自身为善意。

（1）被代理人以明示或默示的方式向第三人表示以他人为自己的代理人，而事实上他并未对该他人进行授权或未就特定民事法律行为对该他人进行授权，交易相对人信赖被代理人的表示而与该他人为交易。

（2）被代理人与代理人之间的委托合同不成立、无效或被撤销，但尚未收回代理证书，交易相对人基于对代理证书的信赖，与行为人进行交易。

（3）代理关系终止后被代理人未采取必要措施，公示代理关系终止的事实并收回代理人持有的代理证书，造成第三人不知代理关系终止而仍与代理人为交易。

（4）行为人持有被代理人的介绍信、盖有合同专用章或盖有印章的空白合同书。但被代理人能够证明行为人持有的介绍信或空白合同书系“盗用”的，不发生表见代理制度的适用。

第三，交易相对人基于对行为人拥有代理权的信赖，与行为人进行民事法律行为。

第四，无权代理人与第三人所为的民事法律行为，合于民事法律行为的一般有效要件和代理行为的表面特征。

（二）不发生与有权代理同样的法律效果

1. 交易相对人行使撤销权

为衡平当事人之间的利益，与被代理人享有追认权相对应，善意的交易相对人享有撤销权。此处的善意系指交易相对人不知道且不应该知道行为人为无权代理，而且该交易相对人也未通过举证证明其有理由相信行为人有代理权。该善意交易相对人一旦行使撤销权，基于无权代理所为的民事法律行为就确定成为不生效的行为。交易相对人撤销权的行使，应注意：第一，应于被代理人行使追认权之前行使。第二，被撤销的无权代理行为，被代理人不得再为追认。第三，第三人关于撤销的意思表示，一般应向被代理人作出。

2. 被代理人拒绝行使追认权

无权代理行为发生后，被代理人享有追认或拒绝追认的选择权，代理行为处于效力未定状态。若被代理人明确表示拒绝追认或在交易相对人确定的催告期内不作出追认的表示，代理行为即不生效力。

无权代理不发生与有权代理同样的法律效果，并非不发生任何法律效果。依据《民法典》第171条第3款的规定，未经被代理人追认的无权代理行为，善意相对人有权请求行为人履行债务或者就其受到的损害请求行为人赔偿，但是赔偿的范围不得超过被代理人追认时相对人所能获得的利益。依据第4款的规定，如果交易相对人知道或者应该知道无权代理情形的，相对人和行为人按照各自的过错承担责任。

第四节　代理关系的消灭

一、代理关系消灭的原因

（一）委托代理关系消灭的原因

（1）依据《民法典》第173条的规定，委托代理关系消灭的一般原因为：

1）代理期限届满或代理事务完成。期限届满或事务完成的时间，以代理证书记载的为准。记载不明的，被代理人有权随时以单方面的意思表示加以确认。

2）被代理人取消委托或代理人辞去委托。代理关系以人身信任为存在基础，一旦这一基础丧失，在被代理人方面，可以取消委托；在代理人方面，可以辞去委托。代理人辞去委托时，应履行善后义务，于新的代理人继任前，继续处理代理事务。

3）代理人丧失民事行为能力。代理人的活动条件为其行为能力，被代理人所要借助的，也是这种能力。代理人一旦失去行为能力，代理人关系当然消灭。

4）代理人或者被代理人死亡。代理人死亡，致使代理关系一方失去了主体，而且这一特定的社会关系不再存在，代理权便终止。被代理人死亡后，存在如下情形，依据《民法典》第174条的规定，委托代理人实施的代理行为有效：其一，代理人不知道并且不应当知道被代理人死亡；其二，被代理人的继承人予以承认；其三，授权中明确代理权在代理事务完成时终止；其四，被代理人死亡前已经实施，为了被代理人的继承人的利益继续代理。作为被代理人的法人、非法人组织终止的，参照适用这一规则。

5）被代理人或代理人为法人或者非法人组织时，因法人或者非法人组织终止而使代理关系消灭。

此外，学说及审判实践尚认可委托代理关系消灭的其他原因。如授予代理权的行为附有解除条件或终期，于条件成就或期限届至时，代理关系消灭；作为授予代理权行为的基础关系，如委托合同、合伙合同、雇佣合同、承揽合同、劳动合同等终止，代理关系消灭。

（2）间接代理关系消灭的特别原因。

1）委托人的自动介入

依据《民法典》第925条，受托人作为代理人以自己的名义，在委托人的授权范围内与第三人订立合同，第三人在订立合同时，知道受托人与委托人之间的代理关系的，该合同直接约束委托人和第三人，此时代理关系消灭。但有确切证据证明该合同只约束受托人和第三人的除外。

2）委托人行使介入权或者第三人行使选择权

依据《民法典》第926条第1款，间接代理制度中，第三人在与受托人订立合同的当时，不知道受托人与委托人之间的代理关系的，一旦受托人因第三人的原因对委托人不履行义务，受托人应当向委托人披露第三人，一旦委托人选择行使受托人对第三人的权利的，代理关系消灭。但第三人与受托人订立合同时如果知道该委托人就不会订立合同的除外。

依据《民法典》第926条第2款，间接代理中，受托人因委托人的原因对第三人不履行义务，受托人应当向第三人披露委托人。第三人因此选择委托人作为相对人主张其权利的，代理关系消灭。

（二）法定代理关系的消灭原因

依据《民法典》第175条，法定代理终止的原因有：

（1）被代理人已取得或者恢复完全民事行为能力，使代理成为不必要；（2）代理人丧失民事行为能力；（3）代理人或者被代理人死亡；（4）法律规定的其他情形。

二、代理关系消灭的效果

（1）代理关系消灭后，代理权归于消灭，代理人不得再以代理人的身份进行活动，否则即为无权代理。

（2）代理关系消灭后，代理人在必要和可能的情况下，应向被代理人或其继承人、遗嘱执行人、清算人、新代理人等，就其代理事务及有关财产事宜作出报告和移交。

（3）委托代理人应向被代理人交回代理证书及其他证明代理权的凭证。

问题与思考

1. 试述代理的分类。

2. 试析代理权的性质。

3. 试述代理权行使的限制。

4. 什么是复代理?

5. 间接代理关系消灭的原因有哪些?

6. 案例分析:

甲在某市书法界小有名气,常有人请他题字作诗。该市某宾馆为了庆祝5周年对宾馆进行装修,请甲题字5幅,甲满口答应。但是后来因为种种原因,甲迟迟没有时间完成作品,就让自己的几个学生以自己的名义代做了3幅,自己仅题了2幅交给了该宾馆。由于其学生的作品与甲风格相差很大,水平也远不及甲,结果代做的事被该宾馆经理发现。双方遂产生纠纷,宾馆只同意支付2幅字的报酬,并要求甲承担因为耽误装修给宾馆造成的损失。甲则坚持认为自己已经按期交付了作品。

试分析双方的说法。

第十一章
时效制度和期间

本章概要

诉讼时效制度有利于稳定社会经济秩序，督促权利人及时行使权利，保证法院及时、准确地解决各种民事纠纷。本章将介绍诉讼时效的相关问题，包括诉讼时效的适用范围，诉讼时效的分类，诉讼时效的起算，诉讼时效的中断、终止和延长以及诉讼时效期间届满的后果。

本章还讨论了期间、除斥期间以及期间的计算问题。

第一节　时效制度概述

一、时效制度的概念和特征

顾名思义，时效就是时间的法律效力，是指一定的事实状态在法定期间内持续存在，从而产生与该事实状态相适应的法律效力的法律制度。[①] 时效是各国所普遍承认的法律制度。一般而言，时效制度分为取得时效和消灭时效。这两种时效制度在构成要件、法律效果方面均存在明显的区别，但它们均具有如下特征。

（1）时效是以一定的事实状态的存在和持续为前提的。法律之所以赋予时效以一定的法律效果，是因为一定的事实状态持续不断，不论其与真实权利关系是否一致，民事主体都已经在这种社会状态下正常生活，并且具有一定的社会稳定性。因此，这就需要在法律上对这种事实状态予以一定的规制，从而产生了时效制度。[②] 在时效制度中，占有他人的财产的事实状态持续相当的时间，占有人可以被视为真实权利人，这就是取得时效所产生的法律后果；如果不行使权利的事实状态持续相当的时间，可以认为未予行使

① 参见魏振瀛主编：《民法》，190 页，北京，北京大学出版社、高等教育出版社，2010；梁慧星：《民法总论》，2 版，236 页，北京，法律出版社，2011。

② 参见洪逊欣：《中国民法总则》，554 页，台北，三民书局，1992。

的某种权利已经消灭，这就是消灭时效产生的法律效果。①

(2) 时效系以一定期间的经过为要素。时间是影响法律关系产生、消灭、变更的一个重要因素。任何法律关系都可能受到时间的影响，而时效是时间对法律关系产生影响的最直接的体现。在取得时效中，一定时间的经过，将使无权占有人取得一定的法律上的权利。在诉讼时效中，一定时间的经过，将使权利人丧失一定的法律上的权利。

(3) 时效为法律事实。对于时效究竟属于事件还是属于自然事实中的状态，学者有不同的看法。本书认为，时效的构成要件与当事人的有意志的行为在性质上是不同的，不能将其归入行为的范畴，而应当将其归入行为之外的法律事实。而且时效的要件是权利不行使的状态持续一段时间，因而不属于事件，而应属于一种事实状态。

一定的事实状态的经过固然可以导致取得某种权利或者丧失某种权利的法律效果，但时效的完成并不能导致起诉权的消灭。起诉权（向法院提出请求的权利）是在任何时候都不会丧失的，因为任何人都可以请求法院保护他被侵犯的权利，这种请求权是不能被剥夺的。② 在时效届满以后，有关当事人可以到法院提起诉讼，法院仍然应当受理，法院不得以时效届满为由驳回起诉。但对方当事人可以主张时效利益，即主张依取得时效而取得一定权利，或主张因诉讼时效届满致使对方权利消灭。

二、时效制度的功能

严格地说，取得时效和消灭时效的功能有一定的区别，但是，它们作为时效制度的组成部分均具有一些共同的功能。如果权利人在相当长的时间内不行使权利，财产的占有人就可能因为长时间的占有而形成某种事实上的财产秩序，并获得某种利益。义务人有可能因为权利人不主张请求权而使其给付义务长时间处于停止状态，从而获得某种利益。一定的事实状态持续相当时期，便使他人产生信赖利益。所以，从维护交易安全、稳定正常的财产秩序和生活秩序出发，需要对此种事实状态予以保护。时效制度的功能主要体现在如下三个方面。

(1) 督促权利人及时行使权利。时效制度的一个重要内容就是：如果权利人享有权利但不积极地行使权利，将产生权利消灭或效力减损的法律后果。时效本身就体现了“法律保护勤勉者，不保护懒惰者”的原则。财产的权利人虽然享有权利，但其长期“睡眠于权利之上”，不主动行使权利，则不利于物尽其用。无论是诉讼时效还是取得时效都具有促使权利人积极行使权利，从而提高物的使用效率的功能。法律并不保护“睡眠于权利之上者”，而只保护积极行使权利的人，这就是时效制度的立法宗旨之所在。③

(2) 维护法律秩序的稳定。在社会生活中，一定事实状态的继续必然会产生相应的法律秩序。例如，占有人占有某项财产经过了一定的时间，占有人已在该财产上形成了租赁、买卖等，设定各种法律关系和权利，从而形成一定的财产秩序。在交易中，如果

① 参见［日］四宫和夫：《日本民法总则》，唐晖等译，299页，台北，五南图书出版公司，1995。

② 参见［苏］诺维茨基：《法律行为、诉讼时效》，康宝田译，155页，北京，中国人民大学出版社，1956。

③ 参见王泽鉴：《民法总则》，492页，北京，北京大学出版社，2009。

请求权人长期不向义务人主张权利，就会使义务人认为，权利人已经放弃其请求权，这就在社会中形成一定的秩序。所以法律要通过时效制度来维护既定的财产秩序和交易秩序，如果经过相当长的时间，权利人行使权利将推翻既定的社会秩序，不利于法律秩序的稳定。

（3）有利于证据的收集和判断，并及时解决纠纷。“时效法欲保护的应该是被告免受由很久以前的事件引起的陈年旧账般的权利主张的困扰。”[①] 因为民事案件证据的收集通常较为复杂，年代越久，诉累越重，如无时间的限制，原权利人举证负担沉重，现在的权利人不堪其扰，法院也会增加审判的负担，因而法律规定时效制度，有利于证据的收集和判断，并及时解决纠纷。[②]

三、时效的类型

（一）取得时效与诉讼时效的含义

时效分为两种类型，即取得时效和诉讼时效。取得时效，又称为占有时效，是指占有他人的动产、不动产或者其他财产权的事实状态经过一定的期限以后，将取得该动产和不动产的所有权和其他财产权。诉讼时效，又称为消灭时效，是指权利人于一定期间内不行使请求权即使义务人可以享有不履行义务的抗辩权利。这是时效的两种基本的分类。

一般认为，完整的时效制度包括取得时效和诉讼时效两部分。各国对时效制度的立法体例存在两种模式：第一，统一主义，即将取得时效与消灭时效统一规定。《法国民法典》《日本民法典》采取了此种主张。第二，分别主义，即将两种时效分别规定。《德国民法典》采取了此种主张，在总则中设立消灭时效，而在第三编“物权”中规定取得时效。

我国《民法通则》规定了诉讼时效，但受苏联民法理论的影响，并没有采纳取得时效制度，其主要理由在于，立法者认为取得时效承认非所有权人可以基于占有取得他人的所有权，与社会主义国家提倡的“拾金不昧”“公物还家”等传统美德不符。[③] 该法专设第七章规定了诉讼时效，从而规定了时效的基本制度。我国《民法典》总则编继续采纳了《民法通则》的做法，仅规定了诉讼时效，而没有规定取得时效。《民法典》合同编、人格权编、继承编，《海商法》等法律中也分别规定了特别诉讼时效，此外，最高人民法院关于诉讼时效问题颁布了一些司法解释，从而构建了我国完整的诉讼时效制度。

（二）取得时效与诉讼时效的区别

诉讼时效与取得时效虽然同为时效制度，都是指一定的事实状态、持续一定的期间，均要产生一定的法律后果，但二者是两种不同的制度，具体区别如下。

---

① David Oughton，John Lowery，Robert Merkin，*Limitation of Actions*，LLP，1998，p. 4.

② 参见王泽鉴：《民法总则》，492 页，北京，北京大学出版社，2009。

③ 参见佟柔主编：《中国民法》，603 页，北京，法律出版社，1990。

（1）二者的法律后果不同。诉讼时效期间届满后，将导致抗辩权的发生，权利人仍然享有权利，但如果其请求法院强制义务人履行义务，债务人有权基于诉讼时效期间届满的事实而提出抗辩。债务人虽然取得了拒绝履行抗辩的法律后果，但却不能因此而获得该项实体权利。如果财物已经由债务人占有，法院也不能以诉讼时效届满为由，确认债务人对该财物享有所有权，所以诉讼时效并不具有确认产权归属的功能，甚至其与权利取得本身并无直接的关系。而依取得时效制度，占有人长期、合法、善意并且不中断地占有他人之物，经过一定的期间，可以取得所有权或其他物权。

（2）二者的适用对象不同。诉讼时效主要适用于请求权，具体包括基于合同债权的请求权、基于侵权行为的请求权、基于无因管理的请求权、基于不当得利的请求权以及其他债权请求权①，而所有物返还请求权原则上不应适用诉讼时效。而取得时效的适用对象主要是物权。一般认为，人格权、知识产权等权利不适用取得时效。

（3）二者的适用条件不同。诉讼时效是指权利人在一定期限内不行使权利，致使其权利的效力减弱，其适用的条件是权利人不积极行使权利并经过了法定期限。而取得时效是指以自己所有的意思，公开、和平、持续地占有他人的动产或不动产，达到一定的期限，从而可以依法取得所有权或他物权。

第二节 诉讼时效概述

一、诉讼时效的概念

所谓诉讼时效，是指权利人在法定期间内不行使权利即导致义务人有权提出拒绝履行的抗辩权的法律制度。从比较法上看，各国的立法例各不相同。瑞士、俄罗斯、埃塞俄比亚等国家采取的是诉讼时效的概念；德国、日本、意大利等国家采取的是消灭时效的概念。② 在我国民法中，究竟应该采取诉讼时效还是消灭时效的概念，存在不同的观点。我国《民法通则》采纳了诉讼时效的概念。《民法典》吸纳了《民法通则》的经验，采纳的是“诉讼时效”的概念。

本书认为，采纳消灭时效概念虽有一定的道理，但比较而言，采纳诉讼时效的概念更为妥当，理由在于：一方面，虽然仲裁、诉讼外的请求都可以适用诉讼时效制度，但国家通过法院保护权利人请求权的实现是现代社会纠纷解决的常态。民法上许多规定虽主要针对诉讼活动而设立，但也可适用于仲裁，诉讼时效也不例外。因此，将其称为诉讼时效是恰当的。③ 另一方面，消灭时效概念有可能会使人误以为时效届满将导致实体权

---

① 参见王泽鉴：《民法总则》，411页，北京，北京大学出版社，2009。

② 对德国民法上“Verjahrung”一词，学者间有不同的译法：郑冲、贾红梅译《德国民法典》时译之为“时效”；邵建东译《德国民法总论》时译之为“消灭时效”。梅仲协先生指出，“Verjahrung”在德国法上原指“时效”，用以指称法定期间经过后，义务人取得抗辩权，得拒绝履行其给付义务的制度，但权利并不因此而消灭，唯请求权减损其力量而已，因此称消灭时效不妥。参见梅仲协：《民法要义》，154页，北京，中国政法大学出版社，1998。

③ 参见佟柔主编：《中国民法学·民法总则》，314页，北京，中国人民公安大学出版社，1990。

利消灭，但在我国法中，时效届满并不发生请求权的消灭，而只是使义务人获得时效抗辩权。消灭时效强调消灭某种权利，但这和时效的本质不完全吻合。此外，就我国的立法实践而言，一直采用的是诉讼时效的概念，从法的延续性的角度而言，仍然应该继续采用这一概念，从而保持法律的稳定性和民众对法律的一贯理解。

诉讼时效制度是民法总则的一项重要制度。它可适用于各种类型的债权请求权，我国《民法典》以专章（第一编第九章）的形式对“诉讼时效”制度作出了规定，其包括诉讼时效的适用范围、诉讼时效届满的法律后果、法院应否主动援引诉讼时效的规定以及诉讼时效的中止、中断、延长等问题。

二、诉讼时效期间的特征

诉讼时效是关于权利行使期限的规定，它直接表现为一定的期间。在民法上，期限类型很多，因为民事法律关系的产生、变更和消灭，常常和期限联系在一起，诉讼时效不过是期限的一种类型。但和其他的期限相比较，诉讼时效期间具有如下特点。

（1）具有法定性。诉讼时效期间是权利人请求人民法院保护其民事权利的法定期限。超过该期限以后，当事人的民事权利的效力就会受到一定的影响。[①] 诉讼时效期限不是当事人约定的期限，而是由法律直接规定的期限。不行使权利的事实，经过该法定的期限，将产生时效届满的后果。当然，与除斥期间以及其他期限相比较，诉讼时效的期限并不是固定不变的，在符合法律规定的条件下，可以中止、中断或延长。

（2）具有强制性。诉讼时效的强制性包括四个方面的内容：第一，禁止当事人通过约定排斥时效规范的适用。强行性规范本身的含义是指当事人不能通过约定排除其适用。而法律关于诉讼时效的规定，是不能由当事人通过约定予以排斥适用的。第二，禁止当事人违反时效的规定，约定延长或缩短诉讼时效期间。[②] 在比较法上，有些国家和地区允许当事人通过约定延长或缩短诉讼时效期间；也有些国家和地区禁止当事人作出此种约定。[③]《民法典》第 197 条对诉讼时效的强制性作出了规定，明确禁止当事人通过约定延长或缩短诉讼时效期间。第三，禁止当事人就诉讼时效的计算方法作出约定。此处所说的计算方法，主要是指诉讼时效自何时开始起算。如果允许当事人就时效的计算方法进行约定，实际上等同于允许其延长或缩短诉讼时效期间。第四，禁止当事人就诉讼时效中止、中断的事由作出约定。诉讼时效中止或中断的事由必须由法律规定，因为它们对于时效期间的确定具有重要意义，如果允许当事人任意约定，时效的强制性就受到很大的影响。尤其应当看到，强调诉讼时效期间等规则的强制性也有利于维护诉讼时效规则的统一性，因为如果允许当事人约定诉讼时效期间等规则，可能需要法官对每项约定是否合理作出具体判断，可能影响司法裁判的统一性，也不合理地增加了司法成本。

---

① 当然，各国对于超过诉讼时效期间的法律效果有不同的规定，有抗辩权发生说、实体权消灭说、胜诉权消灭说等各种立法例。

② 参见“梁某喜等与梁某翠物权保护纠纷上诉案”，湖北省宜昌市中级人民法院（2010）宜中民一终字第 487 号民事判决书。

③ 参见史尚宽：《民法总论》，625 页，北京，中国政法大学出版社，2000。

（3）体现了义务人的时效利益。所谓时效利益，是指诉讼时效期间届满以后，权利人丧失了请求法院依诉讼程序强制义务人履行义务的权利，义务人因此可以不履行义务。在时效期间届满以后，义务人所享有的时效利益受到法律的保护。当然，诉讼时效期间届满后，义务人所享有的时效利益本质上是当事人的私益，其有权予以抛弃。但是，考虑到债务人利益的保护，《民法典》第 192 条第 2 款禁止诉讼时效利益的预先抛弃。

三、诉讼时效与仲裁时效

诉讼与仲裁均为纠纷的解决方式。仲裁时效与诉讼时效对应，它是指权利人向仲裁机构请求保护其权利的期限。[①] 从我国立法来看，有的法律对仲裁的时效问题作出了特别规定，例如，《民法典》第 594 条规定："因国际货物买卖合同和技术进出口合同争议提起诉讼或者申请仲裁的时效期间为四年。"

严格地说，诉讼时效和仲裁时效在性质上是有区别的，但两者又有一定的联系，因此，《仲裁法》第 74 条规定："法律对仲裁时效有规定的，适用该规定。法律对仲裁时效没有规定的，适用诉讼时效的规定。"《民法典》借鉴了该规则，于第 198 条规定："法律对仲裁时效有规定的，依照其规定；没有规定的，适用诉讼时效的规定。"依据该条规定，如果法律对仲裁的时效作出了特别规定（如《劳动争议调解仲裁法》《农村土地承包经营纠纷调解仲裁法》），则适用该特别规定。例如，《农村土地承包经营纠纷调解仲裁法》第 18 条规定，农村土地承包经营纠纷的仲裁时效期间为 2 年，因此，此类纠纷的仲裁就应当适用这一规定，而不能适用《民法典》规定的 3 年时效期间。如果法律未对仲裁时效作出规定，则适用《民法典》关于诉讼时效的规则。例如，《农村土地承包经营纠纷调解仲裁法》没有对仲裁员是否可以主动援引时效规则作出规定，此时就应当适用《民法典》第 193 条的规定，不允许仲裁员主动适用仲裁时效的规定。

四、诉讼时效期间的分类

诉讼时效期间，又称时效期间，是指权利人请求人民法院保护其民事权利的法定期间。通常可以将其分为如下三种。

（一）普通诉讼时效期间

所谓普通诉讼时效期间，是指由民事基本法规定的普遍适用于应当适用时效的各种法律关系的时效期间。《民法典》第 188 条第 1 款规定，普通诉讼时效期间为 3 年，该条改变了《民法通则》2 年普通诉讼时效的规定，更有利于保护权利人的利益。

从比较法上看，目前存在一种逐渐缩短消灭时效期间的趋势，这主要是因为大陆法系国家的消灭时效原来规定得太长（如《法国民法典》规定的普通时效期间为 30 年），

---

① 参见常英主编：《仲裁法学》，108 页，北京，中国政法大学出版社，2013。

因而有必要予以缩短。而我国原《民法通则》规定的 2 年普通诉讼时效确实过短，虽然这种规定有利于促进民事流转和交易的迅速发展，促使当事人尽快行使权利，但确实对权利人的保护是不利的，且不符合社会一般人关于债务必须履行的观念，因此，《民法典》将普通诉讼时效的期间延长为 3 年。

（二）特别诉讼时效期间

所谓特别诉讼时效期间，是指由民事基本法或特别法针对某些民事法律关系规定的特别时效期间。按照特别法优先于普通法的一般规则，如果符合特别诉讼时效规定的情况的，应当适用特别诉讼时效，而不应当适用普通诉讼时效。在我国现行民事立法中，有关特别诉讼时效的规定散见于《民法典》和民事单行法，主要包括如下几种。

1.《民法典》的相关规定

考虑到国际货物买卖的特殊性，法律上规定了特殊的诉讼时效期间。《民法典》第 594 条规定："因国际货物买卖合同和技术进出口合同争议提起诉讼或者申请仲裁的时效期间为四年。"可见，国际货物买卖合同和技术进出口合同的时效要比一般合同的普通诉讼时效期间更长。

2.《民法典》之外的其他法律规定

在《民法典》之外，《海商法》《票据法》等也都规定了特殊的诉讼时效。这些特殊时效有的比普通诉讼时效期间要短，例如，《海商法》第 257 条第 1 款规定："就海上货物运输向承运人要求赔偿的请求权，时效期间为一年，自承运人交付或者应当交付货物之日起计算；在时效期间内或者时效期间届满后，被认定为负有责任的人向第三人提起追偿请求的，时效期间为九十日，自追偿请求人解决原赔偿请求之日起或者收到受理对其本人提起诉讼的法院的起诉副本之日起计算。"法律设定特别诉讼时效的目的，主要是根据不同纠纷的法律特点来适用不同的诉讼时效。如果证据比较清楚，法律关系比较单一，则一般适用普通诉讼时效，要求当事人尽快地行使权利。但是对于纠纷比较复杂，且在相当长的一段时间内，证据不会丢失的，则应当适用更长一些的诉讼时效。由于《民法典》中没有对上述特殊的诉讼时效作出规定，依据《民法典》第 11 条的规定，特别法的规定应当优先适用，因而，特别法上的特殊时效规则仍然应当优先予以适用。

（三）最长诉讼时效期间

所谓最长诉讼时效期间，学说上又称绝对时效期间，是指诉讼时效存续的最长期间。《民法典》第 188 条第 2 款规定最长诉讼时效期间为 20 年。从该条规定来看，最长诉讼时效期间具有如下特点。

（1）具有固定性。最长诉讼时效设立的宗旨就是要对民事权利的保护设立一个最长的固定期限，一般超过这个最长的期限，则对该民事权利不予保护。所以，该期限不适用诉讼时效中止、中断的规定。因为一旦可以适用诉讼时效中止、中断的规定，最长诉讼时效就成为可变期间，与一般的普通诉讼时效没有实质性的差别，这也使得设立 20 年时效期间的立法目的难以实现。[①]

(2) 在起算上，从权利受损害之日起计算，而不采用主观主义的计算方法，即不是从权利人知道或者应当知道权利遭受侵害之日起计算。既然最长诉讼时效设立的目的就是对权利的保护设立一个最长期限，因此就应当对其起算点设定一个统一、固定的标准，只有这样，20 年的期限才能得以固定。

(3) 一般不适用诉讼时效延长的规定。从设立最长诉讼时效制度的目的来看，其主要是给权利的行使设立一个固定的期限，或者说设立一个最长的保护期限，如果最长的期限仍然可以延长，且对延长的上限没有限制，这就造成最长诉讼时效成为可变期限，也会使最长诉讼时效的功能不复存在。当然，依据《民法典》第 188 条第 2 款的规定，如果存在特殊情况的，人民法院可以根据权利人的申请决定延长。

第三节 诉讼时效的适用范围

一、诉讼时效主要适用于债权请求权

诉讼时效的适用范围也称诉讼时效的客体。在德国法中，消灭时效的适用对象仅限于请求权，所以消灭时效又称为请求权的消灭时效。[②] 在我国，《民法典》第 188 条第 1 款规定："向人民法院请求保护民事权利的诉讼时效期间为三年。法律另有规定的，依照其规定。"该条对诉讼时效作出了规定，但其只是使用了"民事权利"这一表述，而没有对诉讼时效的适用范围作出明确界定。而《民法典》第 196 条关于不适用诉讼时效的请求权的情形，主要针对的是物权请求权和人格权请求权。由此可见，诉讼时效应当主要适用于债权请求权。另外，《诉讼时效司法解释》第 1 条规定，"当事人可以对债权请求权提出诉讼时效抗辩"。该条实际上明确了，诉讼时效的适用范围原则上限于债权请求权。

债权请求权是特定的债权人请求债务人为一定的行为或不为一定行为的权利。从原则上说，债权的请求权都可以适用诉讼时效。如合同之债、侵权之债、无因管理之债、不当得利之债等，均可以适用诉讼时效。[③] 诉讼时效之所以适用于债权请求权，原因在于：一方面，债权请求权在内容上是请求他人为一定的行为或不为一定的行为的权利，此种请求权的实现有赖于义务人履行一定的给付义务，但这种给付义务实际上对义务人来说是一种负担，这种负担应当在一定的期限内存在，而不能无期限地持续下去。否则，义务人长期负担某项给付义务，不利于社会经济关系的稳定。这也决定了请求权不同于支配权，它不能无期限地长期存在下去，也就是说，它一定受到诉讼时效期限的限制。另一方面，债权请求权虽有赖于义务人履行义务才能实现，不过，如果义务人不履行义

---

① 参见李适时主编：《中华人民共和国民法总则释义》，594 页，北京，法律出版社，2017。

② 参见蔡章麟：《简介德国民法消灭时效制度》，载郑玉波主编：《民法总则论文选辑（下）》，786 页，台北，五南图书出版公司，1984。

③ 参见王泽鉴：《民法总则》，522 页，北京，北京大学出版社，2009。

务，权利人有权请求法院保护其权利的实现。但这种请求保护的权利，也要有时间的限制，否则可能因年代久远而出现举证困难等问题，使当事人的合法权益难以受到法院的保护。[①] 所以，从诉讼保护的需要出发，也应使请求权受到诉讼时效的限制。还要看到，时效发生的效果就是产生抗辩权，抗辩权正是与请求权相对应的、针对请求权进行防御的权利。从这个角度而言，时效抗辩权只能针对请求权适用。

从《诉讼时效司法解释》第 1 条的规定来看，物权请求权不适用诉讼时效。所谓物权请求权，是指基于物权而产生的请求权，也就是说，物权人在其物被侵害或有可能遭受侵害时，有权请求恢复物权的圆满状态或排除妨害。物权请求权是基于物权而产生的与物权不可分离的一种独立的请求权。关于物权请求权是否适用诉讼时效，一直存在争议。一般认为，物权请求权原则上不适用诉讼时效的规定，主要理由在于：一方面，物权请求权是物权效力的具体体现，是包含在物权权能之中的，只要物权存在，物权请求权就应该存在。由于物权本身作为支配权，不适用诉讼时效的规定，因而作为物权的一部分的物权请求权，也不应当因时效届满而消灭。另一方面，物权请求权的主要功能是保证对物的圆满支配，它是保护物权的一种特有方法，如果物权请求权因时效届满而消灭，但是物权继续存在，将使物权成为一种空洞的权利。[②] 此外，对停止侵告、排除妨害、消除危险等物权请求权而言，还存在如何确定诉讼时效的起算点的困难。因为物权请求权通常适用于各种继续性的侵害行为。所谓继续性的侵害行为是指这类侵害和妨害行为通常是持续不断进行的，例如在他人的房屋边挖洞，只要该洞继续存在就会威胁到他人房屋的安全。在此情况下，如何确定诉讼时效的起算点，也比较困难。

二、不适用诉讼时效的请求权

并不是所有的请求权都可以适用诉讼时效，《民法典》第 196 条规定："下列请求权不适用诉讼时效的规定：（一）请求停止侵害、排除妨碍、消除危险；（二）不动产物权和登记的动产物权的权利人请求返还财产；（三）请求支付抚养费、赡养费或者扶养费；（四）依法不适用诉讼时效的其他请求权。"据此可见，以下几种请求权并不适用诉讼时效。

（一）请求停止侵害、排除妨碍、消除危险

这三种情形都是绝对权受到侵害或有侵害之虞的情形，不应当适用诉讼时效，主要理由在于：上述三种请求都涉及绝对权的保护问题。如前所述，学理上一般认为，物权请求权一般不适用诉讼时效。[③] 例如，某人在他人的房屋旁边挖洞，影响他人房屋安全，行为人一直未将该危险消除，此时，受害人请求消除危险不能认为诉讼时效已经届满。此外，在请求停止侵害、排除妨碍、消除危险的情形下，由于行为人的侵权行为一直处

---

① 参见王泽鉴：《民法总则》，410 页，北京，北京大学出版社，2009。

② 参见史尚宽：《民法总论》，569 页，北京，中国政法大学出版社，2000；黄立：《民法总则》，463 页，北京，中国政法大学出版社，2002。

③ 参见王泽鉴：《民法总则》，497 页，北京，北京大学出版社，2009。

于持续状态，诉讼时效无法确定起算点，因而不应当适用诉讼时效。需要指出的是，无论是侵害物权，还是侵害人格权（参见《民法典》第995条），都可以适用停止侵害等绝对权请求权，一般都不适用诉讼时效。

《民法典》第995条规定："人格权受到侵害的……受害人的停止侵害、排除妨碍、消除危险、消除影响、恢复名誉、赔礼道歉请求权，不适用诉讼时效的规定。"该条似乎与《民法典》第196条第1项的规定类似。事实上，《民法典》第196条第1项所规定的不适用诉讼时效的权利与《民法典》第995条关于人格权请求权的规定不同。二者的区别主要体现为：一方面，《民法典》第196条第1项所规定的请求停止侵害、排除妨碍、消除危险的权利适用于所有绝对权的保护；而《民法典》第995条关于人格权请求权的规定在形式上大于第196条第1项的范围，其还包括消除影响、恢复名誉、赔礼道歉请求权，当然，就前三项请求权（停止侵害、排除妨碍、消除危险）而言，其可以被第196条第1项所涵盖。另一方面，《民法典》第995条虽然也规定了停止侵害、排除妨碍等请求权不适用诉讼时效，但其本意是强化对人格权的保护，即只要行为人的行为影响到权利人对其人格权益的圆满支配状态，权利人就可以依据该条规定提出请求；而第196条第1项则适用于所有绝对权的保护。而且，《民法典》第995条的功能不仅在于规定停止侵害、排除妨碍等请求权不适用诉讼时效，其还具有创设人格权请求权的功能。

（二）不动产物权和登记的动产物权的权利人请求返还财产

依据《民法典》第196条的规定，不动产物权和登记的动产物权的权利人请求返还财产的权利不适用诉讼时效，具体而言：

一是不动产物权。我国对不动产物权变动采用登记要件主义，不动产物权的设立、变更、消灭都要办理登记，登记簿本身能够产生一定的公信力。只要登记记载中显示出了不动产的权属状态，第三人就应当相信登记记载的权利人是真实的权利人。交易第三人因信赖登记簿而进行交易的，相关的交易关系也受到法律保护。[①] 因此，就已经登记的不动产物权而言，因为不动产登记簿本身是由国家公权力机关制作的，表明了不动产的权属关系，在此情况下，单纯占有不动产本身并不能使第三人产生信赖，也不必通过时效制度来保护此种信赖。且在第三人进行不动产交易时，其也负有查询登记簿的义务。

由于不动产物权的保护不应当受到诉讼时效的限制，故权利人可以随时请求返还财产。在不动产已经登记的情形下，如果已登记的不动产仍然适用诉讼时效，即不动产物权超过一定期限后，权利人就不能请求返还财产，就会导致登记制度和时效制度产生冲突和矛盾。[②] 当然，该条并没有要求必须是已经登记的不动产，因此，对不动产物权而言，即便没有登记，也不能适用诉讼时效。例如，针对农村的房屋目前尚未完全建立统一的不动产登记查询系统，如果某个农民外出打工，其房屋被他人占有，不能认为经过3年，就不能请求返还。

---

① 参见杜万华主编：《最高人民法院物权法司法解释（一）理解与适用》，378页，北京，人民法院出版社，2016。

② 参见李适时主编：《中华人民共和国民法总则释义》，624页，北京，法律出版社，2017。

二是登记的动产物权。登记的动产物权是指依据我国法律规定进行登记的动产。例如，《民法典》第225条规定："船舶、航空器和机动车等的物权的设立、变更、转让和消灭，未经登记，不得对抗善意第三人。"虽然我国物权法对特殊动产的物权变动采登记对抗主义，但对特殊动产的登记，和不动产登记一样，也会产生一定的公信力，第三人信赖该登记而与其发生交易，该信赖应当受到法律保护。[①] 对已经登记的动产物权而言，第三人非法侵占或侵害，物权人要求停止侵害、返还财产、排除妨害，第三人不享有时效届满的抗辩。

需要指出的是，依据《民法典》第196条规定，未登记的动产物权应适用诉讼时效的规定。例如，甲外出打工数年，其家传古董被他人侵占，依据《民法典》第196条第2项的规定，其返还请求权可能会受到诉讼时效的限制，这显然是不合理的，也不符合社会一般人的观念。不过，虽然未登记的动产物权可以适用诉讼时效，但在诉讼时效期间届满后，义务人也不能取得该动产物权，该动产的物权仍归属于原权利人，只是在权利人主张权利时占有人享有抗辩权而已。

（三）请求支付抚养费、赡养费或者扶养费

依据《民法典》第196条第3项的规定，请求支付抚养费、赡养费或者扶养费的权利不受诉讼时效的限制。所谓抚养费，是指义务人因抚养义务而应当支付的费用；所谓赡养费，是指义务人因赡养义务而应当支付的费用；所谓扶养费，是指义务人因扶养义务而应当支付的费用。[②] 其中，长辈对晚辈支付的费用称为抚养费；晚辈对长辈支付的费用称为赡养费，相同辈分的人之间支付的费用称为扶养费。

法律之所以作出此种规定，是因为一方面，支付抚养费、赡养费或者扶养费的权利关系到权利人的基本生活保障，如果受到诉讼时效的限制，则可能影响权利人的基本生活。要构建和谐的家庭关系，对于家庭生活中的弱者不能完全按照交易规则处理，而必须对其进行倾斜性保护。尤其是为了维护家庭的和谐，提升家庭的凝聚力，应鼓励义务人支付此种费用。如果适用诉讼时效，反而与这一立法目的相背离。另一方面，从诉讼时效的功能来看，其主要是维持相关的财产秩序、保护当事人对相关财产秩序的合理信赖，但就支付抚养费、赡养费或者扶养费的权利而言，其并不涉及维持财产秩序、保护交易当事人合理信赖的问题。因此，上述请求权不应当受到诉讼时效的限制。此外，法律上规定此种请求权不适用诉讼时效，也是基于特殊的法政策考虑，尤其是弘扬社会主义核心价值观的考量而作出的规定。

（四）依法不适用诉讼时效的其他请求权

依据《民法典》第196条的规定，如果法律规定某种请求权不适用诉讼时效，则适用该规定。例如，依据《诉讼时效司法解释》第1条的规定，支付存款本金及利息请求

---

① 参见石宏主编：《中华人民共和国民法总则条文说明、立法理由及相关规定》，473页，北京，北京大学出版社，2017。

② 参见李适时主编：《中华人民共和国民法总则释义》，625～626页，北京，法律出版社，2017。

权不适用诉讼时效，因为一方面，居民存款是为了将钱款进行储备，以备以后使用，并不一定在短期内行使这种债权。个人基于对银行的信赖，将其货币存在银行，即使经过三年没有支取，银行也不能以时效届满为由而不再返还本金和利益，否则，会严重侵害个人的财产权。另一方面，个人将钱款储蓄在银行，存款行为本身是行使其所有权的表现。此外，相对于银行而言，储户属于弱者，基于对储户特殊保护的要求，不应将支付存款本金及利息请求权纳入诉讼时效的适用范围。因此，许多国家法律规定，基于储蓄关系发生的请求权，不适用诉讼时效，以保护储户的特殊利益。[①]

第四节 诉讼时效的起算、中断、中止和延长

一、诉讼时效期间起算

（一）诉讼时效期间起算的一般规则

所谓诉讼时效期间的起算，是指诉讼时效期间开始计算的时点，换言之，是从何时开始计算诉讼时效期间。《民法典》第 188 条对诉讼时效期间起算的一般规则作出了规定，即诉讼时效期间自权利人知道或者应当知道权利受到损害及义务人之日起计算，具体而言：

（1）必须是权利在客观上遭受侵害。在确定起算点时，法官应当确认权利是否遭受侵害的事实，权利遭受侵害是诉讼时效适用的前提。权利遭受侵害的时间应当区分不同情形分别予以认定。以合同为例，在当事人明确约定了合同履行期限时，该期限届满，债务人未履行债务，即可认定债权人的债权遭受了侵害；但在未定履行期限的合同中，需要债权人请求后一定时间经过，债务人才应履行义务，因此，只有在该期限经过后，才可认定债权人的权利遭受了侵害。

（2）从权利人知道或应当知道其权利遭受侵害之时起算。这是一种主观主义的计算方法，所谓知道，是指权利人已经事实上了解其权利遭受侵害的事实。所谓应当知道，是指按照一个合理的人的标准来判断，权利人作为一个合理的人在当时的情况下应当知道其权利受到侵害的事实。[②] 例如，当事人在合同中明确规定了债务履行期限，期限届满之后，债权人就应当主张权利，在时效届满以后，即使债权人表明其不知道时效已经开始，但是，履行期限本身表明，其应当知道权利遭受了侵害。一方在履行期到来后不履行，就应当视为另一方知道其已经违约。在诉讼中，义务人应当就权利人知道或者应当知道其权利受到侵害的时间点进行举证。

（3）权利人知道或应当知道其权利遭受侵害还应当包括知道具体的义务人。也就是说，权利人不仅知道权利的存在，而且知道何人侵害其权利。如果权利人知道权利被

---

① 例如，《俄罗斯联邦民法典》第 208 条明确规定："存款人要银行支付存款的请求不适用诉讼时效。"

② 参见李适时主编：《中华人民共和国民法总则释义》，593 页，北京，法律出版社，2017。

侵害，但不知明确的侵害人，则因为权利人不能提出请求，时效也不能开始计算。如果仅知道被告，但不知被告的下落，则可以通过向法院提起诉讼的方式而导致时效的中断。

（二）诉讼时效起算的各种特殊情形

在实践中，诉讼时效起算的各种情形非常复杂，法律很难作出一般性的规定。但是，在某些情况下，对于权利人是否知道其权利遭受损害，义务人很难举证，或者因为特定事由的存在，权利人需要受到特殊保护，因此，法律需要对各种特殊情形的时效起算作出规定。

1. 分期履行债务中的诉讼时效的起算

《民法典》第189条规定："当事人约定同一债务分期履行的，诉讼时效期间自最后一期履行期限届满之日起计算。"该规则是我国司法实践经验的总结。例如，双方签订了分期付款买卖合同，购买一台冰箱，价值3 000元，分三期支付，在订立合同时交付一次，每月交付一次，则该债务的诉讼时效应当自最后一期债务履行期限届满时起算。分期支付债务自最后一期履行期限届满之日起计算的原因在于：

（1）这是由同一债务的特殊性所决定的。本条强调的"同一债务"，是分期、分批履行债务中的概念，其与定期履行的债务不同，定期履行的债务如定期支付租金、工资等，其本质上属于多个债务，而分期履行债务本质上属于一个债务，只是在履行方式上分多次履行。[①] 例如，实践中的分期付款、金钱借款中的分期履行等，当事人之间仅存在一个债务，只是在履行方式上分为多次。对分期履行债务而言，虽然每期债务都有一定的独立性，其履行时间和地点可能都不相同，但其本质上都是同一债务的组成部分。因此，作为整体性的同一债务，其诉讼时效应当自最后一期履行期限届满之日起计算。

（2）有利于保护债权人的权利。对分期履行的同一债务而言，自最后一期债务履行期限届满之日起计算诉讼时效，有利于保护债权人的利益。其一方面有利于确定诉讼时效的计算规则，便于债权人主张权利。基于同一合同所约定的债务具有整体性，分别起算会割裂合同的整体性，会损害债权人利益。[②] 例如，甲向乙借款1 000万元，分三期履行，虽然第一次交付200万元已经迟延，但是，其后两笔都按照约定如期、足额支付。如果将每笔履行行为分别计算，可能会影响当事人之间的信赖关系，也会增强权利实现的成本。此时，诉讼时效应当从最后一笔债务到期之日起算。另一方面，从最后一期债务履行期限届满开始起算诉讼时效，也可以从整体上推迟每一期债务的诉讼时效起算时间，更有利于保护债权人的权利。

（3）有利于减少纠纷。对分期履行的同一债务而言，如果每一期履行的债务都单独计算，可能导致法律关系过于复杂。因此，对分期履行的同一债务而言，不应当单独计算每期履行的债务的时效期间。

---

① 参见李适时主编：《中华人民共和国民法总则释义》，595页，北京，法律出版社，2017。

② 参见冯恺：《诉讼时效制度研究》，160页，济南，山东人民出版社，2007。

2. 无民事行为能力人或者限制民事行为能力人对其法定代理人的请求权

《民法典》第190条规定："无民事行为能力人或者限制民事行为能力人对其法定代理人的请求权的诉讼时效期间，自该法定代理终止之日起计算。"该条的适用应当具备如下条件：第一，适用对象是无民事行为能力人或限制民事行为能力人。由于该条适用于针对法定代理人所提出的请求权，因此，其适用对象仅限于无民事行为能力人和限制民事行为能力人。第二，针对法定代理人提出请求。该规则适用于无民事行为能力人或者限制民事行为能力人针对其法定代理人依法享有请求权的情形，例如，法定代理人不履行代理职责，甚至滥用代理权导致被代理人利益受损，被代理人有权请求代理人承担赔偿责任。

从比较法上来看，许多国家法律对此都作出了规定。[①]《民法典》第190条借鉴了国外的有益经验，同样对此作出了规定。法律之所以作出此种规定，主要是为了保护无民事行为能力人和限制民事行为能力人的利益。因为一方面，无民事行为能力人、限制民事行为能力人的法定代理关系通常都是基于亲属关系产生的。在代理期间，代理人滥用代理权侵害被代理人利益的，被代理人由于民事行为能力的欠缺，难以判断其利益是否受到了侵害。另一方面，法定代理人和被代理人之间具有一种照管关系和信赖关系，被代理人即使知道其权利遭受了侵害，在该法定代理关系终止前，其也难以主张权利。此外，无民事行为能力人或者限制民事行为能力人与其法定代理人之间有密切的感情关联，如果其通过诉讼主张，则可能会损害与其法定代理人之间的信赖或者情感关系，导致当事人之间的关系处于紧张状态，法定代理人更不会认真履行职责，其结果反而不利于保护被代理人的利益。[②]

3. 未成年人遭受性侵害的损害赔偿请求权

《民法典》第191条规定："未成年人遭受性侵害的损害赔偿请求权的诉讼时效期间，自受害人年满十八周岁之日起计算。"依据该条规定，在未成年人遭受性侵害的情形下，其损害赔偿请求权的诉讼时效自其年满18周岁时起算。该条借鉴了《德国民法典》第208条的规定，后者规定："到债权人满21岁时为止，因侵害性的自主决定而发生的请求权的消灭时效停止……"但我国《民法典》与《德国民法典》的上述规定也存在一定差别，《德国民法典》规定的是受害人成年前诉讼时效停止，而我国《民法典》规定此种请求权的诉讼时效在受害人年满21岁前不开始起算，而自其成年时起算。

该条主要是为了保护受害人的利益，因为在受害人成年前，一方面难以判断其受到损害的具体程度，甚至不知道自己遭受了侵害；另一方面，在受害人成年前，应当由其法定代理人代为行使请求权，如果受害人在年满18周岁以后，对法定代理人的处理不满意，可以再次主张其请求权。[③]

---

① 如《法国民法典》第2252条，《德国民法典》第207条，《日本民法典》第158条第2款。

② 参见石宏主编：《中华人民共和国民法总则条文说明、立法理由及相关规定》，512页，北京，北京大学出版社，2017。

③ 参见石宏主编：《中华人民共和国民法总则条文说明、立法理由及相关规定》，455页，北京，北京大学出版社，2017。

二、诉讼时效期间的中断、中止和延长

（一）诉讼时效期间的中断

1. 诉讼时效期间中断的概念

所谓诉讼时效期间的中断，是指诉讼时效进行中因法定事由的发生，推翻了诉讼时效存在的基础，因此使已进行的期间全部归于无效，诉讼时效重新起算。[①]《民法典》第195条规定："有下列情形之一的，诉讼时效中断，从中断、有关程序终结时起，诉讼时效期间重新计算：（一）权利人向义务人提出履行请求；（二）义务人同意履行义务；（三）权利人提起诉讼或者申请仲裁；（四）与提起诉讼或者申请仲裁具有同等效力的其他情形。"该条对诉讼时效的中断作出了规定。诉讼时效的中断具有如下特点：第一，时效的中断发生在时效的进行之中，如果时效尚未开始计算，或时效已经届满，则不适用诉讼时效中断。第二，发生了一定的法定事由导致时效存在的基础被推翻。诉讼时效设立的根本目的是使怠于行使权利的权利人受到不利益，但如果出现了权利人行使权利的事实，仍然使权利人的权利继续受到时效的约束，这就与诉讼时效的目的相违背。[②]第三，时效的中断在效力上使已经进行的时效归于无效，从中断或有关程序终结时，诉讼时效期间重新计算。

2. 诉讼时效期间中断的事由

导致时效期间中断的事由是由法律明确规定的，且是在时效进行过程中发生的。法律规定这些事由的依据在于，这些事由都表明权利人在积极地行使权利，从而导致诉讼时效适用的基础丧失。由于时效中断会阻碍时效期间的完成，对于当事人的利益影响甚大，所以，必须由法律作出明确规定。在实践中，权利人必须举证证明中断事由的存在，法院不能主动援引中断的规定而使时效中断。[③]依据《民法典》第195条规定，中断的事由包括如下几种。

（1）权利人向义务人提出履行请求

权利人向义务人提出履行请求，此种情形就是民事主体的权利行使。权利人既可以向义务人主张权利，也可以向其代理人主张权利。一旦提出"履行请求"，就表明权利人积极行使了权利，从而应当导致时效的中断。[④]《民法典》第195条所说的"提出履行请求"的认定，必须满足两个条件。

一是必须向义务人提出请求。请求可以采取书面、口头等各种形式，请求的内容必须是要求义务人履行义务。请求向义务人作出，包括向义务人的代理人、财产代管人等提出，但请求不能是向第三人提出。

---

① 参见王泽鉴：《民法总则》，533页，北京，北京大学出版社，2009。

② 参见施启扬：《民法总则》，修订8版，354页，北京，中国法制出版社，2010。

③ 参见陈甦主编：《民法总则评注》（下册），1405页，北京，法律出版社，2017。

④ 参见郑玉波：《民法总则》，508页，北京，中国政法大学出版社，2003。

二是权利人请求的意思表示必须到达义务人。依照我国《民法典》的规定，非以对话方式作出的意思表示的生效通常采到达主义，也就是说，意思表示必须到达相对人，才能生效。因此，在权利人向义务人提出请求后，其意思表示也必须到达义务人，否则不发生法律效力。同时，只要权利人主张权利的请求到达义务人，即可发生法律效力，至于权利人的请求是否有充足的理由，并不影响其中断诉讼时效的效力。中断应该从请求到达义务人之日起计算。《诉讼时效司法解释》第 8 条对到达的具体情形作出了规定①，依据该规定，当事人一方下落不明，对方当事人在国家级或者下落不明的当事人一方住所地的省级有影响的媒体上刊登具有主张权利内容的公告的，也可以认定为权利人的请求已经到达义务人。关于权利人提出请求的事实应当由权利人举证。诉讼时效应自该请求到达义务人之日起中断。②

（2）义务人同意履行义务

比较法上普遍规定，义务人的认诺就足以构成诉讼时效的中断。所谓“认诺”，是指义务人对权利人表示承认其权利的存在，只要承认义务的存在，无须义务人同意履行即可导致时效中断。③ 但我国《民法典》第 195 条要求，义务人必须同意履行义务才能导致时效中断，这与比较法上的普遍做法有所不同。之所以作出如此规定，是因为义务人可能承认义务的存在，但拒绝履行义务，如此还不应当导致时效的中断。

义务人同意履行义务，既可以是明示的，也可以是默示的。④ 义务人对权利人同意履行义务可以采取各种方式，按照《诉讼时效司法解释》第 14 条的规定，“义务人作出分期履行、部分履行、提供担保、请求延期履行、制定清偿债务计划等承诺或者行为的”，都可以认定为义务人同意履行义务。因为这些行为都表明义务人对权利人的权利存在予以认可，从而使双方的法律关系重新趋于稳定，在此情况下，时效适用的理由不复存在，因此应当导致时效的中断。学理上将其也称为“与起诉具有同一效力的事项”⑤。

（3）权利人提起诉讼或者申请仲裁

第一，权利人提起诉讼。它是指权利人在人民法院提起诉讼，请求法院强制义务人履行义务。此处所说的诉，是指民事诉讼，无论是本诉、反诉还是刑事附带民事的诉讼，均为行使权利的行为。一旦提起诉讼，即导致时效中断。根据学界一般观点，申请仲裁、申请送达支付令、申请调解等事项也可以导致中断时效。《诉讼时效司法解释》第 10 条规定：“当事人一方向人民法院提交起诉状或者口头起诉的，诉讼时效从提交起诉状或者口头起诉之日起中断。”据此可见，一旦提起诉讼，便发生时效的中断，但由于诉讼本身

---

① 依据该条规定，请求到达包括如下：当事人一方直接向对方当事人送交主张权利文书，对方当事人在文书上签名、盖章、按指印或者虽未签名、盖章、按指印但能够以其他方式证明该文书到达对方当事人的；当事人一方以发送信件或者数据电文方式主张权利，信件或者数据电文到达或者应当到达对方当事人的；当事人一方为金融机构，依照法律规定或者当事人约定从对方当事人账户中扣收欠款本息的；当事人一方下落不明，对方当事人在国家级或者下落不明的当事人一方住所地的省级有影响的媒体上刊登具有主张权利内容的公告的，但法律和司法解释另有特别规定的，适用其规定。

② 关于到达对方当事人的确定问题，参见《诉讼时效司法解释》第 10 条的规定。

③ 参见杨巍：《民法时效制度的理论反思与案例研究》，367 页，北京，北京大学出版社，2015。

④ 参见王泽鉴：《民法总则》，508 页，北京，北京大学出版社，2009。

⑤ 王泽鉴：《民法总则》，534 页，北京，北京大学出版社，2009。

有一个过程，时效中断以后，诉讼过程都应当视为权利人行使权利的持续状态。因此，因起诉引起时效中断，新的时效应从该诉讼过程结束时起再重新计算。①

依据《诉讼时效司法解释》第10条的规定，起诉不符合条件未予受理或被驳回，虽然不构成法律上的起诉，但未必就不能导致时效的中断。因为权利人提起诉讼表明其已经主张了权利，或者说已经有确凿的证据证明其已经向义务人主张了权利。起诉本身就表明权利人已经在积极行使权利，至于是否受理只是表明权利行使的方式是否正确的问题，因此，即使起诉不符合条件未予受理或被驳回，仍然可以构成中断的理由。

需要讨论的是，如果权利人起诉以后又撤诉，是否导致诉讼时效的中断？在“广西融海房地产开发有限公司与广西壮族自治区德保县糖厂借款担保合同纠纷案”中，最高人民法院认为，撤诉也可以导致时效的中断。② 本书认为，当事人起诉后又撤诉的，不应导致诉讼时效中断，但如果起诉状已经送达义务人的，可以解释为因为“权利人向义务人提出履行请求”而导致时效中断。③

第二，申请仲裁。它是指权利人在仲裁机构申请就争议进行仲裁。只要权利人的仲裁申请符合法律规定，就可以发生时效中断的效力。因为仲裁与诉讼类似，都是权利人行使其权利的重要途径，权利人申请仲裁也表明了其积极地行使了权利。

（4）与提起诉讼或者申请仲裁具有同等效力的其他情形

如果出现了与提起诉讼或者申请仲裁具有同等效力的其他情形（例如，权利人向有关机关提出保护自己权利的请求），也足以表明权利人已经积极行使了其权利，理应导致诉讼时效的中断。严格地说，引起诉讼时效中断的事由并非仅仅限于权利人的起诉。实际上，任何开启司法程序的行为都可导致诉讼时效的中断，因而，除了起诉之外，提起调解、仲裁及其他司法程序也同样应引起时效中断。④《民法典》第195条中“与提起诉讼或者申请仲裁具有同等效力的其他情形”的理解，可以结合《诉讼时效司法解释》的规定进行，其主要包括三种情况。

一是《诉讼时效司法解释》第11条规定的情形，包括申请支付令、申请破产和申报破产债权、为主张权利而申请宣告义务人失踪或死亡、申请诉前财产保全和诉前临时禁令等诉前措施、申请强制执行、申请追加当事人或者被通知参加诉讼、在诉讼中主张抵销等。

二是权利人向人民调解委员会以及其他依法有权解决相关民事纠纷的机构提出请求。《诉讼时效司法解释》第12条规定：“权利人向人民调解委员会以及其他依法有权解决相关民事纠纷的国家机关、事业单位、社会团体等社会组织提出保护相应民事权利的请求，诉讼时效从提出请求之日起中断。”依据该条规定，权利人向人民调解委员会以及其他依法有权解决相关民事纠纷的机构提出请求也可以导致诉讼时效中断，如果经调处达不成协议的，诉讼时效期间即重新起算；如果经调处达成协议，义务人未按协议所定期限履行义务的，诉讼时效期间应从该期限届满时重新起算。

---

① 参见魏振瀛主编：《民法》，4版，209页，北京，北京大学出版社、高等教育出版社，2010。
② 参见《民事审判指导与参考》，2011（3）。
③ 参见［日］我妻荣：《新订民法总则》，于敏译，428页，北京，中国法制出版社，2008。
④ 参见朱岩：《消灭时效制度中的基本问题》，载《中外法学》，2005（2）。

三是权利人向公安机关、人民检察院、人民法院报案或者控告。《诉讼时效司法解释》第13条规定："权利人向公安机关、人民检察院、人民法院报案或者控告，请求保护其民事权利的，诉讼时效从其报案或者控告之日起中断。上述机关决定不立案、撤销案件、不起诉的，诉讼时效期间从权利人知道或者应当知道不立案、撤销案件或者不起诉之日起重新计算；刑事案件进入审理阶段，诉讼时效期间从刑事裁判文书生效之日起重新计算。"依据该条规定，只要权利人向公安机关、人民检察院、人民法院报案或者控告，不论上述机关是否立案、是否撤销案件或者决定不起诉，都将产生诉讼时效中断的效果。

3. 诉讼时效中断的效果

诉讼时效一旦中断，将发生如下效果。

第一，已经经过的时效统归无效。已经计算的时效只要尚未届满都可以因为中断事由的出现而失去效力。[①] 原来的时效经过不会产生任何的法律效力。

第二，中断事由消除以后，时效期间重新计算。诉讼时效中断后，已经经过的诉讼时效将归于无效，诉讼时效将重新计算。诉讼时效中断后，重新计算的时效期间究竟应当有多长？本书认为，既然法律根据不同的情况适用普通时效和特别时效，那么在中断以后仍然应当适用原来的时效期间重新计算。这就是说，原来是普通时效的，中断后仍然适用普通时效的期间；原来是特别时效的，中断后应当按照特别时效期间重新计算。

第三，在时效中断以后，可能会发生时效再次中断的效果。诉讼时效因权利人主张权利或者义务人同意履行义务而中断后，权利人在新的诉讼时效期间内，再次主张权利或者义务人再次同意履行义务的，可以认定为诉讼时效再次中断。因此，诉讼时效中断后，如果再次出现诉讼时效中断的事由，仍然可以发生诉讼时效中断的效力，法律上并没有限制中断的次数。

（二）诉讼时效期间的中止

1. 诉讼时效期间中止的概念

所谓诉讼时效期间的中止，是指在诉讼时效期间进行中，因发生一定的法定事由使权利人不能行使请求权，从而暂时停止计算诉讼时效期间。广义的中止还包括时效的不完成，即在时效即将完成之际，因一定事由的存在，而使已应完成的时效于该事由消灭后的法定期间内，暂缓完成。我国现行民法仅仅承认时效的中止，而未承认时效的不完成。[②]《民法典》第194条第1款规定："在诉讼时效期间的最后六个月内，因下列障碍，不能行使请求权的，诉讼时效中止：（一）不可抗力；（二）无民事行为能力人或者限制民事行为能力人没有法定代理人，或者法定代理人死亡、丧失民事行为能力、丧失代理权；（三）继承开始后未确定继承人或者遗产管理人；（四）权利人被义务人或者其他人

---

① 参见郑玉波：《民法总则》，520页，北京，中国政法大学出版社，2003。

② 也有学者认为，《民法典》第194条在性质上属于诉讼时效的不完成。

控制；（五）其他导致权利人不能行使请求权的障碍。”该条对诉讼时效的中止作出了规定。

法律之所以规定诉讼时效中止，主要是为了保证权利人具有积极行使其权利的足够时间，不至于因为权利人不可控制的原因而发生诉讼时效届满的效果，因此，在出现特定事由的情形下，为保护权利人利益，阻止诉讼时效在最后阶段继续进行，避免在阻碍事由存续期间内完成时效。[①] 同时，规定诉讼时效中止制度也符合设立诉讼时效制度的宗旨。诉讼时效制度主要是通过使权利人失去一定利益以敦促权利人及时行使其权利，避免权利人“睡眠于权利之上”，但在因不可抗力等客观原因造成权利人不能行使请求权的情况时，权利人主观上并没有行使权利的懈怠，如果令其承担时效届满的后果，则违背了时效制度设定的宗旨。

依据《民法典》第 194 条的规定，诉讼时效中止的事由应当发生在诉讼时效期间的最后 6 个月。关于诉讼时效何时发生中止，有三种立法例：一是认为时效期间中止只能发生在时效期限完成的最后阶段。二是认为时效期间的中止可以发生在时效进行中的任何时间，只要有法定事由存在，就应中止时效期间。三是认为应当区分不同的情况，分别规定时效期限的停止和时效期间的不完成。[②]《民法典》第 194 条第 1 款规定：“在诉讼时效期间的最后六个月内，因下列障碍，不能行使请求权的，诉讼时效中止。”可见，该规定采纳了第一种主张，即诉讼时效的期间只能在最后 6 个月内发生中止。

诉讼时效中止不同于诉讼时效中断，二者的区别主要表现在：第一，发生的时间不同。时效中止发生在时效期限届满前 6 个月，而时效中断可以发生在时效进行中的任何一个阶段。第二，发生的事由不同。中止的法律事由通常是当事人主观意志所不能控制的事由，如不可抗力。而中断的法定事由一般都是当事人主观意志所能够左右的。例如，提出请求或提起诉讼，都是当事人主观上能控制的。导致诉讼时效中止的事由一般是自然事件，而导致诉讼时效中断的事由一般是人的行为。第三，法律效果不同。中止的法律效果在于使中止事由发生的时间不计入时效期间，或者说将该期限从时效期间内排除，中止事由发生前经过的时效期间仍然有效，诉讼时效期间中止的事由消除后，诉讼时效期间仍有 6 个月才届满。而诉讼时效中断的法律效果是在中断事由发生以后，已经经过的时效期间全部归于无效，重新开始计算时效期间。[③]

2. 诉讼时效期间的中止事由

依据《民法典》第 194 条的规定，诉讼时效期间中止的事由有如下几种。

（1）不可抗力。不可抗力是指不能预见、不能避免并不能克服的客观情况[④]，如战争、地震等。不可抗力是导致时效中止的主要事由，在发生不可抗力的情形下，权利人因为其意志以外的原因而无法主张权利，如果时效不中止，将导致不公平的后果。当然，

---

① 参见施启扬：《民法总则》，修订 8 版，366 页，北京，中国法制出版社，2010。

② 参见史尚宽：《民法总论》，685～686 页，北京，中国政法大学出版社，2000。

③ 参见王泽鉴：《民法总则》，540 页，北京，北京大学出版社，2009。

④ 参见《民法典》第 180 条第 2 款。

不可抗力也并不当然产生诉讼时效中止的效力，也就是说，即使有不可抗力事由的发生，如果并没有影响权利人行使权利的，也不能产生时效中止的效果。[①]

（2）无民事行为能力人或者限制民事行为能力人没有法定代理人，或者法定代理人死亡、丧失民事行为能力、丧失代理权。该项规定属于欠缺法定代理人时的时效中止。[②]在诉讼时效期间的最后6个月内，如果权利人是无行为能力人或限制行为能力人，但没有法定代理人，或者法定代理人死亡、丧失代理权，或者法定代理人本人丧失行为能力的[③]，则其在客观上将无法主张权利，依据《民法典》第194条的规定，诉讼时效将中止，从而为权利人预留必要的权利行使期间，以更好地保护无行为能力人和限制行为能力人的权利。

（3）继承开始后未确定继承人或者遗产管理人。在继承开始后，继承人尚未确定或非因继承人的原因导致遗产管理人不明确，如果此种情况正好发生在时效期间的最后6个月内，也将导致继承人或遗产管理人不能行使权利，如果时效仍然继续计算，对于继承人或遗产管理人是不公平的。

（4）权利人被义务人或者其他人控制。如果权利人被义务人或者其他人控制，也将导致权利人客观上无法行使权利。此处所说的“控制”，一般理解为权利人被限制人身自由。例如，权利人因被义务人扣押、拘禁而丧失行为自由，客观上无法主张权利，此时，可以导致诉讼时效的中止。

（5）其他导致权利人不能行使请求权的障碍。依据《民法典》第194条的规定，如果出现了其他导致权利人不能行使请求权的障碍，也将产生诉讼时效中止的效力。该规定实际上是对诉讼时效中止的事由作出了兜底规定，法律上设置这一兜底条款是必要的。因为一方面，权利行使障碍的事由比较复杂，在发生权利人无法行使权利的障碍时，应当允许人民法院根据实际情况裁定时效的中止。毕竟中止不同于中断，中断将导致已进行的期间归于无效，而中止只是使时效期间不进行，即便设置兜底条款也不会导致时效期间的不确定。另一方面，如果中止事由中没有兜底条款，则会对权利的行使限制得过窄，从而不利于对权利人的权利进行保障。例如，夫妻之间的家庭暴力，导致损害赔偿请求权产生，我国现行立法对此没有规定。但许多学者认为从我国“亲亲相隐”的法律传统考虑，应当将其作为诉讼时效中止的理由。[④] 此种观点有一定的道理。

3. 诉讼时效期间中止的效果

依据《民法典》第194条的规定，诉讼时效期间中止将产生如下效力。

（1）诉讼时效期间停止计算

依据《民法典》第194条第1款的规定，一旦出现诉讼时效中止的事由，诉讼时效期间即停止计算，中止事由消除之前的期间将不计入诉讼时效期间。

（2）中止事由发生前的时效期间仍然有效

---

① 参见李适时主编：《中华人民共和国民法总则释义》，615页，北京，法律出版社，2017。

② 参见陈甦主编：《民法总则评注》（下册），1398页，北京，法律出版社，2017。

③ 参见最高人民法院《民法通则意见》第172条。

④ 参见魏振瀛主编：《民法》，4版，199页，北京，北京大学出版社、高等教育出版社，2010。

诉讼时效中止不同于诉讼时效中断，诉讼时效期间一旦中断，其已经经过的时效期间将归于无效，诉讼时效期间重新起算。而在诉讼时效中止的情形下，已经经过的时效期间仍然有效。各国立法一般都承认在中止事由发生以后，中止事由发生前的时效期间仍然有效。

（3）中止事由消除后诉讼时效期间再计算 6 个月

中止的事由一旦消除，诉讼时效期间将再计算 6 个月。依据《民法典》第 194 条第 2 款，“自中止时效的原因消除之日起满六个月，诉讼时效期间届满”。这就是说，不论诉讼时效期间中止前诉讼时效期间还剩余多少，在中止事由消灭后，剩余的诉讼时效期间统一为 6 个月。从比较法上来看，该条规定实际上借鉴了比较法上的诉讼时效不完成制度，改造了我国原有的诉讼时效中止制度。所谓诉讼时效不完成，是指在诉讼时效期间将近终止之时，因出现了请求权无法或者不便行使的事由，使应当完成的诉讼时效在该事由终止后的一定期间内暂缓完成，从而使权利人可以在该期间内行使权利的制度。① 我国《民法典》虽然借鉴了比较法上的诉讼时效不完成制度，但又不完全等同于时效的不完成，两者的区别主要表现在：一是发生时间不同。诉讼时效不完成可以发生在诉讼时效期间的任何阶段，而诉讼时效的中止则发生在诉讼时效期间届满前的 6 个月内。二是事由不同。从比较法上看，诉讼时效不完成包括的事由是多种类型的，但诉讼时效中止的事由一般是当事人因客观原因无法主张权利。三是效果不同。诉讼时效中止的效果是诉讼时效暂停计算，待诉讼时效期间中止的事由消除后，再计算 6 个月；因此，我国法上的时效中止虽然具有特殊性，但仍然属于时效中止。而诉讼时效不完成的效果是在特定事由消除前诉讼时效不完成。例如，在甲的请求权的诉讼时效期间还剩余 2 个月的情形下发生了诉讼时效期间中止的事由，则在中止事由消除之日起满 6 个月，其请求权的诉讼时效期间才届满。法律作出此种规定，有利于在诉讼时效期间中止的情形下简化诉讼时效期间的计算方法，从而减少相关的纠纷。

（三）诉讼时效期间的延长

所谓诉讼时效的延长，是指在诉讼时效期间届满以后，权利人基于某种正当理由，而要求人民法院根据具体情况延长时效期间，经人民法院依职权决定延长的制度。依据《民法典》第 188 条第 2 款规定，“有特殊情况的，人民法院可以根据权利人的申请决定延长”，该规定仅适用于最长诉讼时效期间，依据这一规定，最长诉讼时效期间的延长应当具备如下条件：一是出现法律规定的特殊情况。二是当事人提出延长诉讼时效期间的申请，也就是说，即便出现了法律规定的特殊情况，法院也不能依职权决定延长诉讼时效期间，必须由权利人提供申请。三是由人民法院决定，即诉讼时效期间是否延长，延长多长时间等，均应当由人民法院决定。当然，法律规定最长诉讼时效制度的主要目的是给权利行使设定一个固定的期限，如果允许该期限延长，就会使该最长期限变为可变期限，法律设置该最长期限的目的也将不复存在。因此，最长诉讼时效的延长仅适用于例外情形。

---

① 参见王泽鉴：《民法总则》，510 页，北京，北京大学出版社，2009。

第五节 诉讼时效期间届满的后果

一、诉讼时效期间届满的后果概述

诉讼时效期间届满（以下简化为“诉讼时效届满”）的后果，是指在诉讼时效期间经过以后，在法律上发生何种后果。我国《民法典》第 192 条第 1 款延续了《诉讼时效司法解释》的立场，采抗辩权发生主义。此种观点认为，时效完成后，只是发生抗辩权产生的效果，即义务人仅取得拒绝履行的抗辩权，权利人的实体权利与诉权均不消灭。此种观点为德国学者欧特曼（Oertmann）所主张。德国学者拉伦茨指出，“请求权的时效完成后，义务人有权拒绝给付，但时效并不是请求权消灭的原因，只是给义务人提供了抗辩权”[①]。

采纳抗辩权发生主义的主要理由在于：一是符合诉讼时效制度的目的。从时效制度设立的目的来看，主要是督促当事人及时行使权利，惩罚权利的“睡眠者”，因此，只需要阻止权利的实现即可达成，而无须将权利从根本上加以消灭。所以诉讼时效完成，只是使义务人获得抗辩权。[②] 二是体现了私法自治的精神。抗辩权的行使必须由抗辩权人针对权利人的请求提出，而不能由他人代替行使。尤其是对法院而言，必须在义务人针对权利人的请求提出抗辩以后，才能对诉讼时效是否届满的事实进行审查，并认定诉讼时效是否届满。时效利益不涉及第三人权益，不关涉社会公益，属于当事人自治的范畴，法院没有理由越俎代庖。三是对于诉讼时效届满以后义务人自愿履行债务的行为进行了合理的解释。诉讼时效届满之后，权利人的请求权并没有消失，只是使义务人享有了抗辩权。抗辩权本质上仍然是一种民事权利，体现的是义务人的特定利益。在诉讼时效期间届满之后，义务人如果行使时效的抗辩权，则可以拒绝履行其义务；义务人如果不行使抗辩权，则可以理解为其抛弃了时效利益。

二、诉讼时效届满的后果

关于时效届满的后果应当区分时效发生的直接后果和时效抗辩援引后的后果，前者称为直接效果，后者称为本体效果。[③]

1. 义务人享有抗辩权

《民法典》第 192 条第 1 款规定：“诉讼时效期间届满的，义务人可以提出不履行义务的抗辩。”也就是说，时效届满的主要后果是使义务人享有拒绝履行的抗辩权，具体来说，包括以下两个方面。

---

① ［德］卡尔·拉伦茨：《德国民法通论》（上册），王晓晔等译，345～347 页，北京，法律出版社，2003。

② 参见［德］卡尔·拉伦茨：《德国民法通论》（上册），王晓晔等译，345 页，北京，法律出版社，2003。

③ 参见［日］四宫和夫：《日本民法总则》，唐晖等译，332 页以下，台北，五南图书出版公司，1995。

（1）从义务人的角度来说，在时效届满之后，其享有拒绝履行的抗辩权。也就是说，如果权利人提出请求，义务人有权拒绝，法院也不得强制义务人必须履行其义务。对于义务人来说，时效届满之后，义务人因援引时效抗辩权，不仅可以拒绝权利人的请求，而且将导致其义务转化为自然债务，从而产生某种时效利益，这种利益本质上也是一种民事权益，应当依据私法自治原则由当事人自愿行使。

（2）对权利人的效果。对于权利人来说，时效届满以后，权利人的实体权利和诉权均不消灭。具体来说，对权利人而言，时效届满的法律后果包括两个方面：第一，时效期间届满并不导致权利本身的消灭，其实体权利仍然存在，只是会使其权利的效力减弱，权利人的权利已经转化为一种自然权利，即只要义务人援引时效抗辩权，债权人的权利将难以实现。当然，在时效届满以后，债权的受领权能并没有减弱。因此，债权人仍然可以受领债务人的给付，权利人仍然可以接受义务人的履行，义务人不得以权利人构成不当得利为由请求返还。第二，时效届满不导致诉权的消灭。权利人仍然可以基于其程序意义上的诉权向法院提起诉讼，只要符合起诉的条件，法院应当受理，而不得直接以时效期间届满为由驳回起诉或不予受理。因为诉权本身作为一种国家赋予当事人为保护其合法权利向法院提起诉讼的权利，是一种宪法性权利，不能因时效届满而丧失。

需要指出的是，在保证债务的情况下，基于保证人权益保障的需要，保证人也享有主债务人的诉讼时效抗辩权。如果保证人没有主张主债务人的时效抗辩，其应当承担不利的法律后果。按照《诉讼时效司法解释》第 18 条第 2 款的规定，“保证人未主张前述诉讼时效抗辩权，承担保证责任后向主债务人行使追偿权的，人民法院不予支持，但主债务人同意给付的情形除外”。

2. 义务人已自愿履行的不得请求返还

《民法典》第 192 条第 2 款规定：“诉讼时效期间届满后，义务人同意履行的，不得以诉讼时效期间届满为由抗辩；义务人已自愿履行的，不得请求返还。”本条的规定包含两方面内容。

一是诉讼时效届满后，义务人已经同意履行的，不得再提出抗辩。这实际上意味着，义务人同意履行，就等同于默示地放弃了其抗辩权，因此，义务人不得再提出抗辩，否则就违背了诚信原则。当然，如果义务不可分，义务人同意履行的，不能只同意履行一部分，而不同意履行其他部分。

二是诉讼时效届满后，义务人已经自愿履行的，不得请求返还。此时义务人不得请求返还的原因在于，权利人的受领权并没有受到减损，所以，义务人不能请求返还。从某种意义上说，义务人的自愿履行也可以认定为默示地抛弃了其时效利益。

3. 法院不得主动适用诉讼时效的规定

依据《民法典》第 193 条的规定，时效届满以后，法院不应当依职权主动审查时效是否已经届满，无论是在起诉阶段，还是在诉讼过程中，法院都不能主动援引时效规定。但一旦义务人提出时效的抗辩，无论是在正式答辩中提出，还是在法庭辩论中提出，法院都有义务审查时效届满的情况。如果当事人没有提出诉讼时效的抗辩，应当认为其抛弃了时效利益。[1]

此外，《诉讼时效司法解释》第 3 条第 1 款规定："当事人在一审期间未提出诉讼时效抗辩，在二审期间提出的，人民法院不予支持，但其基于新的证据能够证明对方当事人的请求权已过诉讼时效期间的情形除外"。第 2 款规定："当事人未按照前款规定提出诉讼时效抗辩，以诉讼时效期间届满为由申请再审或者提出再审抗辩的，人民法院不予支持。"据此，当事人提出时效利益的抗辩，原则上限于一审程序。如果当事人在一审没有提出，在二审和再审期间就不得提出时效的抗辩。当然，在二审期间基于新的证据能够证明对方当事人的请求权已过诉讼时效期间的情形除外。这就是说，除非债务人在二审期间发现了新的证据，且该证据足以证明诉讼时效届满，否则，其不得在二审期间提出时效届满的抗辩。

三、诉讼时效利益的抛弃

（一）诉讼时效利益不得预先抛弃

所谓诉讼时效利益的预先抛弃，是指在诉讼时效期间届满之前，权利人抛弃其时效利益。抛弃诉讼时效利益可分为时效届满前的预先抛弃和时效届满后的时效利益抛弃，针对前一种情况，《民法典》第 197 条第 2 款规定："当事人对诉讼时效利益的预先放弃无效。"因此，该法禁止当事人预先放弃诉讼时效利益。法律上作出此种规定的原因在于：一方面，如果允许当事人预先抛弃时效利益，权利人就可能利用其优势地位，强迫义务人抛弃其时效利益[2]，从而会损害实质公平。另一方面，如果当事人预先抛弃时效利益，则不利于社会公共秩序和交易安全的维护，诉讼时效利益虽然是一种私益，但它也确实关涉社会公共利益。按照私法自治原则，义务人可以事后放弃其时效利益，但不得预先放弃其时效利益，另外，时效规则具有强制性，如果允许当事人可以预先放弃诉讼时效利益，就可能使法律上的时效规则形同虚设。

当事人预先放弃时效利益的，其无论是采取单方法律行为的形式，还是采取双方法律行为（如合同）的形式，都应当认定为无效。

（二）诉讼时效届满后时效利益的抛弃

所谓诉讼时效届满后时效利益的抛弃，是指义务人在时效届满以后，以明示或默示的方式，放弃其时效利益。从民法上看，法律关于时效的规定属于强制性规范，当事人不能通过约定变更法定的时效期限，也不得预先抛弃未来所享有的时效利益。从比较法上看，也大多采用了此种做法。[3] 但是在时效届满后，债务人可以时效届满为由对抗债权

① 参见洪逊欣：《中国民法总则》，367 页，台北，三民书局，1992。

② 参见李适时主编：《中华人民共和国民法总则释义》，628 页，北京，法律出版社，2017。

③ 如《瑞士债法典》第 141 条第 1 款规定："一方当事人不能事先放弃诉讼时效的规定。"《法国民法典》第 2220 条规定："任何人均不得提前抛弃时效；但可以抛弃已取得的时效。"《法国民法典》，罗结珍译，514 页，北京，中国法制出版社，1999。

人的请求权，此时，债务人的时效利益主要体现为债务人个人的财产利益，按照民法的自愿原则，法律对任何当事人处分其个人利益且不妨害社会公共利益的行为，均应承认其有效。既然时效届满后，债务人享有的时效利益是一种财产利益，且已经为债务人所取得，则应允许其抛弃。时效利益的抛弃有如下特征。

第一，抛弃的对象是义务人因时效届满而享有的时效利益，而不是实际占有的财产。也正因为如此，义务人必须知道时效已经经过，其获有时效利益。

第二，抛弃是一种事后处分的行为。法律并不禁止当事人事后抛弃时效利益，毕竟此种利益仅属于当事人的私人利益。也就是说，在时效期间届满后，当事人可以就已经取得的时效利益加以处分。

第三，时效利益抛弃属于单方处分行为，应适用意思表示的一般规定，因此，抛弃者须有行为能力和处分能力。时效利益的抛弃在性质上属于单方法律行为，只要符合单方法律行为的生效要件，即可发生效力。时效利益的抛弃属于有相对人的单方法律行为，该行为应当在到达相对人时生效。[①] 当然，按照私法自治原则，当事人也可以事后通过合同约定的方式抛弃其诉讼时效利益。

第四，时效利益抛弃的方式是多样的，义务人可以单方的意思表示，也可以以协议的方式抛弃时效利益。如时效届满后，双方达成协议同意履行债务，即构成义务人对时效利益的抛弃。

（三）诉讼时效届满后时效利益抛弃的方式

1. 义务人实际履行债务

诉讼时效期间届满后，义务人的债务变为自然债务，但义务人实际履行了债务，则债权人仍有权受领，因为权利人接受义务人的履行所获利益并非不当得利，应受法律保护。《民法典》第192条第2款规定："义务人已经自愿履行的，不得请求返还。"因为诉讼时效届满以后，虽债务转化为自然债务，但是，债权人仍然有权受领并保有权利，一旦受领履行，债务人不能请求对方返还不当得利。即使义务人因错误而不知道时效届满，也不能以"重大误解"为由主张撤销。从法律上看，义务人自愿履行，可以认为是以默示的方式抛弃了时效利益。

2. 债务人同意履行债务

《民法典》第192条第2款规定："诉讼时效期间届满后，义务人同意履行的，不得以诉讼时效期间届满为由抗辩……"依据这一规定，义务人一旦同意履行，就不能再主张时效利益。如若义务人出尔反尔，则不仅违反时效制度，而且违反了诚信原则。义务人同意履行包括以下两种情形。

第一，双方达成履行债务的协议。时效届满后，如果双方达成了履行债务的协议，也可以视为义务人放弃了时效利益。《诉讼时效司法解释》第19条第1款规定："诉讼时效期间届满，当事人一方向对方当事人作出同意履行义务的意思表示或者自愿履行义务

---

① 参见马特主编：《民法总则讨论教学教程》，447页，北京，对外经济贸易大学出版社，2006。

后，又以诉讼时效期间届满为由进行抗辩的，人民法院不予支持。”这里所说的债务人作出“同意履行义务的意思表示”，实际上可以解释为包括了双方达成履行债务的协议。义务人可以单方的意思表示，也可以以协议的方式抛弃时效利益。如时效届满后，双方达成协议同意履行债务，这种诉讼时效届满后达成的履行义务的协议的效力应为有效，即构成义务人对时效利益的抛弃。

从法律上看，双方达成新的协议实际上是一项和解协议，形成了一个新的合同。该和解协议是在纠纷发生以后，双方当事人通过协商，互相让步，以达成和解，终止争执。虽然时效届满以后，此债务已转化为自然债务，但不能否认债务纠纷的存在。通过双方达成协议，由债务人继续承担全部或一部分债务，此项债务已非自然债务，乃是一种新债务。既然该协议属于另外一个合同，则与其他合同一样发生法律约束力，如果债务人不履行，法院可以强制执行。

第二，单方允诺履行债务。在诉讼时效届满以后，双方未达成和解协议，债务人单方承诺愿意承担全部或部分债务，亦可导致时效利益的抛弃。《诉讼时效司法解释》第19条第3款规定“超过诉讼时效期间，贷款人向借款人发出催收到期贷款通知单，债务人在通知单上签字或者盖章，能够认定借款人同意履行诉讼时效期间已经届满的义务的，对于贷款人关于借款人放弃诉讼时效抗辩权的主张，人民法院应予支持。”例如，在3年时效届满以后，债权人向债务人发出拖欠债务的本金、利息的通知，债务人在该通知上盖章，表示承认该债务。再如，在时效届满后，债权人向债务人催告清偿，债务人明确表示在一定期限内清偿债务，但事后发现时效已经届满，是否可以否认自己先前作出的清偿允诺？《民法典》第192条第2款规定：“诉讼时效期间届满后，义务人同意履行的，不得以诉讼时效期间届满为由抗辩。”该条所说的“同意履行”当然包括了以单方允诺的形式表示同意履行。既然法律允许时效利益可事后抛弃，则债务人当然可以通过单方允诺的方式作出。从实践来看，我国法院的一些判决也认可债务人单方允诺抛弃时效利益会对其本身产生相应的拘束力。①

四、义务人抛弃时效利益的法律效果

义务人抛弃其时效利益以后，就使其负有的义务又恢复了原有的效力，尤其是恢复了可以申请法院强制执行的效力。此时，义务人并没有负担新的义务，而只是使原有义务的效力恢复原有状态。因此，一旦诉讼时效利益被抛弃，则民事义务的时效期间应当重新计算。确切地说，从抛弃之日起，诉讼时效重新计算。“时效完成之利益一经抛弃，即回复时效完成前之状态，债务人不得再以时效业经完成拒绝给付。惟得援用时效利益抛弃后重行起算新时效利益。”②

---

① 参见“重庆某银行诉罗某某等金融借款合同纠纷案”，重庆市奉节县人民法院（2011）奉法民初字第01806号民事判决书。

② 王泽鉴：《民法总则》，432页，北京，北京大学出版社，2009。

第六节　期间与期日

一、期间的概念

期间是民法上的一个特定概念，是指具有一定法律意义的一段时间。宇宙是由时间和空间构成的，在民法上，时间的经过是一种法律事实，而某个具体的时间段可以表现为一个期间。期间的运用十分广泛，并可能产生多种法律效果。由于期间是指一段时间，它应当有起始和终了，所谓起始就是开始的时间，终了就是结束的时间。一定时间的经过依法会产生一定的法律后果，也就是说，将导致某种民事法律关系的产生、变更和消灭，所以，期间经过也可以成为民法上的法律事实。[①] 期间在民法上的意义表现为如下方面。

（1）期间首先对主体权利能力的存续产生一定的影响。例如，失踪人下落不明满4年的，可以推定其死亡。在宣告死亡的期间内，被宣告死亡的人既有的人身、财产关系将归于消灭。

（2）期间可以引起民事法律关系的产生、变更或消灭。一是导致民事法律关系的产生。例如，附始期的合同在期限届满以后产生效力。二是导致民事法律关系的变更。例如，诉讼时效的届满，导致抗辩权的发生，使债权转化为自然债务。三是导致民事法律关系的消灭。例如，附终期的合同，当期限届满，则合同消灭。

（3）期间可以作为民事权利的存续期限。在民法上，有一些权利是不受期限限制的，如所有权是长期存在的。但绝大多数民事权利都有一定的权利存续期限，权利人必须在该期限内行使权利，经过一定的期限，权利将不存在，或失去效力，或者效力减弱。这是法定的期限对权利的影响。

（4）期间可以作为一定的权利、义务实际行使或履行的期限。例如，合同中规定的履行期限。[②] 以合同为例，即使合同已经成立并生效，但在履行期限未到来之前，当事人仍然不能实际地行使权利和履行义务。

关于期间的法律效果除了法律规定以外，也可以由当事人自己约定，所以确定期间的效果时，还应当考虑到当事人的约定。

从广义上讲，时效是期间的组成部分。因为无论是时效还是期间，都是指民事法律关系产生、变更和终止的时间。从狭义上讲，期间是一个特定的概念，它是指时效之外的期间，即权利人行使权利或履行义务的期间，例如，保证期间、抵押权存续期间、撤销权行使期间以及其他期间。本书认为，我国法律采用了广义的期间概念，将时效视为一种特定的期间。

---

① 参见郑玉波：《民法总则》，473页，北京，中国政法大学出版社，2003。

② 参见魏振瀛主编：《民法》，203页，北京，北京大学出版社、高等教育出版社，2010。

二、期间的分类

（一）可变期间和不变期间

民法上的期间种类繁多，但可以依据期间是否发生变化而分为可变期间和不变期间。所谓可变期间，是指期间的长短可以发生变化。诉讼时效一般属于可变期间。而所谓不变期间，是指通过法定或约定的方式确定的一个不可变更的期间。除斥期间一般属于不变期间。两者区分的意义在于，是否可以适用中止、中断的规定，而使期间发生变更。当然，就法定的期限而言，无论是除斥期间还是诉讼时效，一般不允许当事人通过合同加以改变。从这个意义上说，它们都是不变期间。但是某一些法定期限也是可以通过当事人的约定改变的。例如，法律规定的检验标的物的期限，依其性质可以允许当事人通过合同加以改变。

（二）法定期间、意定期间和指定期间

期间可以分为法定期间、意定期间和指定期间三种类型。

所谓法定期间，是指由法律直接规定的期间，如《民法典》第 692 条中所规定的 6 个月的保证期间。法定期间大多为强制性规定，例如，关于撤销权的规定，一般不允许当事人随意变更，即使是就诉讼时效而言，虽可以发生中止、中断或延长，但不允许当事人通过约定加以改变。不过，法定的期限可以在特殊情况下，由当事人通过约定加以变更。

所谓意定期间，是指当事人通过一定的意思表示而设定的期间。意定期间包括两种情况：一是通过单方意思表示所确定的期间，如要约中对受要约人所规定的承诺期限；二是通过双方当事人的约定确定的期限，如合同中规定的质量保证期。

所谓指定期间，是指由法院或其他机关在法律允许的范围内指定的期间。在许多情况下，权利的行使并没有固定的期限，如果确有必要，法院也可以指定期限。例如，在发生违约责任和侵权责任的情况下，受害人选择请求权的期限可以由法院予以指定。

三、除斥期间

（一）除斥期间的概念和特征

所谓除斥期间，也称不变期间。《民法典》第 199 条规定：“法律规定或者当事人约定的撤销权、解除权等权利的存续期间，除法律另有规定外，自权利人知道或者应当知道权利产生之日起计算，不适用有关诉讼时效中止、中断和延长的规定。存续期间届满，撤销权、解除权等权利消灭。”该条规定确立了除斥期间的基本规则，对除斥期间的起算规则、除斥期间届满后的法律效果作出了规定，确立了撤销权、解除权等形成权的行使规则。除斥期间的主要特征在于：

（1）它是撤销权、解除权等权利的存续期间。除斥期间与诉讼时效不同，它是权利的存续期间，在该期限内权利才能存在。法律设立除斥期间有利于督促权利人尽快行使

权利。撤销权是当事人请求撤销民事法律行为的权利；解除权是当事人主张解除民事法律关系的权利。从性质上看，撤销权、解除权等权利都是形成权，按照同类解释规则，该条中的“等权利”应当指的是形成权，因而除斥期间的适用对象主要为形成权。因为形成权将会根据一方的意志而产生法律关系发生、变更和消灭的效果，期限的限制与他人的权利和社会公共利益都有一定的关联。① 为了避免法律关系的长期不稳定，需要通过除斥期间制度尽快将法律关系确定下来。

（2）它可以由法律规定或者当事人约定。一方面，除斥期间可以由法律规定。例如，依据《民法典》第 152 条，在重大误解的情形下，当事人自知道或者应当知道撤销事由之日起一年内、重大误解的当事人自知道或者应当知道撤销事由之日起 90 日内没有行使撤销权。另一方面，与诉讼时效所不同的是，除斥期间还可以由当事人约定。例如，当事人可以在合同中约定合同的解除权的期限，该期间经过的，约定解除权消灭。

（3）它一般自权利人知道或者应当知道权利产生之日起计算。所谓知道，是指由明确的证据表明当事人知晓了权利产生。所谓应当知道，是指虽然没有明确证据证明，但是根据社会的一般常识，可以推定当事人知悉，或者当事人有义务知悉。例如，依据《民法典》第 152 条的规定，在重大误解的情形下，撤销权期限为当事人知道或应当知道撤销事由之日起 90 日。

（4）不发生中止、中断和延长。形成权的行使仅依一方当事人的意思就可以使法律关系产生、变更、消灭，如果允许除斥期间中断、中止、延长，可能会使法律关系长期处于不确定状态，从而难以实现除斥期间法律制度的目的。因此，一旦除斥期间届满，撤销权、解除权等形成权即消灭。②

当然，如果法律对除斥期间的计算规则等作出了特别规定，则应当适用该特别规定。例如，对于法定解除权，《民法典》第 564 条规定：“法律没有规定或者当事人没有约定解除权行使期限……或者对方催告后在合理期限内不行使的，该权利消灭。”

由于除斥期间作为形成权的存续期间，其完成的法律后果就是使形成权绝对、当然、确定地消灭，所以在一方主张形成权以后，不论另一方是否就此种权利的存在提出抗辩，法院都应当依职权对该权利存在与否加以审查，这就必然涉及该权利是否因除斥期间届满而消灭的问题。从这个意义上说，除斥期间的法律效果的产生不需要当事人主张。另外，由于除斥期间经过的利益不是当事人主动选择的结果，因而当事人只能被动承受，而不能抛弃。

虽然除斥期间的适用对象主要是形成权，但是为了维护社会经济秩序，需要扩大除斥期间的适用范围。因此，除斥期间的适用对象不仅仅是形成权，还包括其他一些为法律所规定的权利。例如，上述《民法典》第 152 条规定的期间，一般认为该期间为除斥期间。

（二）除斥期间和非除斥期间

根据所适用的范围，期间又可以分为除斥期间和非除斥期间。除斥期间，是指法律直接规定或当事人依法确定的某些形成权的预定存续期间，因该期间经过，该权利当然

---

① 参见芮沐：《民法法律行为理论之全部》，162 页，北京，中国政法大学出版社，2003。

② 参见李适时主编：《中华人民共和国民法总则释义》，633 页，北京，法律出版社，2017。

消灭。[①] 它主要适用于形成权。

非除斥期间，包括时效期间以及法定、约定的除除斥期间以外的期间。两者区分的主要意义在于，除斥期间是不变期间，是权利存续的固定不变的期限；而其他期间大多是可变的，主要适用于请求权和其他权利。

（三）除斥期间与诉讼时效

除斥期间和诉讼时效都是对权利行使的一种时间限制，都具有督促权利人及时行使权利、保持社会关系稳定的作用，并且诉讼时效与除斥期间都是民事法律事实中的状态，并因一定时间的经过而使法律关系发生变动，但二者具有显著区别，主要体现为：

（1）适用对象不同。诉讼时效主要适用于债权的请求权；除斥期间主要适用于撤销权、解除权等形成权。适用对象的差别也决定二者的具体规则与法律效果存在一定的差别。由于诉讼时效适用于债权请求权，可以在《民法典》中对其进行抽象规定。而除斥期间适用于形成权，由于形成权种类繁杂、发生原因多样，彼此间差异较大，因此很难进行统一规范，应当根据形成权的具体内容而分别进行具体规定。

（2）能否由当事人约定不同。法律关于诉讼时效期间的规定属于强制性规范，不得由当事人通过约定加以改变。而除斥期间既可以由法律规定，也可以由当事人约定。

（3）是否适用中止、中断、延长不同。诉讼时效在性质上是可变期间，可因法定事由而中止、中断，例外情形下还可以延长。而除斥期间旨在排除形成权行使所导致的法律关系的不稳定性，因此，除斥期间一般不得中断、中止、延长。

（4）届满后的法律效果不同。诉讼时效期间届满，相关的请求权并不因此消灭，而只是使义务人享有相关的抗辩权。因此，从某种意义上说，诉讼时效届满后，债权人的债权已经蜕变成一种“自然债”。而除斥期间在性质上属于形成权的存续期间，一旦除斥期间届满，则直接消灭权利本身。正是因为存在上述区别，时效届满以后，义务人抛弃时效利益，自愿作出履行的，权利人仍有权保有相关的利益，而不构成不当得利。[②]

（5）是否允许法院主动援引不同。如前所述，诉讼时效届满只是使义务人产生一定的抗辩权，是否主张该抗辩权，应当由义务人自主选择，法院不得依职权进行审查。而除斥期间届满后，将使权利人的权利消灭，权利人不得再行使该权利，因此，法院有权依职权进行审查。

四、期间的计算

（一）期间的计算方法概述

期间的计算方法对于准确界定当事人之间的权利义务关系具有重要意义。关于期间的计算方法，《民法典》第 204 条规定：“期间的计算方法依照本法的规定，但是法律另有规

① 参见史尚宽：《民法总论》，562 页，北京，中国政法大学出版社，2000；黄立：《民法总则》，486 页，台北，三民书局，1994。

② 参见魏振瀛主编：《民法》，193 页，北京，北京大学出版社、高等教育出版社，2010。

定或者当事人另有约定的除外”。依据该条规定，期间的计算方法具有法定性，也就是说，期间的开始时间、截止时间等，都是由法律规定的，这有利于简化当事人之间的交易过程，也有利于减少当事人因期间计算而引发的纠纷。但需要指出的是，尽管期间的计算是法定的，但法律关于期限的规定属于任意性规定，允许当事人通过约定加以改变。例如，《民法典》第 203 条第 1 款规定：“期间的最后一日是法定休假日的，以法定休假日结束的次日为期间的最后一日”。但当事人可以约定，该法定节假日结束的当天为最后一日。

如果当事人就期间的计算能够达成一致约定的，则可以依照当事人约定来计算期间。例如，当事人可以约定采用“周”作为计算期间的方法。[①]

一般而言，民法上期间的确定方法主要如下：第一，规定日历上的一定时间，如 2003 年 8 月 6 日。第二，规定一定的期间，如 6 个月、1 年等。第三，规定某一法律事实出现的特定时刻，如某人结婚之时。这种规定常常与附期限的民事法律行为相联系。第四，规定以某人提出请求的时间为准。这种期限并没有具体确定一定的期间或期日，而是由一方当事人来决定。例如，债务履行期限以一方当事人的请求为准。

（二）期间的具体计算方法

期间的计算方法主要有两种：第一，历法计算法。历法计算法就是以日历所定的日、星期、月、年为依据。第二，自然计算法，此种方法是以实际时间精确地进行计算的方法，即以时、分、秒开始起算的方法。例如，从 2003 年 9 月 1 日 5 时至 12 时。历法计算法比较简便，符合人们的期间计算观念，但与自然计算法相比，又不够精确。[②] 所以，《民法典》第 200 条规定：“民法所称的期间按照公历年、月、日、小时计算”。从该规定来看，兼采上述两种计算方法，即一方面，该条规定期间按照公历的年、月、日计算；另一方面，该条又规定按照小时计算，这实际上是同时采用了历法计算法和自然计算法两种方法。此种规定更符合实践的需要，因为从实践来看，在一些交易中，当事人可能约定具体在某天的某个时刻进行交易，或者将交易的截止时间确定在某个时刻，此时就需要运用自然计算法。

（三）期间的开始和截止

为准确界定当事人之间的权利义务关系，法律需要对期间的开始和截止作出规定。《民法典》分别对历法计算法和自然计算法两种期间计算方法中期间的开始和截止计算方法作出了规定。

关于期间的开始，《民法典》第 201 条规定：“按照年、月、日计算期间的，开始的当日不计入，自下一日开始计算。按照小时计算期间的，自法律规定或者当事人约定的时间开始计算”。该条确立了两项规则：第一，历法计算法中期间开始的规则。即在历法计算法中，开始的当日不计入期间，而是从下一日开始起算期间。[③] 例如，双方约定，甲

---

① 参见石宏主编：《中华人民共和国民法总则条文说明、立法理由及相关规定》，485 页，北京，北京大学出版社，2017。

② 参见王泽鉴：《民法总则》，487 页，北京，北京大学出版社，2009。

③ 参见石宏主编：《中华人民共和国民法总则条文说明、立法理由及相关规定》，481 页，北京，北京大学出版社，2017。

方于2017年5月10日向乙方借款10万元，借期1年，则还款日期应当为2018年5月10日。当然，如果当事人对期间开始的时间作出了特别约定，按照私法自治原则，应当按照当事人的约定确定期间的开始时间。例如，如果当事人约定开始的当日计入期间，则该约定有效。第二，自然计算法中期间的开始规则，即自法律规定或者当事人约定的时间开始计算。例如，当事人约定48小时内还款，那么就应当从当事人约定的时间开始计算48小时。

关于期间的截止，对历法计算法而言，依据《民法典》第202条的规定，以到期月的对应日为期间的最后一日，如果没有对应日，则以月末日为期间的最后一日。例如，当事人在3月31日约定，将在一个月后履行合同，由于4月没有31日，则应当以4月30日为截止日期。从实践来看，当事人之间约定的期间截止日期可能是法定休假日，对此种情形，依据《民法典》第203条第1款的规定，“期间的最后一日是法定休假日的，以法定休假日结束的次日为期间的最后一日”。此处所说的“法定休假日”包括法定的节假日以及双休日。例如，双方约定3月底还款，如果3月的最后一天是星期六、星期日或者其他法定休假日的，则以休假日的次日为期间的最后一日。

关于自然计算法中期间的截止，《民法典》第203条第2款规定：“期间的最后一日的截止时间为二十四时；有业务时间的，停止业务活动的时间为截止时间”。例如，双方当事人约定的还款期限为本月的最后一天，则最终的还款时间应当是本月最后一天的24时。但对一些有确定营业时间的主体，如某银行的业务时间为上午9点至下午5点，则应当将截止时间定为当天的下午5点。

问题与思考

1. 如何理解诉讼时效的特征？
2. 如何理解诉讼时效的适用范围？
3. 如何理解诉讼时效的强制性？
4. 诉讼时效期间如何起算？
5. 诉讼时效期间中断的事由有哪些？其效力如何？
6. 诉讼时效期间中止的事由有哪些？其效力如何？
7. 如何理解诉讼时效期间届满的法律效力？
8. 如何理解诉讼时效利益的抛弃？
9. 试述期间的概念。
10. 试述期间的分类。
11. 试述期间在民法上的意义。
12. 试述除斥期间的概念和特征。
13. 试析除斥期间与诉讼时效的区别。

PART TWO

2

第二编

物 权

第十二章
物权编概述

本章概要

物权，是指权利人依法对特定的物享有直接支配和排他的权利，包括所有权、用益物权和担保物权。物权法是调整平等主体之间因物的归属和利用而产生的财产关系的法律。物权法是大陆法系国家民法典的重要组成部分，通常在民法典物权编中加以规定。英美法系虽然没有物权法，但是具有和大陆法系物权法相类似的财产法。物权编是我国民法典的重要一编，也是我国社会主义法律体系的重要组成部分。民法典物权编既是调整平等主体之间财产关系的基本法，也是市场经济秩序构建的基本规则。物权编被规定在民法典的第二编，下设五个分编：通则、所有权、用益物权、担保物权、占有，条文共计258条。

第一节 物权概述

一、物权的概念和特征

“物权”一词最早起源于罗马法。罗马法确认了所有权（dominium）、役权（servitutes）、永佃权（emphyteusis）、地上权（superficies）、抵押权（hypotheca）、质权（pignus）等物权形式，并创设了与对人之诉（actio in personam）相对应的对物之诉（actio in rem）。中世纪注释法学家在解释罗马法时，曾经从对物之诉和对人之诉中，引申出“物权”和“债权”的概念，并用“物权（iura in re）”一词概括完全物权（Plena in re potestas）和他物权（iura in re aliena）两种物权形式。物权是指某人对其物享有的支配权，此种权利无须义务人行为的配合便可以直接实现。

《民法典》第114条规定：“民事主体依法享有物权。物权是权利人依法对特定的物享有直接支配和排他的权利，包括所有权、用益物权和担保物权。”这就在法律上明确了物权的概念，依据这一规定，物权是指权利人对特定物所享有的直接支配和排他的权利，该规定对于界定物权的内容和效力、区别物权和债权具有重要意义。本书认为，可以从以下几个方面理解物权的概念。

第一，物权就其本质而言，仍然是一种人与人之间的财产关系，而不纯粹是人与物之间的关系。从民法上看，物权关系作为一种法律关系，乃是一种人与人之间的社会关系，并且是以一定的权利义务为内容的社会关系。虽然物权是权利人直接支配特定物和排他的权利，但物权本质上不是人对物的关系，而是人与人之间的法律关系。例如，在所有权关系中，所有人有权依法对自己的财产进行占有、使用、收益和处分，所有人以外的任何人（非所有人），则负有不得妨碍所有权人行使权利的义务。

第二，物权的主体是特定的权利人。在物权关系中，权利人是特定的，而义务人是不特定的第三人。我国《民法典》将物权的权利主体表述为权利人，这一概念具有高度的概括性，可以将各种民事主体纳入其中，如国家所有权人、集体所有权人、私人所有权人等。在具体的物权法律关系中，权利人都是指特定的权利人。例如，所有权人、宅基地使用权人、土地承包权人、建设用地使用权人、抵押权人、留置权人等，上述物权主体都可以通过"权利人"这一概念加以概括。权利人包括了自然人和法人，但又不限于这两类主体。因为作为国家所有权主体的国家也是物权的主体，采用权利人的概念则可以将各类民事主体概括进来，并可以包括各种新型物权的权利主体。

第三，物权的客体主要是有体物。物权与债权、知识产权等相区别的重要标志在于，物权的客体主要是有体物。物权是权利人对特定物所享有的财产权利，物权关系表现为一种绝对法律关系，体现的是特定权利人因为物的归属和利用而产生的法律关系。依据《民法典》第115条的规定，物权的客体主要是动产和不动产，即物权的客体主要是有体物。[①] 所谓有体物，是指具有一定的物质形体，能够为人们所感知的物。例如，空气、云彩等无法为人力所支配，无法成为物权的客体。而有体物之外的无形财产，主要是知识产权等权利的客体。当然，法律规定权利可以作为物权客体的，应当依照其规定。

第四，物权主要是一种对有体物的直接支配权。所谓支配，是指法律上或事实上的管理或控制。物权的支配性决定了物权所具有的优先性、追及性等特点。所谓直接支配，强调主体基于自己的意愿而对物所进行的控制，而不需要借助他人行为的辅助即可实现此种控制和支配。物权人可以依自己的意志对物进行占有、使用或采其他方式支配，无须取得他人同意。权利人对物的控制既包括事实上的控制，也包括法律上的控制。当然，主体依据物权对物的支配，既包括对特定的动产和不动产的使用价值的支配，也包括对物的交换价值的支配。[②] 例如，维护用益物权人对土地和房产的支配，也就保护了用益物权人对不动产使用价值的支配；保护担保物权人对实物的支配，实际上也就保护了权利人对物的交换价值的支配。

第五，物权是排他的权利。一方面，物权的排他性要求在一物上不得同时成立多个内容矛盾的物权；另一方面，物权的排他性是指物权具有对抗第三人的效力，权利人之外的任何人都负有不得侵害和妨碍物权的义务。物权的排他性与支配性存在区别，《民法典》之所以区分物权的排他性与支配性，主要原因在于：二者的侧重点不同，物权的支

---

① 参见陈华彬：《民法物权论》，55页，北京，中国法制出版社，2010。

② 参见谢在全：《民法物权论》（上册），修订2版，20页，台北，三民书局，2003。

配性强调的是权利人对物的直接支配，虽然这种支配最终仍然体现为人与人之间的关系，即权利人无须借助他人的协助即可实现对物的支配，但是支配性主要强调的还是对物的直接管领和利用；而物权的排他性强调的则是人与人之间的关系，即任何人不得非法干预他人行使物权。

第六，物权是依法享有的权利。这首先是指取得物权必须合法，基于非法的方式（如抢夺、侵占）不能取得法律所保护的物权。其次，物权的内容、种类、公示方法等必须要由法律进行规定。再次，物权的行使必须合法，这就是说，物权虽然是一项绝对权，但是其行使需要在法律所规定的范围内进行。例如，所有权是所有权人依法享有的对物的占有、使用、收益、处分的权利，所有权的行使必须依法就表明所有权并非一项绝对而不受限制的权利，所有权上也负有一定的社会义务。

总之，物权是指权利人对特定物所享有的直接支配和排他的权利，它是一项重要的财产权，在我国民事权利体系中居于重要地位。

二、物权的效力

物权的效力是指物权所特有的功能和作用。由于物权的类型不同，其效力也存在一定的区别，但各类物权都具有某些共同的效力，从而使物权表现出与其他权利（如债权）不同的特点。一般认为，物权的效力主要是由如下几方面的效力构成。

（一）物权具有排他性

物权是排他的权利。物权的排他性主要包括以下几个方面的含义：一是所有权的排他性。因为同一物之上不得存在两个所有权，即一物不容二主。如果某人对某物依法取得所有权，即使另一人事实上占有该物，也不能享有法律上的所有权。任何人都负有不得妨害权利人对物的独占的支配权。二是他物权的排他性，即同一物之上不得成立两个在内容上相互矛盾的他物权。物权的排他性不仅强调在同一物上不能设定两个所有权，还要求在同一物上不得设定相冲突的他物权，这就确定了设定物权的规则。例如，在某物之上设定建设用地使用权之后，不能再为他人设定建设用地使用权。三是物权的对世效力。这就是说，任何人都负有不得侵害物权的义务。物权的效力可以对抗权利人之外一切不特定的人。[①] 任何人都负有不得妨碍权利人行使权利的义务，无论何人非法取得所有人的财产，都有义务返还，否则便侵犯了权利人的权利。四是物权的不可侵害性。物权具有不可侵害性，物权人行使权利，有权排除他人的侵害和妨害，在物受到他人侵夺时，权利人还可以对行为人主张物权请求权。

当然，物权的排他性是有限度的，而不是绝对的、无限的。一方面，任何物权都不是绝对地不受限制，物权的排他性要受到法律的限制。例如，政府依法征用某个人的财产，物权人不得以排他效力对抗。另一方面，某一物权的排他性只是在该物权效力所及的范围内具有排他性。例如，在建筑物区分所有制度中，业主就其专有空间之外的部分

① 参见申卫星：《物权法原理》，45 页，北京，中国人民大学出版社，2008。

不得主张排他效力，禁止他人利用。

（二）物权具有优先性

物权的优先性，包括两个方面。

一是对外的优先性，是指在同一标的物之上同时存在物权和债权时，物权优先。例如，享有担保物权的人与普通债权人相比，享有在标的物变价后优先受偿的权利。由于担保物权具有优先受偿的效力，因而在破产程序进行中，其可以产生别除权的效力。

二是对内的优先性。对内的优先性，又称为物权的对内效力，它是指物权相互之间的效力。同一物上多项其他物权并存时，应当根据法律规定和物权设立的时间先后确立优先的效力。《民法典》第414条第1款规定："同一财产向两个以上债权人抵押的，拍卖、变卖抵押财产所得的价款依照下列规定清偿：（一）抵押权已经登记的，按照登记的时间先后确定清偿顺序；（二）抵押权已经登记的先于未登记的受偿；（三）抵押权未登记的，按照债权比例清偿。"《民法典》第414条第2款规定："其他可以登记的担保物权，清偿顺序参照适用前款规定。"这就是物权法中所谓的"先来后到"规则，也有人将其称为"时间在先，权利在先"规则。因此，如果同一不动产之上设定多个抵押的，不动产抵押权的设定，就采取先来后到的规则，先设定的抵押权要优先于后设定的抵押权。

需要指出的是，在某些情况下，法律基于社会公共利益等因素的考虑，可以规定某些发生在后的物权有优先于发生在先的某些物权的效力，我国《民法典》第456条规定："同一动产上已经设立抵押权或者质权，该动产又被留置的，留置权人优先受偿。"此种规定可以说是"先来后到"规则的例外。

（三）物权具有追及效力

所谓追及效力，是指物权的标的物不管辗转流通到什么人手中，所有权人可以依法向物的占有人索取，请求其返还原物。① 物权的追及效力是由物权的对世性和绝对性所决定的，其义务主体是除权利人以外的所有人。物权追及效力，不仅适用于所有权，也可以适用于用益物权和担保物权。不仅所有权，而且担保物权的标的物，不论辗转到何人之手，都不影响这些权利的存在。② 例如，我国《民法典》第406条规定："抵押期间，抵押人可以转让抵押财产。"这是因为抵押人转让抵押财产之后，抵押权人依据登记的公示效力可以行使追及权，无论何人受让抵押财产，抵押权人都有权在债务人不履行主债务或满足约定的抵押权需要实现的情形时行使抵押权。

追及的效力是指物权人针对标的物的追及效力，它是物权请求权所不能完全概括的。物权请求权是物权追及效力在制度层面的具体化。追及的效力是物权请求权中返还原物的请求权产生的基础，但并不是说它应当包括在返还原物请求权之中。所以，不应将追及的效力概括在物权请求之中。但物权的追及效力并不是绝对的，其受到法律上的限制，例如，要受到善意取得的限制。

---

①② 参见王泽鉴：《民法物权》，2版，50页，北京，北京大学出版社，2010。

三、物权与债权的区别

物权是和债权相对应的一种民事权利，它们共同组成民法中最基本的权利形式。物权和债权构成了市场经济社会最基本的财产权利。物权与债权的联系十分密切，但物权作为一项独立的民事权利，和债权比较，具有自身的特点，具体表现在：

1. 物权是支配权，而债权是请求权

物权是权利人支配特定物的权利，而债权是债权人请求债务人依照债的规定为一定行为或不为一定行为的权利。例如，买卖合同中规定，出卖人应于某年某月交货，在交货期到来之前，买受人只是享有请求出卖人在履行期到来后交付货物的权利，而不能实际支配出卖人的货物，也就是说，其只享有债权而不享有物权。只有在交货期到来后出卖人实际向买受人交付了货物，并实际移转了货物所有权，方能对该货物享有实际的物权。

2. 物权是对世权、绝对权，而债权是对人权和相对权

物权是绝对权，也称对世权，其权利主体是特定的，而义务人的范围具有不特定性，权利人享有的物权可以对抗一切人，任何人都负有不得妨害、侵害权利人物权的义务。而债权是对人权和相对权，其只能在特定的当事人之间发生效力，换言之，一方享有的债权只能针对另一方特定的债务人产生效力，而不能针对与债权没有任何法律关系的第三人产生效力。在债权受到侵害以后，债权人只能针对债务人主张权利，而不能针对其他第三人主张权利。

3. 物权具有优先性，债权是平等性的权利

物权具有优先性，如先登记的抵押权优先于后登记的抵押权。而债权都是平等的权利。所谓平等，是指债权人之间的债权除具有优先受偿权（如担保物权或法定优先权）外，不考虑其发生时间之先后、金额之多寡、债权发生之原因，债权人平等地接受清偿。

4. 物权具有对抗第三人的效力，而债权只能在特定当事人之间发生效力

物权具有对抗第三人的效力，就是说任何人侵害物权，权利人都可以向侵害人提出请求。不管物辗转流入什么人的手中，物权人都可以依法向物的不法占有人行使物权请求权，请求其返还原物。而债权的标的物在没有移转所有权之前，债务人将其转让并交由第三人占有时，债权人不得请求物的占有人返还财产，而只能请求债务人履行债务或承担违约责任。

5. 物权的设立采法定主义，而债权的设立多采合同自由原则

物权的设立采法定主义，即物权的种类和基本内容由法律规定，不允许当事人自由创设物权种类或随意确定物权的内容。依据物权法定原则所设定的物权公示制度，有利于防止欺诈、维护交易安全。在物权法上，不存在所谓的“无名物权”。然而债权，特别是合同债权，主要由当事人自由确定。只要不违反法律的禁止性规定和公序良俗，当事人既可以根据其意思设定债权，同时又可以依法自己决定债的内容和具体形式。所以，尽管《民法典》合同编规定了各种有名合同，但是，根据合同自由原则，当事人完全可以在各种有名合同之外订立无名合同。

6. 物权的客体主要是有体物，而债权主要以行为为客体

物权作为支配权，必须以特定的物作为其支配的客体，且作为物权客体的物主要是独立的、特定的物。债权的标的因债权的种类不同而各不相同。一般来说，债权直接指向的是债务人的特定行为。在债权关系存续期间，债权人一般不直接占有债务人的财产，只有在债务人交付财产以后，债权人才能直接支配该财产，但交付以后往往导致债权的消灭和物权的产生。

7. 物权具有永久性和长期性，债权具有暂时性

对于物权尤其是所有权来说，法律上并无期限限制，据此，所有权被称为“永恒物权”。而他物权的期限一般也比债权的期限长。然而，债权都是有期限限制的权利。在法律上不存在无期限限制的债权，即使在一些合同之债中没有规定合同的存续期限，债权人享有的债权与债务人所应承担的债务也应受到时效的限制。

四、物权的分类

（一）所有权与他物权

《民法典》第 114 条的规定，物权可以分为所有权和他物权，后者包括用益物权和担保物权。所有权是指所有人依法享有的对其财产进行占有、使用、收益和处分的权利，它是指所有人在法律规定的范围内，独占性地支配其财产的权利。[①] 所有权制度是物权制度中的核心内容。从形态上说，所有权又可分为国家所有权、集体所有权、私人所有权。

他物权又称为定限物权、有期物权，是指根据法律规定和当事人的约定，由非所有人在所有人的财产上享有的占有、使用和收益权以及在特殊情况下依法享有的一定的处分权。我国《民法典》将他物权进一步区分为用益物权和担保物权，并分别在物权编第三分编、第四分编中作出规定。他物权与所有权一样，都具有直接支配并排除他人干涉的性质，同样能够产生优先和追及的效力。所有权是他物权产生的基础。这就是说，他物权是由所有权派生出来的权利，它以所有权的存在为前提。他物权的取得一般是基于所有人的授权，或是基于所有权人与他物权人订立的合同。总之，他物权的产生要体现所有人的意志和利益，他物权的内容不过是从所有权权能中分离出来的部分权能。但是他物权与所有权不同，二者的区别主要有以下几点。

第一，权利主体不同。所有权的权利主体是所有人，义务主体是非所有人，即除所有人以外的自然人、法人和其他主体。而他物权的权利主体只能是所有人以外的其他权利人。我国《民法典》不承认所有权人为自己设立他物权。他物权因一定的法律事实产生而由所有人享有时，将因所有权与他物权的混同而导致他物权的消灭，此时，所有权即恢复其完整状态。不过，在他物权设定以后，尽管所有人不能实际占有、使用其财产，但仍然享有对其财产的最终处分权，也可以享有对财产的收益权。所以，非所有人享有他物权以后，并不能取代所有人的地位而成为所有人。

第二，权利内容不同。所有权人对其物享有占有权、使用权、收益权和处分权，因而称为“完全物权”，而他物权的内容则是受限制的、不完全的。非所有人享有他物权以

---

① 参见王泽鉴：《民法物权·通则·所有权》，50 页，北京，中国政法大学出版社，2001。

后，一般只能对标的物享有占有、使用和收益的权利；没有法律的依据或所有人的授权，不能行使处分权。非所有人行使财产的处分权，既受到法律的限制，也受到所有权人意志的限制。非所有人必须依照法律规定行使其权利。如果他物权是通过合同的方式确立的，并且合同对权利的行使设有明确的限制，则非所有人还必须依据合同的约定行使权利。

第三，权利的存续期限不同。所有权原则上是无期限的权利，只要作为权利客体的物存在，所有权就可存续。而他物权一般有一定的存续期限，如果他物权是通过合同的方式取得的，则其只能在合同约定的期限内存在。在合同终止后，这种物权随之消灭。许多他物权在期限上相对于所有权而言是短暂的，因而这些物权又被称为“有期物权”。

（二）用益物权和担保物权

依据对物的利用内容的不同，他物权可以区分为用益物权和担保物权。此种分类方式是对他物权所作出的进一步划分。所谓用益物权，依据《民法典》第 323 条，是指非所有人对他人之物所享有的占有、使用、收益的排他性权利。我国《民法典》物权编在第三分编中规定了用益物权。所谓担保物权，依据《民法典》第 386 条，是指为了担保债权的实现，由债务人或第三人提供特定的物或者权利作为标的物而设定的限定物权。担保物权是为了确保债务的履行而对他人提供担保的物或权利的价值所享有的权利。我国《民法典》在第四分编中规定了担保物权。

担保物权与用益物权主要具有如下区别：一方面，用益物权是以对标的物使用、收益为目的的权利。用益物权人支配的是标的物的使用价值，权利人设立该权利的目的是获取使用价值，因而用益物权又可称为“使用价值权”。其作为物权的一种，着眼于财产的使用价值。而担保物权则侧重于对标的物交换价值的支配，它不以对物的实体进行利用为目的，而是通过支配物的交换价值保障其所担保的债权获得圆满实现。[①] 另一方面，用益物权除地役权以外，都是主权利，而担保物权因其主要是担保主债权的实现而设定的，因此都是从权利。此外，二者的存续期限是否具有确定性不同。为了保障权利人对物进行持续的利用，用益物权的期限具有确定性，而且期限通常较长，而担保物权以担保债权的实现为目的，债权一旦获得清偿，担保物权即消灭，在债务人不履行债务或者发生当事人约定的情形时，债权人也有权行使其担保物权，因此，担保物权期限的确定性较弱，其与债权的实现程度具有直接关联。

（三）动产物权、不动产物权、以权利为客体的物权

依据物的客体的不同，物权可以区分为动产物权、不动产物权以及以权利为客体的物权。所谓动产物权，是指以动产为客体的物权，如车辆、船舶、机器的所有权等。所谓不动产物权，是指以不动产为客体的物权，如土地所有权、土地使用权等。所谓以权利为客体的物权，主要是指在权利之上设立的物权，如权利质权、在建设用地使用权上设立的抵押权等。这种分类的主要意义在于：第一，通常，在动产之上只能设立所有权和担保物权，甚至在传统的物权法中，动产只能出质而不能设定抵押，动产之上一般不

---

① 参见崔建远：《物权：规范与学说》（下册），492 页，北京，清华大学出版社，2011。

能设立用益物权，而不动产之上则可以设立用益物权。第二，物权变动的公示方法不同，动产物权变动的公示方法通常为交付，而不动产变动则主要采取登记的公示方式。

（四）主物权和从物权

主物权是指本身独立存在的物权。[①] 如所有权、建设用地使用权、承包经营权、宅基地使用权等。从物权是指从属于主权利的物权，如地役权、抵押权、质权等。主物权与从物权的区别主要表现在：主物权独立存在，其变更、转让不受其他物权的影响；而从物权只能依附于主物权而存在，具有从属性，包括成立的从属性、处分的从属性以及消灭的从属性等。

第二节　物权法概述

一、物权法的概念与调整对象

（一）物权法的概念

物权法（英文为 the Law of Real Rights，德文为 Sachenrecht，法文为 droits réels）是大陆法系国家民法典的重要组成部分，通常是作为民法典的一编即物权编加以规定的。[②] 虽然物权的概念早已在罗马法中产生，但是物权法的概念却并未伴随着物权的概念一并出现。一般认为，现代物权法的体系是由潘德克顿学派所构建的，并为《德国民法典》所采纳。[③]《德国民法典》第三编的标题采用了“物权法”（Sachenrecht）的表述，对占有、所有权、役权、担保物权等进行了全面的规定，构建了现代物权法的体系。英美法系虽然没有物权法，但也有和大陆法系物权法类似的财产法。在我国，2007 年颁行了《物权法》，2020 年，《民法典》在《物权法》基础上，经过修改、补充，形成了《民法典》物权编，成为我国《民法典》的重要组成部分。

所谓物权法，是指确认归属、促进物尽其用和保护物权的法律，物权法对物的归属和利用关系的调整及其功能的发挥，主要是通过确认和保护物权的方式实现的。物权法是我国民法的重要组成部分。物权法有广义和狭义两种理解，广义上的物权法不仅包括《民法典》物权编的规范，也包括《民法典》其他各编关于物权的规定。例如，《民法典》总则编、合同编、继承编等，均有关于物权的规定，这些规定也属于广义上物权法的范畴。除《民法典》的规定外，其他特别法关于物权的规定，也属于广义的物权法的范畴。狭义的物权法则主要是指《民法典》物权编的规定。依据《民法典》第 205 条规定，物权编是调整有关因物的归属和利用而产生的民事关系的规范，该编共计 258 条，其内容分为五个分编，包括通则、所有权、用益物权、担保物权和占有。严格地说，物权关系不仅仅受《民法典》物权编调整，其还要受《民法典》其他编以及许多单行法的调整。这就

---

① 参见史尚宽：《物权法论》，14 页，北京，中国政法大学出版社，2000。

② MünchKomm/Gaier，Buch 3，Einleitung，Rn. 1.

③ 参见陈华彬：《物权法原理》，25 页，北京，国家行政学院出版社，1998。

是说，《民法典》物权编只是调整部分物权关系，但物权关系不仅受物权编调整，还要受到《民法典》其他编以及有关特别法的调整。因此，有必要区分物权编与物权法的概念。

具体而言，物权法与《民法典》物权编之间的关系表现在两个方面。

第一，《民法典》物权编是物权法的重要组成部分。物权法是调整财产关系的基本法。一方面，物权法并不调整所有的财产关系，只是调整物的归属和利用关系。在市场经济社会，物的归属和利用是市场经济体制所需要的基本法律规则，是保障市场经济得以正常运行的基本条件。物权法正是通过调整物的归属和利用，发挥了其作为基本财产法的功能。① 另一方面，财产权作为公民的基本人权，也是公民基本生产和生活的物质条件。物权法作为保护财产权的法律，对于保护公民基本人权具有重要意义。

第二，《民法典》物权编是物权法最基本的组成部分。《民法典》物权编是最为基础性的物权法规范，在发生物权纠纷后，法官首先且主要应当依据《民法典》物权编的规定处理。但依据《民法典》第 11 条的规定，“其他法律对民事关系有特别规定的，依照其规定”，因此，如果对物权纠纷涉及法律特别规定的，可以依据单行法的规定予以处理。

第三，《民法典》物权编是解释物权法的依据。这就是说，由于法典是基础性规范，因此，在解释民法典以外的有关物权的单行法律规定时，应当以《民法典》物权编的规范为依据，有关物权的单行法律规定不得与《民法典》物权编相冲突。

（二）物权法的调整对象

任何法律都不可能调整所有的社会关系，而只能调整一定范围内的社会关系。物权法调整的对象也是特定的，《民法典》第 205 条规定：“本编调整因物的归属和利用而产生的民事关系。”依据该条规定，物权法调整的是平等主体之间因物的归属和利用而产生的财产关系。

1. 物权法调整平等主体之间的财产关系

一方面，物权法调整的是平等主体之间的关系。所谓平等主体，是指当事人参与法律关系地位平等，适用相同的规则并受到平等的保护，任何一方都不得具有凌驾和优越于另一方的法律地位。另一方面，物权法调整的是平等主体之间的财产关系。所谓财产关系，是指人们在产品的生产、分配、交换和消费过程中形成的具有经济内容的关系。财产关系是以社会生产关系为基础的，涉及生产和再生产的各个环节，包括各类性质不同的关系。我国《民法典》第 2 条规定了民法典的调整对象是平等主体之间的人身关系和财产关系，人身关系主要由人格权编、婚姻家庭编等调整的，而财产关系则主要由物权编、合同编等调整。

2. 物权法主要调整物的归属和利用关系

物权法调整的是平等主体之间因物的归属和利用而产生的财产关系。如何理解物的概念？依据《民法典》第 115 条的规定，“物包括不动产和动产。法律规定权利作为物权客体的，依照其规定”。因此，此处所说的物主要是有体物，而不包括无体物，如知识产权等。有体物是指具有一定的物质形体，能够为人们所感知的物。有体物的范围非常广

① 参见孙宪忠：《中国物权法总论》，8 页，北京，法律出版社，2003。

泛，包括除权利以外的一切物质实体，即物理上的物，它不仅包括占有一定空间的有形物（各种固体、液体和气体），还包括电、热、声、光等自然力或“能”（energies）①。物权法主要调整因有体物产生的财产归属和利用关系，而因无体物产生的归属和利用关系主要由知识产权法等法律调整，在法律明确规定的情况下，物权客体可以是无体物。例如，《民法典》物权编规定了权利质押，这就是属于法律有特别规定的以无形财产为客体的情况。当然，在特殊情况下，有形和无形财产可以相互转化，如计算机软件因为储存于数据载体中而获得可把握的形式时，可以成为有体物。② 知识产权等无形财产主要受知识产权法的调整。

3. 物权法调整因物的归属和利用而产生的财产关系

（1）物权法调整物的归属关系。确认物权归属就是要界定产权、定分止争，这是保护各类物权人的权利的前提。因物的归属所产生的关系主要包括以下三种：一是因物权的设定而产生的关系，按照物权法定原则，物权的类型、内容等都要由法律规定，当事人应当依据法律规定的各种物权类型设定各类物权。二是因物权的转让产生的关系，物权的转让将导致所有权以及其他物权的移转，导致原物权的相对消灭和新物权的产生。因此物权的转让也会发生归属的变化，此种关系也会受到物权法的调整。三是因为确认和保护物权而发生的关系。物权可能在归属上发生争议，一旦发生争议，就要通过物权法一系列的规则来确认物的归属、定分止争，这也是物权法的基本功能。

（2）物权法调整物的利用关系。物的利用是指权利人对动产、不动产的使用价值与交换价值进行支配并享受其利益。物权法主要调整物的利用关系，如他物权的设定，因物权的行使而产生的关系，以及因物权变动而产生的各种关系等。例如，所有权人为了有效利用其房屋的价值而将房屋转让，导致原所有权消灭，此种关系也受到物权法调整。需要指出的是，由于物的利用既包括债权性利用，也包括物权性利用，债权性利用如租赁、承揽等，主要受合同编调整，物权编仅调整部分物的利用关系。

物权法调整因物的归属和利用而产生的关系，该定义彰显了物权法的两大基本功能，即定分止争与物尽其用。所谓定分止争，就是确立财产归属。物权法中确认财产的归属是市场经济的基础，也是充分发挥物的效用的基本前提。所谓物尽其用，就是在物权法的框架之内，通过各种物权制度促进物的效用的充分实现，如物权法关于他物权的规定，无论担保物权还是用益物权制度，都是为了促进物尽其用，充分发挥物的经济效用。物权法就是通过确认各种物权种类和内容，尤其是承认各种用益物权和担保物权，明确各种物权的行使规则等，促进各种资源的有效利用。

二、我国《民法典》物权编的体系

我国《民法典》物权编的体系主要由通则、所有权制度、用益物权、担保物权、占有制度所构成。具体而言，包括如下内容。

---

① 李双元主编：《比较民法学》，247页，武汉，武汉大学出版社，1998。

② 参见［德］鲍尔、施蒂尔纳：《德国物权法》（上册），张双根译，22页，北京，法律出版社，2004。

1. 通则

所谓通则，是指物权的一般规则和共同规则。物权编在第一分编规定了通则，之所以采纳通则的表述，而没有采纳总则的表述，主要是为了与民法典总则编相区别，在通则中一共设立了三章，第一章是一般规定，主要确立了物权编的调整对象、国家基本经济制度、经济政策和物权法的基本原则。第二章是关于物权的设立、变更、转让和消灭的一般规则，其中规定了不动产登记和动产交付的一般规则。第三章规定了物权的保护。

之所以需要在物权法上设立通则，是因为物权法作为民法的相对独立领域，必须形成自身的体系，只有规定了通则，才能强化物权法的体系性，并实现物权法条文的简约。物权法通则也确定了物权法的基本原则，例如，平等保护原则、物权法定原则等，这些原则都是贯穿于整个物权法的基本原则。

2. 所有权制度

物权编第二分编规定了所有权，所有权制度是物权制度的核心内容。所有权直接反映所有制，且对所有制起着维护和巩固的作用。所有权是所有人对其物所享有的独占支配权，它包含占有、使用、收益和处分四项权能，是权利内容完整的物权。同时，所有权也是其他物权产生的前提和基础，其他物权都是所有权权能分离的结果。正是因为这一原因，在物权编的体系安排上，先规定所有权，然后才规定他物权。在所有权一编中，共分为一般规定，国家所有权和集体所有权、私人所有权，业主的建筑物区分所有权、相邻关系、共有、所有权取得的特别规定。

需要指出的是，该分编详细地确认了国家、集体、私人所有权以及其他权利人的物权，维护了国家基本经济制度。在该编中，还规定了业主的建筑物区分所有权，此种所有权实际上是城市居民最重要的财产，也是其居住权的基本保障。《民法典》之所以规定建筑物区分所有权，而不是以单行法对其作出规定，就是为了充分保障公民的财产权。我国《民法典》物权编还明确了动产、不动产以及自然资源等的归属，并通过平等保护原则对各类物权进行平等保护，在物权遭受侵害时，通过物权请求权、侵权请求权等各种方式对权利人提供救济。

3. 用益物权制度

《民法典》物权编的第三分编规定了用益物权。所谓用益物权，是指当事人依照法律规定，对他人所有的不动产或者动产享有的占有、使用和收益的权利。用益物权人取得的是物的使用价值，对物的使用价值的支配性使得用益物权人对于标的物没有法律上的处分权，因而用益物权又可称为“使用价值权”。在用益物权一编中，规定了土地承包经营权、土地经营权、建设用地使用权、宅基地使用权、居住权、地役权；此外，还规定了海域使用权、探矿权、采矿权、取水权和养殖捕捞权等准用益物权。我国物权编中的用益物权制度主要具有如下特点。

第一，以我国土地公有制为基础，反映土地制度的社会主义属性，确立了土地承包经营权、建设用地使用权、宅基地使用权和地役权，这些权利具有明显的本土化色彩。

第二，在各项制度的设计方面，充分贯彻物尽其用原则，用益物权制度要求设立建设用地使用权，应当符合节约资源、保护生态环境的要求（第 346 条），充分体现和反映了国家在农村的基本经济政策，强化对耕地的最严格保护制度，充分体现了对集体所有权的维护和对广大农民利益的维护。

第三，为了维护自然资源、保护生态环境，在用益物权中规定了海域使用权、探矿权、采矿权、取水权和养殖捕捞权。将这些概念在用益物权中作出规定，是对传统用益物权制度的重大发展。

第四，依据《民法典》第 323 条的规定，用益物权人对他人所有的不动产或者动产，依法享有占有、使用和收益的权利。该条规定用益物权可以在动产上设立，这就在立法上为未来动产用益物权制度的发展预留了空间。

4. 担保物权制度

《民法典》物权编第四分编规定了担保物权。所谓担保物权，是指当债务人不履行债务时，债权人对债务人或者第三人提供的担保财产进行拍卖、变卖，就其价款依法优先受偿的权利。在该编中，设有一般规定、抵押权、质权、留置权。担保物权设定的主要目的是担保债权的实现，尤其是合同之债的履行。

我国物权编担保物权分编在内容和体系上具有重大创新。一是物权编统一了动产和权利担保的登记制度。《物权法》对于动产和权利担保的登记机构进行了分散的规定，物权编对于动产担保的设立要件进行了统一，删除了《物权法》不同动产抵押不同登记机关的规定，促进了动产抵押登记的一体化。立法者在《关于〈民法典各分编（草案）〉的说明》中指出，《民法典》“删除了有关动产抵押和权利质押具体登记机构的内容，为建立统一的动产抵押和权利质押登记制度留下空间”，“统一登记的具体规则宜由国务院规定”[①]。二是物权编简化了对担保合同条款的要求。《民法典》第 400 条第 2 款关于设定抵押权合同条款的规定与《物权法》相比要求更加简单。抵押合同是抵押登记审查和公示的重要内容，由于《物权法》对抵押财产登记信息要求过于详细、复杂，与世界银行制定的“营商环境报告”的评分标准不符，物权编专门对此予以修改，简化了抵押合同中抵押财产状况的信息要求，只需要对“抵押财产的名称、数量等情况”予以说明即可，这实质上简化了抵押登记的内容，使得抵押登记更为便捷和高效。三是关于流押流质的规定得到了进一步的完善。《民法典》第 401 条和第 428 条并没有禁止设立流押流质条款（如事先达成的以房抵债协议），也没有规定其当然无效。在当事人订立流押流质条款以后，在债务人不能到期清偿债务时，必须进入清算程序。通过拍卖、变卖等方式，债权人对变价财产价值优先受偿。四是确立了担保物权受偿顺序的顺位规则。[②]《民法典》第 414 条规定：“同一财产向两个以上债权人抵押的，拍卖、变卖抵押财产所得的价款依照下列规定清偿：（一）抵押权已经登记的，按照登记的时间先后确定清偿顺序；（二）抵押权已经登记的先于未登记的受偿；（三）抵押权未登记的，按照债权比例清偿。其他可以登记的担保物权，清偿顺序参照适用前款规定。”这就对担保物权的受偿顺序作出了明确

---

① 沈春耀：《关于〈民法典各分编（草案）〉的说明》（2018 年 8 月 27 日在第十三届全国人民代表大会常务委员会第五次会议上）。

② 参见高圣平：《论流质契约的相对禁止》，载《政法论丛》，2018（1）。

规定。五是担保合同范围的变化。《民法典》第 388 条第 1 款第 2 句规定："担保合同包括抵押合同、质押合同和其他具有担保功能的合同"。这一规定将担保合同的范围进行了扩张，不仅局限于设立担保物权的合同，而且涵盖了其他具有担保功能的合同。依据这一条款，所有具有担保功能的合同，只要经过登记，都可适用《民法典》第 414 条规定的优先受偿顺序的规则，也可以适用担保物权实现的程序。这一规定对于承认非典型担保具有重要意义，如动产让与担保以及其他具有担保功能的合同都适用本条的规定，只要其经过登记也可能产生对抗第三人的效力。六是扩大了担保财产的范围。如《民法典》第 395 条明确了海域使用权可以抵押，第 440 条将现有的以及将有的应收账款明确纳入可以质押的财产范围。

5. 占有制度

《民法典》物权编第五分编规定了占有制度。占有是指基于占有的意思而对物进行控制的事实状态。尽管关于占有究竟是一种事实，还是一种权利，学说上一直存在争议，但一般认为，占有在性质上并不属于物权，也不能将其等同于所有权的占有权能。我国物权编以专章的形式（第五分编第二十章）对占有作出规定，对于保护财产既存关系、维护财产秩序具有重要意义。

三、物权法的功能

所谓物权法的功能，是指物权法在社会生活中所能够发挥的应有作用，或者说物权法所应当具有的作用和应当达到的目标。毫无疑问，物权法和其他法律一样应当体现法律的秩序、自由、正义和效益等价值目标。但是，作为专门调整物权的归属和利用的基本法律制度，物权法应具有其更独特的价值。

（一）物权法的首要功能是维护我国基本经济制度

《民法典》第 206 条第 1 款规定："国家坚持和完善公有制为主体、多种所有制经济共同发展，按劳分配为主体、多种分配方式并存，社会主义市场经济体制等社会主义基本经济制度。"生产资料所有制是基本经济制度的核心和基础。我国目前处于社会主义初级阶段，在所有制形态上实行公有制为主体、多种所有制经济共同发展的基本经济制度。所谓"公有制为主体"，主要是强调各种公有制对国计民生、经济安全以及政府实现宏观调控等方面的基础性作用及其对国民经济所产生的重要影响，也是生产关系的社会主义属性的保障。因此，对关系到国民经济命脉的钢铁、交通、能源等大型产业实行公有制，有利于保证基本的经济制度和属性，保护国家的经济安全和实现政府的调控能力。只有强调公有制的主体性作用，才能保证社会主义的方向。维护我国基本经济制度是物权法的首要功能，因此，《民法典》物权编开宗明义将基本经济制度作了准确的表述。

我国是社会主义公有制国家，同时实行社会主义市场经济，公有制如何与市场经济结合，是人类历史上前所未有的新问题。一方面，《民法典》物权编明确规定"城市的土地，属于国家所有。法律规定属于国家所有的农村和城市郊区的土地，属于国家所有"（第 249 条），同时，在第三分编单设用益物权制度，规定"国家所有或者国家所有由集体使用以及法律规定属于集体所有的自然资源，组织、个人依法可以占有、使用和收益”（第 324 条）。通过规定建设用地使用权等制度，通过市场的手段，使土地等资源进入市场，进行流转。用益物权本身能够在土地和自然资源等的利用过程中，引入市场机制，通过当事人的自由协商和有偿使用的机制，实现资源的最有效配置。

（二）物权法的其他功能

物权法的其他功能涉及三方面，即物是谁的、怎么利用、在受到侵害以后怎么保护。换言之，是指确认产权、物尽其用、保护物权。因为物权的本质就在于将特定物归属于某权利主体，由其直接支配，享受其利益，并排除他人对此支配领域之侵害或干预。[①] 物权法通过确认和保护物权，从而维护国家的基本经济制度，规范社会主义市场经济秩序。概括来说，物权法主要具有以下三个方面的功能。

1. 确认产权

物权法主要调整因财产的归属与利用而产生的关系，所以，物权法的首要功能在于确认产权。早在《管子·七臣七主》中，就有“定分止争”的用法，即“法者所以兴功惧暴也，律者所以定分止争也，令者所以令人知事也”。只有通过确认产权，明确物的归属，才能定分止争。定分的含义，就是要定名分，也就是确定归属。止争就是指只有在定名分之后，才能够防止纷争。我国宪法明确规定我国实行社会主义市场经济，社会主义市场经济体制的构建首先要求产权清晰、权责明确，这样交易关系才有可能顺利进行。这就需要界定产权，为有效率地利用财产创造前提、奠定基础。《民法典》物权编通过界定产权、定分止争，不仅维护了财产秩序，促进资源的优化配置，还能够通过解决纠纷达到物尽其用的效果，在安定有序的财产秩序下，每个人尽其才智发挥物的最大效用，整个社会的生产效率和总财富也就会得到增加。因此也有人说，债法是“关系规范”（Beziehungsnormen），物权是“定分规范”（Zuordnungsnormen）[②]。

物权法确认产权的功能主要表现在：一是物权法中物权法定原则、公示原则就是确认产权的基本规则。物权法就是要确认一整套物权的体系，规定各种物权的类型、内容和公示方法，并且对各种物权之间的关系加以规范。这样，既可以明确相互之间的权利义务关系，又可以充分实现资源的优化配置。例如，城市的土地属于国家，但土地需要进入市场，土地公有制必须与市场经济相结合，所以，只能将建设用地使用权设定给建设单位。在建设用地使用权之上，还可以再设定地役权。此外，为了融资，建设单位还可能将建设用地使用权抵押出去。在开发到一定程度以后，建设单位又可以将在建房屋出售，从而使得小业主享有一定的权利。物权法确认各类物权，并通过优先顺位等规则对这些纷繁复杂的关系进行调整，这就是对各类物权的定分止争。二是物权法确认国家、集体以及个人所享有的财产权，确认各类主体所享有的他物权，在此基础上，从而充分保护各类主体所享有的物权。例如，关于小区车库、车位以及绿地等的归属等，在实践中就会引发诸多争议，物权法确认了这些财产的归属，有助于构建和谐小区，保障有关

---

① 参见梁慧星：《物权法》，17 页，北京，法律出版社，1997。

② 苏永钦：《物权法定主义松动下的民事财产权体系》，载《月旦民商法杂志》，2005（8）。

权利人的权利。三是物权法规定了各种界定产权归属的规则，如添附规则、确认物权归属的规则、保护占有的规则等，在产权发生争议之后，通过这些规则清晰地界定产权，并保护各类物权。

2. 物尽其用

所谓物尽其用，是指通过明确权利人对物享有的权利和对物权的保护，充分利用各种可用之物，最大限度地发挥物的效用。在现代社会，资源具有稀缺性，尤其是土地以及自然资源具有不可再生性，远远不能适应人类不断增长的需要。解决这个矛盾的途径就是充分利用物的价值和使用价值，提高资源的利用效率。因此，物权法以物尽其用作为其基本任务。现代物权法以效益作为其重要的目标。物尽其用是现代物权法的基本价值，体现了物权法作为财产法的独特作用。无论是从物权法自身的演变来看，还是从制度构造来看，物权法的功能不仅仅在于界定财产归属、明晰产权从而达到定分止争、实现维护社会秩序的效果，更在于使有限的资源得到充分利用，从而更好地满足社会经济生活的需求。物权法从“归属到利用”或“从所有到利用”的历史演变过程体现了物尽其用的基本价值。由此可见，现代物权法除具有界定财产归属、明晰产权的功能外，其重心在于最大限度地发挥资源的效用以获得最佳的经济社会效益。[①] 现代各国物权法十分重视对物的充分有效地利用，使财产最大限度地达到物尽其用的状态，物尽其用的效益价值已经成为物权法的重要价值。

《民法典》物权编在确认产权的同时，始终贯彻了物尽其用的原则，为权利人充分利用财产留下很大的自由空间，物权法不仅规定了所有权人对物的占有、使用和收益，而且还规定了所有权人之外的其他主体享有利用物的权利，如用益物权、担保物权等[②]，从而鼓励权利人创造财富、积累财富。[③] 我国《民法典》物权编总结物权立法的经验，整体上更为注重物权的确认，充分贯彻了物尽其用原则。主要表现在：一是规定添附制度，充分发挥物的效用，避免造成财产的损失和浪费。二是修改区分所有权人的组织机构的决议程序，完善建筑物区分所有权制度。根据效率原则，在坚持民主表决的前提下，应适当降低业主大会作出有效表决的门槛，避免难以及时作出决议，损害全体业主的利益。三是规定居住权制度，促进“居者有其屋”的目标实现。通过该制度可以为住房制度改革提供法律保障，并进一步促进公租房、社会福利房等住房制度的改革，有利于缓解住房紧张的现实困境。四是规定土地经营权制度，进一步发挥农地的经营效益。五是物权编适应市场经济的需要，扩大了担保物的范围，承认更多的担保权客体和担保方式，充分发挥物的交换价值。

3. 保护物权

物权编的立法宗旨是保护物权，法律本身虽不能直接创造财产，但是可以通过确认和保护财产来鼓励财富的创造。法律的这一功能，主要就是通过物权法来发挥的。古人说，有恒产者有恒心。如果缺乏完备的物权法，不能形成一套对财产予以确认和保护的

① 参见马俊驹、尹梅：《论物权法的发展与我国物权法体系的完善》，载《武汉大学学报》，1996（5）。

②③ 参见王胜明主编：《中华人民共和国物权法解读》，4页，北京，中国法制出版社，2007。

完整规则，人们对财产权利的实现和利益的享有都将是不确定的，就不会形成所谓的恒产，也很难使人们产生投资的信心、置产的愿望和创业的动力。[①] 英国学者约翰·洛克有句名言，没有个人物权的地方，就没有公正。保护物权，其实就是奠定法治的基础。物权法保护物权的基本原则是平等保护的原则，即物权法通过一体确认国家、集体以及私人所有权，对各类财产权实行平等保护。物权法不仅强调对公有财产的保护，而且将对个人财产所有权的保护置于相当重要的地位，对各类财产实行一体确认、平等保护。

《民法典》物权编通过确认和保护物权，从而有效地巩固基本经济制度，维护社会秩序。任何国家物权法都以维护其基本经济制度为其目的，所有权是反映所有制关系的，所有制在法律上的反映就是所有权和整个物权制度，法律之所以要建立所有权和物权制度，首要的目的是维护所有制关系。在西方国家，其基本经济制度是私有制，故而其物权法的基本目的在于维护私有财产。西方国家物权法中的财产权，主要就是私有财产权；因此，其物权法对所有权的保护，本质上是对私有制的保护。我国《宪法》确认了以公有制为主体、多种所有制经济共同发展的基本经济制度，同时规定，国家实行社会主义市场经济。我国物权法也应当以维护基本经济制度为首要目的。为了维护国家基本经济制度，《民法典》物权编中设专章规定所有权制度，并对国家所有权、集体所有权和私人的财产所有权，设置了比较完备和明确的法律规范。物权编贯彻平等保护原则，对于各类财产所有权进行一体对待、平等保护，为了防止国有资产流失，物权编还专门规定了国有财产的保护制度。物权编完善了集体所有权制度，并进一步强化了对私人财产权的保护。在对物权的保护方法上，物权编进一步完善了物权请求权制度，区分了物权请求权与侵权损害赔偿请求权，并有效地衔接了两种请求权的关系，全面保护各类物权。

总之，物权法的首要功能是维护我国基本经济制度，物权法的具体功能体现在三个方面：确认产权、物尽其用和保护物权，通过这些具体功能的发挥，也有效地维护了我国基本经济制度。

第三节　物权法的基本原则

一、平等保护原则

所谓物权法上的平等保护原则，是指物权的主体在法律地位上是平等的，依法享有相同的权利，遵守相同的规定，其物权受到侵害以后，应当受到物权法的平等保护。《民法典》第207条规定："国家、集体、私人的物权和其他权利人的物权受法律平等保护，任何组织或者个人不得侵犯。"该规定与《物权法》第4条相比，增加了"平等"二字，这就更加清晰、明确地确认了物权的平等保护原则。

平等保护原则是物权法的首要原则，也是我国《民法典》物权编中国特色的鲜明体现。因为在西方国家，物权法以维护私有财产为其主要功能，所以没有必要对所有权按

---

① 参见孙宪忠：《争议与思考——物权立法笔记》，263页，北京，中国人民大学出版社，2006。

照主体的不同进行类型化，并在此基础上提出平等保护的问题。但是，在我国，由于实行的是以公有制为主体、多种所有制共同发展的基本经济制度，因而在法律中尤其是物权法中确立平等保护原则，对维护社会主义基本经济制度具有重要意义。党的二十大报告强调："坚持和完善社会主义基本经济制度，毫不动摇巩固和发展公有制经济，毫不动摇鼓励、支持、引导非公有制经济发展"。平等保护原则就是"两个毫不动摇原则"的法律表现。只有坚持平等保护原则，才能让亿万人民群众专心创新、放心置产、大胆投资、安心经营；只有如此，才能对各类市场主体一视同仁，营造公平竞争的市场环境、政策环境、法治环境。平等保护原则是建立和完善社会主义市场经济的必然要求，也是实现"有恒产者有恒心"，促进社会财富增长的需要。

平等保护原则包括如下几个方面的内容。

（一）法律地位的平等

所有的民事主体（包括各类市场主体）在民法上的地位都是平等的，这是其民事权利能够获得平等保护的前提和基础，也是我国宪法所确认的法律面前人人平等原则的具体体现。所谓"法律面前的平等"或"法律上的平等"这一类的宪法规范，对于国家一方而言，即可表述为"平等原则"，而对于个人一方而言，即可表述为平等权。[①] 法律面前人人平等，其中也包括了财产权的平等。一方面，既然法律面前人人平等包括权利的平等，财产权作为公民基本权利的一种，依据平等原则，应该与公共财产一起受到平等的保护；另一方面，财产权作为主体的基本权利，对于保障其主体资格的实现也具有重要意义。因此，尽管每个物权的主体在享有物权范围上可能是不同的（例如，土地只能属于公有，即国家所有和集体所有，私人不得享有），但是，他们在物权法中的地位是平等的，这种平等性是社会主义市场经济的内在要求所决定的。

《民法典》第 206 条第 3 款规定："国家实行社会主义市场经济，保障一切市场主体的平等法律地位和发展权利。"这就是说，一切进入市场的主体，在法律地位上都是平等的，即使是国家所有权也不例外。国有财产虽然在性质上是全民财产，但当国有资产进入市场以后，必须要将国有财产权和其他财产权同等对待，承认其平等的地位。例如，在国有土地使用权基础上，通过出让方式设定建设用地使用权，尽管合同当事人一方为代表国家的自然资源管理部门，另一方为法人或自然人，但双方的地位必须是平等的。《民法典》第 206 条第 3 款就是对市场主体的同等地位所作的规定，《民法典》第 207 条规定："国家、集体、私人的物权和其他权利人的物权受法律平等保护，任何组织或者个人不得侵犯。"这就是说，即使是没有进入交易领域的财产，都要同等地受到法律的确认和保护，在遭受侵害以后，也要受到物权法的平等保护。

（二）规则适用的平等性

除了法律有特别规定的情况外，任何物权主体在取得、设定和移转物权时，都应当遵循共同的规则。例如，所有权的取得都要合法，具有法律依据；物权的设定和移转必

① 参见林来梵：《从宪法规范到规范宪法》，111 页，北京，法律出版社，2001。

须采取法定的方式。除了法律另有规定之外（如物权编规定，国有自然资源的所有权不需要登记），都应当遵循物权编的规定来设定和变动物权。即使是在国家所有权的基础上设定担保物权和用益物权，也应当遵循物权法的规则。各类物权人在行使物权时，也应当平等遵循物权行使的规则，例如，要遵守合法原则，不得损害他人。即使国有财产进入交易领域，也必须要和其他财产一样遵守相同的规则。

（三）法律保护的平等性

法律保护的平等性包括两个方面，第一，在物权归属发生争议以后，针对各个主体都应当适用平等的规则解决其纠纷。即使是国家与其他主体在归属上发生纠纷以后，当事人都有权请求法院明晰产权，确认归属。也就是说，都平等地享有确权请求权，任何一方都不应具有优越于他方的权利。在国有资产与其他财产发生冲突时，国有资产监督管理部门也不宜作为争议解决机构。因为国有资产监督管理部门代表国家行使国有产权，其自身就是争议一方当事人，在国有财产之上，发生产权纠纷时，其无法承担裁判的角色，而必须由争议的当事人平等地向有关司法机关请求确认。

第二，在物权受到侵害之后，各个物权主体都应当受到平等保护。国家、集体、私人的物权和其他权利人的物权受法律平等保护，任何组织或者个人不得侵犯。也就是说，公有财产要予以保护，私人的合法财产同样也要予以保护。尤其是对私人的财产，不仅仅要受到保护，而且要置于与国家财产同样的地位受到保护。各个物权人在其物权遭受侵害以后，都可以平等地享有物权请求权、侵权请求权以及其他请求权，通过行使此种权利，从而使自己遭受侵害的财产得到恢复、遭受侵害的权利得到补救、遭受妨害的现状得以排除。

二、物权法定原则

（一）物权法定原则的概念和内容

物权法定原则，是指物权的种类、内容应由法律明确规定，而不能由法律之外的其他规范性文件确定，或由当事人通过合同任意设定。《民法典》第 116 条规定："物权的种类和内容，由法律规定。"这就确立了物权法定原则。物权法定是大陆法系各国物权法所普遍承认的基本原则。它对于准确地界定物权、定分止争、确立物权设立和变动规则、建立物权的秩序都具有十分重要的意义。物权法定主要包括三方面的内容。

（1）物权种类法定。所谓物权的种类法定，是指哪些权利属于物权，哪些不是物权，要由物权法和其他法律规定。此处所说的"法律"，必须是国家立法机关通过立法程序制定的规范性文件，才能产生普遍适用的效力。物权必须由法律设定，而不得由当事人随意创设。物权种类法定包含下述两层含义：一方面，物权的具体类型必须要由法律明确确认，法律之外的规范性文件（如行政规章、地方性法规）不得创设物权，当事人不得创设法律所不承认的新的类型的物权。另一方面，种类法定既不允许当事人任意创设法定物权之外的新种类物权，也不允许当事人通过约定改变现有的法律规定的物权类型。

例如，在我国农村，有的农民外出打工时，将其房屋出典给他人，但由于我国物权法没有承认此种权利为物权，因而当事人之间的这种约定，不产生设定物权的效力，只能产生设定合同债权的效力。

（2）物权内容法定。物权的内容法定包括两个方面：一方面，物权的内容必须要由法律规定，当事人不得创设与法定物权内容不符的物权，也不得基于其合意自由决定物权的内容。[①] 例如，依据法律的规定，农村土地承包经营权的内容中的使用权能限于农业生产，当事人不能通过合同约定在土地上从事非农业的建设。另一方面，内容法定就是强调当事人不得作出与物权法关于物权内容的强制性规定不符的约定。

（3）物权效力法定。因为物权效力是由法律赋予的，物权的对世效力、优先效力，都要对第三人产生效力，涉及交易安全，故不能由合同当事人自由作出安排。如果没有效力法定，则种类法定和内容法定在现实生活中将失去应有的作用。物权的效力包括对世性、支配性、优先性以及追及性，它是物权的基本性质的体现，也是物权和其他基本权利区别的标志。如果允许合同当事人可以随意地改变物权的效力，那么物权和债权的区别将不复存在，种类和内容的法定也就丧失了意义。尽管《民法典》第 116 条规定，物权的种类和内容由法律规定，其中没有明确提到效力法定的问题，但并不意味着物权法否定了效力法定的必要性，只不过是因为物权的定义以及与物权有关的规定中涉及效力的规定，因而在物权法定的表述中没有提到效力问题。

（二）违反物权法定原则的后果

物权法定原则具有强制性，这是保障该原则得以贯彻、遵循的基础，而这种强制性在很大程度上又体现在，如果违反了物权法定原则，将会引发法律上的不利后果。按照物权法定原则的要求，违反物权法定将导致设定与变动物权的行为无效，物权不能有效地设立与变动，但这并不影响合同的效力。[②]《民法典》第 215 条规定："当事人之间订立有关设立、变更、转让和消灭不动产物权的合同，除法律另有规定或者当事人另有约定外，自合同成立时生效；未办理物权登记的，不影响合同效力。"这就意味着，凡是违反了法定的公示方法的，应当认定物权不能有效设定，但并不影响设定和变动物权的合同的效力。具体而言，关于违反物权法定原则的法律后果，应当区分以下情形分别确定。

第一，违反种类法定。这就是说，当事人在合同中创设了法律没有规定的物权类型。例如，当事人通过合同设定了典权，由于物权法中没有规定此种权利，那么这种设定就不具有创设物权的效力。种类法定在物权法定原则中相对于其他方面更为严格，当事人所创设的物权必须要有明确的法律依据，否则不能产生物权设定的效果。

第二，违反内容法定。违反物权内容法定要依据具体情况来决定。首先，要确定该内容是否属于该物权的基本内容。如果属于基本内容，则不能由当事人随意创设。例如，关于抵押权所具有的优先受偿权，属于法律确定抵押权的基本内容，当事人之间的合同不能对此加以改变。但如果当事人在合同中对所有权或其他物权的行使进行了某些限制，

---

① MünchKomm/Gaier，Einleitung des Sachenrechts，Rn. 11.

② 参见梁慧星主编：《中国物权法草案建议稿》，103 页以下，北京，社会科学文献出版社，2000。

尽管这些限制没有明确的法律依据，但因为这些限制没有改变物权的基本内容，故不能认为当事人的这些约定都是无效的。其次，要区分是否属于法律关于内容的禁止性规定。例如，当事人在设定抵押权时，约定抵押人应当将抵押财产交由债权人占有，此种约定就违反了抵押权的内容。

第三，违反公示方法。我国物权法原则上采用的是公示要件主义，只是在例外情况下规定当事人可以不采取一定的公示方法设立与移转物权。[①] 因而公示方法的设定必须要符合法律的强制性规定。如果不依照法定公示方法来设定物权，不能产生物权设定的效果。[②] 当然，如果法律允许不采用一定的公示方法，可以设定和变动物权，或者法律没有限定必须采用某一种公示方法，在此情况下，当事人仍然具有公示方法选择的自由。例如，当事人设定动产抵押时，没有办理登记，而只是交付了动产，可以认为动产抵押没有设立，但可以解释为设立了动产质权。也就是说，如果没有按照某一种公示方法，而采用了另外一种公示方法，并非一定导致物权不能设定，可能只是导致某一种物权没有设立，但设立了另外一种物权。

如果当事人在合同中约定物权具有特殊的效力，而实际上法律并没有赋予其该种效力，在此种情况下，只能认为，当事人关于效力的约定只能在当事人之间产生拘束力，但不能产生物权的效力。

三、公示原则

（一）公示原则概述

所谓公示原则，是指物权的设立、变动必须依据法定的公示方法予以公开，使第三人能够了解物权的变动情况。何谓公示？公示就是公之于世。一方面，公示是将物权设立和变动的事实对外公开，“物权的绝对对世效力不仅要求对物权种类进行界定，同时也要求物权的具体种类具有可识别性（erkenbar）”[③]。另一方面，公示不一定是向全社会公开，而可以是向一定范围的人公开，能够使第三人知道。由于任何当事人设立、移转物权时，都会涉及第三人的利益，因此，物权的设立、移转必须公开、透明，以利于保护第三人的利益，维护交易的安全和秩序。[④]

物权的公示方法必须要由法律明确规定，而不能由当事人随意创设。关于公示方法原则上应当采用不动产登记、动产交付的规则。在依法需要公示的情况下，物权的设立和变动与公示是不可分离的，正是因为这一原因，所以公示是物权的基础，只有建立完备的公示制度，才能使当事人明确物权是否已经设立。依据公示原则，公示是物权设定和变动的基本要件。凡是法律规定，需要完成公示程序的，则公示的完成是物权设定和变动的必经步骤。例如，在当事人达成设定、移转物权为目的的合同以后，一经登记便

---

① 例如，承包经营权、动产抵押等物权的设立可以不办理登记手续。

② 参见许中缘、杨代雄：《物权变动中未登记的受让人利益的保护》，载《法学杂志》，2006（1）。

③ ［德］曼弗雷德·沃尔夫：《物权法》，吴越、李大雪译，15页，北京，法律出版社，2002。

④ 参见崔建远：《物权：规范与学说》（上册），172页，北京，清华大学出版社，2011。

可以产生物权设定和移转的效力。如果当事人之间仅仅达成设立物权的合意，而没有完成相应的公示方法，则在当事人之间仅仅产生合同的效力，而不能发生物权效力。物权的登记绝不是单纯的行政管理，而在于将物上权利设立和变动的信息向社会公开，使第三人了解这些信息，这样不仅能够使权利的移转形成一种公信力，使第三人能够通过登记了解权利的状况以及权利上是否存在负担等，为不动产交易的当事人提供一种风险的警示，从而决定是否与登记的权利人从事各种交易。

物权公示原则属于法律的强制性规则，当事人不得通过合同加以变更。公示原则的强行性主要体现在如下几个方面：一是法律规定物权的设立和变动必须采用公示方法的，应当依据法律的规定。例如，法律规定房屋买卖必须办理登记的，当事人就有办理登记的义务。再如，动产物权的设定，在物权法并未允许通过占有改定设定质权的情况下，当事人不能约定以占有改定设定动产质权。二是公示方法必须由法律规定。根据我国《民法典》第208条的规定，“不动产物权的设立、变更、转让和消灭，应当依照法律规定登记。动产物权的设立和转让，应当依照法律规定交付”。当事人不能通过合同来改变法定的公示方法。例如，法律规定动产质权的设定须移转动产占有，当事人在合同中设定不移转占有的动产质权，自然不应发生物权的效力。[①] 三是公示的效力必须法定。例如，登记究竟是物权的成立要件还是对抗要件，必须要由法律规定。依法需要办理登记的，当事人不能在合同中约定不办理登记即发生移转所有权的效力。四是违反公示原则的法律后果必须由法律规定。违反公示原则的后果，一般只是导致物权不能设立的后果，而不影响合同的效力。《民法典》物权编在多处规定，未经登记，不发生物权的效力，这实际上就是明确了违反公示方法所产生的法律效力，对于此种效果，当事人不能通过合同加以变更。

公示原则具有如下几个方面的功能。

第一，确认物权归属。登记实际上是通过将物权设定和移转的事实对外公开，从而明确物权的归属以定分止争。物权的设立和移转应当便于第三人了解，这也是物权本质属性的客观要求。只要是以登记为物权变动条件的，人民法院原则上应当以登记来作为确定归属的依据。如果当事人就物权的内容发生了争执，也要依据登记的内容来确定。

第二，维护交易安全。维护交易安全是公示原则最重要的功能。物权不同于债权的特点就在于，物权具有排他性、优先性等效力，对第三人具有较大的影响，而正是因为物权是对世权，关系到第三人的利益和交易安全，因此，必须符合法定的公示要件才能设立。“不动产物权的设立和移转以不动产登记为条件，这样一来，权利的变动才被外界所知道。”[②] 任何当事人都不得仅仅通过不公开的协议而创设某项物权，否则，必然会损害第三人的利益，危害交易的安全。

第三，提高物的利用效率。在现代物权法中，公示制度不仅发挥了交易安全的功能，而且对发挥物的利用效率也具有重要作用。物权的归属能够在法律上定分止争，首先必须通过相应的公示手段来界定，通过一定的公示方法才能够明确。同时，在一物之上形

---

① 参见王泽鉴：《民法物权》，第1册，46页，台北，自版，2001。

② ［德］曼弗雷德·沃尔夫：《物权法》，吴越、李大雪译，15～16页，北京，法律出版社，2002。

成多个物权，形成对物的有效利用，都需要通过登记制度明确权利顺位，避免出现权利冲突。通过公示方法，第三人不仅可以设定各种新的物权，而且可以避免各种物权之间的冲突。从今后的发展趋势来看，有效率地利用物权的方式越多，越需要有相应的公示方法配套。

（二）公示方法

依据《民法典》第208条，公示方法原则上应当采用两种方式。

1. 不动产物权的变动应当依法登记

不动产登记是指登记申请人对不动产物权的设定、移转在专门的登记机构依据法定的程序进行登记。不动产登记是登记机构将不动产物权的设立、变更和消灭的事实记载于登记簿的行为，不动产登记的主要目的在于公示，也就是说，通过登记将不动产物权的设立、移转、变更的情况向公众予以公开，使公众了解某项不动产上所形成的物权状态。登记的实质在于将有关不动产物权设立、移转、变更等情况登录、记载于登记簿上，以备人们查阅。登记是物权设立和变动的公示的方法，除了法律另有规定以外，未经登记，即使当事人就不动产的移转已经达成了合意，合同关系已经成立并生效，但并不能导致物权的设立和移转。当然，有一些特殊物权的设立（如承包经营权）并不需要登记，但这只是特殊现象。

依据《民法典》第208条，不动产登记的事项主要包括不动产物权的设立、变更、转让和消灭。一是不动产物权的设立。除了极少数法定物权以外，物权的产生都以公示为条件，即使当事人之间存在协议，但是该协议也只能在当事人之间生效，不能产生物权设立的效果。公示是物权设立的重要条件，不动产物权一旦经过了登记，则人们有合理的理由相信这些物权已经设立。如果当事人通过合同约定设定某种物权，但尚未进行登记，因其没有完成公示的要求，人们便可以相信此种物权并没有产生。二是不动产物权的变更。不动产物权的变更主要是指物权内容和客体的变化，此种变更为狭义的物权变更，不包括物权主体的变化。不动产的状况和权利内容发生变更，也必须在登记簿上体现，否则不能发生物权变动的效力。例如，不动产用益物权期限的延长或缩短，必须登记于登记簿上才能发生物权效力。三是不动产物权的转让。所谓不动产物权的转让，是指在物权客体、内容不发生变化的情况下，物权的主体发生变更。例如，某人将房屋转让给他人，应当办理房屋所有权移转登记。四是不动产物权的消灭。不动产物权由于某种原因而消灭时，应当将不动产物权在不动产登记簿上注销，以防止此类物权再进入交易市场。例如，房屋因为火灾被烧毁，就应当在房屋登记机构办理注销登记。拆除房屋以后，也应当办理注销登记。

对于依法需要办理登记才能发生权利变动的物权而言，如果第三人就物权的变动形成合意，但没有在登记簿上予以记载，则在法律上视为并没有真正完成物权的变动。反之，如果登记记载的某项物权已经发生变动，但事实上合同还没有完全履行，在法律上则推定物权已经发生了变动。例如，甲乙双方在订立了房屋买卖合同后，双方并没有实际交付价款和交付房屋，但已经办理了房屋登记过户手续，对善意第三人来说，可以认为，房屋所有权已经发生移转。[①]

2. 动产物权的变动应当依法交付

交付是指一方将动产的占有交付给另一方，通过交付而发生占有的移转。完成交付必须具备两个要件：一是将动产交付给另一方，从这个意义上理解的交付是一个动态的过程；二是必须是受让人接受占有，完成对标的物的实际控制的移转，即由交付的一方移转给另一方，由另一方实际控制。交付的完成重在结果，而不在过程，即必须完成实际控制的移转。在物权的设定过程中，通过交付而移转占有是动产物权设定的一种公示方法。例如，质权的设定必须以移转占有即交付为要件，只要动产已实际交付便可设立质权。至于交付行为本身是否为第三人知悉并不重要。但是法律有特别规定的情况下可以不必完成交付。这些特别规定主要是指《民法典》第 226 条至第 228 条规定的情形。

依据《民法典》第 208 条，交付是动产物权变动法定的公示方法，交付完成就是指转让人已经将动产交付给了受让人，或者权利设定人将动产交付给了权利人。判断交付是否完成，关键看是否发生了占有的移转。如果只是提出交付，而没有实际交付，不能认为动产物权发生了变动。在交付完成之后，其对物权变动的作用主要表现在如下几个方面。

一是物权的设定。在物权的设定过程中，交付也是动产物权设定的公示方法。这主要表现在质权的设定方面，必须以移转占有即交付为要件，只要动产已完成实际交付便可设立质权。占有始终伴随着质权的存在，至于交付行为本身是否为第三人知道并不重要。换言之，关键在于是否通过交付使占有发生了移转，而不必要求必须“公之于世”。

二是物权的变动。动产所有权的移转必须经过交付才能生效。[②] 除了船舶、航空器、机动车等特殊动产之外，原则上所有的普通动产物权变动都以交付这种公示方法的完成为条件。对特殊动产而言，虽然适用登记对抗规则，但是在没有办理登记的情况下，仍因基于交付的完成而发生物权的变动结果。

因此，当事人要完成物权变动，必须要依法履行交付的义务，否则，即使合同有效，动产物权也不能设立或发生变动。正是因为交付不是一种约定的义务，而是一种法定的义务，因而在发生物权变动时，当事人不能通过合同随意免除交付的义务，也不能擅自约定交付的效力。

此外，对动产、不动产之外的其他权利，物权法也规定了相应的公示方法。例如，《民法典》第 445 条规定：“以应收账款出质的，质权自办理出质登记时设立。”《民法典》第 443 条规定：“以基金份额、股权出质的，质权自办理出质登记时设立。基金份额、股权出质后，不得转让，但是出质人与质权人协商同意的除外。出质人转让基金份额、股权所得的价款，应当向质权人提前清偿债务或者提存。”随着社会经济生活的发展，公示的方式也会不断扩大，例如，互联网使物权公示手段更为快捷、便利。美国、加拿大以及其他一些国家采用线上登记方式对担保进行登记和公示。这些经验也是值得我国借鉴的。

---

① 参见肖厚国：《物权变动研究》，6 页，中国社会科学研究生院 2000 年博士学位论文。

② 参见谢在全：《民法物权论》（上册），修订 2 版，149 页，台北，三民书局，2003。

（三）违反公示方法的后果

就不动产物权变动而言，违反法定公示方法的后果要区分登记要件主义和登记对抗主义而分别确定。根据登记要件主义，依法需要办理登记的，必须办理登记。如果未办理登记，不能发生物权设立和变动的效果。[①] 根据登记对抗主义，即使未办登记，也可以发生物权的变动。只不过，受让人取得的物权不能对抗第三人。因此，在登记对抗的情形下，即便当事人没有办理变更登记，只要转让人已经将财产交付给受让人，也可以发生物权的变动。就动产物权变动而言，如果依法必须要交付的，必须移转占有才能发生物权设立和变动的后果，但法律另有规定的除外。[②]

需要指出的是，违反公示方法并不意味着不发生任何其他的法律效力，如果当事人之间的合同符合合同成立和生效的要件，在合同在当事人之间仍然会发生效力，一方当事人不履行合同，应当承担违约责任。

第四节　物权的行使与保护

一、物权的行使

《民法典》第 8 条规定："民事主体从事民事活动，不得违反法律，不得违背公序良俗。"物权人所享有的物权并不是绝对的、不受限制的权利，相反，现代民法对于物权的内容及其行使已设置了越来越多的限制，尤其在物权行使方面，不仅《民法典》物权编，而且有关的特别法尤其是公法（如环境保护法、城乡规划法、土地管理法等），都对物权的行使作出了一系列的限制。物权的行使应当符合以下几项原则。

（一）必须符合法律和公序良俗的要求

物权的行使首先必须遵守法律。此处所说的法律不仅包括《民法典》，还包括其他民事法律以及各种行政法律、法规。权利意味着在法律规定范围内的主体的意志自由，但这种自由是有一定的限度的。例如，物权人将房屋出租给他人从事非法赌博活动，就是违法行使物权的行为。虽然从事这些行为不一定导致其所有权的丧失，但应当承担相应的法律责任。

物权的行使还必须符合社会公共利益的要求，并遵守社会公德。一方面，权利人在行使物权中，不得损害社会公共利益。例如，林木的所有人不得随意砍伐林木，破坏生态环境；土地承包经营权人不得采用污染土地的方式耕种。另一方面，物权的行使还必须符合社会公德。只有严格遵循诚信原则，物权人才能正当地行使物权，从而建立和睦的经济生活秩序，保障财产流转的正常进行。例如，建设用地使用权人不得在土地上任

---

① 参见《民法典》第 209 条。

② 参见《民法典》第 224 条。

意挖掘，危及邻居的房屋；不得在土地上放养危险动物，危及他人的安全；不得在夜间制造噪声，影响他人休息等。①

（二）必须有效利用资源、保护生态环境

《民法典》第 9 条规定："民事主体从事民事活动，应当有利于节约资源、保护生态环境。"该条确立了绿色原则，并将其贯彻在整个物权编中。依据这一原则，物权的行使必须有效利用资源、保护生态环境，具体来说，体现在三个方面。

一是有效利用资源。现代社会，资源的稀缺性与人类社会不断增长的需求呈现出越来越紧张的矛盾关系，为缓解这一矛盾就需要充分提高这些资源的利用效率，促进物尽其用。有效利用资源也是物尽其用的当然要求。有效利用资源并不是要过度消耗资源，而是在保护生态环境前提下有效地利用资源。

二是保护生态环境。我国是世界上最大的发展中国家，为了发展经济，我们必须利用各种资源，但同时又面临资源严重紧缺、生态严重恶化的危机，大气污染、黑臭水体、垃圾围城等成为民生之患②，这就要求我们必须更重视资源的有效利用，并防止生态环境进一步恶化。因此，在物权的行使方面，物权法必然要求物权人行使权利负有保护生态环境的义务，防止物权人滥用权利，破坏生态环境。

三是物尽其用。物尽其用就是指有效率地利用资源、节约资源。物尽其用并不是说竭泽而渔、滥用地力、无度开发、将物的价值全部用尽，恰恰相反，物尽其用的含义是将各种可用之物充分利用。具体而言：其一，要有效率地利用物的使用价值，例如，通过在财产上设立各种用益物权，从而获得更多的使用价值。其二，通过鼓励担保，充分利用物的交换价值。

从我国《民法典》物权编的规定来看，其许多规则都体现了有效利用资源、保护生态环境的要求。例如，《民法典》第 326 条规定："用益物权人行使权利，应当遵守法律有关保护和合理开发利用资源、保护生态环境的规定。所有权人不得干涉用益物权人行使权利。"该条要求用益物权的行使应当保护和合理开发利用资源、保护生态环境。再如，《民法典》第 346 条规定："设立建设用地使用权，应当符合节约资源、保护生态环境的要求，遵守法律、行政法规关于土地用途的规定，不得损害已经设立的用益物权。"该条要求建设用地使用权的设立也应当节约资源、保护生态环境。

（三）不得损害他人的合法权益

物权人行使物权，不得损害他人的利益，这实际上是指权利人不得滥用权利。③ 与诚实信用原则一样，禁止权利滥用也对物权的行使作出了限制和规范。我国《民法典》物权编中虽然没有明确规定禁止滥用权利的规则，但《民法典》第 132 条规定："民事主体不得滥用民事权利损害国家利益、社会公共利益或者他人合法权益"。据此，任何物权人

① 参见［德］曼弗雷德·沃尔夫：《物权法》，吴越、李大雪译，34 页，北京，法律出版社，2002。
② 参见钟寰平：《调查研究，谋事之基成事之道》，载《中国环境报》，2019－07－31。
③ 参见刘得宽：《民法总则》，171 页，北京，中国政法大学出版社，2006。

以加害他人为目的行使物权并造成他人的损害，将构成滥用权利，并应当承担相应的民事责任。例如，专有部分的所有人在自己的房间内非法装修或安装具有较大噪音的设施严重影响邻人的休息，将构成物权的滥用。

当然，由于物权是基本财产权，应当充分保障权利人行使物权的自由，对物权行使的限制必须依法进行，且必须遵循法定的权限和程序。例如，对违章建筑的拆除和没收只能由法定机关依据法定程序来进行。

二、物权保护

（一）概述

所谓物权保护，是指在物权遭到侵害的情况下，采用法律规定的维护物权人的利益、保障权利人不受侵害的各种保护方法。在我国，保护各种类型的物权，维护社会主义所有制和经济秩序，是宪法、行政法、刑法、民法等各个法律部门共同的任务。当然，不同法律部门对物权进行保护的方法是不同的。

物权编对物权的保护具有如下几个特点：第一，坚持对各权利人的物权平等保护。第二，采用多样化的救济机制保护物权。依据《民法典》第 233 条的规定，在物权受到侵害时，权利人既可以采用诉讼外和解的方式，通过相互协商解决有关物权的争议，也可以通过专门的调解机构或者通过司法机关、仲裁机构具有法律效力的调解来解决其有关物权的争议，还可以通过诉讼解决其纠纷。由于司法机关是最终解决争议的部门，所以当事人在通过其他方式不能解决争议时，应当通过诉讼来解决争议。第三，物权法规定了确认物权归属的请求权，也规定了专门保护物权的物权请求权，这些都是保护物权的重要方法。《民法典》第 239 条规定："本章规定的物权保护方式，可以单独适用，也可以根据权利被侵害的情形合并适用。"依据这一规定，物权的各种保护方式并不排斥，在依据性质可以合并适用时，权利人可以同时主张多种物权的保护方式。第四，依据《民法典》第 238 条，在物权遭受侵害时，权利人既可以主张物权请求权，也可以主张侵权损害赔偿请求权，这就为物权遭受侵害提供了有效的救济，并有效预防损害的发生，有效发挥了事后救济与损害预防的功能。

（二）物权确认请求权

所谓物权确认请求权，是指利害关系人在物权归属和内容发生争议时，请求确认物权归属、明确权利内容的权利。《民法典》第 234 条对此作出了专门规定："因物权的归属、内容发生争议的，利害关系人可以请求确认权利。"确认物权是保护物权的前提。物权的确认包括两方面的内容：一是对物权归属的确认。一方面，它是对所有权的确认。它是保护所有权的前提，因为返还所有物、排除妨害等请求权都以所有权的确认为前提。如果所有权的归属不清，则无法适用所有权的保护方法。另一方面，它是对他物权的确认。例如，土地使用权因登记错误发生争议的，真正的权利人有权请求法院确认土地使用权的归属。如抵押权设定以后，在拍卖时发生争议，即债权人对于拍卖物之上是否设有抵押权、谁享有抵押权发生了争议，当然应当先行确权。他物权的设定虽有登记，但登记记载的内容也会发生错误，因此也有必要确认。在这一点上与房屋所有权的确认相同。二是对物权内容的确认。所谓对物权内容的确认，就是指当事人对物权的内容发生争议以后，请求人民法院对物权的内容加以确认。例如，登记机构将他人的房屋面积登记错误，或者将抵押权所担保的债权数额记载错误，权利人向登记机构提出更正登记遭到拒绝后，可以请求法院确认其物权。

物权确认请求权的行使主体应当限于利害关系人，包括真正权利人、对物主张权利的人，以及与他们具有债权债务关系的人。在物权确认中，应当对请求权主体作出一定的限定，即只有利害关系人才能主张权利，如果任何人都可以主张确认权利，将不利于稳定财产秩序，也会增加法院的诉讼负担。行使物权确认请求权必须向有关机关或人民法院提出，并最终由人民法院确权。同时，行使确认物权请求权必须向有关机关或人民法院提出请求。在就物权的归属发生争议的情况下，可以向登记机构要求办理更正登记。更正登记虽然是对登记错误的纠正，但实际上也是对登记权利重新确认，因此更正登记本身具有重新确权的功能。当事人除了可以要求更正登记之外，也可以直接向法院提出确权之诉，请求确认物权的归属和内容。只有人民法院的确权才是最终解决争议的途径。

确权之诉是确认之诉的一种形态，在性质上是民事诉讼，即平等主体之间的一方当事人针对另一方就物权的争议提起的诉讼。例如，甲认为登记在乙名下的产权归其所有，因而向法院提起诉讼，要求确认该产权归甲所有。[①] 就物权法领域而言，确权之诉具体表现为确认物权归属之诉、确认物权的内容之诉等。

（三）物权请求权

1. 物权请求权的概念和特点

物权请求权有广义、狭义两种含义。狭义的物权请求权是指基于物权而产生的请求权，也就是说，当物权人在其物被侵害或有可能遭受侵害时，不问侵害人是否有过错，有权请求恢复物权的圆满状态或防止侵害；广义的物权请求权除了基于物权而产生的请求权以外，还包括占有人的占有保护请求权。[②] 学者一般都是从狭义上理解物权请求权的，它是指权利人为恢复物权的圆满状态或者防止侵害的发生，请求义务人为一定行为或者不为一定行为的权利。物权请求权是依附于物权的独立请求权，其只能在物权受到侵害，或因他人行为导致物权人不能圆满支配其物权的情形下才能成立。物权请求权包括返还原物请求权、消除危险请求权、排除妨害请求权。

物权请求权具有如下特点。

（1）物权请求权是物权法保护物权的特有方法。

物权请求权是一种基于物权而产生的、保护物权的请求权，也是物权法为保护物权

---

① 所谓确认之诉，是指原告请求法院确认其与被告之间是否存在某种法律关系，或确认其是否享有某种民事权利的诉讼。确认之诉适用的范围非常广泛。

② 参见王泽鉴：《民法物权·通则·所有权》，53页，北京，中国政法大学出版社，2001。

而特别设定的一种方法。[1] 物权作为一种对物的直接支配权，权利人享有对物进行占有、使用、处分、获取收益等权能，这些权能可以说是物权的积极权能。为了保障这些权能的实现，就必须要赋予物权人在物权受到侵害的情况下所享有的返还原物、排除妨害等物权请求权。物权请求权并不以直接支配物为其内容，而是以请求另一方当事人为一定行为或者不为一定行为为内容，物权人行使物权请求权的目的是要求侵害人为一定的积极行为，即返还原物、排除妨害。物权人行使物权请求权要求义务人消除这种妨害的可能性，既可能是要求义务人为一定行为，也可能是不为一定行为。

（2）物权请求权与物权是不可分离的。

物权请求权与物权具有共同的命运，物权请求权随着物权的产生而产生，随着物权的转移而转移，物权消灭时物权请求权亦不复存在，物权请求权不能单独转让。[2] 尽管物权请求权是基于物权产生的且与物权不可分离，但它不同于物权本身。一方面，物权请求权只能发生在特定的当事人之间，是一种相对法律关系，它和作为绝对权的支配权是有区别的。对于权利人来说，一般只有在其物权遭受侵害的情况下，才能针对特定的侵害人行使物权请求权，而不能针对任何其他人行使物权请求权，但物权人行使物权则可以对抗任何第三人。另一方面，物权请求权在性质上仍然是以请求相对人为或不为一定行为为内容的，因此，它也属于请求权的范畴。物权请求权在性质上也不同于作为支配权的物权。

（3）物权请求权主要是为了恢复对物的圆满支配状态。

物权请求权之所以不同于侵权请求权，在于其主要目的是恢复对物的圆满支配，例如，在物被他人非法占有，返还原物就是恢复权利人对物的圆满支配。一方面，物权请求权的行使必须以物仍然存在为前提，如果物已灭失，则只能够通过要求损害赔偿的方式进行救济，而无法行使原物的物权请求权。[3] 另一方面，物权请求权通常是与有体物的保护联系在一起的，其行使旨在恢复对有体物的支配。返还原物、排除妨害、恢复原状都是在物权人所有或占有的有体物受到他人侵占、妨害或侵害时产生的保护方法，它们主要是针对有体物的保护而创设的。对于无体财产的妨害或占有，主要采用侵权请求权的保护方法。

（4）物权请求权的方式。

依据《民法典》的规定，物权请求权方式主要包括三种，即返还原物、排除妨害、消除危险。《民法典》将排除妨害和消除危险分为两种请求权加以规定。此外，按照《民法典》第 238 条的规定，“侵害物权，造成权利人损害的，权利人可以依法请求损害赔偿，也可以依法请求承担其他民事责任”。该条规定容易造成一种误解，即认为物权请求权包括损害赔偿请求权。实际上，该条并没有承认损害赔偿请求权是物权请求权的形式，其应当属于侵权请求权范畴。该条规定是一个引致条款，沟通了物权请求权与侵权损害赔偿请求权的关系。

---

① 参见谢在全：《民法物权论》（上册），修订 2 版，48～49 页，台北，三民书局，2003。

② 参见［日］我妻荣：《新订物权法》，罗丽译，24 页，北京，中国法制出版社，2008。

③ 参见孙宪忠：《中国物权法总论》，317 页，北京，法律出版社，2003。

2. 物权请求权与侵权请求权

物权请求权与侵权请求权一样，都具有保护物权的作用，在物权受到侵害的情况下，权利人既可以依据物权请求权提出请求，也可以依据侵权请求权提出请求。但两种请求权存在一定的区别，具体表现在：

（1）物权请求权与侵权请求权具有不同的功能和目的

由于物权请求权和侵权请求权的目的和功能不同，所以两者对物权保护的侧重点也不同。传统的物权请求权行使的方式主要是请求返还原物、请求侵害排除和请求侵害防止，其目的在于排除物权受侵害的事实或者可能，恢复或者保障物权的圆满状态①；在物权保护中，行使侵权请求权就是要求加害人履行损害赔偿之债，其目的是填补物权人无法通过行使物权请求权而得以弥补的损失，即以货币方式恢复被损害物的价值状态，弥补受害人所遭受的价值损失。

一般而言，当物权受到侵害或者有遭受侵害的可能时，权利人既可以依据物权请求权提出请求，恢复其物权的完满状态，也可以依据侵权请求权提出请求，以排除妨碍。如果物权遭受的损害已经发生，而且损害没有必要或没有可能通过物权请求权获得救济，就只有通过损害赔偿的侵权请求权获得价值上的补偿。由此可见，物权请求权和侵权请求权是两种不同的对物权的保护方法，其从不同的角度对物权损害予以不同的救济，两者可以独立适用，也可以结合适用。②

（2）物权请求权与侵权请求权要求相对人承担责任的要件不同

一是两者的归责基础不同。根据我国现行法律的规定，除了法律特别规定的侵权行为以外，一般侵权行为的受害人要行使基于侵权行为的请求权必须适用过错责任原则。也就是说，受害人要主张权利就必须举证证明加害人具有过错，如不能证明加害人具有过错，则加害人不负侵权责任。但是如果适用物权请求权，权利人要求侵害人返还财产、排除妨害，都不需要证明相对人具有过错。换言之，物权人在行使其物权请求权的时候，只需要证明其财产被他人不法占有或遭受了侵害或妨害，而不需要证明他人对该财产的占有、侵害或妨害是否具有过错。

二是两者的责任构成要件不同。从危害后果上来看，在物权的保护中，行使侵权请求权的前提是存在损害赔偿之债，损害赔偿之债要求加害人造成了受害人财产的损失，没有损失就没有赔偿。③ 但是物权人行使物权请求权的前提是物权遭受到侵害或者有遭受侵害的可能，而不以造成财产损失为前提。也就是说，只要行为人阻碍或者妨害物权人行使其物权，不管是否造成现实的损害，物权人都有行使物权请求权之可能。另一方面，不法行为人侵害或者妨害物权人的物权，造成了妨害或危险，此种妨害或危险本身并非一种损害，常常难以以货币的形式来具体确定或定量，但这并不影响物权人行使物权请求权而对这些妨害或危险予以排除。

（3）两种请求权是否适用诉讼时效不同

诉讼时效针对的对象是债权请求权，依据我国《民法典》第 188 条，诉讼时效为

---

①　参见王泽鉴：《民法物权・通则・所有权》，65 页，北京，中国政法大学出版社，2001。

②③　参见史尚宽：《物权法论》，11 页，北京，中国政法大学出版社，2000。

3 年。但是物权请求权则不能适用上述诉讼时效的规定。一方面，对于诸如返还原物的请求权而言，适用三年诉讼时效将不利于保护所有人的利益，或者说不利于保护所有权人的权利。[①] 例如，行为人在某人的房屋边上挖掘窖坑，严重影响到房屋的安全，如果房屋所有人请求挖坑的行为人排除妨害，行为人提出该坑是在三年前挖的，因而已过时效，其没有义务恢复原状，这就意味着经过一定的期限后将使某种违法的行为合法化，显然不符合时效制度设定的目的。另一方面，对返还原物、排除妨害、消除危险等物权请求权而言，也很难确定诉讼时效的起算点。因为物权请求权通常适用于各种继续性的侵害行为，侵害和妨害行为通常是持续不断进行的，例如非法占有他人的财产，只要没有返还，物权就仍然处于遭受侵害的状态。

（4）物权请求权与侵权请求权对物权保护的效力不同

物权请求权来源于物权，是物权效力的内容；侵权请求权在性质上为债权，属于债权的内容。在某些情形下，物权请求权的效力优先于债权请求权。例如在破产程序中，所有人基于返还原物的请求权而应当对其物享有取回权，因此这种取回权应优先于一般债权而受到保护。[②] 如果只允许所有人采用侵权请求权的方法保护自己的物权，就只能以一般破产债权人的身份按比例受偿，显然不及采用物权请求权，行使取回权的方式可以更好地保护物权。由此可见，如果以侵权请求权代替物权请求权，则损害了物权应当具有的优先效力。

3. 物权请求权的类型

《民法典》物权编所规定的物权请求权主要包括四种：即返还原物、排除妨害、消除危险、恢复原状。

（1）返还原物请求权

所谓返还原物请求权，是指权利人对无权占有或侵夺其物的人，有权请求其返还占有物。《民法典》第 235 条规定："无权占有不动产或者动产的，权利人可以请求返还原物。"该项请求权是由所有权所派生的请求权，并且是所有权效力的直接体现，只要他人无权占有或侵夺权利人的财产，权利人都可以通过行使该项请求权而恢复其物权的圆满状态。[③]

返还原物请求权的主体应为失去对物的占有的物权人。一方面，请求权人必须是物权人，既包括所有权人也包括他物权人，至于所有权人既可以是单独的所有人，也可以共有人；不享有物权的人（例如，承租人、保管人等）即使取得了合法占有权，也不能享有此种请求权。另一方面，物权人行使该请求权的前提必须是其所有或有权占有的物被他人非法侵占，物权人已丧失了对物的占有。在此情况下，才有必要返还。

返还原物请求权的相对人为无权占有物的人。具体来说，请求权的相对人应符合如下条件：一是相对人必须是现在占有标的物并侵害物权人占有的人。所谓现在占有人，

---

① 参见崔建远：《物权：规范与学说》（上册），317 页，北京，清华大学出版社，2011。
② 参见［日］我妻荣：《新订物权法》，罗丽译，24 页，北京，中国法制出版社，2008。
③ 参见谢在全：《民法物权论》（上册），修订 2 版，192 页，台北，三民书局，2003。

就是指在提出请求之时，仍然占有标的物的人。现在占有人包括直接占有人和间接占有人。[①] 物权人只有向现在占有人提出请求才能使标的物实际返还给所有人。例如，所有人甲知道乙侵夺了其财产，但乙在占有该财产以后又被丙占有。尽管所有人甲丧失占有是由乙的行为造成的，但由于乙现在并未实际占有标的物，因而甲只能依据侵权行为行使请求权，请求乙赔偿损失，同时向现在的占有人丙主张所有物的返还。如果甲向乙提出返还原物请求，则会因乙不可能返还而使其请求权无法实现。一般来说，所有人的财产被他人非法占有后，所有人有权请求返还，而对于动产质权人、留置权人等物权人来说，依法有权占有他人提供质押和留置的财产，在该财产被他人非法占有以后，也有权行使返还原物请求权。二是相对人的占有必须构成无权占有。返还原物的相对人应当为无权占有人。所谓无权占有，通常是指缺乏占有的本源，换言之，是指相对人无法律和合同的依据而占有所有人的财产。一方面，是指没有法律上的依据而占有。例如动产留置，如果不符合留置的条件，则其占有构成非法的占有。另一方面，是指没有合同上的依据而占有。例如，非法占有他人财产或者在合同约定期限届满之后继续占有他人财产等都构成无权占有，物权人有权请求无权占有人返还其物。如果相对人从某个非所有人处取得占有具有一定的根据，但对于所有人而言，其仍构成无权占有，所有人仍可对其行使返还原物请求权。例如，在非法转租的情况下，次承租人证明他是基于租赁合同而占有他人财产，则可以形成对转租人的抗辩，但是他不得对抗所有人，拒绝所有人返还原物的请求。至于相对人占有该物在主观上是出于故意或过失，并不影响所有人行使返还原物请求权。

物权人请求返还原物应以原物的存在为前提。因为返还原物请求权就是为了保护物权的圆满状态，如果原物已经灭失，实际上物权因其客体的消灭而消灭，此时物权人只能请求无权占有人承担违约赔偿责任或侵权赔偿责任。如果原物仍然存在，但是遭受了毁损，则物权人可以请求无权占有人返还，并承担修理、恢复原状的责任，如果物权人遭受了损失，还可以要求无权占有人承担侵权赔偿责任。此外，围绕着返还原物请求权还可形成其他的一些请求权，如要求返还孳息、费用补偿等问题。对此，我国《民法典》物权编在第五分编占有中作出了详细的规定。

问题在于，如果原物仍然存在，但是遭受了重大损害，如果可以进行修补，而物权人希望获得对原物的占有，那么物权人既可以请求返还原物，也可以要求恢复原状。如果原物仍然存在，但是遭受的损失无法修补、修补的成本高于原物的价值或者修补后从根本上改变了物的基本性质和特征，不具备原有的功能，此时，权利人可以要求赔偿损失，不再要求返还原物。

关于返还原物请求权的效力，由于返还原物请求权旨在要求相对人返还所有物，因而此种请求权行使的直接法律效力是标的物占有的移转。但除标的物的移转外，行使此项请求权还涉及孳息返还、赔偿损失及费用补偿等问题。

返还原物请求权之效果实际上是一种占有的移转，也就是说，由无权占有人将其对标的物的占有移转给物权人。占有一旦发生移转，则物权人行使返还原物请求权的目的

---

① 参见王泽鉴：《民法物权》，第1册，168页，台北，自版，2001。

即已达到。

返还原物不仅包括返还原标的物，还包括返还孳息。物权人请求返还原物，必须原物依然存在。如果原物已经灭失，返还原物客观上已经不可能，物权人就只能要求赔偿损失，而不能要求返还原物。一般来说，现时占有人向返还请求权人返还原物时应保持物的原有状态，不得造成物的损害和价值的减少。这就是说，无论是善意占有人还是恶意占有人在返还原物时必须使物保持原有的状态。

占有人在返还原物时，应当保持物的原有状态，如果因其故意或过失造成物的损失的，应当承担损害赔偿责任。关于损害赔偿责任的适用应当区分三种不同的情况：其一，占有人造成物的损失，返还请求权人有权请求其赔偿损失；其二，占有人造成物的收益的损失，占有人应当承担赔偿责任，但在确定责任时必须要考虑占有人对于收益的损失是否具有过错，这种过错是指占有人依通常经营方法可以收取收益而不收取。其三，因占有人的过错造成物的灭失的，占有人如何承担赔偿责任应当根据其主观上的善意或恶意而定。占有物因占有人的过失造成灭失的，恶意占有人应赔偿全部损失，而善意占有人仅在其现有利益的限度内承担赔偿义务。

（2）排除妨害请求权

排除妨害请求权是指当物权的享有和行使受到占有以外的方式妨害时，物权人对妨害人享有请求其排除妨害、使自己的权利恢复圆满状态的权利。例如，某公司在他人房屋之上违章架设某种广播设备，可能发出某种辐射、给他人造成妨害，权利人有权请求排除妨害。《民法典》第 236 条规定：“妨害物权或者可能妨害物权的，权利人可以请求排除妨害或者消除危险。”妨害是指实施了某种妨害所有人行使所有权的行为。“妨害物的对外界和环境的联系，只要物的功能性使用因此受到影响，就构成了妨碍所有权。”①妨害是现实地造成了对他人的权利行使的阻碍，这是妨害与危险的区别。

值得注意的是，排除妨害请求权仅限于除去妨害而并不包括恢复原状。当妨害排除以后，物权人的标的物是否已恢复其原有状态，并非属于排除妨害请求权所应解决的问题。如果妨害行为给所有物造成损害，物权人有权请求妨害人赔偿损失或要求其通过修补等方式恢复原状。

排除妨害的请求权行使必须符合如下构成要件。

一是被妨害的标的物仍然存在且由物权人占有。排除妨害请求权行使的主体是物权的内容受到妨害的物权人，但物权人行使该请求权时，必须要求被妨害的物仍然存在且由物权人占有。行使排除妨害和返还原物请求权的条件是不同的，两者的主要区别在于：在请求排除妨害的情况下，物权人一般没有丧失对物的占有；在请求返还原物的情况下，物权人已丧失了对所有物的占有。

二是妨害人以占有以外的方法妨害物权人行使所有权。所谓“妨害”，是指以占有以外的方法，侵害物权或妨碍物权人行使其所有权。妨害主要有如下几种情况：1）对物权人的标的物的侵害，如在他人的房屋边挖洞危及房屋的安全。2）非法利用他人的财产致使物权人不能对其财产行使物权。如在他人使用的土地上堆放垃圾，在他人的大门前停

---

① ［德］曼弗雷德·沃尔夫：《物权法》，吴越、李大雪译，138 页，北京，法律出版社，2002。

放车辆、妨害他人通行。3）非法为所有权设定负担，如擅自在他人不动产上设定抵押权。4）其他妨害行为，如招牌被大风吹落，倒塌在他人的门前，尽管招牌的倒塌是由自然原因造成的，但毕竟行为人的物件致他人不能圆满行使其所有权，亦构成妨害行为。所以，妨害既可以是妨害人实施的妨害行为造成的，也可以是由妨害人的物件造成的。在民法上，通常认为，“人之所有物，应视同人之人格延长”，因而他人的物件妨害物权人行使权利，物权人也可以请求排除妨害。

需要注意的是，妨害必须是持续进行的，而不是短暂即逝的或已经消失的，否则，尽管妨害行为已经作出，物权人也不能行使排除妨害请求权，而只能请求侵害人承担侵权损害赔偿等责任。

三是妨害是不合法的，或者超越了正常的容忍限度。如果行为人实施某种行为具有法律上或合同上的依据（如承租人正当使用房屋、某人因紧急避险而给所有人造成妨害），则虽对物权人构成妨害，物权人也不得请求行为人排除妨害。妨害行为有可能是合法的（如在自己土地上堆放被许可排放的污染物），此种行为依据“无害”标准并不禁止，但如果给他人造成过度超越了正常的容忍限度的妨害，权利人也可以请求排除。

物权人行使排除妨害请求权，并不要求相对人具有故意或过失，换言之，该项请求权的行使不以相对人具有过错为要件。在此有必要区分排除妨害与赔偿损失的概念。在民法上，妨害和损害的概念是有区别的。损害一词有广义和狭义之分。从广义上说，损害是指因一定的行为或事件使某人的权利或利益遭受某种不利益，而妨害行为也会造成被妨害人的不利益，从这个意义上说，损害可包括妨害。从狭义上说，损害是指财产的损失，如侵害财产权的损害赔偿实际上是指赔偿损失，在这个意义上理解的损害，其与妨害的概念是不同的。尤其应当看到，排除妨害旨在除去物权人的物权在行使过程中的障碍或侵害，使物权恢复其圆满状态，因而此种请求权的行使不必适用过错责任原则。而侵权损害赔偿责任的承担要考虑行为人是否具有过错。

需要指出的是，在物权受到妨害时，物权人也负有一定的容忍义务。妨害行为超越了正常的容忍限度，权利人有权请求排除妨害，但物权人应当容忍他人轻微的、正当的妨害。在法律上之所以确认物权人的容忍义务，主要原因在于，一方面，忍受轻微妨碍义务是维护社会生活的和睦所必需的。因为人作为社会关系的总和，生活在特定的共同体和社会之中，总会与他人发生各种摩擦，从而不可避免造成损害或妨害。如果人们不能容忍任何轻微的妨害，则社会成员之间根本无法和睦相处，社会就难以形成正常的经济生活秩序。在他人实施了轻微妨害的情况下，物权人不得请求予以排除。另一方面，忍受轻微妨害义务是相邻关系制度的重要内容。相邻关系规则就是要规范不动产权利人之间在行使物权时的相互关系，一方的权利要适当延伸，另一方要提供适当的便利，这就包含了应忍受轻微损害的义务。如果在物权法上不能确定忍受轻微妨害的义务，则无法形成相邻关系规则。[①] 判断某种妨害是否属于轻微妨害，一是要看产生某种损害，是否超出了一个合理的人能够忍受的范围。二是需要考虑所有人忍受此种损害是否将使其所

---

① 参见［德］鲍尔、施蒂尔纳：《德国物权法》（上册），张双根译，231页，北京，法律出版社，2004。

有权不能得到正常行使，如果无碍于其所有权的行使，那么此种妨害就属于轻微妨害。

（3）消除危险请求权

所谓消除危险请求权，是指行为人的行为可能造成对他人的妨害，并且构成一定的危险，权利人有权请求消除已经存在的危险。例如，某人的房屋即将倒塌，对周围邻居的房屋形成了危险。自罗马法以来，物权请求权的主要形式有三种，即返还原物、排除妨害和妨害防止。[①]《民法典》第236条规定："妨害物权或者可能妨害物权的，权利人可以请求排除妨害或者消除危险。"可能妨害物权或者已经妨害物权的，权利人可以请求消除危险或者排除妨害。通过行使消除危险请求权，可以预防将来发生对物权的现实损害。

在法律上，妨害有两种含义：一是指所有人实际面临的现实的妨害，二是指尚未实际发生的但有可能出现的妨害，此种妨害又称为危险。从狭义上所讲的妨害仅指前一种妨害，物权请求权中的排除妨害请求权也仅指对实际发生的妨害进行排除，而不包括对将来可能出现的危险进行排除。对于未来的妨害的排除，适用消除危险请求权。所以，物权人在他人的行为或者设施可能造成自己占有物的损害时，可以请求消除危险。

《民法典》第236条中的"危险"是指他人的行为或者设施可能造成自己占有物的损害。危险的判断标准为：第一，危险必须是可以合理预见的，而不是主观臆测的。例如，房屋倒塌必须是按照一般的社会观念或者工程建设领域普通技术人员的认识，其确有可能倒塌。第二，危险必须是确实存在且有对他人财产造成损害的可能。如邻人的大树有可能倾倒，砸坏自己的房屋。此种损害虽尚未发生但又确有可能发生，对此种危险，所有人也有权请求排除。危险的发生既可能构成未来的危险，也可能构成现实的妨害。如在自己的土地上挖洞等，所有人在行使消除危险的请求权时可不考虑行为人主观上是否具有故意或者过失。

危险发生以后，应当由危险的形成人承担消除危险的责任，因此，消除危险的费用应当由危险设施的物权人或危险形成人承担。一般来说，消除危险请求权的行使，不受诉讼时效的限制。虽然危险已经形成，但如果并没有造成实际的损害，危险受害者有权请求危险形成人消除危险，但不能请求其承担侵权损害赔偿责任。如在公共场所施工时，没有设置明显标志，可以主张物权请求权，不能主张侵权损害赔偿请求权。但如果在形成危险以后又造成了他人的损害，则受害人不仅可以行使物权请求权要求其消除危险，也可以基于侵权行为请求权请求其承担损害赔偿责任。

（4）修理、重作、更换或恢复原状请求权

恢复原状是指行为人导致他人财产损害后，应当采取各种措施，使财产恢复原有的状态。《民法典》第237条规定："造成不动产或者动产毁损的，权利人可以依法请求修理、重作、更换或者恢复原状。"该条规定实际上确定了修理、重作、更换或恢复原状的请求权，简称为恢复原状请求权。此处所说的"依法"，表明该请求权不完全等同于物权请求权，而有可能适用合同编、侵权责任编等相关规定，从而确定该请求权的构成要件和法律效果。恢复原状的请求权主要是指在物遭受侵害之后，如果能够通过修理、重作等方式恢复原状，应该采用各种方法使得这些物恢复到原有的状态，从而使得权利人恢

---

① 参见史尚宽：《物权法论》，66页，北京，中国政法大学出版社，2000。

复对物的圆满权利状态。恢复原状请求权的特点表现为：

第一，此种请求权通常是在权利人的动产或者不动产造成毁损的情况下被采用的。一般来说，财产造成毁损之后，在经济上可以利用，并且权利人可以继续利用，行为人应当采取措施以恢复财产的原状。但如果财产已经造成了灭失或者无法恢复原状，或者恢复原状费用过高，而权利人又不愿意修补，则权利人只能够采取损害赔偿的方式，而不能采取恢复原状的方法。[①]

第二，恢复原状的方式因动产和不动产遭受侵害而有区别。对于造成动产毁损的，主要采取三种方式，即修理、重作、更换。修理是修补物的缺陷，重作是重新制作一个原物的替代物，而更换则是通过购买等方式提供一个新的替代物。更换通常适用于种类物，而不适用于特定物。上述这些方式，都是为了使权利人恢复对动产的支配。对于不动产则不宜采取上述方式，因为不动产一般不会发生灭失，很难采用重作、更换的方式。

第三，恢复原状的目的是要恢复物权人对物权的圆满支配状态。在所有人的物受到他人侵害的情况下要充分保障所有人的利益，仅仅通过损害赔偿的方法并不能满足受害人的利益要求。毕竟金钱赔偿不能完全代替恢复原状的方法，因为对物的侵害既可能造成毁损，也可能造成物的灭失。如果已造成物的灭失，只能采取损害赔偿的方法，若仅仅造成物的毁损，则要考虑该物是否为可代替的、能否在市场上购买到。如果是市场上能够购买到的物，则在这些物受到侵害以后，通过赔偿的办法使所有人在获得一定金钱以后，在市场上购买到替代物，确有利于充分维护所有人的利益，而且便于法院的判决执行。如果被毁损的物并不是替代物而是特定的、在市场上难以购买到的，则采用损害赔偿的方法并不一定对受害人有利。在此情形下，允许受害人可以请求恢复原状，则受害人可以基于自身利益的考虑，在请求赔偿损害与请求恢复原状之间作出选择。如果受害人认为恢复原状对其有利，则完全可以采用此种方法；如果仅允许受害人要求赔偿损失，则实际上剥夺了受害人的选择权。

第四，恢复原状应当考虑到经济上是否合理。在动产发生毁损的情况下，虽然可以修理或者重作，但如果在经济上极不合理，修理和重作的费用远远超过了更换新的替代物的经济价值，则应当考虑到加害人的赔偿成本，允许其以同等质量的替代物履行恢复原状的义务。不能够修理和替换，是指修理和替换有可能损害物的价值的，或使物的价值不能得到恢复，或者修复在经济上不合理，或者某物为特定物无法找到替代品。尤其是在造成不动产毁损的情况下，恢复原状可能没有必要或者难以恢复，此时就没有必要采用恢复原状。在此情况下，所有人有权要求行为人赔偿其对物造成的损失。在许多情况下，由于物的效用主要体现在经济价值上，以金钱赔偿物的价值也可能使受害人利益能够得到满足，对加害人也较为便利。

《民法典》第237条的规定的恢复原状，主要是指对物的恢复原状而非对人格利益遭受损害的恢复，它不同于恢复名誉，亦不同于合同被宣告无效以后的恢复原状，应当区分基于合同关系的恢复原状和基于物权请求权的恢复原状。前者是基于合同被宣告无效或被撤销而产生的，后者是基于物权请求权产生的，与合同的履行一般没有关系。

---

① 参见马俊驹、余延满：《民法原论》，297页，北京，法律出版社，2005。

关于权利人恢复原状请求权与赔偿损失请求权的关系，一般认为，受害人可以在请求赔偿和恢复原状之间作出选择，但这并不意味着受害人在请求恢复原状以后就不能再请求赔偿损失。在实践中，受害人的财产遭受他人毁损，虽经修理，在客观上仍然可能确认有瑕疵存在，如新购买的汽车遭受毁损，经修理后显然不如原车；重新喷刷的漆不能与原漆相配合，此种现象在学说上称为“技术上贬值”①，在此情况下，如果仅仅使加害人承担修理义务，不能完全保护受害人的利益。有人认为，在此情况下可以采用以新替旧的方式，如毁损他人的汽车赔一辆品牌相同的新车，毁损他人的衣服赔偿相同质量的新衣服，这种做法虽不无道理，但也存在明显缺陷。首先，这种方法是以赔偿代替恢复原状，如果被毁损之物并不是新物，而采用以新替旧的赔偿方式，会使加害人承担过重的赔偿责任，显然不妥。其次，加害人赔偿损害以后所取得的旧物可能对其毫无用处，这实际上也会造成财产的损失和浪费。所以本书认为，在所有人的财产遭受毁损以后，如果经过修补仍不足以弥补受害人的损失，受害人可以额外要求赔偿。因此，恢复原状可以与损害赔偿并存。

尽管恢复原状具有损害赔偿所不可替代的作用，但也不宜认为在任何情况下都首先要考虑恢复原状，然后采用损害赔偿的方法。因为恢复原状与损害赔偿相比，一个明显缺陷就是在监督执行上存在困难，尤其在由加害人修理的情况下，要促使加害人依据诚实信用原则认真修理其毁损的物，必须通过受害人或法院予以监督，这确实会带来技术上的困难。所以，本书认为不能简单地说恢复原状优于损害赔偿，究竟采取哪种方式可由受害人作出选择。

（四）《民法典》侵权责任编对物权的保护

《民法典》第238条规定：“侵害物权，造成权利人损害的，权利人可以依法请求损害赔偿，也可以依法请求承担其他民事责任。”依据这一规定，应当采取多种方式保护物权，首先，在行为人侵害物权的情形下，“权利人可以依法请求损害赔偿”。由于侵权损害赔偿主要是在侵权责任编中规定的，因此，此处所说的“依法”表明本条属于指示适用的规范，需要适用侵权责任编的规则请求损害赔偿。需要注意的是，虽然物权的权利人在遭受侵害以后，可以通过侵权责任编予以保护，但是侵权责任的构成要件与物权请求权并不相同，只有在满足侵权责任的构成要件时，权利人才可以主张行为人承担侵权责任。其次，权利人也可以依法请求承担其他民事责任。此处的“依法请求承担其他民事责任”包括如下含义：一方面，权利人可以依据物权法行使物权请求权，我国《民法典》第235条至第236条规定了物权请求权，在物权遭受侵害时，权利人有权依法行使物权请求权。另一方面，权利人不仅有权主张物权请求权，也有权请求行为人承担其他民事责任，我国《民法典》第179条规定了多种民事责任承担方式，这些民事责任承担方式可以单独适用，也可以合并适用，在物权遭受侵害的情形下，权利人也有权依据该条规定向行为人提出其他请求，要求行为人承担相应的民事责任。

---

① 王泽鉴：《民法学说与判例研究》，第6册，28页，北京，中国政法大学出版社，1998。

问题与思考

1. 试述物权的概念、物权与债权的区别。
2. 试述物权法的平等保护原则。
3. 试述物权请求权与侵权请求权的关系。
4. 试述物权的分类、用益物权与担保物权的区别。
5. 案例分析：

甲、乙外出游玩，向丙借相机一部，用毕甲将相机带回家。丁到甲家见此相机，执意要以 3 000 元买下。甲见此价高于市价，便隐瞒实情，表示同意并将相机交付于丁。不久，丁因手头拮据又向乙以 2 000 元兜售该相机。乙见此相机眼熟，便向丁询问，丁如实相告，乙遂将之买下。（案例来源：法律职业资格考试题）

请问：此时谁拥有该相机的所有权？

第十三章 物权变动

本章概要

所谓物权的变动，是指物权的设立、变更、转让和消灭。在市场经济社会，最为常见的就是基于双方法律行为即合同而进行的物权变动。各种交易都可能涉及和发生物权的变动，有关物权变动的规则是市场经济最基本的法律规则。物权变动作为交易的规则，是对交易规则的反映。在绝大多数交易中，都以物权的归属作为交易的前提，并以物权的变动作为交易的后果，所以，许多交易过程就是物权变动过程，物权变动是市场交易的基本表现形式。物权编关于物权变动的规则，对于保障交易的安全、维护当事人的利益，具有十分重要的作用。

第一节 物权变动模式

所谓物权变动，是指物权的设立、变更、转让和消灭。在市场经济社会，最为常见的就是基于双方法律行为即合同而发生的物权变动。物权变动是对现实交易的反映，绝大多数交易都以物权的归属作为交易的前提，并以物权的变动作为交易的后果。可以说，物权变动是市场交易的基本表现形式，许多交易过程就是物权变动过程。由于各种交易都可能涉及和发生物权的变动，因而物权变动的规则是市场经济最基本的法律规则。物权变动包括物权的设立、物权的变更、物权的转让和物权的消灭几种类型。

在大陆法系国家，关于物权变动，存在如下几种模式。

(1) 意思主义，是指仅凭当事人的债权意思（如当事人达成合意），就发生物权变动的效力，而不需以登记或交付为其成立或生效要件。《法国民法典》采取此种模式，该法典第 711 条规定："财产所有权，因继承、生前赠与、遗赠以及债的效果而取得或移转。"需要指出的是，《法国民法典》实际上采取的是纯粹的意思主义，买卖合同成立之后，即便没有交付标的物，也可以发生物权变动。日本民法受法国民法的影响，也采纳了意思主义。

（2）形式主义，是指除了债权意思以外，当事人还必须履行登记或交付的法定方式，才能产生物权变动效力。形式主义又分为物权形式主义和债权形式主义。[①] 所谓物权形式主义，是指物权变动法律效果的发生，除了债权意思以外，还必须有物权变动的意思表示，并履行登记或交付的法定方式。[②] 德国法即采纳了此种模式。按照德国物权法通说，当事人订立了债权合同只能发生债权法上的权利义务关系，还不能产生物权变动的效力，而发生物权变动必须要订立物权合同，以物权合意为基础，并完成登记或交付等行为，最终才能发生物权变动。[③] 所谓债权形式主义，是指物权变动法律效果的发生，除了债权意思以外，还必须履行登记或交付的法定方式，但是并不需要作出物权变动的意思表示。[④] 这种模式又称为意思主义与登记或交付相结合的物权变动模式。

毫无疑问，各国物权变动的立法模式都是本国历史传统、社会生活实践与法学理论研究相互融合的产物，各有其合理之处。

我国《民法典》第 209 条规定："不动产物权的设立、变更、转让和消灭，经依法登记，发生效力；未经登记，不发生效力，但是法律另有规定的除外。"第 224 条规定："动产物权的设立和转让，自交付时发生效力，但是法律另有规定的除外。"可见，我国关于物权变动模式是合意加公示的模式，实际上确立了一种以债权形式主义为原则，以公示对抗主义为例外的多元物权变动模式。理由主要在于，一方面，我国法律要求物权的变动应当公示，这显然不同于意思主义的物权变动模式，即物权变动原则上不能仅依据当事人的合意产生。另一方面，我国现行立法对交付、登记等物权变动要件的规定，主要是出于公示的要求，不能将其作为物权行为存在的依据。我国民法的规定类似于瑞士法的立法模式，此种模式要求物权之变动，除债权意思表示外，还须以登记或交付为要件。[⑤] 而此种模式与德国法的模式是完全不同的。我国《民法典》物权编所规定的物权变动公示方法虽然是物权变动的条件，但从我国《民法典》物权编的规定来看，其并没有将其规定为物权契约，而只是将其规定为物权变动的公示方法，因此，我国《民法典》在物权变动模式方面主要采纳了债权形式主义模式，而没有采纳物权形式主义模式。债权形式主义模式下，物权变动既需要当事人之间的合意，也需要当事人完成法定的物权变动公示方法。从中国的实际情况来看，采取此种模式更符合我国的民事立法传统，符合我国现实生活常情。此种立法模式能够有效地、平等地保护交易当事人的利益，兼顾出卖人和买受人的利益，并平等地加以保护。而物权行为无因性理论割裂交付、登记与原因行为的关系，虽然强调了对买受人的保护，但忽视了对出卖人的保护。此外，我国物权法立法模式也能够有效地维护交易安全和秩序，同时，借助于善意取得制度，也可以有效地保护善意第三人。而物权行为无因性理论，主张"源于错误的交付也是有效的"，第三人基于恶意也能取得所有权，买受人在买卖合同被确认为无效后仍能转卖标的物等。这些规则不仅不利于维护交易安全，也不能体现法律的公平与正义。

---

① 参见王轶：《物权变动论》，25 页，北京，中国人民大学出版社，2001。

② 参见谢哲胜：《财产法专题研究》，83 页，台北，三民书局，1995。

③ 参见［德］鲍尔、施蒂尔纳：《德国物权法》（上册），张双根译，71、86 页，北京，法律出版社，2004。

④ 参见谢哲胜：《财产法专题研究》，85 页，台北，三民书局，1985。

⑤ 参见刘得宽：《民法诸问题与新展望》，466 页，台北，三民书局，1979。

第二节　基于法律行为的物权变动

一、基于法律行为的物权变动概述

所谓基于法律行为的物权变动，是指当事人基于合意或者其他法律行为，并在完成一定的公示方法之后，完成一定的物权变动。物权的变动可以分为基于法律行为的物权变动和非基于法律行为的物权变动。前者除了要依据法律规定之外，应当充分尊重当事人之间的私法自治，且必须要采取一定的公示方法。后者一般直接依据法律的规定或者事实行为而发生物权变动，通常不要求公示。基于法律行为发生的物权变动是市场交易的法律形式，属于《民法典》物权编调整的物权变动常态。而非基于法律行为发生的物权变动因其不是典型的交易形式，物权法将之作为例外规定，仅在法律有特别规定的情况下才能适用。

按照物权法定原则，物权设定必须符合法律规定的物权类型和内容，当事人不能在法律规定之外随意创设物权，在法律规定的物权体系内，当事人可以通过合意并完成一定的公示方法设定物权，具体来说，这一过程可以分为如下两个阶段。

（一）合意

所谓合意是指当事人就是否设定物权以及物权的内容等方面达成一致的意思表示。合意是依法律行为变动物权的基础。由于当事人双方就物权的变动达成合意是物权移转的基础，因而在学理上也常常将物权变动的合意称为基础关系。[①] 在市场经济条件下，一般交易都是通过双方的协议来进行的，物权变动也要以合同为基础。当然，在特殊情况下，也可能以单方法律行为作为物权变动的基础，例如，某人将其房产捐助设立基金会，捐助行为性质上为单方法律行为。

（二）公示

物权的变动，依法要通过一定的公示方法来完成。公示就是要将物权的变动公之于世，或者说将物权变动的合意向社会公众公示。依据《民法典》第208条的规定，物权的公示方法包括不动产的登记和动产的交付。在基于法律行为发生的物权变动的公示中，没有合意的公示是不能发生物权移转的效果的。在以法律行为发生的物权变动中，当事人的相关合意通常不能直接产生物权变动的后果，如果当事人之间仅就物权的变动达成合意，而没有完成公示要件，在当事人之间仅存在债的关系，并没有发生物权变动的效果。正是由于未完成公示要件不产生物权变动的效果，故而公示直接决定着物权设定和变动效力的发生，仅有当事人的合意不能产生物权变动的后果。当然，我国物权编也规

---

① 参见最高人民法院物权法研究小组编著：《〈中华人民共和国物权法〉条文理解与适用》，89页，北京，人民法院出版社，2007。

定在例外情况下，物权（如承包经营权）的设定和移转应采用登记对抗的方式，且规定对自然资源的所有权即使不办理登记，国家也可以享有所有权。

基于法律行为的物权变动，原则上应当采取“合意（或法律行为）＋公示（登记或交付）”的方式完成。此种物权变动模式是物权变动的常态。在法律没有特别规定的情况下，物权变动原则上应当依据此种变动方式的规则来完成。物权编第二章关于不动产登记和动产交付的规定主要就是对物权变动中的公示所作出的规定。

二、基于法律行为的不动产物权变动模式

（一）登记要件模式和登记对抗模式的概念

不动产物权变动模式是指不动产物权产生、变更、消灭的法定方式。由于不动产物权的公示方法是登记，所以就不动产的物权变动而言又主要可以分为两种模式，即登记要件主义和登记对抗主义。

所谓登记要件主义，是指登记是不动产物权变动的生效要件，未经登记，不动产物权不发生变动。[①] 德国、瑞士民法采取了此种方式。[②] 《民法典》第 209 条第 1 款规定：“不动产物权的设立、变更、转让和消灭，经依法登记，发生效力；未经登记，不发生效力，但是法律另有规定的除外。”可见，《民法典》明确了登记要件主义应当成为不动产物权变动的基本原则。例如，在房屋买卖合同中，房屋所有权的移转应当自办理变更登记时发生，如果出卖人只是将房屋交付买受人，房屋所有权并没有发生变动。

所谓登记对抗主义，是指未经登记，物权的变动在法律上也可有效成立，但不能对抗善意第三人。法国、日本民法采纳了此种观点。我国《民法典》规定，在例外情况下采登记对抗主义，例如，对于机动车、船舶、航空器采登记对抗主义（《民法典》第 225 条）。如果船舶所有人将其船舶转让给他人，即使没有办理登记，受让人也可以取得该船舶的物权，只不过，此种物权不能对抗善意的第三人。

在登记对抗模式下，登记虽然不是取得物权的要件，但会影响物权变动的效力。在这种模式下，登记并不是区分物权和债权的标准。这样一来，就会导致物权和债权的标准并不明晰。例如，法国法正是因为采取登记对抗主义，使得他物权和债权的区分并不严格。[③] 不过，由于未经登记不能产生对抗善意第三人的效力，因而《民法典》的立法本意仍然在于鼓励当事人进行登记。

（二）登记要件模式和登记对抗模式的区别

两种不动产物权变动模式的主要区别在于：

第一，登记是否为物权变动的生效要件。根据登记要件主义，只有依法办理登记，物权才能够有效地发生变动，所以对于以法律行为发生的物权变动采取“合同＋登记”

---

① 参见王泽鉴：《民法物权》，第 1 册，107 页，台北，自版，2001。

② 参见《德国民法典》第 873 条，《瑞士民法典》第 656 条。

③ 参见于海涌：《法国不动产担保物权研究》，289 页，北京，法律出版社，2004。

的模式，即没有办理登记，只能在当事人之间产生合同债权关系，并不发生物权变动效果。而按照登记对抗主义，即使没有办理登记，当事人之间仍然可以发生物权的变动，只不过该物权只是在当事人之间发生效力，而不能对抗善意第三人。

第二，登记是否为强制性的要件不同。在登记要件模式下，登记是一种强制性的规范，实际上属于物权法定内容的一部分。如果没有办理登记，将无法产生物权变动的效果。在登记对抗模式下，当事人没有办理登记，也可以产生物权，是否登记可以由当事人自愿选择。登记并不是一种强制性的要求，而是一种倡导性的要求。由于当事人不办理登记，可能要承担不能对抗善意第三人的风险，因而《民法典》仍然鼓励当事人办理登记。

第三，是否存在物权的冲突不同。根据登记对抗主义，在不动产物权变动中，如果没有办理登记，受让人虽然可以取得物权，但其物权属于不具有完全效力的物权，因此，因登记和交付可能在同一物上产生多个物权。例如，甲将其房屋卖与乙，乙已经支付房款并占有了房屋。之后，甲又将该房屋卖与丙，并办理了过户登记。在此情况下，如果按照登记要件主义，则乙并没有取得物权，无权针对甲和丙行使物权请求权来保护其权利，而只能基于债权或者占有要求保护。正是因为这一原因，登记要件主义模式下，一般不会产生多个物权的冲突问题。但是根据登记对抗主义，在此情况下，因为已经发生物权变动，因而乙已经享有物权，而丙因为已经办理了登记过户，也享有物权，这样就在法律上出现了两个物权，可能形成物权的冲突。

第四，是否要考虑善意第三人不同。在登记要件模式下，以登记作为物权变动的要件，一旦发生登记，则登记记载的权利人就是法律上的权利人。此时，登记记载的权利人可以对抗任何第三人。[①] 但在登记对抗模式下，即使没有办理登记，仍然可以发生物权变动，只不过这种物权不能对抗善意的第三人。登记对抗主义的适用要求考虑第三人主观上是否善意，如果第三人是善意的，则受让人享有的物权不能对抗该第三人。

第五，适用范围不同。从适用范围来说，《民法典》第 209 条第 1 款规定："不动产物权的设立、变更、转让和消灭，经依法登记，发生效力；未经登记，不发生效力，但是法律另有规定的除外。"依据该条规定，我国《民法典》对不动产物权变动实际上采取了以登记要件为一般原则、登记对抗为例外的做法，登记对抗模式只能适用于法律特别规定的情形。该条确定了登记作为一般原则的强制性，虽然条文没有使用"必须登记"的行文，但除了法律有特别规定的以外，所有的不动产物权变动都必须采取登记方式。只有在法律规定的例外情况下，才可能适用登记对抗主义。

在整个《民法典》物权编中，登记对抗主义仅适用于法定的例外情形。物权编规定适用登记对抗模式的情形主要包括：第一，船舶、航空器、机动车等特殊动产物权的变动。《民法典》第 225 条规定："船舶、航空器和机动车等的物权的设立、变更、转让和消灭，未经登记，不得对抗善意第三人。"第二，土地承包经营权的流转。《民法典》第 335 条规定："土地承包经营权互换、转让的，当事人可以向登记机构申请登记；未经登记，不得对抗善意第三人。"第三，地役权的设立。《民法典》第 374 条规定："地役权自

① MünchKomm/Kohler，§891，Rn. 12 f.

地役权合同生效时设立。当事人要求登记的，可以向登记机构申请地役权登记；未经登记，不得对抗善意第三人。”第四，动产抵押的设立。《民法典》第 403 条规定：“以动产抵押的，抵押权自抵押合同生效时设立；未经登记，不得对抗善意第三人。”

第三节 非基于法律行为的物权变动

所谓非基于法律行为的物权变动，是指因为法律规定的原因，如继承、法院生效判决、征收等事实，导致物权的产生、变更和消灭。

一、非基于法律行为发生物权变动的类型

（一）法院、仲裁机构的生效法律文书对物权变动的影响

《民法典》第 229 条规定：“因人民法院、仲裁机构的法律文书或者人民政府的征收决定等，导致物权设立、变更、转让或者消灭的，自法律文书或者征收决定等生效时发生效力。”根据该条规定，法院、仲裁机构的生效法律文书导致物权变动，应当符合如下条件：第一，必须是人民法院的生效裁判或仲裁委员会的生效裁决。第二，必须是在实体法上具有在当事人之间形成或创设某种物权变动效果的法律文书，具体包括人民法院、仲裁机构在分割共有不动产或者动产等案件中作出的改变原有物权关系的判决书、裁定书、调解书，以及人民法院在执行程序中作出的拍卖成交裁定书、以物抵债裁定书。第三，必须是针对特定的动产和不动产而作出的决定。

一旦判决或者裁定生效，新的权利人在没有办理登记的情况下也享有物权，可以基于该物权对抗原权利人和原权利的债权人，也可以基于其享有物权的事实要求登记机关变更登记。而原权利人虽然是登记记载的权利人，但实际上不再享有任何权利。

（二）征收

所谓征收是指国家为了公共利益的需要，在依法作出补偿的前提下，利用公权力强制性地将集体或私人所有的财产征归国有的行为。征收行为生效也可以发生物权变动。《民法典》第 229 条所说的生效具有其特定的含义，也就是说，在征收补偿完成之后，被征收人对征收决定未提起行政复议或诉讼，或者提起了行政复议或诉讼后原征收决定被维持的，才能认为征收令发生了效力。如果一旦政府作出了征收决定，征收令就生效，则不利于保护被征收人的利益。

（三）继承取得物权

《民法典》第 230 条规定：“因继承取得物权的，自继承开始时发生效力。”依据该规定，法定继承开始后，就会发生物权变动的效力，即继承人取得继承财产的所有权和其他物权，成为新的物权人。

继承是指被继承人死亡之后，依据法律规定或者遗嘱由继承人继承被继承人的遗产。继承开始就是指被继承人死亡之时，而死亡则包括自然死亡和宣告死亡，后者自判决确定死亡之时开始继承。① 继承分为法定继承和遗嘱继承两类。就法定继承而言，依据《民法典》第 230 条的规定，法定继承开始后，就会发生物权变动的效力，即继承人取得继承财产的所有权和其他物权，成为新的物权人。依据这一规定，在法定继承开始后，即可发生物权变动的效力。当然，依据《民法典》物权编的规定，被继承人死亡后，其财产只是转移给了继承人，如果继承人丧失继承权或者抛弃继承权，可以认为其自继承开始时就不享有所有权。② 就遗嘱继承而言，遗嘱行为属于死因法律行为，行为人死亡，遗嘱才发生法律效力。因而，依据遗嘱的规定，要求被继承人和遗嘱继承人或者受遗赠人之间进行交付或者登记，是不可能的，因为已经去世的人无法协助办理登记手续或者进行动产标的物交付。因此，遗嘱继承自遗嘱生效时，也同样发生物权变动的效力。

（四）合法建造房屋、拆除住房、添附等事实行为

《民法典》第 231 条规定："因合法建造、拆除房屋等事实行为设立或者消灭物权的，自事实行为成就时发生效力。"该条实际上是对于因事实行为而发生的物权变动所作的规定。所谓事实行为是指不以行为人的意思表示为要素，由于法律的规定，会产生一定民事法律后果的行为。合法建造房屋、拆除住房等行为都是事实行为，只要建造房屋的行为完成，或者住房已经被拆除，即使没有办理登记，也可以事实上发生物权的变动。《民法典》第 322 条规定："因加工、附合、混合而产生的物的归属，有约定的，按照约定；没有约定或者约定不明确的，依照法律规定；法律没有规定的，按照充分发挥物的效用以及保护无过错当事人的原则确定。"依据这一规定，在发生添附的情况下会发生物权的变动，基于添附这一事实行为所发生的物权变动也属于非基于法律行为发生的物权变动。

二、非基于法律行为的不动产物权变动的登记

（一）依法需要办理登记的应当登记

非基于法律行为发生的物权变动也应当进行登记，但是在未获得登记时，也应当受到物权法的保护。非依法律行为发生的物权变动不以动产交付或不动产登记为必要，物权人当然可以行使物权请求权。

（二）未经登记处分该物权时，不发生物权效力

非基于法律行为的物权变动，仍然受到法律的保护。《物权编司法解释（一）》第 8 条规定，此时的物权人仍有权请求保护物权。新的权利人在没有办理登记之前虽然取得物

---

① 参见胡康生主编：《中华人民共和国物权法释义》，80 页，北京，法律出版社，2007。

② 参见最高人民法院物权法研究小组编著：《〈中华人民共和国物权法〉条文理解与适用》，127 页，北京，人民法院出版社，2007。

权，但此种物权的效力仍不完整，还不是一种完全的所有权。[①] 或者说是受到限制的物权，这种限制主要发生在其处分行为中。为了保障交易的安全，实现登记的连续，新权利人处分不动产物权时应当先办理登记，否则处分不发生物权效力。具体而言：

首先，新的权利人如果依据《民法典》第232条享有不动产物权，应当办理登记的，还是应当及时办理登记，否则会影响其处分权的实现，使其享有的权利成为一种不完全的所有权。当然，对动产物权而言，并不存在这样的问题。

其次，依照法律规定需要办理登记的，未经登记而处分物权的，不发生物权效力。所谓"不发生物权效力"，一方面，是指未经登记并不影响合同的效力，合同是否有效，要视具体情况而定。如果未经登记而处分物权的，合同可以仍然有效，如果因为不符合法律规定的物权变动的条件，导致物权无法移转，则出让人要承担违约责任。另一方面，新的权利人未经登记处分物权，不能发生物权变动的效果，法律上不承认受让人因此而取得物权。[②] 毕竟按照公示原则，需要登记的物权在发生变动时，必须办理登记，只有在登记的情况下才能够产生公信力，从而保障交易安全。如果在未办理登记之前，就允许新的权利人随意处分自己的物权，将影响到整个交易的秩序，将来可能会因财产多次转手而导致无穷的产权纠纷。如果需要办理登记而不办理登记就处分产权，就意味着将判决和裁定等同于产权证书，司法和仲裁机构的职能就取代了登记机构的职能。所以，依法应当办理登记的，在未办理登记之前，不能实际取得处分权，从这一意义上说，权利人的处分权在此时是受限制的。

第四节　不动产登记

一、不动产登记概述

不动产登记是指国家登记机构将不动产物权变动的事项记载于不动产登记簿并供公众查阅。换言之，不动产登记是指专门的登记机构根据登记申请人的申请，依照法定的程序，对不动产物权的设立、变更、转让和消灭的情况在不动产登记簿上进行记载并供不特定的第三人查阅的行为。[③]

不动产登记主要适用于不动产物权的变动。登记是一种公示方式，即将不动产物权变动的事实向社会公开，以便于他人查阅；也有利于界定产权、解决纷争，维护交易安全和秩序，并有利于提高物的利用效率。

长期以来，我们将登记作为行政机关所享有的行政管理的职权，而不是一种公示方法。这就造成了登记机构与行政机关的设置和职能合一的问题。多个行政机关负责对不同的不动产加以管理，由此形成了多头登记的现象，如土地由自然资源管理部门管理，

---

① 参见孙宪忠、朱广新主编：《民法典评注物权编1》，206页，北京，中国法制出版社，2020。

② 参见崔建远：《中国民法典释评·物权编》（上卷），185页，北京，中国人民大学出版社，2020。

③ 参见孙宪忠：《论物权法》，439页，北京，法律出版社，2001。

建设用地使用权登记也在自然资源管理部门进行；林木由林业管理部门管理，有关林木所有权的登记在林业管理部门进行；房屋由城建部门管理，产权登记也在该部门进行。从行政管理职能的充分发挥与便利性来看，登记与行政职能部门的设置和职权的结合是必要的，但如果将登记作为公示方法对待，则原有的登记体制便突显许多弊端。为了克服分散的登记制度所造成的弊端，《民法典》第210条规定："不动产登记，由不动产所在地的登记机构办理。国家对不动产实行统一登记制度。统一登记的范围、登记机构和登记办法，由法律、行政法规规定。"所谓不动产的统一登记制度，就是指由一个登记机构统一负责有关不动产的登记事务，并在登记范围和登记规则、程序等方面实现统一。

二、不动产登记簿与权属证书

所谓登记簿，是指由登记机构依据当事人的申请或者依职权将物权变动以及相关事项记载于其上并予以保管、公示的特定簿册。《民法典》第216条规定："不动产登记簿是物权归属和内容的根据。不动产登记簿由登记机构管理。"如果是不动产权属登记，一旦将登记的事实记录在登记簿，登记机构应该向登记权利人发放权属证书。不动产登记簿是权利人就不动产所享有的权利及其内容的根据。[①] 登记簿应当具有统一性、权威性，详细记载与不动产物权变动相关的事项。登记簿应当对外公开，权利人和利害关系人有权查阅。不动产登记机构应当依法将各类登记事项准确、完整、清晰地记载于不动产登记簿。根据《不动产登记暂行条例》第8条的规定，不动产登记机构应当按照国务院国土资源主管部门的规定设立统一的不动产登记簿。不动产登记簿应当记载不动产的坐落、界址、空间界限、面积、用途等自然状况；不动产权利的主体、类型、内容、来源、期限、权利变化等权属状况；涉及不动产权利限制、提示的事项；其他相关事项。关于登记簿的形式，依据《不动产登记暂行条例》第9条的规定，不动产登记簿应当采用电子介质，暂不具备条件的，可以采用纸质介质。

所谓权属证书，是指证明物权的凭证。权属证书也可以作为权利存在的证据，但它不是确权的主要依据。即使将权属证书移转给他人占有，如果登记簿的内容中没有记载物权变动的，物权本身也不发生变动。证书的占有人不能以其占有了权属证书来主张某项物权。权属证书必须根据登记簿内容来制作，其必须与登记内容保持完全一致。在权属证书与登记簿不一致的情况下，如何确定不动产的物权归属？对此，《民法典》第217条规定："不动产权属证书是权利人享有该不动产物权的证明。不动产权属证书记载的事项，应当与不动产登记簿一致；记载不一致的，除有证据证明不动产登记簿确有错误外，以不动产登记簿为准。"依据这一规定，在权属证书所记载的信息与不动产登记簿所登记的信息不一致的情形下，由于不动产权属证书是依据不动产登记簿而制作的，因而，除非当事人有证据证明不动产登记簿有错误的情形外，应当按照不动产登记簿所登记的信息确定不动产的归属。

---

① 参见最高人民法院物权法研究小组编著：《〈中华人民共和国物权法〉条文理解与适用》，93页，北京，人民法院出版社，2007。

登记必须由当事人发起登记申请，根据《不动产登记暂行条例》第 14 条的规定，因买卖、设定抵押权等申请不动产登记的，应当由当事人双方共同申请。因此登记机关不得主动依职权办理登记，即便是人民法院、仲裁机构作出了确认物权归属的法律文书，也需要通过协助执行通知书等方式来启动登记程序。当然，依据《民法典》第 211 条的规定，当事人在提出登记申请时，应当提供不动产的权属证明、不动产界址、面积等必要的材料。同时，登记机关必须按照当事人的申请来办理登记，不得超出当事人提出的申请范围来办理有关登记手续。依据《不动产登记暂行条例》第 20 条的规定，不动产登记机构应当自受理登记申请之日起 30 个工作日内办结不动产登记手续。

三、不动产登记的效力

（一）不动产登记的效力概述

所谓登记的效力，是指在登记之后产生何种法律上的效果。我国《民法典》第 209 条第 1 款明确规定："不动产物权的设立、变更、转让和消灭，经依法登记，发生效力；未经登记，不发生效力，但是法律另有规定的除外。"这就从法律上正式采纳了登记要件作为一般原则，而以登记对抗作为例外。从总体上看，不动产登记主要具有如下几个方面的效力。

（1）物权变动的效力。一般来说，以法律行为发生的不动产物权变动，都是从登记之日起发生物权变动的效果。[①] 凡是依法需要办理登记的，其不动产物权的变动，都需要依法办理登记，只有从办理登记时起才发生物权的变动。这就是说，登记对物权变动具有决定性的意义，绝非简单的宣示。《民法典》第 214 条规定："不动产物权的设立、变更、转让和消灭，依照法律规定应当登记的，自记载于不动产登记簿时发生效力。"这就是说，登记的生效时间应当以记载于不动产登记簿的时间为准。记载是指将登记的事项记录于不动产登记簿之中，记载必须是记入登记簿，如果仅仅只是申请还不能认为构成登记。

（2）权利推定效力。它是指登记记载的权利人应当被推定为法律上的权利人。在登记没有更正也不存在异议登记的情况下，应推定登记记载的权利人就是物权人。[②]《民法典》第 216 条确认了此种登记的效力。当然，登记可能发生错误，但在未更正错误之前，只能依据登记作出权利人推定。因为对第三人来说，登记由国家机关作出，当然也就是最具有社会公信力的事实。[③] 只要没有按照法定程序重新确权、作出更正登记，登记对任何第三人来说都具有权利推定效力。也就是说，这一权利推定规则只是减轻了登记簿上权利人的证明责任，即登记权利人无须证明登记内容为真，但如果事实上的权利状况与登记内容不一致，则主张重新确权的当事人应当对此不一致情况负担举证责任。

（3）善意保护的效力。所谓善意保护的效力，也就是传统民法所谓的"公信力"，它

---

① MünchKomm / Kohler，5. Auflage 2009，§ 873，Rn. 99 ff.

② MünchKomm/Kohler，§891，Rn. 1.

③ 参见孙宪忠：《论物权法》，447 页，北京，法律出版社，2001。

是指登记记载的权利人在法律上被推定为真正的权利人，即便以后事实证明登记记载的物权不存在或存有瑕疵，对于信赖该物权的存在并已从事了物权交易的人，法律仍然承认其行为具有与真实的物权相同的法律效果。[①] 在登记申请人办理了登记之后，任何人因为信赖登记，而与登记权利人就登记的财产从事了交易行为，符合善意取得的构成要件，应当受到善意取得制度的保护，取得该不动产的所有权。对登记簿记载的权利人以及登记的权利内容所产生的信赖，在法律上称为公信力。[②]《民法典》第 216 条第 1 款规定："不动产登记簿是物权归属和内容的根据。"这实际上确立了登记的公信力与善意取得制度相配合的规则，也就是说，即便登记记载的内容发生错误，但因为信赖公示内容而发生交易的当事人，其信赖应当受到保护，这有利于维护交易安全。[③]

（二）区分登记的效力与合同的效力

《民法典》第 215 条规定："当事人之间订立有关设立、变更、转让和消灭不动产物权的合同，除法律另有规定或者当事人另有约定外，自合同成立时生效；未办理物权登记的，不影响合同效力。"该条在民法上称为"区分原则"，即区分合同效力和物权变动的效力。该条主要适用于不动产物权的变动，但对于动产物权的变动也具有重要的参照意义。例如，动产抵押实行登记对抗，也必须严格区分合同的效力与登记的效力。该条规定所确立的"区分原则"包含以下几个含义。

1. 必须区分合同的效力与登记的效力

依据《民法典》第 215 条，除非法律有特别规定或者合同另有约定，合同一经成立，只要在内容上不违反法律的强制性规定和公序良俗，就可发生效力。合同只是当事人之间的一种合意，并不必然与登记联系在一起[④]，因为登记与不动产物权的变动是联系在一起的，它是不动产物权变动的公示方法。

2. 未办理物权登记的，不影响合同效力

依据区分原则，未办理物权登记的，不影响合同效力，其主要原因在于：一方面，登记直接指向的是物权的变动，而非合同的效力。另一方面，合同是否有效，应当依据法律行为有效要件进行判断。只要当事人之间的合同符合合同成立和生效的要件，该合同就应当是有效的，当事人是否办理登记，不应当影响该合同的效力。所谓不影响合同效力，具体包括如下几方面内容。

第一，如果当事人之间订立了旨在发生物权变动的合同，而没有办理登记，合同仍然有效。例如，当事人双方订立了房屋买卖合同之后，合同就已经生效，如果没有办理登记手续，房屋所有权不能发生移转，但买受人基于有效合同而对房屋的占有仍然受到保护。因此，除非法律有特别规定，登记的效力仅针对物权变动，而并不针对合同本身。

---

① 参见李昊、常鹏翱等：《不动产登记程序的制度建构》，119 页，北京，北京大学出版社，2005。

② MünchKomm / Kohler，5. Auflage 2009，§ 873，Rn. 98.

③ 参见［日］我妻荣：《日本物权法》，41 页，台北，五南图书出版公司，1999。

④ 参见全国人大常委会法制工作委员会民法室编：《中华人民共和国物权法条文说明、立法理由及相关规定》，23 页，北京，北京大学出版社，2007。

第二，在登记之前，当事人就不动产物权的变动订立了合同，合同关系已经成立并生效，任何一方违反合同都应当承担违约责任。如果一方依据合同应负有办理登记的义务而未办理登记，则另一方有权请求其承担违约责任。例如，原被告双方签订了房屋买卖合同，约定在一年后办理登记，但由于出卖方没有顺利完成土地征收程序，导致其不能移转房屋的所有权，也就不能通过登记将房产变更到买受人名下。在此情形下，买受人有权要求出卖人承担违约责任，出卖人不得以无法办理变更登记为由请求宣告合同无效。

第三，当事人负有依据有效的合同继续办理登记的义务。区分登记与合同的效力，就意味着在一方当事人未按照合同约定办理登记时，另一方有权请求其继续办理登记。

第四，在没有办理登记之前，不动产物权不会发生变动。但是因为合同已经生效，所以依据有效合同而交付财产之后，买受人对财产的占有仍然受到保护。针对第三人的侵害不动产的行为，买受人可以基于对不动产的占有，行使占有保护请求权。

3. 除法律另有规定或者合同另有约定外，合同自成立时生效

《民法典》第215条规定了“法律另有规定或者当事人另有约定”，此处规定的“当事人另有约定”，仅仅涉及合同的生效时间问题，与物权变动时间无关，主要包括如下两种情形：第一，当事人在合同中约定把物权登记作为合同的生效要件。根据这种约定，合同自登记完成时生效。[①] 如此，则在办理登记之前，合同尚未生效，在一方不协助办理登记时，另一方无法通过请求实际履行的方式请求对方协助登记。第二，当事人在合同中约定其他生效要件（例如，当事人约定以办理公证作为合同生效的要件，则合同自当事人办理公证时生效）。关于合同从何时成立、生效，属于当事人意思自治的范畴，法律应当尊重当事人的意思自治。

《民法典》第215条规定的“法律另有规定”，也属于除外条件。例如《民法典》第502条第2款规定，依据法律、行政法规的规定，合同应当办理批准等手续才能成立的，自办理批准手续后，才能生效。

需要指出的是，《民法典》第215条的规定虽区分了合同的效力和登记的效力，但并不意味着采纳了物权行为理论，因为按照物权行为理论，物权变动必须先由当事人达成物权变动的合意。此种合意学者通常称为物权契约。但我国《民法典》物权编并未区分物权合同和债权合同，《民法典》第215条的规定，也只是在一个合同关系中区分合同的效力和登记的效力，因而也不存在物权契约和债权契约的分离问题。[②]

四、登记机构的审查义务

所谓审查义务就是指登记机构在审查有关的登记申请中，承担何种审查职责。从各国物权法的规定来看，关于登记机构的审查义务，主要有两种模式：一种是形式审查，另一种是实质审查。所谓形式审查是指登记机构仅仅对当事人所提交的材料进行形式审查。如果确定这些申请登记的材料符合形式要件，就应当认为是合格的。所谓实质审查，

---

① 参见杨永清：《论不动产物权变动的区分原则》，载《人民司法》，2007（7）。

② 参见崔建远：《物权法》，2版，48页，北京，中国人民大学出版社，2011。

是指登记机构不仅应当对当事人提交的申请材料进行形式要件的审查，而且应当负责审查申请材料内容的真伪，甚至在特殊情况下对法律关系的真实性也要进行审查。

《民法典》第212条规定："登记机构应当履行下列职责：（一）查验申请人提供的权属证明和其他必要材料；（二）就有关登记事项询问申请人；（三）如实、及时登记有关事项；（四）法律、行政法规规定的其他职责。"依据这一规定，不动产登记机构负有如下职责：一是查验职责。所谓查验，主要是对申请人所提交的材料进行审核，确定其材料的真实性。《不动产登记暂行条例》第18条规定，"不动产登记机构受理不动产登记申请的，应当按照下列要求进行查验：（一）不动产界址、空间界限、面积等材料与申请登记的不动产状况是否一致；（二）有关证明材料、文件与申请登记的内容是否一致；（三）登记申请是否违反法律、行政法规规定"。二是就有关登记事项询问申请人。如果登记机构就登记事项有疑问，应当询问申请人，以了解实情。三是实地查看职责。所谓实地查看，是指登记机构对不动产进行实地查验，以确定其权利状况是否与当事人所提交的申请材料相符合。《民法典》第212条第2款规定："申请登记的不动产的有关情况需要进一步证明的，登记机构可以要求申请人补充材料，必要时可以实地查看。"① 四是如实、及时登记有关事项。所谓如实登记，就是指依法将登记事项记载在登记簿或登记系统中，将登记信息真实地予以记载，所谓及时登记，是指在登记机构受理登记申请以后，应当及时办理登记，不得无故拖延，否则，会给登记申请人造成损害。例如，因为抵押权登记不及时，导致抵押权顺位续后，使抵押权人不能优先受偿。五是法律、行政法规规定的其他职责。例如，对可能存在权属争议，或者可能涉及他人利害关系的登记申请，不动产登记机构可以向申请人、利害关系人或者有关单位进行调查。《不动产登记暂行条例》赋予了登记机构调查不动产权利状况的权力②，不动产登记机构进行实地查看或者调查时，申请人、被调查人应当予以配合。

《民法典》第212条规定具体列举了登记机构的职责，但该规定并没有具体规定登记机构的职责是实质审查还是形式审查。本书认为，物权编的上述规定，实际上采纳了以形式审查为主、以实质审查为辅的审查制度。

五、登记的查询与登记资料的保密义务

登记作为一种公示方法，应当将不动产登记簿记载的事项对外公开，使第三人能够查阅。物权之所以需要公示，是为了方便第三人查阅和了解登记的内容。如果在登记之后，第三人非常难以查阅甚至根本无法查阅，登记的公示和公信力就无从谈起，因此，第三人能否较为便捷地查阅登记内容是能否发挥登记公示效力的前提。《民法典》第218条规定："权利人、利害关系人可以申请查询、复制不动产登记资料，登记机构应当提

---

① 《不动产登记暂行条例》第19条规定第1款规定："属于下列情形之一的，不动产登记机构可以对申请登记的不动产进行实地查看：（一）房屋等建筑物、构筑物所有权首次登记；（二）在建建筑物抵押权登记；（三）因不动产灭失导致的注销登记；（四）不动产登记机构认为需要实地查看的其他情形。"

② 《不动产登记暂行条例》第19条第2款规定："对可能存在权属争议，或者可能涉及他人利害关系的登记申请，不动产登记机构可以向申请人、利害关系人或者有关单位进行调查。"

供。”该条规定明确了权利人和利害关系人查阅不动产登记簿的权利。具体来说，查询主体包括两种类型。

第一，权利人，即对登记的财产享有财产权的主体。例如，某人将共有的财产登记在其个人名义下，则其他共有人应当属于权利人，有权进行查询。再如，买受人有权查阅相关财产是否登记在出卖人的名下，该财产上是否存在相关的权利负担等。

第二，利害关系人，即对登记财产享有利益的人。通常情况下，利害关系人在查询不动产登记信息时需要提供证据证明其与相关的不动产具有利害关系。如查询人欲购买或承租登记的房屋，需要了解房屋之上的权属状况，则其应当享有查询的权限。对于毫无交易意愿的人，登记机构就没有向其提供查阅登记资料的义务，因为不动产登记信息可能涉及登记权利人的隐私或者商业秘密，一旦泄露可能对登记权利人产生重大不利。因此，《不动产登记暂行条例》第28条规定：“查询不动产登记资料的单位、个人应当向不动产登记机构说明查询目的，不得将查询获得的不动产登记资料用于其他目的。”

《民法典》物权编及《不动产登记暂行条例》的上述规定实际上限定了不动产登记查询的主体范围。公示的目的是要将物权设立和移转的事实向社会公开，从而维护交易安全，保护交易当事人的利益，但这并不意味着需要将不动产登记的内容向每一个人公开。依据《民法典》物权编的上述规定，登记机构作为专门负责登记的机构，不仅享有审查登记资料等权利，同时也承担公示的义务，此种义务就是向有权查阅的权利人和利害关系人提供查阅、复制登记资料的便利，从而促进不动产的交易安全。如果登记机关无正当理由拒绝权利人和利害关系人的查询，由此造成他人损害，则应当承担责任。在获得登记权利人授权的情况下，登记机关也有义务向他人公开涉及登记权利人财产隐私的资料。

需要指出的是，利害关系人在查询相关的登记资料后，对登记资料也负有保密义务，对此，《民法典》第219条明确规定：“利害关系人不得公开、非法使用权利人的不动产登记资料。”该条源自《不动产登记暂行条例》《不动产登记暂行条例实施细则》的相关规定，明确课以利害关系人查询不动产登记资料的保密义务，即不得公开和非法利用所获取的权利人的不动产登记信息，因为这些信息属于权利人重要敏感信息，包含权利人的家庭住址、财产状况、家庭成员等，一旦被公开和不法利用将会侵害权利人的生活安宁、隐私等权益。不过该条并非独立的请求权规范，需要结合《民法典》人格权编有关隐私权、个人信息保护的相关规定，才能予以适用。

六、几种特殊的登记制度

（一）更正登记

所谓更正登记，是指权利人、利害关系人认为不动产登记簿记载的事项有错误时，经其申请，由权利人书面同意更正，或者有证据证明登记确有错误的，登记机构对错误事项进行更正的登记。[①] 例如，房屋登记的面积、界址发生错误，经权利人申请，登记机

---

① MünchKomm / Kohler，5. Auflage 2009，§ 894，Rn. 1.

构对相关记载加以更正。基于确保登记簿真实性考量，大部分国家或地区均设立了更正登记制度。[①]

《民法典》第 220 条第 1 款规定："权利人、利害关系人认为不动产登记簿记载的事项错误的，可以申请更正登记。不动产登记簿记载的权利人书面同意更正或者有证据证明登记确有错误的，登记机构应当予以更正。"这一规定主要包含两层含义，一是在办理更正登记的情况下，如果权利人以书面形式同意更正申请，即便申请人尚未提出足够的证据证明登记确有错误，登记机构也应当办理更正登记。二是存在登记错误。此处所说的错误既包括登记簿的记载与登记的原始文件不一致，也包括与真实的物权状况不一致，在这两种情况下，权利人都有权请求登记机构进行更正登记。在出现登记错误的情况下，当事人既可以向登记机构申请更正登记，也可以通过诉讼的方式由法院判决，依该判决进行更正登记。所谓有证据证明，应当是指有足够的证据证明，因为毕竟更正登记要改变权利归属，所以登记机构在办理更正登记时必须要审查证据是否确凿充分。申请人有证据证明登记确有错误的，登记机构也应当进行审核，如果确有错误，应当予以更正。

（二）异议登记

所谓异议登记，就是指利害关系人对不动产登记簿记载的物权归属等事项有异议的，可以通过异议登记来保护其权利。例如，甲认为登记记载在乙名下的房屋其实是甲自己的，并要求将该所有权登记到自己名下。但是乙并不同意，而且甲也暂时无法举出充分的证据，从而导致登记机构拒绝了甲办理更正登记的请求。为了防止在收集证据期间，乙擅自将该房屋处分，甲就可以先申请异议登记，以阻止乙将房屋出卖并为第三人善意取得。《民法典》第 220 条第 2 款规定："不动产登记簿记载的权利人不同意更正的，利害关系人可以申请异议登记。登记机构予以异议登记，申请人自异议登记之日起十五日内不提起诉讼的，异议登记失效。异议登记不当，造成权利人损害的，权利人可以向申请人请求损害赔偿。"该条对异议登记制度作出了规定，这对于我国登记制度的完善具有重要意义。

异议登记的主要功能在于：一是保护真实权利人的功能。[②] 异议登记主要是在对物权归属等产生异议的情况下，允许对不动产享有物权的人向登记机构申请异议登记，在不动产登记簿上注明该物权存在异议，防止登记记载的权利人从事出卖财产或者将财产设置抵押等妨害真正权利人利益的行为。二是警示功能。如果登记记载的权利人继续处分财产或者将财产设定抵押等，第三人基于对登记簿的信赖，可能就不动产发生转让、抵押等交易。但如果权利人已经申请异议登记，则第三人在进行交易时，即可发现该财产的权属可能存在争议，就应知悉与登记记载的权利人从事交易的风险，这对相对人来说也是一种保护。

依据《民法典》第 220 条规定，异议登记的条件是：

---

① 参见马栩生：《登记公信力研究》，220 页，北京，人民法院出版社，2006。

② MünchKomm / Kohler，§ 899，Rn. 1.

(1) 利害关系人认为不动产登记簿的记载存在错误。[①] 一般来说，异议登记的申请人都是利害关系人。由于异议登记会对权利人的权利构成一定的限制，因而，登记权利人通常不会同意他人实行异议登记，利害关系人提出异议登记的理由，是不动产登记簿的记载事项存在错误。

(2) 异议登记以不能办理更正登记为前提。本书认为，在办理异议登记之前，利害关系人应当首先提出更正登记，只有在权利人不同意或者登记机构拒绝更正的情况下，更正登记申请人才可以提出异议登记。异议登记的主要是为了办理更正登记。如果利害关系人有证据证明登记有错误，则其首先应当申请办理更正登记。因此，为了节约登记资源，有必要要求异议登记以不能办理更正登记为前提。

(3) 在提出异议登记之后，即使登记申请人没有提出足够的证据，登记机构也应当为其办理异议登记。一般来说，利害关系人提出异议登记时，其通常没有足够的证据证明登记确有错误，否则，其可以直接提出办理更正登记。在办理异议登记的情况下，只要申请人能够提供初步的证据证明登记存在错误即可，登记机构即使认为更正登记证据不足，也应当为申请人办理异议登记。

在办理异议登记之后，申请人应当在 15 天内向法院起诉。否则，异议登记即失效。此时，即便异议登记尚未从登记簿上涂销，也应当自动失效，不能发生阻却登记公信力的效力。如果提起确权之诉后，申请人胜诉的，可以依据《民法典》第 220 条规定，请求登记机关办理更正登记；申请人败诉的，造成权利人损害的，权利人可以向申请人请求损害赔偿。赔偿机制是一种比较有效的防止滥用异议登记的方法。不过，依据《物权编司法解释（一）》第 3 条，异议登记失效后，不影响法院对案件的实体审理。

（三）预告登记

预告登记，是与本登记相对应的概念，它是指为确保债权的实现、保障将来实现物权等目的，按照约定向登记机构申请办理的预先登记。《民法典》第 221 条规定："当事人签订买卖房屋的协议或者签订其他不动产物权的协议，为保障将来实现物权，按照约定可以向登记机构申请预告登记……" 该条规定明确了预告登记的适用范围，主要适用于两种情况：一是房屋买卖协议，依据上述规定，当事人签订买卖房屋的合同，可以进行预告登记，此处所说的买卖房屋，包括普通的房屋所有权转让，以及预售商品房的买卖。商品房预售登记是最典型的预告登记形式。二是其他不动产物权变动协议。例如，《担保制度司法解释》第 52 条规定了当事人办理的抵押预告登记，即属于此种情形。

预告登记本身并不是直接表彰物权变动结果的公示方法，而仅仅是在物权变动过程中为了保障权利人取得物权的一种公示方式。[②] 预告登记的效力体现在以下方面。

第一，保障债权实现的效力。保障债权实现的效力，也称为担保效力、保全效力。所谓保障债权的实现，就是指保障预告登记的债权能够在未来顺利转化为物权，并使得

① MünchKomm / Kohler，§ 899，Rn. 3.

② MünchKomm/ Kohler，§ 883，Rn. 2.

未来的物权变动顺利、有序进行。严格地说，在预告登记的权利人办理预告登记时，其尚未实际取得物权，而只是享有以物权实现为内容的债权请求权。预告登记的目的就在于确保这种债权请求权能够实现，并最终完成不动产物权的顺利变动。[①] 即使在出卖人一房数卖的情况下，出卖人在房屋建成以后，将房屋转让给预告登记权利人以外的人，登记机关也不得为受让人办理所有权移转登记。

第二，对抗第三人的效力。这就是说，经过预告登记的权利可以对抗第三人，阻止其取得与预告登记的权利相冲突的物权。《担保制度司法解释》第 52 条第 2 款规定，“当事人办理了抵押预告登记，抵押人破产，经审查抵押财产属于破产财产，预告登记权利人主张就抵押财产优先受偿的，人民法院应当在受理破产申请时抵押财产的价值范围内予以支持”。这就意味着，预告登记能够使普通债权产生一种对抗第三人的效力。例如，在办理商品房预售登记之前，在当事人之间仅仅产生合同关系，而未发生物权的变动。但是，在办理预告登记后，合同债权产生了一定的物权效力，如果将该办理了预告登记的财产再次出售，预告登记权利人就具有了对抗后手受让人的效力。例如，就期房买卖而言，在办理预告登记后，如果建设单位将该房屋另行出售，预告登记的债权请求权就能对其后的受让人产生对抗的效力。[②]

第三，限制物权处分的效力。所谓限制物权处分的效力，是指预告登记之后，原物权人的处分行为受到法律限制。此处所说的“限制物权处分”仅限于法律上的处分，其在实践中主要体现在一物数卖的情形。这就是说，如果所有权人将物转让给数人，在先买受人已经办理了预告登记，则后来的买受人无法办理所有权的移转登记，也无法取得所有权。在办理预告登记之后，由于第三人已经知道该标的物已经预售，可以对其起到警示作用，从而避免第三人因出卖人一物数卖而遭受损失。

第四，确定权利顺位的效力。预告登记具有确定权利顺位的效力，它是指预告登记在确定权利实现顺序方面的效力。换言之，经过预告登记的权利可以优先于其他权利而实现。[③] 例如，买受人在房屋尚未建成时，办理了期房预告登记，如果房屋建成后，建设单位又在房屋上设立抵押，此时应当优先保护买房人的利益。

《民法典》第 221 条第 2 款规定：“预告登记后，债权消灭或者自能够进行不动产登记之日起九十日内未申请登记的，预告登记失效。”因此，在出现如下两种情况时，预告登记将自动失效：一是债权消灭。由于在预告登记情况下，房屋尚未建成，权利人享有的只是一种债权，如果债权因为某种原因消灭，则预告登记自动失效。引起债权消灭的原因很多，例如，债权因为合同被撤销、混同、清偿、免除、提存以及其他原因归于消灭。依据《物权编司法解释（一）》第 5 条的规定，预告登记的买卖不动产物权的协议被认定无效、被撤销，或者预告登记的权利人放弃债权的，应当认定为“债权消灭”。在债权消灭以后，应当将预告登记涂销。二是自能够进行不动产登记之日起 90 日内未申请登记。如何理解“能够进行不动产登记之日”？本书认为，这主要是针对预售商品房和在建

① MünchKomm/ Kohler，§ 883，Rn. 2.

② 参见胡康生主编：《中华人民共和国物权法释义》，61 页，北京，法律出版社，2007。

③ 参见王轶：《物权变动论》，169 页，北京，中国人民大学出版社，2001。

工程的转让与抵押的情形，因为预售商品房或在建工程转让或抵押时，该房屋尚未建成，没有办理所有权的初始登记，自然无法办理转让登记或抵押权登记，因此只能办理预告登记。然而，在这些房屋已经建成并办理了初始登记后，就可以相应地办理转让登记或抵押权登记，此时预告登记已经没有存在的必要性了。预告登记设立的目的是保护权利人将来取得物权，在可以办理现房登记的情况下，买受人应该及时去办理现房登记。如果不及时办理，建设单位又不能将已经建成的房屋进行转让，这将对于后位买受人的利益产生不利影响。所以，如果在一定期限内不办理，就表明预告登记的权利应当不再受到保护。此处所说的能够办理是指权利人能够办理现房登记，在权利人不能办理登记的情况下，预告登记仍然有效。

七、登记机构的责任

如前所述，登记的内容正确有利于保护交易当事人的利益，维护交易的安全和秩序，但登记发生错误也可能会给真正的权利人和交易当事人造成损失。一方面，如果对登记审查不严，导致因故意或过失而将有关财产登记在他人名下，就会使真正的权利人蒙受损失。另一方面，如果对登记审查不严而发生登记错误，使善意相对人与登记权利人发生了交易，也会造成善意相对人的损失。在因登记错误而使真正权利人和善意相对人遭受损失时，真正权利人有权请求有关登记申请人和登记机构赔偿该损失。

关于登记机构的责任，《民法典》第 222 条规定："当事人提供虚假材料申请登记，造成他人损害的，应当承担赔偿责任。因登记错误，造成他人损害的，登记机构应当承担赔偿责任。登记机构赔偿后，可以向造成登记错误的人追偿。"这就规定了登记机构因为登记错误所承担的责任。《民法典》物权编实际上区分了两种情况而分别确立责任。

一是当事人提供虚假的权属证书等证明材料申请登记，给他人造成损害，登记机构没有尽到审查职责。这就是说，如果登记申请人提供虚假材料在登记机构办理登记，登记机构未尽到审查职责，从而导致损害的发生。例如，行为人伪造他人的身份证、产权证或授权委托书等材料，将他人的财产设定抵押并进行登记，但登记机关未尽到审查义务并造成损害。对此，登记机构应当承担赔偿责任。

二是因登记机构的过错造成真正权利人损害的，登记机构应当承担责任。《民法典》第 222 条规定："因登记错误，造成他人损害的，登记机构应当承担赔偿责任。"该条规定似乎可能使人产生一种误解，即一旦登记出现错误，登记机构就需要承担赔偿责任，但实际上应当将该条规定中"登记错误"的含义限定为"因登记机关的过错而导致的登记错误"。例如，因登记机构应当实地查看而未查看造成登记错误的，或无正当理由拖延登记时间造成权利人损害的。此时，登记机关应当对其登记错误承担赔偿责任。

如果因登记错误造成真正权利人损害，真正权利人有权请求登记机构承担赔偿责任，此种责任在性质上属于民事责任，而非行政责任。虽然在登记之时，行政机关和当事人之间的地位不平等，但是，在登记错误发生之后，其赔偿责任的承担属于平等主体之间的关系，因此，应当纳入民事责任的范畴。更何况，在登记错误的情况下，给受害人造成了损害，仅仅承担行政责任不能有效弥补受害人受到的损害，因此有必要通过承担民事责任来尽量弥补受害人受到的损害。当然，依据《民法典》第 222 条第 2 款的规定，登记机构在赔偿之后，享有向造成登记错误的人进行追偿的权利。

第五节 动产交付

一、动产物权变动概述

《民法典》第 224 条规定："动产物权的设立和转让，自交付时发生效力，但是法律另有规定的除外。"由此可见，在一般情形下，动产物权的变动以交付为生效要件。依据《民法典》第 225 条的规定，船舶、航空器和机动车等特殊动产的物权变动，以交付为生效要件，以登记为对抗要件。

依据《民法典》第 224 条的规定，交付是动产物权变动的法定的公示方法，因此，当事人要完成物权变动，必须要依法履行交付的义务，否则，即使合同有效，动产物权也不能设立或发生变动。交付不是一种约定的义务，而是一种法定的义务。在发生物权变动时，当事人不能通过合同随意免除交付的义务，也不能擅自约定交付的方式和交付的效力。例如，当事人不能在合同中约定，在设定质押时，可将某物交付给质押合同当事人以外的任何人视为交付。

尽管《民法典》合同编中也规定了出卖人的交付义务，但物权编中的交付不同于合同编中的交付，二者的区别主要表现在：第一，从交付的目的来看，合同中的交付只是合同履行的一部分，完成交付就是履行合同；而物权变动中的交付只是作为一种公示方法。第二，合同编注重交付过程，注重对交付瑕疵的法律调整；而物权编注重的是交付的结果，一般不考虑交付的过程，只要完成了交付就符合物权公示的要求。

交付分为现实的交付和观念的交付两种情况。所谓现实的交付是指动产物权的出让人将动产的占有实际地移转给受让人，由受让人直接占有该动产。完成现实交付必须具备两个要件：一是对标的物的实际控制发生移转，即标的物从交付的一方移转给另一方，由另一方实际控制。二是必须受让人接受占有。如果交付一方将标的物置放于受让人控制的范围内，但未作通知，受让人未接受交付，主观上也无占有的意思，则不能构成交付。当然，在特殊情况下，根据交易习惯只要一方将物置于另一方控制范围内也构成交付，如将信件投置于收信人的邮筒。另外，现实交付行为并不一定完全由出让人亲自进行，出让人也可以委托其履行辅助人完成交付行为。

除了现实交付之外，还存在观念交付。所谓观念交付，是指在特殊情况下，法律允许当事人通过特别的约定，并不现实地交付动产，而采用一种变通的交付办法来代替实际交付。允许观念交付系充分尊重当事人的意志，同时可以减少因实际交付所付出的交易费用，使交易更为便捷。我国《民法典》第 226 条至第 228 条规定了三种观念交付的形式，即简易交付、指示交付和占有改定。

二、交付的特殊方式

（一）简易交付

所谓简易交付是指动产物权设立和转让前，如果权利人已经占有了该动产，就无须再行实际交付，从法律行为发生效力时起直接发生物权变动的效力。《民法典》第226条规定："动产物权设立和转让前，权利人已经占有该动产的，物权自民事法律行为生效时发生效力。"本条就是关于简易交付的规定。例如，在出让人转让动产物权之前，受让人已通过委托、租赁、承揽等方式而实际占有了该动产的，从移转标的物所有权的合同生效之时起，视为交付。构成简易交付的要件是：第一，动产物权设立和转让前，权利人已经依法占有了该动产。第二，双方实施了某种法律行为，且已经生效。此处所说的法律行为主要是指物权转让、设立的合同，例如，银行在与借款人订立质押合同前已经占有了汽车的，则双方订立的质押合同生效时，质押权即告生效。第三，物权自法律行为生效时发生效力。在简易交付的情况下，由于双方已经达成了移转所有权的合意，同时标的物已经发生了占有的移转，因而没有必要再继续从事现实交付行为。

（二）指示交付

《民法典》第227条规定："动产物权设立和转让前，第三人占有该动产的，负有交付义务的人可以通过转让请求第三人返还原物的权利代替交付。"本条是关于指示交付的规定。所谓指示交付是指当事人在动产物权设立和转让时，如果该动产已经由第三人占有，则负有交付义务的人可以将其对第三人的返还请求权转让给新的权利人，以代替物的实际交付。此处所说的负有交付义务的人主要是指出卖人、出质人等。构成指示交付必须具备如下条件。

一是必须要在物权设立和转让前第三人依法占有该动产。例如，在买卖合同订立时，出卖人已将标的物转借给第三人，出卖人指示借用人将标的物交付买受人时，也发生交付的效力。此种情形即属于物权转让前第三人依法占有标的物的情形。

二是转让人应对第三人享有返还原物请求权。在指示交付中，转让人转让的返还请求权应当是对特定的第三人的返还请求权。这就必须由负有交付义务的人向实际占有财产的第三人作出指示，表明该物的返还请求权已经转移给了权利人，因而权利人享有向第三人直接请求的权利。只有在指示到达第三人的情况下，其才负有向新的权利人返还的义务。

三是双方当事人达成了转让返还原物请求权的协议。在上例中，标的物由第三人占有，出卖人将标的物返还请求权转让给买受人时，可以发生交付的效力。如果双方当事人没有达成转让返还原物请求权的协议，无法发生指示交付的效力。

四是从双方约定生效时起，请求权发生转让并代替交付。由于在指示交付时，动产已由第三人占有，因此不需要现实交付。当然，如果转让人不能实际行使返还原物的请求权，也就不能通过指示交付发生物权的变动。在转让人自己都不能够行使物权请求权时，自然不能将这种有瑕疵的权利转让给受让人。

（三）占有改定

所谓占有改定也称为继续占有，是指在动产物权转让时，如果转让人希望继续占有该动产，双方当事人可以订立合同，特别约定由转让人继续占有该动产，而受让人因此取得对标的物的间接占有以代替标的物的实际交付。《民法典》第228条规定："动产物权转让时，当事人又约定由出让人继续占有该动产的，物权自该约定生效时发生效力。"本条是关于占有改定的规定。依据该条规定，占有改定只适用于动产物权的转让，而不适用于动产物权的设立（如质权设定不能以占有改定的方式设定）。占有改定的构成要件是：

一是必须是在占有改定之前，转让人已经占有并且希望继续占有标的物。这就是说，在双方达成占有改定的协议之前，必须要由转让人实际占有动产。而转让人希望继续占有该动产，这样才有必要实行占有改定。

二是双方必须达成物权变动的合意。因为在双方通过协议设置占有改定之前，双方必须要订立转让动产物权的合同，这样才能够通过占有改定而导致物权的变动。例如，双方要约定移转所有权，才能为占有改定提供基础。没有合法、有效的移转协议，就不可能发生占有的改定。

三是必须通过约定由转让人继续占有标的物。在占有改定的情况下，必须要双方当事人明确约定：即使通过买卖等方式移转了所有权等物权之后，仍然由原所有权人继续占有该物。

四是占有改定自转让合同生效时就发生效力。由于占有改定不发生标的物的实际交付，所以关于占有改定的约定，自合同生效时就发生效力，占有改定生效之后，标的物的所有权即从转让人移转到受让人。

三、船舶、航空器等特殊动产物权的变动

所谓特殊动产，是指船舶、航空器和机动车等动产。因为此类动产不完全适用交付移转所有权的规则，法律上要求其登记，所以，可以将其归入特殊动产的范畴。《民法典》第225条规定："船舶、航空器和机动车等的物权的设立、变更、转让和消灭，未经登记，不得对抗善意第三人。"这就是说，有关船舶、航空器和机动车等物权的设立、变更、转让和消灭，可以不经登记而发生物权的变动，适用登记对抗主义。

关于船舶、航空器和机动车等物权的设立和变动采取登记对抗主义，应当包含如下内容。

（1）必须实际发生了交付行为。尽管在登记对抗模式中不需要办理登记，但仍然需要交付。因为如果没有实际交付动产，即使受让人交付了价款，双方也只是形成了债的关系，不能认为双方之间形成了物权关系。之所以如此理解，是因为我国《民法典》第208条、第224条都强调，动产物权的设立和转让自交付时发生效力；单纯的合同不宜发生物权变动。《民法典》第224条所规定的法律另有规定的情况，主要是指在所有权保

留制度中，当事人约定交付在例外情况下不发生物权变动的情况。

（2）在登记对抗的情况下，并非完全不考虑登记的效力。如果已经办理了登记，登记也可以成为确权的重要依据，只不过，登记不能成为确权的唯一依据。如果登记权利人在办理登记之前，就已经知道该财产已经转让，且已经交付，并为受让人占有，则登记权利人是恶意的，其不能依据登记取得物权。但如果登记权利人是善意的，则即使特殊动产已经交付，占有人也不能对抗登记权利人，从这个意义上说，登记也具有确权的效果。

（3）未经登记不得对抗善意第三人。在通常情况下，善意第三人是指对船舶、航空器和机动车等物的交付不知情、支付了合理对价并办理了登记的第三人。具体来说，善意第三人具有如下特点：第一，对船舶、航空器和机动车等特殊动产的交付不知情。例如，甲、乙双方就买卖一艘船舶达成协议，乙已经支付了价款，并已经办理了登记过户手续。但因为船舶尚未完全装修完毕，因此没有交付。后来，出卖人甲又将该船舶转让给丙，并将该船舶交付给了丙。由于乙并不知道甲在以后又将船舶交付给丙的事实，所以，可以认定其属于善意。第二，已经支付了合理对价。在通常情况下，即使办理了登记，但如果买受人没有支付合理的对价，通常也难以认定其对于船舶、航空器和机动车等物的交付不知情。且已经占有船舶等物的权利人，其对于该物也具有一定的利益，从利益衡量的角度考虑，第三人并不应当处于更为优越的地位。第三，已经办理了登记过户手续。在登记对抗的模式下，虽然法律允许当事人可以就是否登记进行选择，但登记仍然具有明显强于交付的公示效力，因此，在未登记而已交付的情形下，受让人所享有的物权可以对抗一般的债权人。如果已向一个当事人交付，而另一个当事人却已经办理登记，已经取得物的占有的权利人不能对抗经过登记取得物权的善意权利人。

对特殊动产物权的设立和变动采取登记对抗主义，意味着已经交付但没有办理登记的权利人可以对抗恶意的第三人。所谓“恶意”第三人，主要是指在发生物权变动之后，知道或者应当知道物权变动的事实，且没有办理登记的第三人。例如，甲、乙双方就一艘船舶的转让达成协议，并已经交付，但未办理过户手续。在此期间，原所有权人将该船舶设定抵押。应当承认，因船舶已经交付，即使没有办理登记手续，在当事人之间也已经发生物权移转的效力。出卖人将该物又设置抵押，抵押权人有义务查询该船舶是否已经移转占有。因此，抵押权人是恶意的，买受人所享有的权利可以对抗抵押权人的权利，所谓对抗就是指可以主张自己享有的合法权利有效，该物之上不存在任何物上负担。同时，亦可主张恶意的登记权利人所进行的登记无效。

需要指出的是，在仅仅交付而未登记的情形，特殊动产的物权变动的对抗效力主要体现在两个方面：一方面，因交付而发生的特殊物权变动可以对抗原权利人及其一般债权人。另一方面，因交付而发生的特殊物权变动，可以对抗恶意第三人，但并不能对抗善意第三人，在对外的公示效力方面较弱。因此，如果善意第三人通过登记取得该动产的所有权，则因交付发生的物权变动的权利人并不能对抗该善意第三人。在办理登记过户手续之前，该动产仍然记载在转让人名下，受让人虽然取得了物权，此种物权也仅具有对抗原权利人及其一般债权人和恶意的登记权利人的效力。换言之，该物权仍然是一种效力受限的物权，并非完整的所有权。因为转让人仍然是登记权利人，所以，其可以将机动车等特殊动产再次转让或设置抵押，如果第三人不知道或者不应当知道其已经转让了该动产，则其主观上是善意的，那么，因交付而取得物权的权利人并不能对抗善意的第三人。

问题与思考

1. 登记对抗模式和登记要件模式的区别是什么？
2. 什么是动产交付？
3. 什么是占有改定？
4. 什么是非基于法律行为的物权变动？
5. 非基于法律行为的物权变动的效力如何？
6. 什么是不动产登记？
7. 登记机构的审查义务和责任是什么？
8. 什么是异议登记？
9. 什么是预告登记？
10. 案例分析：

某房屋登记的所有人为甲，乙认为自己是共有人，于是向登记机构申请更正登记。甲不同意，乙又于3月15日进行了异议登记。3月20日，丙打算买甲的房屋，但是到登记机构查询时发现甲的房屋存有异议登记，遂放弃购买。乙申请异议登记后，发现自己的证据不足，遂对此事置之不理。（案例来源：法律职业资格考试题）

请问：如果甲因为未能和丙订立买卖合同遭受了损失，其如何寻求法律上的救济？

第十四章
所有权概述

本章概要

所有权是最重要的物权与财产权，它是交易发生的前提，也是交易追求的结果。所有权概念来源于罗马法，大陆法国家民法关于所有权的定义有两种模式：一是具体列举式的定义，即通过具体列举所有权的各项权能来给所有权下定义。例如，《法国民法典》第544条将所有权定义为“对于物有绝对无限制地使用、收益及处分的权利，但法令所禁止的使用不在此限”。二是抽象概括的模式，例如《德国民法典》第903条认为，所有权是指“物之所有人，在不违反法律或第三人权利之范围内，得自由处分其物，并得排除他人对物之一切干涉”。此种方式不具体列举所有权的各项权能，而只是通过规定所有权的抽象作用来给所有权下定义。在此种概括方式中，所有权被视为“一般的支配权，为他物权之泉源”。《民法典》第240条规定：“所有权人对自己的不动产或者动产，依法享有占有、使用、收益和处分的权利。”可见，我国民法典采纳了具体列举的方式。由于他物权都是在所有权的基础上产生，可以说所有权制度在物权制度中占据着核心位置。

第一节　所有权的概念和特征

所有权，是指所有权人依法对自己的财产享有的占有、使用、收益和处分的权利，它是最为重要的物权形式。《民法典》第240条规定：“所有权人对自己的不动产或者动产，依法享有占有、使用、收益和处分的权利。”其法律特征表现在：

(1) 所有权是法定的财产权。物权编虽然采取了列举式的方式，但摒弃了罗马法以及法国民法将所有权视为“绝对无限制”的权利的观点，而规定所有权是所有权人依法享有的权利。具体来说，一是所有权的取得必须合法；二是法律规定了一些所有权的客体范围，例如，专属于国家所有的财产只能归国家所有；三是所有权的权能是由法律规定或赋予的，必须受到法律的限制；四是所有权人行使所有权必须遵守法律的规定，不得滥用权利；五是法律对所有权的保护作出了专门的规定。[①]

（2）所有权的主体为所有人。从法律关系的角度来看，所有权关系的主体为所有权人及除所有权人以外的义务人。任何在民法上具有民事权利能力的主体均可取得所有权，不管这些主体在行政法律关系、劳动法律关系等关系中处于何种地位，均可以平等地依法取得所有权，从而成为所有权的主体。但是，对某些财产，法律规定只能由特定的主体所有。例如，在我国，土地只能由国家和农村集体组织所有，其他任何单位和个人都不能成为土地的所有权人。所有权的义务主体是除所有权人以外的一切不特定的人，他们都负有不得侵犯所有权人的所有权的义务。《民法典》物权编从所有制性质出发，规定了国家、集体、私人三种所有权类型。除此之外，《民法典》第270条也规定了社会团体法人、捐助法人的所有权。同时，依据《民法典》第207条规定，其他权利人的物权受法律保护，这就使得物权主体的范围保持了一定程度的开放性。

（3）所有权的客体仅限于有体物、特定物。一方面，所有权的客体具有有体性，包括动产和不动产，权利本身一般不能成为其客体，否则，就会形成所有权之上的所有权，所有权本身也不能确定了。至于智力成果，则属于知识产权的客体。另一方面，所有权的客体必须是特定物，如某辆汽车、某栋房屋。[②] 该物必须是特定的、独立的，如果所有权的客体不能特定，则权利人根本不可能对物形成特定的支配权。除了法律有特别规定之外，集合物不能作为物权的客体。

（4）所有权是独占的支配权。所有权是一种独占的支配权，即法律赋予所有权人排他的支配力，因此产生了所有权的排他性原则，即一物不容二主，同一物之上只能有一个所有权，而不可能出现两个或多个所有权。一物一权乃是所有权人对其物享有完全的、独占的支配权的必然引申，这也是所有权与他物权的区别。

（5）所有权是无期限限制的权利。这就是说，所有权在存续的期限上，是不存在限制的。首先，当事人不得创设有期限的所有权，如果物权存有明确的期限，那么它就转变成他物权；其次，法律本身不能为所有权设定存续期限，不存在“暂时性”的所有权，否则，就会使得所有权变成他物权；最后，只要标的物持续存在，所有权就一直存在。

（6）所有权是完全物权，它包含了四项权能。依据《民法典》第240条的规定，所有权人对自己的不动产或者动产，依法享有占有、使用、收益和处分的权利。可见，所有权人享有的四项权能组成了法定的所有权的内在结构。由于所有权包含了四项权能，因而，所有权权能是完整的。相对于其他物权来说，所有权是“完全物权”。当然，应当看到，随着社会经济生活的发展，所有权的权能也在不断变化，该四项权能也不一定能够完全概括所有权的各项权能。

---

① 参见韩松、姜战军、张翔：《物权法所有权编》，20～21页，北京，中国人民大学出版社，2007。

② 参见史尚宽：《民法总论》，254页，北京，中国政法大学出版社，2000。

第二节　所有权的权能

一、所有权的权能

所有权包括四项权能，即占有权、使用权、收益权、处分权。

（一）占有和占有权

占有，是指民事主体对财产的实际控制。所有权的占有权能，是指所有权人或者其他合法占有人对所有物进行控制和管领的事实。关于占有是否应当列为所有权的一项权能，学说上历来存在着争论。《民法典》将占有明确规定为所有权的权能，主要理由在于：一方面，尽管占有可能是一种事实状态，但也可能是一种法定权利。占有人所享有的占有权，大都是从所有权中分离出来的权能。一般情况下，占有权并不是独立于所有权之外的法定权利。另一方面，尽管占有权作为所有权的一项权能，在大多数情况下与所有权是重合的，但所有权只有从占有开始，才能由客观权利变为主观权利，而且只有当占有权回复到所有人手中，所有权才最终恢复其圆满状态。[①] 占有人因占有可能取得占有权甚至所有权，即使不能形成权利的占有，在法律上也可获得保护，故占有具有重要的法律意义。

占有权也可以与所有权发生分离，从而成为一种独立的权利，这种分离的现象主要依合同而产生，例如，根据保管、租赁、担保合同而移转占有并移转占有权。但占有人也可能基于合同外的原因取得对物的占有，此种占有也受到法律保护。例如，对遗失物依法保管，在保管期间，占有人对其占有的遗失物享有占有权。占有人取得占有权后，可以排斥第三人的干涉，甚至可以对抗所有权人。

（二）使用权

在任何社会经济形态中，人们占有生产资料和劳动产品都不是目的，占有的目的是获取物的使用价值或增值价值。所以，不论是所有权人还是非所有权人，他们占有财产，最终都是为了对财产有效地利用或从中获得经济上的利益。[②] 这种利用财产的权利，就是使用权。现代民法物权制度出现从重所有向重使用的转化，物尽其用的功能日益突出，这也表明使用权的地位逐渐凸显。在各种物权中，用益物权的重要权能就是使用权，权利人设立这种权利就是为了对物进行使用。

物的使用权在本质上是由物的使用价值所决定的。获取物的使用价值以满足所有人的需要，是所有人的意志和利益的体现，而所有人以外的其他人则负有不妨碍所有人获取其物的使用价值的义务。因此，使用权能够成为所有人的一项独立权能。所有权人根

---

① 参见史尚宽：《物权法论》，57 页，北京，中国政法大学出版社，2000。

② 参见谢在全：《民法物权论》（上册），修订 2 版，123 页，台北，三民书局，2003。

据法律或合同的规定，可将使用权移转给非所有权人行使。非所有人应当按照当事人约定、法律规定或者物的一般用途对物进行使用，非所有权人的使用权是由所有权派生出来并依赖于所有权的。

（三）收益权

收益权是指利用财产并获取一定经济利益的权利，它是所有权的一项重要的权能。人们拥有某物，都是为了在物之上获取某种经济利益以满足自己的需要，只有当这种经济利益得到实现后，所有权才是现实的，否则，所有权人拥有某物将毫无意义。因此，收益权是所有权一项重要的权能。收益权与使用权是所有权不同的权能，二者具有不同的经济目的。

收益权的内容不仅包括获得天然孳息，还包括获得法定孳息；不仅指利用物本身取得利益，还包括投资及其收益。收益权也可以基于所有权人的意志和利益而与所有权发生分离。例如，所有人为他人设立用益物权以后，用益物权人就享有收益权。收益权可以基于法律规定来确定，例如，《民法典》第256条规定，国家举办的事业单位依照法律和国务院的有关规定享有收益权。收益权也可以基于合同来确定，例如，当事人双方可以在设定用益物权的合同中明确赋予一方收益的权利。

（四）处分权

所谓处分权，是指所有人对其动产或不动产进行消费和转让的权利。对财产的消费（包括生产和生活的消费）属于事实上的处分，对财产的转让属于法律上的处分，两者都会导致所有权的绝对消灭或相对消灭。所以，处分权决定了财产的归属，它是所有权区别于他物权的一个重要特征，是所有权的核心权能。

在市场经济社会中，所有权是生产和交换的前提与结果，处分权是一个独立的市场主体应有的权利。如果主体对生产工具和劳动对象不享有事实上的处分权，其就无法在生产领域中将生产资料和劳动力结合起来，从而无法进行实际的生产活动；而如果主体对劳动产品不享有法律的处分权，在交换中就不能作为所有者将商品转让。如果主体对相关的财产不享有处分权，其将难以同他人缔结转让财产的合同。所有权人通常享有处分权，但处分权在法律上也可以受到限制，例如，农村集体经济组织对其土地享有处分权，但不能随意转让土地。

所有权的权能为所有权人提供了一定的行为自由，它意味着所有权人具有依法实施一类或一系列行为的可能性。例如，所有权人享有处分权，意味着所有权人可以对其财产消费、清偿、赠与、交换、加工等。随着经济的发展和物的效用的增加，所有权权能所包含的内容也将扩大。

二、所有权权能的分离

所有权的每一项权能都可以与所有权发生分离，并在此基础上形成由非所有人享有的各种权利，而各项权能也可以作为交易的对象由非所有人享有。所有权人在实际行使所有权过程中，常常将其所有权的权能依据法律规定或当事人之间的约定分离出去，这也是所有人行使所有权的具体形式。例如，所有人享有处分权，意味着所有人可以对其财产进行消费、清偿、赠与、交换、出租、寄托、加工等，也可以设立用益物权和担保物权。《民法典》第241条规定专门对所有权人有权在自己的财产之上依法设定他物权。所有权权能的分离主要具有如下特征。

（一）所有权权能的分离是所有权人利用其物权的重要方式

《民法典》第241条规定："所有权人有权在自己的不动产或者动产上设立用益物权和担保物权"，这实际上是确认了所有权权能可以根据所有人的意志发生分离，从而设立用益物权和担保物权。权能分离通常表现为定限物权的设定。这种分离是现代市场经济条件下所有权发展的必然趋势，也是实现所有人意志和利益的最佳途径。例如，在一块土地之上，可以通过登记公示确立出多种物权，包括土地所有权、建设用地使用权、地上和地下空间权、地役权、土地的抵押权、资源开采权等。

所有权在实际的运行过程中，其权能往往是不完整的。所有权的权能依据所有人的意志和利益与所有权发生分离，但这并不导致所有人丧失所有权，因为所有人可以通过行使支配权而实现其所有权。他物权的存在不仅是符合所有权人的意志的，而且有利于所有权的充分实现。基于所有权而设立他物权，是对财富的有效利用形式，这些形式越多，表明对财富的利用方式越丰富。

（二）他物权的设定并不导致所有权的消灭

尽管所有人在其财产之上设定了各种他物权，但这并不意味着，在他物权设定之后，所有权就因此而消灭。在所有权基础上设定的用益物权和担保物权，是基于所有权人的自主决定而产生的，是所有权权能分离的结果。他物权的设定不仅不会导致所有权消灭，反而有利于所有权人更好地实现其所有权。他物权是在所有权的基础上产生的，他物权本质上是对所有权的限制，他物权一旦消灭，所有权仍会恢复其圆满状态。物权法理论上一般认为，所有权具有整体性，在所有物上设定用益物权及担保物权，不是让与所有权的一部分，而是创设一个新的、独立的物权。[①]

（三）他物权的行使不得损害所有权人的利益

一旦所有权之上设定了他物权，就出现一物之上存在多个物权的现象。他物权人依据法律规定或者约定享有他物权，但他物权的行使不得损害所有人的利益。例如，国家对矿产资源享有所有权，在该所有权基础上设定了采矿权，而采矿权人行使采矿权时，不能滥采，必须依照法律和合同的规定开采。采矿权人还必须保护环境，维护生态的平衡。再如，建设用地使用权人不得禁止和排斥国家对空间的合理利用。因此，《民法典》第241条规定："用益物权人、担保物权人行使权利，不得损害所有权人的权益。"

他物权人行使所有权损害所有人利益的，可能承担三种责任：一是侵权责任。例如，

① 参见王泽鉴：《民法物权》，第2册，152页，台北，自版，2001。

他物权人在占有所有人财产之后非法侵害其使用的财产的，构成侵权。二是违约责任。例如，需役地人违反地役权设定合同而利用供役地人的不动产，造成供役地人损失的，应承担合同责任。三是不当得利返还责任。例如，他物权人非法转让所有人的财产，由此获得的利益没有法律根据，应当返还给所有人。

第三节　所有权的取得

一、所有权取得原因概述

所有权的取得，是指民事主体获得所有权的合法方式和根据。所有权的取得必须是合法的，否则，不受法律的承认与保护。所有权的合法取得方式可分为原始取得与继受取得两种。所谓原始取得，是指根据法律规定最初取得财产的所有权或不依赖于原所有权人的意志而取得财产的所有权。原始取得包括劳动生产和收益、征收、善意取得、添附等。所谓继受取得，又称传来取得，是指通过某种法律行为从原所有权人那里取得对某项财产的所有权。这种方式是以原所有权人对该项财产的所有权作为取得的前提条件的。继受取得的根据主要包括：买卖合同、赠与、互易、继承、受遗赠和其他合法原因。

原始取得和继受取得的区别如下。

第一，是否基于原权利人的意愿。对原始取得而言，权利人取得相关的物权并不是基于原权利人的意愿而取得，可能是基于自己的劳动，或者从非权利人处取得相关物权。而传来取得则是权利人从原权利人处取得相关物权，而且权利人取得相关物权是基于原权利人的意志而取得。

第二，权利人取得物权的原因不同。对原始取得而言，权利人取得物权是基于法律规定，其属于非基于法律行为而发生的物权变动，如基于权利人的劳动，或者基于添附等法定原因取得物权；而对传来取得而言，权利人取得物权是基于法律行为而取得，其通常是基于权利人与原权利人之间的法律行为（如买卖合同、赠与合同等）而取得物权。

第三，权利人取得相关财产是否需要承受该财产之上的权利负担不同。对原始取得而言，权利人在取得相关的财产权利之后，通常并不需要承受该财产之上既有的财产负担，如抵押权等；而对传来取得而言，权利人取得该财产时对该财产之上的权利负担是知悉的，其应当承受该财产之上的权利负担。

二、所有权原始取得的根据

所有权原始取得的根据主要包括以下几种。

（一）劳动生产、收益

劳动生产是指民事主体通过自己的劳动生产活动获取劳动产品，以及通过扩大再生产取得其所创造的劳动产品。

收益主要是指收取孳息。孳息是指由原物所生的物或收益，换言之，是指民事主体通过合法途径而取得的物质利益，包括天然孳息和法定孳息。孳息是与原物相对应的概念。[①] 所谓原物，是指产生孳息的物。《民法典》第 321 条规定："天然孳息，由所有权人取得；既有所有权人又有用益物权人的，由用益物权人取得。当事人另有约定的，按照其约定。法定孳息，当事人有约定的，按照约定取得；没有约定或者约定不明确的，按照交易习惯取得。"该条区分了天然孳息和法定孳息，并分别对其归属作出了规定。

1. 天然孳息

天然孳息，是指原物因自然规律而产生的，或者按物的用法而收获的物，如母鸡生蛋、树上结果。[②] 天然孳息可以是自然的，也可以是人工的（例如从羊身上剪下的羊毛等）。但是人工产生的物必须是没有对出产物进行改造加工，例如，将牛乳制成乳酪，就不再是天然孳息。一般认为，如果果实、桑叶等在未与原物分离之前，其与原物密切结合在一起，应为非独立物，仍然是原物的成分，不构成孳息，不能单独成为物权的客体。依据《民法典》第 321 条，关于天然孳息的归属，应当依据如下规则确定。

第一，天然孳息由所有人取得。天然孳息在没有与原物分离之前，属于原物的成分，只能由原物所有人所有。在孳息（天然的、法定的孳息）产生以后，如果法律或合同没有特别规定，则应由原物所有人所有。

第二，既有所有权人又有用益物权人的，依据《民法典》第 321 条，应当由用益物权人取得天然孳息，这是由用益物权设定目的所决定的。因为用益物权主要是依据法律行为而设定的，当事人在合同中已经明确规定了由用益物权人占有不动产，因此，除了法律另有规定或当事人另有约定的情况外，在不动产上产生的天然孳息只能由用益物权人取得。

第三，当事人另有约定的，按照约定。有关天然孳息归属的确定，毕竟属于一种民事权益，不涉及公共利益，应当允许当事人自主约定。如果当事人在合同中特别约定，也可以特别确定孳息的归属。例如，地役权合同中就可以约定，地役权人不取得天然孳息。

原物所有权移转以后，对孳息的取得权也随之移转，物的原所有人无权请求新所有人返还物的孳息。任何占有人在占有他人财产之后，都有义务向权利人返还原物，在返还原物的时候也应当将原物产生的孳息一并返还。

2. 法定孳息

法定孳息，是指根据法律的规定，由法律关系所产生的收益，如出租房屋的租金、借款的利息。法定孳息是由他人使用原物而产生的。自己利用财产所得到的收益以及劳务报酬等，不是法定孳息。《民法典》第 321 条第 2 款规定，"法定孳息，当事人有约定的，按照约定取得；没有约定或者约定不明确的，按照交易习惯取得"。依据这一规定，关于法定孳息归属的确定，应当采取如下方式：第一，当事人有约定的，按照约定取得。

---

① 参见陈华彬：《物权法》，74 页，北京，法律出版社，2004。

② MünchKomm/Oechsler，§ 953，Rn. 4.

法定孳息通常都是基于法律关系而产生的，所以，在设定法律关系之时，就可以明确规定法定孳息的归属。因此，法定孳息首先应由当事人在合同中确定其归属。第二，没有约定或者约定不明确的，按照交易习惯取得。所谓交易习惯，是指在当时、当地或者某一行业、某一类交易关系中为人们所普遍采纳的且不违反公序良俗的习惯做法。由于法定孳息是从交易中产生的，所以，对法定孳息当事人在合同中没有约定时，应当依据交易习惯来确定。当然，应当由主张其存在的一方来证明交易习惯的存在。

（二）征收

1. 征收的概念和特征

所谓征收，是指国家基于公共利益通过行使征收权，在依法给予补偿的前提下，将单位或者个人的财产移转给国家所有。我国《宪法》第10条第3款规定："国家为了公共利益的需要，可以依照法律规定对土地实行征收或者征用并给予补偿。"《民法典》第243条第1款规定："为了公共利益的需要，依照法律规定的权限和程序可以征收集体所有的土地和组织、个人的房屋以及其他不动产。"征收制度是规范公权力、保护民事主体的合法权益的重要制度。依据《民法典》第243条，征收具有如下法律特征。

第一，征收必须是为了公共利益。所谓公共利益，就是指有关国防、教育、科技、文化、卫生等关系国计民生的利益。为了防止政府行使行政权侵害公民和集体的财产权，法律要求政府行使征收权必须符合公共利益的需要。事实上，政府之所以可以不通过磋商谈判方式征收个人或集体的财产，根本原因在于征收是为了公共利益的需要。公共利益是行使征收权的正当性和合法性的前提。

第二，征收的主体是国家。征收是一种国家的强制行为，是政府行使征收权的行政行为。只有国家才能利用公共权力对集体或私人的财产进行干预，甚至将其强制性地移转给国家。除国家之外，任何组织和个人都不享有公共权力，因而也不享有征收权。尽管《民法典》第243条没有规定征收行为的主体，但由于物权编有关征收的规定本身构成对政府行使行政权的规范，因而也表明征收是政府依法所实施的行为。

第三，征收是移转所有权的行为。在《民法典》第243条和第245条中分别规定了有关征收和征用的内容。征收将导致集体或者个人的所有权移转。从实践来看，只要不发生所有权移转，将不会发生征收问题，例如，严格限制公民砍伐自己栽种的树木，就属于所有权的限制，而不属于征收。又如，属于个人所有的住宅受到文物法的保护，所有权人不得自行拆除，也属于对所有权的限制。

第四，征收必须依法作出补偿。征收虽然在性质上不是交易，作出征收的决定也不遵循自愿的原则，但它必须以补偿为前提，而不能在未支付任何补偿的情况下强制性地移转民事主体的所有权。法律作出此种规定的主要目的是充分保护民事主体的合法权益。

第五，征收的对象主要是不动产。依据《民法典》第243条的规定，征收的对象主要包括两类：一是集体所有的土地以及集体所有土地之上的土地承包经营权和宅基地使用权等。二是组织和个人的房屋以及其他不动产。依据《民法典》第338条的规定，用益物权也可以成为征收的对象。依据《民法典》第358条的规定，为了公共利益的需要，提前收回建设用地使用权，也会发生征收地上建筑物的问题。但是，原则上征收的对象不包括动产，因为动产通常是可以替代的物，如果国家出于公共利益要获得个人的动产，可以从市场购买或者与个人协商购买，而不必通过征收的方式直接发生所有权的变动。

2. 征收与征用的区别

征收与征用都是对单位和个人财产所有权进行限制的一种方式，都必须基于公共利益。所谓征用是指国家因抢险、救灾等紧急需要而通过行使征用权，临时使用单位或者个人的财产。《民法典》第 245 条规定："因抢险救灾、疫情防控等紧急需要，依照法律规定的权限和程序可以征用组织、个人的不动产或者动产。被征用的不动产或者动产使用后，应当返还被征用人。组织、个人的不动产或者动产被征用或者征用后毁损、灭失的，应当给予补偿。"依据这一规定，征用应当符合以下条件。

第一，必须出于公共利益的需要，而且必须出于紧急需要。所谓紧急需要，是指因战争、抢险、救灾、疫情防控等情况紧迫的情况下，必须要紧急使用单位和个人的财产。一方面，这些紧急需要属于公共利益的范畴，可以说是公共利益的具体类型和特殊表现。例如，疫情防控期间，征用医疗防控物质、设备。正是因为出于公共利益的表现，征用制度才具有正当性和合法性。另一方面，征用必须在紧急情况下采用，即政府无法通过正常的市场购买行为来完成，此时只能通过征用的方式。

第二，必须依据法定的权限和程序。征用行为是否必须依照法律规定的权限和程序。对此存在不同的看法。本书认为，依照《民法典》的规定，即使在紧急情况下也要依照法律规定的权限和程序来行使征用权。因为一方面，这对于规范政府的权力是十分必要的；另一方面，即使在紧急情况下，也需要按照一定的程序进行征用。比如，需要请示有关主管部门批准或者有关方面的特殊授权，而不得擅自随意由某个人作出决定。当然，征用的程序应当不同于征收程序，虽然《民法典》在第 243 条和第 245 条中采取了相同的表述，但征收和征用所适用的权限和程序应当是不同的。在以后的配套法律法规中应当针对征收和征用分别作出规定。

第三，征用完毕应当返还，并给予适当补偿。《民法典》第 245 条规定："被征用的不动产或者动产使用后，应当返还被征用人。组织、个人的不动产或者动产被征用或者征用后毁损、灭失的，应当给予补偿。"具体来说，包括两个方面：一方面，在征用以后，由于被征用的财产并没有移转所有权，如果被征用的财产没有灭失，应当向权利人返还该被征用的财产，或者在紧急状态结束后，应当将被征用之物返还给其权利人。例如征用了他人房屋的，应当尽快腾空房屋，返还给被征用人。另一方面，应当对被征用人给予补偿。依据《民法典》第 245 条的规定，在征用以后无论是否造成了被征用财产的毁损灭失，都应当给予补偿。如果双方未能达成补偿协议，一般应当考虑财产的价值、被利用的情况、是否造成被征用财产毁损灭失等因素来决定补偿的费用。

征收、征用都是国家通过行使行政权，基于公共利益对集体和私人所有权进行限制的方法，二者具有一定的相似之处：征收、征用都是为了公共利益的需要，且都应给予补偿。但两者存在一定的区别，表现在：第一，是否移转所有权不同。征收是指国家为了公共利益的需要，而利用公权力强制性地将集体或私人所有的财产征归国有会导致征收财产所有权的移转。征用属于政府强制使用个人或者组织的财产，不发生所有权移转的后果。第二，是否为了抢险、救灾、疫情防控等紧急需要不同。征用只是在紧急需要的情况下才能适用。例如，在新冠病毒防疫期间，政府有关部门征用宾馆、酒店用于安置隔离人员。征收则是基于公共利益的需要而采取的措施，不以紧急需要的存在为其适用的前提，即使不存在紧急状态，政府出于公共利益的需要也可以征收。第三，适用对象不同。征收的对象主要为农村土地和城市房屋等不动产，一般不包括动产。征用对象既包括不动产，也包括动产。第四，补偿标准不同。由于征收要移转所有权，所以对被征收人造成的损害更大，对其作出的补偿也相应地更高一些。而征用只是临时使用，如果没有造成物的毁损、灭失，可以返还被征用物并作出适当的补偿，其一般也不需要考虑被征用财产的市场价格而予以补偿。

3. 征收的条件

（1）基于公共利益的需要

依据《民法典》第 243 条，政府从事征收行为，必须是为了公共利益的需要，只有公共利益才是限制私有财产权的重要理由。公共利益是由法律和行政法规规定的有关国家安全、促进国民经济和社会发展等方面的利益。为了保障公民的财产权，公共利益必须法定化，不能由法官随意解释，也不能由当事人约定，同时，公共利益在内涵上应当与国家和社会的整体利益保持一致，它是社会成员多数人的利益，而不是某一个小团体、极少数人甚至个别人的利益。我国有关行政法规对公共利益也作出了明确界定。① 当然，公共利益本身是一个开放的概念，具有不可穷尽性，其类型繁多，且随着社会的发展而不断发展。② 因社会的发展阶段、各国的具体国情、经济发展水平等的差异，它会具有不同的内涵。因此，《征收与补偿条例》第 8 条在列举公共利益时，也采取了开放式的列举方式。

（2）符合法律规定的权限和程序

依据《民法典》第 243 条，征收必须依照法律规定的权限和程序进行。这就是说，政府必须在法定的权限范围内从事征收，且征收必须按照法定的程序进行。物权法特别强调征收补偿必须依据法定的权限和程序，主要原因在于：一方面，出于充分保护公民财产权的需要。征收是永久性地剥夺公民的财产权利，为了防止一些地方政府及其工作人员以公共利益为名，滥用征收权力，损害被征收人的利益和农民的权益，必须强调要遵循法定的程序。③ 另一方面，在征收中严格强调依据法定的权限和程序进行，有利于政府机关依法行政。程序是看得见的正义，只有保障程序公开、公正，才能保证征收行为的合法性。

《民法典》第 244 条规定："国家对耕地实行特殊保护，严格限制农用地转为建设用

---

① 《征收与补偿条例》第 8 条规定："为了保障国家安全、促进国民经济和社会发展等公共利益的需要，有下列情形之一，确需征收房屋的，由市、县级人民政府作出房屋征收决定：（一）国防和外交的需要；（二）由政府组织实施的能源、交通、水利等基础设施建设的需要；（三）由政府组织实施的科技、教育、文化、卫生、体育、环境和资源保护、防灾减灾、文物保护、社会福利、市政公用等公共事业的需要；（四）由政府组织实施的保障性安居工程建设的需要；（五）由政府依照城乡规划法有关规定组织实施的对危房集中、基础设施落后等地段进行旧城区改建的需要；（六）法律、行政法规规定的其他公共利益的需要。"

② See Margaret Jane Radin, "The Liberal Conception of Property: Cross Currents in the Jurisprudence of Takings", 88 *Colum. L.* Rev. 1667, 1680 (1988).

③ MünchKomm / Gaier, 5. Auflage 2009, Vorbemerkung zu § 903, Rn. 52, 53.

地，控制建设用地总量。不得违反法律规定的权限和程序征收集体所有的土地。”我国人口众多，可耕地面积少，耕地后备资源不足，因此，国家对基本农田保护实行全面规划、合理利用、用养结合、严格保护的方针，以满足我国未来人口和国民经济发展对农产品的需求，促进农业生产和社会经济的可持续发展。全国耕地的红线保持在十八亿亩。基本农田保护区经依法划定后，任何单位和个人不得改变土地用途。严格限制农用地转为建设用地，控制建设用地总量。政府征收集体土地时，必须严格法定的权限和程序，不得非法批地、非法占用土地。

(3) 依法作出补偿

为了防止行政权对公民财产权的侵害，法律要求征收以补偿为前提，而不能在不支付任何补偿的情况下强制性地移转公民财产的所有权。《宪法》第13条第3款规定，对公民的私有财产实行征收或者征用应给予补偿。因此，在征收的情况下，国家必须对被征收人予以补偿。《民法典》第243条对征收情形下国家的补偿义务作出了规定，这对于保护公民的财产权、规范政府征收权的行使具有重要意义。我国《民法典》为了充分保障自然人、法人和非法人组织的合法权益，区分了农村土地的征收和城市房屋的拆迁，分别规定了不同的补偿标准。

第一，征收集体所有的土地的补偿。

对征收集体所有的土地而言，《民法典》第243条第2款规定：“征收集体所有的土地，应当依法及时足额支付土地补偿费、安置补助费以及农村村民住宅、其他地上附着物和青苗等的补偿费用，并安排被征地农民的社会保障费用，保障被征地农民的生活，维护被征地农民的合法权益。”依据这一规定，征收集体所有的土地的，一方面，除了足额支付征地补偿费、补偿承包经营权以外，还应当及时足额支付被征收土地的村民补偿费用，不得拖延支付。另一方面，要安排被征地农民的社会保障费用，保障被征地农民的生活，维护被征地农民的合法权益。

第二，征收组织、个人的住宅及其他不动产的补偿。

《民法典》第243条第3款规定：“征收组织、个人的房屋以及其他不动产，应当依法给予征收补偿，维护被征收人的合法权益；征收个人住宅的，还应当保障被征收人的居住条件。”依据这一规定，征收单位、个人的住宅及其他不动产的补偿包括两个方面：一是依法给予拆迁补偿。只要对不动产进行征收，无论其所有权人是单位还是个人，都应当予以拆迁补偿。通常拆迁补偿都是支付一笔金钱。如果是以货币的方式进行补偿，所支付的货币，应当能够保障被征收人的居住条件。这就是说，被征收人在获得补偿费用之后，能够购买到必需的住房。二是保障居住条件。在被征收的房屋为个人的住宅时，在拆迁补偿之外，还应当保障被征收人的居住条件。在征收以后，确保被征收人的居住条件有改善、生活水平不下降。

为了保障征收补偿费用落实到位，防止征收补偿费用被有关人员私分、侵吞，《民法典》第243条第4款规定：“任何组织或者个人不得贪污、挪用、私分、截留、拖欠征收补偿费等费用”。从实践来看，相关主体在政府作出征收、补偿之后，可能贪污、挪用、私分、截留、拖欠征收补偿费等费用，侵害被征收人的利益，因此，本条规定对于保障被征收人的利益具有重要意义。

（三）善意取得

1. 善意取得的概念

善意取得，又称为即时取得，是指无处分权人将动产或不动产转让给受让人，如果受让人取得该动产或不动产时出于善意，则受让人将依法取得对该动产或不动产的所有权或其他物权。可见，善意取得包括了所有权的取得与其他物权的取得两方面的内容。《民法典》第311条规定了善意取得制度，该制度的主要功能在于：一方面，有利于维护交易安全，促进市场经济的有序发展。在市场经济社会，保护交易当事人的信赖利益实际上是保护交易安全的重要组成部分。在广泛的市场交易活动中，从事交易的当事人往往并不知道对方是否有权处分财产，也很难对其在市场上出售的商品逐一调查。善意取得制度虽然削弱了对原财产所有权人所有权的保护，但其对整个社会经济秩序的稳定是有利的。[①] 另一方面，有利于鼓励交易，促进财产的流转。[②] 善意取得制度保护了善意的买受人，只要其有合理的理由信赖不动产登记，或者信赖动产的占有人有处分权，就不必支付大量的调查成本来审查转让人是否享有处分权，这就极大地降低了交易费用。

2. 善意取得构成要件

依据《民法典》第311条第1款规定，善意取得的构成要件包括以下五项。

（1）无处分权人处分他人财产

所谓无权处分，是指没有处分权而处分他人的财产。所谓处分，从最广义上来理解，包括事实上的处分与法律上的处分。[③] 无权处分中的“处分”是指法律上的处分，即通过买卖、赠与、抵押等使所有权发生转让或权能发生分离的情形。在实践中，无权处分行为主要包括四种情况：一是无所有权而处分财产的情形。例如，承租人、保管人对承租或保管的财产并不享有所有权，而将该财产转让给他人。二是所有权受到限制而处分财产的情形。例如，某一共有人未经其他共有人的同意而处分共有财产。三是虽有所有权但无处分权，却处分了财产的情形。例如，在附条件买卖中，当事人约定在价金未完全清偿前，出卖人仍然保留所有权，买受人享有期待权，在合同有效期间，出卖人不能再次转让该标的物，否则将构成无权处分。四是代理人擅自处分被代理人的财产。[④] 上述四种情况都会发生无权处分的效果。

不动产的无权处分通常表现为因登记错误而发生的登记名义人的无权处分。例如，某人的房屋因登记错误而记载在他人名下，后登记权利人将房产出售给他人，此时，是否可以称为无权处分？笔者认为，在不动产交易中，如果出现登记错误，则登记的权利人并非该不动产真正的权利人，其对该不动产的处分也将构成无权处分，至于该登记权利人在实施相关行为时是否明知其为无权处分，并不影响无权处分的认定。

---

① 参见尹田：《物权法理论评析与思考》，311页，北京，中国人民大学出版社，2008。

② 参见谢在全：《民法物权论》（上册），修订2版，448页，台北，三民书局，2003。

③ MünchKomm / Oechsler，5. Auflage 2009，§ 932，Rn. 14.

④ 参见王泽鉴：《民法物权》，第2册，261页，台北，自版，2001。

（2）受让人取得财产时出于善意

依据《民法典》第311条的规定，适用善意取得制度必须“受让人受让该不动产或者动产时是善意”，善意取得制度的核心在于保护受让人的合理信赖，因而其核心要件就是受让人在取得财产时必须是善意的。受让人是否为善意，应当从如下两方面判断。

第一，受让人不知道转让人无处分权。善意是相对于恶意而言的，善意是指不知情，即受让人受让该不动产或者动产时不知或不应知道让与人转让财产时没有处分该项财产的权限。依据《民法典》第311条的规定，判断受让人善意的时间点为“受让人受让该不动产或者动产时”，这就是说，必须是以受让财产的时间确定，即取得人必须在最后取得行为那一刻是善意的。[①] 至于受让人取得财产以后是否为善意，则不影响善意取得的构成。如果受让人在这一时点以前出于恶意，亦可认定其在交付时及以后为恶意。

第二，受让人对其不知情无重大过失。《物权编司法解释（一）》第14条第1款规定：“受让人受让不动产或者动产时，不知道转让人无处分权，且无重大过失的，应当认定受让人为善意。”依据该条规定，在判断受让人的善意时，不仅要求受让人不知情，还需要其对不知情不具有重大过失。该司法解释第15条、第16条进一步针对不动产和动产交易中受让人的善意问题进行解释，解释了何为受让人具有重大过失。该司法解释第15条第2款规定：“真实权利人有证据证明不动产受让人应当知道转让人无处分权的，应当认定受让人具有重大过失。”这实际上是提醒受让人要尽到一定的谨慎义务，如果因其自身的重大过失而不知道转让人无处分权，则其不构成善意，也不能构成善意取得。

如何认定动产受让人具有重大过失？《物权编司法解释（一）》第16条规定：“受让人受让动产时，交易的对象、场所或者时机等不符合交易习惯的，应当认定受让人具有重大过失。”该条明确了动产善意取得中受让人善意的认定规则。不动产与动产不同，不动产登记簿是国家公权力机关制作的，国家公权力作为其正确性的担保，因此，受让人在交易中的调查义务较轻；而在动产交易中，受让人应当尽到更重的调查义务。具体而言，在动产交易中，确定受让人是否为善意时，要综合考虑如下因素：第一，交易的对象。是指与受让人签订转让合同的转让人或者出卖人，是否是专门从事该标的物经营活动的主体。例如，甲在路边遇见兜售名表的人，明知其形迹可疑，仍然与其交易的，则属于非善意。第二，交易的场所。如果受让人是在公开市场上购买的商品，且出具了发票或办理了相应的手续，可以认为第三人是善意的；但如果是在非公开市场，尤其是在“黑市”购买二手货，则表明第三人可能是非善意的。再如，出卖人在火车站兜售手机，受让人贪图便宜购买的，则属于非善意。第三，交易的时机。动产的交易可能需要在特定的时机进行，交易的时机可能影响标的物的价格，从而对于判断受让人是否善意具有重要意义。例如，按照当地的交易习惯，第三人在交易时是否已知道转让人为无权处分人，如果第三人以前曾与转让人进行过系列交易或与转让人非常熟悉，表明其知道或应当知道转让人对交易的财产不具有处分权，在受让时不能认为其有善意。第四，其他因素。例如，转让人在交易时是否形迹可疑。如果其是形迹可疑的，则往往表明其是非善

---

① 参见［德］鲍尔、施蒂尔纳：《德国物权法》（下册），申卫星、王洪亮译，415页，北京，法律出版社，2006。

意的。再如，如果受让人与转让人之间有恶意串通的可能等，则不能认为受让人具有善意。

《物权编司法解释（一）》第14条第2款规定："真实权利人主张受让人不构成善意的，应当承担举证证明责任。"依据这一规定，在当事人就是否构成善意取得发生争议后，应当由真实权利人证明受让人的恶意。之所以由真实权利人负担证明受让人恶意的义务，主要是因为如下两方面原因：一是符合举证责任的一般规则。原所有人要追及该物，必须要举证证明受让人的恶意。在举证责任分配方面，应当由主张受让人有恶意的人（通常是原权利人）来举证。如果其不能举出足够的证据，证明受让人为恶意，则推定受让人为善意。这就是说，原权利人对受让人的恶意或重大过失负举证责任。二是有利于保护受让人的利益。因为从生活经验来看，证明"消极事实"都是比较困难的[①]，受让人通常难以证明自己不知情。在原权利人举证以后，法官应当根据原权利人的举证以及各种客观、外部的情况进行综合判断，以确定第三人是否在交易时具有善意。例如，夫妻共有房屋登记在丈夫名下，后来在妻子起诉离婚以后，丈夫将其转让给其朋友。如果妻子要主张受让人不构成善意，则应当对此负有举证责任，如证明受让人知道其是夫妻关系，而且知道该房屋是夫妻关系存续期间购买的房屋，则可以证明受让人并非为善意。

（3）以合理的价格有偿转让

依据《民法典》第311条的规定，善意取得制度的另一个构成要件是财产必须"以合理的价格转让"。这就是说，善意取得必须适用于有偿的交易。[②] 我国《民法典》强调善意取得必须适用于有偿交易，主要有以下理由：首先，如果是无偿的转让，受让人取得财产没有支付任何对价，此时不适用善意取得，可以要求受让人返还财产，受让人并没有因此而遭受损失。其次，从学理上讲，善意取得是为了实现交易安全而设计的法律制度，只适用于交易行为。尽管从广义上讲，交易包括有偿和无偿的财产转让，但从狭义上理解，交易只是指支付了对价的交易，而无偿转让显然不是交易。再次，在许多情况下，无偿转让财产本身就表明财产的来源可能是不正当的，而一个诚实的、不贪图便宜的受让人在无偿受让财产时，应当查明财产的来源，如果不经调查就无偿受让财产，则本身是非善意的，或者说是有过失的。所以，受让人在取得财产时，必须以相应的财产或金钱支付给出让人。无偿取得财产时，不适用善意取得。

依据《民法典》第311条的规定，"以合理的价格转让"主要包括如下几个方面的意思：一是受让人必须已经实际支付对价。如果受让人并没有支付价款，则无法构成善意取得。[③] 二是受让人所支付的价款必须是合理的。《物权编司法解释（一）》第18条规定："民法典第三百一十一条第一款第二项所称'合理的价格'，应当根据转让标的物的性质、数量以及付款方式等具体情况，参考转让时交易地市场价格以及交易习惯等因素综合认

---

① 参见杜万华主编：《最高人民法院物权法司法解释（一）理解与适用》，362页，北京，人民法院出版社，2016。

② 参见崔建远：《物权：规范与学说》（上册），216、233页，北京，清华大学出版社，2011。

③ See John Norton Pomeroy, *A Treatise on Equity Jurisprudence*, The Lawbook Exchange, Ltd.; 5th edition, 1995, §745.

定。”依据这一规定，所谓合理，应当根据市场价格来判断，大体上应是符合市场价格的。在具体判断时，应当结合转让标的物的性质、数量以及付款方式等具体情况，参考交易习惯等因素综合认定。在判断受让人所支付的价款是否合理时，还应当区分动产与不动产分别考虑。对动产而言，其公示方式是交付占有，由于占有的物权公示效力较弱，如果出让人以较低的价格出让动产，受让人应当对其是否为权利人产生合理怀疑，因此，有必要要求出让人以合理的价格出让；而对不动产而言，要求交易有偿是必要的，但不一定要求价格是合理的，因为不动产的权利公示方法为登记，登记具有很强的公信力，在不动产登记之后，交易当事人完全有理由信赖登记所记载的权利人具有处分权利，即使不动产转让的价格偏低，也不能影响登记的公信力，只要受让人信赖登记并支付了一定的价款就足以构成善意。三是受让人必须实际支付对价。适用善意取得原则上必须以实际支付为要件，如果仅仅只是达成了协议，不能认为已经符合了善意取得的此项构成要件。

（4）完成了法定的公示方法

《民法典》第 311 条规定完成公示是善意取得的要件之一，即“转让的不动产或者动产依照法律规定应当登记的已经登记，不需要登记的已经交付给受让人”。这就意味着善意取得的构成必须以公示方法的完成为要件。

第一，需要登记的必须已经办理登记。

依据《民法典》第 311 条的规定，依照法律规定应当登记的已经登记，才能适用善意取得。在我国，城市的房屋依法应当办理登记。因此，房屋的买卖只有在受让人与转让人办理登记之日起才能适用善意取得，仅仅发生交付，并不能够产生善意取得的后果。之所以要以办理完毕登记过户作为不动产善意取得的构成要件，一方面，是因为只有在完成物权登记手续之后，买受人才能够真正取得完整的物权，这与我国《民法典》原则上采纳的登记要件主义完全吻合。依据不动产登记要件主义，不动产物权以登记为公示要件，必须办理了登记之后，才能发生所有权的移转，而交付不是不动产物权的公示要件。另一方面，如果以办理登记为不动产物权善意取得的时间点，则在转让人办理登记将不动产记载于自己的名下之后，真正权利人完全可以通过异议登记来及时阻碍转让人的无权处分行为。因为受让人必须办理登记才能受到善意取得制度的保护，而在存在异议登记的情况下，受让人就很难被认为是善意的，并据此取得不动产所有权。

第二，不需要登记的已经交付。

动产原则上不需要登记。但适用动产善意取得制度，必须发生占有的移转，亦即转让人向受让人实际交付了财产，受让人实际占有了该财产。[①] 一方面，只有通过交付，才能发生所有权的移转。如果双方仅仅只是达成了合意，而并没有发生标的物占有的移转，则不能发生善意取得的效果，双方当事人仍然只是一种债的关系。由于买受人享有的还是债权，还不能通过物权法对之加以保护。另一方面，对善意受让人来说，一旦发生交付，其占有了出让人的财产，从而形成了享有物权的外观，也可能引发社会公众对其权利的信赖。特别是在他占有该财产之后，他可以基于对物享有所有权的信心，来对其进

① MünchKomm / Oechsler，5. Auflage 2009，§ 932，Rn. 13.

行实际的利用、加工和改良，从而提高对物的使用效率，增加物的价值。如果在对物进行重大修缮之后，再进行返还，可能不利于物尽其用，造成对物的损失浪费。所以，即使买受人主观上是善意的，如果没有通过交付实际占有财产，还不能说他就形成了完整的权利外观，因而也不能使他取得所有权。[①]

（5）转让合同有效

善意取得必须以转让人与受让人之间的转让合同合法有效为基本前提。如果转让人与受让人之间所从事的买卖、互易、赠与等行为是无效的或可以撤销的行为，则不能产生善意取得的效果。对此，我国《物权编司法解释（一）》第20条规定："具有下列情形之一，受让人主张依据民法典第三百一十一条规定取得所有权的，不予支持：（一）转让合同被认定无效；（二）转让合同被撤销。"依据该条规定，在当事人之间的基础合同被撤销或者被宣告无效的情形下，则排除善意取得的适用。也就是说，善意取得的成立以转让人和受让人之间的合同有效为前提，如果该合同因为违反法律或行政法规的强制性规定，或违反公序良俗而被宣告无效，或者被依法撤销则无法发生善意取得的法律效果，本书赞成这一立场，主要理由在于：一方面，善意取得制度本身就是为了维护交易安全而设计的一种法律制度。其所维护的"交易"自然只能是合法的交易，对违法的交易，其自然也不可能受到法律的特别保护。如果合同无效，则表明该交易本身具有不法性，不应受到法律的保护，当事人之间应当产生恢复原状的后果，无法产生善意取得的效果。因此，依据上述司法解释的规定，在合同被宣告无效的情形下，就可以排除善意取得。另一方面，善意取得虽然在性质上是原始取得，但其也属于基于法律行为的物权变动，我国基于法律行为的物权变动规则主要实行债权形式主义，物权的变动既需要完成公示方法，也需要当事人之间的基础法律关系有效。因此，一旦当事人之间的基础合同被宣告无效或者被撤销，则物权无法发生变动，受让人也无法善意"取得"标的物所有权。

3. 善意取得的效果

善意取得主要产生如下法律效力。

第一，物权的变动。善意取得是原始取得，这就是说，只要符合善意取得的构成要件，原权利人与受让人之间将发生一种物权的变动，即受让人因为出于善意将即时取得标的物的所有权，而原权利人的所有权将因此消灭。[②] 原权利人不得向善意的受让人主张返还原物，而只能要求转让人赔偿损失或者承担其他法律责任。

第二，动产上的原有权利原则上消灭。《民法典》第313条规定："善意受让人取得动产后，该动产上的原有权利消灭。但是，善意受让人在受让时知道或者应当知道该权利的除外。"据此，只有具备以下两个条件，善意取得才能导致动产上原有权利的消灭：一是其适用范围限于动产。因为不动产上的权利都要经过登记，对外予以公示，所以，受让人在受让不动产时就知道或者应当知道不动产上的物权负担，如果不动产上的物权负担已经登记，而受让人仍然受让该不动产，其应当承受此种物权负担。如果物上的负

---

① 参见王轶：《物权变动论》，48～75页，北京，中国人民大学出版社，2001。

② 参见谢在全：《民法物权论》（上册），修订2版，456～457页，台北，三民书局，2003。

担已经登记，权利人没有查阅，则其应当承担因没有查阅可能形成的风险。[①] 二是善意受让人在受让时不知道或者不应当知道动产上存在着该权利。这就是说，即使因为善意取得而导致动产上其他权利消灭，也必须要求受让人是善意的。所谓善意，是针对动产上存在的其他权利而言，受让人是不知情的。如果受让人知道或者应当知道该权利的存在，就表明其不是善意的，因此，即便受让人善意取得了所有权，其也应当承受动产上的其他权利负担。例如，甲在动产上设定了抵押，未办理登记，然后将该动产转让，而受让人乙在受让动产时，如果事先知道在该动产之上设定了抵押，因而是恶意的，那么，即使符合了善意取得的条件，可以发生善意取得的效果，但因为他对动产抵押权的设立是知情的，因而当抵押权人追及该动产时，基于善意取得的所有权不能对抗该抵押权。但如果受让人在受让该动产时，确实不知道其上有抵押权，其在取得动产以后，该动产之上的抵押权消灭。[②]

第三，无权转让人的法律责任。原权利人因善意取得使其标的物的所有权消灭，而又不能请求受让人返还财产，法律上对原权利人提供了一种债权上的救济，即权利人可以基于债权上的请求权要求转让人承担合同责任、侵权责任或不当得利的返还责任，但不能向受让人和其他权利人追及标的物。

（四）添附

添附是指民事主体把不同所有权人的财产或劳动成果合并在一起，从而形成另一种新形态的财产。在此情况下，如果要恢复原状在事实上不可能或者在经济上不合理，则要确认该新财产的归属问题。《民法典》第 322 条规定："因加工、附合、混合而产生的物的归属，有约定的，按照约定；没有约定或者约定不明确的，依照法律规定；法律没有规定的，按照充分发挥物的效用以及保护无过错当事人的原则确定。因一方当事人的过错或者确定物的归属造成另一方当事人损害的，应当给予赔偿或者补偿。"这就确定了添附的规则。

添附具有以下三种形态：一是附合。它是指不同所有人的财产密切结合在一起而形成新的财产，虽未达到混合程度，但非经拆毁不能达到原来的状态。如砖瓦、木板附合于房屋之中。在附合的情况下，原财产分别属于不同的所有人所有，这就需要对附合物的所有权归属在法律上予以确定。二是混合。它是指不同所有人的动产互相结合在一起，难以分开，或分开在经济上不合理，并且形成新的财产。例如，米与米混合（固体的混合）、酒与酒混合（液体的混合）、氧与氢混合（气体的混合）。混合的特点在于动产与动产之间相互结合为一个物，对原物已经不能加以识别，或者加以识别在经济上不合理，因此需要确定财产归属。三是加工。它是指一方将他人的财产加工改造为具有更高价值的财产。

添附作为一种所有权原始取得方式，添附物的形成即意味着新物的产生和旧物的消灭。针对该新物的所有权归属，物权编秉持意思自治优先原则，当事人有约定的，按照约定确定添附物之归属，这属于最有效率的添附物权属确定方式；例如，根据承揽合同

---

① 参见孙宪忠：《中国物权法总论》，217 页，北京，法律出版社，2003。

② 参见谢在全：《民法物权论》（上册），修订 2 版，456 页，台北，三民书局，2003。

的规定，定作人提供材料，由承揽人完成一定的工作，除了当事人有特别约定以外，承揽人为履行承揽之工作，无论是对既成品进行加工还是制作新品，加工物所有权皆归供给材料的定作人所有。

《民法典》物权编按照物尽其用原则和保护无过错当事人原则确定添附物之归属，该规则契合添附制度的基本法理，在追求物尽其用原则和保护无过错当事人的物权之间寻求利益平衡，具体确认了如下规则。

（1）约定优先原则。依据《民法典》第322条规定，在确定添附物的归属时，“有约定的，按照约定；没有约定或者约定不明确的，依照法律规定”，这就是说，在确定添附物的归属时，首先要尊重当事人的约定。在就物的归属发生争议后，当事人可以约定由一方取得所有权，并对另一方给予补偿，或者约定由双方共有相关财产，当事人可以约定如何处理添附物归属纠纷。

（2）充分发挥物的效用。在当事人没有约定，且法律没有明确规定的情形下，在确定添附物的归属时，应当考虑物尽其用，充分发挥物的价值。也就是说，在确定添附物的归属时，应当考虑效率原则。在实践中，如果未经他人的同意利用他人财产进行加工、装修等，通常要考虑两个物之间的价值，一般来说应当由价值大的物的所有人取得添附物物权。对混合的处理一般应根据原财产价值的大小来决定。混合后的新物一般归原财产价值大的一方所有，原财产价值小的一方可取得与原财产相当的补偿，实践证明，此种做法是符合经济效率原则的。

（3）保护无过错当事人。在根据添附规则确定财产归属时，应当区分善意和恶意，保护无过错当事人一方。例如，在两个所有人的动产发生添附以后，如果添附后果是因为行为人的恶意添附行为造成的，两个动产的价值虽有差距但差距并不大，则应当侧重保护受害人的利益，使添附物的所有权归属于受害人。这样也有利于保护权利人，并对恶意添附行为予以制裁。如果恶意利用他人财产而发生添附，能够拆除的，且拆除以后不影响财产的价值的，被利用物的所有人要求返还原物，应当将该物予以拆除，由利用该物的人予以返还。但如果拆除该物确有可能损害物的价值，或者拆除对物的所有人并无任何利益，只能给利用人造成损害，从诚信原则的角度和效率原则考虑，不应当予以拆除。

在依据上述规则确定添附物的归属后，如果因一方当事人的过错或者确定物的归属造成另一方当事人损害的，应当给予赔偿或者补偿。在确定赔偿责任时，不仅要使恶意添附人赔偿现有财产的损失，而且要赔偿因财产被恶意添附造成的其他损失，如因购买木材、瓷砖所支付的交通费用。其请求权基础既可能是合同请求权，也可能是侵权损害赔偿请求权，以及不当得利返还请求权等。当然，在对被添附的物予以赔偿以后，原则上不应当再要求返还原物，因为赔偿已经形成对原物的替代，这不过是一种价值上的替换。在恶意添附的情况下，如果添附的财产能够拆除，并因拆除而给被添附的物的所有人造成损失，恶意添附人应当赔偿全部的损失。

（五）遗失物的拾得

1. 遗失物的认定

遗失物，是指他人丢失的动产。遗失物并不是无主物，也不是所有权人抛弃的或因他人的侵害而丢失的物，而是所有权人、占有人不慎丢失的动产。遗失物的认定，必须满足以下几个条件。

第一，必须是所有权人或占有人不慎丧失占有的动产。遗失物与抛弃物的根本区别就在于，遗失物并不是他人抛弃的动产，而是他人不慎丢失的财产，权利人并没有抛弃其所有权或占有的意思。

第二，必须是无人占有的动产。如果某人占有某物以后，又丢失了该物，则不能认为其占有了遗失物，只能认为遗失物为实际的占有人所占有。

第三，必须是拾得人拾得的动产。所谓拾得，包括发现和占有两个要素。一是发现，就是指已经知道或已确定遗失物及其地点；二是占有，是指已经基于占有的意思而占有。[①] 在遗失物拾得的两个构成要素中，发现先于占有，没有遗失物的发现，则不可能产生遗失物的占有，但如果仅仅只是发现，没有占有，则并不能构成拾得。只有在发现的基础上占有遗失物，才构成拾得。[②]

2. 拾得人的义务

遗失物并非无主财产，它在法律上具有明确的归属。《民法典》第 314 条规定，“拾得遗失物，应当返还权利人。拾得人应当及时通知权利人领取，或者送交公安等有关部门。”拾得人在拾得遗失物以后，应当负有返还遗失物的义务，该义务包括如下内容。

一是及时通知义务。依据《民法典》第 315 条，“有关部门收到遗失物，知道权利人的，应当及时通知其领取；不知道的，应当及时发布招领公告”。因此，拾得人知道权利人的，应当及时通知权利人，或者将遗失物交还给权利人。拾得人在他人的住宅、公共汽车内或者机关、学校、图书馆等公共场所拾得遗失物，也可以将遗失物交给住户或者有关的管理人，或者送交公安机关。有关部门在收到遗失物以后，知道权利人的，应当及时通知权利人领取；不知道失主的，应当及时发布招领公告。

二是妥善保管遗失物的义务。拾得人在拾得遗失物以后，应该妥善保管遗失物。在保管期间，拾得人对遗失物的占有是有权占有。同样，拾得人在将拾得遗失物交给有关部门以后，有关部门也负有妥善保管遗失物的义务。《民法典》第 316 条规定：“拾得人在遗失物送交有关部门前，有关部门在遗失物被领取前，应当妥善保管遗失物。因故意或者重大过失致使遗失物毁损、灭失的，应当承担民事责任。”依据这一规定，如果拾得人在占有遗失物期间，或者有关部门在管理遗失物期间，因故意或者重大过失致使遗失物毁损、灭失的，应当承担损害赔偿责任。

三是返还遗失物的义务。拾得人负有的返还义务是一种法定义务，拾得人的返还义务并不是道德上的义务，也不是任意性的义务，而是法律规定的必须履行的强制性义务。[③] 任何人拾得遗失物便成为拾得人，并负有返还遗失物的义务。《民法典》第 318 条规定：“遗失物自发布招领公告之日起一年内无人认领的，归国家所有。”这就是说，一

---

① 参见史尚宽：《物权法论》，130 页，北京，中国政法大学出版社，2000。

② 参见郑云瑞：《民法物权论》，189 页，北京，北京大学出版社，2006。

③ MünchKomm/Oechsler，§ 969，Rn. 1 ff.

方面，《民法典》物权编并不允许遗失物超过招领期限后归拾得人所有；另一方面，物权编规定遗失物自发布招领公告之日起一年内无人认领的，成为无主物，归国家所有。

3. 拾得人的权利

拾得人虽然负有返还和保管遗失物的义务，但并非不享有任何权利。拾得人的权利主要包括如下几个方面。

一是请求支付保管费用。《民法典》第 317 条第 1 款规定："权利人领取遗失物时，应当向拾得人或者有关部门支付保管遗失物等支出的必要费用。"依据这一规定，所有权人、占有权人等权利人领取遗失物时，应当向拾得人或者有关部门支付保管遗失物等支出的费用。拾得人和有关部门在保管遗失物期间，也可能支付一定的费用，但这些费用不能由拾得人或有关部门来承担，而只能由领取遗失物的权利人支付。如果拾得人侵占遗失物的，无权请求保管遗失物等支出的费用和报酬。

二是请求失主按照承诺履行义务。在拾得遗失物的情形，物权法并没有规定拾得人可以享有报酬请求权，其旨在鼓励拾金不昧的行为，弘扬我国优秀的道德传统。但物权法也并非完全排除拾得人的报酬请求权，《民法典》第 317 条第 2 款规定："权利人悬赏寻找遗失物的，领取遗失物时应当按照承诺履行义务。"依据这一规定，如果权利人通过发布悬赏广告的方式寻找遗失物，并且在悬赏广告中承诺支付报酬，则拾得人有权请求失主按照承诺履行支付报酬的义务。在此种情形下允许拾得人基于失主的承诺而请求支付报酬，实际上是尊重了当事人的自主自愿，体现了私法自治的精神。

4. 拾得人侵占遗失物的责任

所谓侵占遗失物是指拾得人以占有遗失物为目的而拒绝返还遗失物，如拾得人经失主请求返还而拒不返还，拾得人明知失主却隐匿遗失物拒不返还等，应当承担相应的责任。所谓据为己有，是指通过一定的意思表示及实施一定行为，公开宣称遗失物属于自己所有。例如第三人明确表示遗失物是自己的财产，或在失主发现遗失物以后要求返还时，拾得人拒不返还。

拾得人侵占遗失物的后果包括如下两种。

（1）丧失费用返还请求权和报酬请求权。《民法典》第 317 条第 3 款规定："拾得人侵占遗失物的，无权请求保管遗失物等支出的费用，也无权请求权利人按照承诺履行义务"。这就是说，一方面，拾得人在保管期间内为遗失物的保管支付了各种费用，如果权利人依法向拾得人支付了这些费用，而拾得人仍不返还，就构成侵占遗失物，此后拾得人再无权利请求保管遗失物等支出的费用。另一方面，在拾得人侵占遗失物的情形，拾得人无权请求权利人按照承诺履行支付费用。法律作出此种规定，也体现了对非法侵占遗失物的行为的制裁。

（2）依法承担法律责任。拾得人侵占遗失物的，不仅无权请求权利人支付相关费用和报酬，还可能构成侵权行为或负担不当得利返还义务，此外，权利人还可以基于返还原物请求权请求拾得人返还遗失物，此时，可能构成物权请求权、不当得利与侵权行为的竞合。还需要指出的是，拾得人侵占遗失物，情节严重的，有可能构成刑法上的侵占罪，依法应承担刑事责任。

（六）漂流物的拾得、埋藏物和隐藏物的发现

所谓漂流物，是指在水上漂流的动产。所谓埋藏物，通常是指埋藏于地下，而所有权人不明的动产。所谓隐藏物，就是指隐匿于他物之中的物。只要是从表面上不能发现且归属不明的物，都应当纳入隐藏物的范畴。严格地说，埋藏和隐藏是有区别的：通常埋藏是指将物埋藏于他人的土地之中，而隐藏是指将物藏于他物之中。如果某物不是埋藏于他物之中，具有显而易见性，则属于遗失物或抛弃物，拾得人拾得该物后，应当按照遗失物的归属或先占规则处理。在发现埋藏物和隐藏物以后，就需要确定所有权的归属。

我国《民法典》第 319 条规定："拾得漂流物、发现埋藏物或者隐藏物的，参照适用拾得遗失物的有关规定。法律另有规定的，依照其规定。"据此，漂流物、埋藏物和隐藏物的权属按照如下规则确定。

一是返还失主。在拾得或发现漂流物、埋藏物和隐藏物以后，应当作为遗失物，及时返还失主，或者交给有关部门，有关部门应当及时交还失主或者发出招领公告；拾得人或有关部门应当妥善保管漂流物、埋藏物和隐藏物。自发布招领公告之日起一年内无人认领的，归国家所有。

二是妥善保管漂流物、埋藏物和隐藏物。参照物权编关于拾得遗失物的有关规定，拾得人或发现人在拾得或发现了漂流物、埋藏物、隐藏物之后，应当妥善保管。如果因为故意或重大过失造成物的毁损或灭失的，应当承担相应的民事责任。

三是关于费用的支付。返还漂流物、埋藏物和隐藏物以后，是否要支付费用，应当参照物权编关于拾得物返还的规定来确定。这就是说，依据《民法典》第 317 条的规定，权利人领取这些物时应当向拾得人或发现人以及有关部门支付必要的费用。这些费用主要包括：保管费用、公告费用、寻找失主费用、交付费用等。

除上述各种所有权的原始取得方式外，没收也可以成为所有权原始取得的方式。没收是指国家根据法律、法规采取强制手段，剥夺违法犯罪分子的财产归国家所有。

第四节　国家、集体和私人所有权

一、国家所有权

在我国，社会主义国家不仅是国家政权的承担者，而且是国有财产的所有者。《民法典》第 246 条第 1 款规定："法律规定属于国家所有的财产，属于国家所有即全民所有。"所谓国家所有权是指国家对国有财产的占有、使用、收益和处分的权利，它是全民所有制在法律上的表现。物权编确认和保护国家所有权，对于维护国家基本经济制度，保障国有财产的保值增值，防止国有财产流失具有重要意义。

（一）国家所有权主体

国家既是主权的享有者、政权的承担者，也是国有财产的归属者。所以，国家所有

权的主体本身具有多重性，但国家作为财产权的主体存在时，与其作为主权者的身份应当相分离。《民法典》第 246 条第 2 款规定："国有财产由国务院代表国家行使所有权；法律另有规定的，依照其规定。"因此，国家所有权的行使，应当由国务院代表国家在法律授权的范围内行使对国有财产的权利。国家对于国有财产享有排他的支配权，任何个人和组织都不能以国有财产在经济上属于全民所有为根据，而在法律上主张对国家财产享有所有权。

国家所有权在性质上虽然属于全民所有，但不可能将国有财产量化给每个个人，也不可能由每个个人都来占有国有财产、行使国家所有权。国有财产作为全民所有的财产，其行使有特殊性，依照《民法典》和有关法律的规定，国家所有权行使的特殊性表现在：

第一，由国务院代表国家统一行使国家所有权。地方政府投资兴办的企业，地方政府也应当享有所有者权益、履行出资人的职责。对国家出资的企业，应当坚持政府公共管理职能和国有资产出资人职能分开的原则。因此，一方面，应当维护企业作为市场主体的地位及依法享有的各项权利，国有资产管理部门不能随意干预企业的日常经营活动。另一方面，国有资产管理机构对授权监管的国有资本依法履行出资人职责，维护所有者权益，同时要督促企业实现国有资产保值增值，防止国有资产流失。

第二，国家要授权国家机关、事业单位对其直接支配的财产在法律、行政法规规定的范围内，享有一定支配权利。国家所有权在行使方式上具有不同于集体、私人所有权的特点，因为国家作为一个抽象的主体，它难以直接行使所有权，必须通过法律法规授权的国家机关、企事业单位以及国家投资的企业，在法律规定的范围内行使。这种支配权利是由法律、国务院的有关规定所确定的。例如，物权编规定事业单位可以享有收益权，而国家机关不能享有收益权。未经许可并依照法定的程序，国家机关和事业单位都不能擅自处分国有财产。

第三，国家投资的企业，对其占有的国有财产，依法享有占有、使用、收益和处分的权利。但国家也应当依据法律、章程等的规定，对企业支配的财产享有权利。国家所有权的行使方式与经济体制有着密切的联系。我国经济体制改革的一个重要内容，就是要改变原有的国家所有权的行使方式，实行国家所有权和企业经营权的适当分离，从而搞活企业，建立社会主义市场经济运行体制。对国家出资设立的企业，既要按照市场经济的要求，保障其作为市场主体应有的权限，同时也要加强对国有资产的管理、防止国有资产的流失。

第四，国家可以直接以国库的财产为基础，以特殊的民事主体的身份，发行国债、国库券。国家也可以设立专门的机构对国家的外汇储备进行管理和投资。国家可以将其财产转移给集体组织、公民和外国投资者使用，如将国有土地使用权转移给他人使用，从而获取一定的经济利益并充分发挥物的效用。

（二）国家所有权的客体

国家所有权的客体的特殊性表现在：国家所有权的客体具有广泛性。我国的国家所有权客体范围相当广泛，既包括了土地及其他自然资源，也包括了各类动产和不动产。《民法典》第 246 条规定："法律规定属于国家所有的财产，属于国家所有即全民所有。"

这就采取了抽象概括式的条款确认了国家所有权的客体。凡是法律规定为国家所有的财产，都应纳入国家所有权的客体范围。当然，这并不意味着任何财产都可以属于国家所有，国家取得任何财产都必须有法律依据，不能认为国家可以依据其特殊地位强制性地将集体和个人财产收归国有。对国有财产的范围，也需要在法律上作出明确的界定。

国家所有权的客体可以分为专属于国家所有的财产和非专属于国家所有的财产。所谓专属于国家所有的财产，是指依据法律规定只能由国家所有的财产。《民法典》第 242 条规定："法律规定专属于国家所有的不动产和动产，任何组织或者个人不能取得所有权。"这就确立了专属性的原则。所谓专属，顾名思义，就是指只能属于特定主体所有，而排斥其他主体享有所有权。这就是说，一些财产在法律上只能归属于国家所有，而不能由其他主体享有所有权。专属性的客体主要包括国有的自然资源以及只能为国家所有的一些重要的财产。如我国《民法典》第 247 条规定，矿藏、水流、海域属于国家所有。《民法典》第 250 条规定："森林、山岭、草原、荒地、滩涂等自然资源，属于国家所有，但是法律规定属于集体所有的除外。"《民法典》第 249 条规定，城市的土地，属于国家所有。专属于国家所有的财产，也不适用善意取得。所谓非专属于国家所有的财产，是指可以由国家以外的其他主体享有所有权的财产。

按照国有资产的用途不同，还可以将国有资产分为资源性国有资产、经营性国有资产和行政事业性国有资产。资源性国有资产即国有自然资源，是依法由国家所有的土地资源、矿藏资源、海洋资源、河流资源、森林资源等。资源性国有资产具有垄断性的特点。当然，国有自然资源的范围是可以变动的，随着科学技术的发展，人类有可能认识并利用新的自然资源。[①] 所谓经营性国有资产，是指国家投入企业进行生产经营或者按照企业要求经营使用的国有资产，经营性的资产要进入市场，具有营利性的特点，主要由国家独资、持股或者控股的企业支配，通过市场配置来实现资源的优化配置。所谓行政事业性国有资产，是指不投入生产经营，而由国家机关、事业单位和社会团体用于行政公务活动和社会公益性事业的国有资产。它具有非营利性的特点，即主要用于行政和社会公益事业，一般由国家机关、国家举办的事业单位和社会团体所支配。[②]

依据《民法典》物权编的相关规定，国家所有权的客体主要包括以下几种。

（1）国家所有的自然资源。国家所有的自然资源包括专属于国家所有的自然资源和非专属于国家所有的自然资源两种。所谓自然资源包括土地资源、水资源、矿产资源、生物资源、气候资源、海洋资源等。[③] 专属于国家所有的自然资源是指国家对矿藏、水流、海域、城市土地的所有权。《民法典》第 247 条规定："矿藏、水流、海域属于国家所有。"第 249 条规定："城市的土地，属于国家所有。法律规定属于国家所有的农村和城市郊区的土地，属于国家所有。"第 250 条规定："森林、山岭、草原、荒地、滩涂等自然资源，属于国家所有，但是法律规定属于集体所有的除外。"这些都是对国家所有的土地等自然资源的规定。专属于国家所有的自然资源，是由国家主权所派生的，也是关

① 参见顾耕耘：《国有经济法论》，38 页，北京，北京大学出版社，2006。

② 参见顾耕耘：《国有经济法论》，38～39 页，北京，北京大学出版社，2006。

③ 参见全国人大常委会法制工作委员会民法室编：《中华人民共和国物权法条文说明、立法理由及相关规定》，75 页，北京，北京大学出版社，2007。

系到国家经济命脉的最重要的资源。国家对重要资源实行专属所有的原因在于：一方面，因为这一类财产专属于国家所有，进一步宣示了国家主权，充分保障我国的社会主义性质，也有利于保障我国的经济安全，实现国家的宏观调控。另一方面，自然资源专属于国家所有，对于合理有序地利用自然资源、保护环境、维护生态平衡都具有十分重要的意义。依据《民法典》第 209 条第 2 款的规定，依法属于国家所有的自然资源，所有权可以不登记。

（2）属于国家所有的其他资源。属于国家所有的其他资源主要包括以下几类：一是法律规定属于国家所有的野生动植物资源。《民法典》第 251 条规定："法律规定属于国家所有的野生动植物资源，属于国家所有。"所谓野生动物主要是指野生的非饲养的各种动物。我国现行《野生动物保护法》第 3 条规定，野生动物资源属于国家所有。所谓野生植物包括野生的菌类、虫草等各类非人工种植的植物。所谓法律规定属于国家所有，是指不是所有的野生动植物资源都归国家所有，只有那些列入国家保护范围的野生动植物资源，才归国家所有。将野生动物确认为国家所有对于维护生物的多样性，保护自然环境，都具有十分重要的意义。二是无线电频谱资源。《民法典》第 252 条规定："无线电频谱资源属于国家所有。"频谱是一种资源，它包括红外线、可见光、X 射线等。对无线电频谱资源，要由国家的有关部门管理，这样才能有效利用无线电频谱，从而为我国国防建设和经济建设服务。三是无居民海岛。无居民海岛也称为荒岛，无居民海岛是中国蓝色国土的重要组成部分，事关国家的领土主权、渔业资源开发保护、海洋生态环境保护等，明确无居民海岛的所有权归属因而具有重要意义。《民法典》第 248 条明确规定："无居民海岛属于国家所有，国务院代表国家行使无居民海岛所有权。"该条在明确无居民海岛属于国家所有的同时，授权国务院代表国家行使对无居民海岛的所有权，不仅可以有效避免因权属不明所导致的对海岛资源的破坏和非法侵占，而且可以促进对无居民海岛的综合、高效的开发和利用，实现国家安全利益、经济效益、生态效益等的协调统一。

（3）国防资产。《民法典》第 254 条第 1 款规定，国防资产属于国家所有。所谓国防资产，主要是指国家出资设立的，用于国防目的的军事设施、军事基地等。这些财产都是为了保障国防安全而设立的，也是国家出资建造的，在法律上应属于国家所有。由于国防资产类型很多，有些重要的国防资产，例如军舰、导弹等只能专属于国家所有，但也有一些国防资产，例如军队的房屋是可以通过市场交易将其产权转让给私人或者集体享有的。

（4）文物和基础设施。所谓文物，是指具有历史、艺术、科学价值的历史遗址和各种物品等。[①]《民法典》第 253 条规定："法律规定属于国家所有的文物，属于国家所有。"我国历史悠久，文物资源丰富，保存在地上和地下的文物都是我国民族文化遗产的重要组成部分。依据我国《文物保护法》的规定，我国境内地下、内水和领海中遗存的一切文物都属于国家所有。此外，不可移动的文物也归国家所有。除此之外的文物，可以依法归单位或个人所有。

---

① 参见《文物保护法》第 2 条。

《民法典》第254条第2款规定："铁路、公路、电力设施、电信设施和油气管道等基础设施，依照法律规定为国家所有的，属于国家所有。"在计划经济时代，我国的铁路、公路、电力设施等基础设施都是由国家投资兴建的，因此所有权当然归国家。但现在铁路、公路等基础设施投资领域已经逐渐开放，允许民营资本和私人资本投资兴建，因此这些设施中只有国家投资兴建的，才能归国家所有。

(5) 国家机关支配的国有财产。国家机关和国家举办的事业单位所支配的国有财产。《民法典》第255条规定："国家机关对其直接支配的不动产和动产，享有占有、使用以及依照法律和国务院的有关规定处分的权利。"国家机关是指各级国家权力机关、政府机关、审判机关、检察机关等。国家机关所支配的国有财产，虽然是非经营性财产，但也是重要的国有资产，是国家机关正常开展工作所必备的条件。依据《民法典》的上述规定，国家机关对其直接支配的不动产和动产，享有占有、使用以及按照法律和国务院的有关规定处分的权利。

(6) 国家举办的事业单位所支配的国有财产。《民法典》第256条规定："国家举办的事业单位对其直接支配的不动产和动产，享有占有、使用以及依照法律和国务院的有关规定收益、处分的权利。"所谓国家举办的事业单位，是指国家出资兴办的、服务于教科文卫体等公益性事业的事业单位法人。这些事业单位所支配的财产，应归国家所有。随着改革开放的深入进行，我国逐渐放开了公益、公用事业领域对私有资本进入的限制，各种混合所有制类型的事业单位也先后出现。为明确其支配的财产的国有财产属性，《民法典》第256条强调该条所称的事业单位为"国家举办的事业单位"。

(7) 国家出资的法人财产。对于国家出资的法人财产，可以分为两种类型，即由中央政府出资设立的企业和由地方政府出资设立的企业。《民法典》第257条规定："国家出资的企业，由国务院、地方人民政府依照法律、行政法规规定分别代表国家履行出资人职责，享有出资人权益。"因此，国家出资的法人财产属于国家所有权的客体。

（三）国家所有权的取得

由于国家本身是主权的享有者和政权的承担者，国家可以凭借其公共权力通过依法征收、没收等方式强制性地将公民个人或集体的财产收归国有。国家也可以依据行政权，强制性地无偿地征收税金，从而取得国有财产。当然，国家采用上述方式强制性地移转所有权必须要受到法律的严格限制，且必须遵循法定的程序。只有这样才能保障民事主体的合法权益，维护社会正常的经济秩序。除此之外，国家还可以通过特殊的方式取得所有权，例如，依据我国《民法典》第318条，遗失物自发布招领公告之日起一年内无人认领的，归国家所有。我国《民法典》第319条规定："拾得漂流物、发现埋藏物或者隐藏物的，参照适用拾得遗失物的有关规定。法律另有规定的，依照其规定。"我国《民法典》第1160条规定，公民死亡之后，无人继承又无人受遗赠的遗产归国家所有。这些都表明，国家所有权在取得方式上具有特殊性。

（四）国家所有权的保护

国家所有权是我国全民所有制的法律形式，保护国家所有权是维护国家基本经济制度的要求。尤其是在我国公有制仍然占主体地位的情况下，国家所有权直接关系到国家的经济安全和经济命脉，决定了国家宏观调控的基础和能力。保护国家所有权对于保障我国社会主义市场经济的健康有序发展具有重要意义。

物权法对国有财产的具体保护包括确认国家所有权行使的主体，明确规定国家所有权客体的范围，宣示部分国有财产的专属性原则以保护国有财产。物权法确立了对国家出资的企业的管理体制，即分别由国务院和地方人民政府依法代表国家履行出资人职责，享有出资人权益。物权法确立了国家机关和国家举办的事业单位对其支配的国有财产的权利。这些都对保护国有资产具有重要作用。物权法确认了保护物权的各种方法，都可以适用于国家所有权的保护。例如，在非法占有国有财产的情况下，国有财产管理机构和直接支配国有财产的机关、事业单位，有权请求确认产权和返还财产。如果造成对国有财产的妨害，国有财产管理机构和直接支配国有财产的机关、事业单位可以请求行为人排除妨害。

《民法典》第258条规定："国家所有的财产受法律保护，禁止任何组织或者个人侵占、哄抢、私分、截留、破坏。"所谓侵占，是指非经国家的授权或者国家机关的同意，而占有国有财产。例如，未经批准使用国有土地和自然资源，抢占国有房屋和其他财产，挪用公款，化公为私，或以权谋私，侵吞国家财产等。所谓哄抢，是指故意以非法手段抢占国家财产，例如，趁国有企业关停之机哄抢财物。所谓私分，是指未经批准而将国有财产分配给个人或组织所有。例如，巧立名目，滥发奖金和实物等。所谓截留，是指将应上交给国家的利税以各种手段不交或少交。所谓破坏，是指以非法手段直接损害国有财产，如滥挖矿床、滥伐林木、捕杀珍稀动物、盗掘古墓、毁损古迹等。上列各种违法行为，都侵犯了国家财产所有权，应依法追究行为人的民事、行政甚至刑事责任。如果非法侵害国有财产违反行政管理的规定，应当追究行为人的行政责任；构成犯罪的，应当追究其刑事责任。

在我国，由于国有企业法人治理结构不健全、国有资产投资决策程序不完善以及国有资产产权关系不明确等[①]，国有资产流失一直是国家所有权保护中面临的重要问题。针对国有资产流失现象，《民法典》第259条第2款规定："违反国有财产管理规定，在企业改制、合并分立、关联交易等过程中，低价转让、合谋私分、擅自担保或者以其他方式造成国有财产损失的，应当依法承担法律责任。"国有资产流失主要是违反国有财产管理规定造成的，就实践来看，目前国有资产流失的主要渠道包括以下几种：一是经营决策过程中的流失，如在关联交易等过程中，低价转让、擅自担保；二是企业改制中的流失，如在企业股份制改造中，故意虚假评估国有资产、低价转让国有财产；三是企业合并分立过程中，合谋私分国有财产；四是以其他方式造成国有财产损失，如在企业破产过程中造成国有资产的流失。针对上述国有资产流失的问题，国家有关国有资产管理部门虽然出台了一系列相关规定[②]，但是从法律层面上，仍有必要从国家所有权的角度对国

---

① 参见李松森等编著：《国有资产管理》，289页，大连，东北财经大学出版社，2016。

② 例如，国资委印发的《中央企业混合所有制改革操作指引》就专门对"混资本"过程中资产审计评估、进场交易、上市公司资本运作要严格履行相关工作程序，切实防止国有资产流失提出了要求。

有资产流失进行一般性的规定。为了防止国有资产的流失，《民法典》第 259 条第 1 款规定："履行国有财产管理、监督职责的机构及其工作人员，应当依法加强对国有财产的管理、监督，促进国有财产保值增值，防止国有财产损失；滥用职权，玩忽职守，造成国有财产损失的，应当依法承担法律责任。"这就要求履行国有财产管理、监督职责的机构及其工作人员，应当完善相关制度，并严格遵守相关制度，依法负有促进国有财产保值增值，防止国有财产损失的义务。《民法典》第 259 条第 2 款专门规定了违反国有财产管理规定，造成国有资产在经营中流失的，应依法承担法律责任。此种责任不限于民事责任，还包括行政责任，构成犯罪的，应依法承担刑事责任。

二、集体所有权

（一）集体所有权的概念和特征

根据《宪法》，中华人民共和国的经济制度是生产资料的社会主义公有制，即全民所有制和劳动群众集体所有制，集体所有制经济是我国公有制经济的重要组成部分。在我国，集体所有权是指集体组织以及集体组织全体成员对集体财产享有的占有、使用、收益和处分的权利，它是劳动群众集体所有制在法律上的表现，也是所有权的一种重要类型。

(1) 集体所有权的主体。集体所有权的主体首先是集体组织。例如，《民法典》263 条规定："城镇集体所有的不动产和动产，依照法律、行政法规的规定由本集体享有占有、使用、收益和处分的权利"。集体所有权没有全国性的统一主体，各个劳动群众集体组织都是独立的集体所有权的主体。[①] 其次，集体所有权的主体还包括集体的全体成员，例如，《民法典》第 261 条规定："农民集体所有的不动产和动产，属于本集体成员集体所有"。在法律上，集体所有的财产和集体组织成员的个人财产是分开的。集体组织的某个成员或某部分成员都不能成为劳动群众集体组织所有权的主体。

(2) 集体所有权的客体。它是指属于该集体所有的不动产和动产。[②] 就集体所有权的客体而言，它虽然不包括专属于国家所有的自然资源等专属性的财产，但相对于个人所有的财产而言，集体所有的财产范围也是非常宽泛的。[③] 物权编对于集体所有权的客体作了专门规定。依据《民法典》第 260 条规定，集体所有的不动产和动产包括：

一是法律规定属于集体所有的土地和森林、山岭、草原、荒地、滩涂。我国《宪法》第 10 条第 1、2 款规定："城市的土地属于国家所有。农村和城市郊区的土地，除由法律规定属于国家所有的以外，属于集体所有；宅基地和自留地、自留山，也属于集体所有。"因此，依法归劳动群众集体所有的土地，是集体所有权的重要客体，在我国实行土地全民所有和集体所有两种形式。集体也有权依法对法律规定属于集体所有的土地和森林、山岭、草原、荒地、滩涂享有所有权。

---

① 参见崔建远：《物权法》，2 版，172 页，北京，中国人民大学出版社，2011。
② 参见胡康生主编：《中华人民共和国物权法释义》，148 页，北京，法律出版社，2007。
③ 参见刘保玉：《物权法学》，162 页，北京，中国法制出版社，2007。

二是集体所有的建筑物、生产设施、农田水利设施；例如，集体企业建造的厂房、仓库等建筑物；集体企业所有的机器设备、交通运输工具；农村集体经济组织建造的水库、农田灌溉渠道等农田水利设施等。

三是集体所有的教育、科学、文化、卫生、体育等设施；例如，农村集体组织系办的学校、农村敬老院等公益设施。

四是集体所有的其他不动产和动产。集体所有的其他财产类型很多，难以一一列举，《民法典》第 260 条第 4 款实际上是一个兜底条款，总之，凡是集体合法使用的财产，都依法受法律保护。

（3）集体所有权的内容。它是指集体对其所有的财产享有占有、使用、收益和处分的权利。[①] 集体所有权的内容包括所有权的各项权能，但对土地所有权的处分权又是受限制的，也就是说，集体的土地不能直接进入市场进行转让。集体所有权的行使必须依法实行民主管理，对于一些重大的事务必须由集体的成员依法民主作出决定。集体组织的负责人只是代表集体组织来行使权利，且必须对集体成员负责，并接受他们的监督。一般来说，集体所有权的各项权能都是由集体自己行使的，但是根据生产和经营活动的需要，某个集体组织也可以将其所有权的权能转移给个人行使。

（二）农村集体所有权

1. 农村集体所有权概述

农村集体所有权，是指农村集体经济组织成员对于本集体所有的动产和不动产所享有的所有权。《民法典》第 261 条第 1 款规定："农民集体所有的不动产和动产，属于本集体成员集体所有"。依据该条规定，农村集体所有权在性质上应当属于本集体成员所有。农村集体所有权的特点在于：

第一，它是本集体经济组织的成员对集体财产享有的权利。所谓本集体经济组织成员所有，并不意味着集体所有就是集体成员共有。因为成员集体所有是一种公有，它和共有在法律上有极大差别。强调集体财产属于集体组织成员公有，一方面是为了强调集体成员对集体财产享有共同的支配权、平等的民主管理权和共同的收益权，涉及成员重大利益的事项，必须要经过成员集体决定。另一方面也有利于明确成员的权利，防止集体组织的负责人滥用集体的名义侵吞集体财产或者损害集体成员的利益。

第二，它是本集体经济组织成员对本集体所有的各项动产、不动产所享有的权利。在我国广大农村，集体的土地、建筑物、生产设施、农田水利设施等财产大量地属于集体所有。集体所有的财产依法应当属于本集体成员集体所有。

第三，它是本集体经济组织成员所享有的权利。"本集体"表明此种权利的主体具有特定性，区别于其他集体经济组织，同时也表明此种权利专属于某个集体组织的成员。

第四，集体所有权的行使，要遵守法律、法规和有关规约的规定。有关集体所有权的行使，在我国《土地管理法》《农村土地承包法》《村民委员会组织法》，尤其是物权编中，都进行了比较明确的规定。此外，有关行政法规、地方性法规也在法律规定的基础

---

① 参见胡康生主编：《中华人民共和国物权法释义》，148 页，北京，法律出版社，2007。

上进行了进一步的具体规定。集体所有权应当依照这些规定来行使。集体成员通过民主程序依法制定的各种规约，也可能涉及集体所有权的行使，集体也应当依据这些规约来行使所有权。[①]

2. 集体土地所有权

关于集体土地所有权的归属，《宪法》第10条第2款规定："农村和城市郊区的土地，除由法律规定属于国家所有的以外，属于集体所有；宅基地和自留地、自留山，也属于集体所有。"《民法典》物权编依据《宪法》的规定并总结了长期以来的立法经验，对农村集体土地所有权进一步作了明确规定。《民法典》第262条规定："对于集体所有的土地和森林、山岭、草原、荒地、滩涂等，依照下列规定行使所有权：（一）属于村农民集体所有的，由村集体经济组织或者村民委员会依法代表集体行使所有权；（二）分别属于村内两个以上农民集体所有的，由村内各该集体经济组织或者村民小组依法代表集体行使所有权；（三）属于乡镇农民集体所有的，由乡镇集体经济组织代表集体行使所有权。"

第一，农村集体土地的所有权主体是"农民集体所有"，而不是集体经济组织，但可以各该集体经济组织依法代表集体行使所有权；由于在农村现在已经不限于村民小组，而出现了各种经济组织，如经济合作社等，因而《民法典》第262条规定分别属于村内两个以上农民集体所有的，由村内各集体经济组织或者村民小组代表集体行使所有权。

第二，集体土地所有权包括三种类型：一是属于村农民集体所有的，二是分别属于村内两个以上农民集体所有的，三是属于乡镇农民集体所有的。属于村农民集体所有的，由村集体经济组织或者村民委员会受本农民集体成员的委托行使所有权；分别属于村内两个以上农民集体所有的，由村内各该集体经济组织或者村民小组依法代表集体行使所有权；属于乡镇农民集体所有的，由乡镇集体经济组织代表集体行使所有权。

第三，集体土地所有权的客体不仅仅限于土地，还包括依法由集体所有的森林、山岭、草原、荒地、滩涂等自然资源，这也解决了因这些自然资源的权属纠纷而发生的一些争议。农民使用的宅基地、自留地、自留山等都属于集体所有。

3. 集体成员的成员权

为了充分保障农村集体经济组织成员的权利，促进集体经济稳定的发展，《民法典》物权编规定了农村集体组织的成员权。所谓成员权，是指集体经济组织成员依据法律和章程对集体经济组织的财产权的行使和其他重大事务处理所享有的管理权，以及收益分配权等权利。换言之，是指农村集体经济组织的成员就集体财产以及集体经济组织中的其他事项所享有的管理、使用、收益等各项权利。[②] 集体组织成员权是依据法律和章程的规定所享有的。除法律规定之外，成员权也可以依据成员之间的章程确定。成员权也是

---

① 关于集体所有权的行使，有学者认为，集体所有权可以由集体组织直接行使，也可以由其代表行使，重要事项应依照法定程序经本集体成员决定。参见刘保玉：《物权法学》，163页，北京，中国法制出版社，2007。

② 需要指出的是，一些地方高级法院为解决司法实践中农民集体成员资格的认定问题，先后制定了有关规定。如《天津市高级人民法院关于农村集体经济组织成员资格确认问题的意见》（津高法民一字〔2007〕3号）、《重庆市高级人民法院印发〈关于农村集体经济组织成员资格认定问题的会议纪要〉的通知》（渝高法〔2009〕160号）。

从集体所有权之中派生出来的权利，没有集体所有权就没有集体成员权，二者是辩证统一的。[①]

成员权是依据法律规定或者章程规定由集体经济组织成员所享有的一项权利，此项权利只能由集体经济组织的成员所享有，它是以身份为基础的权利。成员权是伴随农村集体所有制的确立而形成的一项与农民集体成员身份密切相连的特殊权利。[②] 成员权的享有基础就是集体成员的资格。它类似于建筑物区分所有中的共同管理权，是一种财产及身份二要素合而为一的权利类型：一方面，成员权具有财产权的属性。其内容是对财产的支配、管理和收益分配的权利，同时，成员权的行使又可以给成员带来一定的财产利益。另一方面，成员权具有人身权的属性。成员权具有一定的人身专属性，只有成为该组织的成员才享有该权利。成员权只可以随成员资格的移转而移转，一般不能继承和转让，更不能够被强制执行。当然，成员权中具财产性质的权利，如利益分配请求权，如果已经实现，就转化为债权，从而可以单独地转让或继承。[③]

依据《民法典》第 261 条，对于涉及集体成员重大利益的事项，要经过集体经济组织成员依据法定的程序共同决定。这些事项主要包括如下几个方面。

第一，土地承包方案以及将土地发包给本集体以外的组织或者个人承包。农村承包经营权是农民所享有的基本财产权利，农民获得土地承包经营权不仅是一种经营行为，而且具有一定的福利和社会保障性质，对于大部分地区的农民来说，承包地是其主要收入来源，因而承包地的获得与集体组织的成员身份密切相关。如果将土地发包给集体以外的人承包，有可能会损害本集体的农民的利益。[④] 所以，《民法典》第 261 条，农村集体组织成员有权决定土地承包方案以及将土地发包给本集体以外的单位或者个人承包。上述事项由成员通过一定的民主程序集体决定，将有助于保护承包方案的公平、公正，以及承包关系的稳定。

第二，个别土地承包经营权人之间承包地的调整。在土地承包经营权物权化以后，承包经营关系应该保持稳定，不能随意变动。但是在特殊情况下，需要对承包经营权进行调整。例如，有的地方因集体组织成员的生死嫁娶而引起土地调整需求，有些地方按照“生不增，死不减”的原则办理，在特殊情况下，若不调整则不公平。依据《民法典》第 261 条，经由集体经济组织成员依据法定程序共同决定，可以对个别承包土地进行调整。《农村土地承包法》第 28 条第 1 款规定：“承包期内，发包方不得调整承包地。”如果在特殊情况下，要对个别农户的承包地进行调整，必须经本集体经济组织成员的村民会议 2/3 以上成员或者 2/3 以上村民代表的同意，并报经乡镇人民政府和县级人民政府农业等行政主管部门批准。

第三，土地补偿费等费用的使用、分配办法。在实践中，对于农村土地被征用、征收后所获得的土地补偿金如何分配，经常发生纠纷。而补偿金的分配直接关系到农民的切身利益，所以，《民法典》强调农村集体经济组织的成员有权决定土地补偿费等费用的

---

① 参见韩松：《农民集体所有权和集体成员权益的侵权责任法适用》，载《国家检察官学院学报》，2011（2）。

② 参见王瑞雪：《关于成员权及其退出问题的探讨》，载《调研世界》，2006（10）。

③ 参见吴兴国：《集体组织成员资格及成员权研究》，载《法学杂志》，2006（2）。

④ 参见钱海玲、孙欣：《关于规范农村土地承包经营权问题的统计分析》，载《人民司法》，2007（3）。

使用、分配办法，作为农村集体组织的成员，有权依照法律或章程的规定，分享集体财产所产生的收益。这种获取收益的权利依法可以继承，但由于管理权具有人身性质，原则上不能随意转让。集体组织成员对于集体组织出让或出租的财产，在同等条件下享有优先受让权和优先承租权。

第四，集体出资的企业的所有权变动等事项。所谓集体企业的所有权变动，是指集体组织将其所有的企业的所有权转让给他人，或者设定抵押。集体企业的所有权属于集体经济组织，它也是集体所有制的重要组成部分；因而，对这些财产的处分必须要经过集体经济组织成员依循法律规定的程序，共同加以决定。

第五，法律规定的其他事项。法律规定的其他事项所涉及的情况很多，例如，分配宅基地建造房屋。在农村，宅基地使用权可能发生变动，也可能因为房屋在本村内的买卖而发生转移，或者宅基地长期闲置等，需要对宅基地实行变动。对于宅基地的变动，也需要由集体经济组织的成员来决定，而不能由村委会几个人决定。再如，是否允许某个企业在本集体的土地上设置地役权，也关系到集体成员的重大利益。

上述规定从表面上看，是对集体就重大事务决策的程序进行的规定，但实际上明确了集体成员所享有的民主管理权。对于集体经济组织以及有关负责人违反上述法定程序作出的决定，损害集体组织和集体成员的利益时，集体成员有权通过司法程序获得保护。因为“无救济就无权利”，集体成员的民主管理权受到侵害，有权获得司法救济。

4. 集体成员的信息查阅、复制权

《民法典》第264条规定：“农村集体经济组织或者村民委员会、村民小组应当依照法律、行政法规以及章程、村规民约向本集体成员公布集体财产的状况。”这实际上是确认了村务公开的原则，以进一步保护农民的知情权。只有充分保障村民的知情权，才能实行有效的民主管理。

《民法典》第264条规定：“集体成员有权查阅、复制相关资料。”其中“集体成员有权查阅、复制相关资料”为新增规定，用以保障农村集体经济组织成员查阅、复制有关集体财产信息的权利。集体财产属于集体所有，而村集体是由集体成员构成，因而集体财产的使用、收益、处分等直接关系到集体成员的切身利益，赋予集体成员的信息查阅、复制的权利，对于集体成员的成员权的保障和行使、对加强农村集体经济组织的监督和集体财产的保护，以及促进农村集体经济的发展等均有重要意义。

5. 集体成员的撤销权

所谓撤销权，是指集体经济组织及其负责人作出的决定侵害了集体成员的合法权益，受侵害的集体成员可以请求法院予以撤销。《民法典》第265条规定：“集体所有的财产受法律保护，禁止任何组织或者个人侵占、哄抢、私分、破坏。农村集体经济组织、村民委员会或者其负责人作出的决定侵害集体成员合法权益的，受侵害的集体成员可以请求人民法院予以撤销。”依据这一规定，集体成员撤销权的行使应当具备如下条件。

（1）撤销权的主体适格。依据《民法典》第265条的规定，撤销权的主体必须是受侵害的集体成员。这就是说，一方面，只有集体经济组织的成员才有资格提出撤销，如果是集体组织雇请的人员，没有成为集体组织的成员，无权行使撤销权。另一方面，必须由遭受损害的集体经济组织成员提出主张，也就是说，并不是任何集体经济组织成员都可以享有撤销权，有权提出撤销的只能是实际遭受损害的成员。由此可见，请求撤销的主体不能够以维护集体利益的名义提出撤销，而只能以维护自身的利益为由而请求撤销。

（2）具备撤销权的客体。撤销权的客体是已侵害集体成员合法权益的集体组织或者负责人的决定。一方面，不是所有的决定都能够被撤销，此处所说的撤销的对象，必须针对集体经济组织、村民委员会或者其负责人作出的决定，才能提出撤销。此种“决定”包括两种类型：一是集体组织的负责人个人作出的决定，二是以集体名义作出的决定。只要上述“决定”侵害了集体成员的合法权益，受侵害的集体成员都可以请求撤销。另一方面，必须是该决定侵害了集体成员的合法权益，这就是说，判断某一决定是否违法，主要要从结果上考察是否侵害了成员的合法权益。例如，某个负责人决定将征地款只在部分人之间发放，从而导致另一部分成员的合法权益遭受损害。

（3）撤销权人必须证明自己遭受了损害。撤销权人应当证明，集体经济组织、村民委员会或者负责人作出的决定使其遭受了损害，在其遭受的损害和决定之间存在因果联系。如果上述决定并没有损害主张撤销的人的权利，而只是损害了其他人的利益，就不能主张撤销。

（三）城镇集体所有权

《民法典》第263条规定：“城镇集体所有的不动产和动产，依照法律、行政法规的规定由本集体享有占有、使用、收益和处分的权利。”城镇集体企业是财产属于劳动群众集体所有、实行共同劳动、在分配方式上以按劳分配为主体的社会主义经济组织。[①] 城镇集体经济也是公有制经济的组成部分，因此《民法典》有必要对城镇集体所有权作出规定。但关于城镇集体所有权的主体，《民法典》第263条并没有对其作出明确界定，而只是笼统地规定由本集体享有所有权，而对本集体的概念可以作多种解释，它既可以是集体经济组织的所有成员，也可以是以整个集体名义存在的企业，具体指何种含义，应当根据企业的具体情况加以确定。此种规定符合我国当前的实际情况，也为今后深化改革预留了空间。需要指出的是，城镇集体企业正在不断改制之中，一些企业将按照公司制的形式进行改组，一些改制的措施也在逐步探索之中，所以《民法典》的上述规定较为原则，从而为集体企业财产的发展留有空间。[②]

（四）集体所有权的保护

集体所有的财产，是我国社会主义公共财产的重要组成部分，受国家法律的保护。我国《宪法》规定社会主义公共财产神圣不可侵犯，其中包括集体所有的财产。根据《宪法》规定的原则，《民法典》第265条明确规定，集体所有的财产受法律保护，禁止任何组织或者个人侵占、哄抢、私分、破坏。所谓侵占，就是指通过各种手段将集体财

① 参见国务院1991年《城镇集体所有制企业条例》第4条。

② 参见胡康生主编：《中华人民共和国物权法释义》，147页，北京，法律出版社，2007。

产非法占有。所谓哄抢，是指组织或者参与由多人在一起所从事的强行抢夺集体财产的行为。所谓私分，是指违反有关规定擅自将集体财产分给某几个或者某一些人。所谓破坏，是指非法毁损集体的财产，造成集体财产的损害。[①] 任何单位和个人不得非法干预集体组织的内部事务，不得以任何借口平调、挪用、侵吞或私分集体所有制企业的资金、利润、厂房、设备、原材料、产品等一切资产，不得无偿调动集体所有制企业的劳动力。对集体财产的保护特别要注重对集体土地所有权的保护，禁止有关地方政府以所谓兴办“开发区”“工业园”等名义非法圈占集体所有的土地，造成耕地的流失。对于侵犯集体所有制企业的合法权益的行为，企业有权予以抵制，或依法提起诉讼和提出请求。我国民法为保护所有权所规定的确认产权、返还原物、恢复原状、排除妨害、赔偿损失等方法，也是保护集体所有权的重要措施。除民事制裁外，必要时还应根据侵犯集体财产行为的不同程度和细节，另行追究不法行为人的行政责任或刑事责任。

三、私人所有权

（一）私人所有权的概念

所谓私人所有权，是指公民个人依法对其所有的动产或者不动产享有的权利，以及私人投资者投资到各类企业中所依法享有的出资人的权益。私人所有权包括两个方面的内容：一是公民个人依法对其动产和不动产所享有的权利；二是指私人投资者就其投资、收益所享有的各种权利。私人所有权具有如下几个特点。

（1）私人所有权的主体主要是自然人，其中包括个体工商户、个人合伙中的合伙人、个人独资企业的投资者等，因此也不限于自然人。个人向合伙企业所作出的出资及其收益，也是个人的财产。依据《个人独资企业法》第 17 条的规定，个人独资企业投资人对本企业的财产依法享有所有权，其有关权利可以依法进行转让或继承。因此，独资企业的财产属于投资者个人所有，投资者也有权将其投入企业的财产依法转让。私人可以投资兴办各类企业，比如私人可以独立兴办各类私营企业、“三资”企业，也可以投资各类公司，在这些公司中，私人既可以控股，也可以参股；所以，私人所有权的客体实际上就是与公共财产相对应的私人财产。

（2）私人所有权的客体范围非常广泛，《民法典》物权编确定了私人所有权的概念。较之于个人所有权的客体，私人所有权的客体在范围上更为广泛，因为个人所有权的客体主要是生活资料，如房屋、电视机等，而私人所有权的客体不仅包括生活资料，也包括生产资料，不仅包括有形财产，还包括各种投资及其收益。[②]《民法典》物权编对私人所有权的客体采取了具体列举和抽象概括相结合的方式。从具体列举的角度来看，物权编列举了私人对其合法的收入、房屋、生活用品、生产工具、储蓄、投资等各类财产所享有的权利。《民法典》第 267 条还规定，私人的合法财产受法律保护。这实际上是一个

① 参见全国人大常委会法制工作委员会民法室编：《中华人民共和国物权法条文说明、立法理由及相关规定》，98 页，北京，北京大学出版社，2007。

② 参见崔建远：《物权法》，2 版，177 页，北京，中国人民大学出版社，2011。

概括性条款，也就是说，任何私人取得的合法财产都是其所有权的客体，并受到法律保护。不管是否在法律明确列举的范围之内，只要属于合法财产，无论其用于生产还是消费，都可以成为私人所有权的客体。

（3）私人财产权的取得方式多样。私人所有权的取得方式既可以是合法的劳动，也可以是投资以及继承、赠与。我国法律不禁止公民通过何种方式取得财产，但要求财产的取得合法。需要指出的是，这种合法与非法的标准必须依法确定，任何机关都不能随意确定评价标准并对私人的财产随意地剥夺与没收。根据占有的推定规则，任何人占有某项财产就应推定其对占有的财产享有合法的权益，除非通过相反的证据进行证明。对私人财产的剥夺必须要通过司法程序，对私人财产的征收、征用要符合法定的条件与程序。

（4）私人所有权的内容广泛。私人所有权的内容包括私人对其动产与不动产所享有的占有、使用、收益和处分的权利。在合法的范围内，私人对其财产可以随意处理，但是私人行使其所有权时不得滥用权利，损害他人的利益。任何人不得以违反公序良俗的方式行使私人所有权。

（二）私人所有权的范围

《民法典》第266条规定："私人对其合法的收入、房屋、生活用品、生产工具、原材料等不动产和动产享有所有权。"我国《民法典》虽然采取高度概括的方式规定了私人所有的合法财产受法律保护，但同时又列举了各类私人所有权的具体范围。依据《民法典》第266条的规定，私人所有权主要包括如下几种。

（1）合法收入。私人对其合法的收入享有所有权。公民通过自己的劳动取得的工资收入、报酬等，任何个人从事合法职业以及依据自己的劳动合法取得的收入，在照章纳税之后，都应当是合法收入。

（2）房屋。私人对其合法的房屋享有所有权。此处所说的房屋是指公民的私有房产，包括公民购买的独门独院的房屋以及建筑物区分所有权。房屋是公民的重要财产，也是其基本的生活资料，所以，保护公民房屋所有权就意味着保护公民的基本人权。随着我国改革开放和市场经济的发展，房屋也越来越成为私人所有权的重要客体，而且房屋既可能是住宅性的，也有可能是商业性的。《民法典》第266条明确规定了对公民房屋所有权的保护。

（3）生活用品、生产工具、原材料等不动产和动产。私人对其合法的生活用品、生产工具、原材料等不动产和动产享有所有权。这些财产既包括公民的生活资料，也包括公民的生产资料。例如，机动车就是公民重要的生活资料。

（4）合法储蓄。储蓄主要是指公民在银行的各项存款。随着改革开放的发展，我国人民生活水平不断提高，储蓄已经成为重要的私有财产。对于公民的储蓄，商业银行应当遵循"存款自愿、取款自由、存款有息、为存款人保密"的原则。对个人储蓄存款，商业银行有权拒绝任何单位或者个人查询、冻结、扣划，但法律另有规定的除外。①

（5）投资及其收益。公民对其投资及其收益的权利受法律保护。例如，公民购买股

---

① 参见《商业银行法》第29条。

票所享有的各种收益，就是公民的重要财产。从实践来看，公民的很多财产并不是体现在有体物上，常常表现为存款、股票等各类有价证券，所以，在《民法典》上规定私人所有权的范围包括投资和收益是非常必要的。《民法典》第268条规定，“国家、集体和私人依法可以出资设立有限责任公司、股份有限公司或者其他企业。国家、集体和私人所有的不动产或者动产投到企业的，由出资人按照约定或者出资比例享有资产收益、重大决策以及选择经营管理者等权利并履行义务。”因此，公民在法律规定的范围内可以兴办各类企业，也可以在各类企业中投资，私人合法的投资及其收益受法律保护。

（6）继承的财产和其他合法权益。国家依照法律规定保护私人的继承权。通过继承取得财产，是公民合法取得财产的途径。保护继承权，既是保护财产权的重要内容，也是鼓励人们创造财富的必要措施。除继承的财产之外，公民的其他合法权益都应当受到法律保护。即使对于一些尚未形成权利的财产，只要占有人的占有是合法的，也应该得到法律的保护，例如尚未登记的在建房屋、已经交付但没有登记的房产等，都应该属于公民的合法财产，可以获得《民法典》的保护。即使对于非法财产也不是说任何人都可以侵害，而必须由国家有关机关通过法定的程序予以剥夺。

（三）对私人所有权的保护

我国《宪法》规定，“公民的合法的私有财产不受侵犯”。《民法典》物权编根据宪法的规定，根据宪法扩大私有财产保护范围的精神，进一步强化了对公民私有财产的保护。物权编采纳私人所有权的概念，不仅强化了对公民个人所有权的保护，而且也强化了对私人投资者投资到公司、合伙企业、个人独资企业中的财产的保护。

《民法典》对对私人所有权的保护具有如下特点：第一，注重平等保护。《民法典》以基本法的形式确立了平等保护原则，这就进一步强化了对私人所有权的保护。第二，受保护的私人所有权的范围非常宽泛。物权编不仅规定私人对其合法收入、房屋、生活用品、生产工具、原材料等不动产和动产享有所有权，而且规定私人的储蓄、投资及其收益受法律保护。由此可见，对私有财产的保护，不仅仅是保护有形财产，还扩大保护无形财产。第三，物权编完善了征收补偿制度，从而强化了对私人财产权的保护。第四，物权编规定了对物权保护的各种方法，包括物权请求权和债权请求权的保护方法，它们都可以适用于私人所有权遭受侵害的情形，对权利人提供救济。《民法典》第267条规定，“私人的合法财产受法律保护，禁止任何组织或者个人侵占、哄抢、破坏”。任何组织或者个人都不得以任何方式无偿平调公民的财产。对于各种非法摊派和收费，公民有权予以拒绝。公民在其所有权受到侵犯时，有权要求侵权行为人停止侵害、返还财产、排除妨害、恢复原状、赔偿损失，或依法向人民法院提起诉讼。

需要指出的是，私人所有权并非绝对的和不受限制的权利，受到物权法保护的私有财产必须是合法的财产，非法财产是不受保护的，例如贪污受贿、盗窃、抢劫的财产当然不受法律的保护。公民利用其财产从事生产经营和投资活动，必须遵守国家的法律和政策，依法纳税，服从有关国家机关的监督管理，不得通过非法手段获取财产。对于公民个人财产，要明确合法与非法的界限，并严格禁止采用非法手段获取个人财产，从而有助于堵塞用不正当手段谋取个人财产的途径，引导人们通过合法手段取得财产。

四、社会团体法人、捐助法人所有权

《民法典》第270条规定："社会团体法人、捐助法人依法所有的不动产和动产，受法律保护。"这就确认了两类财产的保护：一是社会团体法人的财产。社会团体法人是指具备法人条件，基于会员共同意愿，为公益目的或者会员共同利益等非营利目的而依法设立的社会团体，如工会、妇女联合会、工商业联合会等。虽然社会团体法人属于非营利法人，但为保障其正常的运营和责任承担，其也需要有独立的财产，其财产可能源于成员出资或成员缴纳的费用，也可能源于社会捐助。这些财产归社会团体所有，并受法律保护。二是捐助法人的财产。所谓捐助法人，是指具备法人条件，为公益目的以捐助财产设立的基金会、社会服务机构等组织。在比较法上，捐助法人通常被称为私法上的财团法人。我国《基金会管理条例》确立了基金会这一法人类型。捐助法人的财产应当属于捐助法人所有。例如，基金会就是由各类组织以及个人自愿的捐赠所形成的。这些自愿捐赠的资金脱离了捐助人之后，具有独立性，所有权也从原捐助人转移至捐助法人，为该法人所享有。[①] 从捐助者的角度来说，捐助法人一旦成立，便与捐助者脱离关系，捐助者不再对捐助对象享有支配权。捐助法人中的有关人员也应当按照捐助章程来管理运作财产，这和社团法人是有区别的。依据《民法典》第270条，社会团体法人、捐助法人依法所有的不动产和动产，受法律保护。

社会团体法人、捐助法人所有权的法律特征在于：

第一，它不能按照所有制归属于任何一类所有权。《民法典》从确认和维护基本经济制度出发，将所有权区分为国家、集体和私人所有权。而社会团体法人、捐助法人很难归入其中任何一类，其既不是国家财产，也不是集体和个人的财产，实际上是国家、集体和私人所有权以外的一类所有权。例如，国家举办的事业单位所支配的财产，应当推定为国有财产。但如果事业单位确实有证据证明其财产并不属于国家出资的财产，而应当归属于其他社会团体法人的财产，那么，经过合法的程序确认，也可以依据《民法典》第270条的规定，确定为其他社会团体所有。

第二，它已经成为法人所有的财产，其所享有的财产权是一种特殊的法人财产权。社会团体都是依法成立的，其既可以是法人，也可以不是法人[②]，对于属于法人的社会团体，其所享有的财产权是一种特殊的法人财产权。《民法典》在所有权的分类上没有采用自然人、法人的分类方法，也没有规定一个抽象的法人所有权制度。这是因为法人的种类繁多，不同的法人所支配的财产性质是不同的，有些法人支配的是国有财产，有些支配的是集体或私人的财产，应当将其分别归入不同类型的所有权之中。但在国家、集体、私人所有权之外，还存在着一种特殊的法人财产。它不属于国家和集体的财产，但是，也不能作为私人财产对待。这种财产和个人财产是相分离的。有关这些财产的使用，应该依据法律和法人的章程、合同等的规定来确定。

---

① 参见佟柔主编：《中国民法》，128页，北京，法律出版社，1990。

② 参见全国人大常委会法制工作委员会民法室编：《中华人民共和国物权法条文说明、立法理由及相关规定》，69页，北京，北京大学出版社，2007。

第三，社会团体法人、捐助法人性质上属于“其他权利人的物权”。《民法典》第207条规定：“国家、集体、私人的物权和其他权利人的物权受法律平等保护，任何组织或者个人不得侵犯。”此处所说的“其他权利人的物权”，就包括社会团体法人、捐助法人的财产。《民法典》在国家、集体和私人所有权之外，专门规定社会团体所有权，不仅有利于确认各种财产的归属，解决产权的争议，而且有利于促进我国文化、教育、宗教等事业的发展。[①]

社会团体的财产大多涉及文化、教育、宗教等事业，其中包括宗教场所法人的财产。宗教场所法人在性质上属于捐助法人。《民法典》第92条第2款在法律上确立了宗教场所的法人资格。所谓宗教活动场所法人，是指依法取得捐助法人资格的宗教活动场所。宗教活动场所法人不是人的集合，而是财产的集合，是由土地、建筑、庙产等构成的财产综合体，作为财产集合，其性质应为财团法人。作为宗教活动场所法人基础的财产，主要包括其依法使用的土地，依法所有或者管理使用的建筑物、构筑物、各类设施等，在《民法典》制定之前，因为没有明确宗教活动场所的法人资格，导致寺院、教堂等不能在银行开设账户，善款往往以个人名义存入银行，房产、地产、机动车等财产的所有权不能登记在宗教活动场所名下。这些都导致宗教财产权权属关系混乱，宗教财产得不到有效保护和监督管理。[②] 依据《民法典》第270条，宗教活动场所法人的财产同样受法律保护。

问题与思考

1. 简述所有权的概念、特征以及其与财产、财产权的区别。
2. 简述占有的概念及区分善意占有与恶意占有的意义。
3. 如何确定遗失物所有权的归属？
4. 简述善意取得的概念、构成要件与法律效果。
5. 简述国家所有权的特点。
6. 案例分析：

甲继承了一套房屋，在办理产权登记前将房屋出卖并交付给乙，在办理产权登记后又将该房屋出卖给丙并办理了所有权移转登记。丙受丁胁迫而将房屋出卖给丁，并完成了移转登记。丁旋即将房屋出卖并移转登记于戊。（案例来源：法律职业资格考试题）

请问：谁是房屋的所有权人？

---

① 参见全国人大常委会法制工作委员会民法室编：《中华人民共和国物权法条文说明、立法理由及相关规定》，69页，北京，北京大学出版社，2007。

② 参见冯玉军：《宗教财产归属与宗教法人资格问题的法律思考》，载《苏州大学学报（法学版）》，2016（1）。

第十五章
业主的建筑物区分所有权

本章概要

业主的建筑物区分所有权，简称为区分所有权，是在对建筑物内的不动产进行区分的基础上，业主享有的由专有部分所有权、共有权、管理权相结合而组成的一种特殊物权。建筑物区分所有权是权利的集合体，三种权利是紧密结合成为一个整体的，且不可分割，权利人不能对建筑物区分所有权中的不同权利进行分割行使、转让、抵押、继承或抛弃。区分所有权的客体主要是建筑物，但也不限于建筑物，业主的区分所有权的客体的范围已经从建筑物拓展到整个小区。例如，小区规划范围内的绿地、道路，按照《民法典》物权编的规定，属于全体业主共同所有。在法律上建立区分所有制度，可以明确在区分所有情况下的产权和利益关系，有助于保护公民的切身利益，解决各种产权纠纷，维护社会生活的安定，构建和谐社会。

第一节　业主的建筑物区分所有权概述

一、建筑物区分所有权的概念

区分所有是随着现代住宅商品化，一幢大楼内部的所有权结构向多元化方向发展而形成的。随着工商业的发展和经济的繁荣，城市人口急剧增加，继衣食之后的居住问题日趋突出。建筑面积的增长需求和土地面积的有限性之间的矛盾，都促使建筑物不断向多层高空发展。而一栋住宅高楼常常不可能为一人所有或数人共有，只能分割为不同部分而为众多的住户所有，正是因为多个所有人共同拥有一栋高层建筑物，从而产生了区分所有。[①]

---

① 参见段启武：《建筑物区分所有权之研究》，载梁慧星主编：《民商法论丛》，第1卷，289页，北京，法律出版社，1993。

《民法典》第271条对业主的建筑物区分所有权进行了定义："业主对建筑物内的住宅、经营性用房等专有部分享有所有权，对专有部分以外的共有部分享有共有和共同管理的权利。"该概念一方面明确了建筑物区分所有权的主体是业主，这就不同于业主之外的房屋承租人、借用人、管理人等，这些人也被称为"专有部分占有人"，而专有部分占有人并不是所有权人，而是非所有权人，因此不能被称为业主。[①] 另一方面，该概念也确认了区分所有权是在对建筑物进行纵向和横向区分的基础上，由业主所享有的专有部分的所有权、共有权和共同管理权三项权利所组成的一种复合的权利。这也表明区分所有权是特殊的物权，需要在物权法上专门对其作出规定。此外，该概念明确了建筑物区分所有权的客体是建筑物内的住宅、经营性用房。也就是说，区分所有权的客体不限于住宅，也可以是经营性用房。

《民法典》物权编设立专章规定业主的建筑物区分所有权，这在比较法上是较为罕见的，由于业主的建筑物区分所有权是广大城市居民最重要的财产，也是人民群众安居乐业的基础，保障业主的建筑物区分所有权，也是保障其基本民生。因此，《民法典》设立专章具体规定了业主的建筑物区分所有权，对于保护公民的基本财产权、保障民生、建设法治国家与和谐社会具有重要意义。

二、建筑物区分所有权的特征

建筑物区分所有权具有如下法律特征。

（1）区分所有权是在对建筑物进行区分的基础上产生的。建筑物区分所有权不同于传统的独门独院、一家一户的传统所有权，就在于它是在对建筑物进行区分的基础上形成的产权。所谓区分是指因为对建筑物进行纵向和横向的区分，而形成了一层或者一套房屋的产权，从而在此基础上产生了专有部分的所有权、共有权以及业主的管理权，这些权利的集合就是建筑物区分所有权。一般来说，对建筑物内部的分割可采取三种不同方式：1）纵的分割，即将一栋建筑物从纵的角度划分为数户，从而产生纵的区分所有权。2）横的分割，即将一栋建筑物以横的水平分割，而将各层分属于区分所有权人的建筑物，从而产生横的区分所有权。例如，一栋二层建筑物，一层为甲所有，二层为乙所有。3）纵横的分割，即通过上下横切、左右纵横分割成独立成套的建筑物，从而产生纵横混合的区分所有权。[②] 正是因为建筑物区分所有权具有复杂性，所以应当在物权法中专门作出规定。

（2）区分所有权的权利主体是业主。所谓业主通常是指买房置业的人或者说不动产的所有人，在区分所有的情况下，业主即建筑物区分所有权人。因为业主取得了对专有部分的所有权，才能享有对建筑物及其小区附属共有财产的共有权以及管理权。业主既可以是自然人，也可以是法人或其他组织。只要是获得专有部分所有权并因此取得共有

---

① 参见陈华彬：《业主的建筑物区分所有》，载《中外法学》，2006（1），陈华彬认为，应对《物权法（草案）》使用"业主的建筑物区分所有权"一语给予否定性评价，建议取法日本的立法名称，将《物权法（草案）》中"业主的"三个字删去，而直接称为"建筑物区分所有权"。

② 参见陈华彬：《现代建筑物区分所有制度研究》，20页以下，北京，法律出版社，1995。

部分的人，都能成为业主。

(3) 区分所有权的内容是由三项权利构成的。区分所有权不同于传统独门独院的房屋所有权，后者产权是单一的，即只存在专有部分的使用权和所有权，而不存在共有权和管理权的问题，但区分所有权是由专有权、共有权和管理权构成的。依据《民法典》第271条的规定，建筑物区分所有权的内容包括三个方面，即专有部分的所有权、共有权和管理权。可见《民法典》第271条采纳的是三要素说。

(4) 区分所有权的客体主要是建筑物，但也不限于建筑物。由于建筑物区分所有，是承认建筑物本身的权利，因而区分所有权只有在建筑物与土地权利相分离的情况下，才可能产生。如果采取土地吸收建筑物的模式，建筑物是土地或者地上权的组成部分，这就很难解释建筑物区分所有。建筑物区分所有的客体首先是建筑物，包括所有可能发生建筑物区分所有的类型，如公寓、普通住宅以及连体别墅。在我国物权法中，区分所有权的客体不限于建筑物，因为尽管我国《民法典》物权编使用的是建筑物区分所有权的概念，但是业主的区分所有的范围已经扩大。在我国，由于商品房开发都是以小区为单位进行规划和建设的，所以，业主的区分所有权的范围已经从建筑物拓展到整个小区。例如，小区规划范围内的绿地、道路，按照物权编的规定，属于全体业主共同所有。小区中的其他公共场所和公共设施也属于业主共有。物权编之所以采用建筑物区分所有权的概念，主要是因为建筑物区分所有权的主要客体仍然是建筑物，即业主对建筑物专有部分享有的财产权。

建筑物区分所有权就是由专有部分的所有权、共有权和共同管理权所构成的一种不动产物权。[①] 由此可见，建筑物区分所有权是一种特殊的物权。我国物权编之所以设立专章规定建筑物区分所有权，而并不是在所有权的一般规则或者共有部分规定建筑物区分所有权问题，表明建筑物区分所有权是一种特殊类型的物权。承认建筑物区分所有为一种特殊的权利，一方面有利于将此种权利与一般的所有权和共有区别开来，保证业主能够有效地行使其三项权利，尤其是强调业主对建筑物的共有财产以及小区的共有财产从整体上负有维护、维修的义务和责任。全体业主已经形成了共同的利害关系，因而负有共同的责任。另一方面，法律也对建筑物区分所有权的行使确立了特殊的规则，例如，要求区分所有权人在行使权利时必须尊重业主所确立的管理规约，禁止业主分别单独转让共有权或者要求分割共有部分，以免引起权利行使和管理的不便和纠纷。

三、业主身份的认定

建筑物区分所有权的主体是业主。何为业主？一般认为，业主是指产权或者企业的所有者。[②] 但在物权法上，业主的概念具有特定的含义。依据《建筑物区分所有权司法解释》的相关规定，业主主要包括以下两类。

---

① 参见郑云瑞：《民法物权论》，155页，北京，北京大学出版社，2006。

② 参见《现代汉语词典》，1349页，北京，商务印书馆，1991。

1. 依法取得专有部分所有权的人

《建筑物区分所有权司法解释》第 1 条第 1 款规定："依法登记取得或者依据民法典第二百二十九条至第二百三十一条规定取得建筑物专有部分所有权的人，应当认定为民法典第二编第六章所称的业主。"依据该规定，通过登记或者依法取得建筑物专有部分所有权的人，可以取得业主身份。此种情形下的业主身份的取得主要有两种途径：一是基于法律行为的物权变动并依法登记。依据《民法典》第 209 条的规定，不动产的物权变动采登记原则，只有经过登记才能取得不动产所有权，因此，如果基于买卖、赠与等行为而移转房屋所有权的，只有经过登记才能取得建筑物区分所有权。二是基于非法律行为的物权变动或者基于特殊类型的法律行为的物权变动。在基于非法律行为的物权变动的情形，不动产所有权的变动并不需要进行登记。例如，因征收、法院的裁决、合法建造等，这就是《民法典》物权编第二章第三节规定的所有权的事实取得的方式。因此《建筑物区分所有权司法解释》第 1 条承认依据此种方式取得所有权的人也为业主。

2. 基于买卖已合法占有建筑物专有部分的人

如前所述，原则上，业主必须要基于依法登记取得或基于事实行为取得建筑物专有部分的所有权。但在特殊情形下，为保护业主利益，也应当承认尚未登记，但已经通过买卖合同而合法占有建筑物专有部分的人为业主。《建筑物区分所有权司法解释》第 1 条第 2 款规定："基于与建设单位之间的商品房买卖民事法律行为，已经合法占有建筑物专有部分，但尚未依法办理所有权登记的人，可以认定为民法典第二编第六章所称的业主。"依据这一规定，在特殊情形下，取得业主身份要符合三个条件。

第一，与建设单位之间订立了合法有效的商品房买卖合同。依据这一规定，不经登记而取得业主身份，仅限于与建设单位之间订立买卖合同的情形。如果从建设单位处取得所有权的人再次转让给第三人，则第三人不可能依据该条规定而取得业主身份。① 何谓建设单位?《建筑物区分所有权司法解释》第 17 条规定："本解释所称建设单位，包括包销期满，按照包销合同约定的包销价格购买尚未销售的物业后，以自己名义对外销售的包销人"。据此，该解释实际上对"建设单位"的概念作了扩大解释，即其不仅包括直接与单个业主订立合同的人，而且包括以包销的方式销售物业的人。将包销人视同建设单位，也有利于保护业主利益。②

第二，因交付而合法占有建筑物专有部分。只要建设单位已经交付建筑物的专有部分给买受人，买受人就取得了业主身份。从实践来看，交付的认定以交付房屋钥匙为准，而不考虑是否实际入住。

第三，尚未依法办理所有权登记。该司法解释之所以不以登记为要件，是因为实践中没有办理登记的情形很复杂，经常因为建设单位的原因而迟延办理登记，且办理登记的程序复杂，需要一定的时间。如果以登记为准，则买受人可能因未登记而不能取得业

---

① 参见王利明主编：《建筑物区分所有权、物业服务司法解释》，5 页，北京，中国法制出版社，2010。

② 参见最高人民法院民事审判第一庭编著：《最高人民法院建筑物区分所有权、物业服务司法解释理解与适用》，228 页，北京，人民法院出版社，2009。

主身份，这对于买受人极为不利，对于业主权利行使和义务承担都造成障碍。[①] 另外，如果以登记为准来确定业主身份，在建设单位已与买受人订立买卖合同且已交付的情形下，如果仅因未办理移转登记，仍以建设单位为业主，也不符合当事人的真实意思。

第二节 专有权

一、专有权的概念

专有部分所有权，简称为专有权，是指区分所有人对其建筑物内的住宅、经营性用房等专有部分所享有的单独所有权。所谓专有部分，是指具有构造上及使用上的独立性，并能够成为分别所有权客体的部分。[②]《民法典》第 272 条规定："业主对其建筑物专有部分享有占有、使用、收益和处分的权利。业主行使权利不得危及建筑物的安全，不得损害其他业主的合法权益。"该条对建筑物区分所有权的专有部分所有权作出了规定，专有部分所有权的特点在于：

（1）专有部分所有权具有所有权的效力。《民法典》第 272 条规定，业主对其建筑物专有部分享有占有、使用、收益和处分的权利。这就表明，专有权人对其专有部分的所有权享有如同一般所有权一样的权能，包括占有、使用、收益和处分，从这个意义上说，专有部分的所有权本质上仍然属于所有权。专有部分的所有人对其专有部分享有完全的占有、使用、收益和处分权，某一专有权人在出售其专有部分时，其他权利人不享有优先购买权。专有权人也享有基于所有权产生的物权请求权。

（2）专有权的客体具有特殊性。一般所有权的客体是特定的动产或不动产。而区分所有权中专有权的客体不可能是独立的不动产，而只能是建筑物经分割后形成的具有一定独立性和可公示性的"专有部分"，具有空间上的统一性和封闭性。[③] 通常，专有部分所有权的客体都位于建筑物之内，业主的专有部分的所有权，主要是对建筑物内的财产享有所有权。在特殊情况下，规划确定某块绿地属于特定的业主所有，也可以作为专有部分所有权的客体。

（3）专有部分所有权在行使上具有特殊性。专有部分所有权，尽管具有一般所有权的效力，但它又不完全等同于一般的所有权。因为区分所有和独门独院的房屋的所有权不同，在独门独院的情况下，所有人是单独生活，其行使所有权一般不会威胁到其他建筑物的安全，一般也不会影响其他人的生活。但是，在区分所有的情况下，某一业主是和其他众多业主一起共同生活，形成一种住宅所有人共同体，因此其行使专有部分的所有权直接关系到其他业主的利益。所以，在法律上有必要对专有部分的行使作出更多的限制。这也是专有部分所有权不同于一般所有权的重要特点。

---

① 参见最高人民法院民事审判第一庭编著：《最高人民法院建筑物区分所有权、物业服务司法解释理解与适用》，32 页，北京，人民法院出版社，2009。

② 参见王泽鉴：《民法物权》，第 1 册，197 页，台北，自版，2001。

③ MünchKomm / Commichau，WEG，§ 5，Rn. 4.

(4) 专有部分的所有权居于主导地位。尽管业主享有的建筑物区分所有权，是由多种权利构成的，但在各项权利中，专有部分的所有权居于主导地位，其他权利都是由专有部分的所有权决定的。基于专有部分的所有权，才决定了共有部分的持有份比例，决定了共有权中的使用和收益范围，决定了在行使共同管理权时管理权的大小。所以，专有部分的所有权应当在各项区分所有权中居于核心地位。

二、专有部分的范围

所谓专有部分的范围，是指专有部分所涉及的部分，它是界定业主专有部分所有权的基础。《建筑物区分所有权司法解释》第 2 条规定："建筑区划内符合下列条件的房屋，以及车位、摊位等特定空间，应当认定为民法典第二编第六章所称的专有部分：（一）具有构造上的独立性，能够明确区分；（二）具有利用上的独立性，可以排他使用；（三）能够登记成为特定业主所有权的客体。"依据这一规定，专有部分要成为区分所有权的客体，必须具备如下几个条件。

（一）必须具有构造上的独立性

构造上的独立性又称为"物理上的独立性"，它是指各个部分在建筑物的构造上可以被区分开，并与建筑物其他部分在物理上隔离开来，如此才能客观地划分为不同部分并为各个所有人独立支配。[①] 在法律上要求构成上的独立性的原因在于：一方面，由于区分所有要将建筑物分割为不同部分而为不同所有者单独所有，而单独所有权的支配权效力所及的客体范围必须明确，要明确划分范围就必须以墙壁、地板、大门等作间隔和区分标志。另一方面，只有在客体范围十分明确的情况下，才能确定权利范围，同时准确地判断他人的行为是否构成对某一专有权的损害，如果各个权利的客体都不能区分开，也就很难判定某人的权利是否受到侵害。

（二）必须具有利用上的独立性

所谓利用上的独立性，是指业主能够针对专有部分所有权的各个部分，独立地利用并可以排他使用。建筑物被区分为各个部分以后，每一部分都可以被独立地使用或具有独立的经济效用，此种独立性在学说上又被称为"机能上之独立性"或"利用上之独立性"[②]。一方面，所谓独立的利用，是指不需借助其他部分辅助即可利用，如区分的部分可以用来住人、用作店铺、办公室、仓库、停车场等，以住家为目的的专有部分，其内部应有居住空间、厨房等，应当具有独立的经济效用。另一方面，所谓独立的利用，是指权利人可以直接占有该专有部分并进行排他地利用。假如区分为各个房间以后，该房间并无独立的出入门户，必须利用相邻的单位门户才能出入，则该房间并不具有使用上的独立性，不能排他的利用，从而不能成为区分所有权的客体。通常，判断区分部分能

---

① 参见谢在全：《民法物权论》（上册），修订 2 版，236 页，台北，三民书局，2003。

② 温丰文：《建筑物区分所有权之研究》，19 页，台北，三民书局，1992。

否单独使用，要以该区分部分有无独立的出入门户为判断要素。[①]

（三）能够登记成为特定业主所有权的客体

此种独立性在学说上也被称为“形式的独立性”。构造上和使用上的独立性，乃是经济上的独立性。只有通过登记成为特定业主所有权的客体，才能表现为法律上的独立性。也就是说，通过登记使被分割的各个部分在法律上成为各个所有权的客体。如果被分割的各个部分登记为各个主体所有，则建筑物作为整体不能再作为一个独立物存在。当然，如果各个区分所有权已经归属于一个人时，而该所有人愿意将各部分登记为一个建筑物所有权时，基于物权的排他性原则可以导致其他区分所有权消灭。

三、专有部分的具体认定

（一）房屋

房屋包括住宅用房和商业用房等，《建筑物区分所有权司法解释》第 2 条第 1 款将专有部分的客体范围界定为房屋。房屋最符合上述构造上、利用上、法律上独立性的要求。建筑物区分所有不同于独门独院的房屋所有权，在区分所有的状态下，整栋建筑物作为一个整体已经分割为各个业主的专有部分所有权和共有权的客体，它不能再作为一个物权的客体，如为某人（如建设单位）所有，也不能为每个业主按照一定的份额分别享有所有权。尽管业主负有对整个建筑物的维护维修义务，此种义务是因其享有的专有部分所有权而产生的，不能因为其要承担此种义务，而认为整个建筑物仍然是按份共有的客体。

但是，在特殊情形下，某个业主购买了整栋房屋，该房屋也可能成为区分所有权的客体，例如，在一个小区内有数栋别墅，为数人享有，各个业主对某栋别墅享有专有所有权，但对小区内的公共道路、绿地等，仍可以享有共有权。据此，《建筑物区分所有权司法解释》第 2 条第 3 款规定：“本条第一款所称房屋，包括整栋建筑物。”

（二）特定的空间

《建筑物区分所有权司法解释》第 2 条第 1 款规定：“建筑区划内符合下列条件的房屋，以及车位、摊位等特定空间，应当认定为《民法典》第二编第六章所称的专有部分。”因此，专有部分的范围除了房屋之外，还包括车位、摊位等特定空间。具体而言：一是车位。所谓车位，是指车库中的停车位。就车位来说，虽然它可能没有封闭，但必须在地面上划定确定的分割线，以确定各个车位的区分所有的范围，没有进行如此界分的，不能作为专有部分。这也是前述构造上和利用上独立性的要求。二是摊位。摊位通常是封闭的，各个摊位的界限是清晰的，但也可能存在没有封闭的情形，在此情形下，也应当通过一定方法将各个摊位隔离开，如在地面上划分分割线，或通过挡板等将各个摊位分开，从而区分不同的业主权利的范围。三是其他特定空间。其他特定空间的范围

---

① 参见温丰文：《建筑物区分所有权之研究》，19 页，台北，三民书局，1992。

比较广泛，但要符合一定的条件才能成为专有部分，例如，码头上堆放物品的空间等，如果要成为区分所有权的客体，也必须能够确定其四至的范围。

关于墙壁的物权归属问题，在学术界存在不同的观点。本书认为，应当将共用墙壁既作为共有财产，又作为专有财产来对待。墙壁可以区分为室内墙壁和室外墙壁，室外墙壁应当作为业主的共有财产对待，任何人不得随意在室外墙面上悬挂广告牌、随意涂抹字体、毁损外墙面，否则将构成对整个业主共有财产的侵害。就室内墙壁而言，具有双重性，既具有共有财产的性质，又具有专有财产的性质，建筑物的外墙面属于业主共有，而不属于业主专有。

（三）露台等物业

《建筑物区分所有权司法解释》第 2 条第 2 款规定："规划上专属于特定房屋，且建设单位销售时已经根据规划列入该特定房屋买卖合同中的露台等，应当认定为前款所称专有部分的组成部分。"由此可见，露台等物业也属于业主专有部分，但其成为专有部分必须符合以下条件：第一，必须符合规划的要求。这就是说，规划确定为可以归业主专有的，则为专有部分；如果规划将其确定为共有部分，则其只能成为共有权的客体。第二，必须专属于特定的房屋。这就是说在物理上，该露台与特定房屋具有物理上的直接联系，应当专属于特定房屋的所有人使用。第三，合同中已经对此作出明确约定。这就是说，业主和建设单位订立商品房买卖合同时，已经将露台等列入其中，作为买卖的对象。只有符合上述条件，露台等物业才能被认定为专有部分。

在确定专有部分的范围时，还应当看到，专有部分除建筑物的结构部分以外，还可能包括建筑物的某些附属物（如专用设备）或附属建筑物（如车库、仓库等）。[①]

四、住改商应当符合一定的条件

所谓住改商，是指业主将住宅改变用途，变更为经营性用房的行为。住改商的行为可能影响到其他业主的生活安宁、安全，也可能产生污染（如油烟、废水、噪音）。同时，由于住改商之后，往来人员众多，也会给小区的管理带来很大的不便。[②] 因此，《民法典》第 279 条规定："业主不得违反法律、法规以及管理规约，将住宅改变为经营性用房。业主将住宅改变为经营性用房的，除遵守法律、法规以及管理规约外，应当经有利害关系的业主一致同意。"依据这一规定，住改商应当符合以下条件。

第一，必须符合法律、法规以及管理规约的规定。法律、法规（如《物业管理条例》等）住宅改为经营性用房有明确规定，业主必须遵守这些规定。所谓管理规约是指业主大会集体通过的管理规定，如果其中对住宅改为经营性用房有禁止性的规定，则必须按照管理规约的规定，不得将住宅改为经营性用房。如果业主制定的管理规约不允许将住宅改为商用，则不能更改。

---

① 参见温丰文：《区分所有权与所有权建物之专有部分》，载《法令月刊》，第 42 卷，35 页。

② 参见胡康生主编：《中华人民共和国物权法释义》，180 页，北京，法律出版社，2007。

第二，必须经过有利害关系的业主一致同意。《建筑物区分所有权司法解释》第11条规定："业主将住宅改变为经营性用房，本栋建筑物内的其他业主，应当认定为民法典第二百七十九条所称'有利害关系的业主'。建筑区划内，本栋建筑物之外的业主，主张与自己有利害关系的，应证明其房屋价值、生活质量受到或者可能受到不利影响。"这就是说，有利害关系的业主包括两种情形：一是本栋建筑物内的其他所有业主，其只需提供并证明其合法的业主身份即可。[①] 二是该建筑区划内的本栋建筑物之外的、有利害关系的业主。不过，这些业主应当对其房屋价值、生活质量受到或者可能受到不利影响负担举证责任。

所谓经过有利害关系的业主的一致同意，是指所有有利害关系的业主都应当同意。由于民宅商用直接影响到有利害关系的其他业主的生活质量、房屋价值等，每一个利害关系业主的居住利益都应得到尊重和保障，因此要求所有有利害关系的业主同意是必要的。《建筑物区分所有权司法解释》第10条第2款规定："将住宅改变为经营性用房的业主以多数有利害关系的业主同意其行为进行抗辩的，人民法院不予支持。"这就采纳了"利害关系业主一致同意原则"。也就是说，即使是有多数利害关系的业主同意，也不得进行住改商。例如，如果要将自己的住宅改为歌厅，因为可能影响到整个建筑物全体业主的利益，故需要取得全体业主的同意。有利害关系的业主的同意应以明示的方式作出，如果其并未以明示方式作出，则不应推定有利害关系的业主已经同意"住改商"的行为。[②] 在业主擅自进行住改商的情况下，因为该行为可能损害其他业主的合法权益，所以，其他业主可以请求该业主承担排除妨害、消除危险、恢复原状以及赔偿损失等责任。

第三节　共有权

一、共有权的概念和特点

所谓建筑物区分所有人对共有部分的共有权，是指区分所有人依据法律、合同以及区分所有人之间的规约，对建筑物的共用部分、基地使用权、小区的公共场所和公共设施等所共同享有的财产权利。例如，区分所有人对于小区的绿地、道路所享有的共有权。建筑物区分所有人的共有权具有如下特点。

（1）权利主体的特殊性。建筑物区分所有权中共有权的权利主体是业主大会或者全体业主。与一般财产共有相比，在建筑物区分所有中，共有人是众多的，随着现代建筑物向高层、高空发展，一栋建筑物的住户越来越多，一个小区内可能有成千上万的业主，他们都构成了小区内共有财产的主体。正是因为人数众多，不可能每一个人都参与共有财产的管理，通常需要由业主通过业主委员会或其委托的物业服务企业来实际行使管理权。本书认为，建筑物区分所有权中共有权的主体为全体业主，如果已经成立了业主大

---

① 参见最高人民法院民事审判第一庭编著：《最高人民法院建筑物区分所有权、物业服务司法解释理解与适用》，170页，北京，人民法院出版社，2009。

② 参见最高人民法院民事审判第一庭编著：《最高人民法院建筑物区分所有权、物业服务司法解释理解与适用》，157页，北京，人民法院出版社，2009。

会，也可以登记在其名下，这就有必要在法律上赋予业主大会以民事权利主体资格。如果没有成立业主大会，则应当登记在全体业主名下。

（2）共有部分附随于专有部分。在建筑物区分所有的状态下，区分所有人所享有的共有权与其对专有部分所享有的单独所有权是密切联系在一起的，共有权是由专有部分所决定的，并从属于专有部分的所有权。在区分所有的情形下，共有部分不能独立存在，也不能单独转让和继承。只有在取得了专有部分的所有权之后才能相应地取得共有权。一般来说，专有部分的面积越大，共有部分的份额越大。转让专有部分所有权，共有部分也应相应转让。[①] 专有权的大小也常常要决定其承担修缮共有财产的义务范围，任何买受人购买房产，一旦取得专有部分的所有权，则自然取得共有部分所有权。在区分所有的成立登记上，一般只登记专有部分所有权，而对共有部分所有权并不单独登记。[②] 正是由于共有部分附随于专有部分，因而区分所有权中的共有，既不同于按份共有，也不同于共同共有，可以将其视为一种特殊的共有形态。

（3）客体范围较为广泛。一般来说，专有部分的所有权限于建筑物内。但对于共有权而言，则不限于建筑物内，还可能延伸到小区其他设施。共有部分的范围主要包括如下方面：1）建筑物的基本构造部分，例如支柱、屋顶、外墙或地下室等。2）建筑物的共有部分及附属物，例如，楼梯、消防设备、走廊、水塔、自来水管道等，以及仅为部分区分所有人所共有的部分。3）建筑物所占有的地基的使用权，在法律上归属于全体建筑物区分所有人共同所有。4）住宅小区的绿地、道路、物业管理用房。5）公共场所和公共设施，如小区大门建筑、艺术装饰物等地上或地下共有物和水电、照明、消防、保安等公用配套设施，除依法归属于国家或有关法人所有外，应当归属于全体住宅小区的业主所共有。6）小区内的空地。7）其他共有财产，例如小区内种植的树木等。

（4）共有权的内容包括权利与义务。《民法典》第 273 条第 1 款规定："业主对建筑物专有部分以外的共有部分，享有权利，承担义务；不得以放弃权利为由不履行义务。"业主对建筑物专有部分以外的共有部分在享有共有权和共同管理权的同时，也要承担对建筑物共有部分的维护、维修以及分担有关物业管理、维护维修的义务。如果小区的共有部分受有损失，也应当分担损失。物权编之所以强调业主对共有部分既享有权利，又要承担义务，原因在于业主往往注重对自己专有部分权利的行使和义务的履行，但易于忽视对共有部分的义务承担。例如，在实践中有的业主因拖欠共同维修费用，使建筑物共有部分长期得不到维护。依据《民法典》第 273 条的规定，业主在享有共有权的同时，应当履行共有人的义务，不得以放弃权利为由不履行义务。

二、共有部分的范围

（一）共有部分的确定标准

共有部分的确定分为如下情形：一是法定共有，即依据法律法规和相关司法解释的

---

① 参见陈华彬：《物权法》，274 页，北京，法律出版社，2004。

② 参见陈华彬：《现代建筑物区分所有制度研究》，91 页，北京，法律出版社，1995。

规定所确定的共有。例如，依据《民法典》第 274 条的规定，规划范围内道路、绿地等归业主共有。《建筑物区分所有权司法解释》第 3 条第 1 款也扩张了物权法有关法定共有的范围。从广义上说，司法解释确定的共有属于特殊情形的法定共有。法定共有的规定属于强行法，一旦法律规定之后，当事人不得在购房合同中通过约定变更归属。建设单位也不能通过合同来处分这些法定共有的财产。法定共有也是附随于专有权的，一旦业主取得了房屋的专有权，同时也取得共有权。二是约定共有。约定共有是指业主通过管理规约等确定的共有，例如，小区内的会所等可以通过约定确定其归属。

（二）共有部分范围的类型

依据《民法典》及相关规定，建筑物区分所有权中共有部分在范围上包括以下内容。

（1）房屋基本结构部分、公共通行部分和附属设施等。依据《建筑物区分所有权司法解释》第 3 条第 1 款第 1 项，共有部分首先包括建筑物的基本结构部分，它是指建筑物的基础、承重结构、外墙、屋顶等。所谓公共通行部分，是指通道、楼梯、大堂等公共通行部分。所谓附属设施等，是指消防、公共照明等附属设施、设备、避难层、设备层或者设备间等结构部分。此外，依据《建筑物区分所有权司法解释》第 2 条第 2 款："规划上专属于特定房屋，且建设单位销售时已经根据规划列入该特定房屋买卖合同中的露台等，应当认定为前款所称的专有部分的组成部分。"凡是不属于规划上专属于特定房屋，且建设单位销售时未根据规划列入该特定房屋买卖合同中的露台，对此类物业，可以认为属于《民法典》第 274 条所规定的公共场所，应当认为属于全体业主共有。

（2）绿地。《民法典》第 274 条规定："建筑区划内的绿地，属于业主共有，但是属于城镇公共绿地或者明示属于个人的除外。"根据该条规定，除属于城镇公共绿地或者明示属于个人的以外，业主对小区内的绿地享有共有权。绿地应当作为共有财产属于全体业主共有，不能由建设单位保留所有权，因为业主在购买房屋时，小区内的绿地面积是重要的考虑因素，其甚至可能将绿地的有无以及面积的大小作为决定自己是否购买房屋的决定性条件。如果由建设单位保留对绿地的所有权，则建设单位可能基于自己利益的考虑而改变绿地用途，此时，业主将很难通过法律的途径来对此种行为加以制约。当然，物权法只是整体地推定绿地属于业主共有，依据《民法典》第 274 条的规定，如果绿地属于城镇公共绿地或者明示属于个人所有，则该绿地不再属于业主共有。

（3）道路。道路是指小区内没有经过市政规划的用于通行的道路。《民法典》第 274 条规定："建筑区划内的道路，属于业主共有，但是属于城镇公共道路的除外。"这就是说，如果是规划确定的公共道路，就应当属于公有物，属于国家所有。物权编为什么确认道路归业主共有？因为道路是各业主进入自己所在建筑物和专有部分的必经之路，是所有业主实现其专有部分所有权所必需的。业主购买房屋，必须取得对道路的权利，否则还需要通过相邻关系或者设定地役权的方式获得通行权，这显然对业主极为不利。如果允许建设单位和业主在售房合同中保留对道路的权利，就会引发许多产权的纠纷。值得注意的是，虽然道路、绿地必须归业主共有，但业主也不能随意改变这些道路、绿地的规划用途，如不能在此之上私盖建筑等。如果其他小区的业主有必要通行，则应当按照相邻关系的有关规定处理。

(4) 物业服务用房。物业服务用房是指物业管理公司为管理整个小区内的物业而使用的房屋。物业服务用房应当归全体业主共有。《民法典》第 274 条规定，物业服务用房应当规定为全体业主共有。因为物业服务用房是向小区提供物业服务所必需的。没有物业服务用房，物业服务企业等就无法为业主提供必要的物业服务。

(5) 维修资金。所谓维修资金，就是指由业主支付的专门用于住宅共用部分、共用设施和设备维修的资金。《民法典》针对维修资金的规定涉及如下内容。

一是明确了维修资金的归属。依据《民法典》第 281 条规定，“建筑物及其附属设施的维修资金，属于业主共有”，由于维修资金是向业主筹集的资金，业主按照缴纳比例对维修资金享有权利，维修资金归全体业主共有，任何人未依据法律规定和法定程序擅自使用维修资金的，均构成对业主共有权的侵害。

二是明确了维修资金的用途。依据《民法典》第 281 条规定，维修资金必须用于共有部分的修缮，如电梯、物业外墙等物业设施，也可以用于物业服务用房的修缮。具体的修缮活动包括相关设施的维修、更新和改造。明确维修资金的使用不限于共有部分的维修，还包括共有部分的更新和改造。因此，维修资金的使用不限于共有部分的维修，还包括共有部分的更新和改造。维修资金不能用于业主专有部分的修缮。

三是明确了维修资金的使用规则。依据《民法典》第 278 条第 2 款的规定，维修资金的使用必须要业主共同决定，且必须同时满足“参会比例”和“表决比例”的要求：一方面，在“参会比例”的问题上，不要求全体业主共同参与，而只要参与的业主在人数上占到全体业主的 2/3 以上，同时参会业主所占专有部分面积达到 2/3 以上即可。另一方面，在“表决比例”的问题上，“应当经参与表决专有部分面积四分之三以上的业主且参与表决人数四分之三以上的业主同意”。以最低的参会人数为例，此时维修资金的使用条件，其实就是要求达到全体业主人数的 1/2 且所占专有面积也达到 1/2 的要求。同时，业主对维修资金的使用，全体业主享有知情权。无论是业主大会、业主委员会还是物业公司，都有义务将维修资金的使用情况向全体业主公布，业主也有权对维修资金的使用情况进行查询、监督。

四是规定了紧急情况下维修资金的使用规则。从实践来看，一旦出现紧急情况（如出现暴雨、大风）导致建筑物漏雨、外墙面脱落等，危及业主的人身、财产安全，则需要紧急动用维修资金进行修缮。在此情形下，如果按照《民法典》第 278 条由业主大会进行表决，时间可能来不及。因此，《民法典》第 281 条第 2 款确认了维修资金的紧急使用权，即在出现了紧急情况下可使用维修资金的规则，依据这一规则，维修资金的紧急使用不需要召开业主大会，业主大会或者业主委员会可以直接申请动用维修资金维护。所谓依法申请，是指业主大会或者业主委员会依据法律规定直接向政府有关维修资金的管理部门申请即可，这既有利于应对自然灾害，也是为了维护业主的利益。

(6) 建筑区划内的其他公共场所和公用设施。《民法典》第 274 条规定：“建筑区划内的其他公共场所、公用设施和物业服务用房，属于业主共有。”所谓其他公共场所和公用设施，是指除绿地、道路之外的公共场所和公用设施。《建筑物区分所有权司法解释》第 3 条规定：“其他不属于业主专有部分，也不属于市政公用部分或者其他权利人所有的场所及设施等。”该解释采取了排除法，即如果不属于业主专有和其他人所有的场所和设施，则属于业主共有的“其他公共场所、公用设施”。所谓公共场所，是指能够为全体业主所共同使用或利用的场所。换言之，是除绿地、道路等以外的，为全体业主所共同使用的地方。公共场所包括广场、园林、走廊、门庭、大堂等。[①] 所谓公用设施，是指为保障专有部分的利用而修建的专门服务于业主的配套设施。例如，各种健身设施、消防设施、围墙、大门、自行车车棚、外墙、配电箱等。[②] 公用设施是为了满足小区业主共同利益的场所和设施，从而区别于完全用于营利性的、面向社会开放的活动的各种设施。

（7）小区内未纳入建筑区划的其他场地。《民法典》第 275 条规定：“占用业主共有的道路或者其他场地用于停放汽车的车位，属于业主共有。”此处实际上规定了占用业主共有的道路或者其他场地应当归业主共有。那么如何理解其他场地？结合《民法典》第 274 条和第 275 条的规定，可以认为此处所说的其他场地，主要是指未纳入建筑区划的空地。本书认为，依据《民法典》第 275 条的规定，尽管空地没有纳入规划的范围内，也应当作为其他场地，归业主共有。对于规划中并未进行建设的空地，建设单位也不能擅自改变整体规划用途进行开发。虽然空地未纳入规划建设的范围，但显然将某块土地留作空地是符合整体规划要求的。为了避免建设单位擅自改变规划，也有必要确认空地归业主共有。既然空地归业主共有，如果在空地上设置健身设施、体育锻炼场所，该物业也应该归业主共有，由业主决定如何使用。

（8）因利用共有部分产生的收益。《民法典》第 282 条就确认，“建设单位、物业服务企业或者其他管理人等利用业主的共有部分产生的收入，在扣除合理成本之后，属于业主共有。”依据这一规定，一方面，建设单位、物业服务企业或者其他管理人等利用业主的共有部分产生的收入（例如，物业服务企业利用小区空地用作停车场产生的收入，建设单位利用建筑物外墙面产生的收入等），属于业主共有。《民法典》颁行前，我国《物权法》对此规定不明确，经常发生争议。《民法典》新增这一规则，强化了业主共有权的保护。另一方面，此处的收入应当扣除合理成本，即相关的合理开支。该规定扩大了共有权的客体范围，使其包括了收益。此外，物业服务企业等产生的收益也应当定期向业主进行报告。

（9）其他场所、设施和物业。除上述公共部分外，建筑物的公共通行部分、建筑物的附属设施部分、建筑物的结构空间部分等，都属于共有部分的范围。此外，《建筑物区分所有权司法解释》第 3 条第 1 款规定：“其他不属于业主专有部分，也不属于市政公用部分或者其他权利人所有的场所及设施等”，也属于共有部分。该条实际上采取兜底性列举的方式，按照“非特定权利人所有即为业主共有”的原则，将法律上没有列举清晰的共有部分概括进去。[③] 例如，种植在小区公共草坪内的花卉和树木，也应当属于业主共有财产。

共有部分属于全体业主共有，由其进行使用和收益，其他任何人不得侵害业主的权

---

① 《建筑物区分所有权司法解释》第 3 条规定，“建筑物的基础、承重结构、外墙、屋顶等基本结构部分，通道、楼梯、大堂等公共通行部分，消防、公共照明等附属设施、设备，避难层、设备层或者设备间等结构部分”属于业主的共有部分。

② MünchKomm / Commichau，WEG，§ 1，Rn. 42 f.

③ 参见最高人民法院民事审判第一庭编著：《最高人民法院建筑物区分所有权、物业服务司法解释理解与适用》，66 页，北京，人民法院出版社，2009。

利。在行为人侵害业主共有财产时，权利人既可以依据物权请求权主张权利，也可以依据侵权请求权提出请求。《建筑物区分所有权司法解释》第 14 条第 1 款规定："建设单位、物业服务企业或者其他管理人等擅自占用、处分业主共有部分、改变其使用功能或者进行经营性活动，权利人请求排除妨害、恢复原状、确认处分行为无效或者赔偿损失的，人民法院应予支持。"据此，侵害行为人包括建设单位和其他行为人。其他行为人既包括业主也包括业主以外的人。在侵害共有财产的情况下，业主作为权利人有权请求排除妨害、恢复原状、确认处分行为无效或者赔偿损失。在擅自进行经营性活动的情形下，《建筑物区分所有权司法解释》第 14 条第 2 款规定，"属于前款所称擅自进行经营性活动的情形，权利人请求行为人将扣除合理成本之后的收益用于补充专项维修资金或者业主共同决定的其他用途的，人民法院应予支持。行为人对成本的支出及其合理性承担举证责任"。这就是说，在业主要求返还因他人侵权而获得的收益以后，可以将该收益用于业主共同决定的用途。

三、共有权的行使

《建筑物区分所有权司法解释》第 4 条规定："业主基于对住宅、经营性用房等专有部分特定使用功能的合理需要，无偿利用屋顶以及与其专有部分相对应的外墙面等共有部分的，不应认定为侵权。但违反法律、法规、管理规约，损害他人合法权益的除外。"依据这一规定，共有权的行使应当符合如下原则。

第一，合法行使。业主要依据法律的规定和管理规约来行使共有权。例如，依法定程序决定维修资金的使用。在建筑物区分所有的情况下，共有人行使权利，常常根据其持有份来行使。依据《民法典》第 283 条的规定，建筑物及其附属设施的费用分摊、收益分配等事项，有约定的，按照约定；没有约定或者约定不清的，按照业主专有部分面积所占比例确定。这实际上确定了共有人在没有约定的情况下，应根据持有份享有权利并承担义务。

第二，合理使用原则。此处所说的合理使用，是指业主基于对住宅、经营性用房等专有部分特定使用功能的合理需要而使用共有部分。至于"合理需要"的认定，应当考虑专有部分的用途、共有部分的设立目的、业主个人的情况等具体情形综合考虑。

第三，在法定范围内的无偿使用原则。《建筑物区分所有权司法解释》第 4 条规定，专有部分所有人"无偿利用屋顶以及与其专有部分相对应的外墙面等共有部分的，不应认定为侵权"。依据这一规定，业主在法定范围内可以无偿利用共有部分。因为从建筑物区分所有权中共有部分的存在目的来看，该共有部分的存在主要是为了业主使用、收益，以实现专有部分的功能。例如，屋顶平台、外墙面都与专有部分的利用不可分割，专有部分所有人对其屋顶以及专有部分对应的外墙等的无偿利用行为，应当属于法定范围内的无偿使用，该行为可以认定为一种合理使用，不应当构成侵权。[①] 但超出法定范围的使

① 参见最高人民法院民事审判第一庭编著：《最高人民法院建筑物区分所有权、物业服务司法解释理解与适用》，79 页，北京，人民法院出版社，2009。

用行为，则构成侵权。例如，某个业主擅自利用公共建筑的外墙做广告，则构成对其他业主权利的侵害。

共有部分属于全体业主共有，由其进行使用和收益，其他任何人不得侵害业主的权利。《建筑物区分所有权司法解释》第 14 条第 1 款规定："建设单位、物业服务企业或者其他管理人等擅自占用、处分业主共有部分、改变其使用功能或者进行经营性活动，权利人请求排除妨害、恢复原状、确认处分行为无效或者赔偿损失的，人民法院应予支持。"例如，未经业主同意擅自使用外墙面发布广告，或者擅自利用公用阳台堆放杂物等。在侵害共有财产的情况下，业主作为权利人有权请求排除妨害、恢复原状、确认处分行为无效或者赔偿损失。

四、车位、车库的归属

（一）根据约定确定车位、车库的归属

所谓车位，是指车库中的停车位，以及规划用于停车的具体地点。所谓车库，是指隶属于整个小区，具有独立的空间、以存放车辆为目的的附属建筑物。车库又常常被称为地下车库，其四周是封闭的，可以通过登记表彰权利的范围。但车位很难通过登记表彰其四至范围，所以无法成为单独的所有权的客体。车库大多是利用地下空间而建造的，而地上车位大都是利用地表划定的。在建筑物区分所有中，车位、车库与区分所有权不可分割。随着城市化的快速发展、人们生活水平的提高，私家车的保有量也越来越多，作为业主的代步工具的存放地点，车位和车库的辅助功能也越来越重要，其财产价值也日益凸显。因此，《民法典》专门规定了车位、车库的归属问题。

《民法典》第 275 条规定："建筑区划内，规划用于停放汽车的车位、车库的归属，由当事人通过出售、附赠或者出租等方式约定……"依据这一规定，关于车位、车库的归属，应当由当事人在购房合同中加以确定，如果建设单位在合同中保留了车位、车库的所有权，那么，车位、车库就归建设单位所有。如果其将车位、车库赠与业主，就由业主享有所有权。如果建设单位将其转让给业主，业主在支付了价款之后取得所有权。如果建设单位将车位、车库出租给业主，建设单位仍然享有所有权，但业主享有使用权。物权编要求通过约定来解决归属，是对实践经验的总结，从实践来看，绝大多数业主都是通过买卖或者租赁、赠与合同来获得对车位、车库的所有权和使用权的。尤其是一些地方性法规也规定了车位、车库采用约定确定归属，实践证明是行之有效的。《民法典》物权编总结了这一实践中的做法，一方面，此种做法有利于鼓励建设单位修建更多的车位、车库，从而缓解许多城市所出现的"停车难"问题。因为如果将车库、车位规定为业主的共有财产，那么，建设单位就没有足够的动力来投资建设车位、车库。如果车位、车库修建得少，停车越来越难，损害最大的还是业主。另一方面，此种规定有利于合理利用地下空间，鼓励社会财富的创造。此外，此种规定也符合市场法则。通过约定解决归属，实质上是通过市场机制分配资源。在法律上，允许当事人通过约定确定车位、车库的归属，符合市场法则的要求，避免了对市场交易的不必要干预。

依据《民法典》第 275 条规定，应根据约定确定车位、车库归属。约定的方式包括出售、附赠、出租等方式。具体而言：一是出售，就是指建设单位将车位、车库卖给业主；二是附赠，指建设单位将车位、车库赠给业主；三是出租，指建设单位将车位、车库租给业主。这些形式都可以作为解决车位、车库归属的方式，从而满足业主的需要。实践中，当事人一般都会对车位、车库的法律归属作出约定，但如果当事人没有对车位、车库的归属作出约定，从《民法典》鼓励建造车位、车库的立法目的出发，应当推定车位、车库归建设单位所有。

（二）车位、车库首先应当满足业主的需要

《民法典》第 276 条规定："建筑区划内，规划用于停放汽车的车位、车库应当首先满足业主的需要。"依据这一规定，建设单位在修建了车位、车库之后，首先应当满足业主的需要。因为车库、车位本身是业主实现其区分所有权的重要辅助设施，性质上属于小区的配套设施。因此，其功能应当首先满足小区居民的生活需要。而且在建筑物规划中，一般要对车位、车库作出规定，甚至一些地方已经强制性要求配套车位、车库的比例。而这些配套车位、车库，显然主要是为了满足业主的需要。此外，强调满足业主的需要也有利于充分发挥物的效益，因为如果不能满足业主的需要，业主要到小区之外寻找车位、车库，从而可能支付高昂的对价以及花费大量的时间成本。

如何理解首先满足业主的需要？所谓首先满足业主需要，就是指建设单位在修建了车位、车库之后应当首先将其出租、出售给业主，而不能高价卖给第三人。如果业主有能力购买，则应当出售给业主；如果业主没有能力购买，则应当出租给业主。依据《民法典》第 276 条的规定，车位、车库首先应当满足业主的需要，不管其他人是否提出了比业主更高的条件，都不能先卖给其他人。当然，满足业主需要只能是合理的需要，这就是说，只要满足业主基本的停车需要，就应认为已经满足了需求。《建筑物区分所有权司法解释》第 5 条规定："建设单位按照配置比例将车位、车库，以出售、附赠或者出租等方式处分给业主的，应当认定其行为符合民法典第二百七十六条有关'应当首先满足业主的需要'的规定。前款所称配置比例是指规划确定的建筑区划内规划用于停放汽车的车位、车库与房屋套数的比例。"依据这一规定，确定是否满足业主的需要，首先考虑根据规划确定的配置比例。配置比例在各个地方、各个小区并不完全相同，目前法律也没有对此作出统一规定。但是，规划中都确定了配置比例，例如，配置比例为 1∶1，则意味着，每套房屋应当配套建造一个车位或车库。如果每个业主已经按照该配置比例得到了一个车位，就意味着，建设单位已经满足了业主的需要，其可以自行处置剩余的车位。如果建设单位没有按照该配置比例来满足业主的需要，则不能将剩余的车位、车库转让给第三人。

问题在于，如果没有满足需要，建设单位将车位、车库高价转让给业主以外的其他人，业主可否请求确认出卖车位的合同无效？本书认为，在没有满足业主合理需要的情况下，损害了业主依法应当享有的权益，如果业主不能主张合同无效，相应的立法目的就无法实现。因此，《民法典》第 276 条的规定，在性质上属于强制性规定，违反了该规定而订立的合同，都应当被宣告无效。

需要指出的是，车位、车库首先应当满足业主的需要，并不是指只能满足业主的需要。这是因为，根据规划要求，建设单位修建的车位、车库可能不仅限于满足本小区业主的需要；如果建设单位修建的车库在满足业主需要之后，仍有大量空余的车位，而周边小区的许多业主又没有车位，在此情况下，完全不允许建设单位将车位、车库卖给或者租给业主以外的人，既不利于满足他人的需要，也不利于发挥物的效用。

第四节　共同管理权

一、共同管理权的概念和特征

所谓共同管理权，是指业主基于专有部分的所有权而依法享有对业主的共同财产和共同事务进行管理的权利。依据《民法典》第 271 条的规定，区分所有权包括业主的“共同管理”权，这就确认了业主对其共有财产和公共事务的管理权。在形成建筑物区分所有关系时，各建筑物区分所有人间往往素不相识，如果在形成区分所有以后，仅仅根据法律关于单独所有权、共有、相邻关系的规定，虽可有效地解决产权的归属问题，但不能很好地解决各区分所有人有效管理其财产，尤其是对共有财产管理的问题。[①] 所以，有必要在物权法中就区分所有人的共同管理权作出规定。物权编所规定的共同管理权具有如下特点：

（1）它是专属于业主的权利。共同管理权是专属于业主的权利。因为共同管理权是由专有部分的所有权产生的，共同管理权在性质上是由业主享有的专有部分所有权所决定的，或者说是以各个业主享有的单独的所有权为基础的。任何人取得了专有部分所有权，自然取得了共同管理权。如果转让了专有部分所有权，其共同管理权也随之丧失，并由受让人取得成员资格。[②] 共同管理权有时是确保专有部分所有权和共有权实现的手段。所以共同管理权不能与建筑物区分所有权相分离而单独转让，权利人不得保留专有部分所有权而抵押其共有部分，也不得保留共同管理权而转让专有部分所有权与共有权。

（2）它是一种私法上的权利。因为《民法典》所规定的共同管理权由单独所有权决定，由所有权派生出来，而公法上权利不具有此种性质。共同管理权是所有权的延伸，是区分所有权的一部分，是确保专属所有权和共有权实现的手段。同时，共同管理权的内容主要是针对业主的共有财产和共同事务而进行管理。这些事务本质上还是私人事务，所以，不宜由政府干预。正是因为共同管理权体现的是业主私人的利益，所以，共同管理权的行使要尊重业主的意愿。例如，业主是否行使管理权，应当由业主决定。共同管理权不能与专有权和共有权相分离而单独转让，但可以基于业主的共同意思将一部分权利委托给他人行使，在共同管理权受到侵害或者有受到侵害的危险时，也可以依照《民法典》获得救济。

（3）它是管理共有财产和共同事务的权利。区分所有权中的共同管理权是法律赋予

---

① 参见王冬梅：《浅析我国物权法中的建筑物区分所有权》，载《法治与社会》，2008（4）。

② 参见白江：《德国住宅楼管理制度之研究与启示》，载《中外法学》，2008（2）。

业主专门管理业主的共有财产和共同事务的权利，这是区分所有权中的一项重要内容。一方面，共同管理权针对的是对共有财产进行管理。小区的共有财产不可能由小区的业主平等占有、使用，而只能通过业主大会或业主委员会等来实际管理，或者委托有关的物业服务企业或其他管理人对共有财产进行管理。另一方面，共同管理权要针对共同事务进行管理，这些共同事务包括公共场所的使用、有关物业费的缴纳、禁止滥用专有部分所有权、禁止滥搭滥建等。当然，业主行使共同管理权要通过一定的程序来进行。业主在行使共同管理权的同时，也要承担相应的义务，例如，在参与管理的同时，也要支付管理的费用。

（4）它既是权利又是义务。业主参与对共同事务和共同财产的管理，是业主作为专有部分的所有人和共有权人所享有的基本权利，也是业主的一项义务，因而业主不得抛弃其管理权。业主在参与管理的同时，其作为共同生活关系的一员，也负有参与共同生活、维护共同秩序的义务。[①] 例如，业主有权参与管理规约的制订，但也负有遵守管理规约的义务；业主有权管理共有财产，但也有义务支付管理费用。

二、共同管理权的行使方式

业主必须要依据法律、法规和管理规约的规定来具体行使共同管理权。管理权主要针对的是业主们的共有财产和共同事务，但是业主无法单独、亲自、实际地管理每一项共同财产和共同事务，只能通过法律、法规和管理规约规定的方式来行使管理权。一般来说，共同管理权的行使方式主要包括参与业主大会并行使表决权，参与业主委员会并行使管理权，共同制订管理规约，请求就重要事项召开会议讨论，请求公开与共同事务相关的信息资料等。

对于小区的物业，业主可以自行管理，也可以委托他人管理。在自行管理的情形，业主有权直接管理物业和小区其他事务。小区内的物业管理源于业主的共同管理权，并因业主集体将管理事务委托给物业服务企业而产生了物业服务。业主通常都委托物业服务企业进行管理，但是，如果业主愿意，他们也可以自行管理小区事务。因为共同管理权是全体业主都享有的权利，而且管理权的行使关系到全体业主的利益，所以，业主自行管理小区事务应当由全体业主共同进行。不过，全体业主共同管理时，也可以委托部分业主具体进行管理。

三、业主负有遵守管理规约等义务

（一）遵守法律、法规以及管理规约的义务

所谓管理规约，又称为规约、业主公约、住户规约，是由全体业主通过业主大会就物业的管理、使用、维护与所有关系等各方面所制定的规则[②]，也是由业主制定的有关如

---

① 参见段启武：《建筑物区分所有权之研究》，载梁慧星主编：《民商法论丛》，第 1 卷，335 页，北京，法律出版社，1993。

② 参见万鄂湘主编：《物权法理论与适用》，410 页，北京，人民法院出版社，2005。

何管理、使用和维护共有财产以及规范其相互之间的关系的协议。从物权法发展趋势来看，各国法律越来越重视管理规约在规范区分所有人之间关系、管理共同财产方面的作用。《民法典》第286条第1款规定，“业主应当遵守法律、法规以及管理规约，相关行为应当符合节约资源、保护生态环境的要求。对于物业服务企业或者其他管理人执行政府依法实施的应急处置措施和其他管理措施，业主应当依法予以配合”。本条首先确立了业主应当遵守管理规约的义务。

管理规约是业主自治的产物。管理规约在性质上属于民法中的共同行为，只要按照一定的表决程序作出决定，就应当对全体业主产生拘束力，因此它是业主自治的产物。依据物权编的相关规定，业主有权在不违反法律法规的情况下，自主地决定有关其共同事务管理的一切规则。管理规约是全体业主共同意志的产物，是各业主对共同事项一致的意思表示，类似于公司章程，全体业主必须严格遵守。[①] 它是按照少数服从多数的原则制定的，依据《民法典》第278条第1款第2项的规定，制定和修改建筑物及其附属设施的管理规约，应当由专有部分面积占比2/3以上的业主且人数占比2/3以上的业主参与表决。应当经参与表决专有部分面积过半数的业主且参与表决人数过半数的业主同意。只要管理规约是全体业主共同意思的表示，没有违反法律的强制性规定以及公序良俗，则管理规约经过法定的程序制定后，就应当生效，对全体业主产生拘束力。

管理规约只要是依据法定程序制定的，在内容上不违反法律法规的强制性规定，就要对全体业主产生拘束力，全体业主就应当遵守。[②] 对《民法典》第286条第1款规定的管理规约的效力，可以从如下几个方面理解。

第一，管理规约是对所有业主都具有普遍约束力的规范。不管业主是否参与了制定，也不问其入住的先后，或其是否同意该管理规约，同一小区内的所有业主都应该受管理规约的拘束。甚至除了业主之外，业主的权利继受者（包括受让人和承租人等）都要受到管理规约的约束。[③] 法律上之所以要规定管理规约，是因为各个小区管理的具体情况千差万别，内容十分庞杂烦琐，法律不可能一刀切式地就这些细节问题作出统一规定。另外，法律许可全体业主制定管理规约来管理他们的小区，这体现了对业主的共同意志和业主自治的尊重。如果在管理规约制订之后，业主都能够遵守管理规约的规定，自觉地约束自己的行为，就能极大地减少纠纷的发生，使很多矛盾消解在社区之内。

第二，对业主的重大事务和共有财产的管理，必须要通过管理规约来实现。《民法典》第279条规定：“业主不得违反法律、法规以及管理规约，将住宅改变为经营性用房。业主将住宅改变为经营性用房的，除遵守法律、法规以及管理规约外，应当经有利害关系的业主一致同意。”《民法典》第286条第1款规定，“业主应当遵守法律、法规以及管理规约”。这就将管理规约的效力置于与法律、法规的效力同等的地位，表明了管理

---

① 参见王泽鉴：《民法物权》，第1册，263页，台北，自版，2001。

② 参见张义华：《物权法论》，169页，北京，中国人民公安大学出版社，2004。

③ 依据《德国住宅所有权法》第15条和第10条，对专有所有权和共同所有权所属物的使用作出的规定只有在登记后对继受人有效。不过，依据某些学者的观点，第21条第5款的楼房规约（Hausordnung）并不当然地对第三人有效，因此在出租房屋时，业主必须在租赁合同条款中予以载明，要求承租人遵守规约。Bärmann/ Merle，WEG，§ 21，Rn. 65.

规约的重要性。

第三，业主之间的纠纷如果不能通过管理规约来解决，则最终需要通过司法程序来解决。法院在处理纠纷时，也必须要依据管理规约来处理。例如，因拖欠物业费、取暖费等问题而引发的纠纷，业主以物业公司服务不到位为由拒不支付，法院在确定何种情况下构成服务不到位，或者在何种情况下业主必须支付各种费用，必须要根据管理规约来确定。《民法典》第 286 条第 1 款规定，“业主应当遵守法律、法规以及管理规约”，该条实际上也要求法院在处理有关纠纷中要以管理规约为依据。

（二）业主的相关行为应当符合节约资源、保护生态环境的要求

小区的环境卫生关系到每个业主的切身利益，同时，小区环境也是城市环境的重要组成部分。如果业主擅自堆放垃圾，污染小区环境，造成小区环境的脏、乱、差，不仅损害了小区环境，也破坏了城市环境。因此，《民法典》第 286 条明确规定：“业主应当遵守法律、法规以及管理规约，相关行为应当符合节约资源、保护生态环境的要求。”依据这一规定，业主都应当负有保护环境、爱护生态的义务，这也是为了实现业主的共同利益。可见，小区环境的维护不仅是物业服务企业的义务，也是每个业主的义务，每个业主都应按照管理规约的规定履行保护生态环境的义务，即业主应当有效利用公共资源，不得随意侵占、浪费公共资源。

（三）配合应急处置措施和其他管理措施的义务

《民法典》第 286 条第 1 款规定，业主“对于物业服务企业或者其他管理人执行政府依法实施的应急处置措施和其他管理措施，业主应当依法予以配合”。在发生公共事件等情形下，物业服务企业或者其他物业管理人为依法执行政府的应急处置措施或者其他管理措施，可能会对业主的行为进行一定的限制。例如，发生传染病流行时，政府组织力量进行防治，采取封闭小区、封存一些有污染物的物品、食品等，封闭可能造成传染病扩散的场所等，这既是也了维护公共利益，也是为了维护小区业主的利益。一旦政府依法采取应急措施或者其他管理措施，物业服务企业或者其他管理人应当依法执行，在执行过程中，小区业主也负有配合义务，不得以相关措施损害其利益为由拒不配合。此种义务也是业主应当负有的法定义务。

四、业主享有管理其物业的权利

业主享有的共同管理权还应当包括管理其物业的权利，既然业主基于其专有部分的所有权而享有对共有财产和共同事务进行管理的权利，而对物业的管理本身既涉及共有财产的管理，也涉及共同事务的管理。管理物业包括业主自行或者委托物业服务企业以及其他管理人，对建筑物的保存、改良、利用、处分，以及对区分所有权人共同生活秩序的维持等内容。① 物业管理是由业主的共同管理权所派生出来的。业主对于物业管理享

---

① 参见陈俊樵：《论区分所有建筑物之管理组织》，载《中兴法学》，第 24 期。

有如下权利。

（1）自行管理权。依据《民法典》第 284 条第 1 款，业主可以自行管理建筑物及其附属设施。业主不仅是专有部分的所有权人，也是共有财产的共有人。所有权人有权自行管理自己的财产，在业主人数较少、物业范围较小的情形下，为节省物业管理的费用，业主完全可以自行管理，而不需要聘请物业服务企业或者其他管理人管理。

（2）自主聘任权。依据《民法典》第 284 条第 1 款，业主可以委托物业服务企业或者其他管理人管理。这就赋予了业主对物业服务企业或者其他管理人的自主聘任权。虽然在业主购买房屋并召开业主大会之前，建设单位可以代业主指定物业服务企业，但是业主一旦陆续搬入并能够召开业主大会，就应当由业主按照法定程序决定是否继续聘用建设单位指定的物业服务企业。需要指出的是，业主不仅有权自主聘任物业服务企业提供物业服务，还可以自主聘任物业服务企业之外的其他管理人管理。

（3）解聘权。所谓解聘权，就是指在开发商前期聘任了物业服务企业之后，业主也可以通过一定的程序解聘开发商前期选聘的物业服务企业。《民法典》第 284 条第 2 款规定，“对建设单位聘请的物业服务企业或者其他管理人，业主有权依法更换”。在房地产开发过程中，在业主、业主大会选聘物业服务企业之前，开发商首先要为业主选聘物业服务企业。这对于做好物业的前期管理是必要的。但是，在开发商选聘了物业服务企业之后，并不是说业主就只能服从其选聘，而丧失了自主聘任和解聘物业服务企业的权利。

（4）监督权。《民法典》第 285 条规定：“物业服务企业或者其他管理人根据业主的委托，依照本法第三编有关物业服务合同的规定管理建筑区划内的建筑物及其附属设施，接受业主的监督，并及时答复业主对物业服务情况提出的询问。”依据这一规定，业主有权监督物业服务企业或者其他管理人的物业管理活动，具体而言：

第一，监督权针对的对象是物业服务企业或者其他管理人的物业管理活动。物业服务企业或者其他管理人提供物业服务与管理的权限，来自于业主的委托。对于物业服务企业或其他管理人超出业主委托范围的事项，业主有权基于违约提起诉讼。因此，业主对物业服务企业或者其他管理人的物业管理活动有权进行监督，物业服务企业或者其他管理人也应当自觉接受业主的监督。

第二，业主监督的义务是法律规定和物业服务合同的约定。这就是说，业主监督的内容是物业服务企业或者其他管理人依据物业服务合同和《民法典》合同编有关物业服务合同的规定管理建筑区划内的建筑物及其附属设施的行为，也就是说，业主监督的目的是为了督促物业服务企业或者其他管理人更好地履行其依据法律规定和物业服务合同约定的管理义务。

第三，物业服务企业或者其他管理人应当及时答复业主对物业服务情况提出的询问。对于各种管理事项、费用支出等事务，物业服务企业或者其他管理人应当通过适当方式予以公示，方便业主行使监督权。鉴于实践中，一些物业服务企业对物业服务情况不进行及时公布，业主普遍难以获得相关信息的现状，这使得业主不仅难以对物业服务企业进行有效监督，而且难以保障自己的合法权益，如物业服务企业私涨物业费，业主有权对物业服务情况提出询问，该条要求物业服务企业或者其他管理人应当及时答复业主对物业服务情况提出的询问。这无疑对促进物业服务企业的信息公开，业主的知情权保障也十分必要。

为了充分保障业主的利益，《民法典》合同编专章规定了物业服务合同，明晰了物业服务企业与业主之间的权利义务关系以及相关责任的承担。因而，《民法典》第 285 条规定，“物业服务企业或者其他管理人根据业主的委托，依照本法第三编有关物业服务合同的规定管理建筑区划内的建筑物及其附属设施，接受业主的监督”。通过这样一个引致条款，将合同编物业服务合同的规定导引到物权编，用以指导相关物业服务纠纷的处理，实现《民法典》内部合同编与物权编协同配合处理物业服务纠纷的局面。

第五节　业主大会和业主委员会

一、业主大会

（一）业主大会的性质

《民法典》第 277 条规定：“业主可以设立业主大会，选举业主委员会。”所谓业主大会，是指全体业主成立的、管理其共有财产和共同生活事务的自治组织。在建筑物区分所有的情况下，业主有权设立业主大会，并通过业主大会来管理业主的各项共同事务。业主也可以不设立业主大会，而通过书面征求意见表决等方式行使权利。但在建筑物区分所有人人数较多的情形，一般应设立业主大会。

第一，业主大会是业主的意思形成机构。它是有权决定业主共同事务的唯一合法机构。业主的共同意志通过业主大会的决议表现出来，业主大会的决议是法律赋予业主的权利的具体实现形式。凡是涉及法律规定必须经过业主大会决定的事项，必须召集业主大会作出决定。以业主大会以外的其他形式作出的决议，即使得到了部分业主的同意，也违反了法定程序，不能产生对全体业主约束的法律效力。

第二，业主大会是业主依据法定的程序行使共同管理权的组织。一方面，业主大会需要通过会议将业主的个别意志上升为全体业主的共同意志。也就是说，业主大会需要通过业主的审议和表决来形成和实现业主的共同意志。另一方面，法律赋予全体业主所享有的共同管理权，需要通过业主大会才能得以行使。业主委员会是由业主大会选举产生的，而选聘物业服务企业或者其他管理人等重要事务，也需要业主大会来作出决议。

第三，业主大会是一个自治组织，即全体业主所组成的自我管理其共同财产和共同事务的组织。作为一个所有人的联合体，其在性质上既不是国家机关，也不是事业单位，更不是营利性的机构，只不过是依照法律和规约而由业主组织起来的组织体。《民法典》第 277 条规定：“业主可以设立业主大会，选举业主委员会。”业主可以通过设立业主大会的方式来管理其事务，也可以通过召开会议的方式来形成决定和决议。一旦设立业主大会，就可以通过该组织实际行使权利。业主大会作为一个组织体，可以自己的名义开立账户，并且有自己的意思机关与执行机关，能够订立管理规约，也可以授权业主委员会对外代表业主从事相关行为。

第四，业主大会的职权是由法律、法规以及管理规约的规定来决定的。《民法典》第277条规定："业主大会、业主委员会成立的具体条件和程序，依照法律、法规的规定。"这就是说，如果法律、法规直接规定了业主大会的职权，应当依据法律法规的规定。例如，《民法典》第278条明确规定需要由业主共同决定的事项，必须通过召集业主大会的形式才能作出决定；当然，业主也可以通过管理规约授予业主大会一定的权利。

关于业主大会的民事主体地位，在理论上一直存在争议，考虑到业主大会没有自身的独立财产，从而没有责任财产，一旦判决业主大会败诉，如果业主拒不接受判决结果，判决就难以得到执行。因此，物权编没有规定业主大会及业主委员会的民事主体地位，该问题还有待于进一步探讨。

（二）业主大会的职权

关于业主大会的职权，《民法典》第278条规定了由业主共同决定的事项，该事项实际上也属于业主大会的职权范围，除此之外，法律法规另有规定，以及管理规约授与业主大会的职权，也属于业主大会的职权。依据《民法典》第278条的规定，下列事项由业主共同决定。

第一，制定和修改业主大会议事规则。因为业主大会由全体业主组成，各业主之间的利益诉求千差万别，这就需要制定一定的议事规则，如明确如何召集大会，大会按照何种程序进行，如何确定会议议程以及表决方式等。

第二，制定和修改管理规约。管理规约主要是针对建筑物及其附属设施而制定的。这就是说，如果管理整个建筑物以及各项共有财产，应当由业主在管理规约中加以规定，如果有必要对管理的方法进行变更，可以修改管理规约的规定。

第三，选举业主委员会或者更换业主委员会成员。业主委员会代表全体业主对内决定本小区的日常事务，它是业主大会的执行机关，应当向业主大会负责并受业主大会的监督，业主委员会的成立必须由全体业主召开业主大会，经过民主程序选举产生，以使其能够真正代表业主的利益，表达业主的意志。

第四，选聘和解聘物业服务企业或者其他管理人。《民法典》第284条规定，业主可以自行管理建筑物及其附属设施，也可以委托物业服务企业或者其他管理人管理。对建设单位聘请的物业服务企业或者其他管理人，业主有权依法更换。但是，业主决定物业管理机构和其他管理人也必须依据一定的程序，毕竟物业管理机构和其他管理人的确定直接关涉业主的切身利益，选聘的好坏直接影响到整个小区的管理。

第五，使用建筑物及其附属设施的维修资金。维修资金是专门用于维护和维修共有财产的资金。维修资金属于全体业主共有，经业主决定，可以用于电梯、屋顶、外墙、无障碍设施等共有部分的维修、更新和改造。维修资金的筹集、使用情况应当定期公布。维修资金在性质上属于共有财产，不能随意处分、转让，也不能实际地分割为业主所有；维修资金必须用于特定的目的。关于维修资金的筹集，以及如何使用于建筑物及其附属设施，必须由业主决定。业主大会必须经过一定的程序，才能够作出如何筹集和使用维修资金的决定。

第六，筹集建筑物及其附属设施的维修资金。实践中，维修资金是由购房人按照每平方米的标准缴纳，一般在买房时就需要交维修基金，但是购房之后，如果因为修缮、改建、重建建筑物及其附属设施，需要补充维修资金，就需要由业主依据一定的程序共同决定。

第七，改建、重建建筑物及其附属设施。所谓修缮实际上就是指对建筑物进行检修和维护。改建是指对建筑物及其附属建设进行局部的改造。而重建是指建筑物及其附属设施全部重新建造。修缮、改建、重建都构成对建筑物的重大变化，既要动用公共维修资金，也可能需要重新筹集款项，同时可能改变小区建筑物的原有规划，所以必须要业主依据法定的程序加以决定。

第八，改变共有部分的用途或者利用共有部分从事经营活动。该款包括两种情形：一是改变共有部分的用途。例如，将其他空地改建为停车场。二是利用共有部分从事经营性活动。例如，通过租赁的方式，将外墙面交给他人设置广告；或者允许广告公司在电梯内设置广告屏、广告牌等。

第九，有关共有和共同管理权利的其他重大事项。该款实际上是兜底条款，凡是关系到业主的重大利益的事宜，例如公共财产的修缮、维护、处分、公共停车场的使用等，如果在管理规约中没有作出规定，各个业主都有权提出动议，请求召开会议，要求业主大会对这些重大事项进行讨论，或者在管理规约中予以规定。

（三）业主大会的表决程序

业主大会的决定是否具有合法性，并能够对全体业主产生拘束力，很大程度上取决于业主大会所作出的决定是否符合法定的程序。

1. 到会人数必须达到三分之二

鉴于实践中普遍存在的业主大会开会难的问题，《民法典》物权编将《物权法》所规定的表决程序作出了重要修改，即不要求全体业主参与表决，而仅要求专有部分面积占比 2/3 以上的业主且人数占比 2/3 以上的业主参与表决。《民法典》第 278 条第 2 款规定："业主共同决定事项，应当由专有部分面积占比三分之二以上的业主且人数占比三分之二以上的业主参与表决。"这就是说，对于应当由业主共同决定的事项，并不要求必须由全体业主参与，而只要符合占专有部分面积 2/3 以上的业主和占人数 2/3 以上的业主表决即可。

2. 协调专有部分面积和业主人数之间的关系

在业主就共同决定事项进行表决时，既要考虑专有部分的面积，也要考虑业主的人数。一方面，如果仅仅只是考虑业主人数，对占有较大部分专有部分面积的业主并不公平，因为物业的管理既涉及专有部分权益的保障，也涉及业主共有部分的保障，这与业主专有部分面积的大小存在直接关联。另一方面，也不能仅仅考虑专有部分的面积，因为业主共同决定的事项也应当兼顾每个业主的利益，因此，《民法典》物权编在规定业主表决条件时，同时要求具备专有部分面积条件和业主人数条件，目的就是更好地协调专有部分面积与业主人数之间的关系。

3. 区分不同的表决事项设置不同的表决条件

鉴于业主共同决定的事项对业主利益的影响程度不同，因此，《民法典》物权编延续了《物权法》的做法，针对不同表决事项规定了不同的表决条件，具体而言，区分了两类情况。

（1）《民法典》第 278 条第 6 项至第 8 项所规定的事项，具体包括：一是筹集建筑物及其附属设施的维修资金；二是改建、重建建筑物及其附属设施；三是改变共有部分的用途或者利用共有部分从事经营活动。对于以上事项，应当经参与表决占专有部分面积 3/4 以上的业主且参与表决人数 3/4 以上的业主同意。

（2）《民法典》第 278 条第 1 项至第 5 项所规定的事项，以及其他重大事项，具体包括：一是制定和修改业主大会议事规则；二是制定和修改管理规约；三是选举业主委员会或者更换业主委员会成员；四是选聘和解聘物业服务企业或者其他管理人；五是使用建筑物及其附属设施的维修资金；六是有关共有和共同管理权利的其他重大事项。对于上述事项，应当经参与表决占专有部分面积过半数的业主且参与表决人数过半数的业主同意。

依据《民法典》第 278 条的规定，对于上述两类事项的表决，仅需要经参与表决的业主达到法定比例要求即可，而不需要经全体业主表决。一旦表决程序和表决条件符合法律要求，即对全体业主产生拘束力，其他业主即便没有参与表决，也应当受到该决议的拘束。

二、业主委员会

（一）业主委员会的性质

《民法典》第 277 条规定："业主可以设立业主大会，选举业主委员会"。业主委员会是业主大会的执行机构，受业主大会委托而管理全体业主的共有财产或者共同生活事务。业主委员会是业主管理其物业的自治机构，在法律上准确界定业主委员会的性质，对于有效管理物业、维护业主合法权益具有重要意义。依据《民法典》物权编的规定，业主委员会具有如下特征。

第一，它是业主大会的执行机构。在一个小区内可能业主人数众多，平时很难召集各种业主大会，因此有必要通过业主委员会来具体执行管理规约和业主大会的决议。[①] 业主委员会本身不能独立于业主大会而存在，它是业主大会的常设机构。在业主大会闭会期间，业主委员会要依据业主大会的授权而具体执行业主大会的各项决定。我国《物业管理条例》第 15 条已经界定了业主委员会的性质，物权编虽然对此没有明确规定，但从物权法的相关规定来看，可以看出业委会主要是业主大会的执行机构。

第二，它是由业主依据法定的程序所组成的。一方面，只有业主才能有资格被选举为业主委员会成员。因为毕竟业主委员会是业主进行自主管理的一种形式，它不需要也不可能由非业主参与其事务的管理。另一方面，业主委员会必须由业主大会经一定的民主程序选举产生。依据《民法典》第 278 条的规定，选举业主委员会或者更换业主委员

① 参见韩松等：《物权法所有权编》，238 页，北京，中国人民大学出版社，2007。

会成员，应当由专有面积占比 2/3 以上业主且人数占比 2/3 以上的业主参与表决，而且经参与表决专有部分面积过半数的业主且参与表决人数过半数的业主同意。

第三，它的主要职责是维护全体业主的权益。业主委员会是由业主选举产生的。物权编并没有对业主委员会的职权作出规定，主要是考虑到业主委员会并不是行政机构，也不是有偿的代理机构，它是由全体业主通过法定的程序选举出来的代表业主管理事务的机构，其作为共同行使共有财产共有权和共同事务管理权的自治组织，主要职责是基于法律法规和业主的委托，维护全体业主的共同利益。业主委员会也要维护全体业主的共同利益，如对共有部分的养护、管理和使用；在必要时，可以对个别业主违反管理规约处置其专有部分的行为进行制止。业主委员会活动的费用应当由全体业主来承担。

业主可以设立业主委员会，也可不设立业主委员会。针对实际中选举业主委员会较为困难的问题，《民法典》第 277 条第 2 款规定："地方人民政府有关部门、居民委员会应当对设立业主大会和选举业主委员会给予指导和协助。"

（二）业主委员会的职权

由于业主委员会本质上只是业主大会的执行机构，因而，其职权应当由法律、行政法规、管理规约和业主大会来决定。业主委员会的基本宗旨在于维护业主基本权利，管理好业主的共同财产和共同事务。《物业管理条例》等有关规定就业主委员会的职权作出了规制，最高人民法院《物业服务纠纷司法解释》进一步明确了业主委员会的职权，依据上述规定，业主委员会主要享有以下职权：

（1）受全体业主的委托，与物业服务企业订立物业服务合同。《民法典》第 939 条规定："建设单位依法与物业服务企业签订的前期物业服务合同，以及业主委员会与业主大会依法选聘的物业服务人签订的物业服务合同，对业主具有法律约束力。"这就是说，即使某个业主未参与物业服务合同的订立，只要业委会基于合法的授权与建设单位签订了前期物业服务合同，则该合同对业主均发生效力。单个业主享有合同中的相应权利，也应当承担相应的义务。[①] 不过，业主委员会只是代表全体业主订立合同，其本身并不是合同主体，主要理由在于：

第一，从法律上说，业主委员会只是受业主大会的授权，代表业主大会签订物业服务合同，而不是代表自己签订物业服务合同。虽然业主大会是一个非常设性组织，但其代表着业主的共同意志，而业主委员会只是基于业主大会的授权，代表业主大会与物业服务企业签订合同，其本身不是合同当事人。

第二，民事主体一般以权利能力作为判断标准，而权利能力是指"成为权利和义务载体的能力"[②]，但业主委员会并不具有民事主体资格，并不是"民法上的人"，其行使各项职责、参与诉讼等活动均是为业主而行为，其自身并不具有权利义务的归属资格，因此，不能将其作为物业服务合同的一方当事人。业主委员会本身没有独立的财产，也无

① 参见最高人民法院民事审判第一庭编著：《最高人民法院建筑物区分所有权、物业服务司法解释理解与适用》，255 页，北京，人民法院出版社，2009。

② ［德］迪特尔·梅迪库斯：《德国民法总论》，邵建东译，781 页，北京，法律出版社，2001。

法承担独立的责任。从义务承担和责任承担的角度来说，合同主体应当是全体业主，而不是业主委员会。

第三，从合同履行来看，物业服务合同涉及共有财产的利用，而业主委员会并非共有财产的权利人，其本身无独立财产，无法履行合同。因此，业主委员会只是在业主授权的范围内代表全体业主签订合同，其本身并不能成为合同的一方当事人。

（2）受全体业主的委托，请求确认物业服务合同无效或者部分无效的权利。依据《民法典》第 941 条，物业服务企业将物业服务区域内的全部物业服务业务部分转委托给其他专业性服务组织或者第三人，是有效的。但如果全部转委托他人，则业主委员会或者业主可请求确认合同或者合同相关条款无效。订立物业服务合同的目的，主要在于规范业主与物业服务企业之间的相互关系，保障小区内建筑物及其附属设施的有效运转，维护小区内业主的财产安全和良好的居住环境。但物业服务企业不得利用合同规避其应承担的主要义务。[①] 如果物业服务合同中有免除物业服务企业责任、加重业主委员会或者业主责任、排除业主委员会或者业主主要权利的条款，业主委员会也有权依据《民法典》第 497 条关于格式条款的规定请求确认该合同条款无效。这实际上赋予业主委员会请求确认物业服务合同无效的权利，不过，该权利是基于全体业主的委托而产生的，在行使权利时也应当以全体业主的名义进行。

（3）受全体业主的委托，请求解除物业服务合同的权利。依据《民法典》第 946 条第 1 款的规定，只要业主大会依据法定程序作出解聘物业服务企业的决定，业主委员会就应当执行该决定。如果物业服务企业拒绝接受解聘，则业主委员会有权请求解除物业服务合同。本书认为，根据这一规定，只是确立了相关的程序，即解除物业服务合同应当遵循相应的程序，而并未赋予业主任意解除权。相反，物业服务业企业的解聘以及物业服务合同的解除都需要按照物权编所规定的条件与程序依法行使，不能由业主任意且自由地行使。

（4）受全体业主的委托，在合同终止后，请求物业服务企业退出和移交的权利。依据《民法典》第 949 条的规定，物业服务合同的权利义务终止后，业主委员会有权请求物业服务企业退出物业服务区域、移交物业服务用房和相关设施，以及物业服务所必需的相关资料和由其代管的专项维修资金。依据这一规定，在物业服务合同权利义务终止后，物业服务企业及时退出物业服务区域等，其属于后合同义务的范畴，如果其拒绝履行该义务，实际上已经构成侵权，业主委员会可以请求其履行该义务，造成业主损失的，应当赔偿损失。

三、业主大会和业主委员会决定的效力

业主大会和业主委员会的决定，在性质上属于共同行为，只要作出决定的程序是合法的，即使某个或某几个业主不同意该决定，也必须受该决定的约束。《民法典》第 280

---

① 参见最高人民法院民事审判第一庭编著：《最高人民法院建筑物区分所有权、物业服务司法解释理解与适用》，268 页，北京，人民法院出版社，2009。

条第 1 款规定："业主大会或者业主委员会的决定，对业主具有法律约束力。"依据这一规定，业主大会或者业主委员会的决定，对业主具有约束力。因为业主大会是依据法定程序召开并进行表决的，从法律上说属于团体决议行为，它的效力正当性来源于程序上的合法性。因为决议行为采取多数决原则，故对于所有参与者都发生法律上的拘束力。

为了防止业主大会或者业主委员会违反法律或规约的规定作出决定，避免少数业主委员会成员受利益驱使作出危害大多数业主的行为，《民法典》第 280 条第 2 款规定："业主大会或者业主委员会作出的决定侵害业主合法权益的，受侵害的业主可以请求人民法院予以撤销。"这就赋予了受侵害的业主以撤销权。该撤销权的行使必须符合如下条件。

一是撤销的对象针对的是业主大会或者业主委员会作出的违法决定。也就是说，撤销权不是针对某人的行为，而是针对决议行为。此类决定之所以违法，一来损害了业主的合法程序利益，二来违反了法律规定的程序，因此应被撤销。

二是该决定侵害了业主的利益。例如，业主委员会作出决定，将明示归个人的某块绿地申请改变规划用途作为车位，这就损害了业主的专有部分所有权。

三是主张撤销权的业主应当是权益受到侵害的业主，也就是受害人，非受害人不能请求法院撤销。

四是撤销权的行使必须在法定期限内作出。《建筑物区分所有权司法解释》第 12 条规定："业主以业主大会或者业主委员会作出的决定侵害其合法权益或者违反了法律规定的程序为由，依据民法典第二百八十条第二款的规定请求人民法院撤销该决定的，应当在知道或者应当知道业主大会或者业主委员会作出决定之日起一年内行使。"该条明确了撤销权行使的除斥期间为 1 年，超过该期限，则撤销权消灭；而且该撤销权的行使只能通过诉讼的方式进行。

四、业主、业主大会和业主委员会的请求权

（一）业主大会和业主委员会的请求权

我国《民法典》虽然没有对业主大会和业主委员会的法律地位和诉讼主体资格作出规定，但《民法典》第 286 条第 2 款规定："业主大会或者业主委员会，对任意弃置垃圾、排放污染物或者噪声、违反规定饲养动物、违章搭建、侵占通道、拒付物业费等损害他人合法权益的行为，有权依照法律、法规以及管理规约，请求行为人停止侵害、排除妨碍、消除危险、恢复原状、赔偿损失。"从该条规定来看，其实际上是明确了在业主实施上述行为的情形下，业主大会和业主委员会可以作为原告提起诉讼。《民法典》作出此种规定的必要性在于，业主大会和业主委员会是管理规约的"执法者"和业主共同利益的维护者。因此，在业主实施任意弃置垃圾、排放污染物或者噪声、违反规定饲养动物、违章搭建、侵占通道、拒付物业费等损害他人合法权益等行为时，如果不允许业主大会和业主委员会提出请求，在许多情形下，不利于及时制止此类违法行为，尤其是针对这些行为，单个业主难以提出请求，因此有必要承认业主大会和业主委员会向行为人

提出请求的权利。

《民法典》第 286 条第 2 款规定承认了在业主违反法律、法规以及管理规约的情形下，有权向行为人提出请求，其请求权包括两个方面：一是业主大会和业主委员会针对侵害相邻关系的行为，有权请求行为人停止侵害、消除危险、排除妨碍。《民法典》第 286 条规定，业主大会或业主委员会除有权要求违反法律法规以及管理规约、侵害他人权益的业主承担停止侵害、排除妨碍、消除危险、赔偿损失等民事责任外，还可要求其承担“恢复原状”的民事责任，《民法典》第 286 条第 2 款新增了“恢复原状”请求权，如果不增加此种请求权，就不利于保护业主的利益，尤其是对于私搭乱建、占用通道等行为，只有通过恢复原状才能很好地解决这一问题。二是业主大会和业主委员会可以主张侵权损害赔偿请求权。业主大会和业主委员会在提出请求时，应当依据法律、法规以及管理规约的规定。业主大会和业主委员会行使这些请求权，既可以直接向行为人提出请求，也可以向法院提起诉讼，请求行为人承担相应的责任，因此，从这一意义上讲，这实际上在一定程度上承认了业主大会和业主委员会的诉讼主体资格。如果业主组织能够采取一定的行动来制止侵害行为的话，就可以实现纠纷解决的效率性，而无须启动司法程序去解决。当然，业主大会和业主委员会提出请求时，应当依据一定的程序或者依据管理规约进行。

（二）业主针对侵害自己合法权益行为的请求权

在小区物业范围内，相关的侵害行为并不当然是针对业主共有财产或者针对不特定的人实施的，其也可能侵害单个业主的权利，因此，没有必要都通过业主大会和业主委员会提供请求，遭受侵害的业主也有权依法提出请求。对此，《民法典》第 287 条规定：“业主对建设单位、物业服务企业或者其他管理人以及其他业主侵害自己合法权益的行为，有权请求其承担民事责任。”本条所规定的业主应当是单个的业主，即对《民法典》第 286 条所规定的私搭乱建等行为，单个的业主有权提出请求。业主依据本条规定可以提出请求主要包括：一是物权请求权。也就是说，如果行为人的行为侵害了单个业主的物权，该业主有权主张物权请求权。例如，行为人在自己窗外私搭乱建，影响楼下业主的采光或者影响其建筑物安全的，权利人有权主张物权请求权，请求行为人排除妨害、消除危险。二是侵权请求权。如其他业主私搭乱建等行为侵害了业主的合法权益，业主有权主张侵权损害赔偿请求权。三是人格权请求权。例如，行为人长期在小区内制造噪声，影响到某业主的健康的，该业主有权主张人格权请求权，请求行为人停止侵害。四是违约请求权。例如，物业服务企业违反物业服务合同的规定，违规收费，或者未提供约定的物业服务等，业主有权主张违约责任。而且从该条规定可以看出，在其他业主实施私搭乱建、占用通道等行为时，即便业主委员会或者业主大会没有提出请求，单个的业主也可以提出请求。

《民法典》第 286 条第 3 款规定：“业主或者其他行为人拒不履行相关义务的，有关当事人可以向有关行政主管部门报告或者投诉，有关行政主管部门应当依法处理。”该条之所以要求有关行政主管部门依法处理，主要是因为此类纠纷本就属于有关行政主管部门职责的范围，理应由其解决。例如，私搭乱建行为应当由城市管理部门管理，排放污染物由环保部门管理，侵占通道由有关行政管理部门管理。针对存在侵权业主不履行相应的作为义务和承担相应民事责任的现实，公力救济的介入就是必须和必要的，当行为人拒不履行相关义务的，受害人或者其他业主通过及时向有关行政主管部门投诉，由行政主管部门解决，既有利于及时解决纠纷，也有利于避免群体性事件的发生，如果此种纠纷都通过法院解决，也不利于及时解决。

《问题与思考》

1. 试述建筑物区分所有权的概念及客体。

2. 如何确定共有部分的专有使用权?

3. 案例分析：

王某有一栋两层楼房，他在楼顶上设置了一个商业广告牌。后王某将该楼房的第二层出售给了张某。(案例来源：法律职业资格考试题)

请问：张某是否有权请求拆除商业广告牌?

第十六章
相邻关系

本章概要

相邻关系，是两个或两个以上相互毗邻的不动产的所有权人或使用权人，在行使不动产的所有权或使用权时，因相邻各方应当给予便利和接受限制而发生的权利义务关系。简单地讲，相邻关系就是不动产的相邻各方因行使所有权或使用权而发生的权利义务关系。相邻关系中的权利和义务主要表现为享有要求对方提供便利的权利，承担为对方提供便利的义务。不动产相邻各方，应当按照有利生产、方便生活、团结互助、公平合理的精神，正确处理相邻关系。我国《民法典》物权编第七章专门规定了相邻关系。

第一节　相邻关系的概念和特征

一、相邻关系的概念

所谓相邻关系，是指依据法律规定，两个或两个以上相互毗邻的不动产的所有人或使用人，在行使不动产的所有权或使用权时，因相邻各方应当给予便利和接受限制而发生的权利义务关系。简单地讲，相邻关系就是不动产的相邻各方因行使所有权或使用权而发生的权利义务关系。[①] 例如，甲有一块承包地处于乙的地块中间，甲要行使自己的土地使用权必须经过乙使用的土地，这样甲、乙之间就产生了相邻关系。我国《民法典》物权编第七章专门规定了相邻关系。

相邻关系，从权利角度来讲又称为相邻权，它是调节不动产所有权行使时发生的权益冲突而产生的一种权利。根据法律的规定，不动产所有人和使用人行使权利，应给予相邻的不动产所有人和使用人以行使权利的必要的便利。这样，对于一方来说，因提供

① 参见史尚宽：《物权法论》，79 页，北京，中国政法大学出版社，2000。

给对方必要的便利，就使自己的权利受到了限制；对于另一方来说，因为依法取得了必要的便利，则使自己的权利得到了延伸。正确处理相邻关系，也就是要解决两个或多个相邻的不动产所有人或使用人因行使权利所发生的冲突，维护相邻各方利益的相对平衡。

二、相邻关系的特征

相邻关系具有如下几个特征。

（1）相邻关系依据法律的规定而产生。这就是说，法律为了维护相邻不动产权利人之间的和睦关系，防止行使权利中的各种冲突，保障一方最基本的生产和生活需要，规定了相邻的一方应当给另一方提供通风、采光、排水、取水、通行、排污等各方面的便利。由于一方要给另一方提供便利，自己的权利受到了限制，而另一方的权利也因而得到了扩张。相邻关系是基于法律规定而产生的，可以说，其本质上体现了法律对不动产权利的干预。正是因为相邻关系是依法产生的，所以，对提供便利的一方来说，其负有法定的义务为另一方提供便利，而另一方也依法享有相应的权益。物权编关于相邻关系的规定，确定了一方依法应当有义务为他方提供便利，而另一方享受这种便利是合法获得的，通常不需要支付相应的对价，双方也无须就权利的取得本身进行协商，确定对价。由于相邻关系是法律对所有权的强制性限制，所以，相邻关系不适用物权变动的一般规则，也不需要通过订立合同的方式设立，更不需要办理登记。相邻权是依法产生的，不存在设定的问题，也不存在公示的问题。

（2）相邻关系的主体必须是两个或两个以上的人，因为一人不可能构成相邻。相邻关系可以在自然人之间，也可以在法人、非法人组织之间，或在自然人与法人、非法人组织之间发生。相邻关系是因为主体所有或使用的不动产相邻而发生的，例如因为房屋相邻产生了通风、采光的相邻关系。

（3）相邻关系因主体所有或使用的不动产相邻而发生。如何理解“相邻”？本书认为，不动产相邻不一定要求两个不动产必须邻接。一方面，相邻关系既包括不动产的地理位置相互邻接，也包括不动产权利的行使所涉及的范围是相互邻近的。例如，上游的人排水必须经过下游的人所使用的土地，尽管当事人之间的不动产并不是相互毗邻的，但其行使权利的范围是相互邻接的。在许多情况下，相邻关系的发生也与自然环境有关。例如，甲、乙两个村处于一条河流的上下两个相连的地段，就自然构成了甲、乙两村互相利用水流灌溉和水力资源的相邻关系问题。另一方面，在不可量物侵害的情况下，即使不构成不动产的相邻，也会发生相邻关系。

相邻关系中所说的相邻“不动产”，不仅包括土地，还包括房屋。因为既然土地和土地上的建筑物应当在法律上区别对待，那么在确定相邻关系的类型的时候，不应将相邻关系仅限于土地的相邻，否则，在实践中大量存在的因建筑物的相邻而产生的通风、采光等关系就不能包括在内。

（4）相邻权的内容十分复杂。相邻权因种类不同而具有不同的内容，但是基本上都包括两个方面：一是相邻一方有权要求他方提供必要的便利，他方应给予必要的方便。所谓必要的便利，是指非从相邻方处得到便利，否则不能正常行使其所有权或使用权。

例如，从相邻人的土地上通行，必须是在无道路可走的情况下，才能要求相邻人给予方便。二是相邻各方行使权利，不得损害他方的合法权益。例如，从相邻方的土地通过，应尽量避免给对方造成损失。这种相邻权的内容实质上是以消极的不作为为内容的。当事人在行使相邻权时，应尽量避免和减少给对方造成损失，不得滥用其权利。

（5）相邻关系的客体主要是行使不动产权利所体现的利益。对于相邻权的客体，在学理上历来有不同的看法。一种观点认为，相邻权的客体是不动产本身；另一种观点认为，相邻关系的客体是行使不动产权利所体现的利益；还有一种观点认为，相邻权的客体是相邻各方所实施的行为（作为或不作为）。本书认为，相邻权的主体必须是相邻不动产的所有人或使用人，对不动产享有合法权益。但相邻权的种类十分复杂，不同的相邻权因其内容不同，权利和义务所指向的对象也不同。例如，在因土地使用权权属不清而发生的相邻关系中，其客体是不动产本身，但总体而言，大多数相邻权的客体是行使不动产的所有权或使用权所体现的财产权益和其他权益。

相邻权从性质上说并不是一种独立的物权，而仍然属于所有权的范畴，因为相邻权从内容上来说是指相邻不动产的所有人或使用人行使权利的限制或延伸，在内容上都包括一方要求另一方提供必要的便利。相邻的一方获得此种便利以后使其权利得到延伸，此种延伸仍属于所有权的范畴，而相邻的另一方因提供此种便利使其所有权受到限制。相邻权应当属于所有权的范畴，不必将其作为一种独立物权加以登记。法律之所以要通过相邻关系规则协调相邻不动产之间的权利冲突，对一方的所有权进行干预，旨在保护个人的基本生存利益，实现物尽其用。

在我国，相邻关系常常具有普遍性和复杂多样性。自然人和法人、非法人组织在生产和生活中无不涉及这种关系。相邻关系处理得不好，容易发生纠纷，影响人们的生产和生活，甚至会造成人身伤亡和财产的重大损害，影响社会秩序的稳定，所以，物权编规定相邻关系，对于构建和谐社会、保护相邻人的合法权益、减少不必要的损失和浪费、保护环境、稳定社会经济秩序，都具有重要的意义。

第二节　相邻关系的种类

相邻关系产生的原因很多，种类复杂。主要的相邻关系有以下几方面。

一、因用水、排水产生的相邻关系

《民法典》第 290 条规定："不动产权利人应当为相邻权利人用水、排水提供必要的便利。对自然流水的利用，应当在不动产的相邻权利人之间合理分配。对自然流水的排放，应当尊重自然流向。"该条实际上规定的是因水资源的利用所形成的相邻关系，包括两个方面。

一是因用水产生的相邻关系。由于我国水资源相对缺乏，尤其是在许多地方水资源较为短缺，生产生活对自然水资源依赖较大，而水资源的合理分配直接关系到正常的生产生活，如果处理不当就会产生各种矛盾。按照《民法典》的上述规定，不动产权利人应当为相邻权利人用水提供必要的便利，应当合理分配水资源。不能因为水资源缺乏而通过人为方式独占水源或者截断水流，不得因此影响邻地的用水。例如，关于设堰的问题，在目前法律没有特别规定的情况下，就应当依据历史形成的习惯来确定。[①] 如果某一个时期，下游的水资源充足，而上游的水资源缺乏，此时，下游的权利人就应当适当照顾上游的权利人；如果各个权利人都依赖于地下水，土地使用人不得滥钻井眼、挖掘地下水，使邻人的生活水源减少，甚至使近邻的井泉干涸。

对相邻各方都有权利用的自然流水，还应当尊重自然形成的流向，禁止过度占用水资源，任何土地使用人都不得为自身利益而改变水路，截断水流；水源不足时，高地段的相邻人不得独自控制水源，断绝低地段的用水。放水一般应按照“由近到远，由高至低”的原则依次灌溉、使用。一方擅自堵截或独占自然流水影响他方正常生产、生活的，他方有权请求排除妨碍；造成他方损失的，应负赔偿责任。

二是因排水产生的相邻关系。相邻一方必须利用另一方的土地排水时，他方应当允许。在民法上，对因排水而发生的相邻关系，通常分为自然排水和人工排水。[②] 在自然排水时，对自然流水的方向，应当尊重自然流水的排放。这就是说，低地的权利人应当允许高地的权利人按照水流的自然方向进行排水。在水流有余时，低地段的相邻人不得擅自筑坝堵截，使水倒流，或者采取各种方法阻塞河流、影响高地的排水。在人工排水时，也应尊重水流的流向，如果因为人工排水而构造各种设施或工作物，改变了水流的方向，给他人造成损害的，受害人可以请求排除妨害、赔偿损失。在排水时，不能排放违反国家法律明确禁止的污水以及其他污染物。在利用他人的土地排水时，使用的一方应采取必要的保护措施；造成损失的，应由受益人合理补偿。

二、因通行所产生的相邻关系

因通行所产生的相邻关系是一种传统的相邻关系，自罗马法以来，在世界各国民法、尤其是习惯法中都有所体现。通行是维持人们正常的生产生活的条件，如果通行权都无法得到保障，那么，人们正常的生产和生活秩序就会受到严重的干扰，甚至引发严重的社会矛盾；因此《民法典》第 291 条规定：“不动产权利人对相邻权利人因通行等必须利用其土地的，应当提供必要的便利。”相邻通行关系包括如下情况。

1. 因袋地产生的通行问题

所谓袋地，是指不动产被相邻不动产所围绕，无其他出路，权利人只能从相邻他方的土地上通行，此种现象即被形象地称为“袋地”。例如，甲的一块土地，其周围的土地全部被乙所购买，导致甲的土地形成袋地，在此情况下，甲必须经由乙的土地，否则无路可走。关于在袋地情况下的通行问题，一般都属于相邻关系制度调整的范围，而不属

---

① 参见全国人大常委会法制工作委员会民法室编：《中华人民共和国物权法条文说明、立法理由及相关规定》，139 页，北京，北京大学出版社，2007。

② 参见王泽鉴：《民法物权》，第 1 册，223 页，台北，自版，2001。

于地役权的内容。因为出现袋地以后，通行的需求属于最低限度的生产生活需要。即使是因为土地转让、交换等产生袋地现象，相邻一方也应当提供通行的便利。[①] 如果相邻的另一方拒绝对袋地权利人提供便利，袋地权利人有权请求实现其通行权。但是，袋地权利人只能要求他方提供必要的通行便利，例如，可以允许袋地权利人在其土地上通行。但如果袋地权利人要求他人修筑道路，甚至加宽道路，满足其特殊的通行需要，则只能通过设定地役权的方式，而不能通过相邻关系规则解决。

2. 通行困难

此种情况也被称为准袋地。[②] 虽然不动产权利人有路通行，但如果不经另一方的土地通行，非常不便利，并且会发生较高的费用。尽管《民法典》第 291 条规定的是土地上的通行问题，但也包括利用他人建筑物内的空间通行的问题。对于一方所有的或者使用的建筑物范围内历史形成的必经通道，所有权人或者使用权人不得堵塞。因堵塞影响他人生产、生活，他人要求排除妨害或者恢复原状的，应当予以支持。

3. 其他通行问题

《民法典》第 291 条规定："不动产权利人对相邻权利人因通行等必须利用其土地的，应当提供必要的便利。"此处使用了一个"等"字，即在上述两种通行的情况之外，还存在着其他通行的问题。例如，他人的物品坠落，掉进某人的土地之上，土地权利人应当允许失主进入其土地取走。[③] 再如，关于果实自落于邻地，究竟应该属于邻地所有人所有还是果树的所有人所有，各国立法并不相同。但如果依据习惯，可以归果树所有人的，邻地所有人应该允许果树所有人进入其土地，取走果实。

三、因建造、修缮建筑物以及铺设管线所形成的相邻关系

《民法典》第 292 条规定："不动产权利人因建造、修缮建筑物以及铺设电线、电缆、水管、暖气和燃气管线等必须利用相邻土地、建筑物的，该土地、建筑物的权利人应当提供必要的便利。"因建造、修缮建筑物以及铺设管线所形成的相邻关系，主要存在两种情况。

一是一方因为建造、修缮建筑物需要利用相邻不动产的。例如，建造房屋时，需要临时在相邻的不动产上搭建脚手架或堆放必要的建筑材料。相邻一方因修建施工、架设电线、埋设管道等，需要临时占用他人土地的，他人应当允许，但是施工应选择对他人损失最小的方案，并按照双方约定的范围、用途和期限进行，施工完毕后应及时清理现场、恢复原状，因此给他人造成损失的，施工一方应当给予适当补偿。

二是铺设电线、电缆、水管、暖气和燃气、管线等必须利用相邻土地、建筑物的，相邻的另一方应当提供必要的便利。例如，电力公司为了供电需要铺设有关的线缆，有

---

① 参见全国人大常委会法制工作委员会民法室编：《中华人民共和国物权法条文说明、立法理由及相关规定》，北京，北京大学出版社，2007。

② 参见陈华彬：《物权法原理》，375 页，北京，国家行政学院出版社，1998。

③ 参见胡康生主编：《中华人民共和国物权法释义》，203 页，北京，法律出版社，2007。

权在某人的不动产上方或者地表以下进行施工。

在上述两种情况下，对他人不动产的利用，有可能是长期的，也有可能是临时性的。因建造、修缮建筑物以及铺设管线，需要利用邻人的土地或者建筑物的，这种利用的要求必须是合理的。如果因为利用他人的不动产给他人造成损害，则可能需要双方进行协商，由一方给予另一方适当的补偿。

四、因通风、采光而产生的相邻关系

《民法典》第293条规定："建造建筑物，不得违反国家有关工程建设标准，不得妨碍相邻建筑物的通风、采光和日照。"通风、采光、日照不仅是维持人们基本生产生活的要求，也是最低限度的生活条件，这也在某种程度上涉及个人尊严的维护。我国《民法典》从相邻关系的角度对此作出了规定，对于保障人们的基本生活条件，构建社会和谐等都十分有必要。依据《民法典》第293条的规定，因通风、采光、日照而产生的相邻关系的内容包括：

第一，必须是在建造建筑物的过程中，有必要为他人提供通风、采光和日照等便利。虽然不动产权利人有权在自己的土地上建造建筑物，但此种权利的行使必须要考虑到他人的利益；不能滥用自己的所有权，在自己的土地上建造房屋阻挡他人的光线、日照、通风等。如果房屋的建造违反国家有关工程建设标准，妨碍了邻人的通风、采光，应承担相应的法律责任。

第二，不得违反国家有关工程建设标准，妨碍相邻建筑物的通风、采光和日照。国家工程建设标准是指由国家有关机关颁布的建筑标准（如2013年5月1日实施的《建筑采光设计标准》)。《民法典》第293条之所以规定建造建筑物时不得违反国家有关工程建设标准，因为该标准是国家的统一标准，按照这些标准建造的建筑物一般不会存在通风、采光和日照等争议。如果违反国家有关工程建设标准，妨碍相邻建筑物的通风、采光和日照的，相邻一方应当承担相应的责任。

需要指出的是，在特殊情形下，符合有关工程建设标准，仍然可能妨碍相邻建筑物的通风、采光和日照，此时是否应当允许相邻另一方请求给予通风、采光或日照的便利，或者要求妨害一方承担相应的责任？本书认为，相邻关系实际上是为了保障相邻不动产双方的权利行使，而建筑规划是一种管理手段，是最低限度的要求，在发生了妨碍通风、采光或日照的情形下，应当认定为违反了相邻关系的有关内容。通风、采光的获取，是权利人固有的权利，它关涉个人的生存利益、居住利益。此种权利不能因规划的错误而丧失，因此，对于未违反有关工程建设标准要求但造成了他人通风、采光或日照的妨害的，受害人也可以请求相对方承担赔偿责任。

第三，相邻一方违反有关规定修建建筑物，影响他人通风、采光或日照的，受害人有权要求停止侵害、恢复原状或赔偿损失。从我国司法实践来看，应当根据具体情况确定相应的责任形式。例如，房屋在建造过程中，已经影响了邻人的通风、采光或日照，邻人可以请求停止侵害，如果房屋已经建造完毕，且没有违反规划，通常只能要求赔偿损害，而不能要求拆除房屋。但如果房屋已经违反了相关的建筑规划，则应当将该房屋予以拆除。

五、因保护环境所产生的相邻关系

《民法典》第 294 条规定："不动产权利人不得违反国家规定弃置固体废物，排放大气污染物、水污染物、土壤污染物、噪声、光辐射、电磁辐射等有害物质。"该条实际上是关于所谓"不可量物"的侵害所引发的相邻关系的规定。所谓不可量物的侵害，是指按照通常的计量手段无法加以精确测量的某些物质因排放、扩散等致他人损害。不可计量的物，大体如气体、音响、光线、尘埃、采石之粉、灰、火花、湿气、真菌类、噪音、电流、臭气、烟气、煤气以及"光的有意图之侵入"[①]。至于固体或液体等物，例如沙石、污水等则不包括在内。[②] 不可量物的侵害，常常会给相邻的一方造成损害，严重的不可量物侵害常常会严重地影响环境，对不特定的人造成损害。例如，某企业安装了反射出刺眼光芒的特殊玻璃，造成了辐射，影响附近许多人的正常生活。再如，一些商店使用高频率的音像器材招揽顾客，由于高音喇叭声音太高，严重影响到周围群众的生活。

依据《民法典》第 294 条规定，不可量物的侵害属于相邻关系的范畴，应适用相邻关系的规定，但不可量物的侵害必须具备如下条件。

第一，违反了国家有关环境保护方面的法律法规的规定。这就是说，在确定不可量物是否构成侵害时，首先要考虑是否违反了"国家规定"。例如，我国《固体废物污染环境防治法》第 14 条规定："国务院生态环境主管部门会同国务院有关部门根据国家环境质量标准和国家经济、技术条件，制定固定废物鉴定标准、鉴定程序和国家固体废物污染环境防治技术标准。"如果违反了有关规定，行为人不仅要停止侵害，而且要承担相应的责任。如果国家还没有制定相关的规定，则应当根据具体情况来确定是否过度或过量。

第二，不可量物侵害只有发生在相邻的不动产权利人之间，才受到民法相邻关系的调整。例如，因采矿导致沙石飞扬，因盖房导致尘土四散。如果行为人与受害人相距较远，即便存在不可量物散发而影响受害人居住的情形，一般也不宜作为相邻关系纠纷，而应当按照环境侵权来处理。

第三，造成了一定的妨害或损害后果。不可量物必须直接侵入邻人的不动产范围内，导致邻人受到损害或妨害；如果不可量物侵入邻人不动产范围以后，其侵入或妨害仍然在正常合理范围内，则邻人必须加以忍受。因为人们在社会中生活，总是会对他人产生轻微的妨害，不能认为任何妨害都无法忍受。但是，如果这种不可量物的妨害超过了必要的限度，也超出了正常人的容忍限度，那么就不能再要求他人继续予以容忍。所以，对于不可量物是否构成违法侵害，关键要看是否超出了合理限度。在考虑不可量物的侵害后果时，需要考虑侵害的时间长短及严重性、被侵害利益的性质、侵害回避的可能性等多种因素，从而确定行为人应当承担的责任。[③]

---

① 陈华彬：《德国相邻制度研究》，载梁慧星主编：《民商法论丛》，第 4 卷，227 页，北京，法律出版社，1996。

② 参见王泽鉴：《民法物权·通则·所有权》，184 页，北京，中国政法大学出版社，2001。

③ 参见王旭光等：《物权法适用疑难问题研究》，187 页，济南，山东人民出版社，2007。

六、因挖掘土地、建造建筑物等发生的相邻关系

《民法典》第295条规定，“不动产权利人挖掘土地、建造建筑物、铺设管线以及安装设备等，不得危及相邻不动产的安全。”此种情况在学理上常常称为“邻地损害的防免”[①]。此种相邻关系的构成要件如下。

（1）一方在自己的不动产之上行使权利。例如，相邻一方在自己的土地上挖水沟、水池、地窖、水井和地基等时，危及对方房屋、地基以及其他建筑物的安全。在自己的不动产上行使权利，既包括在自己所有的不动产上行使权利，以及在自己享有他物权的不动产上行使权利，也包括对土地享有租赁等占有权者行使权利。

（2）一方在自己土地上从事挖掘作业等，给另一方造成妨害或者可能造成妨害。一方在自己的不动产上进行作业，虽然属于所有权行使的范围，但是，任何人在自己的不动产之上行使权利，不得损害他人的利益。例如，一方因从事挖掘作业导致他方建筑物存在倒塌的危险，严重威胁对方的人身、财产安全时，对方有权请求采取措施排除危险来源，消除危险。[②]

（3）一方的行为危及相邻不动产的安全。这就是说，邻人从事挖掘等作业必须危及他人的不动产，如果是威胁到他人的人身或者动产，通常应当按照侵权来处理，也可以适用物权请求权，但不应当适用相邻关系的规定。例如，挖掘土地已经使他人房屋的地基动摇，或者在挖掘土地、建造建筑物、铺设管线以及安装设备等时，有可能危及邻人房屋和人身的安全，邻人可以直接行使物权请求权，要求施工方停止侵害行为、消除危险。

第三节　处理相邻关系的原则

《民法典》第288条规定：“不动产的相邻权利人应当按照有利生产、方便生活、团结互助、公平合理的原则，正确处理相邻关系。”依据这一规定，在处理相邻关系时，应适用如下原则。

一、依照法律、法规和习惯处理相邻关系

《民法典》第289条规定：“法律、法规对处理相邻关系有规定的，依照其规定；法律、法规没有规定的，可以按照当地习惯。”依据这一规定，如果法律法规对相邻关系作出了明确的规定，则必须依据法律法规的规定处理相邻关系。例如，有关法规规定建筑工程施工等，必须采取安全保障设施。如果法律法规没有明确规定的，可以依据习惯进

---

① 王泽鉴：《民法物权》，第1册，221页，台北，自版，2001。

② 参见最高人民法院《民法通则意见》第103条。

行处理。习惯包括习俗和惯例，它们都是人们长期生活中形成并遵守的生活准则，可以调节人们之间的生产生活，因而可以用作处理相邻关系的规则。例如，《民法典》物权编没有规定邻地果实的取回权，如果一方果树的果实坠落在邻人的土地上，究竟应当允许果树的所有人取回果实，还是应当由邻地的权利人取得，从比较法的角度来看，各国规定并不一样，这就要考虑习惯问题。如果当地习惯允许果树所有人取回，就应当允许其取回。[①] 同时，在发生相邻关系纠纷之后，如果找不到法律法规的相关规定，可以适用习惯。例如，关于通行权的确定，在一方给予另一方提供通行的便利时，究竟如何通行，也要考虑习惯问题。

二、团结互助、兼顾各方的利益

相邻各方在行使所有权或使用权时，要团结互助、兼顾各方的利益，最大限度地减少对方的损失。例如，相邻一方给另一方提供通行的便利，另一方不能踩踏该方的绿地等。相邻各方在因为不动产权利的行使发生争议的情况下，必须本着互谅互让、有利团结的精神协商解决；协商不成的，由有关国家机关和人民法院解决。在争议解决以前，争议各方不得荒废土地、山林等自然资源，不得破坏有关设施，更不得聚众闹事，强占或毁坏财产。对故意闹事造成财产损害和人身伤害的，除应追究当事人的民事责任外，还应追究其行政责任，甚至刑事责任。

为了维持人与人之间的和睦关系，需要确立当事人之间适当的容忍义务。所谓容忍义务，是指相邻的一方应当容忍相邻的另一方所造成的最低限度的轻微妨害。例如，一方因搬运家具、整理床铺等可能影响邻人休息，邻人应当在合理限度内予以容忍，而不能因为造成轻微的妨害而主张权利。相邻一方晒在阳台上的衣物因大风被吹落在邻人的阳台上，应当允许衣物的所有权人取走衣物。只要邻人的行为不具有不法性，并且没有给其他不动产人造成明显损害，相邻另外一方应当予以容忍，且在他方取回这些物时，不能索要相应的报酬。如果一方拒绝承担容忍义务，则可能构成权利滥用。

三、有利生产、方便生活

法律之所以要设置相邻关系的规则，就是要保证人们最基本的生活条件，保障人们的生产生活能够顺利进行。所以，在处理因相邻关系纠纷时，应从有利于有效合理地使用财产、有利于生产和生活出发。例如在一方通行有困难的情况下，另一方是否有必要提供通行的便利，就要本着有利生产、方便生活的原则来确定，尽可能促进物尽其用。

四、公平合理

相邻关系涉及各方不动产权利方面的争议甚至冲突，在发生纠纷以后，如果处理不

---

① 参见全国人大常委会法制工作委员会民法室编：《中华人民共和国物权法条文说明、立法理由及相关规定》，136页，北京，北京大学出版社，2007。

当，就容易酿成比较严重的社会矛盾，危害社会的稳定和团结，所以，相邻各方在发生相邻纠纷以后，应当本着公平的原则予以处理。例如，一方林木的树枝延伸到邻人的土地上，一般应当允许邻人剪除，但是，如果树枝确实具有重大的经济价值或者剪除将严重影响树木的生长，那么，双方应当通过协商，并通过公平考虑来确定是予以剪除，还是允许其生长但给予补偿。[①] 相邻关系的种类很多，法律很难对各种相邻关系都作出具体规定，这就需要人民法院在处理相邻关系纠纷时，从实际情况出发，进行深入的调查研究，兼顾各方面的利益，适当考虑当地的习惯，公平合理地解决纠纷。

五、依法给予补偿

《民法典》第296条规定："不动产权利人因用水、排水、通行、铺设管线等利用相邻不动产的，应当尽量避免对相邻的不动产权利人造成损害。"相邻关系是法律对于不动产权利行使的一种干预，在许多情况下，相邻一方为另一方提供通行、通风、采光等便利，是义务人的法定义务，不能要求对方给予补偿。但是为了满足最低限度的需要，如果造成相邻不动产权利人的损失，可能需要给予适当补偿。如因不动产权利人用水、排水、通行、铺设管线等利用相邻不动产的，造成相邻一方损害的，也要承担赔偿责任。

在相邻关系遭受侵害的情况下，构成物权请求权和侵权请求权的竞合，应当允许不动产物权人依法行使各类物权请求权或侵权请求权来保护自己的合法权益。

《问题与思考》

1. 简述相邻关系的概念与特点。
2. 常见的相邻关系有哪些？
3. 如何正确处理相邻关系？

---

① 参见全国人大常委会法制工作委员会民法室编：《中华人民共和国物权法条文说明、立法理由及相关规定》，87页，北京，北京大学出版社，2007。

第十七章

共　有

本章概要

以所有权主体为单数或者复数为标准，财产的所有形式可以分为单独所有和共有。单独所有，是指所有权的主体是单一的，即一个人单独享有对某项财产的所有权。共有，是指两个或者两个以上的人共同享有对某项财产的所有权。共有又可以分为按份共有和共同共有。按份共有，又称分别共有，是指两个或者两个以上的共有人按照各自的份额分别对共有财产享有权利和承担义务的一种共有关系。共同共有，是指两个或者两个以上的共有人，根据某种共同关系而对某项财产不分份额地共同享有权利并承担义务的一种共有关系。共同共有财产主要有两种基本形式，即夫妻共有财产和家庭共有财产。解除共有关系必然要求对共有财产进行分割，分割的主要方式为实物分割、变价分割和作价补偿。

第一节　共有概述

一、共有的概念和特征

财产的所有形式可分为单独所有和共有两种。《民法典》第297条规定："不动产或者动产可以由两个以上组织、个人共有。共有包括按份共有和共同共有。"所谓共有，是指某项财产由两个或两个以上的权利主体共同享有同一所有权，换言之，是指多个权利主体对一物共同享有所有权。按照一物一权主义，一物之上不得存在多个所有权，数人不得对同一物各自享有完整的所有权。但一个所有权可以由两个或两个以上的人享有。例如，两人共同所有一间房屋，三人共同所有一台机器。共有的主体称为共有人，客体称为共有财产或共有物。各共有人之间因财产共有形成的权利义务关系，称为共有关系。

由于共有只是数人对于同一物享有同一所有权，而非数人对同一物分别享有所有权。

共有只是所有权的一种形态，因而仍然要适用所有权的一般规则，如一物一权等规则。共有是相对于单独所有而言的。单独所有是指财产所有权的主体是单一的，即一个人单独享有对某项财产的所有权。共有关系的特殊性体现如下。

(1) 主体的特殊性。共有与单独所有的最大区别就表现在，共有的主体不是一个而是两个或两个以上的自然人、法人或非法人组织，但是多数人共同所有一物，并不是说共有是多个所有权，而只是指数人对同一物享有一个完整的所有权。换言之，在法律上，共有财产只有一个所有权，而由多人享有。[①] 由于主体是多数人，所以共有制度应对各个主体之间在管理、使用、收益及处分共有财产的权利义务关系方面作出规定。同时，由于在多个主体之间常常有可能形成一种联合或团体关系，多个主体基于其相互之间的共同合意也可能制定一定的团体规则或协议，各共有人应当遵守。

(2) 客体的特殊性。共有的客体即共有物是特定的财产，它可以是独立物，也可以是集合物（如共同继承的遗产）。客体既可以是特定物，也可以是权利的集合，各种权利的共有称为准共有。例如，对小区的绿地所享有的共有权，实际上是对权利的共有。在共有关系存续期间，不能由各个共有人分别对某一部分共有物享有所有权。由于每个共有人的权利及于整个共有财产，共有物在共有关系存续期间，根据约定不能分割共有物的，只能由各共有人对共有物共同享有所有权。由此可见，共有不同于分别所有。

(3) 内容的特殊性。在内容方面，共有人对共有物按照各自的份额享有权利并承担义务，或者平等地享有权利、承担义务。[②] 一方面，共有人对共有物所享有的权利及承担的义务，因按份共有和共同共有而各不相同。另一方面，各共有人所享有的权利及于整个共有财产，也就是说要对整个共有财产依据份额或平等地享有权利，而不能仅仅只是针对某一共有财产或共有财产的某一部分享有权利。每个共有人对共有物享有的占有、使用、收益和处分的权利[③]，不受其他共有人的侵害。在行使共有财产的权利、特别是处分共有财产时，必须由全体共有人协商，按共有人共同的意志行事。

共有是多个权利主体基于共同的生活、生产和经营目的，将其财产联合在一起而产生的财产形式。共有既可以是同一种类型的所有权的联合，如集体组织所有权的联合；也可以是不同类型的所有权的联合，如集体组织所有权与公民个人所有权之间的联合。在前一种情况下，共有反映特定的所有制关系的性质，而在后一种情况下，则具有所谓“混合所有制”关系的性质。可见，共有是一种所有权的联合形式，而不是一种反映所有制的特殊的所有权形式。

共有和公有不同。“公有”一词具有双重含义：一是指社会经济制度，即公有制；二是指一种财产形式。而共有既可以是公有制在法律上的表现形式，也可以是私人所有制在法律上的反映。就公有财产权来说，它和共有在法律性质上也是不同的，表现在：一方面，共有财产的主体是多个共有人，而公有财产的主体是单一的，在我国为国家或集体组织。全民公有的财产属于国家所有，集体公有的财产则属于某一个集体组织所有。

---

① 参见王泽鉴：《民法物权》，第 1 册，326 页，台北，自版，2001。
② 参见陈华彬：《物权法》，382 页，北京，法律出版社，2004。
③ 参见王泽鉴：《民法物权》，第 1 册，327 页，台北，自版，2001。

另一方面，公有财产已经脱离个人而存在，它既不能实际分割为个人所有，也不能由个人按照一定的份额享有财产权利。在法律上，任何个人都不能成为公有财产的权利主体。而在共有的情况下，特别是在公民个人的共有关系中，财产往往并没有脱离共有人而存在。公有财产在归属上为公有人所有，是公有人的财产，所以，单个公民退出或加入公有组织并不影响公有财产的完整性，但是，公民退出或加入共有组织（如合伙），就会对共有财产产生影响。

财产共有是社会经济生活中大量存在的财产形式。近年来，在我国，在广泛发展市场经济的过程中，自然人之间，自然人与法人、非法人组织之间的财产共有关系得到了发展，各种共同经营体大量产生。在全民所有制企业实行股份制改革的过程中，共有财产也发展很快，并显示出重要作用。为此，需要从法律上确认和保护财产共有权，正确解决共有人之间的权利义务关系，从而促进经济体制改革的深入进行。还要看到，在我国，家庭既是消费单位，还往往是生产经营单位，家庭共有财产关系和夫妻共有财产关系涉及千家万户的生活和生产经营活动。以法律形式确认这些财产关系，对于建立社会主义的新型家庭关系，促进家庭的和睦团结，发展个体、私人经营和农村家庭承包经营，也是十分必要的。

二、共有的分类

《民法典》第 297 条规定："共有包括按份共有和共同共有。"按份共有和共同共有基本上概括了共有的形态。但"包括"的含义意味着共有不限于这两种形态。由于市场经济条件下财产关系较为复杂，尤其随着经济社会的发展，共有关系也在不断发展，因而，这两种形态还不能完全概括共有的各种类型，除了这两种形态之外，还有合有、总有等其他一些特殊的共有形态。其中比较典型的就是在建筑物区分所有中，业主对共有部分的共有关系，既不同于按份共有又不同于共同共有，此种共有要适用建筑物区分所有权中关于共有的特别规定。

三、共有与准共有

所谓准共有，是指两个以上组织、个人共同享有用益物权、担保物权等权利。《民法典》第 310 条规定："两个以上组织、个人共同享有用益物权、担保物权的，参照适用本章的有关规定。"例如，三个人共同购买一块土地的使用权，从而对该土地使用权享有共有权，此种共有即属于准共有。

准共有与一般共有不同，其特点在于：

（1）准共有是所有权之外的共有。此种共有的客体并不是物的所有权，而是各种用益物权和担保物权。所以，准共有与一般共有的区别就表现在：一般共有是指数人对某一特定物享有所有权，而准共有是指数人对某一特定物共同享有他物权。

（2）准共有的客体主要包括各种他物权。我国《民法典》第 310 条所承认的准共有只限于对他物权的共有。它既可以适用于用益物权，也可以适用于担保物权。在实践中最常见的是数人共同对土地享有使用权或共同对宅基地享有使用权。

(3) 准共有的有关规则，应当参照法律关于共有的规定。但参照只是说可以准用，并不是说所有的共有条款都可以适用于准共有。有些关于共有的规定是不能适用于准共有的，例如，关于共有的实物分割并不适用于准共有，因为准共有不是对所有权的共有。

第二节　按份共有

一、按份共有的含义

(一) 按份共有的概念和特征

按份共有，又称分别共有，是指两个或两个以上的共有人按照各自的份额分别对共有财产享有权利和承担义务的一种共有关系。《民法典》第298条规定："按份共有人对共有的不动产或者动产按照其份额享有所有权。"例如，甲、乙合购一幢房屋，甲出资100万元，乙出资50万元，甲、乙各按出资的份额对房屋享有权利。

按份共有具有如下法律特征。

第一，各个共有人对共有物按份额享有权利。各个共有人的份额，又称为应有份，其数额一般由共有人事先约定，或按照出资比例决定。在按份共有关系产生时，法律要求共有人应明确其应有的份额，按份共有人对共有的不动产或者动产享有的份额，没有约定或者约定不明确的，按照出资额确定；不能确定出资额的，视为等额享有。[①]

第二，各个共有人对共有财产享有权利和承担义务依据其不同的份额确定。换言之，各个共有人对共有物持有多大的份额，就要对其共有物享有多大权利和承担多大义务。份额不同，各个共有人对共有人的共有财产的权利和义务是各不相同的。

第三，尽管在按份共有的情况下，各个共有人要依据其份额享受权利并承担义务，但按份共有并不是分别所有，各个共有人的权利并不局限于共有财产的某一具体部分上，或就某一具体部分单独享有所有权，而是及于该财产的全部，例如，在上述购房例子中，甲占有2/3的份额，乙占有1/3的份额，但两人是对全部房屋依据份额行使权利，而不是把房屋划分成三部分，分别行使权利。

按份共有因共有人之间的协议解除，共有财产归于一人所有、共有财产丧失和被转让等原因而发生消灭。

(二) 按份共有中的应有部分

1. 应有部分的概念与特征

按份共有中的应有部分，是指共有人对共有物所有权所享有的比例，或者说应有部分乃是各个共有人行使权利和承担义务的范围。因为数人共同对某物享有一个所有权，

---

① 参见《民法典》第309条。

共有人应如何支配其共有物，就必须要有一定的范围，以此作为行使权利的依据。在法律上，应有部分具有如下法律特征。

第一，应有部分是抽象的而非具体的范围。应有部分只是行使权利的范围，在共有中不能根据应有部分而对共有物进行实际的量的分割。例如，甲、乙双方共有一套两间房屋，各占有 1/2 的份额。如果将房屋按面积各分一半为两人分别享有，这就作出了一种量上的分割。如果采用这种划分方式，则共有权将不复存在。应有部分只意味着行使权利应按照一定的比例进行，但在共有关系存续期间，不能根据应有部分实际分割财产。

第二，应有部分并不是局限在共有物的某一个特定部分之上，而是抽象地存在于共有财产的任何一部分之上，也就是说，共有人根据其应有部分可以对共有物的任何一个部分行使权利。

第三，应有部分是就权利的分割，而不是就所有权权能的分割。所谓所有权权能的分割也称为所有权质的分割，是指将所有权的各项权能如占有、使用、收益、管理等权能进行分割，分别为不同的人享有，如由某人行使占有、使用权，而另一个人享有收益权等。所有权质的分割很容易产生双重所有的现象。而在共有的情况下，共有为所有权之量的分割，即每个共有人都享有占有、使用、收益和处分权能，只是因为应有部分不同而在权利的行使范围上不同而已，其不同于所有权质的分割。①

2. 应有部分的效力

按份共有人的份额并不成立一个完整的所有权，应有部分只是确立了权利行使的范围而并不是所有权权能的分割。如果按份共有人的份额成为单个的完整的所有权，将会使共有形成多重所有。应有部分要及于整个共有财产，而不是仅仅局限于共有物的某一部分，如果共有人分别享有所有权，则无法确定共有人对共有财产的权利。② 若认为各共有人对其份额享有实在的所有权，必然导致各个共有人分别享有所有权，则共有物实际被分割，共有关系便很难存在。

按份共有人对其应有部分所享有的权利又称为“份额权”，具有所有权的效力，可以自由处分，从而在没有特殊约定的情况下，每个共有人都能依据自己的份额行使权利。但是，每个共有人都只能在预先确定的份额范围内享有并行使占有、使用和收益权，不得超出该范围行使权利，如果某一共有人超越其应有部分的范围行使权利，其他共有人有权基于物权请求权要求其停止侵害、排除妨害、赔偿损失。第三人对共有物造成妨害时，任何一个共有人均可以请求排除对于共有物的全部妨害，此种请求权也称为应有部分权（持分权）的妨害排除请求权。③

按份共有人有权自由转让其应有部分，除法律和合同另有规定之外，按份共有人转让其份额不需要征得其他共有人的同意。④ 这对于保证各共有人自由参加或退出共有，保护共有人的权益是必要的。各按份共有人转让或分出其份额，一般不应受时间的限制，

---

① 参见史尚宽：《物权法论》，155 页，北京，中国政法大学出版社，2000。

② 参见［日］我妻荣：《日本物权法》，297 页，台北，五南图书出版公司，1999。

③ 参见陈华彬：《物权法原理》，492 页，北京，国家行政学院出版社，1998。

④ 参见史尚宽：《物权法论》，162 页，北京，中国政法大学出版社，2000。

只要共有关系存在，共有人就享有该项权利。但是，如果各共有人事先约定在共有关系存续期间内，不得转让和分出份额，在此情况下，视为各共有人自愿放弃其转让或分出其份额的权利。但是，这一对共有人处分权限制的约定仅仅具有债的效力，其效力仅仅及于共有人。[①] 当然，对按份共有财产的转让，必须取得大多数共有人的同意。

按份共有人的应有部分（份额）具有所有权的效力，在按份共有人死亡时，其份额可以作为遗产为继承人所继承。如果无继承人继承，该份额应作为无人继承的遗产处理。

二、按份共有人的权利和义务

（一）按份共有人的权利

（1）按份共有人有权依其份额对共有财产享有占有、使用和收益权。《民法典》第298条规定："按份共有人对共有的不动产或者动产按照其份额享有所有权。"依据份额享有权利，就是说共有人对于全部的共有财产，依据其份额享有并行使权利，享有收益。[②] 份额越大，则使用共有财产并获取收益的权利就越大；份额越小，则使用共有财产并获取收益的权利就越小。当然，份额多的共有人不能侵害份额较少的共有人的利益。

在按份共有中，某一共有人享有的占有、使用和收益的权利，要受到其他共有人的权利的制约。在通常情况下，对共有财产的使用和收益方法，应由全体共有人协商决定，不能由每个共有人仅根据自己的意志自由行使对共有财产的权利，也不得未经其他共有人的同意，擅自占有和使用共有财产。

（2）按份共有人有权按照约定管理其共有财产。关于共有物的利用，《民法典》第300条规定："共有人按照约定管理共有的不动产或者动产；没有约定或者约定不明确的，各共有人都有管理的权利和义务。"据此，如何管理共有财产，需要由共有人达成协议，同样，如何利用共有财产，也必须要由全体共有人通过约定来确定。当然，共有人可以通过订立分管协议的方式，约定由部分共有人管理共有物。

（3）按份共有人享有物权请求权。按份共有人作为物权人的一种，在共有财产遭受侵害或妨害的情况下，也享有物权请求权，包括返还原物请求权、排除妨害请求权和消除危险请求权。各共有人对于第三人可以就共有物的全部而享有物权请求权，这是各共有人的权利，各共有人均可以单独行使此项权利，而不必征得其他共有人的同意。[③] 在按份共有的情况下，如果第三人无权占有共有物，由于共有物在法律上归属于全体共有人，而非为单个所有人所有，所以，各共有人若单独提起所有物返还之诉，必须请求占有人向共有人返还共有物，而不得请求仅向自己返还。

（4）按份共有人有权转让其应有部分。由于按份共有人的应有部分具有所有权的效力，可以由按份共有人自由处分。《民法典》第305条规定："按份共有人可以转让其享有的共有的不动产或者动产份额……"由此可见，这种处分包括：一是分出。所谓分出，

① MünchKomm/ Schmidt，§ 747，Rn. 8，11.

② MünchKomm/ Schmidt，§ 743，Rn. 3.

③ 参见谢在全：《民法物权论》（上册），修订2版，609页，台北，三民书局，2003。

是指按份共有人退出共有，将自己在共有财产中的份额分割出去。在分出份额时，通常要对共有财产进行分割。二是转让。所谓转让，是指共有人依法将自己在共有财产中的份额转让给他人。共有人可以自由参加或退出共有。为了保护共有人的权益，应允许共有人自己转让其共有份额，但共有人转让其份额，不得损害其他共有人的利益。如果共有是合伙中的共有，则共有人退出共有和转让份额，都要受合伙合同的约束。各按份共有人转让或分出其份额，一般是不受时间限制的，只要共有关系存在，共有人就享有该项权利。但是，如果各共有人事先约定在共有关系存续期间，不得转让和分出份额，则视为各共有人自愿放弃转让或分出其份额的权利，无论哪一个共有人转让或分出其份额，都将构成对其他共有人的违约行为。

（5）按份共有人享有优先购买权。为防止某一按份共有人转让其份额造成对其他共有人的损害，《民法典》第305条规定："按份共有人可以转让其享有的共有的不动产或者动产份额。其他共有人在同等条件下享有优先购买的权利。"例如，甲、乙、丙三人合建一房屋，各占1/3的份额，在丙欲出让其份额时，甲、乙二人有权优先于第三人购买该份额。

关于共有人在处分共有物时，各共有人是否享有优先购买权，《民法典》对此没有作出规定。本书认为，不宜认为转让共有物时各共有人享有优先购买权，这与某一共有人转让份额，其他共有人享有优先购买权是不同的。一方面，如果某一共有人希望得到整个共有物的完整的所有权，其完全可以通过购买其他共有人的份额来实现这一目的，不必要行使对共有物的优先购买权。另一方面，如果某一共有人同意转让共有物，其又提出自己购买，本身就违背了诚信原则；如果其不同意转让共有物，而其他共有人执意将共有物作出处分，则实际上表明其他共有人不愿将各自的份额转让给该共有人，为了尊重其他共有人的意思自治，也不宜认为该共有人对共有物享有优先购买权。

（二）按份共有人的义务

共有人在依据份额行使权利的同时，必须要承担相应的义务。该义务主要是承担对共有物的管理费用以及其他负担。

1. 共有人对共有物的管理费用的承担

共有财产既然是由每个共有人共有，则每个共有人都有修缮、维修共有财产的义务，以维持其良好的状态。共有人可以自己管理，也可以委托他人管理，在委托他人管理的情形下，可能产生相应的管理费用，此时，各个共有人有分担该管理费用的义务。

2. 共有人对共有物的其他负担的承担

除共有物的管理负担外，共有人还应当负担因共有物所产生的其他负担。例如，分担因共有房屋倒塌造成他人伤害而承担的损害赔偿责任。按份共有人按照各自的份额，对共有财产享有权利，同时也要按各自的份额分担义务，按份共有人持有的份额越大，其承担的因经营共有财产所产生的义务和责任也就越大，反之则越少。《民法典》第302条规定："共有人对共有物的管理费用以及其他负担，有约定的，按照其约定；没有约定或者约定不明确的，按份共有人按照其份额负担，共同共有人共同负担。"依据这一规定，关于共有人费用的承担，如果有约定，首先应当按照约定来支付；如果没有约定或者约定不明，按份共有人应当依据其份额来承担。如果某个共有人支付上述费用时，超出其份额所应分担的部分，该共有人有权请求其他共有人偿还。

（三）处分共有财产或对共有财产作出重大修缮

所谓处分共有财产，就是指共有人依据法定的程序从事将共有物转让或设置抵押等处分行为。《民法典》第 301 条规定："处分共有的不动产或者动产以及对共有的不动产或者动产作重大修缮、变更性质或者用途的，应当经占份额三分之二以上的按份共有人或者全体共同共有人同意，但是共有人之间另有约定的除外。"该条实际上规范了处分共有财产或对共有财产作出重大修缮的程序和条件。一是处分共有财产，处分共有财产主要是指将共有财产转让，即经过法定程序将共有财产转让给某个或某几个共有人，或者共有人以外的其他人。二是对共有财产作出重大修缮。所谓对共有财产作出重大修缮，是指对共有物进行重大改良或重大维修。一般来说，对共有财产的维护以及简单修理，不属于重大修缮的范畴。在重大修缮的情况下，需要对财产进行改良，并作出较大的投资。

依据《民法典》第 301 条规定，处分共有的不动产或者动产以及对共有的不动产或者动产作重大修缮的，无须经过全体按份共有人同意，而只是要求经占份额 2/3 以上的按份共有人同意。法律作出此种规定的原因在于，一方面，从实践来看，要求处分共有财产必须经全体按份共有人的同意是十分困难的，尤其在共有人人数众多的情况下，每个共有人都具有特殊的利益，很难要求全体按份共有人同意。另一方面，在一些情况下必须及时作出处分和重大修缮决定，如果要求全体按份共有人同意，可能导致共有人迟迟不能作出处分和重大修缮的决定，造成共有财产利益减损，反而有害于全体共有人的利益。所以，《民法典》规定占份额 2/3 以上的按份共有人就可以处分或进行重大修缮，是十分必要的。但是，多数人的决定不能损害其他不同意处分或者重大修缮的按份共有人的利益，如果决定会造成全体共有人损害，应当允许少数人转让自己的份额或者请求分割共有物。

需要指出的是，《民法典》的上述规定只是任意性规定，依据《民法典》上述规定，如果共有人另有约定，则不适用上述规则。这就是说，上述规定仍然是任意性规范，如果共有人之间已经达成了协议，当事人就应当遵守此种协议。例如，按份共有人之间已经达成了分管协议，由于该协议对所有共有人具有拘束力，所以，该约定可以优先于法律规定适用。

如果某个或某几个共有人未经全体共有人依法定程序同意，擅自对共有财产进行法律上的处分，对于其他共有人不产生法律效力。如果转让的共有财产为动产，受让人取得该动产时系出于善意，则可以按照善意取得的规则处理。此时其他共有人不得主张转让行为无效，仅能对该进行无权处分行为的共有人，依侵权行为或不当得利的规定而主张其权利。①

---

① 参见谢在全：《民法物权论》（上册），修订 2 版，567 页，台北，三民书局，2003。

（四）共有关系中的优先购买权

1. 优先购买权的概念和特征

所谓优先购买权，又称为“先买权”，是特定的民事主体依照法律规定享有的先于他人购买某项特定财产的权利。《民法典》第305条规定：“按份共有人可以转让其享有的共有的不动产或者动产份额。其他共有人在同等条件下享有优先购买的权利。”

优先购买权的法律特征是。

第一，优先购买权是法定的而非当事人约定的权利。《民法典》第305条规定：“按份共有人可以转让其享有的共有的不动产或者动产份额。其他共有人在同等条件下享有优先购买的权利。”这就明确了，优先购买权乃是法定的而不是约定的权利。

第二，优先购买权是对出卖人享有的所有权的限制。优先购买权使出让人对财产的处分自由受到先买权的约束，只要先买权人是在同等条件下行使了购买权，则出卖人不得将标的物再转让给先买权人以外的其他人，否则，应依据转让人与受让人的具体情形确定是否应宣告该财产移转的效力。

第三，优先购买权具有对抗第三人的效力。优先购买权不仅可以对抗出卖人，还可以对抗第三人。如果第三人在侵害优先购买权人的优先权的情况下购买标的物，优先购买权人有权请求转让人承担赔偿责任。

优先购买权人行使权利，必须在同等条件下行使。《物权编司法解释（一）》第10条规定：“民法典第三百零五条所称的‘同等条件’，应当综合共有份额的转让价格、价款履行方式及期限等因素确定。”据此，同等条件应当主要指的是价格条件，也就是说，先买权人支付的价格应当与其他买受人支付的价格条件相同。同等条件并不要求先买人和出卖人订立的合同与出卖人和他人订立的合同的条款完全相同。除价格条件外，也应当适当考虑支付方式等。但支付方式的确定必须从根本上影响到出卖人的基于合同所应当获得的利益。例如，第三人允诺一次付清，则先买权人不得主张分期支付。所以，价格条款是第一位的，而从根本上影响到出卖人利益的支付条件是第二位的。至于其他交易条件，不管是现金支付还是转账支付，只要没有从根本上影响到出卖人的利益，出卖人不能以此作为同等条件。

2. 共有人提前通知其他先买权人的义务

共有人在出卖其共有份额时，应当提前通知其他先买权人，《民法典》第306条第1款规定：“按份共有人转让其享有的共有的不动产或者动产份额的，应当将转让条件及时通知其他共有人。其他共有人应当在合理期限内行使优先购买权。”依据该规定，一方面，按份共有人将转让条件及时通知其他共有人，此种通知既可以是在出售时明确告知，也可以是在与第三人达成交易之前通知，告知的内容既包括要出售份额的情况，也包括价格及其他重要的交易条件。另一方面，按份共有人将转让条件及时通知其他共有人以后，其他共有人应当在合理期限内行使优先购买权。所谓“合理期限”，是指行使优先购买权的期限。[1]

---

[1] 《物权编司法解释（一）》第11条对合理期限作了明确、具体的规定。

如果享有优先购买权的共有人不在“合理期限”内行使权利，视为放弃。我国《民法典》虽然没有对共有人优先购买权行使的最长期限作出明确规定，但有关司法解释对此作出了明确规定。[①]

3. 多个共有人主张行使优先购买权

《民法典》第 306 条第 2 款规定：“两个以上其他共有人主张行使优先购买权的，协商确定各自的购买比例；协商不成的，按照转让时各自的共有份额比例行使优先购买权。”如果有数个共有人行使优先购买权的情形下，依据本条规定，首先要按照私法自治原则，由共有人协商确定各自的购买比例，但是在协商不成的情形下，依据《民法典》第 306 条，由各个共有人按照转让时各自的共有份额比例行使优先购买权。例如，甲、乙、丙、丁四人共有一套房屋，各占 1/4，丁转让其 1/4 的份额，甲、乙、丙三人均享有优先购买权，如果甲不愿意购买，则乙、丙在转让时，就各自享有 50%份额比例行使优先购买权，如果甲愿意购买，则甲、乙、丙就在转让时享有 1/3 份额的购买比例。该条之所以按照转让时的共有份额行使，主要是基于如下两方面的原因：第一，保障出让人的利益。本条规定要求各个共有人按照转让时的共有份额比例行使优先购买权，而不是按照其共有份额占共有财产的比例行使优先购买权，主要目的在于防止相关的共有份额无人购买。例如，在前例中，如果不要求乙、丙按照转让时的共有份额比例购买，则乙、丙只能在 1/3 的范围内行使优先购买权，这可能不利于保护出让人丁的利益。第二，要求各共有人按照各自的共有份额比例行使优先购买权，也是为了维持各个共有人的共有份额比例，防止某一共有人取得全部出让的共有份额，形成对其他共有人的比例优势。

由于优先购买权不是物权，优先购买权人在购买前没有直接占有标的物，不能直接支配特定的物，在该权利受到侵害时，权利人不能以所有人或占有人的名义以物权请求权或占有保护请求权的方式行使其权利。如果某一共有人出卖其共有份额时，没有告知其他共有人，或者在告知其他共有人之后，其他共有人已经提出在同等条件下购买，而出卖其份额的共有人拒绝其他共有人购买，此时，究竟应该如何对其他共有人提供救济？本书认为，优先购买权受到侵害时，权利人有权就其不能购买到该份额所遭受的损失要求赔偿，但依据《物权编司法解释（一）》第 12 条的规定，不能请求转让合同无效或请求撤销该合同。

（五）约定不明视为按份共有

《民法典》第 308 条规定：“共有人对共有的不动产或者动产没有约定为按份共有或者共同共有，或者约定不明确的，除共有人具有家庭关系等外，视为按份共有。”因为按份共有较之于共同共有，对物的利用更加有效，对物的分割更加方便，对共有物的管理

---

① 《物权编司法解释（一）》第 11 条规定：“优先购买权的行使期间，按份共有人之间有约定的，按照约定处理；没有约定或者约定不明的，按照下列情形确定：（一）转让人向其他按份共有人发出的包含同等条件内容的通知中载明行使期间的，以该期间为准；（二）通知中未载明行使期间，或者载明的期间短于通知送达之日起十五日的，为十五日；（三）转让人未通知的，为其他按份共有人知道或者应当知道最终确定的同等条件之日起十五日；（四）转让人未通知，且无法确定其他按份共有人知道或者应当知道最终确定的同等条件的，为共有份额权属转移之日起六个月。”

比较灵活，对共有物的处分也比较便利，所以，推定为按份共有，有利于有效率地管理和利用共有财产。

依据《民法典》第309条的规定，按份共有人对共有的不动产或者动产享有的份额，没有约定或者约定不明确的，按照出资额确定；不能确定出资额的，视为等额享有。因此，对份额的确定：首先，要考察当事人之间是否具有具体约定，虽然具有约定，但约定无效或者当事人之间发生争议，无法举证证明原有约定的效力的，则视为没有约定，应认定为份额相等，即等额按份共有。其次，在没有约定的情况下，按照出资额确定。例如，甲、乙、丙三方各出资1/3购买了某项财产，但没有就该财产的性质作出约定。在此情况下，可以依据先前的出资额确定共有的份额。最后，如果不能根据出资额确定份额，则推定为等额享有。这符合民法的公平原则，由各个共有人等额享有是比较合理的。

第三节　共同共有

一、共同共有概述

（一）共同共有的概念和特征

共同共有，亦称为公同共有，是指两个或两个以上的民事主体，根据某种共同关系而对某项财产不分份额地共同享有权利并承担义务。共同共有是共有的另一种形式。《民法典》第299条规定："共同共有人对共有的不动产或者动产共同享有所有权。"一般认为，共同共有实质上是两个或两个以上的人基于某种共同关系而共有一物，在共同共有中，对共有之物的权利并没有划分份额，各共有人的权利和义务都是平等的，共同共有的特征体现在以下方面。

（1）共同共有根据共同关系而产生，必须以共同关系的存在为前提。例如，男女双方结婚后形成夫妻关系，依照法律规定，夫妻关系存续期间所得的财产为共有财产，因夫妻关系的产生而形成夫妻财产共有关系。再如，家庭成员之间存在着家庭关系，家庭成员因共同劳动和经营而获取的收益为家庭成员共有，形成家庭财产的共有关系。因此，共同共有是以当事人之间存在着某种共同关系为前提的，它一般发生在互有特殊身份关系的当事人之间。

（2）在共同共有中，财产不分份额。只要共同共有存在，共有人对共有的财产就无法划分各人的份额或哪个部分属于哪个共有人所有，只有在共同共有关系终止、共有财产分割以后，才能确定各共有人的份额。[①] 财产不分份额，这是共同共有与按份共有的主要区别。在共同共有关系存续期间，部分共有人擅自划分份额、处分共有财产的，一般

① 参见全国人大常委会法制工作委员会民法室编：《中华人民共和国物权法条文说明、立法理由及相关规定》，168页，北京，北京大学出版社，2007。

不应发生物权变动效力。

(3) 在共同共有中，各共有人平等地享受权利和承担义务。依据《民法典》第 299 条规定，各共有人对整个共有财产享有平等的占有、使用、收益和处分的权利，同时对整个共有财产平等地承担义务。由于共同共有人的权利和义务都是平等的，因而较之于按份共有，共同共有人之间具有更密切的利害关系。

共同共有关系主要因共同关系的终止而解除，例如，婚姻关系解除等；同时也可以由于其他原因而消失，如共有物丧失、共有财产被转让等。共同共有终止时，对共有财产的分割，有协议的，按协议处理；没有协议的，一般可根据均等原则，并考虑共有人对共有财产的贡献大小以及共有人生产、生活的实际情况等处理。

（二）共同共有与按份共有的区别

第一，各共有人对共有物所享有的权利存在区别。在按份共有关系中，各共有人依其份额享有权利并承担义务；在共同共有关系中，各共有人则不分份额，共同地享有权利、承担义务。

第二，关于共有物的处分，在按份共有关系中，原则上只需要 2/3 多数同意；而在共同共有关系中，需要全体共有人的一致同意才能处分共有物。我国《民法典》第 301 条规定，处分共有的不动产或者动产以及对共有的不动产或者动产作重大修缮、变更性质或者用途的，应当经占份额 2/3 以上的按份共有人或者全体共同共有人同意，但是共有人之间另有约定的除外。

第三，按份共有人可以转让其享有的共有的不动产或者动产份额，其他共有人在同等条件下享有优先购买的权利。但是在共同共有的情况下，不存在优先购买的问题。

第四，关于共有财产的分割，在没有约定或者约定不明确的情况下，按份共有人可以随时请求分割，共同共有人在共有的基础丧失或者有重大理由需要分割时可以请求分割。如夫妻双方在婚姻关系存续期间购买了一幢房产，对其归属未加以特别约定，则在婚姻关系存续期内应当认为是共同共有，不得请求分割；如果婚姻关系解除，则一方可以请求进行分割。

二、共同共有人的权利和义务

共同共有关系主要依照法律的规定或合同的约定而产生，共同共有人相互间的权利义务也应依法律或合同的规定而确定。其具体内容如下。

(1) 共同共有人的权利。共同共有人对共有财产享有平等的占有、使用权，对共有财产的收益，不是按比例分配，而是共同享有；对共有财产的处分，必须征得全体共有人的同意，未经全体共有人的同意而处分共有财产，不发生物权变动的效力。① 但是如果根据法律规定或依据共有人之间的协议，某个共有人有权代表或代理全体共有人处分共

① 参见崔建远：《物权：规范与学说》（上册），481 页，北京，清华大学出版社，2011。

有财产时，则该共有人依法或依协议作出的处分财产的行为是有效的。无权代表或代理的共有人擅自处分共有财产时，其他共有人明知而不提出异议的，视为同意。

（2）共同共有人的义务。共同共有人对共有财产共同承担义务。《民法典》第302条规定："共有人对共有物的管理费用以及其他负担，有约定的，按照其约定；没有约定或者约定不明确的，按份共有人按照其份额负担，共同共有人共同负担。"因而在共同共有的情况下，因对共有财产进行维护、保管、改良等所支付的费用由各共有人共同分担。①各共有人因经营共同事业对外发生债务或对第三人造成损害的，由全体共有人承担连带责任。

共同共有人能否转让其作为共有人的资格？本书认为，在因婚姻和血缘关系而形成的共同共有中，共有人的资格是不能转让的；而在因纯粹的合同关系形成的共同共有中，只要不违反合同的规定和损害其他共有人的利益，则共有人可以转让其作为共有人的资格。如在因合伙合同而成立的共同共有中，某个合伙人的退伙就属于这种情况。

共同共有关系存续期间，各共有人一般不得请求分割共有财产，但共同共有人在共有的基础丧失或者有重大理由需要分割时可以请求分割。

三、共同共有的形式

在我国，共同共有的基本形式有两种，即夫妻共有财产和家庭共有财产。此外，遗产分割前的共有也属于共同共有。

（一）夫妻共有财产

关于夫妻共有财产，我国立法规定了法定的夫妻共有财产为一般形式，而夫妻约定的共有财产属于例外情形。具体而言，夫妻共有财产包括两种形态。

（1）夫妻的法定共有财产，它是指依据法律规定而形成的夫妻共有财产。夫妻共有财产是夫妻共同生活的物质基础。关于夫妻法定共有财产，《民法典》第1062规定："夫妻在婚姻关系存续期间所得的下列财产，为夫妻的共同财产，归夫妻共同所有：（一）工资、奖金、劳务报酬；（二）生产、经营、投资的收益；（三）知识产权的收益；（四）继承或者受赠的财产，但是本法第一千零六十三条第三项规定的除外；（五）其他应当归共同所有的财产。夫妻对共同财产，有平等的处理权。"这就确认了夫妻在婚姻关系存续期间的法定共有财产。《民法典》扩大了夫妻共有财产的范围，将工资和资金以外的其他劳务报酬和投资收益都明确规定为法定夫妻共有财产的范畴。

（2）夫妻约定的共有财产，它是指夫妻约定共同共有某些财产。我国《民法典》第1065条规定："男女双方可以约定婚姻关系存续期间所得的财产以及婚前财产归各自所有、共同所有或者部分各自所有、部分共同所有。约定应当采用书面形式。没有约定或者约定不明确的，适用本法第一千零六十二条、第一千零六十三条的规定。"这就确认了

---

① 参见梅夏英、高圣平：《物权法教程》，2版，145页，北京，中国人民大学出版社，2010。

夫妻约定共有财产。

无论是夫妻法定共有财产还是约定共有财产，其核心特征是夫妻对共同财产共同所有，享有平等的处理权。[①] 但两者存在区别：一是约定财产制是法律允许夫妻就双方之间的财产关系进行意思自治，其具有优先于法定财产制的效力，只有在没有约定或者约定无效时，才适用法定财产制。二是客体范围不同。就婚前个人财产而言，如果没有特别约定，通常并不适用法定财产制，不会当然成为夫妻共同财产。而在约定财产制情形下，其可以约定成为夫妻共同财产。[②] 三是效力不同。在法定财产制情形下，就婚姻存续期间的夫妻共同债务，应由夫妻共同财产偿还。而在约定财产单独所有的情形下，该约定通常不具有对抗第三人的效力，但夫妻一方能够证明第三人知道该约定时，可以对第三人产生效力。四是处分权不同。在约定财产制且构成单独所有的情形下，就单独所有的财产，所有权人可以单独处分，无须征得配偶的同意。[③]

夫妻的婚前财产属于个人所有，不是夫妻共同财产。在婚姻关系存续期间，夫妻一方或双方的劳动所得，夫妻难以确定为个人所有还是共有的财产，都是夫妻共有财产。婚前是个人财产，婚后双方用共有财产进行了重大修理和改造的，也部分地属于夫妻共有财产。夫妻双方通过协商，以其他方式确定夫妻间的财产归属，如不违背法律的规定，可依其约定。

夫妻在婚姻关系存续期间，对于共有财产享有平等的占有、使用、收益和处分的权利。[④] 夫妻双方出卖、赠与属于夫妻共有的财产，应取得一致的意见。夫妻一方明知另一方处分财产而未作否定表示的，视为同意。该规则的适用应当符合如下条件：一是夫妻一方明知另一方正在实施处分夫妻共有财产的行为，如果夫妻一方对另一方处分夫妻共有财产的行为并不知情，则其无法作出否定的意思表示，此时，不得认定其已经同意。二是没有作否定表示。如果夫妻一方针对另一方处分夫妻共有财产的行为及时作出了否定的表示，则不得认定其已经同意该行为。夫妻共同财产是共同共有的一种形式，原则上在夫妻关系存续期间内，双方不得请求分割，只有在夫妻离婚或夫妻一方死亡、遗产继承开始时，才能进行分割。在例外情况下，法律也认可婚内析产。依据我国《民法典》第 1066 条的规定，“婚姻关系存续期间，有下列情形之一的，夫妻一方可以向人民法院请求分割共同财产：（一）一方有隐藏、转移、变卖、毁损、挥霍夫妻共同财产或者伪造夫妻共同债务等严重损害夫妻共同财产利益的行为；（二）一方负有法定扶养义务的人患重大疾病需要医治，另一方不同意支付相关医疗费用”。

（二）家庭共有财产

所谓家庭共有财产，是指在家庭中全部或部分家庭成员共同所有的财产。[⑤] 换言之，是指家庭成员在家庭共同生活关系存续期间共同创造、共同所得的共同财产，其特征

---

① 参见黄薇主编：《中华人民共和国民法典释义》，1991 页，北京，法律出版社，2020。
② 参见夏吟兰、龙翼飞等：《中国民法典释评·婚姻家庭编》，135 页，北京，中国人民大学出版社，2020。
③ 参见夏吟兰、龙翼飞等：《中国民法典释评·婚姻家庭编》，22 页，北京，中国人民大学出版社，2020。
④ 参见梅夏英、高圣平：《物权法教程》，2 版，147 页，北京，中国人民大学出版社，2010。
⑤ 参见崔建远：《物权：规范与学说》（上册），479 页，北京，清华大学出版社，2011。

如下。

（1）家庭共有财产的主体是对家庭共有财产的形成作出过贡献的家庭成员。在家庭中，并不是每一个家庭成员都享有对家庭共有财产的共有权。在家庭中，父母有劳动收入，而未成年子女没有经济收入，也没有通过接受遗赠或赠与等方法对家庭财产作出贡献，因而不能和父母一起作为家庭财产的共有人。

（2）家庭共有财产的形式主要是家庭成员在共同生活期间的共同劳动收入，包括家庭成员交给家庭的财产、家庭成员共同受赠的财产以及在此基础上购置和积累起来的财产等。① 概言之，家庭共有财产是家庭成员的共同劳动收入和所得。

（3）家庭共有财产是以维持家庭成员共同生活或生产为目的的财产。② 如果某个家庭成员以其劳动收入购买个人所需要而不是家庭需要的物品，则一般不应视为家庭共有财产。

（4）家庭共有财产以家庭共同生活关系的存在为前提，家庭共同生活关系终止，如因成年子女分家、父母离婚、父母一方或双方死亡等原因导致家庭共同生活关系终止，就可能引起家庭共有财产的分割，使原有的家庭共有财产权归于消灭。

对于家庭共有财产，每个家庭成员都享有平等的权利。除法律另有规定或家庭成员间另有约定的以外，对于家庭共有财产的使用、处分或分割，应该取得全体家庭成员的同意，任何家庭成员都不得随意处分属于家庭所有的共同财产。

家庭共有财产不同于家庭财产的概念。所谓家庭财产，是指家庭成员共同所有和各自所有的财产的总和。具体包括：夫妻共有财产和夫妻个人财产、成年子女个人所有的财产、其他家庭成员各自所有的财产、家庭成员共同所有的财产等。可见，家庭财产既包括家庭成员的共有财产，也包括家庭成员的个人财产。家庭共有财产只是家庭财产的一部分。区分家庭共有财产和家庭财产的概念的意义主要在于，家庭成员分家析产，一般只能就家庭成员的共有财产进行分割，因家庭经营对外负有债务时，一般只能以家庭共有财产清偿债务。③

家庭共有财产和夫妻共有财产的概念也不相同。在不同的家庭结构中，两者有可能是相同的，也可能完全不同。例如，在由夫妻和未成年子女组成的家庭（即通常所说的“核心家庭”）中，如果未成年子女没有独立的经济收入，也没有其他的和父母形成家庭财产共有权的事实（如受赠等），则对父母的共同财产不享有财产所有权。④ 在这种家庭中，家庭共有财产一般就是夫妻共有财产。如果未成年子女也对家庭共有财产的形成作出了贡献，例如有独立的经济收入、与父母共同受赠价值较大的财产等，这就产生了父母和子女的家庭财产共有权，特别是当家庭中有成年子女或者有三代家庭成员，则家庭共有财产的范围就要扩大到夫妻、子女、兄弟姐妹、孙子女等共有的财产。在这样的家庭中，家庭共有财产和夫妻共有财产是不同的。夫妻离婚时，除分割共同财产以外，还

---

① 参见胡康生主编：《中华人民共和国物权法释义》，217页，北京，法律出版社，2007。

② 参见崔建远：《物权法》，2版，241页，北京，中国人民大学出版社，2011。

③ 我国《民法典》第56条规定，在确定债务承担时，“个人经营的，以个人财产承担；家庭经营的，以家庭财产承担”。在这里，家庭财产实际上是指家庭共有财产。

④ 参见梅夏英、高圣平：《物权法教程》，2版，147页，北京，中国人民大学出版社，2010。

应确定并分得在其家庭共有财产中夫妻应得的份额，以保护其合法权益。

当然，并不是任何家庭成员的财产都属于家庭共有财产。在一个家庭中，家庭的共有财产与家庭成员的个人财产可以相互区别存在。家庭个人财产是家庭成员中的某个人基于一定的法律事实所取得，并且没有成为共有财产的财产，在家庭成员共同生活期间，家庭成员的个人财产不能视为家庭共有财产。从我国审判实践经验和民法理论来看，对此大概可以作出如下区别：(1) 子女因履行对父母的赡养义务而给付父母的赡养费，应属于父母的个人财产。父母以子女给付的赡养费积蓄而购置的财产，所有权归父母。(2) 父母因履行对子女的抚养义务而给付子女的财产、父母赠与子女的财产，属于子女的个人财产。(3) 子女以个人名义从事生产经营活动所获取的收入，除按照家庭成员之间的约定或自愿交付给家庭的收入以外，自己保存的收入部分，应作为子女的个人财产。(4) 对于无法确定为个人财产还是家庭共有财产的财产，应视为家庭共有财产。

区分家庭共有财产与家庭成员个人财产的主要意义在于：首先，在家庭成员分家析产时，只能对家庭共有财产而不能对个人财产进行分割。[①] 家庭共有财产的某一共有人死亡，开始继承时，必须把死者在家庭共有财产中的应有部分分出，作为遗产继承，而不能把家庭共有财产都当作遗产继承。其次，在因对外经营活动负有债务时，因个人经营而负债的，以个人财产承担清偿债务的责任；如果是因家庭经营而负债的，以家庭共有财产承担清偿债务的责任。再次，在家庭成员共同生活期间，为家庭的共同生活和生产需要所付出的开支，由家庭共有财产负担；不是为家庭的共同生活和生产的需要而是为满足个人的需要所付出的开支，应由个人财产负担。

(三) 遗产分割前的共有

关于遗产分割前的共有关系，我国《民法典》没有对其作出规定，但应当将此种共有关系界定为共同共有，即被继承人死亡后，遗产分割前，各继承人对遗产的共有也应属于共同共有。因为当有数个继承人时，任何一个继承人都不能单独取得遗产的所有权，而且在遗产分割前，各个继承人对遗产的份额也难以确定。

第四节 因共有财产而产生的债权债务

一、因共有财产而产生的债权债务的概念

(一) 因共有财产而产生的债权

所谓因共有财产而产生的债权，就是指因共有的不动产和动产所产生的债权关系。例如，甲、乙二人将共有的财产出租给丙，甲、乙二人共同对丙享有连带债权。此种债

---

① 参见全国人大常委会法制工作委员会民法室编：《中华人民共和国物权法条文说明、立法理由及相关规定》，168页，北京，北京大学出版社，2007。

权是因共有财产的利用等原因而产生，此种债权的特点在于：第一，此种债权因共有财产的利用等原因而产生，当然，此种债权并不当然是因共有财产的利用而产生，在第三人侵害共有财产的情形下，共有人对行为人也享有连带债权。第二，此种债权主要具有对外效力。连带债权是在债权人与相对人之间形成的关系，各个连带债权人都可以请求债务人履行全部债务，任何一个债权人也都可以接受债务人的履行，而任何一个债权人接受债务人的全部履行后，连带债权也将因此消灭。例如，共有财产出租之后，任何一个共有人都可以请求承租人支付租金。在连带债权的情况下，任何一个共有人都有权请求债务人清偿债务，债务人向任何一个共有人清偿债务之后，债的关系消灭。第三，此种连带债权是因为法律规定产生的。连带债权虽然也可以基于当事人的约定产生，但在因共有财产而产生的连带债权而言，其是基于法律规定产生的。

依据《民法典》第 307 条，因共有财产产生的连带债权，在共有人内部关系上，除了共有人另有约定外，各共有人应当按照一定的份额享有债权。这就是说，在内部关系上，是否约定份额以及如何约定份额，首先应当由当事人约定，如果当事人没有约定，则对按份共有人而言，应当按照其份额分享债权。依据《民法典》第 521 条，“连带债权人之间的份额难以确定的，视为份额相同”。

（二）因共有财产而产生的债务

所谓因共有财产而产生的共同债务，就是指因共有的不动产和动产所产生的债务关系。例如，共有的房屋倒塌造成他人的财产或人身损害；共有的财产在出租之后因为重大瑕疵致承租人的损害。《民法典》第 307 条对于因共有财产而产生的共同债务的承担规则作出了规定。

因共有财产所生的共同债务具有如下特征。

第一，必须是因为共有财产所产生的债务。[①] 此种债务可能直接是由共有财产造成损害而发生的（如共有的房屋倒塌致他人损害），也可能是因为利用共有财产发生的债务（如某一共有人驾驶共有的汽车撞上他人）。尤其应当指出，在因为共有物致人损害而产生的债务而言，损害的发生必须与共有物存在因果联系。因为在实践中损害后果的发生，既可能纯粹是由共有物造成的，也可能是由共有物造成的同时介入了人的行为，还可能纯粹是因为第三人的行为造成的。例如，某人盗窃他人汽车后肇事，则纯粹是由行为人的行为造成的，应当由行为人承担责任，而不宜追究汽车所有权人或者共有人的责任。

第二，此种债务主要具有对外效力。这就是说，各个债务人都有义务向债权人作出全部履行，而且任何一个债务人作出全部履行后，都可以导致连带债务的消灭。只要债务没有完全清偿，任何一个债务人都负有清偿义务。例如，甲乙双方共有一间房屋，因年久失修而倒塌，造成他人的重大损害，甲乙双方应当依据《民法典》第 307 条的规定对受害人承担连带责任。在连带债务的情况下，共有人有义务向受害人赔偿，受害人有权向任何一个共有人请求赔偿。一旦某个共有人清偿了全部债务，债就归于消灭。

第三，此种连带债务是因为法律规定产生的。连带债务既可以基于当事人约定产生，

---

① 参见崔建远：《物权：规范与学说》（上册），478 页，北京，清华大学出版社，2011。

也可以基于法律规定产生，但是对基于共有财产而产生的连带债务而言，其是基于法律规定而产生的。

对因共有财产而产生的连带债务而言，在共有人对外承担连带债务之后，每个按份共有人对内应当按照共有份额来分担责任。也就是说，凡是偿还债务超过自己应当承担份额的按份共有人，都有权向其他共有人追偿。[①] 这就意味着，在承担责任超过自己份额的共有人和其他共有人之间形成一种追偿之债的关系。追偿权利人是债权人，追偿义务人是债务人。依据《民法典》第 307 条，偿还债务超过自己应当承担份额的按份共有人，有权向其他共有人追偿。例如，甲、乙、丙三人共同出资购买一套房屋，各占 1/3，因为该房屋倒塌致某人受伤，花费 30 万元医疗费，甲赔偿 20 万元，其有权就其多支付的 10 万元要求乙、丙返还。

二、不构成连带债权债务的情形

《民法典》第 307 条规定了两种不构成连带债权债务的情形：一是法律有特别规定。所谓法律有特别规定，主要是指针对共有财产产生的债务，法律规定了不同于连带责任的规则。例如，非共有人未经共有人的允许驾驶共有的汽车而致他人损害。此种情形在侵权责任编中已有特殊规定，就应当适用侵权法的规定。二是第三人知道共有人不具有连带债权债务关系。所谓第三人知道，是指在发生损害之前，第三人已经确切了解共有人之间的责任分担情况。例如，在租赁合同中，已经明确规定了共有人的份额，所以，因租赁财产造成损害，可以认为承租人知道了共有人之间的责任分担份额。一般来说，第三人知道的问题，需要由共有人举证证明，而不能由受害人举证。

第五节　共有财产的分割

一、共有财产分割的概念和原则

所谓共有财产的分割，是指在共有关系存续期间内，共有人请求按照一定的份额或者均等地分割共有财产。共有关系因共有物的灭失、某一共有人取得所有其他共有人的应有部分而终止，然而其中最主要的原因，则是共有财产的分割。[②]

共有财产的分割，必须要由共有人主张。按照私法自治原则，法院不能在共有人没有提出分割的情况下，就直接通过裁判分割共有财产。无论是按份共有，还是共同共有，共有人依据法律或合同的规定享有分割请求权。不过，分割是共有人针对共有物，请求分割自己应得的部分，即请求分割应有份。分割共有财产，有可能导致整个共有关系的

---

① 参见梅夏英、高圣平：《物权法教程》，2 版，143 页，北京，中国人民大学出版社，2010。

② 参见史尚宽：《物权法论》，166 页，北京，中国政法大学出版社，2000。

解体，如果共有财产的分割将导致共有关系的消灭，在物权法上称为共有消灭的特殊原因。[①] 但也可能在分割共有财产之后，仅仅使得某一个或某些共有人退出共有关系。其他共有人如果愿意继续留在共有关系之中，这些共有人还可以继续维持共有关系。

此外，共有人在分割共有财产时，特别是在分割家庭共有财产和夫妻共有财产时，应当体现男女平等、保护妇女和未成年子女利益的精神。在确定各共有人应分得的份额时，对于负担抚养、赡养、扶养其他家庭成员义务的共有人应当适当考虑多分。[②]

二、分割共有财产的原则

（一）尊重共有人意愿原则

共有财产尤其是按份共有财产是否分割，如何分割，完全属于共有人的事务，原则上应当尊重共有人的选择。按照私法自治原则，共有人可以自由约定如何分割共有财产。依据《民法典》第303条的规定，共有人约定不得分割共有的不动产或者动产，以维持共有关系的，应当按照约定，各共有人不得违反合同的规定而请求分割。如果当事人订立了禁止分割的协议，除非共有人有重大理由，不得分割。共有人还可以协商决定共有物分割的范围、期限、方式以及分配方法等。当事人的约定应优先于法律的任意性规定而适用。这就是说，是否允许分割，在何种情况下分割，采用何种分割方式，都必须由当事人自主决定。如果当事人就共有财产的分割不能达成一致的意见，可以由共有人提起诉讼，请求法院裁判分割。

（二）物尽其用原则

所谓物尽其用，是指充分发挥物的效用。物尽其用也是我国《民法典》物权编的立法目的之一，因而，在共有财产的分割中，也要充分体现这一原则。从各国物权法的发展趋势来看，物尽其用原则在共有财产的分割中发挥了越来越重要的作用。例如，在法律上，进一步放松了对共有财产分割的限制，禁止当事人订立长期的禁止分割的协议、努力降低因分割形成的交易成本等，这些都体现了物尽其用的立法政策。[③] 我国《民法典》物权编也适应这一发展趋势，在共有财产分割中作出了特殊的规定，例如，依据《民法典》第303条，没有约定或者约定不明确的，按份共有人可以随时请求分割，共同共有人在共有的基础丧失或者有重大理由需要分割时可以请求分割。

（三）依法分割原则

在分割共有财产时，共有人应当遵守法律的规定，不得损害国家、集体和他人的利益，不能把属于国家、集体的财产，如承包的土地、借用的集体组织的工具、他人存放的财产等，作为共有财产来分割；隐匿的赃款、赃物等非法所得，必须依法追缴，不能

---

① 参见谢在全：《民法物权论》（上册），修订2版，615页，台北，三民书局，2003。

② 参见杨立新：《共有权研究》，275～276页，北京，高等教育出版社，2003。

③ 参见苏永钦：《寻找新民法》，441页，北京，北京大学出版社，2012。

当做共有财产分割。在分割财产时，按份共有人一般只能取得属于自己份额的财产，不能取得属于其他共有人份额的财产，否则应作为不当得利，返还给其他共有人。共有人分割共有财产时不得损害债权人和其他利害关系人的利益。[①]

三、分割请求权的行使

共有人依据法律和合同的规定，享有请求分割共有财产的权利。所谓分割请求权，是指某一共有人依据其意志请求其他所有人分割共有物，从而脱离共有关系的权利。[②] 自罗马法以来，现代民法普遍承认按份共有人享有分割请求权。[③] 分割请求权是请求权的一种，是从共有权中产生的一种权利，但分割请求权并不是形成权，因为共有人行使分割请求权只是请求其他所有人与其一起分割共有财产，该请求权的行使并不能直接导致共有物的分割，而需要通过与其他共有人协商，或者通过裁判来确定。所以，共有人提出分割的请求并不必然发生法律关系的变动。[④]

依照《民法典》的有关规定，分割请求权的行使依按份共有和共同共有的不同而存在如下区别。

（一）按份共有人可以随时请求分割

在共有关系存续期间，共有人原则上可以随时请求分割共有财产。[⑤]《民法典》第303虽然没有明确规定按份共有人可随时请求分割，但从反面解释的角度来看，既然法律规定，除了当事人约定不允许分割或者约定不明确的以外，共有人都可以随时请求分割。法律作出这样的规定，不仅有利于维护共有人的权益，也可以促进物尽其用。因为共有协商成本较高，允许按份共有人自由请求分割符合效率原则。每个共有人随时都有权请求从共有财产中分出属于自己的份额，且无须取得其他共有人的同意。当然，依据诚信原则，按份共有人也不得随意请求分割共有财产而损害其他共有人的利益。

（二）共同共有人在共有的基础丧失或者有重大理由需要分割时可以请求分割

共同共有财产的分割与按份共有的分割是不同的。毕竟从性质上来看，共同共有和按份共有是不同的。依据《民法典》第303条的规定，不允许共同共有人在共同关系存续期间随时请求分割共有财产，除非是因为共有的基础丧失或者有重大理由需要分割。因此，共同共有人只能在例外的情况下才可以请求分割。例外的情况包括两种。

第一，共有的基础丧失。所谓共有的基础丧失，是指共同共有赖以产生的特殊关系

---

① 为防止共有人借分割共有财产而损害债权人的利益，一些国家的民法明确规定债权人可以参与共有财产的分割。对此，我国民法尚无规定。在司法实践中，债权人在其利益受损害时，可依法提出请求和诉讼。

② 参见最高人民法院物权法研究小组编著：《〈中华人民共和国物权法〉条文理解与适用》，306页，北京，人民法院出版社，2007。

③ 参见苏永钦：《寻找新民法》，434页，北京，北京大学出版社，2012。

④ 参见温世扬、廖焕国：《物权法通论》，262～263页，北京，人民法院出版社，2005。

⑤ 参见最高人民法院物权法研究小组编著：《〈中华人民共和国物权法〉条文理解与适用》，308页，北京，人民法院出版社，2007。

（如合伙关系、夫妻关系）等已经不存在。也就是说，在各共有人基础关系已经不存在的情形下，则基于该基础关系而产生的共同共有关系就丧失了存在的基础，因此，各共有人有权请求分割共有财产。例如，如果合伙解散、夫妻离婚，可以认为共有的基础丧失，共同共有人有权请求分割。

第二，必须有重大理由需要分割。依据《民法典》第303条，“共有人有重大理由需要分割的，可以请求分割”。如何理解重大理由？所谓重大理由通常是指不分割共有物会严重损害共有人的利益。其主要包括：一是因共有出现重大亏损，如果不分割将继续使共有人蒙受损害。二是从管理和利用方面考虑，共有财产如果不分别管理可能会发生重大损害，必须通过分割而实行分别管理。三是如果因各方面的原因共有难以继续维持，出现这些情况，即使有不得分割的协议，也可以主张分割共有物。比如，甲、乙、丙三人继承了祖传的房屋后，甲因为生重病无钱医治，需要分割共有财产。如果不允许其分割，将严重影响其生命健康。[①] 此种情况应当认为属于“重大理由”。

依据《民法典》第303条的规定，“因分割造成其他共有人损害的，应当给予赔偿”。此处所说的“因分割对其他共有人造成损害”，并不是指一般的分割共有财产造成的损害，而特指在按份共有的情况下，当事人签订了禁止分割的协议之后，因为重大理由要求分割，或者在共同共有中，在共有的基础丧失或者有重大理由需要分割时请求分割，由此给其他共有人造成的损害。因为共有人分割共有财产会使共有财产的功能丧失或者削弱、降低它的价值，可能会造成其他共有人的损害。[②] 此时，请求分割的一方，应当对其他共有人承担赔偿责任。

四、分割的方式

依据《民法典》第304条第1款的规定，“共有人可以协商确定分割方式。达不成协议，共有的不动产或者动产可以分割且不会因分割减损价值的，应当对实物予以分割；难以分割或者因分割会减损价值的，应当对折价或者拍卖、变卖取得的价款予以分割”。据此，共有人分割共有财产，首先应当通过协议来确定。通过协商确定分割的方式，符合各共有人的意志，有利于解决各种纠纷。如果不能达成协议，就应当充分考虑对物的利用效率，发挥物的价值，以确定对共有物的分割方式。具体来说，对共有财产的分割可以采取三种方式。

（1）实物分割。它是指在不影响共有财产的使用价值和特定用途时，以原物分配给各共有人，如分割蛋糕、布匹、土地等。《民法典》第304条规定，对于共有财产的分割，如果达不成协议，共有的不动产或者动产可以分割且不会因分割减损价值的，应当对实物予以分割。所谓可以分割，是指对实物进行分割，不影响共有财产的使用价值和特定用途。可以进行实物分割的共有物，一般是可分物，如粮食、布匹等。所谓不会因

① 参见最高人民法院物权法研究小组编著：《〈中华人民共和国物权法〉条文理解与适用》，309页，北京，人民法院出版社，2007。

② 参见胡康生主编：《中华人民共和国物权法释义》，228页，北京，法律出版社，2007。

分割减损价值，就是说对共有物进行实物分割后，并不会减损其价值。

（2）变价分割。它是指在共有财产不宜分割的情况下，采用变卖共有物的方法，将价金分配给各共有人。[①] 依据《民法典》第 304 条的规定，所谓“难以分割”，是指对共有财产事实上不能分割，例如耕牛、拖拉机等共有财产不能进行实物分割。所谓“因分割会减损价值的”，是指共有财产进行分割在经济上不合理。例如，甲、乙二人共有红宝石一粒，虽能分割，但分割以后有损宝石的价值，则可以采取变价分割的方式。此外，如果各共有人都不愿意接受共有物时，可以将共有物出卖后，由各共有人分别取得价金。变价分割应当通过市场公开竞价的方式实现共有物的价值，并在此基础上对于取得的价款进行分割。

（3）作价补偿。此种情况通常适用于共有物性质上不能以原物分配或者原物分配有困难的情形。[②] 此处所说的作价补偿，是指部分共有人获得共有财产，同时根据共有财产的市场价值对其他共有人给予补偿。作价补偿主要适用于两种情况：一是对于不可进行实物分割的共有物，如果共有人中的一人愿意取得共有物，可以由该共有人取得共有物，并由该共有人向其他共有人作价补偿。如甲、乙二人有耕牛一头，价值 1 000 元，甲愿获得该耕牛，则可由甲取得耕牛所有权，并由其向乙支付 500 元的补偿金。二是依据共有财产的性质，不能对共有财产进行准确的分割，并使各共有人按其应有部分接受分配，而只能依其财产的性质进行简单分割，使某个共有人获得的共有物要大于其他共有人所获得的共有物，由此，获得共有物多的共有人，应向其他共有人作价补偿。如甲、乙二人共同拥有房屋二栋，但面积不同，甲、乙二人各获得一栋房屋以后，如果甲获得较大房屋则应对乙作价补偿。

五、协议分割和裁判分割

（一）协议分割

所谓协议分割，就是指共有人就共有财产的分割事由、分割请求权、分割方式等达成协议，从而依据协议进行的分割。协议分割就是指将分割的事务交给当事人自己协商决定，当事人既可以决定是否分割，也可以决定分割的方法。[③] 协议可以通过书面合同的方式，也可以采取口头的方式。分割协议不仅在共有人之间发生效力，而且分割协议订立之后，在共有财产尚未分割之前，如果某共有人将其应有份让与第三人，该协议对第三人也有拘束力。

（二）裁判分割

所谓裁判分割，就是指在共有人不能就共有物分割的方法达成协议的情况下，共有人可以诉请法院分割。如果共有人不能就共有财产是否可以分割、分割事由或采用何种

---

① 参见王泽鉴：《民法物权》，第 1 册，370 页，台北，自版，2001。

② 参见谢在全：《民法物权论》（上册），修订 2 版，630 页，台北，三民书局，2003。

③ 参见王泽鉴：《民法物权 · 通则 · 所有权》，360～361 页，北京，中国政法大学出版社，2001。

分割方式达成协议时，应允许共有人请求法院作出裁判，以决定是否可以分割或如何进行分割。自罗马法以来，各国法律都承认裁判分割方式。[①] 在实践中，强行实行实物分割可能会破坏标的物的整体价值，甚至可能导致一方当事人损人不利己的行为。所以，在不能就分割方式达成协议的情况下，应当允许当事人就分割方式请求法院裁判。

裁判分割首先要以共有人提出分割的请求为前提，法院不能主动发动裁判分割的程序。通常请求裁判分割，必须要由某一个或某几个共有人提出。因为分割本身是一种处分行为，会发生物权的变动，所以必须要由某一共有人起诉，并针对其他不同意分割的共有人提起诉讼。即使共有人中有人不反对分割，但不愿意起诉，也应当参加诉讼。[②] 法院就分割所作出的裁判生效以后，将导致物权的变动，使共有关系解体，将最终导致共有的消灭。

六、分割的效力

根据我国司法实践，当全部共有财产分割以后，共有关系即归于消灭，如果就原物进行分配时，各共有人即就其分得部分取得单独的所有权。所以，分割的效力可以使各共有人取得单独的所有权，各共有人因分割取得的所有权的范围原则上应与其应有部分相等。

关于财产分割后的瑕疵担保责任问题，《民法典》第 304 条第 2 款规定："共有人分割所得的不动产或者动产有瑕疵的，其他共有人应当分担损失。"据此，我国《民法典》已承认共有人的瑕疵担保责任。《民法典》作出此种规定，有利于保障共有物分割的有序进行，也有利于保障各个共有人的权利，分割本身可以理解为一种交易，每个共有人依据诚信原则，负有类似于出卖人的瑕疵担保义务。《民法典》第 304 条第 2 款的规定包含两方面的内容。

（1）共有人负有瑕疵担保责任。瑕疵担保包括物的瑕疵担保和权利瑕疵担保。一是物的瑕疵担保。对物的瑕疵而言，如果是表面瑕疵，分得财产的共有人在进行实物分割时可以提出异议，此处的瑕疵通常是指隐蔽瑕疵。此种瑕疵在共有物分割之时通常是难以发现的，如果不承认共有人的瑕疵担保责任，而由分得财产的人自己承受不利后果，有违公平原则。对于当事人明知有瑕疵而仍然接受所分割的共有物的，应当视为当事人有承受此损失的意思。二是权利瑕疵担保。权利瑕疵是指共有人分得的共有物属于第三人所有，或者存在产权争议以及各种负担。如果某一共有人分得共有物之后，因第三人的追夺而遭受损失，其他共有人也应当分担损失。

（2）受害人有权请求其他共有人分担损失。其他共有人都应当对标的物的瑕疵负担保义务。如果分割以后属于某个共有人所有的财产，由于分割以前的原因而为第三人追索，或者发现有隐蔽瑕疵，使取得财产的共有人因此遭受损失，则该共有人分得的部分与其应有的份额并不相符，从而必然使该共有人遭受损失。为保护分割财产后的所得人

---

① 参见《葡萄牙民法典》第 1413 条，《荷兰民法典》第三编第 185 条。

② 参见谢在全：《民法物权论》（上册），修订 2 版，626 页，台北，三民书局，2003。

的利益起见，其他共有人都应有义务分担损失。例如，甲、乙在分割共有财产以后，发现甲分得的财产是甲、乙借用丙的财产，甲应将该项财产返还给丙，而乙则应补偿甲的损失。再如，甲、乙在分割共有财产以后，甲分得的财产因有瑕疵而不能使用，则乙应负责补偿甲的损失。

问题与思考

1. 简述共有的概念、特征及共有与公有的区别。
2. 简述按份共有与共同共有的区别。
3. 什么是准共有?
4. 因共有财产产生的债务如何承担?
5. 简述共有财产的分割原则和方式。

第十八章
用益物权总论

本章概要

在民法上，他物权通常分为两类，即用益物权和担保物权。用益物权，是指非所有人对他人所有之物享有的占有、使用和收益的权利。用益物权是以利用为中心的物权的主要表现。在总结我国《民法通则》《城市房地产管理法》《土地管理法》《农村土地承包法》《物权法》等法律实施以来的得失，借鉴其他国家的成熟经验的基础上，《民法典》对用益物权制度作了全面规定，形成了由土地承包经营权、建设用地使用权、宅基地使用权、居住权、地役权等所构成的用益物权体系，深具本土特色。

第一节　用益物权概述

一、用益物权的概念与特征

（一）用益物权的概念

物权本有所有权（自物权）与定限物权（他物权）之分，定限物权依其所支配标的物内容的不同，则有用益物权和担保物权之别。用益物权系以支配他人之物的使用价值为内容的定限物权，其支配方式表现于外部，即对标的物的使用及收益，故被称为用益物权。现代物权法的演进表明，传统的以物的所有为中心的物权观念已由以物的利用为中心的物权观念所取代。在我国长期坚守土地公有制、市场经济尚未发达、农业经济仍为重要成分的背景下，用益物权制度的设计尤为重要。

用益物权是对他人之物在一定范围内占有、使用和收益的定限物权。《民法典》第323条规定：“用益物权人对他人所有的不动产或者动产，依法享有占有、使用和收益的权利。”

（二）用益物权的特征

1. 用益物权以不动产、动产为权利客体

传统民法认为，动产物权以占有为公示方法，无从将不同的用益内容表示于外，以动产设定用益物权在公示技术上存在困难，且动产一般价值较低，取得容易，故用益权益之取得完全可以通过设定债权的方式解决（如订立借用合同或租赁合同），无须以设定用益物权的方式取得。[①] 在动产公示技术没有障碍、动产价值日渐增加的情况下，以动产设定用益物权必将为实践所需，如融资租赁交易中，承租人对租赁物所享有的权利若构建为动产用益物权，将对各方当事人均有利。有鉴于此，《民法典》明定动产可以设定用益物权。此规定亦为以后的制度发展留下空间。在我国《民法典》物权编用益物权分编的制度设计中，允许在这些用益物权之上设定地役权，亦即，用益物权的客体除了不动产、动产之外，还包括不动产权利。

应当注意的是，在我国土地公有制之下，土地所有权的主体极受限制，土地用益物权如土地承包经营权、建设用地使用权等权利的内容要大于传统民法上的用益物权，与所有权的内容较为接近。

2. 用益物权以占有、使用、收益为其权利内容

所谓“占有”，是指对物的实际控制。用益物权作为以使用、收益为目的的物权，以权利人对物的实际占有、实际控制等有形支配为必要，否则就不可能实现对物的直接利用。所谓“使用”，是指依物的自然属性、法定用途或者约定的方式，对物进行实际上的利用。所谓“收益”，是指通过对物的利用而获取孳息，包括天然孳息以及法定孳息。用益物权中的“用益”，是使用、收益的合称，但这并不意味着用益物权必须同时兼具使用和收益两项内容，因为，对物的使用价值的利用形态千差万别，可以是单独的使用或收益，也可以是基于使用而获得收益。

3. 用益物权是在他人之物上设立的权利，是一种他物权

在用益物权设定之后，所有权人受自己意思的拘束，不得再直接对物的使用价值加以支配。这里的“他人”是指用益物权人以外的人，而并不以作为用益物权客体的物的所有权人为限；既可能是对物享有所有权的人，也可能是对物享有其他用益物权的人。

4. 用益物权的权能并不完全，是一种定限物权

用益物权是在承认所有权的完全性、整体性与恒久性的基础上构建起来的。所有权具有完全性和恒久性，但用益物权因具有异质优越性的需求而构成对所有权的限制，因此，用益物权具有定限性和有期性，否则，有害于所有权的完全性和弹力性。所有权具有整体性，用益物权则在不影响所有权的此项特征的情况下，以所有权之中的用益价值支配部分形成性质不同的用益物权。[②]

值得注意的是，对他人不动产的利用关系，民法上既可以定性为物权性利用权（用

---

① 参见谢在全：《民法物权论》，425页，北京，中国政法大学出版社，2011。

② 参见谢在全：《民法物权论》，425～426页，北京，中国政法大学出版社，2011。

益物权），也可以定性为债权性利用权，如租赁权等，端赖于立法时的政策选择。将其界定为用益物权，使之具有对世性，有利于稳定不动产利用关系，保障利用权人的稳定预期；将其界定为债权，则其效力仅仅发生在当事人之间。

二、用益物权的社会意义

作为物权之一种，用益物权与其他物权制度一样，同样具有定分止争、维护交易安全等共通价值。但除此之外，用益物权还具有其自身独特的社会意义，主要有如下几个方面。

（一）促进资源的有效利用

首先，用益物权是所有权的一种实现方式。所有权是对物的全面支配之权利，包括占有、使用、收益、处分等各项权能，通过设定用益物权，所有权人能够实现一定的收益，从而实现所有权本身的价值。在我国，土地属于国家或集体所有，其所有权实现更要通过土地的利用（尤其是物权性利用）来完成，否则土地所有权难以发挥其制度效能。

其次，用益物权同时可以满足非所有人利用他人不动产的需要，实现物尽其用的政策目标。土地等不动产资源具有永久性、安全性、有限性、价值性等特点，不可能人人都拥有土地和房屋等不动产，法律为调节人的支配需求与资源有限之间的矛盾，从稳定社会的角度出发，创设了用益物权制度，以达到资源的充分有效利用。用益物权制度以其特有的种类和效力，将不动产所有人与用益物权人间的权利、义务和责任明确下来，固定不动产所有权与其权能相分离的利用权之间的关系，从而使得对不动产的所有和利用得到协调和发展。

最后，用益物权可以充分发挥物本身的使用价值。用益物权作为一种独立于所有权的他物权，具有可转让性。用益物权的这一特点，有利于权利自由、平等地在不同主体之间进行流转，使不动产的使用价值本身在市场中实现最优化的配置。另外，用益物权具有相容性，即在同一客体上可设定不相冲突的多种用益物权。用益物权的这一特点也有利于物的使用价值得到最大限度的利用。

（二）维护资源的有序利用

首先，用益物权制度通过确定所有权人与用益物权人之间的权利义务，平衡权利人之间的利益。用益物权制度并非单纯为维护用益物权人的利益而建立的制度，其在维护用益物权人权利的同时，兼顾所有权人的利益。由此可见，用益物权制度有利于所有权人与用益物权人对资源的有序利用。

其次，基于物权法定原则，大部分用益物权制度所规定的所有权人与用益物权人之间的权利义务是法定的，当事人不得随意变更。这样就避免了在租赁等债权性的利用方式中，一方利用社会或者经济上的优越地位，迫使对方放弃权利，或者无端地增加对方的成本，要求其履行不应由其履行的义务的可能。另外，由于用益物权的权利义务是法定的，也可避免当事人就此产生的诸多争议，既可节约交易成本，又可保障双方权利义务关系的长久与稳定。

再次，用益物权一般需要通过登记的方法，将土地等资源上的权利状态予以公示，以保障用益物权人的权利不为他人所侵害，并保障交易的安全。同时，通过对用益物权的设立目的及用途等进行登记，可防止用益物权人任意改变土地等资源的原有用途，维护资源的利用秩序。

最后，用益物权制度在赋予权利人对土地等资源占有、使用和收益权的同时，要求权利人承担保护和合理开发利用资源的义务。这对保护和合理开发利用资源，促进社会经济的可持续发展具有重要意义。

三、用益物权的内容

（一）用益物权人的权利

具体来说，用益物权的内容包括包括如下几项。

1. 占有权

用益物权需要对物进行使用和收益，获取物的使用价值，这就决定了用益物权人必须要占有标的物。用益物权人对于不动产的占有，针对不同的物权而有所不同。例如，通行地役权，需要占有一定的土地，而眺望地役权就不一定要实际占有他人的不动产。一物之上如果发生了用益物权的冲突，主要是占有的冲突，因为占有是用益物权设定的先决条件。

2. 使用权和收益权

用益物权之“用益”即使用、收益。用益物权人的收益权包括如下方面：一是通过利用财产获取收益。例如，在土地之上建造房屋获取利润；再如，采矿权人通过行使采矿权可以获得矿产资源的所有权。二是获取天然孳息。例如，收取土地上的农作物。三是获得法定孳息。例如，建设用地使用权人建造房屋出租以获取收益。

3. 特殊情况下的处分权

就用益物权而言，其权能不包括对标的物的处分权。但为了有效率地利用物，法律也允许权利人在不妨碍物的最终权利归属的前提下依法享有对权利本身的处分权，例如，建设用地使用权人依法享有转让建设用地使用权的权利；土地承包经营权人可以在其权利之上为他人设立土地经营权；采矿权也可以依法进行抵押。当然，这种处分是对权利的处分，而不是对物本身的处分，对物的处分权应当属于所有人。

4. 不受所有权人非法干涉的权利

《民法典》第 326 条规定，所有权人不得干涉用益物权人行使权利。用益物权设立后，即独立于所有权，对所有权形成一种限制，所有权人负有义务不得干预用益物权人行使自己权利、追求自身利益的正当行为。当然，用益物权人行使权利也不能损害所有权人的利益。在我国，用益物权大多基于合同而产生，所有权人只是让渡了占有、使用或者收益的权能，因此，用益物权人在行使权利时，应当限制在使用和收益的目的范围内。如用益物权人行使权利损害了所有权人的利益，例如，对标的物进行显著的变更和毁损，则不仅造成了社会财富的损失和浪费，而且违反了用益物权设立合同的约定。

5. 征收后依法请求补偿的权利

用益物权是一种独立物权，且具有使用收益权能。因此，在用益物权因征收等原因而消灭时，用益物权人有权获得单独的补偿。《民法典》第327条规定："因不动产或者动产被征收、征用致使用益物权消灭或者影响用益物权行使的，用益物权人有权依据本法第二百四十三条、第二百四十五条的规定获得相应补偿。"第338条规定："承包地被征收的，土地承包经营权人有权依据本法第二百四十三条的规定获得相应补偿。"

（二）用益物权人的义务

1. 保护和合理开发利用资源、保护生态环境的义务

《民法典》第326条中规定："用益物权人行使权利，应当遵守法律有关保护和合理开发利用资源、保护生态环境的规定。"土地、矿产、水资源等自然资源，具有不可再生性或稀缺性。在我国，为了实现国家可持续发展的基本国策和最严格的耕地保护政策，充分发挥各种资源的利用效率，促进物尽其用，必然要求用益物权人合理开发利用土地和其他自然资源。

《民法典》第9条规定："民事主体从事民事活动，应当有利于节约资源、保护生态环境。"这一"绿色原则"的规定将宪法关于保护环境的要求、党中央关于建设生态文明、实现可持续发展理念的要求体现在民法基本原则之中，具有鲜明的时代特征，体现了民法社会化的基本思想。作为民法的基本原则，绿色原则贯彻适用于整个民法，直接影响到民法典各分编制度、规则的设计与解释。用益物权人行使权利，应当遵守法律有关保护生态环境的规定，是《民法典》物权编基于绿色原则对用益物权人行使权利进行的适当限制。

2. 以合同约定的方式和目的对他人不动产进行利用

用益物权人应当依照合同对他人不动产进行使用、收益。例如，地役权合同便具体规定了各种需役地人对供役地利用的权利，但是其利用他人不动产必须严格按照合同约定的方式和目的行使权利、履行义务，不得滥用权利而对他人不动产造成合同约定外的损害和限制。

3. 按照约定支付价款或费用

《民法典》第325条规定："国家实行自然资源有偿使用制度，但是法律另有规定的除外。"由此可见，用益物权的取得通常是有偿的，用益物权人应当依据合同支付相应的对价。例如，建设用地使用权人应当支付土地出让金，需役地人应当依据合同约定向供役地人支付一定的费用。

4. 返还标的物并恢复原状的义务

用益物权的客体为非消耗物，用益物权人对标的物的占有、使用、收益，不会使标的物的价值减损，在用益物权因期限届满而归于消灭之时，用益物权人有义务将标的物以原状返还给所有权人。如不能按期以原状返还，则需负担赔偿责任。在不能返还原物的情况下，也应返还与原物同种类、同数量、同品质的物，或者按其价值返还价金。[①]

四、用益物权的体系

用益物权起源甚早，其种类和内容因历史传统、国情地域不同而不同，深具固有法色彩。[②] 我国的用益物权制度，是由我国社会主义基本经济制度决定的。我国实行土地公有制，土地所有权的取得极受限制，因此，用益物权制度极为重要。不过，在《物权法》公布之前，我国成文法上尚无“用益物权”一语，制度发展并无统一的基础。在解释上，土地使用权、农村土地承包经营权、宅基地使用权、典权、采矿权、水产养殖权、捕捞权、狩猎权、取水权等均属用益物权形态。这些形态几乎都是针对改革开放实践中的具体问题而进行的规定，其内容繁杂、缺乏体系性，难以适应新时代经济、社会发展的需要。[③]

《民法典》物权编对用益物权进行了科学化、体系化的整合，确立了土地承包经营权、建设用地使用权、宅基地使用权、居住权和地役权五种主要的用益物权，建构了如下用益物权体系：第一，土地承包经营权，即权利人依法对其承包经营的耕地、林地、草地等享有占有、使用和收益的权利，有权从事种植业、林业、畜牧业等农业生产。第二，建设用地使用权，即权利人依法对国家所有的土地享有占有、使用和收益的权利，有权利用该土地建造建筑物、构筑物及其附属设施。第三，宅基地使用权，即权利人依法对集体所有的土地享有占有和使用的权利，有权依法利用该土地建造住宅及其附属设施。第四，居住权，即权利人有权按照合同约定，对他人的住宅享有占有、使用的用益物权，以满足生活居住的需要。第五，地役权，即权利人有权按照合同约定利用他人的不动产，以提高自己的不动产的效益。

《民法典》的上述用益物权体系是以对他人的不动产的利用用途为标准，体现着用途管制的基本思想。其中地役权的利用用途未作限定，全由当事人在其他用途中任意约定。此外，我国《民法典》对于土地以外的其他自然资源用益物权作了宣示性的规定，如海域使用权、探矿权、采矿权、取水权、养殖权和捕捞权，明文规定这些权利受法律保护。

第二节 准用益物权

一、准用益物权概述

准用益物权，是指自然人、法人或者非法人组织依法享有的对特定空间内的自然资

---

① 参见王利明：《物权法研究》（下卷），20～25 页，北京，中国人民大学出版社，2018。

② 参见谢在全：《民法物权论》，426 页，北京，中国政法大学出版社，2011。

③ 关于我国《物权法》之前用益物权制度的评价，参见屈茂辉：《用益物权制度研究》，35 页，北京，中国方正出版社，2005。

源进行开发和利用的权利，包括海域使用权、探矿权、采矿权、取水权、养殖权、捕捞权等。由于这些权利的设定、流转、内容和效力等大多通过《海域使用管理法》《矿产资源法》《水法》《渔业法》等特别法加以规定，因此，它们也被称为特别法上的物权、准物权，也有学者基于其需通过行政许可的方式取得，而称之为特许物权。

与我国《民法典》中规定的建设用地使用权等普通用益物权相比，准用益物权有其特殊之处，具体表现为：

第一，权利标的不同。普通用益物权的权利标的为不动产、动产或不动产权利，其中以不动产为常态，在法律上被视为非消耗物。准用益物权的标的则是特定空间范围内的自然资源，这些标的物在法律上被视为消耗物。

第二，权利行使方式不同。普通的用益物权中，权利人直接支配不动产、动产的使用价值，对他人的不动产、动产加以占有、使用、收益。而准用益物权的行使不是长期对土地实施实际占有，而是在土地上进行有目的、可间断的摄取、开发和检测行为，具体表现为对特殊资源的检测（如探矿权）、独立利用（如养殖权和捕捞权）和摄取（如取水权）等，其作用的对象是具体的资源，如水资源和矿产资源。

第三，权利取得方式不同。普通的用益物权的设立一般无须行政许可，由当事人自主决定。而准用益物权依相应自然资源主管部门的行政许可而设立，未经许可，权利人不享有准用益物权。

第四，权利行使方式不同。虽然用益物权人行使权利，应当遵守法律有关保护和合理开发利用资源的规定，但一般来说，普通的用益物权具有更多的私权特征，法律对其行使的限制较少；但准用益物权通常涉及自然资源的开发和利用，准物权的行使往往具有较高的危险性，因此对权利人的资质以及权利的行使方式，法律往往加以强制性规定。

二、海域使用权

海域使用权，是指依法经批准取得的，对国家所有的某一特定海域在一定期限内排他性持续使用并享受其利益的权利。根据我国《海域使用管理法》的规定，海域具体包括我国内水、领海的水面、水体、海床和底土，属于国家所有，国务院代表国家行使海域所有权。单位和个人使用海域，必须依法取得海域使用权。

（一）海域使用权的取得

海域使用权的初始取得，包括使用人申请审批、招标取得和拍卖取得三种。在签订海域使用权出让合同之后，使用人应当交付海域使用金，然后持合同及海域使用金缴付凭证办理登记。自取得海域使用权证书之日起，使用人即取得海域使用权。

海域使用权的继受取得包括转让及其他方式取得。海域使用权的转让就是海域使用权从一个主体移转到另一个主体。海域使用权的转让除了履行审批手续之外，还应办理海域使用权变更登记，换发海域使用权证书。海域使用权继受取得的其他方式包括因企业合并、分立或者与他人合资、合作经营而取得海域使用权；因依法继承而取得海域使用权；因行政机关的调解或人民法院的判决、裁定、调解等而取得海域使用权。采用这些方式取得海域使用权均应履行相应手续。

（二）海域使用权的效力

海域使用权设立后，海域使用权人可以占有、使用该海域并从中获益，还可以依法出租、转让海域使用权。此外，出于公共利益或国家安全的需要，国家可以依法收回海域使用权，但应当对海域使用权人予以相应的补偿。

海域使用权人在享有权利的同时，还应依法缴纳海域使用金，按规定用途合理使用海域，发现所使用海域的自然资源和自然条件发生重大变化时及时向海洋行政主管部门报告。同时，海域使用权人对于他人非排他性用海负有容忍义务，在海域使用权终止后还应恢复原状。

（三）海域使用权的终止

海域使用权因期满、征用以及填海等原因而终止。海域使用权的最高期限按照用途分别确定，具体如下：（1）养殖用海 15 年；（2）拆船用海 20 年；（3）旅游、娱乐用海 25 年；（4）盐业、矿业用海 30 年；（5）公益事业用海 40 年；（6）港口、修造船厂等建设工程用海 50 年。海域使用权期限届满，海域使用权人需要继续使用海域的，应当至迟于期限届满前 2 个月向原批准用海的人民政府申请续期。除根据公共利益或者国家安全需要收回海域使用权外，原批准用海的人民政府应当批准续期。海域使用权终止后，原海域使用权人应当拆除可能造成海洋环境污染或者影响其他用海项目的用海设施和构筑物。在被征用的情况下，国家应当给予海域使用权人相应补偿。在海域使用权因填海而终止的情况下，填海形成的土地属于国家所有；海域使用权人有权凭海域使用权证书，提出土地登记申请，确认土地使用权。

三、矿业权

矿业权是探矿权和采矿权的合称，是指依法在已经登记的特定矿区或者工作区内勘探、开采矿产资源，取得矿产品，并排除他人干涉的权利。其中，探矿权，是指享有合法探矿资质的自然人、法人或非法人组织在矿产资源勘查许可证规定的范围内勘查并优先取得作业区矿产资源采矿权的权利；采矿权，是指在依法取得的采矿许可证规定的范围和期限内，开采矿产资源并取得所开采的矿产品及其伴生矿的权利。在我国，矿产资源属于国家所有，由国务院行使国家对矿产资源的所有权。地表或者地下的矿产资源的国家所有权，不因其所依附的土地的所有权或者使用权的不同而改变。对矿产资源的开发、利用需要通过设定矿业权的方式来实现。国家保障矿产资源的合理开发利用。禁止任何组织或者个人用任何手段侵占或者破坏矿产资源。各级人民政府必须加强矿产资源的保护工作。

（一）矿业权的取得

勘查、开采矿产资源，必须依法分别申请、经批准取得探矿权、采矿权，并办理登记；但是，已经依法申请取得采矿权的矿山企业在划定的矿区范围内为本企业的生产而进行的勘查除外。

矿业权的取得有以下几种方式：第一，依申请取得，即由矿山企业等向矿产行政主管部门提出取得探矿权或采矿权的申请，该部门对其申请进行审查，对符合条件的予以矿业权登记，并颁发勘查许可证或采矿权许可证。未取得相关许可证，矿业权出让合同无效。第二，以招标、拍卖方式取得。第三，以转让方式取得。探矿权人有权在划定的勘查作业区内进行规定的勘查作业，有权优先取得勘查作业区内矿产资源的采矿权。探矿权人在完成规定的最低勘查投入后，经依法批准，可以将探矿权转让给他人。已取得采矿权的矿山企业，因企业合并、分立，与他人合资、合作经营，或者因企业资产出售以及有其他变更企业资产产权的情形而需要变更采矿权主体的，经依法批准可以将采矿权转让给他人采矿。关于具体的转让条件和程序应当适用相关法律法规的规定。

（二）矿业权的效力

探矿权人的权利主要表现在：（1）按照勘查许可证规定的区域、期限、工作对象进行勘查，并排除他人干涉。（2）在勘探区及相邻区域架设供电、供水、通信的管线，以及与通行或运输有关的勘探设施。（3）优先取得勘查工作区内新发现矿种的探矿权和勘查工作区内矿产资源的采矿权。（4）除非法律另有规定，探矿权人可以取得并自行销售经勘探开采所获取的矿产品。（5）依法转让探矿权。探矿权人在完成规定的最低勘查投入后，经依法批准可以将探矿权转让给他人。

探矿权人的义务有：（1）在勘查许可证规定的期限内完成勘查工作。（2）向勘查主管部门报告开工等情况，以便有关部门进行监督管理。（3）在查明主要矿种的同时，对共生、伴生的矿产资源进行综合勘查、综合评价。（4）按照规定缴纳各种税费。（5）进行勘探活动时，遵守环境保护、劳动安全的有关法律规定。（6）勘查作业不得阻碍或损害航运、灌溉、防洪等活动或设施。在探矿活动结束时，探矿权人应及时采取各项安全措施，进行土地复垦。

采矿权人的权利主要表现有：（1）在特定矿区开采矿产资源。（2）获得开采的矿产所有权并自行销售，但法律或许可证另有规定的除外。（3）在矿区或工作区内建设采矿所需的生产和生活设施。（4）依法转让采矿权。已取得采矿权的矿山企业，因企业合并、分立，与他人合资、合作经营，或者因企业资产出售以及其他变更企业资产产权的情形，需要变更采矿权主体的，经依法批准可以将采矿权转让给他人。

采矿权人的义务主要有：（1）在采矿许可证规定的期限和范围内开采矿产资源。（2）有效保护、合理开采、综合利用矿产资源。（3）依法缴纳各种税费。（4）遵守国家有关劳动安全、水土保持、土地复垦和环境保护的法律规定。（5）接受矿业行政主管部门的监督管理。（6）取得矿区土地使用权时依法缴纳土地出让金。

四、取水权

取水权，是指依照法律的规定开采、利用地下水和地表水以满足生产、生活需要的权利。我国实行水资源国家所有制度，水资源的所有权由国务院代表国家行使。农村集体经济组织的水塘和由农村集体经济组织修建管理的水库中的水，归各该农村集体经济组织使用。

（一）取水权的取得

取水权的取得方式有以下几种：第一，直接取得。无须申请取水许可证而直接取得取水权的情况包括：农村集体经济组织及其成员使用本集体经济组织的水塘、水库中的水；为家庭生活、畜禽饮用取水；为农业灌溉少量取水；用人力、畜力或者其他方法少量取水。此外，为农业抗旱应急必须取水的，为保障矿井等地下工程施工安全和生产安全必须取水的，为防御和消除对公共安全或者公共利益的危害必须取水的，免予申请取水许可证。第二，依申请取得。自然人、法人或非法人组织取得取水权应当通过审批。取水权的取得情况，应载入取水许可登记簿，并定期公告。第三，依转让方式取得。

（二）取水权的效力

取水权人有权按有关主管机关核定的取水量、在确定的取水地点以及取水期限等范围内，直接从江河、湖泊或者地下取用水资源，并加以使用。取水权人的义务主要包括：及时缴纳水资源费，保护水资源不受污染，维护水源附近的生态平衡和自然环境，不得进行破坏性的开采。

五、渔业权

渔业权，是指自然人、法人或非法人组织依法在一定水域从事养殖或者捕捞水生动植物的权利，包括养殖权和捕捞权。

（一）渔业权的取得

渔业权的取得方式有以下几种：第一，直接取得。娱乐性游钓和在尚未养殖、管理的滩涂手工采集零星水产品的，不必申请捕捞许可证。第二，依申请取得。养殖权通过权利人向渔业行政主管部门申请取得养殖证的方式设定；捕捞权依权利人向有关部门提出申请并取得捕捞许可证的方式设定。关于渔业权是否可以以转让方式取得的问题，我国《渔业法》明确规定，捕捞许可证不得买卖、出租和以其他形式转让，不得涂改、伪造、变造。由此可见，渔业权无法因转让而取得。

（二）渔业权的效力

养殖权人的权利主要表现在：（1）使用特定水域从事养殖业。（2）捕捞权。捕捞权能随养殖权的产生而自然具有，不是一项独立的权利，其行使方式可由养殖权人自行决定，并且该项权能不得单独转让。（3）对养殖的水产品和合法捕捞的水产品享有所有权。

养殖权人的义务主要有：（1）依法缴纳养殖水域、滩涂的使用费；（2）按照养殖许可证规定的条件从事养殖生产或捕捞作业活动；（3）无正当理由不得使养殖水域、滩涂荒芜；(4) 保护和合理使用水域、滩涂。

捕捞权人的权利主要表现为在特定渔场从事捕捞作业。捕捞权人有在捕捞许可证规定的范围内进行捕捞作业的权利，并对捕捞的水产品享有所有权。

捕捞权人的义务主要有：(1) 依法缴纳渔业资源税；(2) 按照捕捞许可证规定的场所、时限、渔具数量等进行捕捞作业；(3) 不得使用破坏渔业资源的方法进行捕捞作业，不得在禁渔区、禁渔期进行捕捞；(4) 不得出卖、出租和以其他方式转让捕捞许可证，不得涂改、伪造、变造捕捞许可证。

问题与思考

1. 用益物权具有哪些法律特征?
2. 简述我国用益物权的体系。

第十九章
土地承包经营权

本章概要

土地承包经营权，是指承包农户对农村用于农业的土地，通过农业生产的方式加以利用的用益物权。土地承包经营权是我国农村经济体制改革的产物，对于促进我国农村经济的发展起到了重大的推动作用。在“三权分置”的基本改革思想之下，承包地产权结构中新生了一种市场化的权利——土地经营权，旨在促进土地资源合理利用，构建新型农业经营体系，发展多种形式适度规模经营，提高土地产出率、劳动生产率和资源利用率，推动现代农业发展。

第一节　土地承包经营权概述

一、土地承包经营权的概念与特征

党的二十大报告指出：“巩固和完善农村基本经营制度，发展新型农村集体经济，发展新型农业经营主体和社会化服务，发展农业适度规模经营。深化农村土地制度改革，赋予农民更加充分的财产权益。”这里涉及《民法典》物权编第十一章“土地承包经营权”的贯彻和落实。

（一）土地承包经营权的概念

土地承包经营权，是指承包农户以从事农业生产为目的，对集体所有或国家所有的由农民集体使用的土地进行占有、使用和收益的权利。《民法典》第 331 条规定：“土地承包经营权人依法对其承包经营的耕地、林地、草地等享有占有、使用和收益的权利，有权从事种植业、林业、畜牧业等农业生产。”这里“从事种植业、林业、畜牧业等农业生产”，体现着用途管制的基本思想。在土地利用过程中，土地承包经营权人应当维持土地的农业用途，不得用于非农建设，禁止占用耕地建窑、建坟或者擅自在耕地上建房、挖砂、采石、采矿、取土等，禁止占用永久基本农田发展林果业和挖塘养鱼。

“现有农村土地承包关系保持稳定并长久不变，这是维护农民土地承包经营权的关键。任何组织和个人都不得剥夺和非法限制农民承包土地的权利。要强化对土地承包经营权的物权保护，完善土地承包经营权权能，依法保障农民对承包地占有、使用、收益、流转及承包经营权抵押、担保权利。建立土地承包经营权登记制度，是实现土地承包关系稳定的保证，要把这项工作抓紧抓实，真正让农民吃上‘定心丸’。”①

（二）土地承包经营权的特征

1. 土地承包经营权的主体是本集体经济组织的承包农户

虽然《民法典》第331条将土地承包经营权的主体界定为“土地承包经营权人”，但结合《农村土地承包法》第16条第1款的规定，土地承包经营权的主体仅限于本集体经济组织的承包农户。我国原《农村土地承包法》和《物权法》上的“土地承包经营权”以“两权”分离为其理论基础，只要是利用农村土地从事农业生产，在法律上均表达为“土地承包经营权”，而不管权利人是否属于本集体经济组织的承包农户。但在“三权分置”之下，土地承包经营权负载着特定的政策目标，即农村集体土地由作为本集体经济组织成员的农民家庭承包，不论土地经营权如何流转，土地承包经营权都属于农民家庭。如此，土地承包经营权已经被纯化为只有本集体经济组织的承包农户才能取得和享有的兼具财产属性和保障属性的权利。土地承包经营权是农村集体经济组织成员的财产性权利，农村集体经济组织成员身份又是获得土地承包经营权的前提条件。原《农村土地承包法》和《物权法》上所谓“以招标、拍卖、公开协商等方式取得的土地承包经营权”，与“承包”所蕴含的成员属性并不相符，而与土地经营权的功能和意义相同，这种意义上的“土地承包经营权”已经属于市场化的权利，脱逸出了主体的身份属性，已经不能由“两权分离”和“三权分置”之下的“土地承包经营权”概念所能涵盖。因此，《民法典》删除这一土地承包经营权类型，将其修改为土地经营权。

此外，《民法典》《农村土地承包法》为强化土地承包经营权的身份属性，还将土地承包经营权的转让、互换局限在本集体经济组织内部。

2. 土地承包经营权的客体是集体所有或国家所有、由农民集体使用的农用地

土地根据用途的不同可分为农用地、建设用地和未利用地。所谓农用地，是指直接用于农业生产的土地，包括耕地、园地、林地、草地等。土地承包经营权人承包土地是为了从事农业生产，因而其客体为农用地。我国实行农村土地家庭承包经营制度，所谓“农村土地”，既包括农民集体所有的土地，也包括国家所有依法由农民集体使用的土地。对此，《农村土地承包法》第2条规定：“本法所称农村土地，是指农民集体所有和国家所有依法由农民集体使用的耕地、林地、草地，以及其他依法用于农业的土地。”《民法典》第343条规定：“国家所有的农用地实行承包经营的，参照适用本编的有关规定。”《农村土地承包法》对国家所有依法由农民集体使用的农村土地的承包经营，也作出了一

① 习近平：《论坚持全面深化改革》，71页，北京，中央文献出版社，2018。

些规定。例如该法第13条第2款规定："国家所有依法由农民集体使用的农村土地，由使用该土地的农村集体经济组织、村民委员会或者村民小组发包。"对该类土地，从法律上应当由作为所有权人的国家作为发包人，但是这既不现实，也无必要。《农村土地承包法》规定该类土地由依法使用的农村集体经济组织、村民委员会或者村民小组等作为发包方，依据《农村土地承包法》第13条第1款的规定进行发包。尤其是在牧区，为发展畜牧业，国家将草场划拨给集体使用，多数情况下是国家所有、集体经营或国家所有、承包经营，因此该第2款规定的发包方式成为牧区承包制的典型形式。

3. 土地承包经营权的目的是在他人土地上从事农业生产

农业生产主要包括种植、养殖和畜牧，其中，种植是指利用农用地从事植物栽培并为收获；养殖是利用水面、滩涂等养殖并收获水产品；畜牧是指利用草原等放牧和饲养牲畜等。农业生产经营者应当维持土地的农业用途，不得将土地用于非农建设。此点与建设用地使用权、宅基地使用权亦在土地上下建造、保有建筑物、构筑物和附属设施明显不同。即使在进行农业生产的过程中可能需要建造一定的构筑物，例如农田水利设施等，此种建造本质上也是辅助农业生产的。

二、农村基本经营制度

"农村基本经营制度是党的农村政策的基石。""巩固和完善农村基本经营制度，走共同富裕之路。"[①]《宪法》第8条第1款规定："农村集体经济组织实行家庭承包经营为基础、统分结合的双层经营体制。"《民法典》第330条第1款规定："农村集体经济组织实行家庭承包经营为基础、统分结合的双层经营体制。"这在民事基本法层面强调双层经营体制是我国农村基本经营制度。

在农村土地集体公有制之下，如何经由农村基本经营制度的巩固和完善而提高农业生产的效率和效益，是农村改革的永恒主题。从土地改革时期的土地私有化基础上的农民家庭经营、农业合作化时期和人民公社时期的集体土地所有基础上的集体统一经营、改革开放之后的"包产到户""包干到户"，到"以家庭联产承包为主的责任制和统分结合的双层经营体制"，农村基本经营制度发生了重大改变，也带来了承包地产权结构的适度调整。党的十九大报告明确提出，要"巩固和完善农村基本经营制度，深化农村土地制度改革，完善承包地'三权分置'制度"。"把实践检验行之有效的农村土地承包政策和成功经验及时转化为法律规范是立法首要考虑的问题"，"适应农村生产力发展的新要求，稳定和完善适合国情的农村基本经营制度"[②]。

（一）农村基本经营制度下的"分"

农村基本经营制度以家庭承包经营为基础，在将来较长一段时期内，家庭承包经营

---

① 习近平：《论坚持全面深化改革》，70、397页，北京，中央文献出版社，2018。

② 刘振伟：《关于〈中华人民共和国农村土地承包法修正案（草案）〉的说明——2017年10月31日在第十二届全国人民代表大会常务委员会第三十次会议上》，载《全国人民代表大会常务委员会公报》，2019（1）。

的基础性地位应予维持。统分结合的双层经营体制中的“分”，指的是承包农户分散经营，即以集体土地所有权为基础，以地区性合作经济组织（农村集体经济组织）为依托，通过将家庭承包经营引入合作经济（集体经济），从而形成合作经济的两个经营层次。[①]坚持家庭经营的基础性地位和遵循家庭承包的土地承包经营权属于农户是农村基本经营制度的核心内容。家庭承包经营关系的法权表达即为土地承包经营权，《民法典》是以将其界定为物权的方式来达到稳定农村基本经营制度的政策目标。虽然土地承包经营权作为物权种类的名称在“三权分置”之下并未发生改变，但却成为“两权分离”和“三权分置”中共存的一类用益物权。

《民法典》第330条第2款规定：“农民集体所有和国家所有由农民集体使用的耕地、林地、草地以及其他用于农业的土地，依法实行土地承包经营制度。”农村土地承包经营制度是在保持农村土地权属不变的前提下，将属于集体所有或者国家所有农民集体使用的土地，由农村集体经济组织或村委会与农户订立农村土地承包经营权合同而取得农村土地的承包经营权。家庭承包经营的产生是将人民公社体制下土地集体所有、集体经营的农业耕作模式改造为土地集体所有、家庭分户经营的新型农业经营模式。相比较人民公社时期的集体经营模式，家庭承包经营实现了土地集体所有权与经营权的分离，极大地调动了农户生产积极性，提高了农业生产效率。家庭经营作为农业生产最古老的组织形式和最佳的组织选择，是由各种历史现实和农业生产的特殊性所决定的。即使在当前实现农业现代化和农地适度规模经营的政策背景下，家庭承包经营的基础地位都是不能动摇的。

（二）农村基本经营制度下的“统”

集体统一经营是我国农村人民公社体制解体后农村互助合作经营的产物，即以经济联合组织或协调服务组织等为组织形式的经营方式。虽然宪法明确规定“家庭承包经营为基础、统分结合的双层经营体制”是我国农村集体经济组织的基本经营制度，但是在人民公社解体之后，统分结合的双层经营体制在实践中面临着只“分”不“统”，集体“统”层面的功能弱化甚至缺失的困境。[②]

农村基本经营制度强调“统分结合”。从实践来看，统一经营不仅包括集体经营模式，还包括生产服务模式、土地入股模式和土地租赁模式。党的十七届三中全会通过的《中共中央关于推进农村改革发展若干重大问题的决定》提出：“统一经营要向发展农户联合与合作，形成多元化、多层次、多形式经营服务体系的方向转变，发展集体经济、增强集体组织服务功能，培育农民新型合作组织，发展各种农业社会化服务组织，鼓励龙头企业与农民建立紧密型利益联结机制，着力提高组织化程度。”农村统一经营实质上已经可以等同以多样化农业社会化服务组织为载体的统一经营或者说农业产业化经营，而不限于集体统一经营。[③] 从现实和党的政策文件的表述来看，农村双层经营体制中的统一经营早已超越集体经营的范围，而呈现出多样化的方式。家庭承包经营和集体统一经

---

① 参见谭贵华：《农村双层经营体制法律制度研究》，58页，北京，法律出版社，2015。

② 参见陆剑：《我国农村集体统层法律制度缺失及其完善——基于湖北省“一镇三村”的实证研究》，载《南京农业大学学报（社会科学版）》，2015（1）。

③ 参见谭贵华：《农村双层经营体制法律制度研究》，6页，北京，法律出版社，2015。

营是相互依存的统一整体，对促进农村和农业的发展发挥着巨大的作用。

三、“三权分置”政策的法律表达

“土地所有权、承包权、经营权‘三权分置’是重大制度创新和理论创新。要完善承包地‘三权分置’制度，在依法保护集体土地所有权和农户承包权前提下，平等保护土地经营权，理顺‘三权’关系。”[①]《民法典》物权编就新一轮土地制度改革成果的反映，主要集中在承包地“三权分置”政策的法律表达上。“三权分置”的改革思想被2014年以来党的政策文件具体化，其意旨在于，在承认土地承包经营权具有身份属性、负载社会保障功能的前提之下，通过一定的法技术路径，从土地承包经营权派生出一种市场化的权利，以使经营主体取得稳定的经营预期，并允许经营主体以其取得的经营农村土地的权利担保融资，达到以下目标：促进土地资源合理利用，构建新型农业经营体系，发展多种形式适度规模经营，提高土地产出率、劳动生产率和资源利用率，推动现代农业发展。

如何将“三权分置”转化为法律，学界存在巨大争议。有观点认为，“三权分置”政策所欲达到的目标，只需丰富土地承包经营权的权能即可达到，无须修改既定的承包地产权结构。但更多的主张是，“三权分置”政策必将导致承包地权利结构的调整，“土地所有权＋土地承包权＋土地经营权”“土地所有权＋土地承包权＋土地承包经营权”“土地所有权＋土地承包经营权＋土地经营权”等各种学说都在一定程度上反映了“三权分置”政策带来的制度变迁。各种学说的争议首先体现在如何处理政策与法律的关系。就此，较为一致的观点认为，政策与法律在规范表达、形成程序等上的差异，决定了法律应以其自身的话语体系来传达政策思想。[②]

依权利生成法理，从集体土地所有权派生出土地承包经营权之后，土地所有权仍然是浑然一体的权利，其名称并未因派生出土地承包经营权而发生改变；土地承包经营权派生出土地经营权之后，土地承包经营权也仍然是浑然一体的权利，其名称也不因派生出土地经营权而发生改变。正如在派生出土地承包经营权之后，土地所有权的权能虽然发生变化，但法律上无须就土地所有权的剩余权利单独规定其名称和内容一样，土地承包经营权派生出土地经营权之后，法律上同样无须就土地承包经营权的剩余权利单独规定其名称和内容。[③] 如此看来，“从法律性质上讲，土地承包经营权人流转土地经营权后，其所享有的土地承包经营权并未发生改变”，“只是承包方行使土地承包经营权的方式发生了改变而已，从直接行使转变为间接行使”[④]。法律上无须专门设置“土地承包权”来反映承包农户的剩余权利，只需就新生的土地经营权作出专门规定即可。《农村土地承包

---

① 习近平：《论坚持全面深化改革》，398页，北京，中央文献出版社，2018。

② 参见孙宪忠：《推进农地三权分置经营模式的立法研究》，载《中国社会科学》，2016（7）；陈小君：《土地改革之“三权分置”入法及其实现障碍的解除——评〈农村土地承包法修正案〉》，载《学术月刊》，2019（1）；孟勤国：《论新时代农村土地产权制度》，载《甘肃政法学院学报》，2018（1）。

③ 参见高圣平：《承包地三权分置的法律表达》，载《中国法学》，2018（4）。

④ 黄薇主编：《中华人民共和国农村土地承包法释义》，44页，北京，法律出版社，2019。

法》第9条规定中的“土地承包权”，也只能理解为权利行使受到土地经营权限制的土地承包经营权的便宜称谓。

《农村土地承包法》在既有土地所有权和土地承包经营权“两权分离”的基础上，通过自土地承包经营权派生出土地经营权这一新类型权利来达到“三权分置”的政策目标：在维系土地承包经营权的保障功能的前提下，派生出市场化的土地经营权，以促进适度规模经营。就此，《民法典》首先明确，土地承包经营权是巩固和完善农村基本经营制度的基础，是从集体土地所有权派生出的一种用益物权。这一立法安排体现着“两权”分离之下集体与承包农户之间的承包地产权配置，置重于承包地的社会保障功能，强调承包地在本集体成员之间的公平分配。同时，《民法典》将土地承包经营权界定为物权，并位列各类用益物权之首，足见其对我国社会经济的极端重要性，旨在激发承包农户的生产积极性，解放农村生产力。为提高土地利用效率，促进适度规模经营，《民法典》确认承包农户可以从其土地承包经营权中为经营主体派生出土地经营权，是承包农户和经营主体之间承包地产权的再次配置，释放承包地的财产功能，强调生产要素的市场化配置。即使流转了土地经营权，承包农户享有的还是土地承包经营权，只是其行使土地承包经营权受到了土地经营权的限制。如此，《民法典》形成了“土地所有权→土地承包经营权→土地经营权”的承包地产权结构，并不存在具有独立意义的“土地承包权”。

第二节　土地承包经营权的取得

土地承包经营权的取得有两种方式：基于法律行为取得和基于法律行为以外的原因取得，其中，前者包括通过订立土地承包经营权合同（土地承包经营权设立合同）取得和通过订立土地承包经营权流转合同取得，后者主要包括依继承方式取得。以下分述之。

一、土地承包经营权的设立

当事人通过订立土地承包经营权合同设立土地承包经营权，是目前取得土地承包经营权的最主要的方式。

（一）土地承包经营权合同

《民法典》第333条第1款规定：“土地承包经营权自土地承包经营权合同生效时设立。”土地承包经营权虽然为不动产用益物权，但是自合同生效时取得，无须登记。由此可见，就土地承包经营权的设立而言，《民法典》采取了债权意思主义的物权变动模式。从立法本意来看，考虑到我国农村土地承包的实际情况和登记制度的现状，土地承包经营权依合意取得显然是符合我国国情的。一是承包方案经村民会议或村民代表会议讨论同意，集体经济组织成员相互熟悉，承包的地块人所共知，能够起到相应的公示作用。二是承包证书的发放和登记造册，往往滞后于土地承包经营权合同的签订，不能因此否定承包农户的土地承包经营权。我国农村目前仍然属于熟人社会，在土地承包经营权合同签订之后，即便没有登记，第三人也知悉该土地并非自己的，从而不会侵害其权利。[①]

土地承包经营权合同的主体是发包方和承包方。其中，农民集体所有的土地依法属于村农民集体所有的，由村集体经济组织或者村民委员会发包；已经分别属于村内两个以上农村集体经济组织的农民集体所有的，由村内各该农村集体经济组织或者村民小组发包；承包方是本集体经济组织的农户，承包方是以“户”的名义而不是以个人的名义与发包方签署合同。这里的“农户”，与《民法典》上的农村承包经营户同其意义。

土地承包经营权合同由发包方和承包方平等协商订立。土地承包经营权合同应当采用书面形式，一般应包括以下条款：（1）发包方、承包方的名称，发包方负责人和承包方代表的姓名、住所。（2）承包土地的名称、坐落、面积、质量等级。（3）承包期限和起止日期。为了稳定农村土地承包关系，鼓励农民增加对土地的投入，切实保障农民的土地承包经营权，我国法律对土地承包经营权规定了较长的承包期限，当事人的约定不得违反法律的规定。（4）承包土地的用途。（5）发包方和承包方的权利与义务。尽管《民法典》和《农村土地承包法》对发包方和承包方的权利、义务有所规定，但双方当事人可以作更为明确的约定。（6）违约责任。

（二）土地承包经营权的确认

《农村土地承包法》第 24 条规定：“国家对耕地、林地和草地等实行统一登记，登记机构应当向承包方颁发土地承包经营权证或者林权证等证书，并登记造册，确认土地承包经营权。”“土地承包经营权证或者林权证等证书应当将具有土地承包经营权的全部家庭成员列入。”“登记机构除按规定收取证书工本费外，不得收取其他费用。”《民法典》第 333 条第 2 款规定：“登记机构应当向土地承包经营权人发放土地承包经营权证、林权证等证书，并登记造册，确认土地承包经营权。”由此可见，土地承包经营权的登记造册仅为确认已经设立的土地承包经营权的程序。[②] 这两条中的“登记”，在性质上并不属于物权变动意义上的“登记”，这里的登记只具有土地台账的性质[③]，其目的在于便于切实掌握全国农地的地域分布和利用状况的基础性数据，加强政府的行政管理，明确土地承包经营的权属。由于我国对于土地承包经营权的设立采取债权意思主义物权变动模式，无须登记即可设立土地承包经营权，由此而产生了何以证明土地承包经营权存在的需要，在实务操作上和立法上即引入了“土地承包经营权证书”。“土地承包经营权证书”是依法确认承包方取得土地承包经营权的法律凭证。当然，土地承包经营权自承包合同生效后取得，登记并非必要条件，即使登记机构没有依法颁发土地承包经营权证书，承包方依然取得土地承包经营权。

（三）土地承包期和“二轮”延包问题

《民法典》第 332 条第 1 款规定，家庭承包的土地的承包期，区分不同用途的农用

---

① 参见王利明、尹飞、程啸：《中国物权法教程》，303～304 页，北京，人民法院出版社，2007。

② 参见全国人大常委会法制工作委员会民法室编：《中华人民共和国物权法：条文说明、立法理由及相关规定》，236 页，北京，北京大学出版社，2007。

③ 参见胡吕银：《土地承包经营权的物权法分析》，106 页，上海，复旦大学出版社，2004。

地，耕地的承包期为30年，草地的承包期为30年至50年，林地的承包期为30年至70年。本条规定的耕地承包期是法定期限，不允许承包经营各方随意变更；草地和林地的承包期，可由当事人分别在30年至50年、30年至70年之间进行选择。如果土地承包合同约定的承包期短于30年，则承包方可以请求延长到30年；如果土地承包合同约定的承包期限超过最长年限，超过的部分无效。

《民法典》第332条第2款涉及第二轮土地承包期届满后的续期问题。就此，为落实党的十九大报告精神，《农村土地承包法》修法时明确规定耕地承包期届满后再延长30年，草地、林地承包期届满后相应延长。参照中共中央、国务院《1997年农业和农村工作意见》对第一轮延包的指示精神以及本法关于土地收回和调整的规定，所谓的承包期届满后再延长30年，应当理解为在第二轮承包期届满后，如果承包方愿意继续承包原有土地，土地承包政策不变，土地承包期自动延长30年。发包方既不能在第二轮承包期届满后收回承包地重新制订承包方案打乱重新分配，也不能要求支付承包费。当然，对于新增人口可以依据《农村土地承包法》第29条的规定分配给承包地。同时，符合《农村土地承包法》第28条规定时可以调整承包土地。总体上，在第二轮承包期届满后，第三轮土地承包应当继续坚持"大稳定、小调整"的土地承包政策，既不能打乱重分，也不能完全忽视新增人口的土地承包权利，这有利于在第二轮土地承包末期农户可以获得长期而有保障的承包经营预期，确保承包农户持续而稳定的土地投入。

关于承包期的计算，由于我国农村土地承包实施的初始时间不统一，《民法典》并没有统一规定起算的具体时间节点。实践中，各地大约在1978—1984年开始第一轮承包，承包期不低于15年；第二轮承包则在第一轮承包期限届满后延长30年；《农村土地承包法》修改后规定，第二轮土地承包到期后再延长30年，则我国农村土地承包期将可以达到75年。对于草地和林地的承包期，则根据各地关于草地和林地承包期的不同规定，草地承包期相应延长30年至50年，林地承包期相应延长30年至70年，具体延长的承包期与上一轮承包约定的承包期相同。

二、土地承包经营权的转让、互换

（一）土地承包经营权"流转"的含义变化

《物权法》以"土地承包经营权流转"一体调整承包地二级市场，但不同流转方式所产生的法律效果迥异，学说上也就有了物权性流转和债权性流转之分。《农村土地承包法》将原第16条第1项所规定的承包方依法享有土地承包经营权流转的权利，分拆为两项"依法互换、转让土地承包经营权""依法流转土地经营权"（第17条第2、3项），实际上是将原法土地承包经营权的流转依其法律效果在"三权分置"之下作了区分。就其中具有移转土地承包经营权效果的，因不涉及"三权分置"，即不发生是否派生出土地经营权的问题，而规定于第二章第四节"土地承包经营权的保护和互换、转让"，不再以"流转"称之；就其中产生债权性移转效果的，因涉及"三权分置"，即发生自土地承包经营权派生出土地经营权的后果，而规定于第二章第五节"土地经营权"。这一安排符合体系化的要求。从第17

条所规定的承包方权利来看，《农村土地承包法》并没有否定承包方以债权性流转方式流转其土地承包经营权的权利，而是将其与物权性流转的情形相区分，对两者规定不同的规则。债权性流转的，仅需向发包方备案（第36条）；以转让方式进行物权性流转的，应经发包方同意（第34条），以互换方式进行物权性流转的，需向发包方备案（第33条）。如此看来，《农村土地承包法》并未“将原本存在的以债权性流转方式流转土地承包经营权的情形排除在农村土地交易市场之外”，相反规定了更为宽松的流转条件。

为与《农村土地承包法》的修改相一致，《民法典》第334条将《物权法》第128条所规定的各种流转方式作了拆分，删去了“采取转包”“等方式流转”，仅保留“互换、转让”。其理由与《农村土地承包法》的修改相同。

（二）土地承包经营权的互换

土地承包经营权的互换系指承包方之间为方便耕作或者各自需要，对属于同一集体经济组织的承包地块进行交换，同时交换相应的土地承包经营权。由此可见，互换的仍然是土地承包经营权，“是土地承包经营权在同一集体经济组织之内互相交换的一种易货交易，实质上是将土地承包经营权终局性地转让于他人之时又于他人之处受让土地承包经营权的两种处分行为的叠加”[①]。

互换作为一种小规模的土地承包经营权流转方式，起因于第一轮承包时基于绝对公平分配观念之下的承包地细碎化。推行土地承包制的初期，集体经济组织往往以优劣搭配的方式将承包地发包给农户，导致承包农户所承包的地块过于分散。在农业生产过程中，农户基于方便耕作或者其他需求的考虑，自发将其承包的土地与其他农户的承包地进行交换，通过互换使得农户承包的细碎土地连片，方便进行集中耕作。

互换是土地承包经营权的相互移转、互为对价。土地承包经营权互换合同生效后，互换双方原有的土地承包关系发生了变化，这也直接造成了互换双方与原土地发包方之间的合同关系的变化，原承包合同的内容已经发生改变，相应的权利义务也相应交换。也就是说，土地承包经营权互换合同生效后，承包方以失去其土地承包经营权为代价，取得了对方享有的土地承包经营权。

《农村土地承包法》规定，土地承包经营权的互换，应向发包方备案，旨在强化对土地承包经营权的互换的管理。值得注意的是，备案属于事后监督性质，是否备案不影响当事人之间所签订的土地承包经营权互换合同的效力。

（三）土地承包经营权的转让

土地承包经营权的转让，是指经承包方申请和发包方同意，承包方将部分或全部土地承包经营权让渡给本集体经济组织的其他农户，由其履行相应土地承包合同的权利和义务。转让后原土地承包关系自行终止，原承包方承包期内的土地承包经营权部分或全部灭失。即使在“三权分置”之下，土地承包经营权的转让仍具意义，在法律效果上是转让人的土地承包经营权全部或部分消灭，受让人取得相应的土地承包经营权，不能被

---

① 朱广新：《土地承包权与经营权分离的政策意蕴与法制完善》，载《法学》，2015（11）。

解读为使经营主体取得土地经营权。

《民法典》第334条中规定："土地承包经营权人依照法律规定，有权将土地承包经营权互换、转让。"这里的"法律"即为《农村土地承包法》，后者对原土地承包经营权的转让规则作了修正，主要有以下几点。

第一，删去了对转让人"有稳定的非农职业或者有稳定的收入来源的"限制。旧法之所以采取此种限制，是为了防止"因随意转让而丧失赖以生存的土地"而对土地承包经营权"转让的条件作严格限制"①。但"稳定的非农职业""稳定的收入来源"在实践中均难以认定。现如今，没有哪一个"非农职业"是稳定的，也没法判断哪个收入来源是稳定的。承包方有可能流转时稳定，而将来生活不稳定，也有可能想流转时不稳定，但将来生活稳定，如此不确定的变量，在实践中难以操作。土地承包经营权的初始分配，可以考虑成员权的公平性，是一种"政治取向"，这是生存问题；而流转则更多地具有经济功能，是一种"效率取向"，这是发展问题，公权力在此领域应当退出。②

第二，将受让人限定为"本集体经济组织的其他农户"。在"两权分离"和"三权分置"并行的农地产权结构之中，土地承包经营权被赋予严格的身份属性，仅有本集体经济组织成员才能取得和保有土地承包经营权，非本集体经济组织成员的经营主体不得享有土地承包经营权。由此可见，虽然土地承包经营权的转让不会涉及"三权"分置的问题，但因"三权分置"所引发的权利体系重构中，土地承包经营权的受让人应仅限于本集体经济组织成员。

第三，在程序上要求转让须"经发包方同意"。"发包方同意"是发包方对承包地享有所有权的体现，同时，对于当事人之间的承包地转让行为起着见证及公示作用。③《土地承包解释》第13条规定："承包方未经发包方同意，采取转让方式流转其土地承包经营权的，转让合同无效。但发包方无法定理由不同意或者拖延表态的除外。"司法实践中，法院审查转让合同效力的重心在于转让人和受让人的主体资格等实质要件，在实质要件符合的情况下，即使未经发包方明示同意，亦认可转让合同效力。部分地区司法文件也在消解"经发包方同意"的形式限制，例如，《广东省高级人民法院关于审理农村土地承包合同纠纷案件若干问题的指导意见》指出："发包方自承包方申请之日起两个月内不予表态的，视为发包方同意。"解释上，在法律已对受让主体、土地用途等进行限制的前提下，承包方无须经他人同意，可依自主意思转让其土地承包经营权，这本属用益物权的应有效力。"经发包方同意"这一程序性要件是发包方履行公共管理职能的体现，不属于效力性强制性规定，不影响土地承包经营权转让合同的效力。

第四，转让的效果。《农村土地承包法》第34条将转让的效果表述"由该农户同发包方确立新的承包关系，原承包方与发包方在该土地上的承包关系即行终止"，明显属于债权让与的规则设计，带有土地承包经营权债权属性的痕迹。受让人如何同发包方确立

---

① 顾昂然：《全国人大法律委员会关于〈中华人民共和国农村土地承包法（草案）〉修改情况的汇报——2002年6月24日在第九届全国人民代表大会常务委员会第二十八次会议上》，载《全国人民代表大会常务委员会公报》，2012（5）。

② 参见朱虎：《土地承包经营权流转中的发包方同意——一种治理的视角》，载《中国法学》，2010（2）。

③ 参见蔡立东、姜楠：《论土地承包经营权转让中的发包方同意》，载《吉林大学社会科学学报》，2014（4）。

新的承包关系？在解释上即由受让人与发包方重新签订土地承包经营权合同。用益物权的转让无须受让人与原设定人重新确立该物权据以产生的基础交易关系，如建设用地使用权的转让就无须受让人与土地所有人确立新的土地利用关系，也无须重新签订建设用地使用权出让合同。所以依照物权转让的一般法理，土地承包经营权转让的法律效果实为“原土地承包经营权人的土地承包经营权相应消灭”。

（四）土地承包经营权转让、互换时的登记

《民法典》第335条规定：“土地承包经营权互换、转让的，当事人可以向登记机构申请登记；未经登记，不得对抗善意第三人。”由此可见，就土地承包经营权的互换、转让采取登记对抗主义。登记的主要目的在于将土地承包经营权变动的事实予以公示，使他人明确土地承包经营权的权利人，以保护善意第三人。不动产登记所采行的即为当事人申请主义，登记的程序问题自应由不动产登记规则加以调整。值得注意的是，土地承包经营权互换、转让的登记以相应的土地承包经营权已行登记为前提。在承包农户的土地承包经营权未予登记的情形之下，土地承包经营权的移转登记也就无从办理。

在《民法典》第335条所规定登记对抗主义之下，土地承包经营权的互换、转让不以登记为生效要件，当事人之间的土地承包经营权互换、转让合同生效，即发生移转土地承包经营权的效力。但这一移转土地承包经营权的效力仅在当事人之间发生，只有经由移转登记，这一移转土地承包经营权的效力才能向当事人之外的第三人主张。如土地承包经营权的互换、转让未登记，第三人基于对土地承包经营权登记簿的信赖，与登记簿上记载的权利人进行交易，在该土地承包经营权之上取得土地经营权，并已经办理土地经营权登记，此际，未办理登记的土地承包经营权的互换、转让即不得对抗已经办理登记取得土地经营权的主体。

三、土地承包经营权的继承

土地承包经营权是否可依继承方式而取得，是目前争议较大的另外一个问题。[①]《农村土地承包法》第32条规定：“承包人应得的承包收益，依照继承法的规定继承。”“林地承包的承包人死亡，其继承人可以在承包期内继续承包。”在我们看来，对此问题的回答首先要考虑“三权分置”之下承包地权利结构的变迁。土地承包经营权的取得和享有以权利人具有本集体经济组织成员身份为前提，如继承人不具备本集体经济组织成员身份，就无从发生土地承包经营权的继承问题。其次应当考虑土地承包经营权的主体构成。依《农村土地承包法》的规定，土地承包经营权的主体是“承包方”（本集体经济组织的农户），结合该法第16条第2款“农户内家庭成员依法平等享有承包土地的各项权益”、第24条第2款“土地承包经营权证或者林权证等证书应当将具有土地承包经营权的全部家庭成员列入”的规定，可以认为，土地承包经营权为承包农户内具有本集体经济组织

① 参见温世扬：《从〈物权法〉到“物权编”——我国用益物权制度的完善》，载《法律科学（西北政法大学学报）》，2018（6）。

成员身份的人共有，且这种共有在性质上属于共同共有关系。在共有人之一死亡后，存在两种解释方案。第一，共有人之一死亡，构成共同共有关系的基础丧失，应对共有财产进行分割，其份额作为遗产按照《民法典》继承编的规定由继承人继承；第二，继续由生存的农户内家庭成员平等地共同共有土地承包经营权。在体系解释的视角下，第二种解释方案更为可取。此时，只需办理土地承包经营权的变更登记即可。至于承包农户内已经不存在具有本集体经济组织成员身份的自然人之时，应视为土地承包经营权合同因当事人一方不存在而终止，此时，土地承包经营权消灭，集体土地所有权回复至圆满状态。

《土地承包解释》第 23 条规定："林地家庭承包中，承包方的继承人请求在承包期内继续承包的，应予支持。其他方式承包中，承包方的继承人或者权利义务承受者请求在承包期内继续承包的，应予支持。"结合《农村土地承包法》第 32 条的规定，该法就土地承包经营权或土地经营权的继承分成三种情况处理，即林地土地承包经营权、林地之外的土地承包经营权以及"四荒"土地的土地经营权。对于林地土地承包经营权和"四荒"土地的土地经营权，承认继承人有"继续承包"的权利，对于林地之外的土地承包经营权只承认继承人对"承包收益"的继承权。所谓通过个人承包得到的收益是指自然人承包集体所有的土地、森林、山岭、草原等，依照法律或合同的约定所取得的合法收入，既包括自然人生前个人承包已取得的合法收益，也包括由于承包经营周期较长，承包人死亡时尚未取得的收益即预期收益。[①]

《农村土地承包法》第 32 条第 2 款所称的"继续承包"是否等同于"继承"，存在不同的观点。从立法原意上看，"继续承包"就是林地土地承包经营权的继承。"对于少数通过招标、拍卖、协商等方式取得的土地承包经营权以及林地承包经营权，应当允许继承。"[②]"由于林业生产经营周期和承包期长，投资大，收益慢，风险大，也由于林木所有权的继承与林地不能分离，如果不允许林地继承，不利于调动承包人的积极性，还可能出现滥砍滥伐，破坏生态环境的情况"。"承包人可能对林地做了长年、大量的投入，在刚刚开始获得收益时去世，不允许其继承人继承，也是不合理的"。"林地承包人死亡的，其继承人可以在承包期内继续承包。林地的继承也应当按照《继承法》的规定继承。无论继承人另有林地承包经营权，或是在另一农村集体经济组织落户，还是取得城市户口、在城市就业，在承包期内，都有权继承。"[③]

第三节　土地承包经营权的效力

土地承包经营权取得后即发生一定的效力，既排除他人的非法侵害，又约束承包方

---

① 参见汪洋：《土地承包经营权继承问题研究——对现行规范的法构造阐释与法政策考量》，载《清华法学》，2014（4）。

② 顾昂然：《全国人大法律委员会关于〈中华人民共和国农村土地承包法（草案）〉修改情况的汇报——2002 年 6 月 24 日在第九届全国人民代表大会常务委员会第二十八次会议上》，载《全国人民代表大会常务委员会公报》，2012（5）。

③ 全国人民代表大会常务委员会法制工作委员会：《中华人民共和国农村土地承包法释义》，87～88 页，北京，法律出版社，2002。

与发包方。一般而言，土地承包经营权的效力是指承包方与发包方之间的权利义务关系。

一、土地承包经营权人（承包方）的权利和义务

（一）土地承包经营权人的权利

1. 占有、使用及收益权

土地承包经营权作为一种用益物权，主要价值在于土地承包经营权人对承包地进行占有、使用、收益。这是土地承包经营权对承包方最主要的效力。土地承包经营权人应当按照承包地的自然属性和承包合同的约定用途，对承包地进行使用。所谓自然属性，是指承包地的具体农业性质，具体包括耕地、林地、草地以及其他依法用于农业的土地。所谓约定用途，是指承包方与发包方在承包合同中约定的用途。

2. 自主经营权

承包方有权自主组织农业生产经营活动，自主决定种植什么作物、种植多少面积或者安排什么种植、养殖项目，只要不改变农业用途，不建造永久性建筑，不影响邻人的经营和邻人的种植，任何人都不得以所谓“规模经营”“特色经营”“一县一品”“一乡一品”为由干涉农民的经营。

3. 依法互换、转让土地承包经营权

承包方在土地经营的过程中为方便耕种，可以将自己的承包地和本集体经济组织其他承包农户的土地进行互相交换，以实现连片规模种植。承包方也可以基于其他原因，如进城务工、不需要继续耕种土地等，将承包地转让给集体经济组织的其他成员。

4. 依法流转土地经营权

农村集体经济组织成员承包土地后，享有土地承包经营权，可以自己经营，也可以流转其承包地的土地经营权，由他人经营。从《农村土地承包法》和《民法典》规定来看，流转土地经营权的方式是多种多样的，可以依法采取出租、入股或者其他方式，流转的结果是土地所有权、土地承包经营权和土地经营权的“三权分置”。

5. 承包地被依法征收、征用、占用的，有权依法获得相应的补偿

在为公共利益需要征收集体所有的土地时，国家不仅应当足额补偿集体土地的所有权人，还应当足额补偿土地承包经营权人，这是土地承包经营权人依法享有的征收补偿请求权。征收是基于公共利益需要，国家通过法定程序强制取得集体、个人财产所有权并给予适当补偿的行政行为。征用则是国家因公共事业的需要，以给予补偿为条件，有期限使用他人财产的行为。占用主要是按照合同约定在依法支付土地补偿费的前提下，临时使用（不超过两年）农村土地的行为。

《民法典》第338条规定：“承包地被征收的，土地承包经营权人有权依据本法第二百四十三条的规定获得相应补偿。”根据《民法典》和《土地管理法》的规定，征收土地应当给予公平、合理的补偿，保障被征地农民原有生活水平不降低、长远生计有保障。征收土地应当依法及时足额支付土地补偿费、安置补助费以及青苗等的补偿费用，并安

排被征地农民的社会保障费用。征收农用地的土地补偿费、安置补助费标准由省、自治区、直辖市通过制定公布区片综合地价确定。制定区片综合地价应当综合考虑土地原用途、土地资源条件、土地产值、土地区位、土地供求关系、人口以及经济社会发展水平等因素，并至少每三年调整或者重新公布一次。征收农用地以外的其他土地、地上附着物和青苗等的补偿标准，由省、自治区、直辖市制定。对其中的农村村民住宅，应当按照先补偿后搬迁、居住条件有改善的原则，尊重农村村民意愿，采取重新安排宅基地建房、提供安置房或者货币补偿等方式给予公平、合理的补偿，并对因征收造成的搬迁、临时安置等费用予以补偿，保障农村村民居住的权利和合法的住房财产权益。

6. 法律、行政法规规定的其他权利

承包方除依法享有以上法定权利外，还享有《农村土地承包法》其他条款规定的权利，例如"四荒"地的优先承包权、承包耕地的收益和林地剩余期限的继承权。根据《民法典》《农业法》《渔业法》《草原法》《森林法》等法律的规定，承包方还享有其他权利，例如，土地承包经营权人还享有将承包地作为供役地设立地役权的权利；对抗发包人非法行为的权利；依法请求延长土地承包经营权存续期限的权利；依法解除承包合同、终止土地承包经营权的权利；自愿交回承包地的权利等。[①]

（二）土地承包经营权人的义务

1. 维持土地的农业用途，未经依法批准不得用于非农建设

"十分珍惜和合理利用土地，切实保护耕地"是我国必须长期坚持的基本国策。为保障国家粮食生产安全和国计民生，我国实行最严格的耕地保护政策。在农村土地承包经营过程中，必须保障承包土地用于农业生产。"未经依法批准"是指《土地管理法》上的农用地转用审批。"非农建设"，主要指占用耕地建窑、建坟或者擅自在耕地上建房、挖砂、采石、采矿、取土等。

2. 依法保护和合理利用土地，不得给土地造成永久性损害

承包方在承包经营的过程中，应当保持承包地的土地生态及环境的良好性能和质量，在利用土地、提高土地生产能力的同时，注意采取相应的措施，保护土地的质量和生态环境，防止水土流失和盐碱化等，保护和提高地力。与前项土地的非农化利用不同，本项规定的情形主要针对土地的破坏性利用。"永久性损害"是指使土地不再具有生产能力、不能再被利用的损害，例如在土地上过度使用化肥或向土地长期排污，土地的荒漠化、盐渍化等情形使土地不能被利用。根据《农村土地承包法》第63条的规定，承包方给承包地造成永久性损害的，发包方有权制止，并有权要求承包方赔偿由此造成的损失。根据《土地管理法》的规定，破坏种植条件的，或者因开发土地造成土地荒漠化、盐渍化的，由县级以上人民政府自然资源主管部门、农业农村主管部门责令限期改正或者治理，可以并处罚款；构成犯罪的，依法追究刑事责任。

---

① 参见崔建远：《物权：规范与学说》（下册），527～528页，北京，清华大学出版社，2011。

3. 法律、行政法规规定的其他义务

例如，为了充分发挥耕地的效用，避免耕地的闲置和浪费，确保国家的粮食安全，我国法律禁止耕地承包方的抛荒行为。国家严格控制耕地转为林地、草地、园地等其他农用地；禁止违规占用耕地绿化造林、挖湖造景等行为；禁止在国家批准的生态退耕规划和计划外擅自扩大退耕范围。国家实施耕地种植用途管控，耕地应当主要用于粮食和棉、油、糖、蔬菜等农产品及饲草饲料生产。这些都是防止耕地“非粮化”的重要举措。

二、土地承包经营权发包方的权利和义务

（一）土地承包经营权发包方的权利

1. 发包本集体所有的或者国家所有依法由本集体使用的农村土地

发包权实质上是农民集体土地所有权处分权能的体现。[①] 根据《农村土地承包法》第13条的规定，有资格作为发包方的主体是特定的，只能是村、组集体经济组织或村委会、村民小组，也只有特定的主体才享有发包本集体所有的或者国家所有依法由本集体使用的农村土地的权利。发包方的发包权是村、组集体经济组织或村委会、村民小组行使集体土地所有权或国有土地使用权的具体体现。已经设立集体经济组织的，村委会、村民小组没有发包权。

2. 监督承包方依照承包合同约定的用途合理利用和保护土地

土地承包经营权合同或承包合同是发包方和农户之间签订的有关农村土地承包经营的约定。由于土地资源的稀缺性，土地承包合同最重要的条款就是按照承包合同约定的用途合理利用土地，不得擅自改变土地的用途。如果发包方发现承包方违反合同的约定擅自改变土地的用途或者不合理地使用土地，例如过度放牧、乱砍滥伐、弃耕撂荒等，虽然可能并未对土地造成损害或者破坏，但是承包方的行为事实上已经违反合同的约定，发包方有权依法制止，要求其停止此类行为，督促其将土地用于合同约定的用途或者合理使用土地。

3. 制止承包方损害承包地和农业资源的行为

如果承包方的行为已经造成对土地的损害或农业资源的破坏，则发包方有权依法制止。具体情形，可以参照《土地管理法》第75条的规定，即承包方擅自改变土地用途，例如占用耕地建窑、建坟或者擅自在耕地上建房、挖砂、采石、采矿、取土等，破坏种植条件的，或者因开发土地造成土地荒漠化、盐渍化的，由县级以上人民政府自然资源主管部门、农业农村主管部门等按照职责责令限期改正或者治理，可以并处罚款；构成犯罪的，依法追究刑事责任。另外，根据《农村土地承包法》第64条的规定，土地经营

① 参见韩松：《论农民集体土地所有权的处分权能》，载《土地法制科学》2017年第1卷，45页，北京，法律出版社，2017。

权人擅自改变土地的农业用途、弃耕抛荒连续两年以上、给土地造成严重损害或者严重破坏土地生态环境，承包方在合理期限内不解除土地经营权流转合同的，发包方有权要求终止土地经营权流转合同。虽然该条规定是针对土地经营权人的违法行为而言的，而且土地经营权人也是与承包方签订土地经营权流转合同，但是从发包方的角度，该条规定体现的也是发包方的制止权。

4. 法律、行政法规规定的其他权利

例如，《农村土地承包法》第 28 条第 2 款规定："承包期内，因自然灾害严重毁损承包地等特殊情形对个别农户之间承包的耕地和草地需要适当调整的，必须经本集体经济组织成员的村民会议三分之二以上成员或者三分之二以上村民代表的同意，并报乡（镇）人民政府和县级人民政府农业农村、林业和草原等主管部门批准。承包合同中约定不得调整的，按照其约定。"

（二）土地承包经营权发包方的义务

1. 维护承包方的土地承包经营权，不得非法变更、解除承包合同

家庭承包是以户为单位按照人人有份的平均原则对农村土地进行的分配，土地承包经营权是为农村集体成员生存保障利益而设定。依《农村土地承包法》规定，发包方承担的是强制缔约义务。依据《民法典》第 336 条、第 337 条的规定，承包期内发包方不得调整、收回承包地。因自然灾害严重毁损承包地等特殊情形，需要适当调整承包的耕地和草地的，应当依照农村土地承包的法律规定办理。

2. 尊重承包方的生产经营自主权，不得干涉承包方依法进行正常的生产经营活动

这主要涉及农户的经营自主权的问题，承包方在承包期内只要遵守合同约定将土地用于约定的用途，发包方不得强迫农户改变土地种植作物的种类或者经营方式。实践中，主要涉及某些地区为搞特色村寨，强迫农户种植限定的作物，或者为满足土地的规模化利用而强迫农户"反租倒包"。发包方的这些行为本质上都是侵害农户经营自主权的行为。

3. 依照承包合同约定为承包方提供生产、技术、信息等服务

这实质上是发包方所承担的农村集体经济组织"统"的职能。在统分结合的双层经营体制之中，一般情况下农户分散经营，但是对于农户办不好的事还是需要集体统一经营。早在 1983 年 1 号文件《当前农村经济政策的若干问题》中就指出："完善联产承包责任制的关键是，通过承包处理好统与分的关系。以统一经营为主的社队，要注意吸取分户承包的优点。例如，有些地方在农副工各业统一经营的基础上，实行了'专业承包、包干分配'的办法，效果很好。以分户经营为主的社队，要随着生产发展的需要，按照互利的原则，办好社员要求统一办的事情，如机耕、水利、植保、防疫、制种、配种等，都应统筹安排，统一管理，分别承包，建立制度，为农户服务。"但是，从目前情况来看，由于过分强调以家庭承包为基础和土地承包经营权的保护，农村集体经济组织"统"的功能发挥不好，多数地方集体统一经营层次比较薄弱，导致农村需要统一的事务只能依赖"一事一议"来解决，农田水利设施、植保、防疫、大型农业机械采购等问题无法统筹解决。

4. 执行县、乡（镇）土地利用总体规划，组织本集体经济组织内的农业基础设施建设

土地利用总体规划是指在一定区域内，根据国家社会经济可持续发展的要求和当地自然、经济、社会条件，对土地的开发、利用、治理、保护在空间、时间上所作的总体安排。土地利用总体规划属于宏观土地利用规划，是各级人民政府依法组织对辖区内全部土地的利用以及土地开发、整治、保护所作的综合部署和统筹安排。各级政府在从事土地开发利用和审批时必须遵守其中的约束性指标。发包方虽然是私法上的主体，但是亦必须遵循国家对于土地的管制性规定，在组织农业基础设施建设时，主要包括农田水利建设，农产品流通设施建设，商品粮棉生产基地，用材林生产基础和防护林建设等，必须在规划范围内利用土地和建设用地指标。

5. 法律、行政法规规定的其他义务

例如，《农村土地承包法》第 67 条规定："本法实施前已经预留机动地的，机动地面积不得超过本集体经济组织耕地总面积的百分之五。不足百分之五的，不得再增加机动地。""本法实施前未留机动地的，本法实施后不得再留机动地。"这就是一种法律规定的发包方的其他义务。

第四节 土地承包经营权的消灭

一、土地承包经营权的消灭原因

（一）土地承包经营权的提前收回

土地承包经营权是在集体土地所有权之上设定的一类他物权，一经设定，即具有对抗所有权的效力，只要土地承包经营权未因法定原因而消灭，发包方即不得收回和调整。由此可见，土地承包经营权的收回和调整受土地承包经营权身份性与保障性的限制。在承包期内，禁止发包方收回和调整承包地，以体现稳定土地承包关系并保持长久不变的政策目标。

《农村土地承包法》和《民法典》中就发包方有权收回承包地的情形未作规定。目前，法律上直接规定发包方收回权的，主要是《土地管理法》第 66 条，该条中所称的"土地"自然包括承包地。由此可见，发包方可以基于公共设施、公益事业的建设收回承包地，使承包方丧失土地承包经营权。此外，在解释上，因承包方家庭成员死亡，承包经营的家庭消亡，无具有本集体经济组织成员身份的继承人的，发包方自可收回承包地。[①] 土地承包经营权的权利主体是承包农户，根据"增人不增地，减人不减地"的政策，"集体成员死亡或丧失集体成员身份的自动退出户内共有，新增集体成员当然加入户

---

① 参见全国人民代表大会常务委员会法制工作委员会：《中华人民共和国农村土地承包法释义》，72 页，北京，法律出版社，2002。

内共有。”[①] 也就是说，承包农户内部个体成员的变动不会对原土地承包经营权产生影响，亦即承包农户内个别成员迁出后，原土地承包经营权仍然由该承包农户继续享有和行使，发包方不得收回。

（二）土地承包经营权的提前交回

《农村土地承包法》第 27 条第 3 款规定：“承包期内，承包农户进城落户的，引导支持其按照自愿有偿原则依法在本集体经济组织内转让土地承包经营权或者将承包地交回发包方，也可以鼓励其流转土地经营权。”这表明：农民不因进城落户纳入城镇住房和社会保障体系，而导致丧失土地承包经营权；至于是否丧失农村集体经济组织成员身份，根据《农村土地承包法》第 5 条和第 16 条，土地承包经营权人为本集体经济组织的农户，唯具有集体经济组织成员身份，才可享有土地承包经营权，故可推论，农民不因进城落户纳入城镇住房和社会保障体系，而导致丧失集体经济组织成员身份。当然，农村集体经济组织成员身份的取得和丧失，有待未来立法司法予以探索和明确，《农村土地承包法》和《民法典》不作具体规定。

进城落户农民如何处分其土地承包经营权，应由其自主决定，立法予以引导支持。《农村土地承包法》落实农地“三权分置”政策，允许承包农户设立、流转土地经营权。为有效利用土地资源，在承包期内，法律引导支持进城落户的农户按照自愿有偿原则，依法将土地承包经营权转让给本集体经济组织其他农户，或者自愿有偿地将承包地交回发包方，鼓励其流转土地经营权。

（三）土地承包经营权的其他消灭原因

如土地承包经营权的期限届满，未继续承包；承包地被征收；承包地灭失或严重毁损，无法继续从事农业生产等，土地承包经营权消灭。

二、土地承包经营权消灭的法律后果

1. 承包方返还土地的义务

土地承包经营权因期限届满等原因消灭时，承包农户负有返还土地予集体（发包方）的义务。

2. 承包方的取回权

在土地承包经营权消灭后，承包方有权取回其在土地上的青苗、竹木以及相关附属设施，并负有恢复土地原状的义务。如果上述工作物不能取回，或者取回有损其使用价值，并且继续留存对土地利用有利的，则承包方可不予取回，而请求发包人按价补偿。如果发包人希望获得这些工作物，应当以市场价格购买。发包人提出购买要求时承包人不得拒绝。

---

① 高海：《“三权”分置的法构造——以 2019 年〈农村土地承包法〉为分析对象》，《南京农业大学学报（社会科学版）》，2019（1）。

3. 特别改良费用或有益费用的补偿

承包方为增加地力或为促进土地利用的便利，而支出的特别改良费用或其他有益费用，发包方知道或应当知道，没有立即反对的，在承包期届满而没有续期时，承包方有权向发包方提出返还请求。返还的数额，依现存的价值增加额予以计算。

第五节　土地经营权

一、土地经营权及其与土地承包经营权之间的关系

（一）土地经营权的概念与特征

《民法典》第 340 条规定："土地经营权人有权在合同约定的期限内占有农村土地，自主开展农业生产经营并取得收益。"由此可以看出：

其一，土地经营权的权利主体是一般民事主体，不从资格或身份的角度对土地经营权的取得作出限制，按照立法上的通常表述，这一"民事主体"用"土地经营权人"加以表达。

其二，土地经营权的权利客体是"农村土地"，主要包括两类农村土地，即承包农户承包经营的农村土地和不宜采取家庭承包方式的荒山、荒沟、荒丘、荒滩等农村土地，涵盖了土地经营权在土地承包经营权之上和在农村土地所有权之上设定的两种情形。

其三，土地经营权的权利内容表述为"占有农村土地，自主开展农业生产经营并取得收益"，强调对土地经营权人利用农村土地的方式和用途。占有农村土地，是土地经营权的当然内容，是指对于农村土地有事实上的管领控制之力。土地经营权是用益型权利，以追求农村土地的使用价值为目标，占有农村土地也就成了必要的前提，土地经营权不能脱离对农村土地的实际占有而存在。自主开展农业生产经营，是土地经营权的核心内容，是土地经营权人利用农村土地进行农业生产经营的权利。土地经营权人可以自行决定如何耕作、种植何种作物，自主决定经营过程的管理方式和方法，而不受承包人或其他人的干涉。当然，土地经营权人的自主生产经营权必须依法行使，除了受到土地经营权流转合同的限制之外，还应受到强行法控制，如不得擅自改变土地的农业用途，不得给流转土地造成严重损害或者严重破坏土地生态环境，不得将土地长期弃耕抛荒。收益权，是土地经营权人取得土地经营权的主要目的。这里的收益，仅指经营收益，即土地经营权人自主开展农业生产经营所取得的收益，如获取实物形态的各种农作物及其果实或者变价收益，不包括处分土地经营权所获得的收益。后者与土地经营权人行使处分权的行为相联系，为本法本节此后相关法条的文义所涵盖。例如，《农村土地承包法》第 46 条规定："经承包方书面同意，并向本集体经济组织备案，受让方可以再流转土地经营权。"经同意，土地经营权人流转（处分）其土地经营权所获得的收益，自应由土地经营权人享有。

其四，土地经营权是一种有期限的权利，仅在"在合同约定的期限内"才享有权利。

土地经营权仅仅只有在发生承包地流转的情形之下才有可能发生，不发生流转的土地承包经营权本身即含有承包农户经营承包地的权利。也就是说，《民法典》第 340 条所称的土地经营权不包括承包农户依土地承包经营权合同所取得的土地承包经营权，承包农户的土地经营权仍然由土地承包经营权加以表达。但在“两权”分离和“三权”分置并存的农村土地权利体系中，这一观点还缺乏体系化的考虑。依据《农村土地承包法》第 49 条的规定，就不宜采取家庭承包方式的荒山、荒沟、荒丘、荒滩等农村土地，“承包方”依“承包合同”所取得的权利亦属土地经营权，也由本条文义所涵盖。

（二）土地经营权与土地承包经营权之间的关系

《民法典》第 331 条规定：“土地承包经营权人依法对其承包经营的耕地、林地、草地等享有占有、使用和收益的权利，有权从事种植业、林业、畜牧业等农业生产。”在强调土地承包经营权的福利性和保障性的政策目标之下，此处的权利主体“土地承包经营权人”即为“承包农户”；权利客体为“其承包经营的耕地、林地、草地等”，其强调“承包”，即土地承包经营权的设立是以承包方案为前提；权利内容为“占有、使用和收益”，与其他用益物权并无差异，而“从事种植业、林业、畜牧业等农业生产”是土地承包经营权作为用益物权类型化的标志特征，是对他人土地的使用用途限制，体现着用途管制的基本思想。

土地经营权与土地承包经营权都是就农村土地从事农业生产并取得收益的权利，两者之间的主要区别主要在于：在权利主体上，土地经营权人是市场主体，没有身份限制，而土地承包经营权人在“三权分置”所引起的体系效应之下，仅限于本集体经济组织成员，具有身份属性；在权利设定依据上，土地经营权产生于“土地经营权流转合同”（派生于土地承包经营权之时）或“承包合同”（派生于土地所有权之时），而土地承包经营权产生于“土地承包经营权合同”（《民法典》）或“承包合同”（《农村土地承包法》）。由此可见，土地承包经营权是承包农户就其承包经营的农村土地所享有的权利，具有身份性，“人人有份”，体现福利性和保障性，处分较受限制；但土地经营权是经营主体（市场主体）就承包农户承包经营的或集体经济组织未予发包的农村土地所享有的权利，是一种市场化的权利，无论其取得还是处分，均取决于当事人之间的约定，法律上不作强行限制。

二、土地经营权的权源和产生方式

土地经营权的权源是土地经营权据以派生或设立的基础权利；土地经营权的产生方式则关注土地经营权自其基础权利派生或设立的具体方式。厘清这两点，对于界定土地经营权的性质并进而确立土地经营权在民法典中的体系位置尤为重要。

（一）土地经营权的权源

《民法典》第 339 条和第 342 条、《农村土地承包法》第 36 条和第 53 条的规定，传达着土地经营权分别派生于土地承包经营权和土地所有权的两种情形。由承包地“三权分置”政策所引发的学说争议大多集中于前者，后者只是承包地“三权分置”所带来的承包地产权结构调整的体系效应之一。

1. 土地承包经营权

在承包地“三权分置”中，土地承包经营权所派生的土地经营权，是市场化的财产权，其权利主体没有身份限制，是发展多种形式的适度规模经营、保障经营主体的稳定经营预期的法权载体。

2. 土地所有权

《农村土地承包法》和《民法典》取消了两种土地承包经营权的区分，将“以招标、拍卖、公开协商等承包方式取得的土地承包经营权”重构为土地经营权，如此就出现了直接派生于土地所有权的土地经营权。

（二）土地经营权的产生方式

就派生于土地承包经营权的土地经营权的设立方式，《农村土地承包法》第 36 条和《民法典》第 339 条分别规定为“出租（转包）、入股或者其他方式”“出租、入股或者其他方式”。《农村土地承包法》第 36 条规定“出租（转包）”的立法理由是，“从法律本质而言，转包的性质就是出租，但根据农村土地承包经营的实践，习惯上将集体组织内部成员之间的承包地租赁关系称为转包，因此，本次农村土地承包法修改将原来规定的出租、转包两种流转方式合并成一种方式出租（转包）。”①

就派生于土地所有权的土地经营权的设立方式，《农村土地承包法》第 48 条规定：“不宜采取家庭承包方式的荒山、荒沟、荒丘、荒滩等农村土地，通过招标、拍卖、公开协商等方式承包的，适用本章规定。”但这里的“方式”并非土地经营权的产生方式，而是承包合同或土地经营合同的缔约方式，在该法第三章就派生于土地所有权的土地经营权的设立方式未作规定的情形之下，自可类推适用第二章就派生于土地承包经营权的土地经营权的设立方式的相关规则，即可以出租、入股或者其他方式产生。

这里尚存争议的是，入股方式是否产生派生土地经营权的法律效果。有学者认为，土地承包经营权入股就是土地承包经营权的股权化，不发生派生出土地经营权的法律效果。② 还有学者认为，土地承包经营权以入股农民专业合作社的方式发生债权性流转，派生出债权性土地经营权；土地承包经营权以入股农村集体经济组织和公司的方式发生物权性流转，导致土地承包经营权整体让渡并使承包权人取得股权——分置出股权和用益物权性土地经营权。③ 就此，新修正的《农民专业合作社法》明定农民专业合作社成员可以以土地经营权作价出资；《农村土地承包法》第 36 条就入股的法律后果作了统一的安排，不管是入股农民专业合作社，还是入股公司，承包农户均只是为接受入股的主体派

---

① 黄薇主编：《中华人民共和国农村土地承包法释义》，151 页，北京，法律出版社，2019。

② 参见陶钟太朗、杨遂全：《农村土地经营权认知与物权塑造——从既有法制到未来立法》，载《南京农业大学学报（社会科学版）》，2015（2）；韩松：《论民法典物权编对土地承包经营权的规定——基于“三权分置”的政策背景》，载《清华法学》，2018（5）。

③ 参见高海：《“三权”分置的法构造——以 2019 年〈农村土地承包法〉为分析对象》，载《南京农业大学学报（社会科学版）》，2019（1）。

生出土地经营权，承包农户仍然享有土地承包经营权。① 上述观点即值商榷。

三、土地经营权的性质

《农村土地承包法》第41条和《民法典》第341条赋予流转期限在5年以上的土地经营权以登记能力。为便于配套规定的制定和法律的准确适用，尚需在解释论上明确土地经营权的性质。我们认为，土地经营权性质上属于债权，理由如下。

第一，土地利用关系既可定性为物权，也可定性为债权，全赖政策选择。学说上认为，只有在政策目标上需要稳定土地利用关系之时，才有必要将之定性为物权。② 稳定、长期的土地利用关系宜表达为物权，借由物权的排他支配性和对世性固定当事人的权利；临时、短期的土地利用关系宜定性为债权，在契约自由的观念之下当事人自可依法自由安排相互之间的权义分配。从"三权分置"政策来看，允许承包农户将土地经营权依法自愿配置给有经营意愿和经营能力的主体，发展多种形式的适度规模经营，鼓励采用土地股份合作、土地托管、代耕代种等多种经营方式，探索更多放活土地经营权的有效途径。在鼓励以多种形式进行土地经营权流转的背景下，土地利用关系在各种形式之间的稳定性需求也就存在差异，例如短期租赁、代耕代种等，当事人之间本就无意稳定土地利用关系，但长期租赁、入股等，稳定土地利用关系的意愿更为明显。法律上将这些流转形式定为明文——"出租、入股或者其他方式"，一体地以土地经营权反映这些形式之下的土地利用关系，鼓励土地经营权流转的创新实践的用意至为明显，自无法统一确定其稳定性需求，将其定性为债权，更符合立法原意。

第二，《农村土地承包法》和《民法典》明确规定了产生土地经营权的三种方式——"出租、入股或者其他方式"。依体系解释，承包方以"出租"方式所派生的土地经营权自当定性为债权，因为我国《民法典》将因租赁合同所产生的租赁权或承租权界定为债权。承包方以"入股或者其他方式"所派生的土地经营权，与出租方式相当，自得作同一解释。③ 如此，在体系解释的视角下，土地经营权应定性为债权。

第三，赋予土地经营权以登记能力，并不能得出登记的土地经营权即属物权、未登记的土地经营权即属债权的结论。一则，"土地经营权"一体反映非承包方的经营主体对农村土地的利用关系，不宜作不同的定性，两种性质的土地经营权的内容基于其效力上的差异很难抽象，民法学基本理论上也不存在既属物权又属债权的民事权利。④ 从《农村土地承包法》第二章第四节"土地经营权"的内容来看，土地经营权人投资改良土壤，建设农业生产附属、配套设施，再流转土地经营权，向金融机构融资担保，均需取得承包农户的同意或书面同意（第43条、第46条、第47条），债权性质至为明显。二则，并非所有登记在不动产登记簿上的不动产权利都是物权，只要具有对抗效力的不动产权利均可赋予其登记能力。赋予部分土地经营权以登记能力，仅仅只表明立法者意欲借由

---

① 参见黄薇主编：《中华人民共和国农村土地承包法释义》，151～152页，北京，法律出版社，2019。

② 参见高圣平：《承包地三权分置的法律表达》，载《中国法学》，2018（4）。

③ 参见朱广新：《土地承包权与经营权分离的政策意蕴与法制完善》，载《法学》2015（11）。

④ 参见谭启平：《"三权分置"的中国民法典确认与表达》，载《北方法学》，2018（5）。

登记赋予此部分土地经营权以对抗效力，以此稳定土地经营权人的经营预期，并使土地经营权人能够以其权利担保融资。土地经营权的登记实际上是给予其物权化保护的技术路径，经由登记，原本仅具相对效力的土地经营权具有了对世性，使之可以对抗第三人。此时的土地经营权具有了类似于物权的效力，相当于租赁权的物权化。登记对抗主义之下，当事人是否登记本由其自主选择；针对短期的土地经营权流转，当事人自可选择不登记。

四、土地经营权流转合同

（一）土地经营权流转的原则与限制

"土地流转和多种形式规模经营，是发展现代农业的必由之路，也是农村改革的基本方向。"① 土地经营权流转应当遵循一些基本原则，以确保其有序流转。《农村土地承包法》第 38 条规定了土地承包经营权流转应遵循的原则，共五项。但其中第 2 项至第 5 项实际上是对土地经营权流转的限制，包括所有权限制与用途限制、期限限制、主体限制、优先权限制，只有第 1 项可以作为土地经营权流转的基本原则。

1. 依法、自愿、有偿的原则

土地承包经营权属于农民家庭，土地是否流转、价格如何确定、形式如何选择，应由承包农户自主决定。没有农户的书面委托，农村基层组织无权以任何方式决定流转农户的承包地，更不能以少数服从多数的名义，将整村整组农户承包地集中对外招商经营。承包方自愿委托发包方、中介组织或者他人流转其土地经营权的，应当由承包方出具流转委托书。委托书应当载明委托的事项、权限和期限等，并由委托人和受托人签字或者盖章。没有承包方的书面委托，任何组织和个人无权以任何方式决定流转承包方的土地经营权。

"依法"，是指土地经营权应当按照《农村土地承包法》《民法典》的规定进行流转，主要表现在不违反强制性规定，如不改变农村土地所有权性质，不改变土地农业用途，不得破坏农业综合生产能力和农业生态环境，流转期限不超过承包期的剩余期限。

"自愿"，是民事主体进行民事活动的基本原则之一，土地经营权流转这一民事活动也不例外。能否尊重农民的意愿，是能否顺利推进土地经营权流转的关键。在土地经营权流转中，双方当事人处于同等地位，自由平等地订立土地经营权流转合同，并可根据自己的自由意志就流转的相关事项进行协商。《农村土地承包法》第 39 条中规定："土地经营权流转的价款，应当由当事人双方协商确定。"这些具体条文均体现了自愿原则的基本思想。

"有偿"，是指土地经营权流转以受让方支付对价为前提，体现了土地经营权流转这一民事交往活动中的公平。但有偿原则并不排斥土地经营权在某些时候的无偿流转。

2. 所有权限制与用途限制

土地经营权流转不得改变土地所有权的性质和土地的农业用途，不得破坏农业综合生产能力和农业生态环境。

---

① 习近平：《就做好耕地保护和农村土地流转工作作出的指示》，载《人民日报》，2015 - 05 - 27。

（1）土地经营权流转不得改变土地所有权的性质。我国实行土地公有制，除国家和农村集体外，其他主体只享有利用权而无所有权。土地经营权的流转通常只涉及从土地承包经营权中派生出土地经营权，通常也不能改变土地所有权的性质。

（2）土地经营权流转不得改变土地的农业用途。土地经营权流转是为了对农村土地资源进行优化配置，提高农村土地利用效率，进而提高农业收益及增加农民收入。但保护好 18 亿亩耕地是我国大政方针，也是必须坚守的红线。国家必须坚持最严格的耕地保护制度，切实保护基本农田。严禁借土地流转之名违规搞非农建设。严禁在流转农地上建设或变相建设旅游度假村、高尔夫球场、别墅、私人会所等。严禁占用基本农田挖塘栽树及其他毁坏种植条件的行为。严禁破坏、污染、圈占闲置耕地和损毁农田基础设施。坚决查处通过"以租代征"违法违规进行非农建设的行为，坚决禁止擅自将耕地"非农化"。利用规划和标准引导设施农业发展，强化设施农用地的用途监管。采取措施保证流转土地用于农业生产，可以通过停发粮食直接补贴、良种补贴、农资综合补贴等办法遏制撂荒耕地的行为。在粮食主产区、粮食生产功能区、高产创建项目实施区，不符合产业规划的经营行为不再享受相关农业生产扶持政策。

（3）土地经营权流转不得破坏农业综合生产能力和农业生态环境。禁止一切占用耕地建窗、建坟，或者擅自在耕地上建房、挖砂、采石、采矿、取土等破坏种植条件的行为，有上述行为或者因开发土地造成土地荒漠化、盐渍化构成犯罪的，依法应当承担刑事责任。

3. 期限限制

土地承包经营权作为一类用益物权，具有期限性。土地经营权作为主要派生于土地承包经营权的权利，其流转期限当然不得超过承包期的剩余期限。例如，土地承包经营权的期限为 30 年，承包方已使用 20 年，土地经营权流转的期限即不得超过 10 年。流转期限超过承包期的剩余期限的，构成无权处分，并不影响土地经营权流转合同的效力，但如承包方嗣后没有延包取得土地承包经营权，则受让方就超过的期限无法取得土地经营权。

4. 受让方主体限制

"三权分置"之下，土地经营权流转制度为有能力、有条件从事农业生产经营的单位或个人获得了公平竞争的机会，但同时也必须禁止无能力从事农地经营的人浪费土地资源或者利用炒卖手段从中渔利。农业作为国民经济的根本，农田作为农业的命脉，无论由谁来经营，都必须保证其基本的社会效能，因此，受让方必须具备农业生产能力或者资质。

5. 优先权限制

在土地经营权流转中，土地经营权的受让方既可以是本集体经济组织的成员，也可以是本集体经济组织成员之外的自然人、法人或非法人组织。当承包方欲将其土地经营权流转给非集体成员时，在同等条件下，本集体经济组织的其他成员享有优先受让的权利。这里的同等条件，包括付款方式、期限等合同约定的各项主要条款均相同的条件。

6. 规模限制

土地经营权流转应当因地制宜、循序渐进，把握好流转、集中、规模经营的度，流转规模应当与城镇化进程和农村劳动力转移规模相适应，与农业科技进步和生产手段改进程度相适应，与农业社会化服务水平提高相适应，鼓励各地建立多种形式的土地经营权流转风险防范和保障机制。

（二）土地经营权流转合同的内容与形式

土地经营权流转合同，是指已经取得土地承包经营权的农户依法将土地经营权通过出租（转包）、入股或者其他方式流转给他人，并形成相关权利义务关系的协议。签订土地经营权流转合同是承包方和受让方基于双方自主意愿而形成的法律行为，是确定合同双方权利与义务的主要依据。土地经营权流转合同属于双务、有偿、要式合同，双方当事人互负对待给付义务。

1. 土地经营权流转合同的内容

根据《农村土地承包法》第 40 条第 2 款的规定，土地经营权流转合同一般包括以下条款：双方当事人的姓名、住所；流转土地的名称、坐落、面积、质量等级；流转期限和起止日期；流转土地的用途；双方当事人的权利和义务；流转价款及支付方式；土地被依法征收、征用、占用时有关补偿费的归属；违约责任。此外，粮食直接补贴、良种补贴、农资综合补贴等的归属，亦应由当事人作出约定。

其中，土地经营权流转的价款，包括转包的转包费、出租的租金、入股的股金，具体数额应当由流转方和受流转方在流转合同中协商确定。土地经营权流转在提高土地利用率的基础上也为土地供给者提供了额外的收入，合理的租金或入股分红是促进承包方和经营者加入经营权流转的重要因素，因而流转价款的确定是土地经营权顺利流转的前提条件。双方商定的流转费归流转方所有。任何组织和个人不得擅自截留、扣缴流转费，以保障承包方流转土地经营权的收益不被侵犯。

2. 土地经营权流转合同的形式

土地经营权流转合同原则上为要式合同，《农村土地承包法》第 40 条第 1 款明确要求："土地经营权流转，当事人双方应当签订书面流转合同。"要求土地经营权流转合同采取书面形式，一则有利于明确合同双方的权利与义务，为解决纠纷提供重要依据；二则有助于营造一个和谐、有序的土地经营权流转交易市场秩序，便于政府部门履行监管职能。

该条第 3 款对土地经营权流转合同的要式性作了例外规定，"承包方将土地交由他人代耕不超过一年的，可以不签订书面合同"。现实中，土地经营权的流转的情形较为复杂。在代耕中，代耕人通常是承包方的亲戚朋友。实践中，请人代耕只是口头打个招呼，因此，该条第 3 款就书面形式作了例外规定，但如代耕期超过 1 年的，为了明确双方的权利义务关系，减少争议，应当签订书面合同。在解释上，不管何种流转方式，土地经营权期间不超过 1 年的，均可不签订书面合同。

（三）土地经营权的登记

市场主体是否取得稳定的经营预期，取决于法律上对土地经营权的定性。其最为理想的模式，是将其取得的土地经营权定性为物权，因为物权性的土地利用关系可以巩固当事人之间的法律关系，并可以对抗第三人。但基于土地经营权主要反映的是承包地出租等债权性流转的事实，以及土地经营权因租金年付制所具有的不稳定因素，在法体系之下，不宜将其界定为物权。登记制度的引入提供了可供选择的技术路径。土地经营权在性质上虽然属于债权，但经由不动产登记簿的记载，自可明晰市场主体对于农村土地的利用关系，使得土地经营权确定化。第三人通过不动产登记簿即可查知特定农村土地之上的权利负担，从而作出理性的商业判断。由此可见，经登记的土地经营权不仅在当事人之间发生法律效力，而且还被赋予一定的支配和排他效力，可以对抗第三人。同时，在土地经营权已经登记的前提之下，金融机构接受市场主体提供的土地经营权进行担保融资之时，自可在土地经营权上登记抵押权负担，其抵押权设定即满足了法定的公示要件，土地经营权担保融资才能据以展开。否则，土地经营权未登记，土地经营权抵押权也就无从登记，金融机构就土地经营权的抵押权也就无从设定。

"推进'三权分置'改革，关键是要明确和保护经营主体通过流转合同取得的土地经营权，保障其经营预期。实践中，不同经营主体对土地经营权登记颁证的需求存在差异，有的经营者希望能通过登记的方式获得长期稳定的土地经营权，而有的短期经营者则认为没有必要办理登记。宪法和法律委员会经研究认为，有必要赋予土地经营当事人一定的选择权，通过建立土地经营权的登记颁证制度，合理平衡各方权利义务"①。正是在此背景之下，《农村土地承包法》第 41 条和《民法典》第 341 条规定了土地经营权的登记。

值得注意的是，是否就土地经营权办理登记，应由当事人自由决定。土地经营权的流转形式复杂多样，法律上并不加以限制，代耕代种、托管、出租、转包、入股等均无不可；对于土地经营权的流转期限，法律上也不作强行安排。就期限较短的土地经营权，市场主体稳定经营预期的需求较弱，市场价值也有限，金融机构的担保融资也很难据以展开，当事人自可选择不登记。如此，登记并不是土地经营权流转的强制性要求。经由登记，债权性质的土地经营权取得类似于物权的效力，不仅在当事人之间发生效力，还可以对抗第三人，稳定的土地利用关系得以确立。土地经营权人并可以其土地经营权为金融机构设定抵押权，以促进农地金融的发展。

（四）土地经营权流转的行政许可

近年来，在农村土地流转中，工商资本下乡租赁农地呈加快发展态势。一方面，工商资本进入农业，可以带来资金、技术和先进经营模式，加快传统农业改造和现代农业建设；另一方面，工商资本长时间、大面积租赁农地，容易挤占农民就业空间，加剧耕地"非粮化""非农化"倾向，存在不少风险隐患。中央对此高度重视，明确要求在农村土地流转中不能搞大跃进，不能搞强迫命令，不能搞行政瞎指挥；强调对工商资本租赁农地要有严格的门槛，租赁的耕地只能搞农业，不能改变用途；要求坚持土地公有制性

---

① 胡可明：《全国人民代表大会宪法和法律委员会关于〈中华人民共和国农村土地承包法修正案（草案）〉修改情况的汇报——2018 年 10 月 22 日在第十三届全国人民代表大会常务委员会第六次会议上》，《全国人民代表大会常务委员会公报》，2019（1）。

质不改变、耕地红线不突破、农民利益不受损三条底线，让农民成为土地流转和规模经营的积极参与者和真正受益者。因此，《农村土地承包法》第 45 条第 1 款规定："县级以上地方人民政府应当建立工商企业等社会资本通过流转取得土地经营权的资格审查、项目审核和风险防范制度。"

县级以上地方人民政府可以通过建立职能部门、农村集体经济组织代表、农民代表、农业专家等多方参与的农地流转审查监督机制，采取书面报告和现场查看等方式，对租赁农地企业（组织或个人）的主体资质、农业经营能力、经营项目、土地用途、风险防范，以及是否符合当地产业布局和现代农业发展规划等事项进行审查审核，并在规定时限内提出审查审核意见。符合审查审核条件的，可以享受相关产业扶持政策和优惠措施；不符合相应条件的，不得享受相关产业扶持政策和优惠措施；与国家法律政策相抵触的，要进行限制或禁止。为稳定发展粮食生产，对企业（组织或个人）租赁农地发展粮食规模化生产的可适当放宽条件；对在粮食主产区、粮食生产功能区、高产创建项目实施区、全国新增 1 000 亿斤粮食生产能力规范实施区租赁农地的，要采取有效措施防止"非粮化"。

问题与思考

1. 土地承包经营权与土地经营权有何区别？
2. 土地承包经营权如何转让、互换？
3. 如何理解承包地的调整规则？
4. 如何理解承包地的收回规则？
5. 简述土地承包期制度。

第二十章
建设用地使用权

本章概要

建设用地使用权是在他人土地上取得的建造与保有建筑物、构筑物及其附属设施的用益物权。建设用地使用权与传统民法的地上权最为相似。建设用地包括住宅用地、公共设施用地、工矿用地、交通水利设施用地、旅游用地、军事设施用地等。在我国，建设用地使用权实际上是一种类似于所有权的权利，权利人不仅可以对土地直接占有、使用、收益，还对其权利享有充分的处分权能，有权将其权利转让、出租或者抵押，这有效克服了我国土地所有权不能流转与市场经济发展之间的矛盾。

第一节　建设用地使用权概述

一、建设用地使用权的概念与特征

建设用地使用权，是指自然人、法人或非法人组织依法对国家所有的土地享有的建造并保有建筑物、构筑物及其附属设施的用益物权。《民法典》第 344 条规定："建设用地使用权人依法对国家所有的土地享有占有、使用和收益的权利，有权利用该土地建造建筑物、构筑物及其附属设施。"第 361 条规定："集体所有的土地作为建设用地的，应当依照土地管理的法律规定办理。"由此可见：

1. 建设用地使用权的客体为国家和集体所有的土地

从《民法典》第 344 条的文义来看，建设用地使用权系在国有土地之上设定，似已排除集体土地之上设定建设用地使用权的可能。但第 361 条又规定了转介条款，学界对其法律意义存在争议。我们认为，第 361 条的立法意旨并不在于否定集体建设用地使用权的用益物权属性，而在于将"集体建设用地使用权"确立为"建设用地使用权"的亚种类物权。该条的文义仅仅只是表明，这类特殊的建设用地使用权适用"土地管理的法律规定”。在解释上，在土地管理法等法律没有特别规定的情形之下，如未对集体建设用地使用权的设立登记、设立方式、变更和注销登记、“房地一体处分”、受让人的使用期限、地上建筑物所有权归属的推定等作出规定，自应适用或准用《民法典》关于建设用地使用权的一般规定。

新一轮土地制度改革的指导思想在于“兼顾效率与公平”“健全城乡发展一体化体制机制”“建立城乡统一的建设用地市场”“使市场在资源配置中起决定性作用和更好发挥政府作用”，在集体建设用地与国有建设用地“同等入市，同权同价”的政策目标之下，区分国有建设用地使用权和集体建设用地使用权已无必要。

2. 建设用地使用权的目的是建造并保有建筑物、构筑物及其附属设施

建筑物，是指定着于土地上或地面之下，具有顶盖、梁柱、墙壁，供人居住或使用的建造物，主要是指房屋；构筑物是指人们一般不直接在里面进行生产和生活活动的建造物，如桥梁、沟渠；附属设施是指与建筑物、构筑物不可分割的各种配套设施，包括电梯、水暖、除尘、通风、通信线路、输电线路、水电管道等。建设用地使用权人对土地的支配，并非对土地使用价值的全面概括支配，而是在建设用地特定用途内的支配。依据《民法典》第 344 条的规定，这种特定用途内的支配主要是“利用该土地建造建筑物、构筑物及其附属设施”。建设用地使用权的内容主要是“建造”。但是，“建造”只是建设用地使用权的权利内容之一，并非所有的建设用地使用权都必须具备“建造”这一内容。在建设用地使用权因建筑物等的所有权发生变动而一并转移时，土地上现存的建筑物能够满足建设用地使用权人的需要，故而其无须另行建造，此时权利内容仅为“保有”。

3. 建设用地使用权的内容具有限制性

建设用地使用权作为一种用益物权，其对标的土地的支配不仅在范围上限于对土地使用价值的支配，而且这种支配也是有期限的。根据《城镇国有土地使用权出让和转让暂行条例》第 12 条的规定，建设用地使用权出让的最高年限按下列用途确定：（1）居住用地 70 年；（2）工业用地 50 年；（3）教育、科技、文化、卫生、体育用地 50 年；（4）商业、旅游、娱乐用地 40 年；（5）综合或其他用地 50 年。

二、建设用地使用权的社会功能

土地公有制决定了我国的土地只能由国家所有或者集体所有。但是，国家和集体只是一种社会组织，其无法直接对土地加以利用而获得收益，而只能委诸他人对之加以利用。在市场经济条件下，此种利用既可以通过债权的方式如土地租赁进行，也可以通过设定用益物权的方式进行。建设用地使用权作为一种用益物权，与土地租赁权等债权性权利相比，具有对世性、排他性，而且是一种长期稳定的财产权利，其制度优势显而易见。

另外，囿于我国土地所有权不能流转的法律限制，土地所有权不能进入市场流通。但在市场经济条件下，作为一种重要的生产要素，土地应当通过市场进行资源配置。在此情况下，建设用地使用权虽然是一种基于所有权而产生的用益物权，但是在我国实践中，其实际上是一种类似于所有权的权利，权利人不仅可以对土地直接占有、使用，还对其权利享有充分的处分权能，有权将其权利转让、出租或者抵押。这就有效克服了我国土地所有权不能流转与市场经济发展之间的矛盾。实际上，我国房地产一级市场正是建立在建设用地使用权基础之上的。因此，建设用地使用权具有实现土地流转的功能。

第二节　建设用地使用权的设立

土地市场是我国现代市场体系的重要组成部分，是资源要素市场的重要内容。改革开放以来，通过大力推行国有建设用地有偿使用制度，我国基本形成了以政府供应为主的土地一级市场和以市场主体之间转让、出租、抵押为主的土地二级市场，对建立和完善社会主义市场经济体制、促进土地资源的优化配置和节约集约利用、加快工业化和城镇化进程起到了重要作用。

建设用地使用权的设立属于土地一级市场的范畴，在性质上属于创设的继受取得。《民法典》第 346 条规定："设立建设用地使用权，应当符合节约资源、保护生态环境的要求，遵守法律、行政法规关于土地用途的规定，不得损害已经设立的用益物权。"这是设立建设用地使用权的基本要求。

依据《民法典》第 347 条第 1 款的规定，出让与划拨是设立建设用地使用权的两种基本方式。我国实行国有土地有偿使用制度，划拨的适用被严格限制。

一、以出让方式设立建设用地使用权

（一）建设用地使用权出让的含义

以出让方式设立建设用地使用权，是指国家以土地所有权人的身份将建设用地使用权在一定期限内让渡给土地使用人，由土地使用人向国家支付土地出让金的行为。与划拨相比，出让有以下几个特点：（1）交易性。与划拨带有行政性不同，出让是国家作为土地所有权人与土地使用人之间的交易行为，须以书面合同形式完成。（2）有偿性。交易性决定了出让的有偿性，土地使用人取得建设用地使用权均须缴纳土地出让金。（3）期限性。以出让取得建设用地使用权均有期限限制。

出让意味着建设用地使用权的有偿设立，但与其他用益物权有偿设立之时相关费用的支付方式可依当事人约定不同的是，出让植根于土地批租制，强调土地出让金的一次性给付。

出让与转让也存在较大区别：（1）性质不同。出让是设立建设用地使用权的行为，而转让是移转建设用地使用权的行为。从受让人的角度来讲，前者是建设用地使用权的初始取得，而后者是建设用地使用权的继受取得。（2）主体不同。在出让法律关系中，一方为土地所有权人，另一方为土地使用人，而在转让法律关系中，双方当事人均为土

地使用人。(3) 是否有偿不同。建设用地使用权的出让必定是有偿行为，受让人应支付出让金，而建设用地使用权的转让既可能是有偿的，也可能是无偿的。

(二)建设用地使用权出让的性质

学界对建设用地使用权出让的性质见解纷呈，举其要者有“行政行为说”“民事法律行为说”“经济法律行为说”“民事行政行为说”等。我们认为，建设用地使用权出让应属民事法律行为。理由在于：首先，将建设用地使用权出让看成是行政行为或行政法律行为、民事行政行为，混淆了国家的不同法律地位。当国家参与政治、社会管理活动时，国家是以主权者或管理者的身份出现的，其并不具有民事主体的属性。但当国家参与民事活动时，国家是以民事主体而非主权者或管理者的身份出现的。在建设用地使用权出让中，各级政府的自然资源管理部门代表国家以土地所有权人的身份与土地使用者订立合同，是以民事主体的身份与其他民事主体从事交易行为，故他们之间发生的关系属于平等主体之间的民事关系。其次，将建设用地使用权出让作为行政行为或者行政法律行为、民事行政行为混淆了行政关系、经济行政关系与民事关系的区别。在建设用地使用权出让中，各级政府的自然资源管理部门确实享有一些特权，如基于社会公共利益的需要提前收回土地、监督土地的使用等，但这些特权并不是行政权力。作为所有权人，国家当然有权监督土地的使用情况。这是所有权性质的反映，是国家行使所有权的表现。即使认为出让方的权利具有某些行政的性质，但这些权利一旦被规定在合同中，便成为合同的内容，成为合同权利。最后，土地出让金并不是一种管理手段，而是在土地所有权上设定建设用地使用权的对价。从法律的规定来看，出让金的数额并不是完全由出让方确定的，而是通过拍卖、招标或双方协商的方式确定的。这就表明了建设用地使用权出让属于民事法律行为，而不是行政行为或行政法律行为、民事行政行为。①

(三)建设用地使用权出让的方式

依现行规则，建设用地使用权出让的方式主要有四种。

第一，协议出让，即国家以协议方式将建设用地使用权在一定年限内出让给土地使用者，由土地使用者向国家支付土地出让金的行为。协议出让即意味着在建设用地使用权出让合同的订立过程中，只有作为出让人的国家和作为受让人的特定土地使用者双方参与。虽然这种出让方式操作简便、灵活，交易成本低廉，但是交易不够透明，缺乏竞争，容易导致暗箱操作、滋生腐败，损害国家利益。为了防止协议出让方式的弊端，我国现行法严格限制了以协议方式出让的土地的范围，禁止对工业、商业、旅游、娱乐和商品住宅等经营性用地通过协议方式出让。至于其他用地，如果同一地块有两个或者两个以上意向用地者的，也不得采用协议方式出让。此外，以协议方式出让时，出让金不得低于按国家规定所确定的最低价。

第二，拍卖出让，是指出让人发布拍卖公告，由出让人在指定时间、地点以公开竞价的形式将建设用地使用权出让给最高应价者的行为。如果对于土地使用者、土地的用

---

① 参见王利明：《物权法研究》(下卷)，119～122页，北京，中国人民大学出版社，2018。

途等无特殊要求，单纯以最大限度获取土地出让金为目的，那么拍卖的方式是一种理想的选择。

第三，招标出让，是指出让人发布招标公告，邀请特定或者不特定的自然人、法人和非法人组织参加建设用地使用权投标，根据投标结果确定建设用地使用权人的行为。如果在获取较高的土地出让金外，还具有其他综合性的目标或某些特殊要求，则采取招标的方式比较合适。

第四，挂牌出让，是指出让人发布挂牌公告，按公告规定的期限将拟出让土地的交易条件在指定的土地交易场所挂牌公布，接受竞买人的报价申请并更新挂牌价格，根据挂牌期限截止时的出价结果确定建设用地使用权人的行为。

上述四种方式中，协议出让属于非公开竞价的方式，其他三种属于公开竞价的方式。考虑到公开竞价更能保证建设用地使用权出让的公开、公平、公正，《民法典》第 347 条第 2 款规定："工业、商业、旅游、娱乐和商品住宅等经营性用地以及同一土地有两个以上意向用地者的，应当采取招标、拍卖等公开竞价的方式出让。"

（四）建设用地使用权出让合同

通过招标、拍卖、协议等出让方式设立建设用地使用权的，当事人应当采用书面形式订立建设用地使用权出让合同。建设用地使用权出让合同由市、县人民政府自然资源行政管理部门与土地使用者签订。

建设用地使用权出让合同一般包括下列条款：当事人的名称和住所；土地界址、面积等；建筑物、构筑物及其附属设施占用的空间；土地用途、规划条件；建设用地使用权期限；出让金等费用及其支付方式；解决争议的方法。《民法典》第 348 条将《物权法》第 138 条第 2 款第 4 项规定的"土地用途"修改为"土地用途、规划条件"，进一步体现了规划管制的思想。规划条件包括主体建筑物性质、附属建筑物性质、建筑总面积、建筑容积率、建筑限高、建筑密度、绿地率、其他土地利用要求，直接决定了建设用地使用权的效力范围，理应作为合同条款。

二、以划拨方式设立建设用地使用权

（一）建设用地使用权划拨的含义

建设用地使用权的划拨，是指县级以上人民政府依照相关法律规定的权限和审批程序，将国有土地无偿地交付给符合法律规定的条件的土地使用者使用，土地使用者因此取得建设用地使用权的行为。与出让不同，划拨是国家为了维护国家利益和社会公共利益的需要，依照严格的法律程序授予用地者土地使用权。其本质上是一种非市场化的建设用地使用权设定方式。

建设用地使用权的划拨具有以下特点：（1）公益目的性。以划拨方式设立建设用地使用权必须以公益为目的，如国防、基础设施建设等。（2）无偿性。国家将土地划拨给土地使用人，土地使用人无须向国家支付土地出让金。这里的"无偿性"是从建设用地使用人对国家的角度而言的，并不意味着建设用地使用人不支付任何费用。在有些情况下建设用地使用权人仍需支付补偿费、安置费，但此种费用在法律性质上并非合同对价，也远远低于土地出让金，不能以此否定划拨的无偿性。(3) 无期限性。建设用地使用权的划拨没有最高年限的限制。这是由以划拨方式设立建设用地使用权的公益性所决定的。(4) 限制流通性。以划拨方式设立的建设用地使用权，原则上不得进入市场进行交易。以划拨方式设立建设用地使用权的，转让房地产时，应当按照国务院规定，报有批准权的人民政府审批。有批准权的人民政府准予转让的，应当由受让人办理建设用地使用权出让手续，并依照国家有关规定缴纳土地出让金。以划拨方式设立建设用地使用权的，转让房地产报批时，有批准权的人民政府按照国务院规定决定可以不办理建设用地使用权出让手续的，转让方应当按照国务院规定将转让房地产所获收益中的土地收益上缴国家或者作其他处理。

(二) 建设用地使用权划拨的适用范围

以划拨的方式设立建设用地使用权存在不少弊端，因而对划拨方式的适用范围应予以限制。《民法典》第 347 条第 3 款明确规定："严格限制以划拨方式设立建设用地使用权。"根据《城市房地产管理法》第 24 条的规定，下列建设用地使用权，确属必需的，可以由县级以上人民政府依法批准划拨：(1) 国家机关用地和军事用地；(2) 城市基础设施用地和公益事业用地；(3) 国家重点扶持的能源、交通、水利等项目用地；(4) 法律、行政法规规定的其他用地。

三、建设用地使用权的登记

《民法典》第 349 条规定："设立建设用地使用权的，应当向登记机构申请建设用地使用权登记。建设用地使用权自登记时设立。登记机构应当向建设用地使用权人发放权属证书。"由此可见，我国对建设用地使用权的设立采取了登记生效主义，即建设用地使用权出让合同的生效，并不直接发生设立建设用地使用权的效力，而仅发生债的效力，即出让人有权请求受让人交付土地出让金，受让人则有权请求出让人交付土地并办理建设用地使用权登记。只有完成建设用地使用权登记，才发生建设用地使用权设立的效果，才发生对抗第三人的效力。因此，建设用地使用权的期限应当自完成登记之日起算。应当注意的是，建设用地使用权是否完成登记并不影响建设用地使用权出让合同的效力。

第三节　建设用地使用权的流转

我国《民法典》第 353 条规定："建设用地使用权人有权将建设用地使用权转让、互换、出资、赠与或者抵押，但是法律另有规定的除外。"以上五种转移方式均为建设用地使用权主体的变更，属于通常所说的土地二级市场的范畴。《国务院办公厅关于完善建设用地使用权转让、出租、抵押二级市场的指导意见》指出："将各类导致建设用地使用权转移的行为都视为建设用地使用权转让，包括买卖、交换、赠与、出资以及司法处置、资产处置、法人或其他组织合并或分立等形式涉及的建设用地使用权转移。建设用地使用权转移的，地上建筑物、其他附着物所有权应一并转移。涉及到房地产转让的，按照房地产转让相关法律法规规定，办理房地产转让相关手续。”确认建设用地使用权人有权对其权利进行依法处分，既是肯定和保护权利人合法权益的需要，也可以使土地这一重要生产要素向更能产生价值的方向流动，从而提高土地利用效率并促进土地资源市场化。值得注意的是，土地二级市场不仅限于建设用地使用权的转让、抵押等发生物权变动效果的交易形式，还包括建设用地使用权的出租等仅发生债法效果的交易形式。其中，对于后者的限制更少。

一、建设用地使用权的转让

建设用地使用权的转让，是指建设用地使用权人不改变权利的客体和内容，将其权利以合同方式再行转移的行为，包括转让（狭义的）、互换、出资、赠与等形式。

（一）建设用地使用权转让合同

建设用地使用权转让合同必须以书面形式订立，一般包括下列条款：（1）当事人的名称和住所；（2）土地界址、面积等；（3）建筑物、构筑物及其附属设施占用的空间；（4）土地用途；（5）使用期限；（6）转让价款的数额及支付方式；（7）解决争议的方法。

（二）以出让方式设立的建设用地使用权的转让

根据《城市房地产管理法》第 39 条第 1 款的规定，以出让方式设立的建设用地使用权的转让应具备以下条件：（1）按照出让合同约定已经支付全部土地使用权出让金，并取得土地使用权证书。（2）按照出让合同约定进行投资开发，属于房屋建设工程的，完成开发投资总额的 25%以上；属于成片开发土地的，形成工业用地或者其他建设用地条件。

以出让方式取得的建设用地使用权转让，在符合法律法规规定和出让合同约定的前提下，应充分保障交易自由；原出让合同对转让条件另有约定的，从其约定。以作价出资或入股方式取得的建设用地使用权转让，参照以出让方式取得的建设用地使用权转让有关规定，不再报经原批准建设用地使用权作价出资或入股的机关批准；转让后，可保留为作价出资或入股方式，或直接变更为出让方式。

1. 关于未取得建设用地使用权证的转让人订立的建设用地使用权转让合同的效力

建设用地使用权证书的取得是建设用地使用权转让必须具备的条件，转让人只有取得建设用地使用权证书才表明其为该出让建设用地使用权的权利主体，才依法享有处分该建设用地使用权的权利。未取得建设用地使用权证书的转让人即为无处分权人，其与受让人订立合同、转让建设用地使用权的行为即为无权处分行为。该无权处分行为在转让人取得出让建设用地使用权证书或者有批准权的人民政府批准之前属于效力待定的法律行为，但该无权处分行为的效力待定不是无期限的，在当事人向人民法院起诉前，如转让人仍未取得出让建设用地使用权证书或者有批准权的人民政府没有批准，不仅其转让行为无效，而且其所订立的转让合同也应认定为无效；如转让人取得出让建设用地使用权证书或者经有批准权的人民政府批准，则转让行为溯及于行为成立时有效，同时转让合同亦有效。

2. 关于未达到法定投资开发条件的建设用地使用权转让合同的效力

《城市房地产管理法》作为行政性法律，其调整的主要是房地产开发经营行为，其第39条所规定的第二个条件的立法本意也只是对土地使用权人"炒地"行为的限制，该规定属于政府土地行政管理部门对土地转让的一种监管措施，而非针对转让合同这种债权行为所作的禁止性规定。因此，《城市房地产管理法》第39条规定的第二个转让条件，即土地没有达到法定投资开发条件时不得转让，仅仅是从行政管理的角度规定，转让的土地不符合法定投资开发条件的，不得办理建设用地使用权变更登记手续，但对建设用地使用权转让合同的效力不发生影响。[①]

（三）以划拨方式设立的建设用地使用权的转让

以划拨方式设立的建设用地使用权转让，需经依法批准，土地用途符合《划拨用地目录》的，可不补缴土地出让价款，按转移登记办理；不符合《划拨用地目录》的，在符合规划的前提下，由受让方依法依规补缴土地出让价款。

根据《最高人民法院关于审理涉及国有土地使用权合同纠纷案件适用法律问题的解释》的规定，建设用地使用权人与受让方订立合同转让划拨建设用地使用权，起诉前经有批准权的人民政府同意转让，并由受让方办理建设用地使用权出让手续的，建设用地使用权人与受让方订立的合同可以按照补偿性质的合同处理。建设用地使用权人与受让方订立合同转让划拨土地使用权，起诉前经有批准权的人民政府决定不办理建设用地使用权出让手续，并将该划拨建设用地使用权直接划拨给受让方使用的，建设用地使用权人与受让方订立的合同可以按照补偿性质的合同处理。

（四）建设用地使用权转让时的转移登记

转移登记是建设用地使用权发生变动的生效要件，亦即，未经转移登记，建设用地使用权转让不生效力，受让人并未取得建设用地使用权。但是，是否办理转移登记手续对建设用地使用权转让合同的效力没有影响。建设用地使用权人作为转让人与受让人订立建设用地使用权转让合同后，当事人一方以双方之间未办理建设用地使用权转移登记手续为由，请求确认合同无效的，不予支持。

（五）建设用地使用权"一地数转"问题的处理

建设用地使用权人作为转让人就同一出让建设用地使用权订立数个转让合同，在转让合同有效的情况下，受让人均要求履行合同的，按照以下情形分别处理：（1）已经办

---

① 参见韩延斌：《〈最高人民法院关于审理涉及国有土地使用权合同纠纷案件适用法律问题的解释〉的理解适用》，载最高人民法院民事审判第一庭编《民事审判指导与参考》，总第22集，70页，北京，法律出版社，2005。

理建设用地使用权转移登记手续的受让人请求转让人履行交付土地等合同义务的，应予支持；(2) 均未办理建设用地使用权转移登记手续，已先行合法占有、投资开发土地的受让人请求转让人履行建设用地使用权转移登记等合同义务的，应予支持；(3) 均未办理建设用地使用权转移登记手续，又未合法占有、投资开发土地，先行支付土地转让款的受让人请求转让人履行交付土地和办理建设用地使用权转移登记等合同义务的，应予支持；(4) 合同均未履行，依法成立在先的合同受让人请求履行合同的，应予支持。未能取得建设用地使用权的受让人请求解除合同、赔偿损失的，按照《民法典》的有关规定处理。

二、建设用地使用权的出租

建设用地使用权的出租，是指建设用地使用权人作为出租人，将建设用地使用权随同地上建筑物、其他附着物租赁给承租人使用，由承租人向出租人交付租金的行为。以出让、租赁、作价出资或入股等有偿方式取得的建设用地使用权出租或转租的，不得违反法律法规和有偿使用合同的相关约定。

从我国现行规定看来，对建设用地使用权出租的客体是有一定限制的。《城镇国有土地使用权出让和转让暂行条例》第 28 条第 2 款规定，“未按土地使用权出让合同规定的期限和条件投资开发、利用土地的，土地使用权不得出租”。以划拨方式取得的建设用地使用权出租的，应按照有关规定上缴租金中所含土地收益，纳入土地出让收入管理。宗地长期出租，或部分用于出租且可分割的，应依法补办出让、租赁等有偿使用手续。建立划拨建设用地使用权出租收益年度申报制度，出租人依法申报并缴纳相关收益的，不再另行单独办理划拨建设用地使用权出租的批准手续。

建设用地使用权出租时，出租人与承租人应当签订书面租赁合同。租赁期限应由当事人协商确定，但不得超过建设用地使用权的剩余期限。

三、建设用地使用权流转中的“房随地走”“地随房走”

按照建设用地使用权和建筑物所有权的主体保持一致的原则，我国法律要求建设用地使用权与建筑物所有权一并处分。例如，《城市房地产管理法》第 32 条明确规定：“房地产转让、抵押时，房屋的所有权和该房屋占用范围内的土地使用权同时转让、抵押。”《民法典》第 356 条与第 357 条分别规定：“建设用地使用权转让、互换、出资或者赠与的，附着于该土地上的建筑物、构筑物及其附属设施一并处分。”“建筑物、构筑物及其附属设施转让、互换、出资或者赠与的，该建筑物、构筑物及其附属设施占用范围内的建设用地使用权一并处分。”也就是说，房产和地产在交易中，必须共同作为交易标的，不能分别对待。建设用地使用权及其地上建筑物所有权均不能单独转移、抵押和出租，必须同时转移、抵押和出租。这就是通常所说的“房随地走”或“地随房走”。

应当看到，土地和地上附着物之间有着密切的联系。从物理上看，土地与附着物连为一体；从交易惯例上看，二者常常一并计算其价值；而从立法目的上看，建设用地使用权之设定，旨在在他人土地上建造并保有附着物。“如果将土地使用权与其他地上建筑物和附属物分开，很可能使地上建筑物和附属物在移转所有权以后失去基地使用权。其结果将可能出现土地使用权人要求地上建筑物、其他附着物所有人拆除其地上建筑物、其他附着物，禁止地上建筑物、其他附着物所有人通行、停车等利用土地行为的后果。”①因此，在法律上要求“地随房走”与“房随地走”，有其正当性。

第四节 建设用地使用权的效力

一、建设用地使用权人的权利

建设用地使用权人对作为权利客体的土地享有占有、使用、收益的权利，有权利用该土地建造并经营建筑物、构筑物及其附属设施。对于以出让方式设立的建设用地使用权，权利人还可依法转让、互换、出租、出资、赠与或抵押。

二、建设用地使用权人的义务

1. 支付出让金等费用

《民法典》第 351 条规定：“建设用地使用权人应当依照法律规定以及合同约定支付出让金等费用。”支付出让金是建设用地使用权人的义务，并非建设用地使用权的成立要件。换言之，即使受让人未按照约定支付出让金，其也只是应承担违约责任，并不意味着建设用地使用权当然归于消灭。

2. 合理利用土地

建设用地使用权人应当按照土地的自然属性和法律属性合理地使用土地，维护土地的价值和使用价值。

3. 按土地用途使用土地

土地用途关系到城市的规划，关系到建设用地使用权的期限和土地出让金的数额，建设用地使用权人应严格按照约定或规定的用途使用土地。需要改变土地用途的，应当依法经有关行政主管部门批准，且应变更建设用地使用权出让合同，并相应调整土地出让金的数额。

4. 恢复土地原状

在建设用地使用权期限届满，建设用地使用权人取回地上建筑物或者其他附着物时，其负有恢复土地原状的义务。

---

① 王利明、尹飞、程啸：《物权法教程》，367 页，北京，人民法院出版社，2007。

第五节　建设用地使用权的消灭

一、建设用地使用权消灭的事由

依现行规则，建设用地使用权消灭的事由主要包括以下几项。

1. 建设用地使用权期间届满

建设用地使用权作为一项用益物权是有期限限制的。住宅建设用地使用权期限届满的，自动续期。续期费用的缴纳或者减免，依照法律、行政法规的规定办理。《中共中央、国务院关于完善产权保护制度依法保护产权的意见》指出，要研究住宅建设用地使用权到期后续期的法律安排，推动形成全社会对公民财产长久受保护的良好和稳定预期。根据党中央批准的有关工作安排，该项工作由国务院有关部门研究，提出方案后，国务院提出法律修改议案，修改相关法律。但是至《民法典》通过之时，国务院尚未就此形成修改法律的议案，这一问题有待下一步在修改《城市房地产管理法》的时候再来解决。原国土资源部统一了过渡性的政策，就是暂时按“两不、一正常”处理，第一个“不”，就是住宅建设用地使用权到期后自动续期，不需要提出续期申请；第二个“不”，就是暂时不收取费用；“一正常”，就是正常办理交易和登记手续，但同时注明：“根据《国土资源部办公厅关于妥善处理少数住宅建设用地使用权到期问题的复函》（国土资厅函〔2016〕1712号）办理相关手续”。

依据《民法典》第359条第2款的规定，“非住宅建设用地使用权期限届满后的续期，依照法律规定办理。该土地上的房屋以及其他不动产的归属，有约定的，按照约定；没有约定或者约定不明确的，依照法律、行政法规的规定办理”。前句所称的法律规定指的是《城市房地产管理法》第22条，即：“土地使用权出让合同约定的使用年限届满，土地使用者需要继续使用土地的，应当至迟于届满前一年申请续期，除根据社会公共利益需要收回该幅土地的，应当予以批准。经批准准予续期的，应当重新签订土地使用权出让合同，依照规定支付土地使用权出让金。”“土地使用权出让合同约定的使用年限届满，土地使用者未申请续期或者虽申请续期但依照前款规定未获批准的，土地使用权由国家无偿收回。”

2. 国家因公共利益征收土地

《民法典》第358条规定：“建设用地使用权期限届满前，因公共利益需要提前收回该土地的，应当依据本法第二百四十三条的规定对该土地上的房屋以及其他不动产给予补偿，并退还相应的出让金。”

3. 土地灭失

《城市房地产管理法》第21条规定：“土地使用权因土地灭失而终止。”在土地全部灭失的情况下，建设用地使用权的标的不复存在，权利也应当消灭；在土地部分灭失的情况下，建设用地使用权就剩余的部分继续存在。

4. 建设用地使用权被提前收回

在以下两种情况下建设用地使用权会被土地所有权人提前收回：第一，建设用地使用权人违反按照约定用途使用土地的义务，经所有权人请求停止仍不停止，或已经造成土地的永久性损害，土地所有权人可以收回建设用地使用权。第二，建设用地使用权人未按合同约定开发土地达一定程度（满 2 年未动工开发），国家可以无偿收回建设用地使用权。

5. 其他消灭事由

建设用地使用权还可以因权利人的抛弃、国家受让建设用地使用权而发生混同而消灭。但此时，如果该权利为他人权利的标的，则建设用地使用权不能消灭，如该建设用地使用权上设定了抵押。

二、建设用地使用权消灭的法律后果

建设用地使用权消灭的，除了办理注销登记、收回权利证书外，最主要的问题还是如何处理该土地上的房屋以及其他不动产。对此，《民法典》确立了以下规则。

（1）因公共利益的需要提前收回土地的。此时，应对该土地上的房屋及其他不动产给予补偿，并退还相应的土地出让金。

（2）建设用地使用权期满而未续期的。依据《民法典》第 359 条第 2 款的规定，非住宅用地使用权期间届满后该土地上的房屋及其他不动产的归属，有约定的，按照约定；没有约定或者约定不明确的，依照法律、行政法规的规定办理。

第六节　集体建设用地使用权的特别规则

一、集体经营性建设用地入市改革

我国现行法实行土地用途管制制度，区分不同的土地类型（农用地、建设用地和未利用地）展开不同的管制政策。其中，建设用地是指建造建筑物、构筑物的土地，包括城乡住宅和公共设施用地、工矿用地、交通水利设施用地、旅游用地、军事设施用地等，依土地所有权主体的不同又有了国有建设用地和集体建设用地之分。我国法上原来原则上禁止集体建设用地直接进入土地一级市场，1998 年，《土地管理法》第 43 条第 1 款规定："任何单位和个人进行建设，需要使用土地的，必须依法申请使用国有土地"，属于农民集体所有的土地尚须征收为国有土地才能进入土地一级市场。这一规则使得国家垄断了建设用地的供给，堵塞了集体建设用地商业化开发的通道，集体建设用地使用权也就丧失了市场化配置的功能，并不具备直接"入市"的法律资格。

尽管如此，集体建设用地的隐性市场却一直存在，规范集体建设用地入市，早已进入监管部门的视野。《中共中央关于推进农村改革发展若干重大问题的决定》指出："逐步建立城乡统一的建设用地市场，对依法取得的农村集体经营性建设用地，必须通过统一有形的土地市场、以公开规范的方式转让土地使用权，在符合规划的前提下与国有土地享有平等权益”，将集体建设用地入市局限于二级市场，强调只有依法取得的集体经营性建设用地使用权才能通过转让的方式流转；《中共中央关于全面深化改革若干重大问题的决定》指出：“建立城乡统一的建设用地市场。在符合规划和用途管制前提下，允许农村集体经营性建设用地出让、租赁、入股，实行与国有土地同等入市、同权同价。”这些文件又进一步拓展了集体建设用地入市的范围，在土地一级市场上也允许集体供地，同时提出了完备集体建设用地使用权权能的要求。

为落实十八届三中全会的要求，2014 年 12 月 31 日中共中央办公厅、国务院办公厅印发《关于农村土地征收、集体经营性建设用地入市、宅基地制度改革试点工作的意见》（以下简称《试点意见》），明确提出了农村集体经营性建设用地入市改革的任务，即：完善农村集体经营性建设用地产权制度，赋予农村集体经营性建设用地出让、租赁、入股权能；明确农村集体经营性建设用地入市范围和途径；建立健全市场交易规则和服务监管制度。试点工作于 2019 年 12 月 31 日结束。经实践证明可行的试点工作经验，体现在修正后的《土地管理法》之中。

二、集体建设用地一级市场：设立与登记

集体建设用地入市涉及土地一级市场和二级市场。土地一级市场是集体建设用地使用权的出让市场，反映着土地所有权人与土地使用者之间的商品经济关系；已经取得的集体建设用地使用权的流转是土地二级市场，包括转让、互换、出资、赠与、抵押或者继承等。

（一）集体建设用地入市的条件

《土地管理法》第 63 条规定：“土地利用总体规划、城乡规划确定为工业、商业等经营性用途，并经依法登记的集体经营性建设用地，土地所有权人可以通过出让、出租等方式交由单位或者个人使用，并应当签订书面合同，载明土地界址、面积、动工期限、使用期限、土地用途、规划条件和双方其他权利义务。”（第 1 款）“前款规定的集体经营性建设用地出让、出租等，应当经本集体经济组织成员的村民会议三分之二以上成员或者三分之二以上村民代表的同意。”（第 2 款）“集体经营性建设用地的出租，集体建设用地使用权的出让及其最高年限……参照同类用途的国有建设用地执行。具体办法由国务院制定。”这些规定涉及集体建设用地一级市场的交易规则。由此可见，集体建设用地进入土地一级市场必须符合四个条件：一是符合规划，二是符合规定用途，三是权属清晰，四是必须经过集体决定。

1. 符合规划和规定用途

与国有建设用地一级市场一样，集体建设用地进入土地一级市场亦强调规划和用途管制，只不过，严格限定于“工业、商业等经营性用途”。《招标拍卖挂牌出让国有建设用地使用权规定》将“经营性用地”例举为“工业、商业、旅游、娱乐和商品住宅等”（第 4 条）。《土地管理法》原来将集体建设用地使用权限定于“乡镇企业”“乡（镇）村公共设施和公益事业建设”。本轮试点将用途扩及“工矿仓储、商服等经营性用途”，旨

在盘活数量巨大的闲置或低效利用的集体经营性建设用地，仍不能用于商品房开发领域。2018年8月，原国土资源部、住建部已批准在北京、上海等13个城市开展利用集体建设用地建设租赁住房试点，进一步拓展了集体建设用地的用途空间。为使《土地管理法》既反映新一轮土地制度改革的成果，又为未来发展留下制度空间，《土地管理法》将集体建设用地的用途表述为“工业、商业等经营性用途”。这里的“等”即为“等外等”，亦即，本款所列举的经营性用途并未穷尽集体建设用地的利用用途。

2. 权属清晰

《土地管理法》第63条第1款规定，能够进入土地一级市场的集体经营性建设用地必须是“经依法登记的”。这里强调的是集体经营性建设用地必须权属清晰、没有争议，以避免在流转过程中出现产权纠纷，影响当事人权利的实现。[①]“经依法登记的集体经营性建设用地”，指的是集体建设用地所有权登记还是集体建设用地使用权登记？按照交易程序，应是先有土地所有权人与用地者之间的出让、出租合同，基于合同再办理集体建设用地使用权设立登记，则这里登记的应是集体建设用地的所有权。在解释上，和国有建设用地所有权无须登记不同的是，集体建设用地所有权的主体不具有唯一性，不同集体之间土地所有权存在借由登记明确其权属的必要。只要集体土地所有权已经登记，其所涉地块被规划确定为工业、商业等经营性用途，即可在其上设立集体（经营性）建设用地使用权，集体建设用地使用权作为集体建设用地所有权之上的权利负担才能登记。这是不动产登记法上先登记原则的当然反映。

3. 经集体决定

根据《土地管理法》第63条第2款的规定，集体经营性建设用地进入土地一级市场，尚须经本集体经济组织成员的村民会议三分之二以上成员或者三分之二以上村民代表的同意。

如此理解可以解决进入土地一级市场的是存量经营性建设用地还是可以新增经营性建设用地的问题。试点入市的只是存量经营性建设用地，不包括新增经营性建设用地，但这并不表明对新增集体经营性建设用地持否定态度。存量经营性建设用地系在兴办乡镇企业过程中形成的可用于非农经营的建设用地。既属存量建设用地，其上即应早已为他人设定集体建设用地使用权，本集体经济组织已经出让了该建设用地，实无法再次出让同一宗建设用地。试点实践中，进入建设用地一级市场的大多是闲置的经营性建设用地，在解释上属于原已出让或出租，但本集体经济组织已经收回的经营性建设用地。对于规划用途非为经营性的，可以按照规定程序申请调整和变更；政府也可以通过规划将经营性建设用地变为非经营性建设用地。这就是试点实践中的“调整入市”模式。如此，进入建设用地一级市场的，已经不再局限于存量经营性建设用地。

（二）集体建设用地使用权的设立

1. 集体建设用地使用权的设立方式

《土地管理法》第63条第1款将集体建设用地使用权的设立方式确定为“出让、出

① 参见魏莉华等：《新〈土地管理法〉学习读本》，129页，北京，中国大地出版社，2019。

租等方式”。《民法典》第 347 条与之相比，没有规定“出租”这一供地方式，多了“划拨”这一设立方式，明确表明了集体经营性建设用地不能划拨的基本立场。“出让”植根于土地批租制，一直是我国土地有偿使用制度中的唯一供地模式，与无偿划拨一起，共同构成了两分式的供地格局。但出让供地模式所要求的一次性给付出让金，在用地者一次性给付出让金存在困难的情形之下，供地实践即无法展开。在国企改革中，出现了政府将土地出租给国有企业的做法，这就是出租供地模式，1998 年《土地管理法实施条例》修改时，明确以行政法规的形式将“国有土地租赁”明定为国有土地有偿使用的方式之一。为了进一步规范出租供地模式，原国土资源部发布了《规范国有土地租赁若干意见》，明确规定承租人依土地租赁合同取得“承租土地使用权”，经土地行政部门同意后或依合同约定，“可将承租土地使用权转租、转让或抵押”；“承租土地使用权转租、转让或抵押，必须依法登记”。但出租供地模式在法权界定、租期确定、租金核定，以及与土地出让的关系等问题上，存在不同的意见，实际工作中也遇到了一些操作上的问题，至今仍然处于探索阶段。[①] 由此可见，出租供地模式实际上是我国经济体制改革中为了应对国企改革这一具有阶段性的任务而采取的无奈之举，虽然其后经试点扩大了其适用范围，但均存在规避土地出让规则的嫌疑。

就集体建设用地使用权的设立明确出租方式，有其客观必要性。与出让不同的是，集体建设用地使用权出租的租金采取分期支付。由此所带来的问题是：其一，不动产登记簿上并未反映集体建设用地使用权人已经给付的租金，在集体建设用地使用权进入二级市场之时，交易相对人无法借由登记簿准确评估集体建设用地使用权的市场价值；其二，集体建设用地使用权人如未支付租金，集体可得采取的救济措施有限，在求偿无果的情形之下，虽然可以解除集体建设用地使用权出租合同，收回集体土地，但相关程序冗长，权利实现不易，既造成土地资源的浪费，又影响了集体建设用地使用权的稳定性。

2. 集体建设用地使用权设立合同

《土地管理法》第 63 条第 1 款将集体建设用地使用权设立合同的内容规定为“土地界址、面积、动工期限、使用期限、土地用途、规划条件和双方其他权利义务”。虽然这一规定属于倡导性规范，当事人之间自可参酌具体情形各别约定，但相较《民法典》第 348 条第 2 款，这一倡导性规范中的“动工期限”是后者没有规定的条款，“动工期限”或“竣工时间”在具体项目之间差别很大，留由当事人自由约定。基于集体建设用地使用权与国有建设用地使用权在设立方式上的差异，考虑到集体建设用地的出租问题，集体建设用地使用权设立合同还应明确出让金、租金等费用及其支付方式。

3. 集体建设用地使用权的设立登记

集体建设用地使用权作为建设用地使用权的一种，在“同地同权”的基本政策目标之下，其在物权变动模式上也应同于一般不动产物权。在《民法典》之下，建设用地使用权奉行登记生效主义，未经登记，建设用地使用权不设立。集体建设用地使用权亦应如此。《土地管理法》就此未作明确规定，但其第 12 条第 1 款规定：“土地的所有权和使

---

① 参见吴次芳、靳相木：《中国土地制度改革三十年》，85 页，北京，科学出版社，2009。

用权的登记，依照有关不动产登记的法律、行政法规执行。”在解释上，《民法典》第349条关于“设立建设用地使用权的，应当向登记机构申请建设用地使用权登记。建设用地使用权自登记时设立。登记机构应当向建设用地使用权人发放权属证书”的规定，即属《土地管理法》第12条第1款“有关不动产登记的法律”的文义之列。

三、集体建设用地使用权的权能设定：内容及其限制

集体建设用地与国有建设用地“同地同权”，还意味着集体建设用地使用权的权能内容与国有建设用地使用权的相同。“完善集体建设用地的权能设定”是《土地管理法》修法的主要任务。作为建设用地使用权的一种，集体建设用地使用权的权利内容自然包括利用集体土地建造并保有建筑物、构筑物及其附属设施的权利，在权能上体现为“占有、使用和收益”。《土地管理法》就此虽未作规定，但亦属当然。在物权法定原则之下，集体建设用地使用权并是别异于建设用地使用权的新的物权种类，只是建设用地使用权的亚种类，其权利名称即传达着上述权利内容，自无须重复规定。

新一轮土地制度改革除了改变国家垄断土地一级市场的现状之外，也提出了“完善土地租赁、转让、抵押二级市场”的要求。集体建设用地使用权的权能中包括了权利人对集体建设用地使用权的处分。它包括两种情况：一是对集体建设用地使用权的处分（狭义的处分），二是在集体建设用地使用权上设立负担（广义的处分）。就前者而言，集体建设用地使用权人应当享有对集体建设用地使用权的处分权，即有权将其移转给他人。就后者而言，集体建设用地使用权人有权抵押、出租其建设用地使用权。《土地管理法》第63条第3款规定：“通过出让等方式取得的集体经营性建设用地使用权可以转让、互换、出资、赠与或者抵押，但法律、行政法规另有规定或者土地所有权人、土地使用权人签订的书面合同另有约定的除外。”“举重以明轻”，在解释上，既然集体建设用地使用权可以转让，自然可以出租。准此以观，《土地管理法》上是允许集体建设用地使用权人依法处分其建设用地使用权的。

与《民法典》第353条不同的是，《土地管理法》第63条第3款将集体建设用地使用权人处分其集体建设用地使用权的限制，由“法律另有规定的除外”改为“法律、行政法规另有规定或者土地所有权人、土地使用权人签订的书面合同另有约定的除外”。这里，允许“行政法规”作出例外规定，主要是考虑到《土地管理法》无法详尽规定集体建设用地的相关规则，留待“行政法规”（《土地管理法实施条例》）去作出规定。但允许当事人依集体建设用地使用权设立合同的约定来限制集体建设用地使用权人的处分权，值得商榷。一则，集体建设用地使用权既属物权，一旦设立，即具有对抗所有权的效力，其进一步处分只受强行法控制，不再受土地所有权人意志的约束，否则集体建设用地使用权将不再是物权；二则，基于促进财产流转的公共政策，当事人之间禁止财产流转的约定不得对抗第三人。集体建设用地使用权经由登记而设立，二级市场的潜在交易相对人只需依登记簿而控制交易风险，自无须进一步查阅集体建设用地使用权设立合同，进而探知是否存在限制集体建设用地使用权处分的约定。

就集体建设用地使用权的限制，《土地管理法》第64条规定：“集体建设用地的使用

者应当严格按照土地利用总体规划、城乡规划确定的用途使用土地。”这里体现着用途管制的基本思想，明确了“集体经营性建设用地入市后的管理措施”，旨在“维护土地管理秩序”。就土地二级市场的用途管制，《民法典》第350条规定：“建设用地使用权人应当合理利用土地，不得改变土地用途；需要改变土地用途的，应当依法经有关行政主管部门批准。”两相比较，“土地用途”是当事人按照规划用途所做的约定，并记载于不动产登记簿，而当事人之间约定的土地用途可能窄于“土地利用总体规划确定的用途”，因而在解释上，建设用地使用权人自应遵守以规划用途为基础的土地用途约定。

《问题与思考》

1. 简述建设用地使用权出让与划拨的区别。
2. 简述以划拨方式设立建设用地使用权。
3. 建设用地使用权的转让应当满足哪些条件？违反这些条件会产生什么法律后果？
4. 简述建设用地使用权“一地数转”问题的处理。
5. 简述集体建设用地进入土地一级市场的条件。

第二十一章
宅基地使用权

本章概要

宅基地使用权，是指在农村居民集体所有的土地上建造住宅及其附属设施的用益物权。宅基地使用权的权利主体限于集体经济组织内的成员，具有一定的福利性质。宅基地使用权权利人有权在宅基地上建造房屋和其他附属物，也有权处分宅基地使用权，但宅基地使用权的流转受到法律的严格限制。城市私房用地使用权是新中国成立后城镇土地国有化的遗留问题，该权利是对国有土地的使用权，与建立在集体所有的土地上的宅基地使用权并不相同。

第一节　宅基地使用权概述

一、宅基地使用权的概念与特征

宅基地是农村村民用于建造住宅及其附属设施的集体建设用地，包括住房、附属用房和庭院等用地，在地类管理上属于（集体）建设用地。宅基地使用权，是指农村村民依法对集体所有的土地享有的建造并保有住宅及其附属设施的用益物权。《民法典》第362条规定："宅基地使用权人依法对集体所有的土地享有占有和使用的权利，有权依法利用该土地建造住宅及其附属设施。"这里的"依法"应指"土地管理的法律和国家有关规定"（第363条），体现了公法对于宅基地使用权的限制。

宅基地使用权具有如下特性。

1. 宅基地使用权的主体具有特定性，原则上限于农村居民

《民法典》第362条将宅基地使用权的主体界定为"宅基地使用权人"。在现行规则之下，宅基地使用权人是符合申请宅基地条件的农村集体经济组织成员。从宅基地所承载的社会保障功能以及宅基地初始取得的无偿性的角度来看，这一规定是妥适的。

值得注意的是，《村庄和集镇规划建设管理条例》第18条第2、3款规定，城镇非农业户口居民，回原籍村庄、集镇落户的职工、退伍军人和离休、退休干部以及回乡定居的华侨、港澳台同胞，亦可成为宅基地使用权的主体。这一规定沿袭了 1986 年《土地管理法》的规定，但现行《土地管理法》已将其删除。这些人如已加入农村集体经济组织，成为其中一员，自可申请取得宅基地使用权，否则，依我国《立法法》所确立的下位法不得超越上位法的法治原则，这些人将无从取得宅基地使用权。就这些人已经合法取得的宅基地使用权，自应予以承认和保护。

虽然《土地管理法》第 62 条第 1 款中规定“农村村民一户只能拥有一处宅基地”，但这并不能说明宅基地使用权的主体就是农村中的“户”。该规定是出于宅基地管理的考虑，强调村民的一户与宅基地的一处相对应，是对宅基地使用权初始取得的限制。

2. 宅基地使用权的客体具有特定性，限于集体所有土地

《民法典》第 362 条将宅基地使用权的客体界定为“集体所有的土地”，排除了在国有土地上设定宅基地使用权的可能性。农村土地有国有和集体所有两种形态，就前种情形，《民法典》第 343 条规定：“国家所有的农用地实行承包经营的，参照适用本编的有关规定。”这一规定在一定程度上解决了国有农场、林场、牧场等的权利分置问题。但国有农场、林场、牧场等的国有土地，在用途上尚有“建造住宅及其附属设施”这一类型，本章关于宅基地使用权的规范上并无类似的准用性规定，使得国有农场、林场、牧场等广泛存在的国有土地上的宅基地使用权没有了法律依据。

《土地管理法》第 62 条第 3 款规定：“农村村民建住宅，应当符合乡（镇）土地利用总体规划、村庄规划，不得占用永久基本农田，并尽量使用原有的宅基地和村内空闲地。编制乡（镇）土地利用总体规划、村庄规划应当统筹并合理安排宅基地用地，改善农村村民居住环境和条件。”城镇建设用地规模范围外的村庄，要通过优先安排新增建设用地计划指标、村庄整治、废旧宅基地腾退等多种方式，增加宅基地空间，满足符合宅基地分配条件农户的建房需求。城镇建设用地规模范围内，可以通过建设农民公寓、农民住宅小区等方式，满足农民居住需要。

3. 宅基地使用权的内容具有特定性，仅限于依法建造并保有个人住宅及其附属设施

《民法典》第 362 条将宅基地使用权的内容界定为“占有和使用”“集体所有的土地”，“利用该土地建造住宅及其附属设施”，包括农村村民所建住房以及与居住生活有关的其他建筑物和设施，如住房、车库、厕所、沼气池、牛棚、猪圈等。这里将土地利用用途作了限定，体现了用途管制的基本思想，但将宅基地使用权的权能仅表述为“占有和使用”，非如《民法典》上用益物权的“占有、使用和收益”，限制了权利主体实现其权利的其他可能性。试点政策中，利用宅基地开展农家乐、民宿、乡村旅游等，实际上已经脱逸出了宅基地使用权的用途管制目标。

4. 宅基地使用权的初始取得具有无偿性

宅基地使用权是一种带有社会福利性质的权利，由集体经济组织成员无偿取得、无偿使用。但宅基地无偿使用制度已经成为农村宅基地分配不均、“批少占多”等问题的制度性基础。《试点意见》指出，对因历史原因形成的超标准占用宅基地和一户多宅的，以及非集体经济组织成员通过继承房屋等占有的宅基地，由农村集体经济组织主导，探索实行有偿使用。宅基地有偿分配不会过度增加农民的负担。一则有偿使用费主要用于村公共基础设施建设；二则收费标准的确立参酌了当地的经济发展水平和不同的区位条件；三则就经济困难的农户还可结合扶贫政策给予经济补助，“对农民弱势群体的特殊保护不能通过限制其法律权利的行使来实现，而应当采取政策扶持等方式”[①]。宅基地有偿分配在一定程度上限制了没有实际需求的农户申请宅基地的冲动，提高了宅基地利用的效率。

5. 宅基地使用权没有期限限制

我国现行法律没有对宅基地使用权的期限进行限制性规定，宅基地使用权不因期限届满而消灭。因此，宅基地使用权是没有使用期限限制的用益物权。

二、宅基地使用权与相关权利的比较

（一）宅基地使用权与土地承包经营权

两者虽同属在集体所有的土地之上所设定的用益物权，但两者之间仍有不同：（1）内容不同。宅基地使用权是在集体土地上建造住宅及其附属设施，而土地承包经营权是在集体土地上从事农业生产经营活动。（2）存续期限不同。宅基地使用权没有期限限制，而土地承包经营权有期限限制，承包期届满未继续承包的，土地承包经营权归于消灭。

（二）宅基地使用权与建设用地使用权

宅基地使用权与建设用地使用权都是利用他人土地从事建造活动，且均可在集体土地上设立，但两者仍属性质不同的用益物权：（1）权利主体的身份限制不同。宅基地使用权的主体只能是自然人，且限于集体经济组织的成员。建设用地使用权的主体基本上没有限制，自然人、法人和非法人组织均无不可。（2）权利内容不同。例如，宅基地使用权不能转让、抵押或投资入股，而建设用地使用权可以转让、抵押及出资。（3）取得方式不同。宅基地使用权的取得采取审批的方式，而建设用地使用权的取得通过出让或划拨方式。（4）设立要件不同。宅基地使用权无须登记即可设立，而建设用地使用权以登记作为生效要件。（5）是否有偿不同。宅基地使用权由本集体经济组织成员无偿取得，而以出让方式设立建设用地使用权时必须缴纳土地出让金。（6）存续期限不同。宅基地使用权没有期限限制，而建设用地使用权有明确的期限，且不得超过法定的最高期限。

三、宅基地使用权的社会作用

在土地公有制背景之下，我国宅基地制度的演进同样体现着土地他物权的生成规律。土地由集体享有所有权，农村村民住宅的适法土地权源自不能是宅基地所有权，仅得为所有权之上的他物权。这一他物权在我国实定法上表达为宅基地使用权，反映着农村村

---

① 李文谦、董祚继：《质疑限制农村宅基地流转的正当性——兼论宅基地流转试验的初步构想》，载《中国土地科学》，2009（3）。

民在集体土地上建造并保有住宅的土地利用关系。但与同样反映利用他人土地建造并保有建筑物的建设用地使用权不同的是，宅基地使用权具有保障农民基本居住需求和维护农村社会稳定的特定制度功能，法政策上对其内容及行使多有限制，体现着较为明显的“人役权”属性。

第二节　宅基地使用权的取得

宅基地使用权的取得分为创设取得和传来取得，前者是宅基地的分配和审批，后者是宅基地使用权的转让。我国以前粗放式的宅基地管理模式强调的是前者，而且置重于“新增”，并未考虑“存量”。完善宅基地取得方式，就是要改革宅基地审批制度，明确宅基地的流转范围，强调宅基地退出机制，盘活闲置宅基地，提高存量宅基地的利用效率。

一、宅基地使用权的设立

依他物权取得的原理，他物权的设立大多依赖于设定他物权的合同。宅基地使用权的设立不是通过交易行为（农民取得宅基地无须支付对价），而是基于农民作为农村集体经济组织一员的成员权，即农民作为集体的一员，有使用集体所有的一定土地建造住宅及附属设施的权利。

（一）宅基地使用权的申请条件

目前，农户申请宅基地使用权应具备的条件由各地根据实际情况自行制定，并没有全国统一的标准。根据各省制定的农村宅基地管理办法，一般来说，农村村民有下列情形之一的，可以申请设立宅基地使用权：（1）因子女结婚等原因确需分户，缺少宅基地的；（2）外来人口落户，成为本集体经济组织成员，没有宅基地的；（3）因发生或者防御自然灾害、实施村庄和集镇规划以及进行乡村公共设施和公益事业建设，需要搬迁的。农村村民有下列情形之一的，通常不予批准使用宅基地：（1）非本集体的农村村民；（2）已拥有一处达到规定标准面积的宅基地；（3）农村村民转让住房后，再申请宅基地的。[①]

《民法典》第362条将宅基地使用权的主体规定为“宅基地使用权人”，属于开放式概念，身份属性并不明显。[②] 但结合《土地管理法》和国家有关规定，宅基地使用权的主体具有身份性，其取得和保有均以主体具有本集体经济组织成员身份为前提。宅基地使用权主体的身份性，虽然达到了宅基地使用权保障农村村民居住需求的目标，但限制了宅基地使用权的流转，在一定程度上禁锢了其财产价值的实现，也使得宅基地使用权的继承问题面临巨大的解释困境。面对日益频繁的宅基地隐性交易，学者间有观点认为，

---

① 参见温世扬：《物权法要义》，205页，北京，法律出版社，2007。

② 参见江晓华：《宅基地使用权转让的司法裁判立场研究》，载《法律科学（西北政法大学学报）》，2017（1）。

宅基地分配时的主体身份性仅仅表明宅基地使用权创设取得时具有身份性，并不表明宅基地使用权不能由他人移转取得。新近的研究中，主张破除宅基地使用权的身份属性，允许宅基地使用权的自由流转的观点不断涌现。①

（二）宅基地使用权申请审批程序

《土地管理法》第 62 条第 4 款规定，农村村民住宅用地，由乡镇政府审核批准；其中，涉及占用农用地的，依照《土地管理法》第 44 条的规定办理农用地转用审批手续。

符合宅基地申请条件的农户，以户为单位向所在村民小组提出宅基地和建房（规划许可）书面申请。村民小组收到申请后，应提交村民小组会议讨论，并将申请理由、拟用地位置和面积、拟建房层高和面积等情况在本小组范围内公示。公示无异议或异议不成立的，村民小组将农户申请、村民小组会议记录等材料交村集体经济组织或村民委员会（以下简称村级组织）审查。村级组织重点审查提交的材料是否真实有效、拟用地建房是否符合村庄规划、是否征求了用地建房相邻权利人意见等。审查通过的，由村级组织签署意见，报送乡镇政府。没有分设村民小组或宅基地和建房申请等事项已统一由村级组织办理的，农户直接向村级组织提出申请，经村民代表会议讨论通过并在本集体经济组织范围内公示后，由村级组织签署意见，报送乡镇政府。

审批工作中，农业农村部门负责审查申请人是否符合申请条件、拟用地是否符合宅基地合理布局要求和面积标准、宅基地和建房（规划许可）申请是否经过村组审核公示等，并综合各有关部门意见提出审批建议。自然资源部门负责审查用地建房是否符合国土空间规划、用途管制要求，其中涉及占用农用地的，应在办理农用地转用审批手续后，核发乡村建设规划许可证；在乡、村庄规划区内使用原有宅基地进行农村村民住宅建设的，可按照本省（区、市）有关规定办理规划许可。涉及林业、水利、电力等部门的要及时征求意见。

根据各部门联审结果，由乡镇政府对农民宅基地申请进行审批，出具“农村宅基地批准书”，鼓励地方将乡村建设规划许可证由乡镇一并发放，并以适当方式公开。乡镇要建立宅基地用地建房审批管理台账，有关资料归档留存，并及时将审批情况报县级农业农村、自然资源等部门备案。

收到宅基地和建房（规划许可）申请后，乡镇政府要及时组织农业农村、自然资源部门实地审查申请人是否符合条件、拟用地是否符合规划和地类等。经批准用地建房的农户，应当在开工前向乡镇政府或授权的牵头部门申请划定宅基地用地范围，乡镇政府及时组织农业农村、自然资源等部门到现场进行开工查验，实地丈量批放宅基地，确定建房位置。农户建房完工后，乡镇政府组织相关部门进行验收，实地检查农户是否按照批准面积、四至等要求使用宅基地，是否按照批准面积和规划要求建设住房，并出具“农村宅基地和建房（规划许可）验收意见表”。通过验收的农户，可以向不动产登记部

---

① 参见刘凯湘：《法定租赁权对农村宅基地制度改革的意义与构想》，载《法学论坛》，2010（1）；蔡继明、王伟明：《市场在土地资源配置中同样要起决定性作用》，载《经济纵横》，2014（7）；宋志红：《宅基地使用权流转的困境与出路》，载《中国土地科学》，2016（5）；周其仁：《城乡中国》（修订版），475～480 页，北京，中信出版社，2017。

门申请办理不动产登记。

（三）设立宅基地使用权的限制

《土地管理法》第62条第1款规定："农村村民一户只能拥有一处宅基地，其宅基地的面积不得超过省、自治区、直辖市规定的标准。"这一规则将"一户一宅"政策定为明文。这里，"一户一宅"指的是农村村民一户只能申请一处符合规定面积标准的宅基地。这里的"户"是农村自然户而非农村承包经营户。农村承包经营户是在农村自然户的成员基础上承担特定经济职能的一类社会组织，而农村自然户的本质是指一个农村家庭，是作为民事主体的自然人的联合。正如有学者所言，户只是因血缘、婚姻等关系联络而共同居住一处生活的自然人团体，不能作为单独的民事主体来看待①，因此，"户"只是为了申请和管理的方便而由国家和集体认可的单位。

宅基地的分配体现了严格的身份属性，农村村民只能在户口所在村（村民组）内申请宅基地，而不能到其他乡村（或村民组）内申请宅基地。基于成员权获取的集体共有财产，同因身份权相联系的福利分配相对应。本集体内部，成员平等，每个成员分配宅基地的权利也是平等的，亦即只要是本集体成员，均可公平地要求集体分配宅基地。由于土地资源的稀缺性，规定一户只能拥有一处宅基地，确保每户农民都能得到一处安身之所，无论贫富，结果均等，在很大程度上顺应了民心，符合人们朴素的公平观念，也实现了农村基本的社会保障。由此可以在一定程度上解释现行法上"一户一宅"的正当性，这也就成了当下落实"一户一宅"政策的逻辑前提。农村村民应严格按照批准面积和建房标准建设住宅，禁止未批先建、超面积占用宅基地。经批准易地建造住宅的，应严格按照"建新拆旧"要求，将原宅基地交还村集体。农村村民出卖、出租、赠与住宅后，再申请宅基地的，不予批准。对历史形成的宅基地面积超标和"一户多宅"等问题，要按照有关政策规定分类进行认定和处置。人均土地少、不能保障一户拥有一处宅基地的地区，县级人民政府在充分尊重农民意愿的基础上，可以采取措施，按照省、自治区、直辖市规定的标准保障农村村民实现户有所居。

但在土地资源稀缺地区，受建设用地指标限制，很难拿出足够的土地用于农民建房，"一户一宅"的农村住房保障形式难以为继。《土地管理法》第62条第2款规定："人均土地少、不能保障一户拥有一处宅基地的地区，县级人民政府在充分尊重农村村民意愿的基础上，可以采取措施，按照省、自治区、直辖市规定的标准保障农村村民实现户有所居。"这就是说，"一户一宅"不再是"一户拥有一处宅基地"，而是"一户拥有一处住宅"；要以多种形式贯彻"一户一宅"政策，公平地实现宅基地的住房保障功能。这是在宅基地制度改革分类试点的理念下提出的，在土地利用总体规划确定的城镇建设用地规模范围外的传统农区，可以继续实行"一户一宅"、面积法定的宅基地分配制度，对其中人均耕地少，二、三产业比较发达的地区，探索实行相对集中统建、多户联建等方式，落实"一户一宅"；而在土地利用总体规划确定的城镇建设用地规模范围内的农区，可以探索集中建设农村公寓、农民住宅小区，以"户有所居"落实"一户一宅"的住房保障

① 参见王建平：《民法学》（上），129页，成都，四川大学出版社，1994。

功能。已没有新增宅基地可供分配的地区，可以利用存量建设用地，集中建设公寓式住宅，落实宅基地权益。[①]

二、宅基地使用权的流转与“三权分置”

宅基地使用权只能在本集体经济组织成员之间流转，而且受让人必须具备申请宅基地的条件。由此可见，宅基地使用权的流转受到了严格限制。国务院办公厅《关于加强土地转让管理严禁炒卖土地的通知》（国办发〔1999〕139号）规定：“农民的住宅不得向城市居民出售，也不得批准城市居民占用农民集体土地建住宅，有关部门不得为违法建造和购买的住宅发放土地使用证和房产证。”2004年10月21日国务院发布的《关于深化改革严格土地管理的决定》第2条第10款中规定：“禁止城镇居民在农村购置宅基地。”2007年12月国务院办公厅《关于严格执行有关农村集体建设用地法律和政策的通知》（国办发〔2007〕71号）又强调：“农村住宅用地只能分配给本村村民，城镇居民不得到农村购买宅基地、农民住宅或‘小产权房’。”这些文件强调了农村宅基地使用权的不可转让性，根本的出发点在于稳定土地管理秩序，保护农村的土地资源，保障农民的居住权。

中央农村工作领导小组办公室、农业农村部《关于进一步加强农村宅基地管理的通知》指出，鼓励村集体和农民盘活利用闲置宅基地和闲置住宅，通过自主经营、合作经营、委托经营等方式，依法依规发展农家乐、民宿、乡村旅游等。城镇居民、工商资本等租赁农房居住或开展经营的，要严格遵守法律的相关规定，租赁合同的期限不得超过20年。合同到期后，双方可以另行约定。在尊重农民意愿并符合规划的前提下，鼓励村集体积极稳妥开展闲置宅基地整治，整治出的土地优先用于满足农民新增宅基地需求、村庄建设和乡村产业发展。闲置宅基地盘活利用产生的土地增值收益要全部用于农业农村。在征得宅基地所有权人同意的前提下，鼓励农村村民在本集体经济组织内部向符合宅基地申请条件的农户转让宅基地。各地可探索通过制定宅基地转让示范合同等方式，引导规范转让行为。转让合同生效后，应及时办理宅基地使用权变更手续。对进城落户的农村村民，各地可以多渠道筹集资金，探索通过多种方式鼓励其自愿有偿退出宅基地。

宅基地制度改革政策的变化，也在一定程度上体现着对宅基地使用权身份属性的认识。作为指导新一轮土地制度改革的基本文件，《中共中央办公厅和国务院办公厅关于农村土地征收、集体经营性建设用地入市、宅基地制度改革试点工作的意见》指出，“探索进城落户农民在本集体经济组织内部自愿有偿退出或转让宅基地”。这里，仍然将宅基地使用权的流转范围局限在本集体经济组织内部，这一限制并不利于发现宅基地使用权的交换价值，违背了市场交易的基本原则，不利于资源的有效配置和合理利用，不能达到通过宅基地制度改革增加农民财产性收入的目标。“要完善农民闲置宅基地和闲置农房的政策，探索宅基地所有权、资格权、使用权‘三权分置’，落实宅基地集体所有权，保障

---

① 参见王爱民：《农村宅基地制度改革再认识》，载《中国土地》，2017（6）；高圣平：《宅基地制度改革试点的法律逻辑》，载《烟台大学学报（哲学社会科学版）》，2015（3）。

宅基地农户资格权和农民房屋财产权，适度放活宅基地和农民房屋使用权。”[①] 正是在这一背景之下，中共中央、国务院发布了《关于实施乡村振兴战略的意见》（2018年中央一号文件）提出了宅基地“三权分置”的改革思想，强调“适度放活宅基地和农民房屋使用权”，借助宅基地权利分置，在一定程度上破除宅基地使用权的身份属性，以此达到有效利用闲置宅基地和农房的目标。

宅基地“三权分置”政策提出之后，各有关方面对宅基地所有权、资格权、使用权的权利性质和边界认识还不一致，有待深入研究。我们认为，虽然承包地和宅基地的性质和功能不一样，但权利分置的法理是一样的。在《农村土地承包法》就承包地“三权分置”的法律表达已作政策选择的前提之下，宅基地“三权分置”亦可作类似处理。无论是承包地“三权分置”，还是宅基地“三权分置”，所欲解决的问题均是，无论承包地、宅基地如何流转，均须保证农民不失地、不失房、不失去生活保障。在法技术上，《农村土地承包法》所采取的是，维系土地承包经营权的身份属性，其取得和保有均以权利主体具有本集体经济组织成员身份为前提，借由土地承包经营权派生出的土地经营权解决承包地的市场化问题。同理，法律上反映宅基地“三权分置”政策时，也无法从宅基地所有权中分置出一个带有成员权性质的“资格权”，而仅仅是在维系宅基地使用权身份性的前提之下，从中派生出一个不具有身份属性的宅基地租赁权。如此看来，即使是在宅基地“三权分置”之下，宅基地使用权也是一个具有身份性质的权利，其取得和享有均以权利人具有本集体经济组织成员身份为前提。至于宅基地租赁权，自可参照土地经营权，将之定性为债权，但赋予其登记能力。

就宅基地“三权分置”问题，决策部门的态度是“在实践中进一步探索”，“待形成比较成熟的制度经验后再进行立法规范”[②]。

三、宅基地使用权的登记

宅基地使用权属于不动产权利，依《民法典》的规定，不动产权利以登记为其公示方法，但是宅基地使用权主体在现行法下仅限于本集体经济组织成员，他们彼此相识，甚至是本家，乃至亲属，加之现行法严格限制宅基地使用权的流转，本村村民占有宅基地之上的房屋即足以公示其对相应范围内的宅基地享有使用权，因此，就宅基地使用权而言，可以以占有为其公示方法。同时，为“定分止争”，并为宅基地使用权的流转留下空间，允许寻求登记以为公示。登记在私法上的功能即为公示宅基地上的权利状态，登记簿上载明的权利人即推定为宅基地的真正使用权人，第三人与使用权人从事与该宅基地有关的交易时即应查阅相关登记簿以避免交易风险。因此，《民法典》第365条规定：“已经登记的宅基地使用权转让或者消灭的，应当及时办理变更登记或者注销登记。”

仅就《民法典》第365条的文义而言，尚不涉及宅基地使用权的设立和变更；即使

① 习近平：《论坚持全面深化改革》，399～400页，北京，中央文献出版社，2018。

② 《国务院关于农村土地征收、集体经营性建设用地入市、宅基地制度改革试点情况的总结报告——2018年12月23日在第十三届全国人民代表大会常务委员会第七次会议上》，载《全国人民代表大会常务委员会公报》，2019（1）。

是宅基地使用权的转让和消灭，也仅仅是在办理了宅基地使用权的初始登记的情形下，才“应当及时办理变更登记或者注销登记”。其并没有规定登记对于宅基地使用权的转让和消灭的效力，亦即没有规定“宅基地使用权的转让和消灭，未经登记，不发生效力”或“宅基地使用权的转让和消灭，未经登记，不得对抗（善意）第三人”，也就不能依据第365条将宅基地使用权的物权变动解释为登记对抗主义模式。

就宅基地使用权进行登记，明确宅基地使用权的归属，是保护宅基地使用权人合法权益、规范推进农村土地制度改革的重要基础。宅基地“三权分置”政策的试点展开也以明晰的宅基地权利归属为前提。虽然从长远来看，宅基地使用权的物权变动应采登记生效主义，这既有利于加强土地管理，又有利于表彰物权的状态，从而减少争端，但我国就存量宅基地使用权的登记还没有做到全覆盖，如采取登记生效主义，则会有部分宅基地使用权的物权效力存在疑问。基于此，就宅基地使用权的物权变动，可以采取登记对抗主义。登记对抗主义本于私法自治的理念，尊重当事人的意思自由，一方面使宅基地使用权容易设定，维持了宅基地使用权初始取得上的便捷；另一方面，当事人可根据具体情况，决定是否申请登记。为便于流转和融资担保，权利人可以选择申请登记；没有流转和融资担保需求的权利人，亦可选择不申请登记。对于已登记者，第三人可通过查阅登记簿明了宅基地的实际权利状况，由此维护交易安全；对于未登记者，宅基地使用权的物权设定效力也不受影响，只是不能对抗第三人而已。

第三节　宅基地使用权的效力

（一）宅基地使用权人的权利

1. 权利人有权在宅基地上建造房屋和其他附属物

经法定审批程序取得宅基地使用权后，权利人有权在宅基地上建造住宅和其他附属物。这是宅基地使用权设立的主要目的。在宅基地以外的空地上，权利人还有权种植树木。

2. 权利人有权处分宅基地使用权

虽然我国禁止宅基地使用权的流转，但农村居民对宅基地上的房屋享有所有权并得自由处分。根据“房地一体”的规则，尽管宅基地使用权本身不可以转让，但可以随着房屋一同转让。宅基地使用权人在经过本集体经济组织同意后，可以将建造的住房转让给本集体经济组织内符合宅基地使用权分配条件的农户，住房转让的同时，宅基地使用权随之一并转让。同时，由于房屋可以继承，所以宅基地使用权实质上也可以继承。

宅基地使用权在体系定位上系属“用益物权”，“用益”即为“使用和收益”，反映着用益物权的两大权能。其中，使用权能，是指按照物的性能和用途，对其加以利用，以满足生产和生活的需要；收益权能，是指收取标的物所产生的经济利益，包括天然孳息和法定孳息。虽然并非所有的用益物权均具收益权能，但与同具传统地上权性质的建设用地使用权相比，宅基地使用权的权利内容相差甚远，明显体现了城乡差距与分割，存在着不平等和不合理性，相关限制的正当性随着社会经济状况的改变越来越受到质疑。

有鉴于此，“宅基地制度改革的方向是进一步扩大权能，赋予农民更多财产权利”①。《中共中央关于推进农村改革发展若干重大问题的决定》指出要“依法保障农户宅基地用益物权”；《中共中央关于全面深化改革若干重大问题的决定》指出要“保障农户宅基地用益物权”；《深化农村改革综合性实施方案》更是将“保障农户依法取得的宅基地用益物权”作为宅基地制度改革的基础。“保障农户宅基地用益物权”，即“要依法保障农户宅基地依法取得、使用、收益的权利，逐步推行农村宅基地使用权的有偿使用和流转制度，发挥市场机制在资源配置中的基础作用”②。试点政策也就围绕着如何落实宅基地使用权的财产属性，发挥其财产功能，从而保障农民财产的保值增值，实现财产的收益权能而展开。“通过梳理 2016 年各地区关于宅基地用益物权实现的做法发现，各案例村都能够积极开展房屋出租、房屋出售、商铺出租、农房抵押、宅基地指标交易、宅基地私下流转等六种方式实现宅基地的用益物权”。经过“农房抵押、有偿退出、流转等制度设计，增加了农民财产性收入”。

（二）宅基地使用权人的义务

宅基地使用权人的义务主要是按照规定的用途使用宅基地。宅基地是用以建造村民住宅的，宅基地使用权人不得擅自将宅基地挪作他用，如利用宅基地建设厂房、旅馆、酒店等。但考虑到我国农村的实际情况，农村村民如果只是利用自家住房附带地从事小规模、家庭式的生产经营活动，则不属于改变宅基地的用途。

问题与思考

1. 宅基地使用权有何特征？
2. 宅基地使用权有哪些取得方式？
3. 宅基地使用权人享有哪些权利？
4. 简述宅基地“三权分置”。

① 胡存智：《宅基地改革方向是扩大权能而非自由买卖》，载《国土资源》，2014（1）。

② 徐绍史：《健全严格规范的农村土地管理制度》，载《〈中共中央关于推进农村改革发展若干重大问题的决定〉辅导读本》，142 页，北京，人民出版社，2008。

第二十二章
居住权

本章概要

居住权是《民法典》物权编新增的用益物权类型，指为满足生活居住需要在他人住宅上设立的占有、使用该住宅的权利。居住权严格遵循居住属性，以无偿设立为原则，流转受到严格限制。我国的居住权制度，其功能主要立足于对家庭成员和社会弱势群体的扶养功能，但也为其收益功能的发展保留了立法空间。居住权的设立可以采用合同或遗嘱的方式，以无偿为原则，采登记生效主义模式。居住权人享有占有、使用住宅，排除第三人对住宅的权利主张，对房屋进行修缮、添附等权利；同时需要履行不得将住宅用于生活居住以外的用途，按照合同约定的居住条件和要求使用住宅，妥善使用和维护住宅，不得转让、继承、出租等义务。居住权消灭的原因包括居住权期限届满、居住权人死亡、住宅所有权消灭、住宅地上权消灭等。

第一节　居住权概述

一、居住权的概念与特征

（一）居住权的概念

居住权是《民法典》物权编新增的用益物权的种类。居住权是指权利人为了满足生活居住的需要，按照合同约定或遗嘱，在他人享有所有权的住宅之上设立的占有、使用该住宅的权利。《民法典》第 366 条规定："居住权人有权按照合同约定，对他人的住宅享有占有、使用的用益物权，以满足生活居住的需要。"由此可见，居住权具有如下属性。

1. 居住权在"他人的住宅"之上设立

居住权的权利标的是特定的住宅，这不同于其他用益物权，不包括土地和其他类型的不动产。住宅是指专供居住的房屋，包括别墅、公寓、宿舍等，但不包括住宅楼中不具有住宅功能的部分，也不包括具有工业用途、商业用途等其他用途的房屋。

2. 居住权的设立目的是“满足生活居住需要”

居住权作为一项独立的用益物权，其立法目的在于解决人民群众住有所居的问题。根据我国当前的社会条件，尚无法做到让所有自然人都享有自己所有的住宅，因此有了在他人所有的住宅上设立用益物权，以解决生活居住问题的需求。据此，居住权人也不得将其对居住权房屋的占有、使用用于生活居住以外的用途。

3. 居住权通过民事法律行为的方式设立

依据《民法典》第366、371条的规定，居住权可以采用合同约定设立，也可以采取遗嘱方式设立。也就是说，居住权是依照民事法律行为设立的用益物权，需要有明确的意思表示。

4. 居住权的权利人只能是自然人，但义务人可以是自然人以外的民事主体

居住权必须为满足生活居住需要设立，而只有自然人主体才会有这种需求，因此居住权的权利人只能是自然人。但是，设立居住权的住宅本身可以为自然人以外的法人、非法人组织等民事主体所有，因此上述主体可以成为居住权的义务人。

（二）居住权的特征

居住权具有如下特征。

1. 严格遵循居住属性

居住权的设立目的是满足生活居住需要，因此无论是权利主体、权利客体还是权利内容，都紧密围绕着居住属性展开。居住权的权利主体只能是有生活居住需求的自然人，权利客体只能是用于生活居住用途的房屋，权利内容中的占有、使用该房屋也只能是为了满足居住需要，不可用作其他用途。

2. 以无偿设立为原则

居住权与房屋租赁权不同，其本身的立法目的不是解决市场环境下的房屋供需问题，而是保障特定民事主体的基本居住利益，因而具有一定的福利属性。《民法典》第368条中规定：“居住权无偿设立，但是当事人另有约定的除外。”由此可见，居住权的设立以无偿为原则。但从尊重意思自治的角度考虑，立法者也给当事人通过另行约定为居住权设置一定的对价保留了空间。

3. 流转受到严格限制

居住权是为自然人的居住利益而设立的用益物权，而居住利益显然只能与特定身份的自然人相联系，不具有流转的必要和可能。且居住权的设立往往是基于当事人之间特定的人身或信赖关系，其在性质上也不适于流转。《民法典》第369条规定：“居住权不得转让、继承。设立居住权的住宅不得出租，但是当事人另有约定的除外。”因此，基本排除了居住权通过转让、继承、出租的方式进行流转的可能。

二、居住权与相关权利的比较

（一）居住权与宅基地使用权

居住权和宅基地使用权均属于《民法典》物权编规定的用益物权，也均是为居住利益而设立的权利，但二者的区别在于：（1）主体限制不同。居住权的主体是有居住需求的自然人，而宅基地使用权的主体必须是农村集体经济组织成员。（2）客体不同。居住权是在住宅上设立的用益物权，而宅基地使用权是在用于建造居住房屋的土地上设立的用益物权。（3）取得方式不同。居住权是通过合同、遗嘱等民事法律行为的方式设立，而宅基地使用权的取得则不依赖于法律行为，而是农村集体经济组织成员通过申请、审批的方式，从本集体经济组织获得。（4）权利期限不同。居住权的期限根据设立权利的意思表示来确定，而宅基地使用权没有期限限制。（5）是否有偿不同。居住权的设立虽然原则上是无偿的，但当事人可以自行约定有偿，而宅基地使用权的设立是无偿的。

（二）居住权与房屋租赁权

居住权和房屋租赁权，都是在房屋上设立的以对房屋的占有、使用为内容的权利，但二者有如下区别：（1）权利性质不同。居住权具有物权属性，属于用益物权的一种，其具有对抗不特定第三人的效力；而房屋租赁权仅为债权，在房屋租赁合同双方之间发生效力，其虽然有一定的对抗第三人的效力，但总体的保护力度逊于居住权。（2）主体限制不同。居住权的主体只能是特定自然人，因为只有自然人存在居住利益的需求；而房屋租赁权的权利主体则不限于自然人，法人、非法人组织等也可以成为房屋租赁权人。（3）权利内容限制不同。居住权的权利内容，仅限于以生活居住为目的的对房屋的占有、使用；房屋租赁权的权利内容则不限于此，只要租赁双方达成合意，房屋租赁既可以用于生活居住，也可以用于生产经营。（4）是否有偿不同。居住权的设立原则上是无偿的，房屋租赁权的取得则一般需要支付租金。

三、居住权的发展历史

居住权的发展历史源远流长，最早产生于罗马婚姻家庭关系中，而且与财产继承制度紧密相关。在当时，居住权是家长处分其遗产的一种特殊手段。家长通过遗赠方式将房屋的居住权利赠与部分没有继承权而又需要照顾的家庭成员，特别是继承权被剥夺的寡妇和未婚女儿，使之获得一种供养，以保障受遗赠人的基本生活需要，而保留“空虚所有权”给其继承人，在受照顾的人死亡后，继承人再恢复所有权的圆满状态。此外，随着解放奴隶的风气出现，家主有时会把一部分家产的使用、收益、居住等权利遗赠予被解放的奴隶，使他们生有所靠，老有所养。上述罗马法上的制度，构成现代居住权制度的雏形。

罗马法上，并未抽象出完整的居住权概念，居住权被纳入人役权的概念范畴。[①] 人役权是指为特定人的利益而利用他人之物的权利，即以他人之物供自己使用或收益的权利。人役权的根本目的不是实现所有权人的收益，而是满足非所有权人对所有权人之物的利用需求，以解决物的归属和利用之间的矛盾，实现具有特定身份关系的人的生存权。罗马法上的人役权分为三个层次，即用益权、使用权、居住权，其中居住权是以他人房屋为对象的用益权，准用用益权的相关规则。罗马法上的居住权具有伦理性、人身性和期限性的特征，也就是说，居住权的设立系基于伦理关系，仅家庭成员或解放奴隶等特殊身份的主体才能享有，权利期限一般为权利主体的生存期限。

大陆法系主要国家均对罗马法传统规定的居住权有所继受，但并非照抄罗马法上的居住权。以法国和德国为例，法国民法一方面继受了罗马法的人役权制度，构建了用益权、使用权、居住权的规则体系；另一方面又以所有权绝对原则、契约自由原则对居住权制度进行了改造，例如：（1）规定了居住权的设立，居住权可以由法律规定或依合意设定，契约成为居住权设定的主要方式；（2）规定了居住权的任意性规定，只有在当事人未作约定的情况下，该规定才具有补充当事人意思不足的作用；（3）为居住权的创设提供了广泛自由，当事人可以突破传统居住权的人身专属性、不可转让性、无偿性、期限性等特征约定居住权的权利内容；（4）对居住权人课以担保义务和善良管理人的注意义务；等等。德国民法则规定了两种性质不同的居住权，一种是属于传统人役权性质的居住权，规定在《德国民法典》中；另一种是突破人役权限制的新型财产权性质的居住权，规定在《住宅所有权及长期居住权法》这一单行法中。就前者而言，其规则准用用益权的大部分规则。该居住权只能通过设立取得，并应遵从合意与登记的原则；居住权人在行使其权利时，应维持房屋原来的经济用途，并依通常的经营规则进行使用。就后者而言，传统居住权被改造成一种长期居住权，即对于公寓化住宅中的房屋享有的以居住为目的的用益物权。长期居住权可让与和继承，而且长期居住权人有权进行任何合理的用益，尤其是有权用益出租。这就使长期居住权溢出了婚姻家庭领域，摆脱了人身专属性的限制，成为一种房产投资的手段。

由上述历史发展可知，居住权制度的最初创设，是为了使婚姻家庭领域的特定身份主体对房屋享有伴随终生、不可转让的居住权益。但在后世的改造中，其有逐渐突破伦理和人身属性，向自治化方向发展的趋势。大陆法系国家的居住权制度虽然均可追溯到罗马法，但是各国立法规定的居住权制度实际上有较大差异，其对居住权的人身性、非流转性限制的突破程度也各不相同。

四、居住权的功能

为明确在《民法典》中是否规定居住权，我国学界围绕居住权的功能，多有讨论。学者间所主张的居住权功能主要体现在两个层面：其一是扶养功能，即对于具有特定法律关系而又需要照顾其居住利益的主体，典型的如老人、儿童、生存配偶等，通过运用

---

① 参见周枏：《罗马法原论》（上册），361 页，北京，商务印书馆，1996。

居住权使其获得占有、使用他人所有住宅的权利，达到对其予以救助、使其获得供养的目的。其二是收益功能，即随着居住权的投资化趋势，将居住权这一财产权利作为资本运用于市场交易和流通，以融通资金、获取利润，其权利主体不再限于具有家庭关系的弱势群体，其相应的流转也不再受限。而居住权的立法争议，也是围绕上述两项功能是否应当实现以及如何实现来展开的。

党的十九大报告提出，要加快建立多主体供给、多渠道保障、租购并举的住房制度，让全体人民住有所居。为落实党中央的要求，认可和保护民事主体对住房保障的灵活安排，满足特定人群的居住需求，《民法典》在用益物权部分增加一章，专门规定居住权，这一制度安排有助于为公租房和老年人以房养老提供法律保障。从《民法典》最终文本来看，我国对于居住权的功能定位，应当是立足于其救助功能，并不鼓励投资功能的实现，但同时为后者在未来的立法拓展保留了窗口。这体现在《民法典》一方面规定居住权的设立以无偿为原则，不得转让、继承，设立居住权的住宅不得出租；另一方面又允许当事人另有约定，可以有偿设立，设立居住权的住宅可以出租。

第二节　居住权的设立

一、居住权的设立方式

我国《民法典》规定了两种居住权的设立方式，即第 367 条规定的采用订立合同的方式设立居住权，以及第 371 条规定的以订立遗嘱的方式设立居住权。目前我国法上的居住权只能通过这两种民事法律行为设立。学说上还主张有依法院裁判而设立的类型。

（一）以合同方式设立

居住权合同，是居住权人与房屋所有权人之间为设立居住权而达成的合同。以合同方式设立居住权，是最为常见的居住权设立方式。依据《民法典》第 367 条的规定，居住权合同应当采用书面形式订立，属于要式合同。书面合同有利于当事人谨慎订立合同，保留意思表示证据，有利于减少和解决纠纷。

《民法典》第 367 条规定了居住权合同一般应当包括的条款。该规则属于倡导性规范，实际订立的居住权合同条款可以多于或少于该规定，但其中决定合同性质的核心条款不得缺失。

1. 当事人的姓名或者名称和住所

当事人是合同必不可少的要素，其身份必须予以特定化，因此当事人的姓名或者名称和住所是居住权合同的必备条款。居住权合同的双方一般为居住权人和住宅所有权人。其中，居住权人应当限定为自然人；住宅所有权人没有限制，可以为自然人、法人、非法人组织等。

2. 住宅的位置

住宅是居住权的权利客体，也是居住权行使的必备条件，因此，住宅必须予以特定化，居住权合同方能成立。居住权合同必须包含关于设立居住权的住宅及其具体位置的条款，并满足物权法意义上的特定化要求。

3. 居住的条件和要求

居住权以满足生活居住为目的，但就一套住宅，具体如何满足居住权人的居住要求，实践中可能的情形迥异，当事人可以对其自行约定。例如，住宅的全部或部分属于居住权人可以占有、使用的范围，居住权人在住宅内可以基于居住需要从事哪些行为，需要履行哪些义务等。如果不约定居住的条件和要求的条款，则居住权人的权利义务按照通常情况下为满足居住需求而占有、使用房屋的标准确定。

4. 居住权期限

居住权的期限决定着居住权相关权利义务存续的期间。当事人可以约定确定的居住权期限，也可以以居住权人的生存期限作为居住权存在的期限。当事人如未明确约定居住权的期限，则应认为居住权的期限等同于居住权人的生存期限。

5. 解决争议的方法

合同当事人可以在居住权合同中事先约定解决争议的方法，例如，因合同发生纠纷时，约定可以双方再行协商；或在特定第三人主持下进行调解；或将纠纷提交特定仲裁机构或司法机关进行仲裁或诉讼。当事人在合同中约定解决争议的方法，有利于事后更加迅捷、无争议地解决相应的纠纷。

（二）以遗嘱方式设立

《民法典》第371条规定了以订立遗嘱的方式设立居住权。遗嘱是一种单方民事法律行为，住宅所有权人可以在生前订立遗嘱，通过相应的意思表示，为居住权人设立居住权。

《民法典》规定以订立遗嘱的方式设立居住权，参照适用合同设立居住权的规定。由此，结合《民法典》继承编的规定，遗嘱设立居住权有如下规则：（1）遗嘱设立居住权，应参照合同设立居住权，采用书面形式。据此，继承编规定的遗嘱形式中，口头遗嘱不属于可以设立居住权的遗嘱形式。（2）遗嘱中确立的居住权人如是住宅所有权人的法定继承人，则居住权的设立属于遗嘱继承，继承人无须为接受居住权的意思表示；居住权人如不是住宅所有权人的法定继承人，则居住权的设立属于遗赠，受遗赠人需要在知道受遗赠后60日内作出接受居住权的意思表示，否则视为放弃受遗赠。（3）依据《民法典》第230条的规定，因继承取得物权的，物权自继承发生时发生效力，不以登记为生效要件。（4）遗嘱设立的居住权，其包含的居住的条件和要求、期限、是否有偿、居住权住宅是否可以出租等，均遵循遗嘱的内容，居住权人不得擅自违背遗嘱的规定。

二、居住权设立的无偿性

就居住权是否应当坚持设立的无偿性，《民法典》在编纂过程中几经反复。《民法典》草案一审稿对于居住权的是否有偿的问题并无限制，即居住权设立既可以是有偿的，也可以是无偿的。但在《民法典》草案二审稿中，立法者考虑到居住权的功能主要在于保障家庭成员和社会弱势群体的养老和居住利益，具有伦理性和福利性的特征，不应当允许其以获益为目的设立，因此规定居住权的设立应当具有无偿性。但是，绝对的无偿性，将导致实践中居住权的适用范围过窄，使得当事人无法在不违背居住权功能的前提下主张适当的利益回报，这无疑会阻碍住宅所有权人设立居住权的积极性，不利于居住权制度发挥相应的社会保障功能。并且，从立法的延展性层面考虑，当前各国的居住权制度均有突破传统功能、向投资化方向发展的趋势，绝对的无偿性也不利于社会实践在这方面进行相应的探索。

据此，《民法典》对居住权没有采用绝对无偿设立的方案。《民法典》第 368 条中规定："居住权无偿设立，但是当事人另有约定的除外。"这意味着立法者一方面认为，居住权应当坚持其救助和保障功能，以无偿为原则；另一方面，尊重当事人的意思自治，对于双方就居住权合意支付的对价，法律承认其效力。

三、居住权的设立登记

就登记对物权变动的影响，《民法典》物权编规定了登记生效主义和登记对抗主义两种模式。其中，对于不动产上的物权变动，采登记生效主义。居住权是设立在房屋不动产之上的用益物权，且可以依托既有的房屋登记系统进行登记，因此采用登记生效主义是较为恰当的。《民法典》第 368 条中规定："设立居住权的，应当向登记机构申请居住权登记。居住权自登记时设立。"

当事人订立合同设立居住权，但未向不动产登记机构申请居住权登记的，居住权不发生物权效力。但居住权合同本身的效力不受登记与否的影响，居住权人有权依据居住权合同要求住宅所有权人履行合同义务，并配合居住权人办理居住权登记手续。当事人在《民法典》实施前设立居住权的，由于不动产登记机构尚未开展居住权登记业务，如居住权未登记，不宜认为居住权未设立，但居住权不能取得对第三人的对抗效力。居住权人应当及时补办居住权登记，以保障自身的合法利益。

第三节　居住权的效力

一、居住权人的权利

1. 占有、使用住宅的权利

居住权是权利人为满足生活居住需要而占有、使用相应住宅的权利，因此，占有、使用住宅的权利是居住权的基本权利内容。居住权人对其权利范围内的住宅部分，其占有、使用具有排他性，不受所有权人和第三人的干涉。居住权人对住宅的有权占有、使用受到妨害或可能受到妨害时，得主张排除妨害、消除危险的物上请求权。

2. 排除第三人对住宅的权利主张

居住权具有对抗第三人的物权效力，因此第三人即使基于有效的权源，也不得向居住权人主张权利，要求其解除对住宅的占有。住宅所有权人如果将住宅进行了转让、抵押、出租等行为，权利受让人仍受住宅上的居住权权利制约，不得妨害居住权人的居住利益。

3. 对房屋进行修缮、添附的权利

居住权对住宅中的有权部分享有排他性权利，因此只要不超出生活居住的用途限制，且不影响所有权人对住宅其他部分的使用，居住权人有权为保障居住条件对房屋进行修缮，或为提高生活质量对房屋进行装修等添附行为，不受房屋所有权人的制约。但基于权利义务的对等性，居住权消灭后，居住权人也不得基于修缮、添附的支出向所有权人要求补偿。

4. 为生活居住需要使用住宅的非权利部分

居住权的制度功能在于保障居住权人的居住利益，如果居住权人在住宅中享有的有权部分不足以满足基本居住需要，必须利用住宅中的一些非权利部分，如住宅的出入口、通道、阳台、厨房、卫生间等，那么所有权人应当容忍居住权人的使用。

5. 优先购买权

《民法典》物权编并未明确居住权人是否享有房屋的优先购买权。但根据合同编关于房屋承租人对房屋优先购买权的规定，则举轻以明重，既然居住权相较于房屋租赁权的保障效力更高，那么理应赋予居住权人相应的住宅优先购买权。优先购买权是指，如果房屋所有权人要出卖设有居住权的房屋，则应当在出卖前的合理期限内通知居住权人，并且在同等的购买条件下，居住权人享有优先于第三人购得房屋的权利。

二、居住权人的义务

1. 不得将住宅用于生活居住以外的用途

居住权的权利内容仅限于基于生活居住需要而对房屋的占有、使用，因此居住权人不得将住宅用作其他用途。居住权人如果将住宅用作商业经营等其他用途，房屋所有权人得向居住权人追究违约责任，乃至依据《民法典》合同编第563条的规定解除居住权合同，收回住宅的权利。

2. 按照合同约定的居住条件和要求使用住宅

房屋所有权人如果与居住权人约定了使用住宅的相应条件或要求，只要这些条件或要求没有从根本上影响居住权人的居住利益，居住权人就应当遵守相关约定，负有不从事相应行为的义务，否则房屋所有权人得追究居住权人的违约责任。

3. 妥善使用和维护住宅

居住权人作为住宅的占有人，应当妥善使用和维护住宅，不故意损坏住宅，并对住宅履行必要的看护、修缮义务，以保障住宅的居住功能处于正常、良好的状态。居住权人对住宅的使用和维护，应当达到善良管理人的注意义务。如果住宅出现严重损坏或面临危险，居住权人负有及时通知房屋所有权人的义务。

4. 不得将居住权进行转让、继承、抵押

《民法典》第369条中规定：“居住权不得转让、继承。”据此，居住权人不得将自身享有的居住权转让给第三人，或通过遗嘱对其进行处分。居住权人转让、遗嘱处分居住权的，处分行为无效。同理，对于抵押行为，由于实现抵押权最终也会涉及居住权的转让，因此居住权人也不得将居住权进行抵押。

5. 不得对住宅进行出租，但另有约定的除外

《民法典》第369条中规定：“设立居住权的住宅不得出租，但是当事人另有约定的除外。”根据该规定，居住权人原则上不得出租其享有居住权的住宅，但如果房屋所有权人与居住权人达成合意，允许后者出租房屋，则居住权人可以将该住宅出租。

6. 按照约定支付居住权的对价

居住权的设立以无偿为原则，但当事人可以为居住权约定对价。如果居住权合同中包含了对价内容，那么居住权人就负有依据合同支付相应对价的义务。

问题与思考

1. 居住权与房屋租赁权有何区别？
2. 居住权的功能扩张有何空间？
3. 如何依遗嘱设立居住权？
4. 男女双方协议离婚。离婚协议中约定，现两套住房均为女方婚前个人财产，考虑到男方住房紧张，男方可以无偿在其中一套房屋中居住，直至男方结婚时为止。后来，女方又将该房屋卖给了其他人。现买受人请求男方搬离该住房。本案应如何处理？

第二十三章
地役权

本章概要

地役权是一种古老的用益物权，源于罗马法。地役权是不动产所有人或使用人为了自己不动产利用的便利，而利用他人不动产的权利。地役权制度有效地缓和了物权法定原则对私法自治的限制，为当事人自由创设物权预留了空间。当事人可以按照自己的要求任意设定对特定土地的利用权，而只需要为之附上地役权之名并办理地役权登记，即可发生对第三人的对抗效力，从而实现对特定土地长期、稳定、排他的利用。地役权与相邻权存在区别与联系。地役权的取得原因，可以是法律行为，也可以是法律行为以外的事实。

第一节　地役权概述

一、地役权的含义

地役权是指不动产权利人为了某特定不动产的便利而使用他人不动产，使其负一定负担的物权。《民法典》第 372 条第 1 款规定："地役权人有权按照合同约定，利用他人的不动产，以提高自己的不动产的效益。"地役权产生于两个不动产之间，其中享受使用便利的不动产称为需役地，提供便利的不动产则称为供役地。相应地，享有地役权的人称为地役权人，供役地权利人则称为供役地人。

地役权是存在于他人土地之上的物权。地役权的标的主要是土地，但随着现代社会不动产利用方式市场化程度的提高，地役权的标的逐步多样化，现实生活中在房屋和其他附属物之上设立地役权的独立价值已得到体现，因此，对地役权中的"地"的含义应当作扩大的理解。

地役权是为需役地便利而设的物权。这里所指的便利，不以经济价值或者财产价值为限，也包括精神上或情感上的利益，如为需役地上视野宽阔而设定的眺望地役权。

地役权是使供役地负一定负担的物权。从供役地的角度看，地役权是对他人不动产设定的一定负担。这些负担的内容和范围非常广泛，包括允许他人通行于自己的土地，对自己行使土地的权利进行某种限制，放弃部分使用的权利，容忍他人对自己土地实施某种程度上的损害，等等。供役地人的负担主要表现为容忍和不作为义务，但不负一定作为的积极义务。

二、地役权的特征

与其他用益物权相比，地役权具有如下特征。

（一）从属性

地役权的从属性，是指地役权依附于需役地所有权或者使用权而存在，与需役地不可分离。地役权基于特定的设立目的，其存在就是为便于需役地所有权人或者使用权人利用需役地，因此具有从属性。从属性是地役权的固有属性，也是其与其他用益物权的本质区别。其他用益物权虽然由所有权派生而来，但其一经设定即具有独立性，不依附于其他权利而存在。地役权则不同，它是为特定需役地的便利而设定的，其存续以需役地存在为前提，其与需役地同命运。依据《民法典》第380、381条的规定，地役权不得单独转让。土地承包经营权、建设用地使用权等转让的，地役权一并转让，但是合同另有约定的除外。地役权不得单独抵押。土地经营权、建设用地使用权等抵押的，在实现抵押权时，地役权一并转让。

（二）不可分性

地役权的不可分性，是指地役权存在于需役地和供役地的全部，不能被分割为各个部分或仅仅以一部分单独存在。地役权是为需役地便利而设的，在地役权设定目的范围内，自然须利用供役地的全部，否则，无法达到目的。依据《民法典》第382、383条的规定，需役地以及需役地上的土地承包经营权、建设用地使用权等部分转让时，转让部分涉及地役权的，受让人同时享有地役权。供役地以及供役地上的土地承包经营权、建设用地使用权等部分转让时，转让部分涉及地役权的，地役权对受让人具有法律约束力。

三、地役权与相邻关系

地役权是为自己土地的便利而利用他人土地的权利；相邻关系是指相邻不动产的所有权人和使用权人之间在对不动产进行使用时，彼此间给予便利或者接受限制而产生的权利义务关系。地役权与相邻关系是既有联系又有区别的两项制度。两者之间的相同之处主要表现在三个方面：（1）产生原因相同。地役权是缘于调和不动产利用过程中的冲突而产生的，与相邻关系的产生原因类似。（2）在权利内容方面，两者也有重合之处，例如都涉及通行、排水、通风、采光、越界建筑等问题。（3）在法律救济途径上，由于两者同属于物权的范畴，因而两者的权利人都可以请求适用物权的保护措施或者债权的保护措施。

尽管两者之间存在着相同之处，但两者之间也存在着许多差异。

1. 二者的法律性质和发生依据不同

相邻关系不是一种独立的物权类型，而是不动产所有权的当然内容，是不动产所有权内容的当然扩张或限制①，是基于法律的直接规定而产生的。而地役权是不动产所有权人或使用权人之间在法律赋予的当然权益范围之外、基于合同关系产生的，是一种独立的用益物权形态。因此，相邻关系无须登记即可成立，并对抗第三人，而地役权未经登记，不得对抗善意第三人。

2. 二者的调整范围、方法不同

相邻关系必须发生在相邻的不动产所有权人或使用权人之间②，而地役权发生在不动产所有权人和使用权人之间，地役权的主体可以是相邻的，也可以是不相邻的，只要基于需役地的需要去寻找能够实现其价值的供役地即可。相邻关系注重习惯的运用，而地役权侧重的是当事人的自治性，可以限制或排除当地习惯而另外约定相互间的权利、义务。

3. 二者的调节限度不同

相邻关系作为不动产所有权或使用权的法定扩张，是法律基于自身的强制性对邻近不动产使用给予的最低限度调节，以避免当事人在日常生活和生产中发生一些不必要的纠纷，避免当事人因细微小节进行协商，从而大大节约社会成本。相邻关系的种类和范围，都必须由法律予以明文规定，当事人不得随意创制。但这并不意味着对相邻关系的规定是一成不变的，随着社会经济生活的发展，相邻关系也随之变化，不断地吸收一些新的种类。而地役权作为当事人意定而产生的他物权，其私法色彩更为浓厚，法律规定的目的是赋予当事人在不动产所有和利用关系中的自治权，允许他们自由约定其权利、义务，更加充分地实现不动产的利用价值。总之，较之于相邻关系，地役权制度赋予了当事人在相邻权之外的自治空间，其调节利用的程度更大。③

4. 二者在有无对价上不同

相邻关系是对不动产利用的最低限度的调节，在相邻关系中只要不给相邻人造成损失，当事人对相邻不动产的利用通常是无偿的。地役权是为了自己不动产的便利而利用他人不动产的物权，其目的是在他人不动产上设置负担，以提高自己的不动产利用价值。其设立既可以是有偿的，又可以是无偿的，取决于双方当事人的合意。

5. 二者在存续期间上不同

相邻关系具有永久性和一时性相结合的特性。永久性表现在有不动产相邻近的事实就有相邻关系的存在，而一时性表现在具体相邻关系可因一次行使就实现，如相邻危墙

---

① 参见史尚宽：《物权法论》，88页，北京，中国政法大学出版社，2000。

② 相邻关系不一定要求土地的相互毗连，但在社会观念上应当被认为是邻近方可。

③ 参见麻锦亮、葛少华、徐晓峰、徐猛：《中华人民共和国物权法辅导读本》，286页，北京，中国法制出版社，2007。

的拆除。而地役权的存续期间可由当事人约定，并可设定永久地役权。

此外，相邻关系的机能在于谋求实现不动产相邻各方“冲突之际的利害的衡平调整”，能准确地诠释相邻关系制度的本旨。相邻关系的存在不是为了某一方不动产权利人的利益，而是从社会利益的角度出发在法律上所作的规定。相邻关系的价值取向在于社会利益，尽管在个案当中也存在着具体权利人和义务人。地役权制度出现在相邻关系制度之后，是在相邻不动产权利人关系平和的基础上，满足具体情况下个别不动产权利人对相邻不动产的特殊需要。由此可见，地役权的价值取向在于提高个别不动产权利人的不动产效益。

四、地役权的制度价值

（一）地役权是对物权法定原则的补充

物权法定原则已被定为我国《民法典》的基本原则，物权的种类和内容即由法律直接规定，当事人不得任意创设。但社会的复杂性与制定法的滞后性，可能会使《民法典》规定的物权类型不能完全适应社会的需求。地役权因适用范围广泛、权利内容不确定、权利创设目的随意，能够给予当事人更大的自由空间，双方可根据实际情况来设定地役权的内容，以保护新型的权利，从而在一定程度上弥补物权法定原则的不足。

（二）地役权可经济地利用不动产，提高土地资源的利用效率

土地利用权的获得可通过取得建设用地使用权或设定债的关系，但是取得建设用地使用权成本高，还要受到法律法规、城市规划等因素影响，因而风险较大；而设定债的关系，只能拘束当事人，一旦邻地权属易手或被强制执行，该约定无法对抗受让人，风险仍不能排除。而如果是通过设定地役权来获得土地的使用，则有助于稳固相邻不动产的利用关系，同时地役权人支付一定的对价给供役地所有权人或使用权人，能使需役地创造的价值高于供役地减少的价值，从而提高土地资源的利用效率。

（三）地役权可弥补相邻关系的不足

相邻关系只是对相邻不动产利用过程中所生冲突的最小限度的调节，只能满足为方便自己的土地使用而利用邻人土地的最小限度的需要。对于超出最低限度的需要，特别是在需役地有特殊需要的情形下，通过相邻关系是不能解决的。而地役权能更大程度地协调不动产权利人之间的矛盾和冲突，可以通过当事人的自由约定，充分满足当事人所希望实现的各种各样的要求。[①] 地役权可突破相邻关系所受限制，对土地利用关系进行更为有效的调整。地役权的设立尊重当事人的意志，因此应当允许通过地役权而排除或改变相邻关系的权利、义务，以最大限度地发挥土地的使用价值。例如，依相邻关系修建房屋影响相邻不动产采光是不可以的，但可以在双方自愿、平等的基础上，通过意思表

① 参见申卫星：《地役权制度的立法价值与模式选择》，载《现代法学》，2004（5）。

示一致，设定允许一方以补偿作为对价而影响相邻不动产采光的地役权。

第二节　地役权的取得

一、地役权的设立

（一）地役权设立合同

地役权通常由需役地权利人与供役地权利人之间以合同方式设定。《民法典》第 373 条第 1 款规定："设立地役权，当事人应当采取书面形式订立地役权合同。"依据《民法典》第 373 条第 2 款的规定，地役权合同一般包括下列条款：（1）当事人的姓名或者名称和住所；（2）供役地和需役地的位置；（3）利用目的和方法；（4）地役权期限；（5）费用及其支付方式；（6）解决争议的方法。其中，地役权期限由当事人约定；但是，不得超过土地承包经营权、建设用地使用权等用益物权的剩余期限。

（二）地役权的登记对抗主义

《民法典》第 374 条规定，地役权自地役权合同生效时成立，但未经登记，不得对抗善意第三人。这里的善意标准与民法上通常的善意标准一致，即第三人无过失地相信供役地上没有地役权时，需役地权利人不能向其主张地役权，除非有关地役权内容在登记机构进行了登记。

我国《民法典》上关于地役权登记对抗主义的观点与大陆法系诸国的立法通例并不相同。参照大陆法系立法通例，地役权的设立一般采取登记生效主义。我国《民法典》之所以在地役权设立上采取登记对抗主义，原因在于地役权大量发生在农村，而我国农村尚未建立完善的不动产登记制度，如果地役权设立一律要求登记才得生效，则过于脱离我国现实，反而使大量地役权无法设立。为了方便群众，减少成本，我国《民法典》对地役权采取了登记对抗主义。①

二、地役权的转让

地役权是一种从属性权利，因此，地役权不能够被单独地转让，我国《民法典》第 380 条中即规定，地役权不得单独转让。这里的单独转让，是指地役权脱离了供役地和需役地的关系，而成为单独的转让标的。《民法典》第 380 条后段规定："土地承包经营权、建设用地使用权等转让的，地役权一并转让，但是合同另有约定的除外。"但须强调，《民法典》第 380 条有前后两段，可以特约排除的只是后段，即如果当事人约定用益物权等权利移转而地役权不随之移转的，此约定有效。但是，如果出现第 380 条前段的

---

① 参见黄薇主编：《中华人民共和国民法典解读·物权编》，524 页，北京，中国法制出版社，2020。

情况，即当事人约定单独将地役权移转的，此约定无效。

虽然在一般情况下，地役权随着供役地和需役地的变动而变动，但是，地役权并不随着供役地或需役地的分割而分割。《民法典》第 382 条规定："需役地以及需役地上的土地承包经营权、建设用地使用权等部分转让时，转让部分涉及地役权的，受让人同时享有地役权。"

第三节　地役权的效力

一、地役权人的权利

（一）使用供役地的权利

地役权是权利人为其土地的方便和利益而利用他人土地的权利，因此，地役权的实现必须以使用供役地为条件。地役权人可以按照地役权设定合同约定的使用目的、范围和方法，行使其使用供役地的权利。《民法典》第 375 条规定："供役地权利人应当按照合同约定，允许地役权人利用其不动产，不得妨害地役权人行使权利。"地役权人对供役地的利用，不必是独占性的利用（这与土地承包经营权、建设用地使用权以及宅基地使用权等用益物权不同）。地役权人既可以与供役地权利人共同利用供役地，也可与其他地役权人同时或依次利用供役地。

（二）从事附属行为的权利

地役权人为实现其权利，可以在供役地上为必要的附属行为，例如地役权人为实现其取水权，需要从供役地上通行。对于此种通行，供役地人也应当允许。判断地役权人所为行为是否属于附属行为，可以根据以下标准：是否以实现既存的地役权为目的，即目的的从属性；是否不实施这种行为则不能实现其地役权，即手段的必要性。

（三）设置附属设施的权利

地役权人为了实现其权利，可以在供役地上修建一些必要的附属设施。例如，为了取水可以在供役地上修建水泵等设施，为了通行可以在供役地上修建道路等。这些附属设施，可以由地役权人自行修建，也可以由地役权人与供役地人共同修建，双方协商确定出资比例和管理方式。

二、地役权人的义务

（一）合理使用供役地的义务

地役权人必须按照地役权的内容使用供役地，不得随意扩大其使用范围。地役权是供役地为需役地所承受的负担，因此，地役权人应当采取对供役地损害最小的使用方法。

地役权人使用供役地时，不能脱离需役地的需要而使用。《民法典》第 376 条规定："地役权人应当按照合同约定的利用目的和方法利用供役地，尽量减少对供役地权利人物权的限制。"

（二）支付费用的义务

如果地役权设立是有偿的，地役权人应当按照约定的数额、期限和支付方式，向供役地人支付费用。

（三）维持工作物或设置物的正常状态和对供役地权利人使用工作物的容忍义务

地役权人应维持工作物或设置物的正常状态，以防损害供役地的利用。在供役地上设有工作物的，在不妨碍地役权人便利使用的前提下，地役权人应当允许供役地权利人的合理使用。当然，当事人之间有另行约定的，则依约定。

三、供役地权利人的权利

（一）对附属设施的共同使用权

供役地人对于地役权人所设置的附属设施，如道路、取水设备、排水设施等，在不妨碍地役权人权利行使和实现的前提下，有共同使用的权利。

（二）费用支付请求权

如果地役权设立时双方当事人约定了费用的数额、支付期限和支付方式的，则供役地权利人有权按照约定要求地役权人支付。如果地役权人长期拖欠租金费用，则供役地权利人有权依法解除地役权设定合同，终止地役权。

（三）利用场所及方法的变更请求权

地役权设立之后，供役地人对其土地的主体利用权依然存在。在供役地人使用其土地的过程中，如果产生了变更既存地役权行使或者实现方法的需要，则在不影响既存地役权设立的前提下，为了实现整个社会利益的最大化，供役地人可以请求需役地人予以变更。

四、供役地权利人的义务

（一）允许地役权人利用土地

供役地权利人应当按照地役权设立的目的、范围和方式，允许地役权人使用其土地。对于双方需共同使用，在设立地役权时约定了使用方式的，供役地权利人应按照约定允许地役权人使用。

（二）分担共用设施的维持费用

如果供役地权利人在不妨碍地役权行使的范围内使用了地役权人修建的附属设施，则供役地权利人应当在其受益的范围内负担该设施的保养和维护费用。在地役权设立时双方对共用设施的维护费用另有约定的，可以根据该约定执行。

第四节　地役权的消灭

一、地役权消灭的事由

地役权是一种不动产物权，不动产物权的一般消灭事由（如期限届满、抛弃、混同、约定的消灭事由发生）当然适用于地役权。地役权消灭的特殊事由主要有如下几种。

（一）供役地或需役地的灭失

地役权的存在，以存在需役地与供役地两块分属不同主体的土地（包括建筑物）为前提，因此，地役权不仅在需役地与供役地两块土地全部灭失时消灭，而且，两块土地中的一块灭失时，亦随之消灭。值得注意的是，供役地或需役地仅一部分灭失的，除已事实上不能行使外，不能认为地役权消灭。

（二）地役权的目的事实上已不能实现

由于客观情况的变化，导致设定地役权的目的已不能实现，地役权的继续存在对地役权人已经没有价值时，地役权应归于消灭。例如，汲水地役权因供役地水源枯竭而消灭。

（三）供役地人依法解除合同

《民法典》第384条规定：“地役权人有下列情形之一的，供役地权利人有权解除地役权合同，地役权消灭：（一）违反法律规定或者合同约定，滥用地役权；（二）有偿利用供役地，约定的付款期限届满后在合理期限内经两次催告未支付费用。”在发生法定事由的情况下，供役地权利人可以行使合同解除权。该解除权属于形成权的一种，依供役地权利人的单方意思表示即可行使。该解除权的行使，不仅消灭地役权合同的效力，而且导致地役权这种物权本身的消灭。合同解除之后，地役权自解除之时起归于消灭，但地役权关系并非溯及地消灭，故供役地权利人已经得到的地租不必返还。

二、地役权消灭的法律后果

地役权消灭的法律后果，主要表现在如下方面。

（一）办理注销登记

《民法典》第385条规定："已经登记的地役权变更、转让或者消灭的，应当及时办理变更登记或者注销登记。"由于《民法典》对地役权的设立采取的是"登记对抗主义"，因此实践中就可能存在未办理设立登记的地役权。对于这些并未办理设立登记的地役权，自然无所谓注销登记。

（二）取回工作物

地役权消灭后，地役权人应当将设置在供役地上的工作物取回，恢复供役地原状。

问题与思考

1. 地役权有何法律特征？
2. 地役权与相邻权有何区别？
3. 地役权有何功能？
4. 地役权人享有哪些权利？
5. 地役权有哪些消灭的原因？

第二十四章
担保物权总论

本章概要

担保物权是以确保债务清偿为目的，而在债务人或者第三人的特定财产（包括权利）之上设定的定限物权。作为支配标的财产的交换价值的一种他物权，担保物权与以支配物的使用价值为目的的用益物权共同构成了我国《民法典》上的他物权体系。担保物权保障债权实现、顺畅资金融通的独特经济作用，使其成为物权法乃至民法中最活跃的领域。当代物权法的发展已由以物的利用为中心渐趋发展为以物的担保为中心，担保物权制度日趋重要。在总结《担保法》《担保制度司法解释》及《物权法》实施以来的功过得失，借鉴相关国际组织和其他国家的成熟经验的基础上，《民法典》物权编担保物权分编分 4 章规定了担保物权，形成了以抵押权、质权和留置权为核心的典型担保物权体系，同时采取功能主义的实质担保观，为非典型担保物权的发展留下了空间。

第一节　担保物权概述

一、 担保物权的概念与特征

（一） 担保物权的概念

《民法典》第 386 条规定："担保物权人在债务人不履行到期债务或者发生当事人约定的实现担保物权的情形，依法享有就担保财产优先受偿的权利，但是法律另有规定的除外。"由此可见，担保物权是指权利人在债务人不履行到期债务或者发生当事人约定的其他实现情形，依法享有的就标的财产优先受偿的权利。由此可见，担保物权的意义如下。

1. 担保物权以确保债权清偿为目的

担保物权人"依法享有就担保财产优先受偿"的权利，由此可见，设定担保物权的直接目的在于保障债务的清偿，加强和补充债权的效力。《民法典》第 394 条、第 425 条均直接规定抵押权、质权的设立目的系“为担保债务的履行”。担保物权人可以直接将标的财产的交换价值变换为价款或其他足以使债权获得满足的某种价值，使被担保的债权获得优先受偿，因此，担保物权为价值权或变价权，并以此与同属他物权的用益物权相区别。建设用地使用权、地役权等以支配标的财产的使用价值、占有标的物为内容，以利用标的财产为目的。

2. 担保物权是在他人的物或者权利上设立的权利

担保物权的标的财产应当为债权人以外的他人所有的动产、不动产或者权利。一般而言，在属于债权人自己所有的物或者权利上设定担保物权用以担保债权的受偿，几无实际意义。担保物权为物权之一种，原则上其标的物应当特定化，亦即担保财产应为“特定的物”（《民法典》第 114 条第 2 款）。不过，基于交易的需要，也例外地承认在设定时不特定但在实现时特定的财产之上亦可成立担保物权。《民法典》第 396 条关于浮动抵押权的规定、第 440 条关于将来的应收账款出质的规定即其著例。担保物权的标的物（客体）包括不动产和动产，法律规定权利作为担保物权客体的，依照其规定。准此，《民法典》第 386 条将担保物权的客体称为“担保财产”，而非“担保物”，以涵盖权利作为客体的情形。建设用地使用权，海域使用权，汇票、本票、支票，债券、存款单，仓单、提单，基金份额、股权，注册商标专用权、专利权、著作权等知识产权中的财产权，应收账款，均其适例。

3. 担保物权是一种定限物权

定限物权即他物权，是指在一定范围内对标的财产予以支配的所有权之外的其他物权。担保物权对标的财产的支配并不是一种全面的支配，仅仅只是对标的财产的交换价值的支配，因此，担保物权是一种定限物权。其效力体现在三个方面：第一，担保物权对担保财产的价值具有优先支配力。担保物权优先支配标的财产的交换价值，在被担保的债权届期而未获清偿或者出现当事人约定的其他实现情形时，债权人可以就担保财产进行变价以优先清偿债权。担保物权对标的财产交换价值的支配效力，抵押权、质权、留置权均有。第二，对担保物所有权、标的权利的限制效力。一般而言，担保物权人不占有或者控制标的财产，担保物所有权或标的权利之移转，亦受担保物权的限制，担保物权对担保财产的新所有人或权利人同样有效。第三，担保物权人在债权未获清偿前，对其占有的担保财产有权予以留置，以迫使债务人履行债务。担保物权所具有的留置标的物的效力，以质权、留置权最为典型。[①]

（二）担保物权的特征

担保物权系具有债权担保功能的他物权，除具有物权的一般属性外，担保物权还具有如下特征。

1. 从属性

担保物权的从属性，是指担保物权的设立、移转及消灭，均从属于债权。《民法

---

① 参见邹海林、常敏：《债权担保的理论与实务》，15 页，北京，社会科学文献出版社，2005。

典》第 388 条第 1 款中规定："担保合同是主债权债务合同的从合同"，这就将担保物权的从属性定为明文。担保物权为确保债权实现而设立，在性质上是从属于主权利即债权的从权利。担保物权的从属性可以分为设立上的从属性、移转上的从属性及消灭上的从属性，亦即担保物权的设立以债权存在为前提，并随债权的移转而移转，因债权的消灭而消灭。

担保物权在设立上的从属性，表现为担保物权的设定应以债权的存在为前提，担保物权不能脱离债权关系而单独设立，又称担保物权的附从性。不过，担保物权设立上的从属性，不能仅从其与债权成立的时序上来观察，而主要应从其与债权的主从关系上来看。担保物权中的留置权因为保护特定债权而生，因此，只能对既存债权成立担保物权，其从属性特别显著。至于为融资媒介的抵押权、质权等，其从属性较为缓和，可就将来的债权或附条件的债权而设定，但在担保物权实现之际，必有确定债权的存在。①

担保物权在效力上的从属性，表现为主债权债务合同无效，担保合同无效（《民法典》第 388 条第 1 款）。在主合同无效，担保合同有效的情况下，担保人系就主合同无效所产生的民事责任负担保责任。此时，主合同无效，自无约定的主债务之发生，所谓担保物权从属于主债务即无余地。该条在坚持担保合同效力上的从属性的同时，承认"法律另有规定的除外"。这主要是指《民法典》中规定的最高额抵押权和最高额质权的情形。在最高额担保法律关系中，最高额担保物权与连续发生的具体债权之间并无一一对应关系，其中某一主合同被认定为无效或被撤销，并不影响担保合同的效力。在最高额担保物权决算之时，可将该主合同被认定无效或被撤销之后债务人所应承担的损害赔偿责任一并计入，由最高额担保物权所担保。在解释上，如最高额担保物权所担保的综合授信协议被认定无效的，担保合同应随之无效，不适用例外规则。

担保物权在移转上的从属性，表现为担保物权原则上因所担保的债权的移转而移转，又称担保物权的随伴性。担保物权虽然可以因特约而脱离所担保的债权单独归于消灭，却不得脱离债权而单独移转。《民法典》第 407 条将抵押权的随伴性定为明文，即"抵押权不得与债权分离而单独转让或者作为其他债权的担保。债权转让的，担保该债权的抵押权一并转让，但是法律另有规定或者当事人另有约定的除外"。在解释上，质权和留置权自可类推适用这一规则。

担保物权在消灭上的从属性，表现为担保物权因所担保的主债权的消灭而消灭。只有在发生债权人与债务人混同等极特殊情况下，法律承认抵押权得为抵押人的利益而存在（即成立所有人抵押权），不附随债权的消灭而消灭。《民法典》第 393 条第 1 项将担保物权在消灭上的从属性定为明文。

随着近代担保物权的发展与社会经济进步的需求，担保物权的从属性已逐渐缓和。担保物权是支配标的财产交换价值的价值权，与用益物权系支配标的财产使用价值的利用权，实际上处于同等的地位，用益物权既为独立物权，亦无否认担保物权独立之理。

---

① 参见谢在全：《民法物权论》，修订 5 版，621 页，北京，中国政法大学出版社，2011；刘保玉、吕文江主编：《债权担保制度研究》，247 页，北京，中国民主法制出版社，2000。

“惟抵押权之从属性太强，势必阻碍融资交易之发展，而无法发挥抵押权之现代机能。”[①]

2. 不可分性

担保物权的不可分性，是指担保物权人在其债权完全受偿之前，可就担保物之全部行使其权利，担保物的价值变化及债权的变化不影响担保物权的整体性。具体而言，不可分性表现在：担保物部分灭失或价值减少时，其余部分或剩余价值仍担保债权的全部；担保物因共有物的分割等原因而分割时，分割后的各部分仍担保债权的全部；债权的一部分因受偿、抵销、混同等原因而消灭时，担保物权并不相应地缩减，担保物权人仍可就担保物的全部行使其权利；债权之一部分分割或转让时，担保物权不因此而分割，数债权人按其债权额共享原来的担保物权。[②]

3. 物上代位性

担保物权的物上代位性，是指当担保物毁损、灭失或被征收而得受赔偿时，担保物权的效力及于担保物的代替物（赔偿金），担保物权人可就该代替物行使其权利。因担保物权不是以对标的财产本身的利用为目的的权利，而是专以取得标的财产的交换价值为目的的权利。因此，担保财产转变为其他价值形态时，担保物权的效力可及于担保物的变形物或代替物。由于物权属于对物的权利，当该标的物绝对灭失时，该物权即失其所附而随之归于消灭。依此，当担保物毁损、灭失时，该担保物权即应随同消灭，而当担保物因灭失而得受赔偿时，该赔偿金成为担保物之代替物，包括尚未实现的损害赔偿请求权、保险金及因被征收而发放的补偿金等，均属该标的物之代位物。[③] 应当注意的是，担保财产毁损时，同时有《民法典》第 390 条规定的物上代位权以及第 408 条所规定的增担保请求权，发生请求权竞合，由担保物权人择一行使。

《民法典》第 390 条的适用应明确以下几点：其一，该条中所称之“保险金、赔偿金或者补偿金”，易使人误解为担保财产之代位物仅限于金钱。但是，担保财产的代位物，在赔偿或其他给付义务人未给付之前，担保物权人对该义务人仅有给付请求权，给付物并未特定，金钱、动产、不动产或其他财产权均有可能。在解释上，担保物权人可以就获得的或者可得的保险金、赔偿金、补偿金或者其他利益，均在物上代位的范畴之内。其二，担保财产毁损、灭失或者被征收的，如担保物权人可以获得保险金、赔偿金、补偿金或者其他利益，担保物权人所得行使的权利并不当然消灭，在解释上担保物权人的权利性质已转换为权利质权，但此项质权系嗣后发生，难免和担保财产之上的其他权利发生竞存。为避免疑义，基于担保物权的物上代位性，该质权实为原担保物权的替代，因此，该质权的顺位，应与原担保物权相同。其三，担保财产毁损、灭失或者被征收时，依该条规定的意旨，负赔偿、补偿或其他给付义务的给付义务人应向担保物权人给付。因此，给付义务人如因故意或重大过失向担保人给付的，对担保物权人不生效力。也就是说，担保物权人如向给付义务人请求给付，给付义务人仍负给付义务。

---

① 谢在全：《民法物权论》，修订 5 版，634 页，北京，中国政法大学出版社，2011。

② 参见刘保玉、吕文江主编：《债权担保制度研究》，248 页，北京，中国民主法制出版社，2000。

③ 参见谢在全：《民法物权论》，修订 5 版，686～688 页，北京，中国政法大学出版社，2011。

二、担保物权的功能化

在比较法的视野下，担保物权立法向有功能主义与形式主义两种模式。其中，功能主义强调特定交易在经济上的作用，只要在功能上具有担保作用的交易均应纳入担保交易法的规制范畴；形式主义则置重于当事人就交易安排的表象，依交易的形式归属不同的法域予以调整。《民法典》物权编以所有权（自物权）为基础展开其制度逻辑，推及至用益物权与担保物权等他物权，由此，担保物权就被定位于在他人财产上所设立的定限物权，自不包括所有权在内。凡以所有权为担保者，无法在物权编担保物权分编中找到其体系位置；所有权保留交易、融资租赁交易等起着担保功能的交易也就无法植入既有的担保物权体系之中。但是，《民法典》将这些起着担保功能的非典型动产担保交易与动产抵押交易在规则上作了类似的设计，统一适用登记对抗规则，为动产担保交易其他规则的一体化提供了解释前提。因此可以说，《民法典》上动产担保交易规则的设计是功能主义和形式主义相结合的产物。

《民法典》第388条中规定，“担保合同包括抵押合同、质押合同和其他具有担保功能的合同”。这一规定对于动产和权利担保物权的体系建构意义重大，也直接影响着统一动产和权利担保登记系统中登记的权利类型。其一，这一规定“明确融资租赁、保理、所有权保留等非典型担保合同的担保功能”①，将《民法典》上已经典型化的融资租赁、保理、所有权保留等交易形态纳入担保合同范畴，实现了担保物权的功能化；其二，这一规定为金融实践中的担保创新预留了足够的空间，对于让与担保、动产浮动质押（动态质押）、保兑仓交易、保证金质押等的合法化提供了解释前提。

《民法典》第388条采行功能主义的担保观，动产和权利担保物权不仅包括动产抵押权、浮动抵押权、股权质权、知识产权质权、应收账款质权等典型形态，亦包括融资租赁交易和所有权保留交易中的所有权、保理交易中的应收账款、让与担保中的所有权等非典型形态。《民法典》同时统一了非移转占有型的动产担保权的物权变动模式，主要采取登记对抗主义。这些规定为统一动产和权利担保登记系统的构建提供了法律基础。

三、担保物权的分类

《民法典》规定了担保物权的三种典型类型（抵押权、质权与留置权）以及三种非典型类型（融资租赁交易中的所有权、所有权保留交易中的所有权和保理交易中的应收账款）。根据不同的标准，可以将这些担保物权分为不同的类型。

（一）法定担保物权与意定担保物权

这是根据发生原因或设立方式的不同对担保物权所作的分类。法定担保物权是指具

---

① 王晨：《关于〈中华人民共和国民法典（草案）〉的说明——2020年5月22日在第十三届全国人民代表大会第三次会议上》，载《民法典立法背景与观点全集》编写组：《民法典立法背景与观点全集》，11页，北京，法律出版社，2020。

备法律规定的条件或者原因而当然发生的担保物权，如留置权、建设工程价款优先受偿权；意定担保物权是指当事人根据其意思而设定的担保物权，如抵押权、质权以及各种非典型担保物权形态。法定担保物权通常是为担保一定债权而发生的，主要是就标的物施以劳务、技术或供给材料，以保全标的物价值或增加标的物价值为目的而设立，故学者们又称之为“费用性担保物权”。而意定担保物权通常具有媒介融资的作用，即以担保物权的设定作为获取融资的手段，因此，学者们又称之为“融资性担保物权”。

（二）留置性担保物权与优先受偿性担保物权

这是根据效力的不同对担保物权所作的分类。留置性担保物权是债权人占有债务人主观价值较高的财产，间接给予债务人以心理上的压力，从而促使其清偿债务的担保物权。留置权即其著例。优先受偿性担保物权是将担保财产的使用价值归债务人保有，而债权人仅掌握其交换价值，将来即就此而优先受偿的担保物权。此以抵押权为代表。而质权兼具留置性与优先受偿性。留置性担保物权虽然更为可靠，但有损物的使用价值，因此，其适用有一定限制。而优先受偿性担保物权能使物的使用价值与交换价值各得其所，因而备受推崇。优先受偿性担保物权在近现代担保制度中已居于王座地位。

（三）移转占有型担保物权与非移转占有型担保物权

这是根据设定担保物权时是否移转标的财产的占有状态对担保物权所作的分类。移转占有型担保物权是指以标的财产移转于债权人占有为其成立和存续要件的担保物权，例如质权、留置权。其主要适用于动产及一些财产权利。担保财产的所有权人或者权利人不能行使对担保财产的使用、收益权，在相当程度上限制了标的财产使用价值的发挥。非移转占有型担保物权是仅以获得债权的优先受偿为已足，并不以移转标的财产的占有为要件的担保物权，例如抵押权。其主要适用于不动产及一些特殊动产。标的财产的所有权人或者权利人仍然可以享有对担保财产的占有、使用、收益权，这样就可以充分地发挥担保物的使用价值，但担保物权人就担保财产交换价值的支配却有难以完全把握的缺点。

（四）动产担保物权、不动产担保物权与权利担保物权

这是根据担保财产的物理性质对担保物权所作的分类。动产担保物权是设定或发生于动产之上的担保物权，比如动产抵押权、动产质权等。不动产担保物权是指设定或发生于不动产之上的担保物权，比如不动产抵押权。权利担保物权是晚近新兴的一类担保物权，是指以权利为标的而成立的担保物权。担保物权的客体不同，其设立要件、权利内容等通常也会存在差异。动产担保物权以登记或交付为其公示方法，登记为其中动产抵押权的对抗要件，交付为其中动产质权的生效要件；不动产担保物权原则上以登记为其公示方法，且以登记为其设立要件；权利担保物权中不动产权利纳入抵押担保范畴，动产性权利纳入质押担保范畴，前者以登记为其生效要件，后者以交付权利凭证或登记为其生效要件。

（五）登记担保物权与非登记担保物权

这是根据担保物权的设立是否必须登记对担保物权所作的分类。登记担保物权是指以登记为生效要件或对抗要件的担保物权，例如，抵押权非经登记，或不设立，或不具有对抗效力。非登记担保物权是指不以登记为生效要件或对抗要件的担保物权。动产质权、留置权即属此类。

（六）保全型担保物权与投资型担保物权

这是根据担保物权与其所担保的债权之间有无牵连关系对担保物权所作的分类。保全型担保物权是指担保物与所担保的债权之间有牵连关系并以保全该债权为主要功能的担保物权。留置权即其著例。投资型担保物权是指担保物与其所担保的债权之间无须有牵连关系而纯为融资或保障因其他原因而发生的债权之实现而设定的担保物权。抵押权、质权均属此类。一般而言，法定担保物权均具有保全性之特点，而约定担保物权均具有投资性特点；保全型担保物权只能为担保既存债权而成立，投资型担保物权则可为担保将来的债权而设立。

（七）典型担保物权与非典型担保物权

这是根据担保物权是否为法律所规定、目的是否在于直接担保债权对担保物权所作的分类。典型担保物权是法律所规定的直接以担保债权为目的的担保物权，如抵押权、质权与留置权；非典型担保物权则非法律上规定用以担保债权的权利，但因其内在具有担保债权实现的功能，社会交易中仍将之运用于债权担保的制度，如融资租赁、所有权保留、保理、让与担保、浮动质押等。

第二节　担保合同

一、担保物权的设立与担保合同的关系

担保物权既可基于法律行为而设立，亦可根据法律规定而直接产生。担保物权也就有了意定担保物权和法定担保物权的区分，已如前述。《民法典》第 388 条第 1 款中规定，“设立担保物权，应当依照本法和其他法律的规定订立担保合同”。这里仅涉及基于法律行为而产生担保物权的情形。担保物权的设立属于权利的创设取得，依循《民法典》关于基于法律行为物权变动的一般规则。

采行债权形式主义的物权变动模式，当事人之间关于设立担保物权的合同仅发生债的效力，即使在当事人之间也不发生设立担保物权的效力；一旦登记或交付，担保物权的设立不仅在当事人之间发生效力，权利人亦可以之对抗第三人。如此，在公示生效主义之下，担保物权的设立与其对抗第三人的效力之间并无区分，担保物权一旦设立即具有对抗第三人的效力；只要相应的公示手续尚未完成，根本不存在所谓担保物权。不动

产抵押权和动产质权、权利质权即为典型示例。在“物权变动的原因与结果相区分原则”之下，是否登记或者交付，不影响担保合同的效力。

采取债权意思主义的物权变动模式，当事人之间关于设立担保物权的合同生效，担保物权的设立在当事人之间已生效力，但未经登记或交付，当事人不得以之对抗第三人，此所谓公示对抗主义。以动产抵押权为例，依据《民法典》第403条的规定，动产抵押合同生效，动产抵押权即设立，物权变动的结果已然因合同的生效而发生，但未经登记，不得对抗善意第三人。

二、担保合同的形式与内容

（一）担保合同的形式

无论采取公示生效主义还是公示对抗主义的物权变动模式，担保合同均为担保物权设立合同的简称，都是设立担保物权的第一步。《民法典》第388条第1款所谓“应当依照本法和其他法律的规定订立担保合同”，主要是指本法和其他法律中有关担保合同形式与内容的规定。例如，《民法典》第400条规定：“设立抵押权，当事人应当采用书面形式订立抵押合同。”“抵押合同一般包括下列条款：（一）被担保债权的种类和数额；（二）债务人履行债务的期限；（三）抵押财产的名称、数量等情况；（四）担保的范围。”第427条规定：“设立质权，当事人应当采用书面形式订立质押合同。”“质押合同一般包括下列条款：（一）被担保债权的种类和数额；（二）债务人履行债务的期限；（三）质押财产的名称、数量等情况；（四）担保的范围；（五）质押财产交付的时间、方式。”

从《民法典》的上述规定来看，担保合同应当采取书面形式。担保物权的设定对担保物权人和担保人的权益影响甚巨，采用书面形式订立担保合同，便于当事人就担保法律关系进行慎重考虑，也有利于预防和减少当事人之间的纠纷。

（二）担保合同的内容

《民法典》上关于担保合同的内容的规定具有倡导性，但其中部分条款应为担保合同的必备条款，缺之将导致担保合同的不成立。

1. 被担保债权的特定化

担保物权以保障主债权的实现为目的，其所欲确保实现的债权尚须特定，在担保物权可得行使之时，必须以被担保的特定债权未受清偿为前提。此即所谓担保债权（主债权）的特定原则。值得注意的是，《民法典》担保规则体系中所使用的“主债权”具有两种不同含义：一种是在从属性之下使用，系指与保证债权或担保物权相对而称的被担保的债权，例如，《民法典》第388条、第682条中所称“主债权”，在内容上包括了主债权（指原本债权）及其利息、违约金、损害赔偿金、保管担保财产和实现担保物权的费用；另一种是在债权债务关系内部使用，系指与利息、违约金、损害赔偿金等从债权相对而称的原本债权，例如，《民法典》第389条、第684条中所称“主债权”。在这个意义上，借款合同法律关系中的贷款人请求借款人返还借款本金的债权即为“主债权”，因该“主债权”而派生的利息、违约金、损害赔偿金等其他请求权为从债权。

适用担保物权的主债权范围，是指哪些主债权的实现可以通过设立担保的方式予以保障。《民法典》第 387 条第 1 款规定：“债权人在借贷、买卖等民事活动中，为保障实现其债权，需要担保的，可以依照本法和其他法律的规定设立担保物权。”这一规则自可类推适用于保证。在体系解释上，该款“借贷、买卖等民事活动”的范围，尚须结合后段“为保障实现其债权”进行理解。这里，妥适的解释结论是，担保适用于民事活动中所发生的所有债权，借贷、买卖仅为其中的典型。所有的担保手段均旨在担保债务的履行，亦即只要是其履行需要担保的主债务均可以设定担保，至于该债务的发生原因如何，则非所问。因此，不仅因合同而产生的债权可以成为担保债权的范围，而且因侵权行为、无因管理、不当得利或者其他法律规定而发生的债权，也可以作为担保债权。不过，对于因侵权行为、无因管理、不当得利产生的债权不能通过先行设定担保的方式来加以保障，仅在因上述行为已经产生债权后，才可以担保方式来保障其实现。

担保合同的成立须以主债务的有效存在为前提，如果债权人与主债务人之间并无债权债务关系，则担保物权尚非有效。通说认为，作为担保债权范围的主债务无须于担保物权成立时即已现实存在，只要客观上已有发生的基础且于将来有发生的可能性即可，例如，已有买卖合同、租赁合同、借贷合同等基础法律关系，就将来可能发生的债务作为担保的对象，均无不可。实践中，担保合同的成立早于主债务成立的，不在少数。《民法典》第 420 条、第 439 条第 2 款关于最高额抵押权、最高额质权的规定，表明我国法允许为将来之债设定担保物权。

以将来债务作为担保债权范围时，应当注意以下几个问题：其一，以将来债务作为担保债权范围的，除当事人另有特别约定或最高额抵押权、最高额质权之外，担保人对于最高额抵押权、质权设立前已经存在的债权不承担担保责任。其二，以将来债务作为担保债权范围的，其担保数额并不以已现实具体确定者为必要，但必须可得确定，如其数额或范围完全不能预先确定，在解释上应认为担保合同因无意识的不合意而不成立。[①]其三，最高额抵押权、质权的担保债权，不仅限于将来发生的债务，在担保物权设立时已存在的债务，经担保人同意的，也可为担保物权效力之所及。对将来可能成立债务所为的担保，不同于对附停止条件债务所为的担保：前者是无条件的担保，并在成立之时本身已产生拘束力。

2. 担保财产的范围及其特定化

传统法上就担保财产大多置重于不动产，形成了所谓“不动产担保中心主义”的立法成例和实践面向。但随着经济的发展，社会财富形态日益多元化，动产（包括动产性权利）在社会生活的地位日渐提升，其金融化需求日益迫切。在“物尽其用”的政策目标之下，但凡具有交换价值的财产均应作为担保财产，但基于物权法定原则的限制，法律上没有明确纳入担保财产范围的财产，尚无法进入融资担保体系，直接导致社会财富的“沉淀”。《民法典》在《物权法》实施经验的基础上，进一步明确了以下几点。

第一，采取兜底规定，将担保财产的范围予以扩充。就抵押财产的范围，《民法典》

---

① 参见邱聪智：《新订债法各论》（下），348 页，北京，中国人民大学出版社，2006。

增加了“海域使用权”，将《海域使用管理法》上所规定的海域使用权抵押予以规定，明确了此类抵押权的物权变动和效力规则；确认“集体所有土地的使用权”为抵押财产，而“集体所有土地的使用权”涵盖集体建设用地使用权、土地承包经营权和土地经营权，在一定程度上解决了有关土地经营权担保体系定位的解释分歧。除此之外，第395条第1款明定，“法律、行政法规未禁止抵押的其他财产”均可充任抵押财产。如此就极大地扩充了抵押财产的范围。就质押财产（权利）的范围，虽然第440条规定仅有“法律、行政法规规定可以出质的其他财产权利”才能出质，采取了封闭式的立法态度，但该条同时规定“现有的以及将有的应收账款”可以出质。“应收账款”的宽泛界定[①]，早已脱逸出“因合同而生的金钱债权”的范畴，足以起到“兜底”功能。

第二，缓和物权特定原则，将未来财产纳入担保财产范围。担保物权在《民法典》上被定位为物权，自以“特定的物”为其客体。由此，作为物权法结构原则的物权（客体）特定原则[②]，对于物上担保制度的展开具有重要的意义。与其他物权种类不同的是，担保物权的效力体现为，在担保物权可得实现时，权利人可就“特定的物”进行变价并优先受偿。如此，物权特定原则在物上担保制度中的贯彻也就有了特殊性。在担保物权设立之时，标的物仅须可得特定即可，但在担保物权实现之时，标的物必须是特定的。如此即为未来财产进入融资担保领域提供了理论前提。《民法典》不仅在第440条规定“将有的应收账款”可以作为担保财产，而且在第396条明确“现有的以及将有的生产设备、原材料、半成品、产品”可以抵押。第396条反映了实践中存货融资的基本制度需求，虽然在学说上多被界定为浮动抵押，但与比较法上的相关制度不同的是，该条中的“生产设备”并不具有“存货”的性质（生产设备构成产品的除外）。[③] 这就为未来的生产设备设定动产（固定）抵押权提供了解释基础。为因应未来财产担保化的制度需求，赋予当事人更大的自主权，《民法典》允许担保合同对担保财产只作概括性的描述，将《物权法》规定的抵（质）押合同条款“抵（质）押财产的名称、数量、质量、状况、所在地、所有权归属或者使用权归属”修改为“抵（质）押财产的名称、数量等情况”[④]。在解释上，《民法典》上关于担保合同内容的规定仅具有倡导性作用，并不具有强行法效力。这一修改的实际功用并不像立法说明中的那么明显。《民法典》真正要去矫正的是登记簿上关于担保财产的记载方法，改变目前基于物权特定原则的具体描述，允许担保财产的概括描述。

三、担保物权的担保范围

担保物权的担保范围，是指担保物权在其可得实行后，担保财产拍卖或者变卖的价

---

① 参见《应收账款质押登记办法》（中国人民银行令〔2019〕第4号）第2条。

② 参见王泽鉴：《民法物权》，15页，北京，北京大学出版社，2009。

③ 参见龙俊：《动产抵押对抗规则研究》，载《法学家》，2016（3）；侯国跃：《浮动抵押逸出担保物权体系的理论证成》，载《现代法学》，2020（1）。

④ 全国人民代表大会宪法和法律委员会：《关于〈民法典物权编（草案）〉修改情况的汇报（2019年4月20日）》，载《民法典立法背景与观点全集》编写组：《民法典立法背景与观点全集》，42页，北京，法律出版社，2020。

金可以用来清偿的债权范围。《民法典》第 389 条确立了法定担保范围（缺省规则），当事人在担保合同中未就担保范围作出特别约定时，适用法定的担保范围。在当事人之间就担保范围已作约定的情况下，排除法定担保范围的适用。

（一）担保物权的法定担保范围

1. 主债权

主债权，又称原债权、原本债权，是指债权人和主债务人之间因一定法律关系而产生的，在担保物权设定之初经特定化而成为担保物权所担保实现的债权。原本债权为担保债权范围中的一种并且成为其中的主要部分。担保人和担保物权人可以约定担保人仅为部分原本债权提供担保，如未作相反约定的，推定担保物权的效力及于所担保的原本债权的全部。

被担保的主债权既包括现存债权，也包括将来的特定债权以及将来可能发生的债权；既包括以金钱为给付标的的债权，也包括可以估算为金钱的以行为为给付标的的债权。同时，被担保债权也可以是附条件债权和已过诉讼时效的自然债权。不过为附条件债权提供抵押担保时，抵押合同的有效与否，将直接取决于所附条件的成就与否。主债权数额为抵押登记的内容之一，主债权不以金额为标的的，当事人应估算成金钱数额，并在登记中注明。

值得注意的是，《担保法》第 35 条第 1 款规定："抵押人所担保的债权不得超出其抵押物的价值"。这一规定虽旨在防杜在抵押活动中的欺诈行为，以保障主债权的实现，但其合理性尚值怀疑。被担保债权的数额完全可以大于抵押财产的价值，此时，超出抵押财产价值的部分视为普通债权，抵押人不负担保责任。《物权法》和《民法典》已摒弃上述规定。

2. 利息

利息是指原本债权的孳息。利息因其发生原因不同而分为两种情况，即法定利息和约定利息。法定利息是以国家法律规定为标准而支付的利息，银行贷款的利息即为法定利息；约定利息是借贷双方当事人约定的借款人支付给出借人的利息，约定利息的高低不是任意的，它受国家财政、金融宏观政策的调控。在利息数额限制上，《民间借贷规定》第 25 条第 1 款规定，借贷双方约定的利率不得超过合同成立时一年期贷款市场报价利率的 4 倍，超过部分的利息约定无效。在民间借贷交易中，当事人约定的利息超过合同成立时一年期贷款市场报价利率的 4 倍的部分无效，债权人就此部分并不享有债权请求权，也就更无从主张优先受偿权。

原本债权的法定利息还包括迟延利息（逾期利息），即债务人不履行金钱债务而应付的法定利息。迟延利息，就其性质而言，是债务人不履行金钱债务的损害赔偿金，是因金钱之债被侵害、转换而成的损害赔偿之债，属于违约责任的一种方式。迟延利息与《民法典》第 389 条规定的"违约金、损害赔偿金"相同，自应属于担保的范围。

3. 违约金

违约金，是指合同的一方当事人不履行或不适当履行合同时，按照合同的约定，为其违约行为支付的一定数额的金钱。违约金一般分为惩罚性违约金和补偿性违约金，两者均属于担保物权的担保范围。在数额限制上，当事人约定违约金的，按约定支付违约金，但存在过高于损失需要适当减少或过低于损失需要适当增加时，计入担保范围的违约金应当以人民法院或仲裁机构最终确定的数额为准。

4. 损害赔偿金

损害赔偿金，是指合同一方当事人未履行或没有充分履行合同时给另一方当事人造成了一定的损失，向另一方当事人支付的赔偿损失的费用。损害赔偿金与违约金均属违约责任的形式，其区别主要在于违约金为事先约定的，而损害赔偿金是事后根据实际损失确定的。损害赔偿金是一种“法定性债务”，是因原本债权未受清偿而发生的债权，与原本债权具有同一性。因此，损害赔偿金属于担保物权的担保范围。

损害赔偿金虽为法定性债务，但仅表明担保物权所担保的主债务中此部分在发生上具有法定性，仍可因当事人的约定将其排除于担保范围之外，如未在登记簿担保范围中加以记载，第三人即可认为担保物权所担保的债权因主债当事人的特别约定予以排除，因此，损害赔偿金亦须经登记才可取得优先受偿效力。在赔偿数额上，在法律没有特别规定或者当事人没有约定的情况下，应按照完全赔偿原则确定具体赔偿数额。赔偿全部损失，既包括赔偿现实损失，也包括赔偿可得利益损失。但是，可得利益损失的范围纳入担保范围时，应当受到可预见规则、减损规则、损益相抵规则以及过失相抵规则等的限制。

5. 保管担保财产的费用

质权人和留置权人有妥善保管担保财产的义务，同时有权向担保人请求保管费用，因此，担保财产保管费用当然地被纳入被担保债权之中。保管费用的开支应以必要为原则，即为担保财产保全完好功能无损所必要的保管费用的支出方为合理。

6. 实现担保物权的费用

实现担保物权的费用，是担保物权人因行使担保物权所支付的一切费用，主要包括担保财产保管、修缮费用，担保财产的估价费用，担保财产拍卖、变卖所需的费用，交通费用和诉讼费用等。实现担保物权的费用完全是因债务人不履行债务而发生的，自应由债务人负担，并属担保范围，但如当事人约定此项费用不由债务人负担时，则该项费用不在担保范围之列。担保物权人若依诉讼程序实行担保物权的，法院因强制执行而支出的全部费用，应当由担保财产优先受偿，不得由债权人承担。担保物权人以诉讼外的方法变价担保财产而应当支出的费用，因直接产生于担保物权的行使，应由担保财产的变价款优先受偿。[①] 实现担保物权的费用也应受费用必要性的限制。

（二）担保物权的约定担保范围

《民法典》第 389 条后句规定：“当事人另有约定的，按照其约定。”这就意味着，该条关于担保范围的规定，属于任意性规定，当事人可就担保范围作出约定，明确排除或者确认相关费用是否属于担保责任的范围。但这是否意味着约定担保范围可以脱逸出法

---

① 参见邹海林、常敏：《债权担保的理论与实务》，148 页，北京，社会科学文献出版社，2005。

定担保范围而自由约定，如债权人和担保人是否可以在担保合同中约定大于主债务的担保范围?

担保物权具有从属性，其实定法基础是《民法典》第 389 条第 1 款中句“担保合同是主债权债务合同的从合同”。在解释上，担保合同的从属性即包括担保范围的从属性。担保范围的从属性，是指担保责任的范围取决于主合同债务，并应当从属于主债务的范围，担保人承担的担保范围超过了主合同债务的范围，应当将担保责任的范围缩减至主合同债务的范围。如此，债权人与担保人之间就担保范围的意思形成自由即受限制，亦即，虽然《民法典》第 389 条关于担保物权的担保范围的但书规定“当事人另有约定的，按照约定”允许当事人之间就担保范围作出例外安排，但当事人在担保合同中就担保范围的例外约定，应仅限于担保责任的范围或数额小于主债务，或担保责任之强度低于主债务的情形。例如，当事人约定的保证债务的利率不得高于主债务的利率；主债务不必支付利息的，当事人不得约定保证债务支付利息；主债务附有条件的，当事人不得约定保证债务为无条件；当事人约定的保证债务的履行期不得先于主债务的履行期；债务人仅就重大过失负责的，当事人不得约定保证人就抽象过失或具体过失负责；等等。

如此解释符合体系解释的要求。担保人承担担保责任之后，自得向主债务人追偿，该追偿权以担保人代偿金额为限，但同时受到主债务的限制。担保人承担担保责任，属于代负履行责任或代为承担债务不履行的赔偿责任，因此，担保人的代偿金额自不得超过主债务。[①] 债权人向担保人的请求数额超过主债务人应予承担的数额的，担保人自应主张本属于主债务人的抗辩权，以对抗债权人的请求。担保人怠于主张该抗辩权，导致其所承担的责任超过主债务的，自不得向主债务人追偿。

（三）担保范围的物权效力

《民法典》第 389 条是关于担保合同中担保物权担保范围的规定，仅具债法上的效力，在《民法典》明确区分合同效力和物权变动的情形之下，仅仅担保合同的约定并不当然产生物权效力。也就是，虽然法律上规定了当事人之间就担保范围未作约定时的缺省规则，但并不表明这些从债权可无须登记即为担保物权效力之所及。我国实定法坚持了不动产登记的公示公信力，不动产登记的公示公信最终通过不动产登记簿而得以彰显。由于原来的不动产登记簿记载的债权数额为主债权（原债权、本金）数额，不包括违约金、利息、损害赔偿金以及实现抵押权费用等附属债权，其公示出来的数额必然会使后顺位物权人或无担保债权人形成信赖。法院最终判决抵押权人优先受偿范围以合同约定为准，超出了登记记载的主债权数额，显然有损后顺位物权人或一般债权人债权的实现。基于此，《民商事审判工作会议纪要》指出，以登记作为公示方式的不动产担保物权的担保范围，一般应当以登记的范围为准。

《自然资源部关于做好不动产抵押权登记工作的通知》（自然资发〔2021〕54 号）中指出，“当事人对一般抵押或者最高额抵押的主债权及其利息、违约金、损害赔偿金和实

① 值得注意的是，就物上保证人的代偿金额而言，因本条所定担保范围中包括“保管担保财产和实现担保物权的费用”，必然超过主债务。此部分代偿金额为保全和实现担保物权所必需，虽超过主债务，但亦属追偿范围。

现抵押权费用等抵押担保范围有明确约定的，不动产登记机构应当根据申请在不动产登记簿‘担保范围’栏记载；没有提出申请的，填写‘/’”。如此，困扰裁判实践多年的被担保债权范围登记的问题即已解决。《担保制度司法解释》第47条据此规定：“不动产登记簿就抵押财产、被担保的债权范围等所作的记载与抵押合同约定不一致的，人民法院应当根据登记簿的记载确定抵押财产、被担保的债权范围等事项。”

四、流质契约的效力

流质契约（*lex commissoria*）是当事人在担保物权可得实现之前，约定的由担保物权人不经公力救济程序而直接取得担保财产的所有权的条款。[①] 由于其极易成为债权人借债务人的窘迫需要而压榨债务人的工具，学说上一直视其为契约自由的例外而否定其效力。自罗马法确立禁止流质契约制度以来，大陆法系国家（地区）保持着禁止流质契约的传统。[②] 我国《担保法》第40条和第66条、《物权法》第186条和第211条即遵循此传统，均规定当事人在合同中不得约定债务履行期届满前债权人未受清偿时，担保财产的所有权转为债权人所有。《民法典》第401条规定：“抵押权人在债务履行期限届满前，与抵押人约定债务人不履行到期债务时抵押财产归债权人所有的，只能依法就抵押财产优先受偿。”第428条规定：“质权人在债务履行期限届满前，与出质人约定债务人不履行到期债务时质押财产归债权人所有的，只能依法就质押财产优先受偿。”在一定程度上改变了对流质契约的态度。

流质契约旨在以当事人约定的方式实现担保物权，维护主体的自由，体现当事人意思自治之精神，在性质上属于担保物权私的实行方法的约定。虽然担保物权是以担保物的交换价值为基础而设定的他物权，目的在于确保债权的清偿，而不在于取得担保物的所有权或取得担保物的使用价值，但对于价值权的解释，应置重于使担保债权优先获得清偿的效用。流质契约的实行虽在表象上系由担保物权人取得担保物的所有权，但其目的自是以该担保物的所有权抵偿担保债务，使得担保债务优先受偿。在强调流质契约实行时担保物权人的清算义务时尤为如此。担保物权作为价值权，以支配标的物的交换价值为其实质特征，担保物权之实行亦以清算标的物为其基本方法。典型担保物权实现方式如此，以流质契约实现担保物权时亦应如此。流质契约虽以移转所有权为其实现形式，但其实现仍应强调给付均衡，须受清算法理的支配，以免发生恃强凌弱的情事，从而维护契约正义。此外，流质契约是否与价值权属性相合，与流质契约是否有效无关，除了纯粹是概念上自我设限之外，也无法说明和证成为何担保物权可得实现之后可以约定担保物权人取得担保物的所有权。[③]

---

① 为方便论述，除特别指出外，下文所称流质契约为广义上的概念，包括流抵契约和狭义的流质契约两种形式。就流抵契约，学说与实务尚有“绝押契约”“流押契约”等称谓；也有将流抵契约和流质契约合称“流担保契约”者。特此叙明。

② See Ulrich Drobnig，Ole Böger（ed.），*Proprietary Security in Movable Assets*，Oxford University Press，2015，pp. 619－620.

③ 参见谢哲胜：《流质（押）契约自由与限制》，载《台湾本土法学》，2005（8）。

仅就《民法典》第 401 条和第 428 条的文义而言，当事人订立流质契约的，发生实现担保物权的情形时，担保财产不能直接归债权人所有，而是应当依据《民法典》第 410 条、第 413 条、第 436 条、第 438 条规定的实现担保物权的方式就担保财产优先受偿。[①] 如此解释，担保物权人亦仅能采取变价清算的方法实现担保物权，实际上还是否定了流质契约的效力，将极大地限缩流质契约的可能功用。

在承认流质契约作为私的实行方法的前提之下，归属清算自为其应有之义，即由担保物权人取得担保财产的所有权的同时，须支付清算金，但并不排斥处分清算，担保物权人可以在取得担保物所有权，并通过拍卖、变卖等方式处分担保物后，才支付清算金。同时，流质契约仅为一种担保物权实行方式，但担保物权人可以自行选择实现担保物权的方式，解释上担保物权人自可依流质契约请求移转担保物的所有权，亦可径行申请法院拍卖、变卖担保物并就变价款优先受偿。

作为以流质契约实行担保物权的清算，是就担保物的价值与担保债权余额之间进行评价比较。如此，公平合理地确定担保物的价值就显得尤为重要。对此有如下几点要求：其一，确定担保物价值的基准时点。在市场经济条件下，可流通物的价格会随市场变化而频繁波动，在担保物权实现时担保物价值也有可能低于设定担保时的担保债权额，此时反而使担保物权人遭受不公平的结局。因此，确立担保物价值的时间应为担保物权人请求移转担保物所有权之时，担保物权人应以此为时点计算标的物价格与债务余额的差异。若标的物价格超过担保债权的部分，应返还担保人，不足清偿担保债权的，仍可以请求债务人清偿。其二，确定担保物价值的标准。在担保物已有成熟的公开二手市场的情形之下，以市场价格确定担保物价值，无须进一步鉴价；在担保物没有公开二手市场的情形之下，由担保物权人与担保人事先或事后合意指定的专业资产评估师进行鉴价。其三，计算担保物价值时，应扣除相应税收负担、前顺位抵押权所担保的债权数额以及其他应负担的费用。

五、担保合同被认定无效的法律后果

担保合同除因自身原因可能被认定无效之外，还可基于从属性因主合同无效而无效。担保合同被确认无效后自始没有法律约束力，但并不等于没有任何法律后果。基于无效合同的违法性或当事人的过错，当事人也要承担一定的法律后果。《民法典》第 388 条第 2 款规定："担保合同被确认无效后，债务人、担保人、债权人有过错的，应当根据其过错各自承担相应的民事责任。"

（一）主合同有效，担保合同因自身原因而无效时担保人的责任

主合同有效而担保合同因自身原因无效时，担保人的责任因债权人有无过错而有所区别。

第一，债权人与担保人均有过错的，担保人承担赔偿责任，不应超过债务人不能清偿部分的 1/2。主合同有效而担保合同因自身原因无效，债权人、担保人都有过错时，

① 参见黄薇主编：《中华人民共和国民法典解读・物权编》，619、702 页，北京，中国法制出版社，2020。

担保人不应该承担全部损失的赔偿责任。《担保制度司法解释》为此规定了一个责任份额的上限。在这种情况下，担保人承担部分赔偿责任的构成要件，《担保制度司法解释》确定为：(1) 主合同有效而担保合同无效；(2) 债权人与担保人对担保合同无效均有过错；(3) 债权人有实际损失。其中，债权人的过错是认定担保人承担责任大小的关键。之所以定1/2为上限，是因为债权人、担保人有过错，应当分担损失，债权人、担保人作为两方，按照均分计算，担保人承担的责任份额为1/2。这里，所谓“不能清偿部分”指债务人在债务到期后清偿债权的剩余部分，与债务人是否还有清偿能力有关。债务人仍有能力清偿的，仍应先执行债务人的财产。但民事执行中也无须等到债务人财产全部受执行后才能执行担保人的财产，判断“不能清偿”应以债务人方便执行的财产是否受执行为标准，方便执行的财产已经受执行的，债务剩余部分即为不能清偿的部分。

第二，担保人有过错而债权人无过错时，担保人对债务人不能清偿的部分承担赔偿责任。《担保制度司法解释》确定的责任构成要件有：(1) 主合同有效而担保合同因自身原因无效；(2) 债权人对担保合同的无效没有过错；(3) 担保合同的无效是因担保人或担保人与债务人的过错所致；(4) 债权人有实际损失并且损失与担保合同无效之间存在因果关系。

第三，债权人有过错而担保人无过错时，担保人不承担赔偿责任。《民法典》第157条规定：“民事法律行为无效、被撤销或者确定不发生效力后，行为人因该行为取得的财产，应当予以返还；不能返还或者没有必要返还的，应当折价补偿。有过错的一方应当赔偿对方由此所受到的损失；各方都有过错的，应当各自承担相应的责任。法律另有规定的，依照其规定。”因此，若担保人对担保合同的无效没有过错，则无须承担赔偿责任。

基于担保人在担保合同无效时承担的赔偿责任不得超过其在担保合同有效时承担的担保责任的法理，物上保证人承担的赔偿责任尚有以下限制：其一，不得超过担保合同约定的担保范围。如物上保证人仅就主债务中部分而非全部提供担保之时，在担保合同有效之时，物上保证人仅就该部分主债务承担担保责任。在担保合同被认定无效之时，担保人承担的赔偿责任自不应超过该约定的范围。其二，不得超过担保财产的价值。物上担保人本就仅以担保财产的价值为限对主债务承担有限担保责任，如在担保物权可得实现之时，即使就担保财产变价并不能使主债务得以足额清偿，物上保证人就剩余债务并无担保清偿之责。在担保合同被认定无效之时，担保人承担的赔偿责任亦不应超过担保财产的价值。应予注意的是，上述担保人的责任限制尚须考虑担保人的过错程度。也就是说，在担保合同被认定无效之时，担保人的赔偿责任并不宜依担保合同约定的担保范围或者担保财产的价值直接确定，尚须考虑担保人与债权人之间的过错比较。

（二）主合同无效导致担保合同无效时担保人的责任

主合同无效而导致担保合同无效时，担保人的责任依其是否有过错而定。

第一，担保人无过错时，不承担民事责任。主合同无效导致担保合同无效的，如果担保人无过错，则不承担民事责任。因为担保人不是主合同的缔约者，所以主合同的无效并不能够也不需要追究担保人的过错。

第二，担保人有过错的，担保人承担民事责任的部分，不应超过债务人不能清偿部分的 1/3。担保人的过错不是指担保人在主合同无效上的过错，主要体现为明知主合同无效仍然提供担保，或者通过提供担保诱使无效的主合同成立，进而使债权人蒙受损失。上限定 1/3 是因为主合同无效时，债权人、债务人原则上均有过错，即使债权人或债务人任何一方没有过错，担保人有过错，因担保合同无效是主合同无效所致，担保人的责任原则上不应当超过主合同当事人的责任。对于债权人的损失，债权人、债务人、担保人作为三方，按照均分计算的结果，担保人承担的责任份额定为 1/3。

（三）主合同无效，担保合同也无效时担保人的责任

在主合同和担保合同均有无效原因，各自无效的情况下，《担保制度司法解释》没有单独规定处理方法，也没有规定担保人的责任范围。对此，应当以担保人、债权人各自的过错情况来确定担保人的责任范围。

第一，在主合同和担保合同均被认定无效的情况下，通常作为缔约者债权人、债务人、担保人均有过错，按照《担保制度司法解释》的方法，担保人的赔偿责任应当是债务人“不能清偿”部分的某一份额，也就是承担部分赔偿责任。至于是 1/2 还是 1/3，既然司法解释没有规定，应当允许法官自由裁量。只要遵循担保人承担部分责任的原则即可，即担保人的赔偿责任介于全部（如连带）和免责之间。

第二，在主合同和担保合同均被宣布无效的情况下，不排除担保人仍然可能没有过错。没有过错的，担保人就不应当承担赔偿责任。

第三，在主合同和担保合同均无效的情况下，也不排除存在债权人无过错的情况。债权人无过错的，按照《担保制度司法解释》第 17 条第 1 款第 2 项的规定，担保人对债务人不能清偿的部分承担赔偿责任。

第三节　担保物权的消灭

担保物权的消灭，是指担保物权成立后因一定的法律事实而使其不再存在。引起担保物权消灭的法律事实，即担保物权的消灭原因。

一、《民法典》直接规定的消灭事由

依照《民法典》的规定，担保物权的消灭原因有以下几种。

（一）主债权消灭

担保物权以担保主债权的实现为目的，主债权存在，担保物权就存在。主债权是担保物权成立的基础，担保物权与其担保的主债权同命运，主债权因清偿、混同、抵销、免除等原因而消灭的，原则上担保物权也消灭。

（二）担保物权实现

主债权已届清偿期而未受清偿时，担保物权人可以就担保财产实现担保物权。其就

担保财产担保债权受偿的目的一经实现，担保物权支配担保财产的交换价值的任务即已完成，无论债权是否得到完全清偿，担保物权均告消灭。另外，先顺位的担保物权人实现担保物权时，后顺位的担保物权人无论是否实现担保物权（包括声明参与分配），或者其债权是否已经受清偿，其担保物权均归消灭。①

（三）债权人放弃担保物权

担保物权既属权利，就可由权利人抛弃。抛弃是担保物权人作出的放弃其权利的单方法律行为。放弃是指担保物权人的明示抛弃，主要包括两种情形：一是债权人用书面的形式明确表示放弃担保物权。例如，担保物权人与债务人或者提供担保的第三人以签订协议的方式同意放弃担保物权。二是担保物权人以行为放弃。例如，因担保物权人自己的行为导致担保财产毁损、灭失的，视为担保物权人放弃担保物权。

（四）法律规定担保物权消灭的其他情形

本项规定实际上属于担保物权消灭的兜底条款。例如，《民法典》第457条规定："留置权人对留置财产丧失占有或者留置权人接受债务人另行提供担保的，留置权消灭。"此种情况就属于法律规定担保物权消灭的其他情形。在解释上，如对于质权，质押财产的返还和质押财产占有的丧失即为质权消灭的特殊原因。担保物权人占有质押财产是担保物权的成立与存续的必要条件，且担保物权人不得以占有改定方式设定质权。因此，如果担保物权人基于自己的意思返还质押财产于出质人的或使质押财产占有丧失的，担保物权即告消灭。

二、主债权诉讼时效期间的经过对担保物权的影响

《民法典》第419条规定："抵押权人应当在主债权诉讼时效期间行使抵押权；未行使的，人民法院不予保护。"此时，抵押权是否消灭，不无疑问。《民商事审判工作会议纪要》第59条指出："抵押权人应当在主债权的诉讼时效期间内行使抵押权。抵押权人在主债权诉讼时效届满前未行使抵押权，抵押人在主债权诉讼时效届满后请求涂销抵押权登记的，人民法院依法予以支持。""以登记作为公示方法的权利质权，参照适用前款规定。"

抵押权属于物权，原则上不适用诉讼时效。《民法典》第419条仅表明主债权诉讼时效对于抵押权的影响，这是抵押权从属性的体现。主债权因诉讼时效期间的经过而效力减弱，必将影响到抵押权的行使。如绝对化地理解抵押权的从属性，在主债权诉讼时效期间经过后，主债权并不消灭，只是使主债务人取得时效经过抗辩权，那么抵押权也不消灭，也仅是效力减弱，抵押人可以行使本属于主债务人的时效经过抗辩权。基于此，《担保制度司法解释》改变了司法态度。其第44条第1款前句规定："主债权诉讼时效期间届满后，抵押权人主张行使抵押权的，人民法院不予支持；抵押人以主债权诉讼时效

① 参见谢在全：《民法物权论》（下册），修订5版，755页，北京，中国政法大学出版社，2011。

期间届满为由，主张不承担担保责任的，人民法院应予支持。”从后段大致可以得出，抵押人可以主张本属于主债务人对债权人的时效经过抗辩权，抵押人尚不得以主债权诉讼时效届满为由请求注销抵押权登记。此一解释结论与《担保制度司法解释》第20条的规定相一致。该条规定：“人民法院在审理第三人提供的物的担保纠纷案件时，可以适用民法典第六百九十五条第一款、第六百九十六条第一款、第六百九十七条第二款、第六百九十九条、第七百条、第七百零一条、第七百零二条等关于保证合同的规定。”其中，《民法典》第701条规定：“保证人可以主张债务人对债权人的抗辩。债务人放弃抗辩的，保证人仍有权向债权人主张抗辩。”

值得注意的是，《民法典》第419条仅规定了抵押权的行使期间，该条是否准用于质权与留置权？立法者在担保物权的行使期限上区分了移转占有型担保物权与非移转占有型担保物权，即非移转占有型担保物权的行使应受期限限制，而移转占有型担保物权则没有权利行使的期限限制。为弥补《民法典》第419条不适用于质权、留置权而造成的权利长期不行使的弊端，《民法典》第437条和第454条对出质人、债务人督促担保权人行使担保物权作了规定。这些条款应是对《民法典》没有关于主债权诉讼时效对质权、留置权的影响之规定可能带来的消极后果所采取的另类解决措施。由此可见，《民法典》对于主债权诉讼时效针对不同类型的担保物权的影响作了不同的规定，质权和留置权并不受主债权诉讼时效的影响；在主债权的诉讼时效完成后，质权人和留置权人原则上仍然有权行使质权和留置权，担保人不能依据诉讼时效进行抗辩。

三、担保物权的消灭与担保物权登记的注销

担保物权的消灭，是指担保物权对于担保财产所具有的支配力终止。以登记为生效要件而设定的担保物权，在消灭时，担保物权人负有注销担保物权登记的义务。担保物权消灭后，担保人有权请求担保物权人注销担保物权登记；担保物权已经消灭的担保财产的取得人，亦有权请求担保物权人注销担保物权登记。担保物权人不为担保物权消灭后的担保物权注销登记的，担保人或者担保财产的取得人可以诉讼请求法院强制担保物权人为担保物权注销登记。以登记为对抗要件而设定的担保物权，担保物权人和担保人已经办理登记的，在担保物权消灭时，担保物权注销登记亦同。

问题与思考

1. 如何理解担保物权的从属性？
2. 担保物权功能化之后，新类型担保物权的承认尚需满足哪些条件？
3. 简述法定担保物权与意定担保物权的区分及其意义。
4. 简述移转占有型担保物权与非移转占有型担保物权的区分及其实益。
5. 简述流质契约的法律意义。
6. 简述主债权诉讼时效期间的经过对担保物权的影响。

第二十五章
抵押权

本章概要

抵押权不以移转标的财产的占有为其发生前提，既维持了抵押人对标的财产的利用，又发挥了标的财产的金融价值，堪称合理的交易结构设计。本章首先就抵押权的设立、效力和实现作全面论述，接着介绍不动产抵押权、动产抵押权、浮动抵押权、最高额抵押权中的特殊规则，其中关于不动产抵押权中的“房地一体”原则、承包地融资担保规则、统一动产担保物权体系尤为重要。

第一节　抵押权概述

一、抵押权的概念及其意义

抵押权，是指债权人对于债务人或第三人提供的、不移转占有而作为债务履行担保的财产，在债务人不履行债务或发生当事人约定的实现抵押权的情形时，可就该财产折价或者就拍卖、变卖该财产的价款优先受偿的权利（《民法典》第394条）。在抵押法律关系中，享有抵押权的人为抵押权人（亦即债权人），提供抵押财产的人为抵押人，供作担保的财产称为抵押财产。

该概念包括四个要素。

第一，抵押权为担保物权。抵押权为抵押权人直接对抵押财产享有的权利，可以对抗该财产的所有权人和第三人。

第二，抵押权的标的物为特定财产。抵押财产须为债务人或第三人所有的或有权处分的作为担保的特定的财产。

第三，不移转抵押财产的占有。抵押权的发生不以占有抵押财产为要件，抵押人无须移转抵押财产的占有于抵押权人。这是抵押权区别于质权、留置权等其他担保物权的标志。

第四，抵押权为优先受偿的权利。优先受偿，即抵押权人可优于一般债权人而使自己的债权得到先位清偿。这是抵押权与保证的区别所在。抵押权的行使以债务人不履行债务或发生当事人约定的实现抵押权的情形为前提。

抵押为物的担保的一种形态，就特定物的优先受偿性而言较之人的担保具有更强劲的担保功能，对抵押权人颇为有利，同时，不移转抵押财产的占有，无碍于抵押人对抵押财产的使用，抵押人可以充分利用该物的使用价值，创造物质财富，强化其履约能力，可见，对抵押人的利益损害较小。因此，抵押制度对交易的安全与效益最大化的双重关爱，使之获得担保各方的共同推崇，进而成为罗马法以降各国民法中最重要的担保制度，被誉为“担保之王”。

二、抵押权的种类

根据不同的标准，抵押权可以作不同的分类。

（一）一般抵押权和最高额抵押权

这是根据抵押权所担保的债权在抵押权设立之时是否特定为标准所作的分类，也是《民法典》上所采取的分类标准。

1. 一般抵押权

《民法典》上的一般抵押权是指担保特定债权清偿的抵押权。《民法典》物权编第十七章“抵押权”第一节“一般抵押权”中涵盖了以各种不同类型的抵押财产之上所设立的一般抵押权，其共性在于，在抵押权设立之时，其所担保的债权已经特定化，抵押人的担保风险已经确定。该节的制度设计以一般抵押权与某一具体特定的主债权债务关系相对应为经典的交易原型，法律关系相对简单。

2. 最高额抵押权

最高额抵押权是指担保一定期间内将要连续发生的债权清偿的抵押权。《民法典》物权编第十七章“抵押权”第二节“最高额抵押权”所揭示的抵押交易中，抵押人的最高担保风险已经确定，但抵押担保的具体数额尚待确定事由的出现才能得以确定。如此，最高额抵押权与主债权债务关系并不具有一一对应关系，满足了当事人之间为担保长期继续交易或融资所生债权的担保需求，节约了交易成本。

（二）不动产抵押权、权利抵押权和动产抵押权

这是根据供作抵押的财产的类别所作的分类，也是学说上通常采取的分类。

1. 不动产抵押权

不动产抵押权是以不动产为标的物的抵押权。不动产，是土地以及建筑物、林木等地上定着物。依传统民法，动产以交付（占有）为公示方法，不动产以登记为公示方法，抵押权的设定不移转标的物的占有并以登记为公示方法，因此，抵押权多在不动产之上设定。在我国，土地属于国有或集体所有，属重要的生产资料，其所有权上不得设定抵

押负担，因此，不动产抵押权仅在地上定着物（建筑物、林木等）上设定。

2. 权利抵押权

权利抵押权是指以权利为标的物的抵押权。在我国，虽然土地所有权不能用于抵押，但土地所有权之上所设定的用益物权可以用于抵押。土地用益物权所蕴含的巨大价值，使其成为理想的抵押财产，而且，除国家、集体外，市场主体对土地所享有的权利只能是土地利用权，因此，以用益物权为抵押财产所设定的权利抵押权，是我国较为常见的、极为重要的抵押方式。在解释上，债权性质的不动产利用权亦属权利抵押权的客体。

3. 动产抵押权

动产抵押权是指以动产为标的物的抵押权。动产一般以交付（占有）为公示方法，因此，以动产设定抵押原并不多见。但随着经济的发展，动产价值的急剧增长（如一艘海轮的价值绝不亚于一幢板楼的价值）和重要动产的登记制度的建立，为动产成为抵押财产创造了客观的必要性和可能性。在我国，《海商法》《民用航空法》对船舶、民用航空器抵押权作了明确规定，《民法典》也明确规定生产设备、原材料、半成品、产品、交通运输工具和其他动产可以设定抵押权。

第二节 抵押权的设立

一、抵押当事人

抵押当事人是抵押法律关系的主体，即抵押法律关系中享有权利和承担义务的抵押权人和抵押人。

（一）抵押权人

抵押权人是取得和享有抵押权的人。抵押权人可以是自然人，也可以是法人或非法人组织。债权人取得抵押权从性质上说是获利行为，因此，理论上认为抵押权人可不以具备完全民事行为能力为必要，限制民事行为能力人和无民事行为能力人均可为抵押权人。

（二）抵押人

抵押人是指以自己的财产为自己或他人的债务设定抵押权的人。抵押人可以为债务人本人，也可以是债务人和债权人以外的第三人。第三人充当抵押人时，又称为物上保证人。抵押人为债务人时，如抵押财产变价不足以清偿主债务，债权人尚可依其债权要求债务人继续偿还余额。但抵押人为第三人时，其对债权人的责任，仅以抵押财产的价值为限。当抵押财产变价不足以清偿主债务时，抵押权人不得要求抵押人承担其他责任。[①]

---

① 参见刘家安：《物权法》，2版，164页，北京，中国政法大学出版社，2015。

基于抵押权的性质，抵押人应当具备下列条件：（1）抵押人必须具有民事权利能力和民事行为能力；（2）抵押人须对抵押财产享有处分权。享有处分权的人并不仅限于所有权人，依法律规定或合同约定享有处分权的人也包括在内。

关于抵押人的资格，应当注意以下几个问题。

1. 国有企业的抵押人资格问题

国有企业以其财产为债权人设定抵押权的，如无其他法定的无效情形，不应当仅以未经政府主管部门批准为由认定抵押合同无效。基于担保风险的客观存在，国有资产管理部门作为出资人代表，可以规定国有企业为他人提供担保的条件和程序，并可将其载入国有企业章程。国有企业从防范经营风险出发，亦可在其企业章程中详列为他人提供担保的条件和程序，如明确担保权限、限定担保额度、慎选担保对象、严格担保程序，以控制担保风险。

2. 公司的抵押人资格问题

公司以其财产为他人的债务设定抵押，自有其特定的商事考量，不应从“资格”上加以限制。只要公司对外提供担保的程序符合公司章程的规定，且不违反法律的强行性规定，公司对外担保即属有效，即使担保的是本公司股东的债务，亦无不可。公司对外提供担保多属无偿行为，且具有高度的风险性，一旦决策失误，将会给公司造成损失，因此，《公司法》第 16 条在承认公司有对外担保能力的同时，对其担保程序作了较为严格的规范。其一，公司对外担保要求依公司章程由公司董事会或者股东（大）会决议，究竟由董事会还是由股东（大）会决议，由公司章程规定；其二，公司为公司股东或实际控制人提供担保的，必须由股东（大）会决议；其三，上市公司担保金额超过公司资产总额 30%的，应当由股东大会作出决议，并经出席会议的股东所持表决权的 2/3 以上通过；其四，如公司章程对担保总额及单项担保数额有限额规定的，不得超过规定的限额。

《公司法》第 16 条构成对法定代表人代表权的法定限制，旨在防止法定代表人随意代表公司对外提供担保给公司造成损失，损害中小股东利益。《民法典》第 61 条第 3 款关于“法人章程或者法人权力机构对法定代表人代表权的限制，不得对抗善意相对人”所及的仅为法定代表人代表权的约定限制，自不能作为法定代表人超越代表权的法定限制所为法律行为的效力的判断规则。《公司法》第 16 条的规定表明，未经公司股东会或者股东大会、董事会等公司机关的决议，法定代表人并无代表公司为他人债务提供担保的权限。这意味着担保行为不是法定代表人所能单独决定的事项，而必须以公司股东会或者股东大会、董事会等公司机关的决议作为授权的基础和来源。

《公司法》第 16 条在性质上即属权限规范，既不属于效力性强制性规定，也不属于管理性强制性规定，违反该条的法律后果并不直接导向担保合同的效力评价。效力性强制性规定与管理性强制性规定并不能包含所有的强制性规范，私法上的权限规范即在其涵摄范围之外。就此，《民法典》第 153 条第 1 款前句“违反法律、行政法规的强制性规定的民事法律行为无效”的规定并无首先适用的余地。法定代表人超越代表权的法定限制所订立的担保合同，法院应当依据《民法典》第 504 条关于法定代表人越权代表的规定，区分订立合同时债权人是否善意分别认定担保合同对公司是否发生效力：债权人为善意的，担保合同对公司发生效力；反之，担保合同对公司不发生效力。在担保合同对公司发生效力的情形之下，进一步依据民事法律行为效力判断规则认定担保合同的效力。《公司法》第16条的规定在认定相对人是否知道或者应当知道法定代表人超越代表权限时具有重大意义。

3. 机关法人、公益非营利法人、非法人组织的抵押人资格问题

《民法典》没有对机关法人、公益非营利法人、非法人组织的抵押人资格作出直接限制，但《民法典》"保证合同"一章对机关法人、公益非营利法人、非法人组织的保证人资格作了限制（第683条）。《民法典》第399条第3项同时规定，学校、幼儿园、医疗机构等为公益目的成立的非营利法人的教育设施、医疗卫生设施和其他公益设施不得抵押。由此可见，机关法人不得作为抵押人，公益非营利法人、非法人组织就其公益设施也不得作为抵押人。这一规定的本意是保障机关法人、公益非营利法人、非法人组织的财产安全，维护其地位的稳定和工作的稳定，使其不至于因其负担额外的债务而无法履行自身的职能。

二、抵押财产

抵押财产即抵押人用于抵押担保的财产。《民法典》就抵押财产的范围采取了例示规定加反面排除相结合的立法方法。

（一）抵押财产的条件

可以设定抵押权的财产应当满足以下三个条件。

1. 须是具有独立交换价值且法律允许转让的财产

抵押权以追求抵押财产的交换价值为目的，其中心效力在于对抵押财产价值的优先支配力。依此效力，抵押权人有权以抵押财产折价或以拍卖、变卖的价款优先受偿。这就决定了抵押财产必须具有独立交换价值且法律上允许转让，否则，抵押权将无从实现。

法律不允许转让的财产，主要是禁止流通的财产，如淫秽录像带、录音带、书刊，以及毒品、枪支武器等。禁止流通的财产不能依民法方法转让所有权，因此，其上不能设定抵押权。虽然限制流通的财产的转让方式受到一定的限制，但其交换价值毕竟可以依法实现。其上设定抵押权时，抵押权的实现只需就该财产以法律规定的方式变价，抵押权人就其价金优先受偿，只是抵押权人不能直接就该财产折价受偿。因此，限制流通的财产也可以作为抵押财产。

2. 须是权属明晰且抵押人有权处分的财产

抵押权的实现需就抵押人提供抵押的财产的交换价值优先受偿，因此，权属不明晰的财产、抵押人无权处分的财产，不能作为抵押财产。"权"即对该财产享有的权利；"属"即对该财产享有权利的归属。权属不明晰的财产主要包括：处于继承程序中的遗产；对权属有争议的财产；处于国家强制力控制下的财产。权属明晰但抵押人不享有处分权的财产，也不能设定抵押。所谓处分权，是指权利主体依法对物进行处置，从而决定物的命运的权利，包括事实上的处分权（对物的实物形态的处分权，将导致物的形体的变更或消灭）和法律上的处分权（对物的价值形态的处分权，即变更、限制或者消灭对物的权利，如转让物的所有权、设定他物权等）。以抵押人不享有处分权的财产设定抵押权的，该财产的交换价值将不能合法实现，抵押权的设定目的也就无法达到。不过，当事人或者真正权利人仅以抵押人在订立抵押合同时对标的财产没有所有权或者处分权为由主张抵押合同无效的，人民法院不予支持；因未取得真正权利人事后同意或者抵押人事后未取得处分权导致抵押合同不能履行，抵押权人主张解除合同并请求抵押人承担违反合同的赔偿责任的，人民法院依法予以支持。抵押合同被认定有效，且抵押人已经办理抵押登记，真正权利人请求认定抵押权未设立或者请求返还财产的，人民法院应予支持。但是，抵押权人依据《民法典》第311条等规定善意取得抵押权的除外。

3. 须是宜由抵押人占有、使用且符合社会公共利益的财产

抵押人在其财产的交换价值之上设定抵押权时，仍追求该财产的使用价值，因此，宜由抵押人继续占有、使用的财产才能成为抵押财产。

《民法典》根据现实经济条件和信用担保实践，对抵押财产另设变通规定，即“法律、行政法规未禁止抵押的其他财产”均可抵押。我们认为，只要是符合上述三个要件的财产，均可以设定抵押权。

（二）抵押财产的范围

《民法典》第395条第1款规定，可以设定抵押权的财产有：(1) 建筑物和其他土地附着物；(2) 建设用地使用权；(3) 海域使用权；(4) 生产设备、原材料、半成品、产品；(5) 正在建造的建筑物、船舶、航空器；(6) 交通运输工具；(7) 法律、行政法规未禁止抵押的其他财产。

《民法典》第399条规定，下列财产不能抵押：(1) 土地所有权；(2) 宅基地、自留地、自留山等集体所有土地的使用权，但是法律规定可以抵押的除外；(3) 学校、幼儿园、医疗机构等为公益目的成立的非营利法人的教育设施、医疗卫生设施和其他公益设施；(4) 所有权、使用权不明或者有争议的财产；(5) 依法被查封、扣押、监管的财产；(6) 法律、行政法规规定不得抵押的其他财产。

对抵押财产的范围采取正面列举和反面排除的方法，颇具中国特色。正面列举抵押财产的范围，对于明晰法律关系、维护安全，颇为有益，但如此规定似有挂一漏万之嫌。《民法典》第395条第1款第7项明定“法律、行政法规未禁止抵押的其他财产”，结合第399条关于不得抵押的财产范围的规定，第395条第1款第1项至第6项规定的作用即较为有限。不过，这一正面列举规定对于分别明确其公示效力（登记生效抑或登记对抗）具有意义。

三、抵押权登记

（一）抵押权登记概述

抵押权登记，又称抵押登记、抵押财产登记，是指登记机构根据当事人的申请，依照法定程序，将抵押财产上设定的抵押权及抵押权变更、终止等记载于特定的抵押财产登记簿上的行为。抵押权为物权之一种，而物权的变动须有足由外部可辨认的表征，才能透明其法律关系，避免第三人遭受损害，保护交易安全。[①] 就抵押权而言，由于不转移抵押财产占有，不能以交付为公示方法，故只能采取登记的方法。抵押权登记对于充分发挥抵押的担保功能、维护交易安全、保护第三人的利益、避免纠纷发生，都具有非常重要的意义。

不动产（权利）抵押权登记的功能在于：第一，创设抵押权。不动产抵押权登记属于设权登记，不动产抵押权未经登记不能设定，由此可见，登记是不动产抵押权的生效要件，在“定分止争”上功不可没。第二，确定竞存权利之间的优先顺位。不动产抵押权登记具有公信力，在同一抵押财产上存在两个或两个以上抵押权时，依登记的时间先后确定抵押权的受偿顺序。后顺位抵押权人理应知道抵押财产之上已经存在的抵押负担，但其仍接受该抵押财产作为担保物，自应受前顺位抵押权的约束。

动产抵押权登记的功能在于公示标的物上的权利负担和确定竞存权利之间的优先顺位。容后详述。

（二）抵押权登记的效力

关于抵押权登记的效力，我国对于不动产抵押权和权利抵押权兼采登记生效模式和登记对抗模式，对于动产抵押权采取登记对抗模式。后者留待动产抵押权一节详述。

1. 登记生效模式

登记生效模式，是指抵押权的设定，以登记为发生效力的要件，换言之，未经登记，抵押权不仅不能对抗第三人，而且在抵押当事人之间也无约束力，亦即抵押权根本不能成立。《民法典》第 402 条规定：“以本法第三百九十五条第一款第一项至第三项规定的财产或者第五项规定的正在建造的建筑物抵押的，应当办理抵押登记。抵押权自登记时设立。”

在登记生效要件模式之下，当事人办理抵押财产登记手续时，因登记机构的原因致使其无法办理抵押财产登记，抵押人向债权人交付权利凭证的，可以认定债权人对该财产有优先受偿权。但是，未办理抵押财产登记的，不得对抗第三人。

登记生效要件模式的最大优点在于抵押权的设定时间较易确定，其内容易为外界所知，第三人查询抵押财产上的权利状况的成本较低，同时，第三人可以信赖登记簿，不必担心登记不实而遭受不测之损害。

2. 登记对抗模式

登记对抗模式，是指抵押权依当事人之间的合意即设定，但未经登记，不得对抗善意第三人。就土地承包经营权和土地经营权抵押权而言，《农村土地承包法》第 47 条第 2 款规定：“担保物权自融资担保合同生效时设立。当事人可以向登记机构申请登记；未经登记，不得对抗善意第三人。”

---

① 参见王泽鉴：《民法物权》，2 版，71 页，北京，北京大学出版社，2010。

在登记对抗模式之下，当事人间依合意成立抵押权后，对于第三人而言，未经登记者并非无效，只是当事人不能主张其有效。此时，如果抵押人将抵押财产转移，对于善意取得该财产的第三人，抵押权人无权追偿，而只能要求债务人重新提供新的担保，或者要求主债务人及时偿还债务。如经登记，则抵押权人所拥有的抵押权具有绝对效力，可以对抗善意第三人，即抵押权人可基于其抵押权，追踪取回占有抵押财产，该第三人不得主张善意受让而取得权利，也不能排除权利人行使优先受偿权或其他权利，而仅能向债务人请求损害赔偿。

登记对抗模式赋予当事人意思以物权变动的效力，物权变动效果是有效之债的当然结果。登记对抗要件模式基于私法自治的理念，尊重当事人的意思自由，一方面使抵押关系容易设定，方便资金融通和商品流通，维持了交易上的便捷；另一方面，当事人可根据具体情况，决定是否申请登记，以维持抵押权的对抗力，同时，对于已登记的，第三人可通过查阅登记簿而明了抵押财产的实际权利状况，由此维护交易安全。

（三）不动产抵押登记程序

抵押登记的程序是指办理抵押登记的具体的动态进程。根据《民法典》、《不动产登记暂行条例》和相关行政规章的规定，不动产抵押登记的程序依循以下顺序展开。

1. 当事人申请

在借贷、买卖等民事活动中，自然人、法人或其他组织为保障其债权实现，依法设立不动产抵押权的，可以由抵押人和抵押权人共同申请办理不动产抵押登记。以建设用地使用权、海域使用权抵押的，该土地、海域上的建筑物、构筑物一并抵押；以建筑物、构筑物抵押的，该建筑物、构筑物占用范围内的建设用地使用权、海域使用权一并抵押。以正在建造的建筑物设定抵押的，当事人可以申请建设用地使用权及在建建筑物抵押权首次登记。

申请不动产抵押权设立登记，提交的材料包括：不动产登记申请书；申请人身份证明；不动产权属证书；主债权债务合同；最高额抵押的，应当提交一定期间内将要连续发生债权的合同或者其他登记原因文件等必要材料；抵押合同。主债权合同中包含抵押条款的，可以不提交单独的抵押合同书。最高额抵押的，应当提交最高额抵押合同。下列情形还应当提交以下材料：同意将最高额抵押权设立前已经存在的债权转入最高额抵押担保的债权范围的，应当提交已存在债权的合同以及当事人同意将该债权纳入最高额抵押权担保范围的书面材料；在建建筑物抵押的，应当提交建设工程规划许可证。

2. 登记机构的审查

不动产登记机构收到当事人的申请书和相关文本后，对当事人提交的合同文本、不动产权属证书及其他文书进行审查。不动产登记机构在审核过程中应注意以下要点：抵押财产是否已经办理不动产登记；抵押财产是否属于法律、行政法规禁止抵押的不动产；抵押合同上记载的抵押人、抵押权人、被担保主债权的数额或种类、担保范围、债务履行期限、抵押不动产是否明确；最高额抵押权登记的，最高债权额限度、债权确定的期间是否明确；申请人与不动产权证书或不动产登记证明、主债权合同、抵押合同、最高额抵押合同等记载的主体是否一致；在建建筑物抵押的，抵押财产不包括已经办理预告登记的预购商品房和已办理预售合同登记备案的商品房；在建建筑物抵押，应当实地查看的，是否已实地查看；有查封登记的，不予办理抵押登记，但在商品房抵押预告登记后办理的预查封登记，不影响商品房抵押预告登记转抵押权首次登记；办理抵押预告登记转抵押权首次登记，抵押权人与抵押预告登记权利人是否一致；同一不动产上设有多个抵押权的，应当按照受理时间的先后顺序依次办理登记；登记申请是否违反法律、行政法规的规定。

3. 登记机构的登记

登记机构经过审查，认为不存在不予登记情形的，记载不动产登记簿后向抵押权人核发不动产登记证明。

（四）未登记不动产抵押权的效力

在物权变动的原因和结果相区分的原则（《民法典》第215条）之下，不动产抵押合同不因未办理抵押登记而无效，在无令抵押合同无效的情形之下，抵押合同自应有效。此时，未办理抵押登记是否构成违约，尚须在违约责任构成的一般条款之下加以判断。《民法典》第577条规定："当事人一方不履行合同义务或者履行合同义务不符合约定的，应当承担继续履行、采取补救措施或者赔偿损失等违约责任。"办理不动产抵押权设立登记，是当事人之间实现不动产抵押合同目的的主要方法。抵押合同的生效在债权人与抵押人之间产生了约束力——抵押人负有办理登记并最终使抵押权得以设立的义务。由此可见，办理不动产抵押权设立登记，在解释上当属"合同义务"，且不以当事人之间有明确约定为前提。在不动产抵押合同关系中，办理不动产抵押权设立登记是抵押人的主给付义务。未办理不动产抵押权设立登记，抵押人构成违约。

抵押人承担违约责任的方式之一是"继续履行"，即"办理抵押登记手续"，此为《民法典》第577条所明确。但就"继续履行"，《民法典》第580条第1款规定："当事人一方不履行非金钱债务或者履行非金钱债务不符合约定的，对方可以请求履行，但是有下列情形之一的除外：（一）法律上或者事实上不能履行；（二）债务的标的不适于强制履行或者履行费用过高；（三）债权人在合理期限内未请求履行。"由此，债权人提出的"办理抵押登记手续"的诉讼请求是否得到支持，还必须不存在该条中的"但书"情形。"抵押物转让他人"属于法律上不能履行的情形，"抵押物灭失"属于事实上不能履行的情形，在《民法典》第580条第1款第1项之下，抵押人自无法办理抵押登记手续。但在主债务履行期限已经届至的情形之下，补办抵押登记手续，是否属于《民法典》第580条第1款第3项"债权人在合理期限内未请求履行"，尚存疑问。

抵押人承担违约责任的方式之二是"赔偿损失"，此亦为《民法典》第577条所明定。就"赔偿损失"，《民法典》第584条规定："当事人一方不履行合同义务或者履行合同义务不符合约定，造成对方损失的，损失赔偿额应当相当于因违约所造成的损失，包括合同履行后可以获得的利益；但是，不得超过违约一方订立合同时预见到或者应当预见到的因违约可能造成的损失。"抵押人违反合同义务，不办理抵押登记手续，债权人就抵押财产丧失优先受偿权，债权人的损失体现为"债务人不能清偿"的部分。就此部分损失，应由抵押人承担赔偿责任。在可预见规则的限制之下，抵押人的赔偿责任应以抵押物的价值为限。至于是以“抵押合同成立时”抑或“权利实现时”抵押物的价值为限，应参酌具体情形具体判断：在因“抵押物灭失以及抵押物转让他人等”原因导致债权人就抵押物的变价权不得实现的情形，自是以“抵押合同成立时”抵押物的价值为限；在债权人就抵押物的变价权的实现并无障碍的情形，应以“权利实现时”抵押物的价值为限，即以抵押物的变价款受偿（不具有优先性）。

抵押人的损害赔偿责任对于债务人而言具有补充性，抵押人仅在债务人不能清偿的范围内承担补充责任。虽然在不动产抵押权有效设立的情形之下，抵押人对债务人并不具有补充性，在主债务履行期届满债务人不履行债务之时，债权人既可请求债务人履行主债务，亦可向抵押人行使抵押权，但在不动产抵押权未有效设立的情形之下，抵押权人自无法取得这一“优越地位”。基于抵押合同的从属性，同时基于未办理抵押登记时债权人损失的解释论，抵押人仅在债务人不能清偿的范围内承担补充责任。不过，这一推定允许当事人依特约予以排除适用。如当事人在抵押合同中明确约定，“非因抵押权人的原因导致未办理抵押登记的，抵押人就主债务承担连带清偿责任”，此时，抵押人与债务人之间的连带责任基于当事人的约定而产生，在《民法典》第 178 条第 3 款之下，自应得到尊重。

办理抵押登记手续是抵押人基于抵押合同所产生的主给付义务。虽然《不动产登记暂行条例》第 14 条第 1 款规定，因设定抵押权申请不动产登记的，应当由当事人双方共同申请，但这一登记程序上的规定并不影响实体法上当事人权利义务的分配。在实体法上，债权人配合办理抵押登记手续，属于受领给付，既不属于债权人的给付义务，也不属于债权人的附随义务。债权人不予配合，导致不动产抵押权最终未予设立，既不承担与给付义务相对应的违约责任，也不承担与附随义务相对应的损害赔偿责任。在法效果上，债权人不受领给付，怠于履行协助义务的，可以减轻甚至免除抵押人的责任。

第三节 抵押权的效力

一、抵押权的效力范围

抵押权的效力范围包括：（1）抵押权的担保范围，即哪些债权属于抵押担保的范围；（2）抵押标的物的范围，即抵押权的效力及于哪些标的物。前者置重于被担保债权的优先受偿力；后者置重于抵押权的支配力。关于抵押权的担保范围，本书上一章中已作论述，此不赘述。

抵押权效力所及的标的物的范围，不仅关系到抵押权的实现程序，而且影响到后顺位抵押权人和一般债权人的利益。抵押权标的物的范围越大，抵押权足额实现的可能性也就越大，后顺位抵押权人的受偿机会也就越大，相应的，一般债权人的受偿机会就会减少；相反，抵押权标的物范围越小，抵押权足额实现的可能性就越小，后顺位抵押权人受偿机会也相应缩小，而一般债权人的受偿机会反而增大。因此，明确抵押权效力所及标的物的范围，对于衡平抵押权人、抵押人及一般债权人的利益尤为重要。

抵押权设定于特定的抵押财产之上，并且采取一定方法以为公示，抵押权的效力及于抵押财产本身，自不待言，但自抵押权的设定至抵押权的实现尚有时空界限，其间，抵押财产是否衡常，不无疑问，其中不乏添附等情事，此时，抵押权的效力是否及于抵押财产的从物、从权利、附合物、孳息等，尚值讨论。

（一）抵押财产

抵押财产为抵押权设定时当事人约定作为主债务的担保的特定财产，抵押权设定的目的就是以抵押财产的交换价值担保主债务的履行，因此，主债务人不履行债务，债权人欲行使抵押权时，抵押权的效力当然及于抵押财产，债权人可以就抵押财产的变价款优先受偿。

（二）从物、从权利

两个单独存在的物必须合并使用才能发挥经济效益时，起主要作用的物为主物，起配合作用的物为从物。主物，为独立发挥效用的物。从物，非主物的组成部分而附着于主物，并对主物发挥辅助效用的物。所谓从权利，是指有助于主权利的效力，其性质与从物有助于主物的效用相同的权利。

抵押权设定前抵押财产有从物的，抵押权的效力及于抵押财产的从物。但是，抵押财产与其从物为两个以上的人分别所有时，抵押权的效力不及于抵押财产的从物。抵押权的效力及于从权利时亦同。

（三）孳息

孳息，是指由物产生的收益，可分为天然孳息和法定孳息两种。其中，天然孳息是原物依据自然规律或依物的用法而产生的出产物。天然孳息分为两类：一类是有机物的孳息，包括植物的孳息和动物的孳息，比如果树所结的果实，农作物所产的种子，家畜的幼崽等；另一类是无机物的孳息，即依物的用法所获得的出产物，比如开采的煤、石油、矿石等。法定孳息是原物根据法律规定带来的物。法定孳息主要基于对物的利用而产生的，比如存款利息、股利、租金等。依传统民法理论，孳息的权利附随于原物的权利，原物权利的效力及于孳息。一人获得原物的所有权，除非当事人之间另有特约，即获得孳息的所有权。

抵押无须移转抵押财产的占有，在原则上不发生孳息的收取问题。只有在抵押财产被人民法院依法查封、扣押后，抵押权的效力及于抵押财产的孳息。债务履行期限届满，债务人不履行债务致使抵押财产被人民法院依法查封、扣押的，自查封、扣押之日起抵押权人收取的由抵押财产分离的天然孳息和法定孳息，按照下列顺序清偿：（1）收取孳息的费用；（2）主债权的利息；（3）主债权。值得注意的是，依据《民法典》第 412 条的规定，抵押权人收取孳息必须通知负有交付法定孳息的义务人。此处所说的义务人，是指对法定孳息负有清偿义务的人，如抵押财产的承租人。如抵押权人已经通知义务人，义务人应当向抵押权人交付孳息。如没有通知第三人，第三人向抵押人支付法定孳息的行为仍然具有消灭债权债务关系的效力，抵押权人不得请求第三人再次支付。

（四）代位物

抵押财产毁损、灭失，其价值若转化为其他形态，则其他形态的价值载体便成为抵押财产的代位物，抵押权人可就该代位物行使抵押权。这是抵押权的物上代位性的体现。依照《民法典》的规定，可以充当代位物的有以下几种。

1. 赔偿金

依据《民法典》第 390 条的规定，因第三人的侵害行为致使抵押财产毁损、灭失的，抵押权的效力及于该侵权损害赔偿金。无论该项赔偿金是否已经向抵押人支付，抵押权人基于抵押权的物上代位权，在其债权未届清偿期前，均可就该项赔偿金向法院申请保全扣押；在其债权已届清偿期而抵押人未履行债务时，则可就该项赔偿金实行抵押权以优先受偿其债权。

2. 保险金

依据《民法典》第 390 条的规定，抵押权的效力及于抵押人因抵押财产毁损、灭失所取得的或将要取得的保险赔偿金。当发生保险事故时，抵押人有义务将抵押财产上的抵押权的情况通知保险人。保险人在接到该通知后，如果被担保的债权已届清偿，应将抵押财产理赔的情况告知抵押权人，以便抵押权人对于该赔偿金行使代位权；在被担保债权尚未到期的情况下，保险人则应将该项赔偿金提存，并通知抵押权人。抵押人未将抵押财产上抵押权的情况告知保险人时，保险人对抵押权人不负通知义务和为抵押权人的利益提存赔偿金的义务，但抵押权人之债权仍受抵押财产保险金的担保，抵押权人可就该项赔偿金享有优先于一般债权人的受偿权，即使此项赔偿金与抵押人的一般财产相混同亦同。①

3. 补偿金

作为代位物的补偿金，是指抵押财产被征收后所得到的补偿金。对于补偿金，特别法上规定有相关规则，如房屋拆迁补偿金的计算、土地征收补偿金的计算均有相关规则。

4. 抵押财产转让所得价金

《民法典》第 406 条第 2 款规定："抵押人转让抵押财产的，应当及时通知抵押权人。抵押权人能够证明抵押财产转让可能损害抵押权的，可以请求抵押人将转让所得的价款向抵押权人提前清偿债务或者提存。转让的价款超过债权数额的部分归抵押人所有，不足部分由债务人清偿。"在抵押财产转让可能损害抵押权时，从抵押权设定宗旨出发，抵押权人根据抵押权的物上代位性可以请求抵押人以出卖抵押财产的价金，提前清偿所担保的债权，或者将价金交付约定的第三人提存，以继续担保债权的实现。

（五）添附物

标的物有加工、混合或附合的情形时，抵押权的效力是否及于加工物、附合物或混

---

① 参见徐武生：《担保法理论与实践》，284 页，北京，工商出版社，1999。

合物，应区别对待。抵押财产因附合、混合或者加工而为第三人所有的，抵押权的效力及于补偿金；抵押财产所有权人为附合物、混合物或者加工物的所有权人的，抵押权的效力及于附合物、混合物或者加工物；第三人与抵押财产所有权人为附合物、混合物或者加工物的共有人的，抵押权的效力及于抵押财产所有权人对共有物享有的份额。

二、抵押权对抵押权人的效力

依照《民法典》的规定，抵押权对抵押权人的效力主要体现在以下几个方面。

（一）抵押权人的优先受偿权

抵押权人的优先受偿权是抵押权对抵押权人的最基本的效力，是抵押权之所以能发挥担保功能的关键所在。优先受偿权是指债务履行期限届满债务人不清偿债务或发生当事人约定的实现抵押权的情形的，抵押权人以抵押财产折价，或以拍卖、变卖抵押财产所得价款优先受偿的权利。抵押权的优先受偿性主要体现在优先于无担保债权而受偿。

依据《民法典》第 386 条的规定，抵押权人的优先受偿权受到“法律另有规定”的限制。所谓“法律另有规定的除外”，除了优先顺位规则之外，主要涉及具有优先性的特定债权。《民法典》没有关于优先权的一般规定，《民法典》和其他法律中关于这些优先权的零散规定，如未规定其与担保物权发生冲突之时的优先顺位，即可直接适用《民法典》第 386 条所定“法律另有规定的除外”，赋予这些优先权优先于担保物权的顺位。

“法律另有规定的除外”主要涉及以下情形：《民法典》关于竞存担保物权优先顺位规则的特别规定、《民法典》关于标的财产承租人的优先购买权的特别规定、《民法典》合同编关于建设工程价款优先受偿权的特别规定、《企业破产法》上关于破产分配的特别规定、《海商法》和《民用航空法》上关于船舶优先权和民用航空器优先权的特别规定、《税收征收管理法》上关于税收优先权的特别规定等。

（二）抵押权人的顺位权

同一抵押财产上存在数个抵押权时，按抵押权设定顺位受偿，先顺位的抵押权人有较后顺位的抵押权人优先受偿的权利，这就是抵押权人的顺位权。抵押权人的顺位权有时也作为抵押权人的优先受偿权的一项内容予以讨论。在担保物权逐渐置重于投资型担保的今天，将其作为抵押权人的一项权利单独加以讨论和研究很有必要。

1. 抵押权顺序固定主义与抵押权顺序升进主义

顺位固定主义，即同一财产上设定数个抵押权后，抵押权的顺位按设定的顺序保持不变，即使顺位在先的抵押权所担保的债权受到清偿或因其他原因消灭时，顺位在后的抵押权也不递升，仍然按照原来的顺位获得受偿，顺位在先的抵押权消灭的利益归属于抵押人。抵押权顺位升进主义，即同一财产上设定数个抵押权以后，抵押权的顺序并非一成不变，可因一定的原因发生变更，如果顺位在先的抵押权因受到清偿或者其他原因消灭，顺序在后的抵押权的顺位依次递进，取代在先的抵押权的顺位。

顺位升进主义产生于保全型的抵押权体系中，抵押权顺位固定主义产生在投资型的抵押权体系中。这两种制度在各自的制度体系中都是合理的，不存在谁比谁更优的问题。从《民法典》第393条关于主债权消灭则担保物权消灭的规定可以看出，我国系采抵押权顺位升进主义。当先顺位的抵押权因债权的消灭而消灭时，依《民法典》第414条的规定，后顺位的抵押权取代先顺位的抵押权位置，从而形成事实上的抵押权顺位升进主义。但《担保制度司法解释》第16条第2款规定："主合同当事人协议以新贷偿还旧贷，旧贷的物的担保人在登记尚未注销的情形下同意继续为新贷提供担保，在订立新的贷款合同前又以该担保财产为其他债权人设立担保物权，其他债权人主张其担保物权顺位优先于新贷债权人的，人民法院不予支持。"这里例外地承认了顺位固定主义。

2. 抵押权顺位的确定和处分

《民法典》第414条规定确立了以登记为确定抵押权顺位的标准。抵押权的顺位直接决定着抵押权人的受偿机会、受偿数额。可见，抵押权顺位蕴含了一种利益，因此，允许抵押权人对其顺位的处分，是对抵押权人自由意思的尊重。《民法典》第409条第1款规定："抵押权人可以放弃抵押权或者抵押权的顺位。抵押权人与抵押人可以协议变更抵押权顺位以及被担保的债权数额等内容。但是，抵押权的变更未经其他抵押权人书面同意的，不得对其他抵押权人产生不利影响。"这对抵押权顺位的处分作了肯定。

抵押权顺位的抛弃，是抵押权人放弃其顺序利益，包括抵押权顺位的绝对抛弃和抵押权顺位的相对抛弃。抵押权顺位的抛弃属于单方法律行为，无须征得后顺位抵押权人的同意，但该顺序的抛弃与第三人有利害关系时，要征得利害关系人的同意。相对抛弃仅具有相对的效力，即先顺位抵押权人抛弃顺位后，各抵押权之间的顺序没有变动，只是抵押权顺位的抛弃人与接受人成为同一顺序，顺位抛弃人与接受人将其所得受分配的总金额，按债权额比例进行分配。

抵押权顺序的变更，是指同一抵押物数个抵押权人就其顺位互为交换，使先顺位的抵押权变为后顺位的抵押权，而后顺位的抵押权变为先顺位的抵押权。抵押权顺序变更产生绝对的效力，先顺位的抵押权人与后顺位的抵押权人一旦达成变更的协议，其顺位即发生绝对的变更，不仅互相取代对方的顺位，而且对于其他顺位的抵押权人亦绝对有效。抵押权顺位的变更，未经其他抵押权人书面同意，不得对其他抵押权人产生不利影响。一般而言，如在先顺位的抵押权人愿意变更为顺位在后的抵押权人，就不需要经过后顺位抵押权人的同意。如在后顺位的抵押权要变更为在先顺位的抵押权，就必须征得在先顺位抵押权人的同意。《民法典》之所以强调要取得其他抵押权人的书面同意，主要是为了防止发生争议，也是为了提醒这些抵押权人慎重考虑。但如果协议变更不会对其他抵押权人产生不利影响，也不一定采取书面形式。抵押权顺位的变更，必须经过登记，否则不产生对抗第三人的效力。

抵押权顺位的转让，是指同一抵押财产上，为后顺位抵押权人的利益，顺位在先的抵押权人将其抵押权先顺位让与给后顺位抵押权人的一种法律行为。抵押权顺位的转让，只能在顺位让与人和受让人之间产生相对的效力，并不得对抗债务人或该先顺位抵押权和后顺位抵押权中间之抵押权人。抵押权顺位的转让，并非为顺位次序的真正转让，而是在抵押权实现后，分配利益的让与，即后顺位抵押权人受让人所担保的债权先于先顺位的抵押权人让与人受偿，受让人的受偿金额，以让与人与受让人按照原顺位所能受偿的合计金额为限，先由受让人优先受偿，如有余额再由让与人受偿。受让人能否获得受让次序的利益，仍以让与人的抵押权是否存在及能否获得分配为前提。如果受让人的债权通过行使抵押权以外的方式实现时，让与人的抵押权要恢复到未让与前的状态。可见，抵押权顺位的转让实际上只是在让与人和受让人之间进行利益再分配，各抵押权人的抵押权归属与次序均无变动，债务人、其他抵押权人的利益不会因抵押权顺位的转让而受到影响。我国法律虽未对抵押权顺位的转让作出规定，但如相关当事人作出了约定，既不影响其他抵押权人的利益，也不影响抵押人及一般债权人的利益，应当确定抵押权顺位的转让的效力。

（三）抵押权人的保全权

抵押权人的保全权，是指抵押权人为保全其抵押权而可行使的权利。抵押权的设定并不移转抵押财产的占有，若抵押人的行为可能或者已经导致抵押财产的价值减少，抵押权人将难以以抵押财产的变价款优先受偿。因此，法律上承认抵押权人为保全抵押财产交换价值的权利，其内容包括：

1. 抵押财产价值减少防止权

在抵押权存续期间，抵押人的行为使抵押财产的价值减少，或者使抵押财产的价值处于一种继续减少的状态，使抵押权人的抵押权受到侵害，抵押权人有要求抵押人停止侵害行为或排除妨害的权利。抵押人使抵押财产价值减少的行为包括两个方面：一方面是抵押人的积极行为致使抵押财产价值减少；另一方面是抵押人的消极行为致使抵押财产价值减少。《民法典》第408条规定："抵押人的行为足以使抵押财产价值减少的，抵押权人有权请求抵押人停止其行为……"同时，抵押权人的这种抵押财产价值减少防止权，同样适用于抵押人以外的第三人。应当注意的是，如属抵押人正当利用抵押财产而使抵押价值减少，抵押权人不得行使此项权利。因为抵押权设定后，抵押人对抵押财产仍有占有、使用、收益和处分的权利，抵押人正当利用抵押财产并不构成对抵押权的侵害。[①]

2. 恢复价值和增担保请求权

在抵押权存续期间，抵押人的行为已经使抵押财产的价值减少或者使其继续减少，此时，抵押权人的抵押权受到了侵害，有可能债务到期不能实现或不能充分实现，抵押权人有请求恢复价值、增加担保的权利。《民法典》第408条规定："……抵押财产价值减少的，抵押权人有权请求恢复抵押财产的价值，或者提供与减少的价值相应的担保……"抵押权人增担保请求权是抵押权的特性使然。抵押权设定宗旨在于以特定财产的交换价值担保主债务的履行，当该特定财产的交换价值因抵押人的行为而降低时，抵押权人自有请求抵押人恢复原抵押财产的交换价值的权利。值得注意的是，抵押权人增担保请求权只发生在因抵押人的行为致使抵押财产价值减少的情形，若抵押人对抵押财产价值减少并无过错，如抵押财产价值减少是由于自然灾害，或第三人的侵害行为造成，

---

① 参见刘保玉、吕文江主编：《债权担保制度研究》，371页，北京，中国民主法制出版社，2000。

此时，抵押权人只能在抵押人因抵押财产受损而得到的赔偿范围内要求提供担保。无论抵押财产价值减少是否可归责于抵押人的事由而造成，抵押财产价值的减余部分，仍作为主债务的担保，此为抵押权的不可分性使然。抵押人的行为足以使抵押财产价值减少的，抵押权人请求抵押人恢复原状或提供担保遭到拒绝时，抵押权人既可以请求债务人履行债务，也可以请求提前行使抵押权。

3. 抵押权人损害赔偿给付请求权

因第三人的侵害行为致使抵押财产毁损、灭失之时，依侵权行为法的一般原理，抵押财产将获同质救济［以相当的赔偿物（含赔偿金）予以补偿］。此时，抵押财产的物质形态发生变化，但价值形态则附于赔偿物之上。抵押权的价值权性决定了抵押权所关心者不在抵押财产的物质形态（或使用价值），而在于抵押财产的交换价值。赔偿物是抵押财产的替代物，其在交换价值上与抵押财产相等，抵押权的效力及于赔偿物。《民法典》第 390 条对此定有明文。由是，依抵押权的物上代位性，抵押权人享有损害赔偿给付请求权。加害人应当向抵押权人作出赔偿给付，或者提存至第三人，加害人不得以对抵押人的赔偿为由来对抗抵押权人。否则，加害人必须再次对抵押权人进行赔偿给付。但是这种情况以加害人明知抵押权的存在为前提。

（四）抵押权人的处分权

抵押权为财产权，抵押权人可以处分抵押权。抵押权的处分，是指抵押权人对抵押权支配力的维持、消灭或者减弱所为的具有法律效力的行为，包括抵押财产本身的处分和抵押权顺位的处分。①

抵押权的设定宗旨在担保主债权的实现，因而，相对于主债权而言具有从属性和附随性。抵押权的成立，原则上以主债权的成立为前提；抵押权的处分，原则上也以主债权的处分为前提。抵押权和主债权不能分离。抵押权可以随主债权的转让而一同转让，也可附随债权作为其他债权的担保而一同作为担保，此即抵押权处分上的从属性。

第一，抵押权不得与主债权分离而予以单独转让。《民法典》第 407 条中规定，抵押权不得与债权分离而单独转让。由此可见：其一，债权人不得将抵押权单独转让予他人，而自己保留债权。此时的抵押权转让行为无效，受让人无法据此取得抵押权，因无其所担保的主债权，抵押权登记也无法办理。其二，债权人不得将其债权单独转让予他人，而自己保留抵押权。此时，该保留抵押权的意思并无法律效力，抵押权仍与主债权一起被转让予受让人。② 但当事人明确约定债权人仅转让债权，抵押权并不随同转移的，受让人仅取得债权；债权人所保留的抵押权因无主债权存在，而归于无效，抵押人自可请求注销抵押权登记。③ 其三，债权人不得将其债权和抵押权分别转让予不同的两人。此时，抵押权的转让行为无效，债权人存留的抵押权因无主债权而归于无效。就债权转让而言，

---

① 参见邹海林、常敏：《债权担保的方式和应用》，157 页，北京，法律出版社，1998。

② 参见黄淳钰：《普通抵押权从属性之研究》，载《高大法学论丛》，2010（1），7～8 页。

③ 参见谢在全：《民法物权论》，修订 5 版，638 页，北京，中国政法大学出版社，2011；崔建远：《物权：规范与学说》，760 页，北京，清华大学出版社，2011。

因债权人将其抵押权另行转让予他人，当事人之间仅转让债权的意思可堪确认，此时，受让人仅取得无担保的债权，担保人可请求注销抵押权登记。

第二，抵押权不得与债权分离而单独作为其他债权的担保。《民法典》第407条中规定，抵押权不得与债权分离而单独作为其他债权的担保。此时，担保物权之抵押权或质权，违反物权法定原则，自属无效。但《民法典》第407条并不妨碍债权可以连同抵押权一起为其他债权提供担保。例如，某一应收账款本有抵押权担保，该应收账款为其他债权的履行提供担保时，担保权人取得附有抵押权担保的应收账款质权，该应收账款质权的效力及于抵押权。此外，债权人亦可仅以主债权（限于应收账款）出质，而自己保留担保物权。此时，担保权人仅取得无附随担保的应收账款质权；债权人虽以其应收账款出质，但在解释上并不失其应收账款，自不发生其担保物权无主债权存在而消灭的问题。

第三，抵押权的抛弃。抵押权的抛弃是指抵押权放弃其优先受偿的担保利益，包括绝对抛弃和相对抛弃两种情况。绝对抛弃是指抵押权人为一切债权人的利益而抛弃其抵押权，实际上是抵押权人与抵押人解除抵押合同。抵押权一经绝对抛弃，即归消灭，原抵押权人成为普通债权人。抵押权的相对抛弃是指抵押权人仅为同一债务人的其他债权人的利益抛弃抵押权，也就是抵押权人为抵押人的特定无担保债权人的利益而抛弃其抵押权。《民法典》第409条第1款中规定，抵押权人可以抛弃抵押权。

三、抵押权对抵押人的效力

依照《民法典》的规定，抵押权对抵押人的效力主要体现在以下几个方面。

（一）抵押人对抵押财产的处分权

所有权人不因抵押权的设立而丧失其所有权，因此，所有权人就其所有物仍然享有法律上的处分权能。如此，抵押人在设立抵押权之后仍然有权转让抵押财产，抵押权人不得因此而主张转让合同无效或所有权移转无效。就抵押财产的转让，我国实定法上从完全禁止到限制转让、自由转让，再到限制转让，体现了不同经济社会背景下的不同政策考量。《民法典》第406条规定："抵押期间，抵押人可以转让抵押财产。当事人另有约定的，按照其约定。抵押财产转让的，抵押权不受影响"（第1款）。"抵押人转让抵押财产的，应当及时通知抵押权人。抵押权人能够证明抵押财产转让可能损害抵押权的，可以请求抵押人将转让所得的价款向抵押权人提前清偿债务或者提存。转让的价款超过债权数额的部分归抵押人所有，不足部分由债务人清偿"（第2款）。这里，所谓"抵押财产转让的，抵押权不受影响"，是指抵押权不因抵押财产的转让而受损害[①]，亦即抵押人在抵押权设定后，将抵押财产的所有权让与第三人，其原设定的抵押权，仍随抵押财产之所在而存在，抵押权人于债务人不履行到期债务或者发生当事人约定的实现抵押权的情形之时，仍得追及至抵押财产之所在而行使抵押权，依《民法典》第410条之规定

① 参见郑玉波：《民法物权》，修订18版，黄宗乐修订，326页，台北，三民书局股份有限公司，2012。

就抵押财产优先受偿。由此可见，《民法典》明确承认了抵押权的追及效力，对《物权法》第 191 条限制抵押财产转让的规则作了全面修整。

《民法典》第 406 条第 1 款规定：“抵押期间，抵押人可以转让抵押财产。当事人另有约定的，按照其约定。抵押财产转让的，抵押权不受影响。”结合前句，“当事人另有约定”应指抵押人不得转让抵押财产的约定。在解释上，抵押人仅得附条件地转让抵押财产，亦应包括在内。如当事人之间约定，未经抵押权人同意不得转让抵押财产；抵押财产的转让价格不低于公开市场的平均交易价格；抵押人转让抵押财产以抵押人清偿主债务为前提。根据《担保制度司法解释》第 43 条第 1 款的规定，禁止或者限制转让抵押财产的约定如未登记，则仅在抵押人与抵押权人之间发生效力。抵押人违反约定转让抵押财产的，抵押财产转让合同的效力并不因此受到影响，抵押权人无权请求确认转让合同无效，仅得请求抵押人承担违约责任。基于有效的抵押财产转让合同，完成了抵押财产的公示手续的，发生物权变动的效力，受让人取得抵押财产的所有权。但是，如抵押权人有证据证明受让人知道禁止或者限制转让抵押财产的约定，即使抵押财产已经交付或者登记，受让人也不能取得抵押财产的所有权。此际，抵押权人自可申请注销转移登记或者请求取回标的物，并就抵押财产行使抵押权，受让人可依有效的转让合同请求抵押人承担违约责任。

根据《担保制度司法解释》第 43 条第 2 款的规定，禁止或者限制转让抵押财产的约定如已登记，则不仅在抵押人与抵押权人之间发生效力，还可以对抗第三人。抵押人与受让人共同申请抵押房屋的转移登记的，不动产登记机构应当不予办理该登记；即便已经办理了登记，因该约定具有对抗第三人的效力，抵押权人有权主张抵押财产的转让不发生物权变动效力，受让人不能取得抵押财产的所有权，只能请求抵押人承担违约责任。但是，如受让人代替债务人清偿债务导致抵押权消灭的，亦可取得抵押财产的所有权。这一但书规定是基于《民法典》第 524 条的规定。该条指出：“债务人不履行债务，第三人对履行该债务具有合法利益的，第三人有权向债权人代为履行；但是，根据债务性质、按照当事人约定或者依照法律规定只能由债务人履行的除外。债权人接受第三人履行后，其对债务人的债权转让给第三人，但是债务人和第三人另有约定的除外。”

《民法典》第 406 条第 2 款规定：“抵押人转让抵押财产的，应当及时通知抵押权人。抵押权人能够证明抵押财产转让可能损害抵押权的，可以请求抵押人将转让所得的价款向抵押权人提前清偿债务或者提存。转让的价款超过债权数额的部分归抵押人所有，不足部分由债务人清偿。”《民法典》第 406 条在承认抵押权追及效力的同时，也承认抵押权人的价金物上代位，但将价金物上代位仅适用于“抵押权人能够证明抵押财产转让可能损害抵押权的”情形。

通知抵押权人的作用之一，在于保障抵押权人在抵押财产的转让可能损及抵押权之时据以判断主张价金物上代位的必要性。抵押财产的转让一般不会导致抵押财产价值的减少，《民法典》第 408 条所规定的抵押权保全请求权自无适用余地。因市场原因导致抵押财产交换价值的减损，不因抵押财产是否转让而发生影响，且在当事人预期范围之内。也就是说，抵押财产的转让不属于抵押财产价值减损的考量因素。“抵押财产转让可能损害抵押权”的情形，例如开发商在以其建设用地使用权或/和在建工程设立抵押权之后，再行转让抵押财产，此时，不动产消费者关系人的权利优先于不动产抵押权，抵押权即受损害。

通知抵押权人的作用之二，在于使抵押权人知晓抵押财产的归属，以便其行使追及权。不动产抵押权虽属权利人对特定的不动产所享有的直接支配和排他的权利（《民法典》第114条第2款），但其实行却是针对特定的抵押人。在诉讼结构上，抵押权人作为原告或申请人，尚须以明确的抵押人为被告或被申请人。在抵押财产发生转让的情形之下，原抵押人即脱离抵押关系，抵押权人本于追及其物之效力实行抵押权，受让抵押财产的第三取得人即成为抵押人，并作为适格的被告或被申请人。此际，将抵押财产转让的事实通知抵押权人也就有了意义。

（二）抵押人的出抵权

抵押人的出抵权即在同一个抵押财产上设定数个抵押权，抵押人只能以抵押财产价值高出抵押担保债权价值的部分价值再行出抵。

抵押财产的再次抵押，也是抵押人对抵押财产之处分，而且是物权性的处分。抵押财产的再次抵押，旨在充分利用抵押财产的交换价值。由于抵押权为价值权，且其设定不转移抵押财产的占有，因此在抵押财产上设定数个抵押权，不仅不妨碍抵押财产使用价值的利用，而且还可以最大限度地利用抵押财产的交换价值，以促进资金和物质的流通。所以，近现代各国抵押权立法大多允许抵押人就同一抵押财产设定数个抵押权。

抵押财产的再次抵押有余额抵押和重复抵押之分。余额抵押，是指抵押人在同一抵押财产上设定数个抵押权，但抵押权所担保的数个债权的总额不超过抵押财产的总价值；重复抵押，是指抵押人就同一抵押财产在同一价值范围内向两个以上的债权人设定抵押。《担保法》第35条允许余额抵押，但完全禁止重复抵押。这一规定过于保守，在某种程度上限制了当事人的意思自治，不利于债务人充分利用抵押财产发挥资金融通功能。在《担保法》之前，抵押公示制度欠缺，抵押财产之状态无法为债权人和其他社会公众所查知，为避免抵押人和他人恶意串通侵害抵押权人的利益，对重复抵押进行有条件的禁止是必要的、合理的，但《担保法》施行后，抵押登记制度的建立使抵押财产的权利状态透明化，当事人通过查阅登记簿即可明知抵押财产上的权利负担，根据意思自治原则，新债权人愿意接受重复抵押时就意味着其同时要承担依法定顺序受偿的义务。

设定在先的抵押权先于设定在后的抵押权就抵押财产受偿，在同一标的物上先后设定数个抵押权，设定在先的抵押权不受设定在后的抵押权的影响，其权利没有任何损害，不存在限制抵押权再设定的理由和必要。在重复抵押的场合，如果债务人全部履行了先债务，则先顺位抵押权消灭，后顺位抵押权得以实行；如果债务人部分履行了先债务，则先顺位抵押权实行后抵押财产的剩余价值可供后顺位抵押权的实行；即使债务人没有履行先债务，在抵押财产增值的情况下，后顺位抵押权并非无实行的可能，后顺位抵押权毕竟优先于普通债权。此外，如果先设定的抵押未成立或无效，若禁止重复抵押，其后的债权人无从就该抵押财产设定抵押权，既有失公正，又使抵押落空。由此可见，重复抵押并不影响先顺位抵押权人对抵押权的行使，完全没有必要禁止。《物权法》《民法典》经由竞存抵押权之间的优先顺位规则，实际上删去了《担保法》中关于重复抵押禁止的规定。

（三）抵押人的出租权

抵押关系成立以后，抵押财产的所有权并不发生移转，抵押人对抵押财产仍可行使利用抵押财产的权利，这一权利可以由抵押人自行行使，亦可以委由他人行使。因此，抵押人可以出租抵押财产。由于抵押并不移转对抵押财产的占有，如抵押人不愿对抵押财产加以利用，又不能将该财产出租或借给他人使用，则不能充分发挥物的使用价值，不利于提高物的利用效率。至于此时相关权利人之间的顺位问题，容后讨论。

（四）抵押人的收益权

抵押人的收益权是指在抵押合同存续期间，抵押人以抵押财产获取利益的权利。在抵押权存续期间，由于抵押财产的所有权仍然归属于抵押人，且由抵押人占有，因此，抵押物的收益权应当归抵押人享有。抵押人就抵押财产有收取天然孳息和法定孳息的权利。在抵押财产被查封、扣押的情况下，如抵押权人未将扣押抵押财产的事实通知应当清偿法定孳息的义务人，那么抵押人可以收取该法定孳息，但是无权收取抵押财产分离的天然孳息。

（五）抵押人的求偿权和清偿承受权

为债务人提供抵押担保的第三人，在抵押权人实现抵押权后，有权向债务人求偿。这里的求偿权是指为债务人的债务设定抵押担保的第三人的求偿权。第三人以自己的财产为债务人设定抵押担保，债务履行期限届满，债务人不履行债务，抵押人以自己的抵押财产为抵押权人实现抵押权和债权后，要求债务人向其偿还其所清偿的债务。此时，类推适用《民法典》第700条。该条规定：“保证人承担保证责任后，除当事人另有约定外，有权在其承担保证责任的范围内向债务人追偿，享有债权人对债务人的权利，但是不得损害债权人的利益。”

第四节　抵押权的实现

实现抵押权是抵押权人行使抵押权的基本方式。所谓抵押权的实现，是指债务人不履行到期债务或者发生当事人约定的实现抵押权的情形时，抵押权人处分抵押物并以其变价款优先受偿的行为。[①]

一、抵押权实现的条件

抵押权的实现须具备以下条件。

---

① 抵押权的实现，通常又被称为抵押权的实行。但有学者认为，实现与实行之间存在一定的区别：“实行”是一种行为，侧重于权利行使的过程；“实现”是一种法律状态，侧重于权利行使而使债权受偿的结果。区分二者的差异，在某些情况下是有重要意义的。参见刘保玉：《物权法学》，334页，北京，中国法制出版社，2007。

（一）抵押权须有效存在

抵押权的实现以抵押权的有效存在为前提。抵押合同被认定无效或者已被撤销，或因主合同的原因而被认定无效之时，抵押权则自始不存在，更不得实现。抵押权虽为有效存在，但其实现受到一定限制的，也须具备不受限制的条件。例如，抵押权与主债权一同作为其他债权担保的，抵押权人实现抵押权就受到一定限制，在受限制的范围内不能实现；又如，为抵押权担保的主债权代位清偿时，不得在有害于债权人利益的情形下代位行使抵押权。

（二）债务人不履行到期债务或发生当事人约定的实现抵押权的情形

主债务的履行期限是决定主债务人有无履行责任的时间标准。主债务履行期限未届满的，主债务人无履行责任，债权人也不能要求主债务人履行，也就不能确定主债务人是否履行债务，抵押权人当然不能实现抵押权，否则将会损害债务人依法应当享有的期限利益。主债务履行期由主债权人和主债务人在合同中明确约定，无约定时依法定规则予以推定。《民法典》第 511 条第 4 项规定，履行期限不明确的，债务人可以随时履行，债权人也可以随时请求履行，但是应当给对方必要的准备时间。

值得注意的是，对于未届履行期的债权，抵押权人并非绝对不能行使抵押权。债权未届履行期，债权人对债务人无债务履行请求权，债务人享有期限利益；当债务人享有的期限利益，因为法定原因或者约定原因而消灭的，债权人即可请求债务人履行债务，抵押权人因此亦得行使抵押权。债务履行期限届满时债务人即应履行债务，债权人得以受清偿。债务履行期届满债权人未受清偿时，表明债务人未按期履行债务，不论债务人是迟延履行，还是拒绝履行，只要债权人未受清偿，即可行使抵押权。应予注意，这里债权人受清偿是指抵押权所担保的债权全部得到清偿，如果主债权仅获部分清偿，抵押权人仍可实行抵押权而使未获清偿部分的债权得到清偿。

发生当事人约定的实现抵押权的情形，作为抵押权实现的选择性条件，体现了对当事人意思的尊重。就其立法用意而言，主要是为了防止抵押人“非正常经营行为或者恶意的行为……造成抵押财产大量减少”[①]。在《民法典》已将违约不仅仅理解为债务人到期不履行债务，预期违约亦包括在内的情况下，实现抵押权的条件亦不应仅局限于债务人到期不履行债务。即使债务未到期，但债务人的某些行为已表明其将不履行债务，此时，抵押权人仍应待到债务到期时才能实现抵押权，对抵押权人多有不利。实务中，当事人可以约定，债务人破产或资产状况严重恶化、债务人恶意逃避债务、债务人的行为造成抵押财产减少或转让抵押物、债务人改变借款用途或连续若干期未偿付贷款本息等作为实现抵押权的条件。但应当注意的是，这里约定的实现抵押权的情形应当排除轻微违约的情形。

---

① 全国人大常委会法制工作委员会民法室编：《中华人民共和国物权法条文说明、立法理由及相关规定》，357 页，北京，北京大学出版社，2007。

二、抵押权实现的途径

抵押权的实现是抵押权最重要的效力，也是抵押权人最主要的权利。在主债务履行期届满债权人未受清偿或发生当事人约定的实现抵押权的情形的情况下，抵押权人通过什么途径来实现抵押权，不仅关系到抵押权人的利益，而且关系到抵押担保交易的正常运行。不合理的制度设计往往徒增抵押担保交易的成本，使抵押制度之功能不能充分发挥。

（一）公力救济途径

公力救济是通过国家专门的司法程序保护民事权利的手段，其主要程序是民事诉讼和强制执行。公力救济途径所独具的权利推定力和确定力，使其在抵押权实现中占据重要地位，即使允许实行自力救济途径的国家或地区，也不排斥公力救济途径。

《民法典》第410条规定："债务人不履行到期债务或者发生当事人约定的实现抵押权的情形，抵押权人可以与抵押人协议以抵押财产折价或者以拍卖、变卖该抵押财产所得的价款优先受偿。协议损害其他债权人利益的，其他债权人可以请求人民法院撤销该协议。""抵押权人与抵押人未就抵押权实现方式达成协议的，抵押权人可以请求人民法院拍卖、变卖抵押财产。""抵押财产折价或者变卖的，应当参照市场价格。"第413条规定："抵押财产折价或者拍卖、变卖后，其价款超过债权数额的部分归抵押人所有，不足部分由债务人清偿。"

这里所规定的"抵押权人可以请求人民法院拍卖、变卖抵押财产"直接对应于《民事诉讼法》上"实现担保物权案件"特别程序，明确了直接申请拍卖、变卖和提起民事诉讼之间的关系，关注了抵押权实现的便捷，在一定程度上降低了抵押权实现的成本，值得肯定。根据《民事诉讼法》及其司法解释的规定，申请实现担保物权，由担保物权人以及其他有权请求实现担保物权的人依照物权法等法律，向担保财产所在地或者担保物权登记地基层人民法院提出。

《民法典》第410条第2款的规定并不排斥抵押权人就抵押权相关争议向人民法院提起普通民事诉讼程序。经普通民事诉讼程序，抵押权人取得胜诉裁判的，亦可申请人民法院强制执行。

（二）自力救济途径

所谓自力救济，是指权利人依靠自己的力量强制侵害人，以捍卫受到侵犯的权利的权利保护制度。自力救济在保护抵押权方面应有适用空间，因为其强调交易便捷，能更好地保护抵押权人的利益，与抵押权设定的目的相合。但自力救济的制度缺陷也相当明显：仅依抵押权人的意思就可占有、处分抵押财产，对于债务人和第三人而言往往保护不周。在采取自力救济途径实现抵押权时，应为抵押权人设定相应义务以保护债务人的权利，如制度设计合理，则对双方当事人均为有利。我国法上并未认同抵押权实现的自力救济途径。

《担保制度司法解释》第45条第1款规定："当事人约定当债务人不履行到期债务或者发生当事人约定的实现担保物权的情形，担保物权人有权将担保财产自行拍卖、变卖并就所得的价款优先受偿的，该约定有效。因担保人的原因导致担保物权人无法自行对担保财产进行拍卖、变卖，担保物权人请求担保人承担因此增加的费用的，人民法院应予支持。"这是《担保制度司法解释》增设的一个实现担保物权的途径——庭外实现。

庭外实现途径，与担保物权的协议实现存在差异。依据《民法典》第410条第1款的规定，实现担保物权的协议仅能在债务人不履行到期债务或者发生当事人约定的实现担保物权的情形之后才能达成。至于担保合同中有关实现担保物权途径的约定，不由该款文义所能涵盖。对于此类约定的效力，学说和实务中多持否定态度。《担保制度司法解释》第45条第1款规定的有关实现担保物权途径的约定，是在债务人不履行到期债务或者发生当事人约定的实现担保物权的情形之前所作出，既可以约定于担保合同之中，也可以约定于担保合同之外的单独合同之中。此与《民法典》上缓和流抵、流质契约的效力有关。

值得注意的是，庭外实现途径不是学说和实务中所说的担保物权的自力救济。但是，承认当事人之间关于"当债务人不履行到期债务或者发生当事人约定的实现担保物权的情形，担保物权人有权将担保财产自行拍卖、变卖并就所得的价款优先受偿"的约定的效力，利于提高担保物权的实现效率，并将实现担保物权的方式限定于拍卖、变卖，排除折价，在程序上关注债务人和第三人利益的保护，从而达到担保物权人与债务人间利益的衡平。

三、抵押权实现的方式

依据《民法典》第410条之规定，抵押权的实现方式包括折价、拍卖、变卖等三种方式。具体以何种方式实现抵押权，可由当事人协商。在抵押权实现时，抵押合同中明确约定有抵押权实现方式的，应依其约定为之。抵押合同中没有约定的，抵押权人可与抵押人协商，依双方协商确定的方式实现抵押权；抵押权人与抵押人协商达不成协议的，抵押权人可请求人民法院拍卖、变卖抵押财产。

（一）抵押财产的折价

抵押财产折价，又称协议取得抵押财产，是指抵押权人以确定的价格取得抵押财产所有权以受偿其债权。其实质是买卖加抵销，即抵押人将抵押财产卖给抵押权人，并用其价款债权与主债权作抵销。[①] 以抵押财产折价方式实现抵押权的主要优点在于可简化手续、节约成本，有利于物尽其用。从成本分析的角度而言，拍卖虽然是实现抵押权最常用的方法，可以使抵押财产变价获得公正的结果，但拍卖程序本身存在着较高的运行成本。拍卖不仅程序复杂、费时费力，而且拍卖价格在扣除拍卖费用、抵押财产的扣押、管理等费用后，其结果未必对债务人和抵押权人有利。[②] 因此，以抵押财产折价方式实现

---

① 参见叶金强：《担保法原理》，154页，北京，科学出版社，2002。

② 参见许明月：《抵押权制度研究》，381页，北京，法律出版社，1998。

抵押权，有利于克服拍卖方式所存在的缺陷。

抵押财产折价只能在因债务人于债务清偿期届满而未履行债务或发生当事人约定的实现抵押权的情形，抵押权人得实现抵押权时为之，且须由抵押人与抵押权人就抵押财产折价达成协议。双方同意以折价方式实现抵押权但对抵押物的价格协议不成的，应当参照市场价格，或由资产评估机构估定价格。当事人双方协议价格的，不得损害抵押人的其他抵押权人和债权人的利益。如果在同一财产之上设置了数个抵押，非经其他抵押权人同意，任一抵押权人不得单独与抵押人订立合同取得抵押财产所有权。第一顺序的抵押权人与抵押人订立折价合同时，不得故意压低抵押财产的价值，或者不考虑其他后顺位的抵押权人的利益而折价冲抵债权。否则，其他抵押权人和债权人有权请求法院撤销该折价行为。《民法典》第 410 条第 1 款中规定："协议损害其他债权人利益的，其他债权人可以请求人民法院撤销该协议。"抵押财产折价的价款低于抵押权设立时约定价值的，应当按照抵押财产实现的价值进行清偿。不足清偿的剩余部分，由债务人清偿。

（二）抵押财产的拍卖

拍卖是指以公开竞价的形式，将特定物品或者财产权利转让给最高应价者的买卖方式。拍卖是以公开竞价的方式出卖标的物，其成交价格能够最大限度地体现拍卖物的价值，既有利于维护抵押人的利益，也能充分发挥抵押财产对债权的担保效能，从而维护抵押权人的利益。抵押财产的拍卖受《拍卖法》的调整。依据《民法典》第 410 条的规定，抵押财产的拍卖有任意拍卖和强制拍卖之分。

抵押财产一经拍定，其所有权或使用权即发生转移，同时对抵押权人、买受人、抵押人产生不同的法律后果。第一，抵押财产的拍卖可以对抗优先购买权；第二，抵押财产的拍卖所得价款为抵押财产的变价款，抵押权人可主张优先受偿权；第三，抵押财产被拍卖后，抵押人即丧失了抵押财产的所有权，如果抵押人是物上保证人，其即取得对债务人的求偿权；第四，拍定买受人取得了对抵押财产的所有权，相应地承担给付价金的义务。

（三）抵押财产的变卖

抵押财产的变卖是以一般买卖形式出售抵押财产，以所得价款优先偿还抵押债权的一种方式。变卖不能像拍卖那样充分地实现抵押财产的价值，它一般参考现实经济交往中的市场价格来出售抵押财产。

第五节　不动产抵押权的特别规则

一、不动产抵押中的"房地一体"规则

在我国现行法之下，建筑物及其占用范围内的建设用地使用权各为独立的不动产（权利），但基于房与地之间的天然联系，为使建筑物取得使用土地的正当权源，并合于建设用地使用权的设立目的，我国法上明确规定：建筑物处分时，占用范围内的建设用

地使用权一并处分；建设用地使用权处分时，其地上建筑物亦一并处分，此即所谓“房地一致原则”，俗称“房随地走”“地随房走”①。

（一）不动产抵押中的“地随房走”

《民法典》第397条第1款前段规定：“以建筑物抵押的，该建筑物占用范围内的建设用地使用权一并抵押。”第398条规定：“乡镇、村企业的建设用地使用权不得单独抵押。以乡镇、村企业的厂房等建筑物抵押的，其占用范围内的建设用地使用权一并抵押。”此即不动产抵押中的所谓“地随房走”。建筑物抵押权的效力及于未设定抵押的建设用地使用权，不以抵押合同中明确约定以建筑物及建设用地使用权一并抵押为前提，也不以建设用地使用权抵押权登记为前提。

《民法典》第397条第1款中“占用范围内”主要系用来界定建筑物与建设用地使用权之间的所属关系，即建设用地使用权仅指与设押建筑物相应的建设用地使用权，而非其他建设用地使用权。这一“占用范围内”可分为三种不同情况：第一，该宗地上只有一栋建筑物，且该建筑物不属于区分所有，以该建筑物设定抵押的，该宗地的建设用地使用权一并抵押，而不管空地占多大比例或多大面积。第二，该宗地上有数栋建筑物，且该建筑物不属于区分所有，权利人以其中部分建筑物设定抵押的，该设押建筑物所占该宗地的应有份额一并抵押。在解释上，数建筑物对该宗地的建设用地使用权构成按份共有关系，这里对建设用地使用权的分割只是观念上的，并非物理上的。第三，该宗地上有一栋或数栋建筑物，但存在区分所有的情形，某权利人以其建筑物设定抵押的，该设押建筑物所占该宗地的应有份额一并抵押。② 在区分所有法理上，该宗地的建设用地使用权当属业主准共有的部分，在性质上，业主对建设用地使用权的准共有属于按份共有和共同共有之外的第三种共有，业主并不对该宗地范围的某个具体地块享有建设用地使用权。

（二）不动产抵押中的“房随地走”

《民法典》第397条第1款后段规定：“以建设用地使用权抵押的，该土地上的建筑物一并抵押。”此即不动产抵押中的所谓“房随地走”。本段的“土地上的建筑物”，是指以该建设用地使用权为基础而建造的建筑物。③ 在解释上包括“构筑物”“附属设施”“在建建筑物的已完工部分”在内。《担保制度司法解释》第51条第1款规定：“当事人仅以建设用地使用权抵押，债权人主张抵押权的效力及于土地上已有的建筑物以及正在建造的建筑物已完成部分的，人民法院应予支持。债权人主张抵押权的效力及于正在建造的建筑物的续建部分以及新增建筑物的，人民法院不予支持。”

《民法典》第417条规定：“建设用地使用权抵押后，该土地上新增的建筑物不属于抵押财产。该建设用地使用权实现抵押权时，应当将该土地上新增的建筑物与建设用地

---

① 以下为行文简洁，在相当场合均使用“房”指称“建筑物”“构筑物”；“地”指称“建设用地使用权”。但应值注意的是，“房屋”和“建筑物”并非完全等同的概念。

② 参见全国人大常务委员会法制工作委员会民法室编：《中华人民共和国物权法条文说明、立法理由及相关规定》，375页，北京，北京大学出版社，2017。

③ 参见王利明：《物权法研究》（下卷），27页，北京，中国人民大学出版社，2018。

使用权一并处分。但是，新增建筑物所得的价款，抵押权人无权优先受偿。”在适用该条的规定时，尚须举证证明新增建筑物形成于建设用地使用权抵押权设立之后。既有建设用地使用权设立之前已经存在的建筑物，又有建设用地使用权设立之后新增的建筑物的，应在事实上进行区分，并分别适用法律。

（三）房地单独抵押的效力

即使在“房地一致原则”之下，房地单独抵押也不因未一并就房地合意设定抵押而无效。《民法典》第 397 条第 2 款规定：“抵押人未依据前款规定一并抵押的，未抵押的财产视为一并抵押。”“视为一并抵押”所产生的抵押权，非基于当事人之间的合意而生，而是基于法律直接规定而成立，在性质上属于法定抵押权。[①] 此种抵押权不待登记，即生效力，与普通抵押权系因当事人合意而设定，需经登记而生效力不同，在性质上属于特殊抵押权。[②]

至此，我们大抵可以得出房地单独抵押时的相关规则：抵押人以建筑物或其占用范围内的建设用地使用权单独设定抵押的，并不因违反《民法典》第 397 条第 1 款“一并抵押”的规定而无效。在践行相关抵押权设立登记手续之后，抵押权人就相应的建筑物或建设用地使用权取得抵押权，就未抵押财产取得法定抵押权，建筑物抵押权和建设用地使用权抵押权构成共同抵押。抵押权实现时，抵押权人可就建筑物及其占地范围内的建设用地使用权的变价款优先受偿。

（四）房地分别抵押的效力

在“房地一致原则”之下，抵押人分别就建筑物及其占用范围内的建设用地使用权为不同的抵押权人设定抵押，并分别践行各自的抵押权设立登记，由此形成了房地分别抵押的态势。此际，虽违反《民法典》第 397 条第 1 款的规定，但并不能仅依分别抵押而认定抵押合同无效。房地分别抵押时建筑物抵押权和建设用地使用权抵押权的效力均及于建筑物及其占用范围的建设用地使用权，两抵押权之间依其登记先后定其顺位。抵押人将其建筑物为甲抵押权人设定抵押，经登记，甲抵押权人取得建筑物抵押权，同时就建筑物占用范围内的建设用地使用权取得拟制的抵押权（无须登记）。其后，抵押人又将其建设用地使用权为乙抵押权人设定抵押，经登记，乙抵押权人取得建设用地使用权抵押权，同时就该土地之上的建筑物取得拟制的建筑物抵押权。就建筑物及其占用范围内的建设用地使用权而言，甲抵押权人取得第一顺位抵押权，乙抵押权人取得第二顺位抵押权。[③]

二、土地承包经营权、土地经营权抵押权

现代农业的转型以高投入为基本前提，在政策金融之外，商业金融的供给即为其中

---

① 参见崔建远：《物权法》，476 页，北京，中国人民大学出版社，2009。

② 参见谢在全：《民法物权论》（中册），652 页，北京，中国政法大学出版社，2011。

③ 参见朱晓喆：《房、地分离抵押的法律效果——〈物权法〉第一百八十二条的法律教义学分析》，载《华东政法大学学报》，2010（1）。该文对此说的成立作了充分论证。

重要一环。基于风险控制的需要，信贷担保物的范围扩张就成了商业金融据以展开的基本逻辑。《民法典》物权编回应新一轮土地制度改革成果，删除了《物权法》第184条第2项关于禁止“耕地……集体所有的土地使用权”抵押的规定，同时删除了《物权法》第180条第1款第3项关于允许“以招标、拍卖、公开协商等方式取得的荒地等土地承包经营权”的规定。但《民法典》未就相关权利的担保规则作出明确规定，尚须结合《农村土地承包法》进行体系解释。

（一）“两权分离”之下的融资担保财产

在“两权分离”之下，集体的土地所有权为承包农户派生出土地承包经营权。作为承包农户的主要经营性资产，土地承包经营权是否可以融资担保，《民法典》虽然没有明示认可，但也未反面排除。在体系解释上，土地承包经营权即属《民法典》第395条所定“法律、行政法规未禁止抵押的其他财产”的范畴。《农村土地承包法》第47条第1款前段规定：“承包方可以用承包地的土地经营权向金融机构融资担保，并向发包方备案。”这里，将承包方据以融资担保的财产界定为“承包地的土地经营权”，而非“土地承包经营权”。由此引发了承包方利用承包地展开融资担保之时，标的财产究竟是“土地经营权”还是“土地承包经营权”的争议。

我们认为，承包农户用以担保融资的标的财产仍然是土地承包经营权。在未发生流转土地经营权的情形之下，承包农户就承包地的权利在法律上表达为“土地承包经营权”，承包农户并不享有“土地经营权”。承包农户自己经营，是其行使其土地承包经营权的方式，亦即属于土地承包经营权的权能，该经营权能与其他权能并非截然分开，而是浑然一体地构成权利本身，权能仅体现为权利的内容，并不能以承包农户享有经营权能，就认为承包农户享有“土地经营权”。同时，在法律已经明定土地经营权的内容的情形之下，承包农户享有的经营农地的权利不是土地经营权。承包农户依承包合同或土地承包经营权合同所取得的权利，即为土地承包经营权，并不是土地经营权。《民法典》和《农村土地承包法》上“流转土地经营权”“土地经营权流转”的表述，仅仅只是表明自土地承包经营权派生出土地经营权，并不表明土地经营权在流转之前就已经存在且由承包农户享有。

（二）土地经营权融资担保的体系定位

赋予土地经营权以融资担保权能，从而为经营主体加大农业投入、增强农业生产的核心竞争力提供便利，也是土地经营权制度建构的重要考量因素和价值功能。《农村土地承包法》第47条第1款和第53条规定分别将两类土地经营权的融资担保权能定为明文。但《农村土地承包法》第47条第2、3款将土地承包经营权、土地经营权融资担保定性为“担保物权”，并未明确担保物权的种类。在解释上，土地承包经营权上所设立的担保物权，系属抵押权，对此并无争议。但就土地经营权融资担保的体系定位，则存在较大分歧。我们认为土地经营权上所设立的担保物权是抵押权，属于权利抵押权。

土地经营权作为不动产权利，不宜作为权利质权的标的财产，即使将其定位为债权，亦无不同。在《民法典》之下，权利既可作为抵押权的标的财产（第395条），又可作为质权的标的财产（第440条）。从《民法典》就权利担保物权的体系安排上看，不动产权利纳入抵押担保范畴，动产性权利纳入质押担保范畴。在解释上，只有与质权性质不相抵触的财产权才能作为质权的客体。[①]《民法典》上不承认不动产质权，其理由在于，就不动产权利设定质权，应以权利让与的方式为之，则须经由移转登记才能取得对抗效力，已与质权的定限物权性质不合，因此，不动产权利不得为权利质权的标的财产。[②] 准此，即使将土地经营权定性为债权，但因其系属不动产权利，故在体系定位上，土地经营权担保物权应属抵押权的范畴。

从体系解释的视角，《民法典》第 342 条规定："通过招标、拍卖、公开协商等方式承包农村土地，经依法登记取得权属证书的，可以依法采取出租、入股、抵押或者其他方式流转土地经营权。"这里，"经依法登记取得权属证书"指的是土地经营权的登记；该条明确将自土地所有权派生的土地经营权的融资担保定位于"抵押"。这一规则同样可以类推适用于从土地承包经营权派生出的土地经营权。《民法典》第 381 条规定："地役权不得单独抵押。土地经营权、建设用地使用权等抵押的，在实现抵押权时，地役权一并转让。"这里，已经间接地规定了土地经营权抵押，结合第 395 条抵押客体的法不禁止即自由原则，土地经营权自然可以抵押。[③] 第 418 条规定："以集体所有土地的使用权依法抵押的，实现抵押权后，未经法定程序，不得改变土地所有权的性质和土地用途。"从历史解释的视角，这里的"集体所有土地的使用权"即为《民法典各分编（草案）》第 209 条中所称的土地承包经营权、土地经营权、集体建设用地使用权[④]，该条亦将土地经营权担保定性为"抵押"。由此可见，《民法典》就土地经营权融资担保的体系定位已作政策选择。《农村土地承包法》第 47 条的定位模糊，经由《民法典》的相关规定已经解决。

（三）土地承包经营权抵押权、土地经营权抵押权的设立

《农村土地承包法》第 47 条第 2 款明定："担保物权自融资担保合同生效时设立。……未经登记，不得对抗善意第三人。"这一规则适用于同条第 1 款中的两类抵押权：土地承包经营权抵押权和土地经营权抵押权。《民法典》物权编担保物权分编就土地承包经营权抵押权的设立规则并无特别规定，而就基于法律行为的不动产物权变动，《民法典》第 209 条第 1 款规定："不动产物权的设立、变更、转让和消灭，经依法登记，发生效力；未经登记，不发生效力，但是法律另有规定的除外。"因此，在解释上可以认为，《农村土地承包法》第 47 条第 2 款所定不动产物权变动规则，即为《民法典》第 209 条第 1 款"法律另有规定"的情形之一，自应优先适用。至于抵押合同的内容和形式，自得适用《民法典》第 400 条、第 401 条的规定。

（四）土地承包经营权抵押权、土地经营权抵押权的实现

《农村土地承包法》第 47 条第 3 款规定："实现担保物权时，担保物权人有权就土地

---

① 参见谢在全：《民法物权论》，1012 页，北京，中国政法大学出版社，2011；高圣平：《担保法论》，498 页，北京，法律出版社，2009。

② 参见郑冠宇：《民法物权》，638～639 页，台北，新学林出版社股份有限公司，2014。

③ 参见谢鸿飞：《〈民法典〉制度革新的三个难度：世界、中国和时代》，载《法制与社会发展》，2020 (4)。

④ 该条指出："以土地承包经营权、土地经营权抵押的，或者以乡镇、村企业的厂房等建筑物占用范围内的建设用地使用权一并抵押的，实现抵押权后，未经法定程序，不得改变土地所有权的性质和土地用途。"

经营权优先受偿。”本款规定是关于土地承包经营权、土地经营权抵押权实现的特别规则，但仅就土地承包经营权才有意义，因土地经营权抵押权的实现本来是就土地经营权优先受偿。

就土地承包经营权抵押权的实现而言，如适用《民法典》第410条，无论是采取协议折价的方式，还是采取拍卖、变卖的方式，均将导致土地承包经营权易其主体，承包农户将丧失其土地承包经营权，也就使得承包农户失去了基本的生活和就业保障。此际，只能依《农村土地承包法》第47条第3款的规定，由土地承包经营权派生出土地经营权，以流转价款或经营收益优先受偿。此即强制执行法上的强制管理和收益执行方式。强制管理，是以不动产的收益为执行对象的换价方法，由执行法院选任管理人对被执行人的已查封不动产实施管理，并以其所得收益满足债权人的金钱债权。[①] 以强制管理方式实现土地承包经营权抵押权，并不就土地承包经营权进行变价，而仅仅使受让人取得其上的土地经营权。在执行实践中可以采取两种方式：其一，由土地经营权人一次性给付流转价款，债权人就该流转价款优先受偿；其二，由土地经营权人分期以经营收益优先清偿债务，在土地经营权的行使所生的收益足以清偿债务时，土地经营权即消灭，土地承包经营权恢复至圆满状态。[②] 第二种模式实际上也是以土地经营权的流转价款实现抵押权，只不过是分期支付而已。

第六节　动产抵押权的特别规则

一、动产抵押权及其社会作用

动产抵押权，指债权人对于债务人或第三人不移转占有、继续使用收益而供担保之动产，于债务不履行时，得就其价值（折价或变价的价款）优先受偿的担保物权制度。该制度滥觞于罗马时代，随不动产物权制度之昌盛而渐趋衰落；现代社会市场经济之发展，使之再次发达。“在比较法上我们看到市场经济越发达的国家，其动产担保制度亦越发达。”[③]

欧陆近代民法法典化运动以来，物权与债权、不动产与动产相区分的理念逐渐明晰，物权公示、物权法定也渐次被确认为物权制度的基本原则。依近代以来形成的物权规范，物权欲取得对世效力，必须公示，其中，动产物权以占有（交付）为其公示方法，不动产物权以登记为其公示方法。在此基本格局之下，动产之上如设立不移转占有的抵押权，难以满足公示的要求，不仅与物权的基本理念和规则不合，而且还会对交易的安全带来重大的妨害，故此，动产抵押制度在近代大陆法系各国民法上被普遍地废弃了。这种做

① 参见赖来焜：《强制执行法各论》，406页，台北，元照出版有限公司，2008；房绍坤：《论土地承包经营权抵押的制度构建》，载《法学家》，2014（2）。

② 参见高圣平：《承包地三权分置的法律表达》，载《中国法学》，2018（4）。

③ 王泽鉴：《动产担保制度与经济发展》，载梁慧星主编：《民商法论丛》，第2卷，112页，北京，法律出版社，1994。

法，其利在于维护了物权制度在体系上的一致性和严密性，有利于交易安全的保护；其弊则在于忽视了农业经营者和工商业主以其使用中的动产设定不移转占有的担保权而融通资金的需要，于社会经济的发展有所滞碍。但这一弊端，在整个19世纪乃至20世纪之初，并不十分明显，故而未引起人们的重视。①

为进一步改善营商环境，增强我国在吸引投资方面的优势，《民法典》对担保制度的修改，也就集中在了动产担保制度部分。在动产担保规则的体系化上，《民法典》没有采行基于功能主义的一元化动产担保交易制度。囿于我国既有的物权体系，《民法典》没有将在功能上起担保作用的交易重构为担保物权。其中，物权编以所有权（自物权）为基础展开其制度逻辑，推及至用益物权与担保物权等他物权，由此，担保物权就被定位于在他人财产上所设立的定限物权，自不包括所有权在内。凡以所有权为担保者，无法在物权编担保物权分编中找到其体系位置；所有权保留交易、融资租赁交易等起着担保功能的交易也就无法植入既有的担保物权体系之中。但是，《民法典》对国际动产担保交易法制的发展给予了充分的关注，不仅采纳了《联合国国际贸易法委员会动产担保交易立法指南》（以下简称《联合国动产担保立法指南》）的部分建议，而且吸收了我国已经加入的《移动设备国际利益公约》（以下简称《开普敦公约》）的成熟经验。其中最具方法论意义的是，《民法典》将这些起着担保功能的非典型动产担保交易与动产抵押交易在规则上作了类似的设计，统一适用登记对抗规则，均规定“未经登记，不得对抗善意第三人”，为动产担保交易其他规则的一体化提供了解释前提。

二、统一的动产和权利担保登记制度

在非移转占有型动产和权利担保渐趋主流的背景之下，登记公示也就成了消灭“隐蔽性担保”、平衡担保权人与潜在交易相对人利益的主要技术工具。与我国统一的不动产登记体系相比，目前动产抵押和权利质押的登记机构较为分散，不能完全适应现代市场经济发展的需要。基于此，《民法典》删除了有关担保物权具体登记机构的规定，为建立统一的动产抵押和权利质押登记制度留下空间。《优化营商环境条例》第47条第2款中规定“国家推动建立统一的动产和权利担保登记公示系统”，为统一动产和权利担保登记制度提供了法律依据。

（一）动产和权利担保登记的功能

对于奉行登记对抗主义的动产担保权而言②，登记的功能体现在以下几个方面。

第一，为与担保人进行交易的第三人提供信息。动产和权利担保权作为一种物权，具有优先于债权的效力，应有相应的权利表征使第三人得以知悉。借助于动产和权利担保登记，潜在的交易相对人在交易之初即可判断债务人（担保人）的责任财产范围，以

① 参见刘保玉：《物权体系论》，279页，北京，人民法院出版社，2004。

② 就《民法典》的规定而言，动产抵押权、所有权保留交易中出卖人保留的所有权、融资租赁交易中出租人享有的所有权、保理交易中保理人受让的应收账款等，采取了登记对抗主义。为表达我国《民法典》上功能化的担保物权观念，本部分以动产和权利担保权指称《民法典》上的典型担保物权和非典型担保物权。特此叙明。

确定担保人的财产是否事实上可以在担保人违约时足以清偿债务，并避免误认债务人所占有的财产均属于责任财产的范围，而承担未能预见的风险。对于意欲取得债务人财产上的物权的人而言，借由动产和权利担保登记簿，可以了解该财产上是否已经为其他债权人设立了担保，从而确定其是否取得受制于在先担保权的权利。值得注意的是，登记对抗主义之下的动产和权利担保登记并不具有创设担保物权的功能。动产和权利担保登记簿并不具有权利正确性推定效力，并不能保证使债权人免受债务人的欺诈，也不具备平衡当事人权利义务的功能。动产和权利担保登记并不表明标的物上担保权确定、真实地存在，仅仅只表明标的物上可能存在或即将可能存在担保权。动产和权利担保权确定、真实地存在，取决于担保权设立要件的满足，如担保合同已然成立生效、担保人取得对标的物的处分权、担保权人已经给付对价（如发放贷款）。

第二，为确定竞存权利之间的优先顺位提供基础。同一标的物上存在多个竞存权利并不鲜见，如何确定这些竞存权利之间的优先顺位即成问题。登记对抗主义模式下，动产和权利担保权的设立并不依赖于登记，而是从担保合同生效之时即已设立或确立。同一标的物上竞存担保权之间如依各自的设立时间先后定其优先顺位，则会增加交易的不确定性。动产和权利担保权的登记时间是可以准确确定并且轻易证明的事实。如此，动产和权利担保登记为确定竞存权利之间的优先顺位提供了客观基础。同一标的物之上竞存担保权之间的优先顺位，采行“先登记者优先”规则。登记系统可以显示准确的登记时间，并且优先顺位的次序通常可以从登记簿上直接查明，而无须调查担保合同的内容、次序及其相互关系，也不问权利人或第三人是否知悉登记的实际情形，对于各方当事人的保护并无二致，堪称公平。

（二）统一动产和权利担保登记系统的基本属性

（1）采行声明登记制的登记系统。所谓声明登记制，是指登记一份简单的担保声明书，其中记载足以提醒查询者可能存在动产担保负担的基本信息，即当事人的姓名或名称和住所、担保财产和/或登记有效期限。声明登记制的法理基础在于：登记对抗主义之下区分担保权的设立与登记，担保权的设立取决于担保交易当事人的合意，其证据是当事人之间的担保合同；登记并不是担保权设立的生效要件，并不具有证明担保权已经设立的功用。换言之，担保权的设立与登记相互独立，各有其不同的效力，彼此不构成对方的证明，设立担保权并不表明当事人已就担保权办理登记，登记担保权也并不意味着当事人已经设立担保权。

在声明登记制之下，担保合同无须登记，登记申请人也无须将其提交登记机构以供审查。从登记簿中直接获取的信息实际上限于担保交易可能存在的一份声明。对于担保权实际上是否已经设立、是否已经消灭等问题，利害关系人只有通过进一步的调查才能掌握。当然，进一步的调查会导致登记后交易成本的增加，但声明登记制的核心优势远胜于这些成本，即可以更为容易并快速地登记，且必要细节和形式的减少使得登记更少出错，对于交易频繁的普通动产而言，尤为如此。

（2）采行单方申请主义的自主登记系统。单方申请主义之下，动产和权利担保登记可由担保权人在线自主完成，从而无须取得担保人对办理担保权登记的同意，也无须提供证据证明动产和权利担保权已经或即将设立，更无须登记机构工作人员的审查和参与，登记机构对于登记申请并无审查责任。单方申请主义之下，登记由担保权人自主完成，极易损及担保人的利益。例如，担保声明书中具名的当事人之间本不存在担保合同关系，基于具名担保权人的申请即办理了担保登记，直接导致具名担保人无法或难以转让具名担保财产或在该财产上为他人设立担保权。为此，在规则设计上，在登记并未反映（或不再反映）既有或将有的动产担保权之时，具名担保人应有相应措施维护自身权益。如担保人享有受领登记通知的权利；担保权人负有注销登记的义务；担保人有注销或修正登记请求权。

（3）可以在线访问的电子化登记系统。与纸面登记系统相比，电子化登记系统采用了最新的通信技术，并且可以在线访问。数字化信息很少会因蓄意破坏、盗窃或火灾、洪灾或其他灾难而受到破坏或损坏。更重要的是，电子化的录入和检索在速度上比纸介质更为快捷，在成本上比纸介质更为低廉。动产和权利担保登记系统的电子化，几乎消除了登记机构的档案管理负担，也降低了查询者到各地的登记机构进行数次检索的必要，同时为远程传输登记信息办理登记以及在线查询提供了空间。但凡实行电子化登记系统的国家或地区，均允许以电子化的方式提交登记申请和查询申请，也允许以电子化的方式回复查询结果。在电子化的自主登记系统之下，用户经登记机构同意而成为登记系统的常用户的情形下，可以在其计算机终端上远程提交登记或查询申请。非常用户有两种途径远程在线提交登记或查询申请：一是通过登记机构的各地办公室；二是通过已经成为登记系统常用户的代理登记和查询的中介机构。当用户以电子化的形式向登记系统提交登记信息时，一旦该登记信息进入登记数据库，登记系统即将自动分派登记时间，以供第三人查询。此际，登记即生效力。

（4）采取人的编成主义和物的编成主义相结合的登记系统。登记簿上的信息尚须按照一定标准编制成索引以供查询人检索。不动产登记簿奉行物的编成主义，以不动产单元为编制标准，但大多数动产并不具有特定化的识别要素，不足以支撑物的编成主义的登记与查询。物的编成主义意味着对担保财产的具体描述，这一要求对于在担保人现有和将有的动产（如生产设备、存货、应收账款等）上所设立的担保权的登记程序无法展开。因此，动产和权利担保登记簿主要采取人的编成主义，即以担保人的姓名或名称作为登记簿的编制标准和检索标准。这一编成模式为担保财产的概括描述提供了前提，使得担保人的集合动产（现有和将有的动产）和种类物上的动产担保权经由单一登记即可完成。针对高价值动产，应兼采物的编成主义，动产和权利担保登记系统应允许以标的物作为检索标准。

三、动产担保权登记对抗规则的理解

《民法典》第 403 条规定：“以动产抵押的，抵押权自抵押合同生效时设立；未经登记，不得对抗善意第三人。”第 641 条第 2 款规定：“出卖人对标的物保留的所有权，未经登记，不得对抗善意第三人。”第 745 条规定：“出租人对租赁物享有的所有权，未经登记，不得对抗善意第三人。”其中，动产抵押权是典型的动产担保交易形态，也属定限物权性质，权利人就标的物并不享有所有权；所有权保留交易中出卖人对标的物的所有权、融资租赁交易中出租人对租赁物的所有权，实际上已经“功能化”为担保权，不再是《民法典》物权编意义上的所有权，其权利内涵更接近于动产抵押权这一定限物权。

（一）动产担保权的性质与对抗的理解

动产担保权虽未登记，但亦属物权，只不过效力没有那么完备而已。采行债权意思主义的物权变动模式，未登记动产担保权的物权效力自不应完全同于基于债权形式主义的物权变动模式。与债权形式主义不同的是，债权意思主义下的物权不再限于能有效对抗所有第三人的权利，未经登记的动产担保权是能有效对抗当事人及“某些”第三人的物权，与有效对抗“所有”第三人的物权存在区别。担保人的无担保债权人仅得请求给付，并不能支配作为担保财产的责任财产，与担保权人的变价权和优先受偿权所体现的支配性不在同一层次，在进入强制执行程序和破产清算程序之前，尚无法及于该财产，也不会与动产担保权人就担保财产发生争夺关系。此时，动产担保权虽未登记，但亦可对抗无担保债权人，无担保债权人也就不属于法律保护的“善意第三人”之列。

如此一来，“对抗”一语就有了广狭两义。从广义上讲，物权的对抗效力，是指物权人可以对世界上任何人主张其物权，任何人都不能予以剥夺。从这个意义上讲，未登记动产担保权和无担保债权之间的关系，亦可在登记对抗效力中予以讨论，无担保债权人亦属“第三人”。从狭义上讲，“对抗”是“以权利依其性质有竞存抗争关系为前提”[①]，所谓“第三人”，是指对标的物有物权关系的相对人。[②] 未登记动产担保权系属物权，与无担保债权人之间不发生对抗关系，所谓未登记的动产担保权可以对抗无担保债权人，只是一种便宜说法。

（二）未登记动产担保权可得对抗的第三人的客观范围

针对未登记动产担保权这一相对性物权，首先要解决的是绝对性对世权在义务主体上的范围问题。《民法典》第403条、第641条第2款、第745条中所规定的“第三人”，除了“善意”之外未加其他任何限制。仅从文义上看，所谓“第三人”，自是当事人及其承受人之外的人。但如此理解，可能造成不合理、不妥当的结果。

1. 第三人客观范围：物权人

仅就《民法典》第403条前句的文义来看，自抵押合同生效之时，动产抵押权即已设立，抵押权人自可依第410条的规定，在债务人不履行到期债务或发生当事人约定的实现抵押权的情形之时，就抵押财产行使变价权，并优先受偿。此时，如有第三人争夺同一财产，即发生所谓对抗问题。动产抵押权人享有的是排除其他债权人优先受偿的特殊地位，而非享有排除任何权利人的优先受偿性。当动产抵押权与其他担保物权竞存之

---

① 王泽鉴：《民法学说与判例研究》（重排合订本），1481页，北京，北京大学出版社，2015。同旨参见最高人民法院民事审判第一庭：《最高人民法院物权法解释（一）理解与适用》，189页，北京，人民法院出版社，2016。

② 参见全国人大常委会法制工作委员会：《中华人民共和国物权法释义》，412页，北京，法律出版社，2007。

时，该动产抵押权人能否就同一抵押财产优先于其他权利人受偿，无法根据物权支配性获得支持，而应依优先顺位规则加以确定。[①] 在《民法典》所确立的优先顺位规则体系中，一般规则是以取得对抗效力的时间先后作为判断竞存动产担保权之间优先顺位的客观标准。

在担保人转让担保财产的情形之下，受让人属于动产担保权未登记而不得对抗的"第三人"之列。在解释上，这里的受让人，应以已依物权变动规则取得所有权者为限；已经签订买卖合同但未受领交付的受让人，在法律地位上仍属债权人，自不属于不得对抗的"第三人"。未登记的动产担保权不得对抗受让人，虽然"不得对抗"并不意味着动产担保权的消灭，而仅指未经登记的动产担保权，在当事人之间已经完全有效成立，在对第三人的关系上也非绝对无效，仅该当事人不得对第三人主张有动产担保权的效力而已，但在受让人取得标的物的所有权之后，该当事人不得对其主张动产担保权，此时动产担保权仅具形式上的意义。因此可以认为，此时，动产担保权亦消灭，担保权人也就无法行使变价权和优先受偿权。

2. 第三人客观范围：特定债权人

前已述及，未登记动产担保权这一隐蔽性的权利，基于其物权地位可以对抗无担保债权。在法政策上，对无担保债权人的范围进行限缩，降低未登记动产担保权的隐蔽性可能对交易安全所致损害，应属妥适的方案。

第一，承租人。在"买卖不破租赁"规则在《民法典》中得以延续的情形之下，承租人的租赁权被置于类似于他物权的地位而受到强势的保护，承租人对于标的物（担保财产）的支配关系至为明显。为充分保护承租人的利益，保护对标的物的利用关系和租赁的信赖关系，未登记动产担保权不能对抗承租人。不过，这一结论应以承租人善意为前提（容后详述）。

第二，查封、扣押债权人。无担保债权人基于执行名义已经申请启动强制执行程序，且执行法院已就抵押财产采取查封、扣押措施时，未登记的动产担保权是否可得对抗之，我国实定法上并无明文规定。在解释论上可以认为，无担保债权人已经通过强制执行程序查封、扣押抵押财产的情形之下，其对该抵押财产已经取得了对物的支配权，与抵押权人形成了对物的争夺关系。[②] 同时可以认为，无担保债权人此时已取得对该财产的（间接）占有，债权人的胜诉债权就该财产也就取得了担保权（动产质权）。在利益衡量上，无担保债权人在交易时是基于标的物上不存在担保负担的责任财产状态，在债务人的财产被查封、扣押时，债权人即与未登记担保权人的利益发生实质性冲突，此际，对于未登记担保权人和无担保债权人应实行平等保护。[③]

第三，其他与查封或扣押债权人法律地位类同的债权人。上述查封、扣押债权人自当包括在强制执行程序中申请参与分配的债权人。破产清算程序在性质上属于对破产债

---

① 参见庄加园：《动产抵押的登记对抗原理》，载《法学研究》，2018（5），79～80页。

② 参见李文涛、龙翼飞：《"不登记不得对抗第三人"规则中"第三人"范围的界定——以对传统民法形式逻辑的检讨为思路》，载《法学杂志》，2012（8），57页；赵忠丽：《论登记对抗规则下第三人范围的确定》，载《研究生法学》2015（2），23页。

③ 参见龙俊：《中国物权法上的登记对抗主义》，载《法学研究》，2012（5），150页。

务人的概括执行程序，破产债权人、破产管理人的法律地位亦应与查封、扣押债权人作相同理解。准此，未经登记的动产担保权，不得对抗查封或扣押债权人、参与分配债权人、破产债权人或破产管理人。

值得注意的是，《民法典》就所有权保留交易和融资租赁交易改行登记对抗主义，第641条第2款、第745条中未经登记的所有权不得对抗的第三人客观范围，亦应与《民法典》第403条中未经登记的动产抵押权作同一理解。《合同法》第242条规定："出租人享有租赁物的所有权。承租人破产的，租赁物不属于破产财产。"《民法典》第745条将其修改为："出租人对租赁物享有的所有权，未经登记，不得对抗善意第三人。"两者相较，《民法典》删去了"承租人破产的，租赁物不属于破产财产"的规定。在承租人破产之时，出租人自不得依其所有权主张破产取回权，而仅得在其所有权已行登记的情形之下向破产管理人主张优先受偿权；如未登记，即不具有对抗善意第三人的效力，也不得对抗破产管理人。

（三）未登记动产担保权可得对抗的第三人的主观范围

我国《民法典》前引相关法条均坚持，未经登记不得对抗的"第三人"应属"善意"，但是否全部"第三人"均受主观上"善意"之限制，不无疑问。

1. 受让人的"善意"限制及其认定

标的物的受让人作为动产担保权未登记而不得对抗的"第三人"时，尚须以受让人的主观"善意"为前提。这里所谓"善意"，是指不知道标的物上存在动产担保负担，且无重大过失。受让人不知情且存在轻过失者，不在此限，否则无异于强制性地要求所有动产交易的相对人均须注意交易标的物上是否存在动产担保权，害及大量动产交易的效率和安全。动产担保权既未登记，第三人亦难以注意到标的物上存在动产担保权，为贯彻登记对抗制度的规范意旨，应将"善意"限定在重大过失，不强求第三人在登记簿之外再作详尽的调查，以降低交易成本、促进交易效率。

2. 其他担保权人的"善意"要件之否定

《民法典》的规则体系存在明显的解释冲突。其第403条、第641条第2款、第745条的规定，未登记动产担保权，不得对抗善意第三人；但依据其第414条第1款第2项的规定，已登记的动产担保权优先于未登记的动产担保权，而不管两者之间的设立先后，也不论设立在后的动产担保权人是否善意，依据第415条的规定，已经设立的动产质权优先于未登记的动产担保权，也不管动产质权人是否善意。两者之间的法适用结果并不一致。例如，在后设立的动产担保权已行登记，但其权利人在主观上非为善意，其已知道标的物上已经存在未登记的动产担保权的情形之下，如采第一种观点，适用第403条、第641条第2款、第745条，则设立在先但未登记的动产担保权，可以对抗设立在后但已登记的动产担保权；如依第二种观点，适用第414条和第415条的规定，则设立在先但未登记的动产担保权，不得对抗设立在后但已登记的动产担保权或设立在后的动产质权。

在解释上，可以认为《民法典》第414条、第415条与第403条、第641条第2款、第745条两个规范群之间是特殊规定和一般规定的关系，自应优先适用。准此，《民法典》第 403 条、第 641 条第 2 款、第 745 条应作限缩解释，善意要件只适用于第三人非为担保权人的情形。在确定竞存动产担保权之间的优先顺位时，不考虑动产担保权人的主观心理态度，直接以登记先后作为判断标准，有其正当性。

（四）正常经营活动中的买受人规则的解释与适用

《民法典》上并未限制充任担保物的财产范围，在解释上，只要法律上未禁止转让的财产均可作为担保物。如此，是否接受某一财产作为担保物，全由担保权人自行判断。由此出现的问题是，在担保人的正常经营活动（如正常销售存货）中，交易相对人是否有义务事先查询登记簿以探知标的物上是否存在担保负担？动产种类众多、交易频繁，且大多属于日常生活必需品，如强制性地要求交易相对人在每一笔交易中均要查询担保登记簿，耗时费力，不仅增加交易成本，而且影响交易便捷、害及交易安全。为维护基本的交易秩序，应对正常经营活动中的买受人提供更好的保护。当然，也应存在一个强势的体制以增加交易结果的确定性。基于此，《民法典》第 404 条规定："以动产抵押的，不得对抗正常经营活动中已支付合理价款并取得抵押财产的买受人。"这一规则将原仅适用于浮动抵押交易的《物权法》第 189 条第 2 款上升为普遍适用于动产抵押交易的一般规范。

1. "正常经营活动"的认定

首先，《民法典》第 404 条所称的"正常经营活动"是指担保人的正常经营活动，而非买受人的正常经营活动。[①] 其次，该抵押人须以销售与标的物同种类的动产为业。最后，交易标的物在性质上属于"原材料、半成品、产品"（存货）。基于正常经营活动中的买受人规则的规范目的，交易标的物应属具有市场流通性的种类物（原材料、半成品、产品）。当然，交易标的物是否构成存货，尚须对所销售的标的物与出卖人（担保人）的正常经营范围进行比较，如出卖人是销售洗衣机等家用电器的销售商，则家用电器构成存货，该销售商销售家用电器，即构成正常经营活动，但如其销售家用电器的生产设备，则生产设备不具有存货性质，就不构成正常经营活动。当然，该生产设备对于生产该类生产设备的制造商来说，就可能构成存货。

2. "已支付合理价款"的认定

在《民法典》上，登记对抗规则与善意取得制度之间各有其不同的制度功能和体系分工。《民法典》第 404 条与第 311 条所定善意取得的构成要件上虽在条文表述上相同，但其基于的政策考量尚存差异。规定"已支付合理价款"要件在一定程度上是"为了防止抵押人与他人合谋欺诈抵押权人"[②]。不过，对"已支付合理价款"这一要件亦应契合商业实践作出灵活解释。同时，"已支付合理价款"不以支付金钱为限，各种替代金钱的方式均在其列。

3. 正常经营活动中的买受人规则的适用是否以买受人的善意为前提

《民法典》第 404 条并不以买受人主观善意为适用前提，而以"已支付合理价款"作

---

① 参见董学立：《论"正常经营活动中"的买受人规则》，载《法学论坛》，2010（4），89～90 页。

② 程啸：《担保物权研究》，2 版，545 页，北京，中国人民大学出版社，2017。

为平衡正常经营活动中的买受人与其他债权人之间利益的工具，与美国法上不要求支付合理对价但要求买受人主观善意的考量因素不同，自不得作相同理解。

4.《民法典》第404条和第403条之间的关系

在适用关系上，《民法典》第404条构成第403条的特别规定，且其适用并不以动产抵押权未登记为前提。无论抵押权是否登记，买受人均可取得标的物上无负担的所有权。因此，第403条中的“第三人”涉及受让人之时，也就局限在了“非正常经营活动中的买受人”。也就是说，仅在非正常经营活动中，买受人在动产抵押权登记之前就取得标的物所有权，并且不知道动产抵押权存在时，买受人可以对抗动产抵押权人。①

5.《民法典》第404条的规定是否可以准用于所有权保留交易和融资租赁交易

就文义而言，《民法典》第404条的适用范围以动产抵押交易为限。在解释上，所有权保留交易和融资租赁交易与动产抵押交易同属动产担保交易，自可准用本条规定。在准用时，该条中抵押人（出卖人）的正常经营活动，应指所有权保留交易中的买受人、融资租赁交易中的承租人。

第七节　浮动抵押权的特别规则

一、浮动抵押权的概念与特征

（一）浮动抵押权的概念

浮动抵押权是指企业、个体工商户、农业生产经营者以现有及将有的生产设备、原材料、半成品、产品抵押，债务人不履行到期债务或者发生当事人约定的实现抵押权的情形时，债权人就抵押财产确定时的动产优先受偿的权利（《民法典》第396条）。浮动抵押制度自其从英国衡平法产生之后起即广受关注。由于它满足了商事实践中的需要，使债务人可得利用嗣后取得的财产作为融资工具，而成为各国纷纷效尤的对象。但由于法系之间概念和调整方法的差异，各国均呈不同的发展路径，尤其是在法制改革进程中不便彻底引进北美式动产担保交易法制的国家，浮动抵押制度是颇值研究和引进的一大融资工具。我国在引入该制度时亦作了相应改造，并随着解释论的发展，呈现出颇具中国特色的浮动抵押制度。可以说，随着功能主义担保观的推行，浮动抵押制度的特殊性越来越小。

传统观点认为，担保物权作为物权之一种，具有直接支配性和排他性。由此而决定，担保物权只能及于特定的物之上（这里的“特定的物”非仅限于与种类物相对而称的特定物，特定化的种类物亦无不可）。因此，担保物权的客体应为特定的财产。如标的物不能特定，担保物权人无从确定和直接支配标的物的交换价值，不能就标的物的变价款使其债权优先受偿。随着物权特定性原则的不断缓和，担保财产的特定性并不能作为否定

---

① 参见龙俊：《动产抵押对抗规则研究》，载《法学家》，2016（3），48页。

将来取得之财产上设定担保物权的理由。担保物权为支配担保财产交换价值之权，而其支配权利的具体行使是在担保物权实行之时。若担保财产在担保物权实行时是特定的，担保物权仍可得行使。由此，担保财产的特定性表现为担保物权可得实行时的特定性，只要在担保物权实行时，担保财产为特定即可。这一学说和理论上的变迁为我国引入浮动抵押制度提供了理论上的前提，也为未来财产担保制度的发展提供了依据。

（二）浮动抵押权的特征

相比于固定抵押中抵押财产的固定性和特定化，浮动抵押财产具有浮动性。浮动性主要是就抵押财产的不特定性和变动性而言。一方面，抵押权的客体并未确定和特定化为某一具体财产；另一方面，抵押财产的范围、价值等都处于变动的状态。抵押人在其正常经营活动中处分抵押财产的，抵押财产即逸出抵押权的效力范围，抵押财产的范围因之减少；抵押人新增加的同类财产亦自动归入抵押权的效力范围，抵押财产的范围因之增加。即使《民法典》将正常经营活动中的买受人规则扩及固定抵押权，但也仅是承认了前者，并未同时承认后者。亦即，抵押人新增加的同类财产并不自动归入固定抵押权的效力范围。

浮动抵押中，抵押财产并非永远浮动，最终它也会达到特定化标准，否则浮动抵押权的设立目的无法实现，但特定化之时并非浮动抵押权设立之时，而是在浮动抵押权因特定事由的出现而确定之时。由此可见，浮动抵押权只是笼罩和悬浮在浮动的集合抵押财产之上或者说与其一起浮动，直到浮动抵押权确定之前，对抵押财产之集合体及构成集合体之个体并无支配力。①

抵押财产的浮动性和抵押人对抵押财产的自由处分权，使得浮动抵押权的效力始终处于一个“悬浮”的状态，在浮动抵押权可得实行时，如何界定其效力所及的抵押财产范围？浮动抵押权实现的前提条件是抵押财产的固定化和特定化，这一过程又称为浮动抵押财产的“固定化”或“结晶”，《民法典》上称为“确定”。浮动抵押财产的确定使得浮动抵押转化为固定抵押，使得浮动抵押权设立的最终目的——保全债权得以达成。浮动抵押的这一特点，在浮动抵押和固定抵押之间架设了桥梁，是浮动抵押制度运行的根本保证。②

二、浮动抵押权的设立

（一）浮动抵押权的主体

浮动抵押不同于固定抵押，固定抵押的抵押人可以是债务人，也可以是第三人，浮动抵押的抵押人只能是债务人。《民法典》将浮动抵押人限定为企业、个体工商户、农业生产经营者。

---

① 参见陈本寒：《财团抵押、浮动抵押与我国企业担保制度的完善》，载《现代法学》，1998（4）。

② 参见李政辉：《论浮动抵押》，载梁慧星主编：《民商法论丛》，第14卷，693页，北京，法律出版社，2000。

（二）浮动抵押财产的范围

《民法典》将浮动抵押财产限定为生产设备、原材料、半成品、产品。除此以外的动产不得设立浮动抵押，不动产之上也不得设立浮动抵押权。就比较法上关于抵押人处分抵押财产的应收账款同样亦属浮动抵押财产的范围问题，我国法上的解释路径之一就是适用《民法典》第406条第2款。

（三）浮动抵押合同

浮动抵押权由当事人双方合意设立，因此，《民法典》第400条要求当事人就浮动抵押权的设立订立书面合同，该合同一般包括被担保债权的种类和数额、主债务履行期间、抵押财产的范围、担保范围、实现抵押权的情形等。这里所说的抵押财产的范围并不要求详细列明，比如以全部财产抵押的，可以写"以现有的或者将有的全部动产抵押"；以部分财产抵押的，可以写"以现有的和将有的渔产品抵押"。

（四）浮动抵押权的登记

企业、个体工商户、农业生产经营者设定浮动抵押权的，抵押权自抵押合同生效时设立；未经登记，不得对抗善意第三人。基于浮动抵押财产的浮动性，浮动抵押权登记自应不同于固定抵押权登记。

第一，《动产抵押登记书》中抵押财产的描述无法特定化，只能对抵押财产进行概括性描述，无法详列抵押财产清单。以全部的现有和将有的生产设备、原材料、半成品、产品设定浮动抵押的，只需注明"现有和将有的生产设备、原材料、半成品、产品"全部抵押；以上述财产部分设定浮动抵押的，只需界定部分即可，如"以现有和将有的生产电视机的生产设备、原材料、半成品、产品"全部抵押。

第二，在抵押财产发生变更时，无须办理变更登记。《动产抵押登记办法》规定，动产抵押合同变更、《动产抵押登记书》内容变更的，当事人应当办理变更登记。但这一规定应仅适用于固定抵押，对于浮动抵押而言，在浮动抵押财产确定之前，在其正常经营活动中，抵押人有权处分抵押财产，其以合理价格出卖的生产设备、原材料、半成品、产品自动脱离抵押财产范围；买入的生产设备、原材料、半成品、产品则自动加入抵押财产范围，由此导致抵押财产范围、数量的变化，无须办理动产抵押权变更登记。

第三，为达到公示标的物之上的权利负担的目的，浮动抵押登记书上应当标明"浮动抵押"字样，以提醒交易相对人，在抵押人的正常经营活动中与抵押人就抵押财产的交易并无风险，否则交易相对人依登记书关于抵押财产的记载将会对交易风险作出相反的判断。

三、浮动抵押权的效力

浮动抵押权的效力大体与动产抵押权的效力相同，最大的差别在于浮动抵押权有一个效力休眠期。浮动抵押权的休眠，也称浮动抵押权的效力休眠，是指在抵押财产确定之前，抵押权人没有支配具体抵押财产的权利，或不产生禁止抵押人在正常经营活动中处分抵押财产的权利，除非在抵押合同中对某些财产或处分行为作相反的规定。

四、浮动抵押财产的确定

浮动抵押最大的制度价值在于，赋予抵押人对抵押财产的自由处分权，既能使抵押人获得来自债权人的资金支持，又能使抵押人的正常经营免受不利影响。这样就有可能实现这一制度设计的理想效果，债务人在债权人的资金支持下，经营效益良好，收益大增，债务偿还能力大大增加，按时清偿了债务，债务人获得了发展，债权人获得了预期的债权收益，双方各得其益。但如果债务人没有履行到期债务，或某些事件的发生表明债务人不能履行债务，债权人就要实行抵押权，以保障自己的债权。

浮动抵押权设定后，因抵押人对抵押物的自由处分，抵押物具有不特定性，其形态变动不居，价值飘浮不定。抵押权人要实现抵押权，首先要使浮动抵押停止浮动，让其固定下来。此即浮动抵押的结晶，《民法典》称其为浮动抵押财产的确定。

浮动抵押财产的确定是因法定或约定事件的发生，抵押人丧失对抵押财产的自由处分权，抵押权人获得其对抵押财产的控制权，抵押财产形态及价值特定，浮动抵押转为固定抵押，抵押权人可就抵押财产主张优先受偿权。浮动抵押财产的确定是抵押权人实现抵押权的前提。

依照《民法典》的规定，浮动抵押财产确定的情形有以下四种：(1) 债务履行期届满，债权未实现；(2) 抵押人被宣告破产或者解散；(3) 发生当事人约定的实现抵押权的情形；(4) 发生严重影响债权实现的其他情形。

浮动抵押财产确定后，浮动抵押即转化为固定抵押，抵押财产特定化，抵押人不得再处分抵押财产，抵押权人可以依据《民法典》第 410 条的规定实现抵押权，就抵押财产确定时的动产优先受偿。

第八节 最高额抵押权的特别规则

一、 最高额抵押权的概念和特征

(一) 最高额抵押权的概念

最高额抵押权是指为担保债务的履行，债务人或者第三人为一定期间内将要连续发生的债权提供担保财产，债务人不履行到期债务或者发生当事人约定的实现抵押权的情形的，债权人在最高债权额限度内就该担保财产优先受偿的权利。由此可见，最高额抵押是为一定范围内的债权所提供的担保，该“一定范围”受到“最高债权额限度”“一定期间”“连续发生”等三方面的限制。“最高债权额限度”是抵押权人基于最高额抵押权所能优先受偿的最高债权金额，它表明抵押权人对抵押财产交换价值的支配范围；“一定期间”即为最高额抵押权的债权确定期间或决算期；“连续发生”是指最高额抵押权所担保的债权是债权人和债务人之间因一定法律关系所连续产生的债权。

“连续发生的债权”是否限定于将来发生的债权？最高额抵押权的本质特征不在于其所担保的债权为将来的债权，而在于所担保的债权为不特定债权，且具有最高债权额。最高额抵押权具有相对独立性，设立时不以债权之存在和特定为必要，但并非指最高额抵押权设立时不能将已存在和特定的债权纳入担保范围。《民法典》第420条第2款规定：“最高额抵押权设立前已经存在的债权，经当事人同意，可以转入最高额抵押担保的债权范围。”

（二）最高额抵押权的特征

最高额抵押权是一种特殊抵押权，当然具有异于一般抵押权的特质。

1. 最高额抵押权所担保的债权具有不特定性

最高额抵押权所担保的债权为债权人对债务人一定范围内的不特定债权，将来的债权是否发生、债权数额多少，均不确定。此与一般抵押权所担保的债权是确定的特定债权不同。应当注意的是，在最高额抵押权设立之时，“连续发生的债权”的最高数额是确定的，但实际发生额不确定。由此可见，债权不特定与债权额不确定不同，如债权特定仅债权数额不确定，仅能设定一般抵押权。[①] 如为将来特定债权提供担保，债权之发生虽属将来，即使债权数额不确定，也同样构成一般抵押权，而非最高额抵押权。

2. 最高额抵押权的从属性较为缓和

依照从权利随主权利的原则，一般抵押权的发生、处分、消灭，都从属于被担保的债权。在承认将来特定债权亦可作为一般抵押权的担保债权的情形之下，一般抵押权发生上的从属性就缓和解释为在一般抵押权可得实行之时须有担保债权存在。最高额抵押权作为一种抵押权，为担保一定范围内的不特定而连续发生的债权而设立，尚不能脱离债权而单独存在。但最高额抵押权所担保的将来债权尚不特定，其发生上的从属性即进一步缓和。

3. 最高额抵押权支配范围的限制性

一般抵押权的特定性，通说认为包括抵押财产特定和抵押担保债权特定两个方面。最高额抵押权所担保的债权虽然具有不特定性，但其所支配的抵押财产交换价值的范围仍属特定，因此，也具有限制性。最高额抵押权优先受偿的范围仅限于最高额范围内的担保债权。最高额，又称最高限额、最高债权限额、最高债权额，是指抵押权人和抵押人约定的、能够优先受偿的债权的最高限度数额。但这里所说的最高额，并不是最高额抵押权所担保的实际债权额。实际债权额的多少仅在最高额抵押权确定后才能确定。在最高额抵押权确定之前，被担保的债权额增增减减、变动不居，无从确定，也无确定的必要。在最高额抵押权确定时，如果债权额超过预定的最高债权限额，则超过部分不属于担保范围，最高额抵押权实际担保的债权额为预定的最高债权限额；如果债权额低于

---

① 参见谢在全：《民法物权论》，825页，北京，中国政法大学出版社，2011。

预定的最高债权限额，则以实际存在的债权额为实际担保债权数额。

4. 最高额抵押权的实现以对债权进行决算为必要

确定期间的存在，也是最高额抵押权与一般抵押权相区别的重要特征之一。确定期间，又称决算期，是确定最高额抵押权所担保的债权实际数额的时期。最高额抵押权通常所担保的债权是将来连续发生的不特定债权，一直保持流动性，变动不息。但最高额抵押权实行之时，其优先受偿范围必须按实际确定的担保债权而定，而不能按预定的最高债权限额确定。因此，必须选择一定时点来终止最高额抵押权所担保债权的流动性，从而确定最高额抵押权所担保债权的实际数额。只有在该时点存在的且不超过最高债权限额的债权，才可能依法优先受偿。这一一定时点，就是确定期间，在性质上属于期日。

二、最高额抵押权的设定

（一）最高额抵押合同

设定最高额抵押权，抵押人和抵押权人应当以书面形式订立最高额抵押合同。与一般抵押合同不同的是，最高额抵押合同应当约定被担保债权的种类范围和最高债权限额。最高额抵押合同中通常还约定债权确定期间。但是，债权确定期间约定与否，并不影响最高额抵押合同的成立。

（二）最高额抵押权设定登记

《民法典》对于最高额抵押权的登记问题没有专门规定。依据《民法典》第 424 条，应适用一般抵押权登记的规定。但是，《民法典》关于一般抵押权的登记，根据抵押财产的不同而分别采取登记生效要件模式和登记对抗要件模式：对不动产抵押权和权利抵押权一般采取登记生效要件模式；对土地承包经营权抵押权和土地经营权抵押权采取对抗要件模式；对动产抵押权采取登记对抗要件模式。由此可见，最高额抵押权的设定登记，依其抵押财产的性质，分别采登记生效要件模式和登记对抗要件模式。

三、最高额抵押权的效力

（一）最高额抵押权担保债权的范围

最高额抵押权担保债权的范围与一般抵押权担保债权的范围相一致。值得注意的是，在最高额抵押权所担保的债权实际数额（确定后）超过最高债权限额的情形下，如果抵押财产拍卖、变卖所得的价金在清偿了最高债权限额内的债权后仍有一部分余额，则最高额抵押权人在最高债权限额之外，不享有支配抵押财产交换价值的权利，因此，应将该余额交还给抵押人。至于最高额抵押权人的没有得到清偿的超过最高限额的债权，应当按照普通债权的求偿方式求偿。

（二）最高额抵押合同条款的变更

最高额抵押合同为当事人双方意思表示一致的结果，当然也可以按照双方当事人的意愿对合同条款进行变更。但是，最高额抵押合同为涉及物权变动的合同，其条款的变更，除涉及双方当事人的利益外，往往还涉及第三人的利益，因此，最高额抵押担保的债权确定前，抵押权人与抵押人可以通过协议变更债权确定的期间、债权范围以及最高债权额，但变更的内容不得对其他抵押权人产生不利影响。

（三）最高额抵押权的处分

（1）在最高额抵押权确定前已发生的各种担保债权，可以一般债权转让的方法进行转让。转让后的债权脱离该抵押法律关系，抵押权不随同移转于受让人。

（2）在最高额抵押权确定前，担保债权只能与基础关系一并转让。转让后，受让人依基础关系所生的债权可以受该最高额抵押权担保，而受让人在此前对债务人的债权并不受该最高额抵押权担保，因为最高额抵押是担保一定期间内连续发生的所有债权，而不是其中的单独某一个债权。因此，最高额抵押权并不从属于特定债权，部分债权转让的，只是这部分债权脱离了最高额抵押权的担保范围，对最高额抵押权并不发生影响，最高额抵押权还要在最高债权额限度内，为已经发生的债权和尚未发生、将来可能发生的债权作担保。因此，最高额抵押担保的主债权确定前，部分债权转让的，最高额抵押权并不随之转让，除非当事人另有约定。

（3）最高额抵押权确定后，即转变为一般抵押权，可以与主债权一起转让。此时受让人对债务人原有的债权，不在原来约定的债权范围内，应当被排除在抵押担保的范围之外。

（4）当事人可以约定在最高额抵押担保的债权确定前，最高额抵押权随部分债权的转让而转让。当事人的约定主要有以下两种情形：1）部分债权转让的，抵押权也部分转让，原最高额抵押所担保的债权额随之相应减少。在这种情况下，转让的抵押权需要重新作抵押登记，原最高额抵押权需要作变更登记。2）部分债权转让的，全部抵押权随之转让，未转让的部分债权成为无担保债权。[①]

四、最高额抵押权的确定

最高额抵押权的确定，也称最高额抵押权的担保债权的确定，是指最高额抵押权所担保的一定范围内的不特定债权，因一定事由的发生而变为具体、特定的债权。最高额抵押权的确定有利于确定最高额抵押权的优先受偿范围，保护利害关系人的利益。

（一）最高额抵押权确定的事由

依据《民法典》第 423 条的规定，最高额抵押权的确定事由主要有以下几类。

---

① 参见黄薇主编：《中华人民共和国民法典解读・物权编》，681～682 页，北京，中国法制出版社，2020。

1. 债权确定期间届满

如当事人约定了债权确定期间，则债权确定期间届满时，最高额抵押权所担保的债权数额即可以自行确定。如当事人对于确定债权期间没有约定或者约定不明确，抵押权人或者抵押人可自最高额抵押权设立之日起满 2 年后请求确定债权。这里规定的“2 年”是一个固定期间，不存在中止、中断的问题，其起算点是最高额抵押权设立之日。

2. 新的债权不可能发生

最高额抵押权担保一定范围内不断发生的不特定债权，如这些债权不再发生，则担保债权的流动性停止，最高额抵押权所担保的债权即得以确定。主要有两种情况：(1) 担保债权范围的变更，致使新的债权没有再发生的可能性；(2) 基础合同（连续性交易合同）消灭。最高额抵押权主要为因基础合同而产生的连续性不特定债权提供担保，如基础合同因终止、解除等原因而消灭，担保债权则丧失了再次发生的可能性，最高额抵押权即得以确定。①

3. 抵押权人知道或者应当知道抵押财产被查封、扣押

抵押财产被查封、扣押的，直接危及最高额抵押权的实现。《最高人民法院关于人民法院民事执行中查封、扣押、冻结财产的规定》第 27 条则规定：“人民法院查封、扣押被执行人设定最高额抵押权的抵押物的，应当通知抵押权人。抵押权人受抵押担保的债权数额自收到人民法院通知时起不再增加。人民法院虽然没有通知抵押权人，但有证据证明抵押权人知道查封、扣押事实的，受抵押担保的债权数额从其知道该事实时起不再增加。”依此规定可知，只有在抵押权人收到人民法院查封、扣押抵押财产的通知时或者知悉抵押财产被查封、扣押的事实时，最高额抵押权所担保的债权才归于确定，担保范围不再增加。

4. 债务人、抵押人被宣告破产或者解散

债务人、抵押人被宣告破产或者解散的，未到期的债权，在破产申请受理时为到期，附利息的债权自破产申请受理时起停止计息。抵押人进入破产程序的，其所有的财产（包括最高额抵押财产）都由破产管理人占有和支配。但对破产人的特定财产享有担保物权的权利人，对该特定财产享有优先受偿的权利，因此，抵押人被宣告破产也使最高额抵押权所担保的债权确定成为必要。同理，在债务人、抵押人解散的情况下，债务人或者抵押人进入清算程序时也需要确定担保债权额。

5. 法律规定债权确定的其他情形

这是兜底条款。依据《民法典》第 420 条的规定，出现了当事人约定的实现抵押权的情形，抵押权人可以实现抵押权。如当事人约定了实现抵押权的情形，则可视为法律规定的债权确定的其他情形之一。

（二）最高额抵押权确定的效力

最高额抵押权确定后，一般认为发生下列效力。

---

① 参见陈华彬：《物权法原理》，664 页，北京，国家行政学院出版社，1998。

1. 最高额抵押权转变为一般抵押权

最高额抵押权确定后，被担保债权从此丧失其不特定性和流动性，最高额抵押权转变为一般抵押权；不再具有相对独立性，而具有了严格的从属性。

2. 被担保债权的原本债权确定

仅在确定时存在的原本债权，才属于最高额抵押权担保债权的范围。最高额抵押权确定后所发生的任何债权均不在担保范围之内。最高额抵押权确定时存在的原本债权不限于已届清偿期的债权，其他未届清偿期的债权或者附条件的将来债权，只要确定时存在，也包括在内。

3. 利息等从债权的处理

最高额抵押权确定时存在的被担保债权的利息、违约金、赔偿金、实现抵押权的费用，不论确定时是否已经发生，均属于被担保债权的范围。但是，可以优先受偿的原本债权、利息、违约金、赔偿金的合计总额不得超过预定的最高额；而实现抵押权的费用不计入最高额，不受最高额的限制。

问题与思考

1. 公司充当抵押人时应当注意哪些问题？

2. 抵押合同与抵押权的设立之间是什么关系？

3. 如何理解“房地一体”抵押规则？

4. 简述未登记动产抵押权的效力。

5. 试比较浮动抵押权和最高额抵押权的确定制度。

6. 5月10日，甲以自有房屋1套为债权人乙设定抵押并办理抵押登记。6月10日，甲又以该房屋为债权人丙设定抵押，但一直拒绝办理抵押登记。9月10日，甲将该房屋转让给丁并办理了过户登记。试分析各当事人的权利和义务。

第二十六章
质　权

本章概要

本章对应于《民法典》物权编第十八章质权。质权是比较古老的担保物权制度，它以质权人占有质押财产，间接强制债务人履行债务，以达到担保的作用。《民法典》上的质权有动产质权与权利质权之分，其中，权利质权是近代以来新兴的质权形态，在社会财富形态逐渐变化的社会经济背景下，日益占据重要位置。质权与抵押权同为担保物权，但在质权关系中，出质人尚须移转质物的占有。权利质权中，尤应注意票据质权、存单质权、股权质权、应收账款质权。

第一节　质权概述

一、质权的概念与特征

质权，是指债务人或第三人将标的动产或权利交债权人占有或控制，在债务人不履行债务或者发生当事人约定的实现权利的情形时，债权人以该动产或权利折价或拍卖、变卖所得价款优先受偿的权利。在质押法律关系中，享有质权的人称为质权人；将标的财产移转于质权人占有或控制而供债权担保的债务人或第三人，称为出质人；出质人移转给债权人占有以供债权担保的财产，称为质物或质押财产。

质权作为担保物权之一种，除具有担保物权的共有属性之外，还有其自身的特点。

1. 质权原则上以交付（占有）为公示方法

质权的标的为动产或者财产权利，其流动性较大，权利变动频繁。与不动产相比，其不具有区别于其他财产的显著特征，如出质人不将质押财产交付于质权人占有即可以成立质权，质权人对标的财产的支配将无从实现。就动产质权，《民法典》第 429 条规定："质权自出质人交付质押财产时设立。"

动产质权设立要件的“交付质押财产”，到了权利质权领域，也成了“移转权利凭证”或“权利证书的交付”[①]，更多地体现为一种观念上的占有，也就是权利质权人对入质权利的“准占有”，因为以事实管领力为内容的占有，只能在有体物上成立，权利之上至多只有所谓“准占有”[②]。针对权利而言，权利质权人“以自己所为的意思而行使财产权就视为对该财产权的准占有”[③]。权利从一方转至另一方控制力之下，与事实上“管领之力”并无必要作硬性区分。比较法上，就权利的准占有又被称为“控制”。但这一公示方法的公示力明显不足，《民法典》就其中部分权利质权改采登记公示的方法。

2. 质权的标的为动产或财产权利，但不包括不动产或不动产权利

权利可为抵押权的标的财产，也可为质权的标的财产。一般认为，基于不动产而产生的用益物权或其他不动产利用权，属于与质权性质相抵触的财产权利，因而被纳入抵押财产的范畴。《民法典》不承认不动产质权，其理由在于，就不动产权利设定质权，应以权利让与的方式为之，则须经由转移登记才能取得对抗效力，已与质权的定限物权性质不合，因此，不动产权利不得为权利质权的标的财产。[④] 其他类型的财产权利，如知识产权中的财产权、可转让的证券权利、应收账款等，由于其具有交换价值，同时在可移动性上又与动产相似，因而被归入质押财产的范畴，可在其上设立权利质权。

3. 质权具有留置效力，并就标的财产直接支配以实现质权

债务人不履行到期债务或者发生当事人约定的实现质权的情形，质权人可以继续留置质押财产，并对质押财产的全部行使权利。债务人履行债务或者出质人提前清偿所担保的债权的，质权人应当返还质押财产。债务履行期限届满后，出质人可以请求质权人及时行使质权；质权人不行使的，出质人可以请求人民法院拍卖、变卖质押财产。出质人请求质权人及时行使质权，因质权人怠于行使权利造成出质人损害的，由质权人承担赔偿责任。

二、质权的类型

《民法典》以标的财产的不同为标准，将质权区分为两种：动产质权与权利质权。这一区分源于《民法典》总则编关于物权客体的区别规定。《民法典》第 115 条规定：“物包括不动产和动产。法律规定权利作为物权客体的，依照其规定。”由此可见，权利作为质权的客体，尚须法律明确作出规定。这也是《民法典》第 440 条就出质财产权利的范围采取封闭式规定的理由。但就动产质权的客体而言，并没有此种限制，仅有法律、行政法规禁止转让的动产才不得出质（第 426 条）。

---

① 孙宪忠：《中国物权法总论》，314 页，北京，法律出版社，2014。

② 谢在全：《民法物权论》，1135 页，北京，中国政法大学出版社，2011；史尚宽：《物权法论》，604 页，北京，中国政法大学出版社，2000；郑玉波：《民法物权》，黄宗乐修订，439 页，台北，三民书局股份有限公司，2008。

③ ［日］田山辉明：《物权法》，陆庆胜译，151 页，北京，法律出版社，2001。

④ 参见江平主编：《中华人民共和国物权法精解》，286 页，北京，中国政法大学出版社，2007；郑冠宇：《民法物权》，638～639 页，台北，新学林出版社股份有限公司，2014。

质权人虽占有或控制质押财产，但并无利用之权，仍仅得支配标的财产的交换价值以确保债权的清偿。如此，质权仍具价值权属性，以优先受偿效力为其担保作用。此外，与同属意定担保物权的抵押权不同的是，质权具有留置效力，即质权人留置质押财产，造成出质人的心理压力，以间接促使其清偿债务。值得注意的是，就依登记为公示方法的权利质权而言，其原有的留置功能几乎完全丧失。“此类财产权没有以物理形式来使用的价值，它对任何人只具有客观上的交换价值。换句话来说，由于它对权利人不具有特别的主观价值，即使在其上设定了质权，禁止设立人处分，对于权利人也不会产生心理上的压力。因此，在设立此类质权时，其经济功能只在于依赖标的物的交换价值优先受偿。”① 此时，其担保的作用反近于抵押权，实际上是动产质权与不动产抵押权的中间区域。②

第二节　动产质权

动产质权，是指债权人对于债务人或者第三人移转占有而供作担保的动产，在债务人不履行到期债务或者发生当事人约定的实现质权的情形，依法以该动产折价或者以拍卖、变卖该动产的价款优先受偿的权利。

一、动产质权的取得

（一）动产质押合同

设立质权，当事人应当采取书面形式订立质押合同。质押合同是质权产生的前提，也是将来处理当事人之间纠纷的重要根据。

1. 动产质权的当事人

动产质权的当事人为质权人和出质人。质权人必须是质权担保的主债权的债权人。质权旨在为债权人设定担保利益，因此，质权人原则上不以有完全民事行为能力为必要。但因质权人须占有质押财产，对质押财产负有保管义务，质权人应有相应的民事行为能力。出质人可以是债务人，也可以是第三人。第三人为出质人的，该第三人又称物上保证人。质权的设定属于物的处分行为，故出质人对标的物应当具有处分权。

2. 动产质权的标的物

动产充作质押财产须具备以下条件。

第一，须是特定化的动产。充作质押财产的动产须是特定化的物，包括特定物和特定化的种类物。如质押财产尚未特定，质权将无从依附，质押财产也无从移转占有。

第二，须是有交换价值的动产，否则，质权设定的目的将无从实现。

---

① ［日］我妻荣：《新订担保物权法》，申政武、封涛、郑芙蓉译，104页，北京，中国法制出版社，2008。

② 参见史尚宽：《物权法论》，288页，北京，中国政法大学出版社，2000。

第三，须有可让与性。质权人的权利重在对动产的交换价值的支配权，亦即，质权即变价权，如以不可让与或不能让与的财产充当质押财产，质押财产无法变价，质权也就无法实现。因此，不可让与的财产或者法律禁止流通的财产，如禁止流通物（伪造的文书、淫秽书画等）、不能独立存在的物，都不能成为质押财产。至于共有人中的一人以其共有物中的应有份额设定质权，并将共有物移交债权人以与其他共有人占有，应视为动产质权有效成立。法律限制流通的物可以作为质押财产，只是实现质权时，质权人不能协议以质押财产折价或以拍卖、变卖的方式实现质押财产的变价，而只能由有权收购的部门收购质押财产，质权人以质押财产的收购款优先受偿。

（二）标的财产的交付

动产质押合同自合同成立之时起生效，但法律另有规定或当事人另有约定的除外；动产质权自出质人向质权人交付质押财产时设立。当事人设立动产质权的行为，应当公示，公示是动产质权设立的生效要件。当事人对质权设立没有公示的，不发生质权设立的效力。动产质权的公示方法为交付。

出质人向质权人移转占有的行为，也就是交付行为。交付有多种形式，如现实交付、简易交付、占有改定等。出质人移转质押财产的占有，并不以现实交付为必要，以其他方式交付亦可。如质押财产已由质权人占有的，则出质人无须现实交付，质权自质押合同签订之日起即设定。出质人并不直接占有质押财产，而仅间接占有质押财产时，也可以将质押财产返还请求权让与质权人，以代替现实交付。但出质人不得以占有改定代替质权人对质押财产的占有，因为，如出质人以占有改定的方式代替交付，则出质人直接占有质押财产，而质权人只能为间接占有。如此，一则无法公示质权的存在，害及交易的安全；二则出质人仍直接占有质押财产，质权人无法行使对质押财产的留置权利，使质权实际上丧失留置的效力。

（三）动产质权的善意取得

动产质权以交付为公示方法。对于动产，其所有权人为何人，第三人一般只能根据动产的占有来判断。占有发生移转，便“推定适法权利”移转，亦即不论动产的所有权人是何人，如善意第三人可以信赖占有人享有权利，即应推定第三人享有权利。因此，从占有公信力的角度，善意第三人应取得质权。同时，基于确保交易安全的目的，也应承认在无权处分人处分他人财产的情况下，善意第三人应当取得质权。

动产质权的善意取得应当具备以下要件：第一，须以设定质权为目的，即出质人移转动产占有于质权人，旨在设定质权担保债权的实现；第二，须出质人无处分质押财产的权利；第三，须质权人已占有该质押财产。动产质权以占有质押财产为其成立及存续要件，其善意取得，须出质人已将质权标的物移转债权人占有，否则，质权之设定不发生效力；第四，须质权人受让质押财产的占有时为善意，而不知出质人无处分权。善意相对于恶意而言，是指质权人的主观心理状态，即质权人在接受标的物之时不知出质人为非所有权人或无转让权人，而误以为出质人为有处分权人。这里的“不知”包括不知道和不应当知道，亦即既无故意又无重大过失的情形。

二、动产质权的效力

（一）动产质权所及标的物的范围

动产质权所及标的物的范围，主要包括从物、孳息、质押财产的代位物。动产质权的效力及于质押财产的从物。但是，从物未随同质押财产移交质权人占有的，质权的效力不及于从物。除非另有约定，质权人有权收取质押财产的孳息。收取的孳息按照下列顺序清偿：(1) 收取孳息的费用；(2) 主债权的利息；(3) 主债权。孳息的所有权仍然属于出质人，质权人对于孳息仅取得质权。这里的孳息，不限于天然孳息，法定孳息也包含在内。孳息可以是金钱，也可以是金钱以外的物。质权具有物上代位性，质权的效力当然也及于质押财产的代位物。质押期间，质押财产毁损、灭失或者被征收等，质权人可以就获得的保险金、赔偿金或者补偿金等优先受偿。被担保债权的履行期限未届满的，也可以提存该保险金、赔偿金或者补偿金等。

（二）动产质权对于质权人的效力

1. 占有和留置质押财产的权利

动产质权以移转标的物的占有为成立要件，质权人对质押财产当然取得占有权。质权人对质押财产的占有是合法的他主占有，质权人在其占有权受到侵害时，可以依法提起占有恢复之诉。

质权人在债权受清偿之前，对其占有的质押财产有留置的权利。只要质权人未受完全清偿，质权人就有权拒绝出质人返还质押财产的请求。即使出质人将质押财产转让给第三人，质权人留置质押财产的权利也不受影响。质权人留置质押财产的权利与留置权人的留置权不同：质权人留置质押财产的权利，并非质权的基本效力，只是维持质权存续的必要措施；而留置权人的留置权是留置权的基本效力之一。

2. 质押财产孳息收取权

质押财产孳息为质权效力所及。质权人有权收取质押财产的孳息，但是合同另有约定的除外。质权人收取质押财产孳息的权利并不是因为其已占有质押财产，而是因为质权的存在。质权人收取由质押财产所生的孳息，并非取得孳息的所有权，而只是取得对孳息的质权。依据《民法典》第430条的规定，质权人收取的孳息应当先充抵收取孳息的费用。

3. 费用返还请求权

质押财产出质后仍由出质人享有所有权，质权人只是占有质押财产并负有妥善保管质押财产的义务。因此，质权人对于因保管质押财产所支出的必要费用有请求出质人予以偿还的权利。

4. 物上代位权

物上代位权的行使，主要基于以下两种情况：一是质押财产毁损、灭失或被征收的，因此所得的保险金、赔偿金或者补偿金，应作为代位物，为主债权继续提供担保；二是质押财产虽未灭失，但其价值有明显减少的可能，足以危害到质权人的权利的，质权人可以要求出质人提供相应的担保。在出质人拒绝提供的情况下，质权人可以将质押财产变价，将所得价金提存后，继续为主债权提供担保。

5. 转质权

质权人为了担保自己或者他人的债务，有权以质押财产设定新的质权，称为转质。质权为财产权，质权人对质押财产的占有和收益享有利益，在合理的限度内，法律没有限制当事人利用和处分质权的必要。转质在性质上属于质权的再设定，只不过新设定的质权所支配的标的仍为原质权支配的标的，转质权就质押财产取得更优先的支配力而已。我国《民法典》不提倡转质，也没有禁止转质。为了保护出质人的利益，《民法典》采取的态度是，未经出质人同意不允许转质，质权人转质，造成质押财产毁损、灭失的，应当承担赔偿责任。（第 434 条）

承诺转质，是指质权人征得出质人的同意而将质押财产转质于第三人的行为。在承诺转质的情形，质权人仅对于因转质权人的过错而造成的损失承担责任，对于质押财产转质后非因转质权人的过错而发生的损失不承担责任。承诺转质实际上是以出质人让与质物的部分处分权为基础而发生的意思自治行为，在以契约自由为本的财产流转社会里，应承认承诺转质的效力。

责任转质，是指质权人在质权存续期间，无须出质人同意将质押财产转质于第三人的行为而自己承担责任。在责任转质的情形，质权人对于质押财产转质后所发生的任何损失，包括因不可抗力而发生的损失，均应承担责任。责任转质对于质权人充分利用质押财产的交换价值有着重要的意义，对出质人的利益并无明显不利影响。《民法典》不承认责任转质。

6. 优先受偿权

优先受偿权是质权的基本内容，也是实现质权担保作用的方式。质权人的优先受偿权主要表现在质权人较债务人的一般债权人即无担保的债权人优先受偿，在出质人破产时，质权人享有别除权。

7. 保管质押财产的义务

质权人在享有占有质押财产的权利的同时，也负有在占有期间妥善保管质押财产的义务。因质权人的过错即保管不善致使质押财产毁损、灭失的，质权人应当承担赔偿责任。质权人的行为可能使质押财产毁损、灭失的，出质人可以请求质权人将质押财产提存，或者请求提前清偿债务并返还质押财产。

8. 返还质押财产的义务

债务人履行债务或者出质人提前清偿所担保的债权的，质权人应当返还质押财产。

（三）动产质权对于出质人的效力

1. 质押财产的处分权

出质人虽将质押财产出质于质权人，并且移转占有于质权人，但并不丧失所有权，因此，出质人在法律上仍有权处分质押财产。但是，出质人转让质押财产时，不能于质权实现前现实交付，而只能采取指示交付的方式。因此，质权设定后，出质人对质押财产的处分权受到一定的限制。

2. 质押财产受侵害时的救济权

在质权人不履行妥善保管质押财产的义务而侵害质押财产时，出质人有权请求除去侵害；在质权人不能妥善保管，可能使质押财产灭失或者毁损的情形下，出质人可请求质权人将质押财产提存以排除侵害，质押财产的提存费用应由质权人承担。出质人也可以请求向债权人提前清偿债务而返还质押财产，以代替将质押财产提存。

3. 请求及时行使质权的权利

在债务履行期限届满后，质押财产仍然处于质权人占有之下，并且由质权人继续收取孳息。如质权人不及时行使质权，有可能使质物的价值降低，造成出质人的损失。此际，出质人可以请求质权人及时行使质权。如质权人不行使质权，出质人可以享有如下权利：一是请求人民法院拍卖、变卖质押财产。之所以必须请求法院拍卖、变卖，主要是因为质押财产处于质权人占有之下，如允许出质人直接拍卖、变卖，则难免导致纠纷，也难以保障质权人的利益。二是请求损害赔偿。因质权人怠于行使权利造成损害的，应由质权人承担赔偿责任。此处所说的损害，是指在债务履行期届满后，质权人怠于行使质权给出质人造成的损害，而不包括债务履行期限届满以前产生的损害。

4. 物上保证人的求偿权与清偿承受权

为债务人提供质押担保的第三人在其代债务人清偿债务，或者因质权人行使质权致使其丧失质押财产的所有权时，有权向债务人求偿，同时有权在其承担责任的范围内承受债权人对债务人的权利，但是不得损害债权人的利益。

三、动产质权的实现

动产质权的实现，是指质权人于其债权已届受偿期而未受偿，或者发生当事人约定的实现质权的情形时，以质押财产的价值受偿。

（一）动产质权实现的条件

动产质权的实现须具备以下条件。

1. 须债务人不履行到期债务或者发生当事人约定的实现质权的情形

如债权人的债权未届清偿期而允许质权人行使质权，将损害债务人依法应当享有的期限利益。债权是否已届清偿期，依当事人的约定，无约定时应依法予以确定。对于已届清偿期的债权，除非债务人有法定的抗辩权的存在，如同时履行抗辩权、不安抗辩权等，债务人拒绝或者迟延履行债务，质权人即可实现质权。而且，只要债权已届清偿期而未受清偿，不论债权人是否请求债务人为清偿，更不论债务人是否已为部分清偿，质权人均可实现质权。

“发生当事人约定的实现质权的情形”将除债务人不履行到期债务之外的实现情形交由当事人自己解决，合于契约自由理念，颇值赞同。

2. 须质权人占有质押财产

质权人保有质权以其持续占有质押财产为前提，质权人丧失对质押财产的占有即意味着质权的消灭。质权人于实现质权时，与他人共同占有质押财产的，有单独占有质押财产的权利，可向共同占有质押财产的他人行使单独占有的请求权。

（二）动产质权的实现方法

动产质权的实现方法有三种，即折价、拍卖、变卖。

1. 质押财产的折价

质押财产的折价，是指债权已届清偿期而未受清偿或者发生当事人约定的实现质权的情形时，质权人与出质人订立协议，由质权人出价购买质押财产，取得质押财产的所有权以代替债务的履行。

2. 质押财产的拍卖

债务履行期届满质权人未受清偿或者发生当事人约定的实现质权的情形的，质权人可以与出质人协议拍卖质押财产；协议不成的，质权人有权依法拍卖质押财产，就卖得的价款优先受偿。与抵押物的拍卖不同，质权人拍卖质押财产系以自己的名义，所以其转让质押财产的行为含有对他人所有权的处分的因素。对于质押财产的买受人来说，出卖质押财产的质权人负有转移质押财产所有权的义务及对质押财产的瑕疵负担保责任。质押财产的买受人只要是出于善意，不管质权实现的条件是否具备，也不管出卖人是否对质押财产有处分权，均可取得所有权。

3. 质押财产的变卖

与拍卖一样，在依法变卖质押财产之前质权人也应先与出质人进行协议，协议不成的，质权人才能依法变卖，就卖得的价款受偿。以变卖质押财产的方式实现质权，亦不得损害其他债权人的利益。质权人变卖质押财产所得价款要先用于清偿所担保的债权，剩余部分应归还出质人。

出质人是第三人的，在质押财产折价或者拍卖、变卖后，其价款超出所担保的债权的部分应当返还出质人，不足的部分出质人不再承担责任，而由债务人清偿。此时，未受清偿的债权成为普通债权。出质人是债务人的，以质押财产变价款不足以清偿的债权的余额，同样沦为普通债权。

第三节　权利质权

权利质权，是指以所有权以外的可转让财产权为标的而设定的质权。在社会财富的类型逐渐由以有体财产为主转向以权利为主的情况下，权利质权制度尤为重要。

一、可以出质的权利

基于权利质权的物权性、担保物权性、质权性，可以出质的权利应当具备以下条件。

（一）须为财产权

权利质权属担保物权，其标的应具有交换价值。人身权不具有市场交换价值，无担保物权的变价特征，因此，不能成为权利质权的标的。财产权以财产为内容，可以金钱估价，具体包括物权、债权以及知识产权中的财产权。

（二）须有可让与性

质权为价值权，其标的须有变价的可能。虽为财产权，但无可让与性的权利，不能为权利质权的标的。不得转让的权利有：（1）根据权利的性质而不能转让的权利，包含以下几个方面的情况：一是基于权利、义务关系人之间特殊的信任关系所生的权利；二是以特定身份为基础的权利；三是不作为的权利；四是从权利。（2）当事人约定不得转让的权利。《民法典》第545条第2款规定："当事人约定非金钱债权不得转让的，不得对抗善意第三人。当事人约定金钱债权不得转让的，不得对抗第三人。"（3）依法不得转让的权利。如我国《公司法》第141条、第142条等规定，发起人持有的本公司股份，自公司成立之日起1年内不得转让；公司公开发行股份前已发行的股份，自公司股票在证券交易所上市交易之日起1年内不得转让；公司董事、监事、高级管理人员所持本公司股份自公司股票上市交易之日起1年内不得转让；离职后半年内，不得转让；公司不得接受本公司的股票作为质权的标的。但就这些限转股份，如在股权质权设立之时尚在限转期内，但实行时限转期已经经过的，自无限制股权质权设立之理。

（三）须为适于设质的权利

我国《民法典》不承认不动产质权，且第446条规定权利质权准用动产质权的规定，因此，不动产用益物权及其他不动产权利虽具可让与性，但与质权的性质不合，均不得作为权利质权的标的财产。值得注意的是，不动产抵押权虽然可以随同其所担保的债权出质，所设定的是附抵押权担保的应收账款质权，并非以不动产抵押权为权利质权的标的财产。

依据《民法典》第440条的规定，可以作为权利质权的标的权利具体有以下几种：（1）汇票、本票、支票；（2）债券、存款单；（3）仓单、提单；（4）可以转让的基金份额、股权；（5）可以转让的注册商标专用权、专利权、著作权等知识产权中的财产权；（6）现有的以及将有的应收账款；（7）法律、行政法规规定可以出质的其他财产权利。

二、票据质权

票据质权是指票据法上所称票据（汇票、本票、支票）的质权，而不包括仓单、提单等的质权。票据质权是以票据权利为标的的质权，在性质上属于债权质权，《民法典》和《票据法》均对之有明确规定。

（一）票据质权的设立

我国《票据法》规定，票据可以设定质押；质押时应当以背书记载“质押”字样。被背书人依法实现其质权时，可以行使票据权利。由此可见，票据质权之设定以背书记载“质押”字样为必要。《民法典》第441条规定，以汇票、本票、支票出质的，质权自权利凭证交付质权人时设立；没有权利凭证的，质权自办理出质登记时设立。法律另有规定的，依照其规定。由此可见，《民法典》虽对票据质押是否以背书记载“质押”字样为要件未作规定，但因《票据法》就此已作特别规定，自应优先适用。未背书的票据质押因不符合《票据法》的要求而不产生票据法上的效力。质权人行使票据权利时，票据上除出质人以外的所有债务人都可以以背书不连续、持票人无法证明自己权利来源合法为由抗辩质权人的付款或追索请求。《担保制度司法解释》第58条规定：“以汇票出质，当事人以背书记载‘质押’字样并在汇票上签章，汇票已经交付质权人的，人民法院应当认定质权自汇票交付质权人时设立。”

作为质押标的的权利应具有让与性。此因设定权利质权之目的在于被担保的债权受清偿时，取得入质权利的交换价值，满足优先受偿的要求，以实现权利质权。记载“不得转让”的票据，不具有让与性，不能出质。《最高人民法院关于审理票据纠纷案件若干问题的规定》对此问题作了明确规定。“依照票据法第二十七条的规定，出票人在票据上记载‘不得转让’字样，其后手以此票据进行贴现、质押的，通过贴现、质押取得票据的持票人主张票据权利的，人民法院不予支持”（第52条）。“依照票据法第三十四条和第三十五条的规定，背书人在票据上记载‘不得转让’字样，其后手以此票据进行贴现、质押的，原背书人对后手的被背书人不承担票据责任”（第53条）。“依照票据法第三十四条和第三十五条的规定，背书人在票据上记载‘不得转让’‘委托收款’‘质押’字样，其后手再背书转让、委托收款或者质押的，原背书人对后手的被背书人不承担票据责任，但不影响出票人、承兑人以及原背书人之前手的票据责任”（第50条）。

依票据行为无因性原理，票据质权合同关系（基础关系）与票据质权关系（票据关系）相分离，票据质权合同关系的效力并不影响已设定的票据质权在票据法上的效力。质权人因正当行使质权而向付款人行使付款请求权，或向背书人、出票人行使追索权时，该付款人、被追索人不能以质权合同的法律瑕疵予以抗辩，但出质人例外。出质人与质权人既是质权合同的当事人，又是票据设质背书的背书人和被背书人，出质人因质权合同中的正当理由而抗辩质权人的请求，与其他票据行为中直接当事人之间可因票据原因关系未合法成立或未正当履行而抗辩对方当事人的请求权毫无二致。

（二）票据质权的实现

票据质权设定后，质权人作为被背书人、持票人，已经取得完整的票据权利，但质权人尚不得真正行使票据权利，只有在主债务履行期届满主债权未获清偿或者发生当事人约定的实现质权的情形时，质权人才能行使票据权利。

1. 行使付款请求权，并就所得款项优先受偿

质权人作为债权人，在实现质权时即可以背书的连续性证明自己权利的存在，持票据提示主债务人付款。即使质权人怠于履行票据权利的保全手续，主债务人的付款责任仍不能免除。付款请求权行使的对象包括汇票中的付款人、承兑人及保证人，本票中的出票人及保证人，支票中的付款人。票据主债务人将票款支付给质权人的，票据质权即告消灭，但如票款超过了权利质押合同所约定的被担保债权的数额，则超过部分应返还给出质人。当票据已经到期而其所担保的主债权尚未到期时，质权人也有权兑付票款，并将票款提存，或与出质人协商以票款提前偿还主债权。

2. 行使追索权，并就所得款项优先受偿

追索权，是指当持票人的第一次请求权不能实现，即债权人行使付款请求权而遭拒绝或者因其他特定原因而不能实现时，持票人在实施行使或保全票据上权利的行为后，向其前手请求偿还票款的权利。追索权在票据权利行使的顺序上居于第二位，是持票人的第二次权利，持票人未行使付款请求权，不得径行行使追索权。在质权人行使付款请求权而不能实现时，质权人在进行了行使或保全票据权利的行为后，即可向其前手追索。如经追索而获票款，则质权人可优先满足自己的债权。

三、存单质权

存单，亦称存款单，是表明存款人与金融机构之间存在存款合同关系的凭证。存单在性质上属于证权证券，即证明存款人作为存款合同债权人的证书。该债权证书仅是证明事实，因此也只有证明效力，并不能用以表示某种权利的必然存在，债务人可以提供反证证明债权证书虽为债权人所持有，但该债权原本不存在或已经不存在。以存单出质，其性质上属于债权出质。

（一）存单质权的设立和效力

以存单出质的，应当在合同约定的期限内将权利凭证交付质权人，存单质权自权利凭证交付质权人时设立。

第一，以伪造、变造的虚假存单出质的，质押合同因标的虚假而无效。质押合同为质权设定之基础，质押合同无效，依质押合同设定的质权自始不能成立。对于质押合同的无效，出质人有过错的，质权人应依法追究其缔约过失责任，金融机构不承担民事责任。

第二，以虚开的存单设立质权的效力。虚开的存单是指确属金融机构出具但无实际存款内容或与实际存款不符的真实存单。根据存单的“双重真实性”标准，虚开的存单外表真实，但其实质上并不真实，因此，虚开的存单亦不合法，以之为标的的质押合同当然无效，存单质权亦自始不存在。对于质押合同的无效，应依各方当事人的过错定其责任。存单持有人以金融机构开具的、未有实际存款或与实际存款不符的存单进行质押，以骗取或占用他人财产的，该质押关系无效。利用存单骗取或占用他人财产的存单持有人对于侵犯他人财产权承担赔偿责任；开具存单的金融机构因其过错致他人财产权受损，对所造成的损失承担连带赔偿责任。接受存单质权的人在审查存单的真实性上有重大过失的，开具存单的金融机构仅对所造成的损失承担补充赔偿责任。接受存单质权的人明知存单虚假而接受质押的，开具存单的金融机构不承担民事赔偿责任。

第三，存单核押。存单核押是指质权人将存单质权的情况告知金融机构，并就存单的真实性向金融机构咨询，金融机构对存单的真实性予以确认并在存单上或以其他方式签章的行为。首先，存单核押具有存单出质通知的效力，表明该存款行对该存单出质的事实已经知悉，该存单已不能挂失，存单所载款项的支付即受限制。其次，存款行核押存单是其对存单的真实性的确认，因此，无论实际存款情形如何，均应推定该存单为具有完全权利内容的权利证书。以金融机构核押的存单出质的，即使存单系伪造、变造、虚开，质押合同均为有效，金融机构应当依法向质权人兑付存单所载的款项。

（二）存单质权的实现

质权人的债权到期未受清偿或出现当事人约定的实现质权的情形的，质权人（债权人）可持质押担保合同，或者出质人自愿出质的证明文件，或者出质人申请的金融机构核押文书，或者人民法院确认债权人依法享有质权且已生效的判决书，凭质押存单，以质权人的身份，到存款行验质提款，实现质权。存款行出于保护储户利益的考虑，应对质权人提交的质押文书及存单进行审查，对于依法不具有质押合同成立或生效条件的，存款行有权拒绝质权人（债权人）交单提款的要求，但不能以质权人不是存款权利人、不能单独取款为由拒绝兑付，否则，质权人可以对存款行提起给付之诉。质押存单的期限先于主债务履行期限届满的，质权人可以提前兑现存单，并与出质人协议将兑现的价款提前清偿所担保的债权或向与出质人有约定的第三人提存；质押合同另有约定的，从其约定。提存的具体办法由各当事人自行协商确定。

四、股权质权

股权质权，是指出质人以其所拥有的股权作为质押财产而设立的质权。股权为股东享有的权利，其虽为社员权，但也具有财产价值，可以让与，所以，股权也可以设质，可为权利质权的标的。作为质权标的的股权必须具备两个条件：其一，具有可让与性；其二，不为法律所禁止。

（一）股权质权的设立

《民法典》第443条规定："以基金份额、股权出质的，质权自办理出质登记时设立。"值得注意的是，公司不得接受本公司的股票作为质权的标的，否则，一旦债务人到期不能清偿债务，公司作为债权人可以将入质股权折价抵债。这样相当于公司回购了本公司的股票，变相使公司股东抽回出资，从而减少了公司资本，损害了公司债权人的利益。

具体登记机构留待国务院另行规定。目前的登记机构较为分散。上市公司的股权、在全国中小企业股份转让系统转让股权的股份公司以及退市公司的股权的质押登记，在证券登记结算机构办理；有限责任公司的股权和未在证券登记结算机构登记的股份有限公司的股权的质押登记，在市场监管机构办理。

（二）股权质权的效力

股权出质后，不得转让，但经出质人与质权人协商同意的除外。这就是说，非经质权人同意，出质人不得转让其已出质的股权。在权利质权中，质权的客体是权利而非有体物，质权人无法如同对动产那样实际占有控制客体，控制力比较弱，所以应当限制出质人对质押标的物的处分权。只有经过出质人和质权人的协商同意，出质人才可转让股权，但出质人转让股权所得价金，应当向质权人提前清偿债权或者提存。

《民法典》第 430 条第 1 款规定："质权人有权收取质押财产的孳息，但是合同另有约定的除外。"这一规则亦可准用于股权质权。股权的孳息主要是指股息与配送股，至于股票在股市上价格上涨的溢价，由于这种增值不属于股票的孳息收入，故不能归质权人享有。值得注意的是，股权既包括经济性的权利也包括非经济性的权利，其中，前者如股息分配权、公司剩余财产分配权等；后者如出席股东大会的权利、投票权、选举权、被选举权、查阅公司账簿等权利。以股权出质，仅仅是指以其中的经济性权利出质，而不包括非经济性权利，因此股东在将股权质押之后，依然享有出席股东大会、投票等参与公司经营管理的权利，而股权质权人并非股东，不能出席股东会议行使表决权。①

（三）股权质权的实现

股权质权的实现，其结果是发生股权的转让，因此，出质股权的处分必须符合我国《公司法》关于股权转让的规定。对于以股份有限公司的股权出质的，必须在依法设立的证券交易场所进行转让。对于以有限责任公司的股权出质的，可以将股权折价归质权人所有，也可以变卖或拍卖的方式将股权转让给其他人，但公司其他股东在同等条件下有优先购买权。因股权质权的实现而使股权发生转让后，应进行股东名册的变更登记，否则，该转让不发生对抗公司的效力。以外商投资企业投资者的股权出质的，质权实现时，如将出质股权转移为质权人或其他受益人所有的，企业应向批准设立该企业的审批机关报送下列文件：投资者股权变更申请书；企业原合同、章程及其修改协议；企业批准证书和营业执照复印件；企业投资者股权变更后的董事会成员名单；质权人或其他受益人获得原投资者股权的有效证明文件。审批机关根据上述文件和出质股权的审批文件以及有关法律、法规的规定进行审核。以外商投资企业的中方投资者的股权出质的，其股权质权实现时，必须经国有资产评估机构进行价值评估，并经国有资产管理部门确认。

五、知识产权质权

知识产权质权是指以注册商标专用权、专利权、著作权等知识产权中的财产权利为

① 参见王文宇：《公司法论》，265 页，台北，元照出版社，2006。

标的而设定的质权。

（一）知识产权质权的设立

以注册商标专用权、专利权、著作权等知识产权中的财产权出质的，当事人应当订立书面合同，质权自登记时设立。具体登记机构留待国务院另行规定。目前，著作权质权登记在国家版权局委托的中国版权保护中心办理，专利权和注册商标专用权的质权登记在国家知识产权局办理。

（二）知识产权质权的效力

知识产权中的财产权出质后，出质人不得转让或者许可他人使用，但经出质人与质权人协商同意的除外。出质人转让或者许可他人使用出质的知识产权中的财产权所得的价款，应当向质权人提前清偿债务或者提存。出质人未经质权人同意而转让或者许可他人使用已出质权利的，应当认定为无效，因此给质权人或者第三人造成损失的，由出质人承担民事责任。

六、应收账款质权

应收账款质权是以应收账款为标的而设定的质权。所谓应收账款，是指权利人因提供一定的货物、服务或设施而获得的要求义务人付款的权利以及依法享有的其他付款请求权，包括现有的和未来的金钱债权，但不包括因票据或其他有价证券而产生的付款请求权，以及法律、行政法规禁止转让的付款请求权。应收账款包括下列权利：销售、出租产生的债权，包括销售货物，供应水、电、气、暖，知识产权的许可使用，出租动产或不动产等；提供医疗、教育、旅游等服务或劳务产生的债权；能源、交通运输、水利、环境保护、市政工程等基础设施和公用事业项目收益权；提供贷款或其他信用活动产生的债权；其他以合同为基础的具有金钱给付内容的债权。

（一）应收账款质权的设立

以应收账款出质的，当事人应当订立书面合同，质权自登记时设立。《物权法》原规定了信贷征信机构为应收账款出质的登记机构。根据《物权法》的授权，征信中心建成了应收账款质押登记公示系统，面向全社会提供应收账款质押、转让的登记与查询服务。

（二）应收账款质权的效力

应收账款出质后，不得转让，但经出质人与质权人协商同意的除外。出质人转让应收账款所得的价款，应当向质权人提前清偿债务或者提存。这主要是为了保护质权人的利益，防止出质人随意处置应收账款，保证所担保的债权的实现。

（三）应收账款质权的实现

在应收账款的清偿期和质权所担保债权的清偿期同时到期的情况下，质权人可以直接向应收账款债务人请求给付。此时质权人行使直接收取权并非以出质人名义而是以自己的名义。在应收账款的清偿期先于质权所担保债权的清偿期到期的情况下，质权人的债权仅为一种期待权，主债务人是否履行债务不得而知。因此，质权人既不能要求应收账款债务人提前履行其债务，又不得直接实现质权。此时，质权人和出质人可以协商以出质人所收取的款项提前清偿被担保的主债权。如果出质人不同意提前清偿，质权人有权请求将收取的款项提存。在应收账款的清偿期晚于质权所担保债权的清偿期到期的情况下，如应收账款债务人主动履行债务，则应收账款质权消灭；如应收账款债务人不主动履行债务，则应收账款质权仍然存在，但因应收账款未届清偿期，应收账款债务人享有期限利益，质权人不得强迫其放弃期限利益而提前清偿债务。

问题与思考

1. 简述动产质权与动产抵押权的区别。
2. 简述转质的类型与效力。
3. 简述票据质权的设立要件。
4. 简述股权质权的效力。
5. 简述应收账款质权的实现。

第二十七章
留置权

本章概要

本章对应于《民法典》物权编第十九章留置权，对留置权的权利属性和制度功能，留置权的成立、效力、行使、消灭等作全面论述。留置权的行使是法律例外地允许私力救济的情形，其成立较为严格，留置的财产仅限于动产，留置的动产应当与债权属于同一法律关系，但企业之间留置的除外。债务人可以请求留置权人在债务履行期届满后行使留置权；留置权人不行使的，债务人可以请求人民法院拍卖、变卖留置财产。

第一节　留置权概述

一、留置权的概念和特征

留置权，是指债务人不履行到期债务时，债权人所享有的留置其已经合法占有的债务人的动产，并就该动产优先受偿的权利。其中，债权人为留置权人，占有的动产为留置财产。

1. 留置权是法定的担保物权

留置权是依法律规定直接产生的担保物权。不论债权人和债务人是否有约定，只要具备《民法典》规定的条件，留置权当然产生。

2. 债权人留置的财产与债权属于同一法律关系

如果债权人的债权并非基于留置财产上的关系而产生，则不得留置该财产。应当注意的是，《民法典》对上述牵连关系作了例外规定，即“但企业之间留置的除外”，也就是承认了商事留置权的特殊性。

3. 留置权以合法占有债务人的动产为要件

留置是指占有、扣留债务人的动产而拒绝返还，因此，留置权以动产的占有为要件。

如债权人丧失占有债务人的动产，留置权即告消灭。留置权与质权一样，是以占有债务人的财产为成立和存续条件的，但留置权与质权又有所不同：在质权，出质人为设定质权而将财产移交债权人占有；而在留置权，债权人先占有财产而后才成立留置权，留置权不能通过财产占有的移转来设定。同时，对质押财产的占有源于当事人的约定，且质押财产不是债的标的物；而在留置权，债权人对债务人财产的占有可能是依据当事人的约定，但在债务人不履行到期债务时，债权人行使留置权而对留置财产的占有是基于法律的直接规定而非当事人的约定，一般情况下，留置财产即债的标的物。

4. 留置权的效力具有双重性

留置权人在其债权未受清偿以前可以留置债务人的财产，剥夺其使用权，以造成债务人的心理压力，从而促使债务人履行债务。这是留置权的留置效力（权能），又称留置权的第一次效力，是留置权的主要效力。在债务人超过一定的期限仍不履行债务时，债权人可以依法以留置财产折价或以变卖、拍卖留置财产所得的价款优先受偿，这是留置权的变价与优先受偿效力（权能），又称留置权的第二次效力。

二、留置权的制度功能

现代社会中，担保物权的强势功能已人所共知，但相比抵押权和质权而言，留置权没有融通资金的功能，仅有担保债权实现的功能，属于保全型担保物权，因此，留置权的地位相对较弱。但在我国目前的信用环境下，具有私力救济性质的留置权仍然是民事生活中一种重要的债的担保方式，在我国保全型担保物权仍居主流的情况下，尤为如此。如在承揽合同关系中，经双方约定，定作人不按期或者不如数给付加工费，承揽人即可对其财产取得留置权；又如，在货物运输合同中，托运人或收货人不按规定交付运费或其他费用时，承运人即可对承运货物取得留置权等。

留置权大多基于债权人在留置财产上附加了一定的劳动而产生，属于“费用性担保物权”。债权人对标的物施以劳务、技术或供给材料，为保全标的物的价值或增加标的物的价值作出了贡献。对于劳动债权的优先保护，已是世界各国的通例，体现了世界各国公共政策考量的趋同性。除了规定法定的留置权制度以确保劳动债权的优先受偿之外，各国破产法中劳动债权的优先保护亦为著例。

法律直接规定债权人的留置权，给债权人以确定的行为预期，避免了债权人“劳而无获”的风险，有效地抑制了债务人的道德风险，从而达到鼓励价值创造的目的。

第二节 留置权的成立

一、留置财产的范围

留置权为法定担保物权，其成立基于法律的直接规定，当事人不得任意以约定创设留置权，但当事人可以约定排除留置权的适用。

（一）留置财产仅限于动产

留置权所担保的债权数额通常较小，如果允许留置价值较大的不动产，则不仅对不动产所有权人有欠公允，从社会经济发展的角度看也非良策，因此，留置财产应限于动产，不动产应排除于外。

（二）法律规定不得留置或当事人明确不得留置的动产不能作为留置财产

法律对“不得留置”的特别规定是充分考量各方权利、义务之后所作利益衡平的结果。留置权为费用性担保权，法律将其界定为物权，并且允许其优先于抵押权和质权而受偿，自有其公共政策考量。如法律针对某一特定情形明定“不得留置”，也有其公共政策考量，应当得到当事人的尊重。

法律虽然规定了债务人不履行到期债务时可以成立留置权，但并没有规定债权人在留置权条件成立后必然行使留置权，如当事人已事先在合同中约定不得留置某动产，则在留置权成立条件具备时就不能留置该动产。

（三）留置财产是否仅限于债务人所有的财产

《民法典》第 447 条第 1 款中规定：“债权人可以留置已经合法占有的债务人的动产”。这里，“债务人的动产”是指债务人交付债权人占有的动产，并非专指债务人所有的动产。尽管属于第三人所有的动产，但只要经由合法的占有人交付债权人，且债权人合法占有该动产，亦可成立留置权。留置权所担保的债权的发生，与债权人留置的动产之间存在同一法律关系，债权的发生与该动产的联系，比与债务人的联系更密切。如修理合同中，修理费债权是因修理行为而发生，修理行为提升了标的物的价值；保管合同中，保管费债权是因保管保管物而发生，保管行为至少维持了保管物的价值；运输合同中，运输费债权是因运送货物而发生，运送行为往往增加了货物的价值。因此，赋予债权人对相应动产的物权，使其能通过物权的行使而实现其债权，是合理的。此时，该留置财产是否属于债务人所有已不重要。既然债权因留置财产而生，而债权人在该留置财产之上付出了自己的劳动，则如果将留置财产限于债务人所有的财产，将对债权人有失公平。《担保制度司法解释》第 62 条第 1 款规定：“债务人不履行到期债务，债权人因同一法律关系留置合法占有的第三人的动产，并主张就该留置财产优先受偿的，人民法院应予支持。第三人以该留置财产并非债务人的财产为由请求返还的，人民法院不予支持。”这里明确债权人对非属债务人的动产享有留置权并不以其善意为必要，只要债权人基于同一法律关系合法占有第三人之动产即可就此享有优先受偿权，并排除第三人所有权之返还效力。

二、留置权的成立条件

（一）债权人已经合法占有债务人的动产

对债务人的动产，只有债权人取得事实上的管领、控制或支配力时，才能成立留置权。留置权因占有而成立并存续，因占有的丧失而消灭。至于占有的方式，可以是直接占有，也可以是辅助占有和间接占有，但单纯的持有不是占有，不能成立留置权。例如，受雇的保姆对雇主的财物并不构成占有，而是持有，其不能于雇主的财产上成立留置权。①

（二）债权人占有的动产与债权属于同一法律关系

同一法律关系，是指留置财产应当与债权所形成的债权债务关系属于同一个民事法律关系。②“同一法律关系”是指同种类的法律关系还是同一个法律关系，学说上存在不同意见。从《民法典》限制牵连关系的立法原意以及债权人、债务人与利害关系人的利益平衡考虑，不应对“同一法律关系”作扩大解释，因此，“同一法律关系”应指同一个法律关系，而非同种类法律关系。同一法律关系最为常见的就是因合同产生的债权债务关系。如保管合同中寄存人不按期交付保管费，保管人可以留置保管物，此时留置权成立。如果保管人对寄存人享有的是保管合同之外的其他债权，或者保管人留置的是债务人的其他财产，则该留置权不能成立。

由于在商业实践中，企业之间相互交易频繁，追求交易效率，讲究商业信用，如果严格要求留置财产必须与债权的发生具有同一法律关系，则有悖交易迅捷和交易安全原则，因此，《民法典》同时规定，企业之间留置的财产，可以不与债权属于同一法律关系，从而承认了商事留置权。③ 但这一规定并不代表着不需要留置动产与债权之间存在任何牵连关系。《担保制度司法解释》第 62 条第 2 款规定：“企业之间留置的动产与债权并非同一法律关系，债务人以该债权不属于企业持续经营中发生的债权为由请求债权人返还留置财产的，人民法院应予支持。”由此可见，债权人不能基于其受让取得的债权行使商事留置权。

（三）债务人不履行到期债务

留置权因债务人不履行债务而发生，如果债权清偿期尚未届满，债务人仍处于自觉履行合同的状态中，则债务人到期能否清偿债务还无法判断，因而留置权不能成立。债权人占有债务人的财产，若其债权清偿期未届而允许发生留置权，势必等于强制债务人提前清偿债务。这不仅不能实现留置权担保债权受偿的目的，而且易于诱发债权人滥用权利。只有在债权清偿期已届满，债务人仍不履行其债务时，债权人才可以将其合法占有的动产留置，即债权已届清偿期是留置权产生的条件。

留置权以债权已届清偿期为其成立要件，从而有别于抵押权、质权的成立。抵押权和质权的发生，并不以被担保的债权已届清偿期为必要，仅以被担保的债权存在为必要，至于被担保的债权是否已届清偿期，为抵押权和质权实行时所必须考虑的问题。同时，就抵押权和质权的实现条件，《民法典》允许当事人在债务人不履行到期债务之外另行约

---

① 参见郭明瑞：《担保法》，2 版，222 页，北京，法律出版社，2004。

② 参见黄薇主编：《中华人民共和国民法典解读·物权编》，750 页，北京，中国法制出版社，2020。

③ 参见黄薇主编：《中华人民共和国民法典解读·物权编》，750～751 页，北京，中国法制出版社，2020。

定其他实行条件。还应该注意的是，债权已届清偿期只是留置权成立的条件之一，而非留置权实现的条件。债权清偿期届至后，还需要经过宽限期，在此期间留置权不能实现，只有待到宽限期届满，债务人既未清偿债务，也未提供其他担保，留置权人才能行使变价受偿权，此时留置权才得以实现。

第三节　留置权的效力

一、留置权对于留置权人的效力

1. 留置权人对留置财产的占有权

留置权人对留置财产有占有的权利，在其债权受清偿前可以持续地占有留置财产，拒绝一切返还留置财产的请求。这种占有权是留置权人的基本权利，也是留置权的基本效力。

2. 留置权人对留置财产孳息的收取权

留置权人占有留置财产期间，留置权人可以收取留置财产所生的孳息（包括天然孳息和法定孳息），以抵偿其债权。收取的孳息为金钱的，可以直接充抵债务；如果收取的孳息是其他财产，则留置权人享有变价权，可以将其折价，优先受偿。留置财产的孳息充抵债权清偿的顺序是，先充抵收取孳息的费用，次充抵主债权的利息，然后充抵主债权。

3. 留置权人对标的物的使用权

留置权为担保物权而非用益物权，留置权人原则上无权使用留置财产，然而出于保管和维持留置财产安全的需要，在必要时留置权人有一定的使用权，如为防止锈蚀而适当地使用留置的车辆、船舶、机械。

4. 留置权人收取必要保管费用的权利

留置权人在占有留置财产期间对留置财产应妥善保管，由此而支出的保管、保养费以及其他必要的费用，留置权人有权请求债务人偿还，也可以作为债权从留置财产的变价款项中优先受偿。

5. 留置权人的优先受偿权

留置权人就留置财产的价值优先受偿，是留置权效力的集中表现，是留置权人的最基本的权利，也是保障其债权的根本手段。留置权人的优先受偿权并不是债务履行期届满即可行使，债务履行期届满后一定宽限期的经过是留置权人行使优先受偿权的条件，也是留置权人的优先受偿权与抵押权人、质权人的优先受偿权的区别之所在。

6. 留置权人对留置财产的保管义务

留置权人负有妥善保管留置财产的义务；因保管不善致使留置财产毁损、灭失的，留置权人应当承担赔偿责任。

7. 留置权人返还留置财产的义务

在留置权人对留置财产实行折价或变卖前，债务人履行了对留置权人的债务，或留置权因其他原因而消灭时，留置权人应将留置财产返还给债务人。如拒不返还，则为非法占有，留置权人应承担民事责任。在留置权人对留置财产实行折价或变卖后，以变价款抵偿债权后如有剩余，应返还给债务人。

二、留置权对债务人的效力

1. 债务人保有留置财产的所有权

留置权人留置财产后，债务人并不因留置权的成立而丧失留置财产的所有权，所以，债务人自得处分其所有物，或出卖，或赠与，均无不可，但留置权并不因此而受影响。

2. 债务人行使所有权受到限制

因留置权的成立，债务人的所有权行使也必会受一定影响。一般而言，债务人不仅自己不能对留置财产占有、使用和收益，而且也不能将留置财产用于设定质权和出租。

3. 债务人负有偿付必要费用的义务

留置财产被留置后，由于其所有权等权属并未发生变更，因而留置权人保管、维护留置财产的一切必要的费用，自然应由债务人承担。

第四节 留置权的实现

留置权的实现，是指留置权人将留置财产变价并使被担保债权优先受偿。因此，留置权的成立，并不等于留置权的实现。留置权人实现留置权，除了必须具备前面所述的留置权的成立要件之外，还必须依法定的条件、程序及方法进行。

一、实现留置权的条件

1. 债权人持续地占有债务人的动产

留置权的发生和存续以留置权人占有留置财产为条件。留置权成立后，留置权人丧失对留置财产的持续占有的，留置权归于消灭。但因侵权行为致使留置权人暂时丧失留置财产，留置权人回复占有而重新取得占有权的，不构成丧失占有，仍可实行留置权。这里指的持续占有是指对留置财产不间断地占有，不仅包括直接占有，也包括间接占有。

2. 债务人在宽限期内仍未履行债务

留置权人在行使留置权前，应当在宽限期内通知债务人履行债务。留置权人与债务人应当约定留置财产后的债务履行期间；没有约定或者约定不明确的，留置权人应当给债务人 2 个月以上履行债务的期间，但留置鲜活易腐等不易保管的动产除外。

3. 不存在妨碍留置权实现的法定或约定情形

留置权人留置债务人后的财产后的权利行使应当符合法律规定及合同约定。如果债权人留置债务人的财产违反了公共秩序或善良风俗，或者与债务人交付动产前或交付动产时所为的指示相抵触，或者违反了债权人应承担的义务，则即使债务人迟延履行义务，债权人也不得行使留置权。

二、实现留置权的程序

1. 留置权人应对债务人发出履行债务的通知

在当事人间已约定有宽限期的情况下，留置权人无须通知债务人履行债务。在当事人间没有约定宽限期的情况下，留置权人应向债务人发出通知，通知其在宽限期（不少于 60 日）内履行债务。此通知具有催告的性质。通知的内容，一是已将合同标的物留置，二是告知债务人宽限期，三是催告债务人在宽限期内履行债务。债权人未经通知债务人上述内容，不得实现留置权。债务人在宽限期内仍不履行债务的，留置权人即可实行留置权。

2. 折价或变卖、拍卖留置财产必须经过一定期间

与抵押权、质权不同，留置权人并不能在债务人于债务履行期限届满未履行债务时即实现留置权。留置权人在留置财产后须再经过一定期间，才可实现留置权。这里的一定期间，也就是给予债务人履行债务的宽限期。债务人履行债务的宽限期，由当事人事先约定，如果未事先约定宽限期，则由债权人在留置财产后自行确定，但债权人确定的给予债务人的债务宽限期最短不得少于 60 日。

三、实现留置权的方法

留置权人实现留置权，主要有三种方法：其一，以留置财产折价；其二，拍卖留置财产；其三，变卖留置财产。

《问题与思考》

1. 留置财产是否仅限于债务人所有的财产？
2. 试区分留置权的成立条件和实现条件。
3. 简述留置权人对留置财产孳息的权利。

第二十八章
担保物权之间及担保物权和其他权利之间的冲突与协调

本章概要

在担保物权可得实现之时，担保物权人就标的物的变价款优先受偿，往往受到担保人的其他权利人的争夺，例如，同一标的物的其他担保权人、买受人或承租人，无担保债权人以及破产管理人等。确定这些权利之间的顺位，既是解决合理分配标的物变价款的实践需求，也是权利人预估交易风险并据此作出理性商事判断的前提。

第一节 竞存担保物权之间的优先顺位规则

为加大担保信贷的供给，法律应当最大限度地允许债务人利用其财产本身的全部价值来获取信贷。这就意味着允许同一担保人在相同的财产上可为不同的信用提供者设定担保物权。就同一标的物之上竞存权利之间的优先顺位，《民法典》确立了一系列的规则体系，其中，第 414 条是确立竞存动产担保权之间优先顺位的一般规则，可以适用或准用于其他典型动产担保权和非典型动产担保权，其他优先顺位规则构成这一一般规则的例外，是为优先顺位规则的特别规定，并得优先适用。如第 415 条关于抵押权与质权竞存时的优先顺位规则（该条的理论基础同于第 414 条，严格意义上不属于特别规则）；第 416 条关于购买价金担保权的超优先顺位规则；第 456 条关于抵押权或质权与留置权竞存时的优先顺位规则；第 768 条关于多数保理人之间的权利顺位等，均为特别规定。

一、 竞存担保物权之间优先顺位的一般规则

（一）《民法典》第 414 条第 1 款："先登记者优先规则"

《民法典》第 414 条第 1 款规定："同一财产向两个以上债权人抵押的，拍卖、变卖抵押财产所得的价款依照下列规定清偿：（一）抵押权已经登记的，按照登记的时间先后

确定清偿顺序；（二）抵押权已经登记的先于未登记的受偿；（三）抵押权未登记的，按照债权比例清偿。”本款位于第十七章“抵押权”之第一节“一般抵押权”，在解释上应一体适用于该章所调整的不动产抵押权、权利抵押权和动产抵押权，但本条第1款第（2）（3）项明显仅适用于动产抵押权。因为不动产抵押权、权利抵押权以登记为生效要件，未登记者，不动产抵押权不设立，此时，债权人尚未就同一财产取得抵押权，自无第（2）（3）项适用之空间。

（二）“其他可以登记的担保物权”的准用

依据《民法典》第414条第2款的规定，“其他可以登记的担保物权”，准用第1款所定优先顺位规则。第414条也因此成为竞存担保物权之间优先顺位的一般规则。在解释上，《民法典》中“其他可以登记的担保物权”包括了权利质权中的没有权利凭证的汇票、本票、支票、债券、存款单、仓单、提单质权；基金份额、股权质权；知识产权质权；应收账款质权。但这些权利质权均采登记生效主义，在准用第414条第1款时，也仅有第（1）项才有意义，即已登记的权利质权，按照登记的时间先后确定清偿顺序。前述权利质权中未登记者，权利质权即未设定，并不与同一权利之上已登记的权利质权发生竞存关系，也就没有了准用第1款第（2）（3）项的空间。

在《民法典》将所有权保留交易中出卖人对标的物的所有权、融资租赁交易中出租人对租赁物的所有权“功能化”之后，这两种情形下所有权的权利内涵已经更接近于动产抵押权这一限制物权。与此同时，《民法典》第388条中规定：“担保合同包括抵押合同、质押合同和其他具有担保功能的合同。”由此可见，从登记本身的效力（对抗善意第三人）以及功用（确立竞存权利之间的优先顺位）来看，这些权利在功能上起担保作用，自与“担保物权”处于大致相同的地位。这些权利之间及担保物权和其他担保物权之间发生竞存之时，自可准用第414条第1款。

（三）最高额抵押权、浮动抵押权适用《民法典》第414条第1款的空间

《民法典》第414条第1款并未限定适用于该条的抵押权的类别与范围。在解释上，最高额抵押权、浮动抵押权属于抵押权之一种，自应适用该款。但最高额抵押权、浮动抵押权自有其特殊性，是否适用该款，即存疑问。最高额抵押权的特殊性体现在其所担保的债权是“一定期间内将要连续发生的债权”，但其效力所及的担保财产范围与一般抵押权并无二致。《民法典》第414条第1款所规制的是担保财产变价款的清偿顺序，适用于最高额抵押权应无疑义。在最高额抵押权与一般抵押权相竞存时，依“先登记者优先规则”确定彼此之间的优先顺位。浮动抵押权的特殊性在于其效力所及的担保财产范围与固定抵押权不同，仅及于其确定之时的担保财产，其与固定抵押权并存于同一担保财产之上时，仍应适用第414条第1款。

尽管我国《民法典》单独就浮动抵押权作出了专门规定，并可以认为在确定之前浮动抵押权的效力不及于具体的抵押财产（第396条），浮动抵押权的设立并不限制抵押人对抵押财产的处分，但是，各权利人之间的顺位应依登记时间加以确定。仅依登记时间的先后，而不以浮动抵押权的确定时间与动产（固定）抵押权的登记时间之间的先后，

来决定优先顺位，有利于增加优先顺位规则的统一化和确定性，也有利于提高浮动抵押制度的应用价值、推动这一交易模式的广泛采用。但如采行浮动抵押权的确定时间与动产（固定）抵押权的登记时间之间的先后来决定优先顺位，一则浮动抵押权的确定时间并不为第三人所明确知悉；二则浮动抵押权人与抵押人之间就浮动抵押权的确定时间还极有可能发生争议，如此即增加了优先顺位规则适用的不确定性。

二、不动产抵押权与应收账款质权竞存时的优先顺位

一般情形之下，不动产抵押权与应收账款质权所及的担保财产并不一致，两者之间本无竞存关系。不动产抵押权的设立不影响抵押人对抵押财产的利用，抵押人对抵押财产的利用，可以是其自己利用，也可以是出租给他人利用。由此可见，抵押财产上设立不动产抵押权，并不限制抵押人以其出租所产生的租金请求权为他人设立应收账款质权。《民法典》第 412 条第 1 款规定："债务人不履行到期债务或者发生当事人约定的实现抵押权的情形，致使抵押财产被人民法院依法扣押的，自扣押之日起，抵押权人有权收取该抵押财产的天然孳息或者法定孳息，但是抵押权人未通知应当清偿法定孳息义务人的除外。"在解释上，不动产抵押权就抵押财产被查封、扣押之时所产生的租金取得法定的应收账款质权，于此情形，不动产抵押权即与应收账款质权发生竞存。

在确定不动产抵押权和应收账款质权的顺位之时，应把握几个时点：不动产抵押权登记之日、应收账款质权登记之日、查封不动产之日、通知应收账款债务人之日。在不发生竞存关系时，不动产抵押权和应收账款质权自得各自针对担保财产主张优先受偿权。如不动产抵押权设立之后，抵押人又以其租金债权为他人设定应收账款质权，不动产抵押权的效力不及于查封不动产之前的租金债权，查封不动产之前的租金债权由应收账款质权人优先受偿。就查封不动产之后的租金债权，不动产抵押权人取得法定应收账款质权，且其顺位同于不动产抵押权设立登记之时，此际，应比较不动产抵押权登记之日和应收账款质权登记之日间的先后顺序，以确定不动产抵押权和应收账款质权之间的顺位。至于查封不动产之后通知应收账款债务人之前，应收账款债务人已向质权人给付租金的，抵押权人自无权请求返还。

三、动产抵押权和动产质权之间的优先顺位规则

《民法典》第 415 条规定："同一财产既设立抵押权又设立质权的，拍卖、变卖该财产所得的价款按照登记、交付的时间先后确定清偿顺序。"就竞存动产抵押权之间的优先顺位，《民法典》第 414 条是以动产抵押权取得对抗第三人效力的先后顺序作为判断标准。这一政策选择理应贯彻于动产抵押权和动产质权之间优先顺位的确立。同一动产上竞存的动产抵押权和动产质权之间，亦应以相关权利取得对抗第三人效力的先后顺序作为判断竞存权利之间优先顺位的标准。至于登记和交付两种公示方法之间，应维持价值中立。登记和交付同为物权变动的公示方法，其效力由法律直接作出规定，在法律上没有明确规定何种公示方法优先的情况下，两者之间并无优劣之分。更何况，在登记对抗

主义之下，登记的功能与不动产登记迥异，登记并不具有公信力。在比较法上，占有和登记之间效力平等，两者间的先后顺序可以决定动产担保权之间的优先顺位，没有理由认为先设立的动产质权就劣后于后设立且登记的动产抵押权。①

《民法典》第414条确立了“先登记者优先规则”这一优先顺位的一般规则。在其准用于其他担保权之时，公示方法虽不同但具有同等效力，如此，“先登记者优先规则”也就成了“先公示者优先规则”，《民法典》第415条即属此理。基于第414条第2款的文义，动产质权并不属于“其他可以登记的担保物权”，在动产抵押权与动产质权竞存时，自无该条适用的空间。《民法典》单设专条专门规定动产抵押权与动产质权竞存时的优先顺位规则，有利于进一步完善动产担保权优先顺位规则体系。第415条的法政策选择与第414条相同，均以动产担保权取得对抗效力的时间先后，作为判断竞存担保权之间的顺位关系的标准。

四、购买价金担保权超优先顺位规则

《民法典》第416条规定：“动产抵押担保的主债权是抵押物的价款，标的物交付后十日内办理抵押登记的，该抵押权人优先于抵押物买受人的其他担保物权人受偿，但是留置权人除外。”这是《民法典》中新增的购买价金担保权超优先顺位规则，其立法意旨在于：“针对交易实践中普遍存在的借款人借款购买货物，同时将该货物抵押给贷款人作为价款的担保的情形，草案赋予了该抵押权优先效力，以保护融资人的权利，促进融资。”② 作为《民法典》第414条所确立的“先登记者优先规则”的例外，第416条奉行“后登记者优先规则”，正是基于此，这一优先顺位的例外规则多被称为“超优先顺位规则”或“超级优先顺位规则”。

（一）购买价金担保权超优先顺位规则的适用范围

购买价金担保权，又称购置款担保权、购买价金担保权益，转译自“purchase money security interest”（PMSI），是指债权人在动产之上取得的担保因购买该动产所生的价金给付义务的担保权。购买价金担保权总是和购买价金融资交易（acquisition financing）联系在一起，既包括赊销有体动产的出卖人对标的物所保留的所有权，也包括应承租人的指令购买租赁物的出租人对标的物所保有的所有权，还包括为购置特定有体动产提供贷款的债权人对标的物享有的抵押权。《民法典》在第十七章“抵押权”第一节“一般抵押权”部分规定购买价金抵押权，但出卖人或债权人依购买价金融资交易就标的物取得的动产担保权，并不以动产抵押权为限，所有权保留交易和融资租赁交易中的所有权亦属之。如在所有权保留交易中，买受人全额支付购买价款之前，出卖人保留对标的物的所有权，出卖人为买受人购置该标的物提供信用支持。此时，出卖人的权利同样有特殊

---

① 参见龙俊：《动产抵押对抗规则研究》，载《法学家》，2016（3），47页。

② 沈春耀：《关于〈民法典各分编（草案）〉的说明》（2018年8月27日在第十三届全国人民代表大会常务委员会第五次会议上）。

保护的必要。在解释上，所有权保留交易、融资租赁交易与动产抵押交易同属动产担保交易，自可准用本条规定。[①] 这一解释方案，一是赋予所有购买价金融资提供人以同样的法律地位，尽可能同等对待为购买价金提供融资的所有交易，与统一动产担保交易规则的政策目标相合；二是实现了改行登记对抗主义之后出卖人或出租人依传统的所有权保留交易或融资租赁交易本应得到的相同保护。[②]

（二）购买价金担保权超优先顺位规则的正当性

购买价金担保权超优先顺位规则的正当性在于，在承认未来财产之上的动产担保权依登记时间而确定其优先顺位的情形之下，为防止所有的新增财产自动“流入”已设定的动产担保权，促进为担保人（债务人）购置资产提供新的信贷支持，拓宽再融资渠道，有必要承认购买价金担保权的超优先顺位。如债权人在债务人的所有未来财产上已设定浮动抵押权，在解释上，如该浮动抵押权已经登记，即具有优先于后设立的动产担保权的效力。此时，该浮动抵押权已经事实上形成了对其后信用提供者的垄断性权利，甚至构成对债务人经营活动的过度控制。[③] 如债务人就这些未来财产的购置寻求新的融资之时，信用提供者即使在这些财产上设立动产抵押权或保留所有权，因这些权利的登记劣后于在先浮动抵押权的登记而只能屈居第二顺位，如此，这些新信用提供者提供购买价金融资的积极性将大为降低。

购买价金担保权超优先顺位的承认对于各方当事人均为有利：新的信用提供者因超优先顺位的保障，无须担心其债权担保落空，从而提高了为债务人提供新的信用支持的积极性；债务人因此也可以继续展开正常经营或者扩大再生产，充实其责任财产，增强偿债能力；原担保权人的信用期待也未受到不利影响，因为担保人责任财产的增加是因新的信用提供者的介入所致，否则担保人将无法取得新的财产；不管购买价金担保权人是否具有超优先顺位，只要践行登记手续，所影响的仅仅只是竞存的已登记动产担保权之间的优先顺位，对其他第三人并不发生影响，交易安全亦不会受到威胁。[④]

（三）购买价金担保权超优先顺位规则的适用限制

购买价金担保权超优先顺位规则奉行“后登记者优先”，虽属一般优先顺位规则的例外，但也破坏了信贷担保规则的既有体系，应予严格适用。依据《民法典》第 416 条的规定，适用购买价金担保权超优先顺位规则，应满足以下条件。

---

① 正是基于此，本书将这一权利类型称为购买价金担保权。

② See Ulrich Drobnig and Ole Böger (eds), *Proprietary Security in Movable Assets*, Oxford: Oxford University Press, 2015, p. 569; United Nations Commission on International Trade Law, *UNCITRAL Legislative Guide on Secured Transactions*, United Nations, 2010, p. 336.

③ See William H. Lawrence, William H. Henning and R. Wilson Freyermuth, *Understanding Secured Transactions*, 5th ed., New Providence, NJ: Matthew Bender & Company, Inc., 2012, p. 240; Ronald C. C. Cuming, Catherine Walsh and Roderick J. Wood, *Personal Property Security Law*, 2nd ed., Toronto, ON: Irwin Law Inc., 2012, p. 440.

④ 参见谢鸿飞：《民法典担保规则的再体系化——以〈民法典各分编（草案）二审稿〉为分析对象》，载《社会科学研究》，2019 (6)，54 页。

第一，新担保权是为了担保人购置标的物，且在该标的物上设立，旨在担保该标的物全部或部分价款的清偿。该条以为债务人购置标的物而提供贷款为基本交易原型，但并不以借款合同本身记载贷款的用途是为债务人购置标的物为前提，只要其他证据能够证明此贷款用途即可。该笔贷款必须实际用于债务人购置标的物，至于在债务人处取得标的物之前就发放贷款是否构成购买价金担保权，尚须结合具体情形予以认定。如债务人已经自出卖人处取得标的物，且并未为出卖人设立担保权；此后债务人从贷款人处取得贷款，为贷款人在该标的物上设定担保权，并将贷款支付予出卖人。此际，贷款人是否取得购买价金担保权的超优先顺位，需要结合具体情况予以分析。关键的判断因素在于，当事人之间是否将购置标的物的买卖交易和贷款交易作为一个交易的两个阶段。如债务人取得了贷款人的贷款承诺，其后购置标的物，并最终以自贷款人取得的贷款偿还出卖人的价款，贷款人即取得购买价金担保权；但如债务人并未获得贷款人明确的贷款承诺，只是有希望获得该笔贷款，则贷款人并未取得购买价金担保权。在借助通道业务完成购置交易的情形，亦应作同样解释。

在解释上，出卖人在赊销交易形式下保留标的物的所有权，亦是担保该标的物价款的清偿，应符合本要件。融资租赁交易中出租人的所有权亦是如此，但该条的文义较为明显地排除了售后回租的情形，其主要理由在于这种交易形式并未带来债务人责任财产的增加。虽然售后回租也是融资租赁交易的一种特殊形式，出租人取得的所有权亦起担保作用，在性质上也属于非典型动产担保权，但无法取得超优先顺位。售后买回交易也是如此。在此交易模式中，所有人将标的物出卖给买受人，其后立即依分期付款买卖合同再买回该标的物，同样因为此时并未增加债务人的责任财产，该交易并不产生购买价金担保权。

第二，新担保权人应在标的物交付后 10 日内办理动产担保登记。这是购买价金担保权取得超优先顺位的程序要件。规定 10 日的宽限期的正当性在于，出卖人不必等到自己或其他购买价金融资提供者登记，即可向买受人交付标的物，从而促进动产的有效流动。在解释上，即使担保权人在标的物交付后 10 日内办理了动产担保登记，但该登记因未合理指明标的物、担保人姓名或名称错误等原因而无效的，此程序要件仍视为未满足，但如担保权人在 10 日宽限期届满之前完成了变更登记，弥补了前述登记缺陷的，则已满足此程序要件。即使未满足此程序要件，并不意味着动产担保权的丧失，动产担保权仍在当事人之间有效，并具有对抗无担保债权人的效力。如担保权人在宽限期期满后才登记的，该动产担保权人就不构成购买价金担保权，不能依据第 416 条取得超优先顺位，但仍优于其后登记的担保权人。

第三，同一债务人为他人设立了购买价金担保权和其他竞存的动产担保权。虽然第 416 条并未明确此点，但从购买价金担保权超优先顺位的规范目的出发，不同的债务人在同一财产上为不同的担保权人分别设立购买价金担保权和其他竞存动产担保权的，购买价金担保权即不具有超优先顺位。例如，甲担保权人在丙债务人的财产上设立了动产抵押权，并办理了动产抵押登记。其后，丙债务人将该财产出卖予丁债务人，出卖该财产并未得到甲担保权人的授权，且亦不属于丙债务人的正常经营活动。乙担保权人为丁债务人购置该财产提供贷款，且及时登记从而取得购买价金担保权。此际，竞存的动产担保权并不是由同一债务人所设立，因此，乙担保权人并不能取得足以对抗甲担保权人的购买价金担保权。乙担保权人的购买价金担保权只能对丁债务人在同一财产上为他人设立的其他动产担保权取得超优先顺位。

（四）竞存购买价金担保权之间的优先顺位规则

在供给侧改革的大背景下，购买价金融资的需求在不断增加，同时购买价金融资的标的物（如大型成套设备、大宗原材料和存货）的价值也越来越高，单一的出卖人、出租人或贷款人难以满足买受人的所有融资需求，同一标的物上同时存在数个购买价金担保权就成为可能。此时，针对数个购买价金担保权之间的冲突，第 416 条并无适用空间。如两个商业银行分别为债务人提供部分购置款的贷款；再如贷款人向买受人提供信贷以使买受人得以支付标的物的首付款，出卖人也就该标的物价款的其余部分向买受人提出信用支持。如这些担保权人均在宽限期内登记了动产担保权，彼此之间的优先顺位应适用《民法典》第 414 条第 1 款的规定。

尽可能同等对待信用提供者，已经成为《民法典》的政策选择，就为购置标的物提供融资的所有交易而言，亦应如此。基于此，对所有的购买价金融资交易平等对待，不应区分所有权保留交易、融资租赁交易和动产抵押交易；所有的购买价金担保权之间法律地位平等，无论是出卖人、出租人，还是贷款人，都适用相同的优先顺位规则。尚无压倒性的理由认为出卖人的地位就一定优于贷款人。准此，在《民法典》就竞存的购买价金担保权之间的优先顺位未作特别规定的情形之下，适用第 414 条第 1 款所定一般规则，亦即先登记者优先。在解释上，如未在宽限期内登记，即不构成购买价金担保权，自无所谓超优先顺位的问题。

五、动产抵押权或质权与留置权相竞存时的优先顺位规则

《民法典》所确立的优先顺位规则体系中尚包含一些基于特定政策考量的特殊规则。如第 456 条规定："同一动产上已经设立抵押权或者质权，该动产又被留置的，留置权人优先受偿。"仅从文义而言，未登记的动产抵押权不能对抗留置权人。允许动产抵押权或质权优先于留置权，无异于以债权人的劳动或/和投入来清偿债务人的债务，有违公平原则。①

适用《民法典》第 456 条尚需注意以下两个问题：其一，不考虑留置权人是否善意的问题。留置权系因法定的直接规定而发生，并非基于担保关系当事人的自主意思而成立，属于法定担保物权，留置权人无法事先检索动产和权利担保登记系统以查明标的物上是否存在担保负担。同时，正如前述，在确定竞存权利之间的优先顺位之时，不考虑权利人主观上的心理态度，纯以客观上可得确定的标准加以判断。其二，本条所定规则自可类推适用于融资租赁交易中出租人的所有权或所有权保留交易中出卖人的所有权与留置权相竞存的情形。承租人或买受人如因维修标的物等原因而将标的物交由债权人合

① 参见高圣平：《动产担保交易法比较研究》，92 页，北京，中国人民大学出版社，2008。

法占有之时，同样有留置权发生的可能。在出租人或出卖人取回标的物之时，如所有权未经登记，自不得对抗留置权人，即使所有权已经登记，亦应类推适用本条规定，使留置权优先于出租人或出卖人的所有权。

第二节　不动产抵押权与其他权利之间的优先顺位规则

在房地产开发与交易实践中，通常采行的模式是，承包人受开发商委托开工建设；在建设工程中，为弥补建设资金的不足，开发商以建设用地使用权和/或在建工程先行为贷款银行设定抵押权；达到商品房预售条件的，开发商即向买受人预售房屋。如开发商陷入债务危机，承包人、贷款银行和买受人三者之间的权利顺位问题如何解决？

一、不动产抵押权与建设工程价款优先受偿权的竞存

《民法典》第807条规定："发包人未按照约定支付价款的，承包人可以催告发包人在合理期限内支付价款。发包人逾期不支付的，除根据建设工程的性质不宜折价、拍卖外，承包人可以与发包人协议将该工程折价，也可以请求人民法院将该工程依法拍卖。建设工程的价款就该工程折价或者拍卖的价款优先受偿。"本条旨在"切实解决拖欠工程款的问题，保障承包人价款债权的实现"[①]。由本条规定所见，建设工程价款优先受偿权是法定担保物权，具备法律规定的条件或原因即可当然发生，自无须满足基于法律行为所生物权变动的公示要件。

《建设工程司法解释（一）》规定，不动产抵押权和建设工程价款优先受偿权竞存时，建设工程价款优先受偿权优先。建设工程价款优先受偿权是法律为保护承包人的利益而特别赋予的权利，具有保护劳动者利益和鼓励建筑、创造社会财富的政策目的。[②] 值得注意的是，建设工程占用范围内的建设用地使用权不属于优先受偿权的客体范围，垫资、工人工资等对于建设用地使用权部分并无增值贡献。[③]

二、不动产抵押权与买受人期待权的冲突

买受人购买房地产开发企业的商品房之时，参照《最高人民法院关于人民法院办理执行异议和复议案件若干问题的规定》第29条的规定，不动产消费者买受人的期待权在满足以下条件之时优先于不动产抵押权。

第一，在因实行不动产抵押权而查封不动产之前已签订合法有效的书面买卖合同。

---

① 黄薇主编：《中华人民共和国民法典解读·合同编》，982页，北京，中国法制出版社，2020。

② 参见梁慧星：《合同法第二百八十六条的权利性质及其适用》，载《山西大学学报（哲学社会科学版）》，2001(3)。

③ 参见仲伟珩：《建设工程价款优先受偿权若干疑难问题分析》，载最高人民法院民事审判第一庭：《民事指导与参考》（第43辑），100页，北京，人民法院出版社，2001。

"书面买卖合同"在商品房交易中，大多体现为《商品房买卖合同》《商品房预售合同》等基于示范文本签订的合同。就交易实践中广泛存在的"商品房认购书""商品房订购协议""商品房预订协议"，大多被认定为预约，是为订立《商品房买卖合同》而签订，不是《商品房买卖合同》本身，就不符合本要件。如"商品房认购书""商品房订购协议""商品房预订协议"等具备商品房买卖合同的主要内容，则应认定为《商品房买卖合同》，符合本要件。

第二，所购商品房系用于居住且买受人名下无其他用于居住的房屋。"无其他用于居住的房屋"是指买受人在被执行房屋所在地长期居住，而在同一地点其名下无其他能够用于居住的房屋，不应机械限于套数的理解。如原有住房不能满足现有家庭成员的居住要求，再购买房屋是为了对居住环境进行必要的改善，则仍属于满足生存权的合理消费范畴。"无其他用于居住的房屋"的举证责任应由买受人负担，但在现有住房登记信息查询条件下，不宜苛求买受人就所有的不动产登记系统进行查询。买受人提交了其户籍所在地的房屋登记信息，应视为其初步完成了举证责任，在没有相反证据推翻的情况下，可认定买受人名下无其他用于居住的房屋。

第三，已支付的价款超过合同约定总价款的50%。这里并不要求买受人合法占有该商品房。买受人未实际交付购房款或交付的购房款不足50%的，不具有优先于不动产抵押权的效力。

综合以上分析，各权利之间的顺位应为：不动产消费者买受人的物权期待权＞建设工程价款优先受偿权＞抵押权＞一般不动产买受人的物权期待权。能够优先于不动产抵押权的，只有消费者买受人的物权期待权，而非一般不动产买受人的物权期待权。[①]

第三节　不动产上抵押权与利用权的冲突与协调

抵押权作为担保物权形态的一种，设立时不移转抵押财产的占有，无碍于抵押人对抵押财产的使用，故而在不动产抵押权设立前后，均可发生所有权人将不动产之使用价值让渡于其他人的情形。第三人由此所享有的对不动产进行占有、使用及收益的权利可被概括为不动产利用权。抵押权以支配标的物之交换价值为内容，且实现时间系属面向将来，即在抵押权需待被担保债权届期未受清偿时，方能实现其抵押权，故而其与以用益为目的、实现时间面向现在的利用权能够并存。[②] 但在抵押权实现时，由于不动产上利用权的存在往往影响抵押物的交换价值，故不动产抵押权与利用权之间难免有相互凌越之处。在物尽其用的原则之下，就不动产抵押权与利用权之间的冲突，首先应明确两者间的优先次序如何确定，再以此为基础对不动产抵押权人、利用权人以及抵押人、抵押物买受人的利益进行平衡。

---

① 参见王毓莹：《房屋买受人提起执行异议之诉如何处理》，载最高人民法院民事审判第一庭编：《民事审判指导与参考》（总第75辑），199页，北京，人民法院出版社，2018。

② 参见谢在全：《民法物权论》，620页，北京，中国政法大学出版社，2011。

一、优先次序的确定：公示时间先后

基于物权的直接支配性与排他性，物权具有优先效力，具体体现为：同一物上有多数能相容之物权存在时，先成立物权有优先于后成立物权之效力，此即谓之“时间在先，权利在先”原则。同一物上物权与债权相竞存时，无论物权成立于债权之前或之后，物权均优先于债权。但随着登记对抗主义物权的兴起，以及特定情形下债权物权化的承认，竞存的物权之间、物权与债权之间的顺位规则都要作进一步的修正，而这也反映到不动产抵押权与利用权之间的优先次序中。

第一，不动产抵押权与用益物权。在我国，由于土地所有权归国家与集体所有，能够设立抵押权的仅是用益物权，由此，抵押权与地役权、居住权就可能在同一不动产上并存。地役权自地役权合同生效时设立，未经登记，不得对抗善意第三人。此时第三人的范围包括已公示但设立时间在后的物权，在地役权与抵押权竞合时，就应当依据两者登记的时间先后确立顺位。居住权可依合同或遗嘱设立。就依合同而设立的居住权而言，物权变动模式为登记生效主义，其与抵押权的优先顺位就依设立先后（登记先后）确定顺位。就以遗嘱方式设立的居住权而言，居住权人自继承开始时所取得的就是具有完全效力的物权，则其与抵押权间的优先次序应依据继承开始的时间与抵押权登记的时间先后确定。

第二，不动产抵押权与土地经营权。土地承包经营权与土地经营权一样均可以作为抵押权的标的物，而土地经营权与抵押权可以同时作为土地承包经营权的负担并存：一是承包人先以土地承包经营权进行抵押融资，后为第三人设定土地经营权；二是承包人先为第三人设定土地经营权后，再以土地承包经营权为债权人设定抵押。《民法典》第341条规定：“流转期限为5年以上的土地经营权，自流转合同生效时设立。当事人可以向登记机构申请土地经营权登记；未经登记，不得对抗善意第三人。”对于具有登记能力的土地经营权，其与抵押权的顺序自然可以依据先公示者优先的原则确定，但对于流转期限为5年以下的土地经营权，因其无法登记，故而其优先顺位应劣后于抵押权。

第三，不动产抵押权与租赁权。一般而言，无论债权成立之先后，物权均具有优先于债权的效力，但基于特定的利益衡量，法律也会设置物权优先于债权的例外，“买卖不破租赁”就是其中最为典型者，即在租赁关系存续期间，租赁物所有权的变动不影响租赁合同的效力。由于在抵押权实现时，租赁物的所有权自会因拍卖、变卖、折价等实现行为而发生变动，故而抵押权与租赁权的关系也应当遵循“买卖不破租赁”规则。为避免在不动产执行的过程中，债务人利用“买卖不破租赁”规则逃避执行，《民法典》第405条规定：“抵押权设立前，抵押财产已经出租并转移占有的，原租赁关系不受该抵押权的影响。”因此，不动产抵押权与利用权的顺位先后就依据登记与占有的先后确定，抵押权登记在承租人占有租赁物之后的，抵押权不得对抗租赁权，反之则抵押权优先于租赁权。

第四，不动产抵押权与企业承包经营权。虽然在我国的经济体制改革过程中，承包经营责任制已为公司制所取代，但企业承包经营关系在现实中仍然存在。依据企业承包经营合同的约定，承包人可在承包期限内对发包企业的土地、房屋等不动产进行利用，此时的企业承包经营权自然具有不动产利用权的特征。在物权法定原则之下，企业承包经营权并不是法律明确规定的物权类型，且当事人间依据合意即可创设，故而企业承包经营权的性质应属于债权。就发包企业中土地、房产等资产的利用而言，承包经营权与租赁权在民事法律体系下并无本质区别。就并存的不动产抵押权与企业承包经营权之间的冲突，应参照适用《民法典》第405条的规定，按照抵押权登记与企业不动产交付的先后确立顺位。

综上，物权之排他效力以公示为前提，对于因特定政策而予以物权化的债权，也只有经过公示后才能取得对抗效力。尽管不动产利用权的性质有物权与债权之分，但不动产抵押权与利用权间的顺位均应当依公示时间确定，也即“公示在先，顺位在先”，对于没有经过公示的利用权，自不得对抗经登记设立的抵押权。

二、利用权优先于抵押权时的利益平衡

对于具有物权效力的不动产利用权，在其公示时间先于抵押权时，就获得了优先于抵押权的效力。但利用权的公示方式并不统一，如何证明其公示在先也往往是诉讼中的争议焦点。对于居住权、地役权、流转期限为5年以上的土地经营权，因其公示方式与抵押权同为在不动产登记簿上进行登记，故而前者是否能对抗抵押权，只须查看登记簿上是否登记、登记时间又是否早于抵押权的登记时间就可判断。对于以占有为公示方式的利用权而言，利用权对抗效力的证明则成为诉讼中的难题。以租赁权为例，从司法实践中的经验看，利用权人对标的物占有的证明有如下要点：第一，利用权人对不动产的占有应为实际占有，而不能为占有改定、指示交付等方式。第二，对不动产的占有难以通过直接证据证明，在利用权人提交间接证据证明时，所举证据应当形成完整的证据链以证明对涉案不动产的实际占有使用。① 第三，在不动产抵押权的执行异议之诉中，应由主张利用权具有对抗抵押权效力的一方负担证明责任。

同一不动产在设立利用权后，能否再设定抵押权，法律并无明文规定。但利用权的目的在于获取物之使用价值，担保物权之设定则在于取得物之交换价值，两者可以并存无妨，故而利用权的设定并未限制标的物上抵押权的设立。但对于居住权而言，其是为特定人的生活需要而设，具有保障社会弱者居住权益的功能，在性质上体现了扶助、赡养、关怀之特色。② 因此，在标的物办理抵押权登记、抵押物实现后办理转移过户登记时是否需要居住权人同意，却可能在实践中引起疑问。本书认为，对于负担有居住权的房屋，所有权人设定抵押权是其行使处分权能的体现，且抵押权为非移转占有型的担保物权，抵押权的设立不影响居住权的居住权益。在抵押权实现时，设立在先的居住权也具有对抗抵押权的效力，故而抵押权无损于居住权对弱势地位者的扶助作用。同时，若抵押权的设立登记及实现后的过户登记以居住权人的同意为要件，将会损害房屋所有人对

① 参见江伟、邵明主编：《民事证据法学》，33页，北京，中国人民大学出版社，2015。

② 参见申卫星：《视野拓展与功能转换：我国设立居住权必要性的多重视角》，载《中国法学》，2005（5），82页。

财产的自由处分权，也有碍于标的房屋的市场流通。因此，在标的物办理抵押权登记、抵押物实现后办理转移过户登记时不需要居住权人同意。

在不动产上利用权的效力优先于抵押权之时，依据物权之优先效力及“买卖不破租赁”规则，此时的抵押权不得对抗利用权。具体而言，是指在抵押权实现时，不动产上的利用关系不因抵押权而受到影响，利用权对于抵押物的买受人仍然发生效力。《拍卖变卖规定》第 31 条第 2 款即规定，“拍卖财产上原有的租赁权及其他用益物权，不因拍卖而消灭”。

三、抵押权优先于利用权时的利益平衡

就不动产抵押权优先于利用权时的利益协调，我国民法体系中有明确规定的只有先抵押后租赁的情形，《物权法》第 190 条第 2 句中规定，此时“该租赁关系不得对抗已登记的抵押权”。《民法典》第 405 条删去了“抵押权设立后抵押财产出租的，该租赁关系不得对抗已登记的抵押权”的规定，但依据《民法典》第 406 条第 1 款的规定，“抵押财产转让的，抵押权不受影响”，在抵押财产上设租赁权与转让抵押财产同属于所有人行使处分权的情形，故而抵押权的实现也不受设立在后的租赁权的影响。对于顺位劣后的地役权、居住权、企业承包经营权、土地经营权的处理，也是如此。

关于如何判断抵押权的实现受到利用权的影响，存在两种情况：一是拍卖前的价值评估机制，即是以抵押权人实行抵押权声请拍卖抵押物时为其判断时点，而是否有影响则由执行法院调查决定之。[①] 二是拍卖程序中的价值比对机制，即抵押权人有请求法院先后进行两次拍卖的权利，并通过抵押债权额、两次拍定价金间的比较判断有无影响。虽然拍卖程序中的价值比对机制对利用权人的保护更为全面，能够客观真实地反映利用关系的负担是否影响抵押权的实现，但为兼顾执行效率，应当结合拍卖前的价值评估机制与拍卖程序中的价值比对机制予以灵活运用，即在拍卖前首先由法院判断拍卖财产上利用关系的存在是否对抵押权的实现发生了影响，若法院根据评估调查等材料，认为利用权对抵押权的实现确实有影响的，应当除去利用权后再进行拍卖。[②] 同时，若法院认为利用权不影响抵押权的实现时，而保留利用权的负担拍卖抵押物，之后在拍卖过程中发现，利用权对抵押权的实现确有影响，可在依法除去利用权后再次拍卖。[③]

在判断利用权的存在对抵押权有影响后，法院可以依据抵押权人申请或者职权作出除去利用权的裁定。申请除去利用权是抵押权人的权利，而非义务，在利用权的存在对

---

① 参见谢在全：《民法物权论》，694 页，北京，中国政法大学出版社，2011。

② 参见程啸：《论抵押财产出租时抵押权与租赁权的关系——对〈物权法〉第 190 条第 2 句的理解》，载《法学家》，2014（2），57 页。

③ 在《上海市高级人民法院关于在执行程序中审查和处理房屋租赁权有关问题的解答（试行）》（沪高法〔2015〕75 号）第 13 条中，就《拍卖变卖规定》第 31 条第 2 款规定的变现，就存在两种路径：其一，经委托评估认为，对在先的担保物权或者其他优先受偿权的实现有影响的，执行法院应当直接依法裁定将租赁权除去后予以变现。其二，经委托评估认为，对在先的担保物权或者其他优先受偿权的实现没有影响的，应当在房屋负担租赁权的状态下对其予以变现，在变现的过程中发现对在先的担保物权或者其他优先受偿权的实现有影响的，执行法院应当依法裁定将租赁权除去后予以变现。依法裁定将租赁权除去后予以变现的，应当重新确定保留价并重新委托变现。

实现抵押权更为有利时，抵押权人也可以申请附带利用权的拍卖。执行法院在除去影响抵押权实现的利用权后，对于居住权、地役权、土地经营权这样在不动产登记簿上登记的利用权，应依职权函请不动产登记机构涂销其登记，抵押物自无负担存在。[①] 同时，基于原利用关系而占有抵押物之第三人如仍继续占有抵押物时，将成为无权占有，执行法院应解除其占有，将抵押物点交于买受人。

综上，不动产抵押权与利用权间的利益协调以物尽其用为原则，以顺位先后为依据。在利用权优先于抵押权时，抵押权的设立无须经过利用权人的同意，抵押物的买受人须承受原有的利用关系。在抵押权优先于利用权时，抵押权得压制利用权，即在利用权的存在对抵押权的实现有影响时，法院得依申请或依职权除去利用权。

第四节　人的担保与物的担保并存时的责任顺序与责任分担

担保实践中，债权人为充分保障其债权的实现而设定多重担保的情形较为常见，如当事人之间就担保权之间的关系未作明确约定的情况下，如何在实定法之下妥适裁判，即成司法实践中的难点问题。其中，同一债权并存人的担保和物的担保（混合共同担保）时，当事人之间的法律关系更为复杂。

一、人的担保与物的担保并存时债权人实现其债权的选择权

《民法典》第 392 条前句规定："被担保的债权既有物的担保又有人的担保的，债务人不履行到期债务或者发生当事人约定的实现担保物权的情形，债权人应当按照约定实现债权；没有约定或者约定不明确，债务人自己提供物的担保的，债权人应当先就该物的担保实现债权；第三人提供物的担保的，债权人可以就物的担保实现债权，也可以要求保证人承担保证责任。"这里，提供物的担保的第三人又称物上保证人。

"债权人应当按照约定实现债权"的"约定"旨在确定或限制人的担保与物的担保并存时债权人的选择权，其内容包括人的担保责任与物的担保责任之间的顺序。在解释上，就各项担保之间的关系，当事人之间完全可以约定各担保人仅对债权承担按份的担保责任，如此，各担保人承担按份的共同担保责任，仅在约定的分担范围内承担担保责任。这一按份的共同担保约定，同样限制债权人实现债权时选择权的行使，债权人仅享有向各担保人主张约定份额范围内的担保权利。由此可见，当事人之间约定各担保人仅承担按份的共同担保责任的，"债权人应当按照约定实现债权"。准此，"债权人应当按照约定实现债权"的"约定"，是关于人的担保与物的担保之间的责任顺序和责任分担范围的约定，亦即对债权人实现债权的选择权起到确定或限制作用的约定。在本条前句中，还存在另外一个"约定"："债务人不履行到期债务或者发生当事人约定的实现担保物权的情

① 参见谢在全：《民法物权论》，758 页，北京，中国政法大学出版社，2011。

形”。这一表述指的是混合共同担保中各担保权可得行使的条件，这里“发生当事人约定的实现担保物权的情形”的“约定”，系指当事人之间在“债务人不履行到期债务”之外，其他关于实现担保物权情形的“约定”，与后句“按照约定实现债权”的“约定”意义迥异。担保合同围绕担保权的内容和行使条件而展开，但人的担保与物的担保并存时，“债权人应当按照约定实现债权”的“约定”，非指单个担保合同中就某一具体担保权的担保范围与行使条件的约定。准此，并不是有了“实现担保物权情形的约定”，就得先就物的担保实现债权。

同一债权既有人的担保又有物的担保时，依以下规则决定两者之间的先后顺序。

其一，当事人对人的担保和物的担保之间的责任顺序和责任分担范围有约定的，依其约定。在解释上，在同一债权既有人的担保又有物的担保之时，债权人究竟按照何种顺序实现其债权，因无关公益，宜彰显私法自治精神，由债权人与保证人、物上保证人自由约定。本条中所谓“债权人应当按照约定实现债权”，明确了该规范的任意法属性。

其二，当事人对人的担保和物的担保之间的责任顺序和责任分担范围没有约定或者约定不明确的，同一债权既有人的担保又有债务人提供的物的担保时，物的担保责任优先，保证人享有类似先诉抗辩权的权利（即顺序利益）。其理由是：“债务人是最终的债务承担者，保证人在承担了担保责任后，对债务人享有追偿权。在债务人自己提供物的担保的情况下，先以担保物清偿债务，可以避免日后出现追偿权的问题。”① 这一规定实际上限制了主债务人充当物上担保人时债权人的选择权。

其三，当事人对人的担保和物的担保之间的责任顺序和责任分担范围没有约定或者约定不明确的，同一债权既有人的担保又有第三人提供的物的担保时，保证人和物上保证人处于同一清偿顺序，债权人既可以要求保证人承担保证责任，又可以要求物上保证人承担担保责任。其理由是，此时物上保证人与保证人处于平等地位，都不是最终的债务承担者（亦即准债务人），债权人无论是先实现物的担保还是先实现人的担保，物上保证人或者保证人都存在向债务人求偿的问题。为保障债权人的债权得以充分实现，法律应当尊重债权人的意愿，允许债权人在这种情况下享有选择权。

二、混合共同担保中担保人之间的内部求偿关系

在债权人行使实现债权的选择权，保证人或物上保证人应债权人的请求承担担保责任之后，承担担保责任的担保人除向债务人行使求偿权之外，是否可向其他担保人求偿，《民法典》第 392 条未置明文。《民商事审判会议纪要》认为，承担了担保责任的担保人只能向债务人追偿，不能向其他担保人追偿，但担保人在担保合同中约定可以相互追偿的除外。这里，强调各担保人在提供担保之时存在意思联络，并在共同签署的担保合同中明确约定彼此之间可以相互追偿。某一担保人与债权人单独签订的担保合同中约定可向其他担保人追偿的，对其他担保人不发生效力；但如各担保人与债权人单独签订的各担保合同中均约定可向其他担保人追偿的，能够认可担保人之间可以相互追偿。

---

① 曹士兵：《中国担保制度与担保方法》，4 版，63 页，北京，中国法制出版社，2017。

《担保制度司法解释》第 13 条规定："同一债务有两个以上第三人提供担保，担保人之间约定相互追偿及分担份额，承担了担保责任的担保人请求其他担保人按照约定分担份额的，人民法院应予支持；担保人之间约定承担连带共同担保，或者约定相互追偿但是未约定分担份额的，各担保人按照比例分担向债务人不能追偿的部分。"（第 1 款）"同一债务有两个以上第三人提供担保，担保人之间未对相互追偿作出约定且未约定承担连带共同担保，但是各担保人在同一份合同书上签字、盖章或者按指印，承担了担保责任的担保人请求其他担保人按照比例分担向债务人不能追偿部分的，人民法院应予支持。"（第 2 款）"除前两款规定的情形外，承担了担保责任的担保人请求其他担保人分担向债务人不能追偿部分的，人民法院不予支持。"（第 3 款）由此可见，将保证人与物上保证人之间的相互追偿关系仅限于连带共同担保的情形，同时，将构成连带共同担保的情形限定于三种情形：担保人之间约定承担连带共同担保；担保人之间约定可以相互追偿；各担保人在同一份合同书上签字、盖章或者按指印。除此之外，均不承认担保人之间享有追偿权。

三、担保人之间求偿数额的计算

担保人之间求偿数额的计算有如下几种方案：第一种是按照人数进行平均分摊；第二种是原则上应按照人数来分担担保责任，但如物上保证人有数人时，就保证人负担的担保责任之外的其他担保责任，则应按照各物上保证人提供的担保财产来代位债权人；第三种是依保证人应负的担保责任与担保财产的价值或限定的担保金额的比例而确定，担保财产的担保债权额少于担保财产价值的，则应以该债权额为准。

人的担保系以保证人的责任财产为基础保证主债务的履行，是为"人之无限责任"，而物的担保系仅就担保财产本身或一定的主债务限额提供担保，实则"物之有限责任"。因此，所谓人的担保责任与物的担保责任平等，仅仅只是在外部关系上实现顺序上的平等，债权人可选择向保证人或物上保证人主张权利，但并不表明在担保人之间的内部关系上应平均分担担保责任，各担保人承担担保责任自有其约定或推定的范围，实有责任大小之分。准此，以各担保人承担的具体担保责任为基础的比例分担制，具有正当性。据此，保证人与物上保证人责任分担的计算，因担保财产的价值与担保债权额的关系不同而有别，同时允许当事人作出例外安排。

表 1　担保人之间求偿数额的计算①

	保证人应分担额	物上保证人应分担额
担保财产的价值小于或等于担保债权额时	代偿金额×保证债权额÷[(保证债权额+担保财产的价值)]	代偿金额×担保物的价值÷[(保证债权额+担保财产的价值)]
担保财产的价值大于担保债权额时	代偿金额×保证债权额÷[(保证债权额+物的担保债权额)]	代偿金额×物的担保债权额÷[(保证债权额+物的担保债权额)]

① 参见高圣平：《混合共同担保研究——以我国〈物权法〉第 176 条为分析对象》，载《法律科学》，2008 (2)。

共同保证与共同抵押内部均采比例分担制计算担保人内部的应分担额，在混合共同担保的情形，不管保证人或物上保证人为单数还是复数，均应以每一担保人所承担的担保责任为基础按比例而计算应分担额，如此，才符合共同担保［共同保证与共同抵押］内部的比例分担法理。[①] 由此，本书倾向于赞成“个别担保人分担计算说”。

四、混合共同担保中担保人的免责：债权人放弃其他担保权

《民法典》第409条第2款规定：“债务人以自己的财产设定抵押，抵押权人放弃该抵押权、抵押权顺位或者变更抵押权的，其他担保人在抵押权人丧失优先受偿权益的范围内免除担保责任，但是其他担保人承诺仍然提供担保的除外。”第435条规定：“质权人可以放弃质权。债务人以自己的财产出质，质权人放弃该质权的，其他担保人在质权人丧失优先受偿权益的范围内免除担保责任，但是其他担保人承诺仍然提供担保的除外。”由此可见，其他担保人的免责条件是：“债务人以自己的财产设定抵押或出质”、“抵押权人放弃该抵押权、抵押权顺位或者变更抵押权”或“质权人放弃该质权”。

第一，债务人自己提供物的担保。《民法典》第392条主张人的担保与物的担保平等，如不承认保证人与物上保证人之间的内部求偿关系，债权人放弃对某一担保人的担保权，对其他担保人不发生影响。但在债务人自己提供物的担保时，如当事人之间没有相反约定，债权人应先就该物的担保实现债权，其他担保人享有顺序利益，仅对不能通过该物的担保获得清偿的债权承担担保责任。由此，《民法典》第409条第2款和第435条明确，只有在债务人以自己的财产设定物的担保，债权人放弃该物的担保的，其他担保人在债权人丧失优先受偿权益的范围内免除担保责任。至于以第三人的财产设定物的担保，即使债权人放弃该物的担保，对其他担保人承担担保责任亦不产生影响，不管债权人是否放弃该物的担保，其他担保权人均应依债权人的请求承担约定的担保责任。

在人的担保责任与物的担保责任平等说之下，无论担保人的责任顺序是否相同，其他担保人在债权人放弃某一担保时的免责范围也不相同。担保人的责任顺序相同时，如其中一人或数人承担担保责任，致其他人的担保责任亦因而消灭时，承担担保责任的担保人可以向其他担保人请求偿还其应分担的部分，如债权人放弃其中某一担保，其他担保人则在“债权人放弃的担保权利所应分担的数额”范围内免责。担保人的责任顺序不同时，责任顺序在后的担保人可以主张类似先诉抗辩权的权利，仅得在责任顺序在先的担保人承担担保责任之后才承担补充的担保责任。如此，责任顺序在先的担保人承担担保责任之后对责任顺序在后者并不享有求偿权。如债权人放弃责任顺序在先的担保，责任顺序在后的担保人则在“债权人放弃的担保权利的限度”范围内免责。

第二，债权人放弃担保物权。就债权人放弃人的担保，只需以意思表示向保证人为之，即生效力。而“债权人放弃担保物权”，是担保物权的消灭原因之一，涉及物权变动。依《民法典》第209条第1款关于“不动产物权的设立、变更、转让和消灭，经依法登记，发生效力；未经登记，不发生效力，但是法律另有规定的除外”的规定，放弃

---

① 参见陈重见：《双重身份者在共同担保中之责任分担》，载《辅仁法学》，2012（6），222页。

不动产抵押权，不仅需要以意思表示向抵押人为之，尚须办理注销登记，始生消灭抵押权的效力。而经登记而取得对抗效力的动产抵押权的放弃，亦须登记，始生对抗第三人的效力。不过，实践中采取注销担保物权登记或以返还担保财产的方式放弃物的担保的情形，较为少见。《担保法解释》第 38 条第 3 款将债权人怠于行使担保物权致使担保物的价值减少或者毁损、灭失的，也视为债权人放弃部分或全部物的担保。[①] 就“怠于行使”的表述，可以看出此项放弃物的担保之“视为”，隐含着债权人须具有“过错”之要件。准此，只有根据一般常识足以认定债权人的行为显著失当，或者违反诚实信用原则以减损其他担保人求偿权之行使效果时，才可将其认定为放弃物的担保。[②] 如此看来，放弃物的担保应作广义解释。债权人使担保物权价值减少的故意或过失行为、因故意或过失造成担保物部分或全部毁损灭失、担保物权顺位的放弃或变更，应根据其价值减损情况，视为物的担保的全部或部分放弃。值得注意的是，仅有抵押权人不行使抵押权或怠于行使抵押权的事实，没有已经因此造成抵押物价值减少或者毁损、灭失的证据，并不能认定为抵押权人放弃抵押权。即使对《担保法解释》第 38 条第 3 款作扩大解释，也不应扩大到仅基于抵押权人不起诉、不追加抵押人的事实，即认定其对抵押权的放弃。

此外无论是债权人放弃其物的担保，还是视为债权人放弃其物的担保，债权人均系与有过错，其法律后果均系其请求权的扣减。[③] 扣减的具体数额尚需综合考虑债权人的过错程度、债权人的行为危及的是其他担保人的顺序利益抑或求偿利益等要素予以确定。

问题与思考

1. 如何理解《民法典》第 414 条第 2 款？
2. 简述购买价金担保权的超优先顺位。
3. 如何确定不动产抵押权和建设工程价款优先受偿权之间的顺位？
4. 不动产抵押权和居住权相竞存时，如何处理？
5. 简述人的担保和物的担保相竞存时债权人实现债权的选择权。
6. 某公司将成套设备抵押给甲银行，动产抵押权未登记。乙银行在知道某公司已将成套设备抵押给甲银行的情形之下，在标的物上设立动产抵押权，并办理了抵押登记。如何确定甲银行和乙银行之间的权利顺位？

---

① 在《民法典》和《担保制度司法解释》实施之后，原《担保法解释》第 38 条第 3 款关于此点的规定仍应沿袭适用。参见最高人民法院民事审判第二庭：《最高人民法院民法典担保制度司法解释理解与适用》，673 页，北京，人民法院出版社，2021。

② 参见孙鹏、王勤劳、范雪飞：《担保物权法原理》，78～79 页，北京，中国人民大学出版社，2009。

③ 参见叶名怡：《混合担保中债权人过错对保证责任之影响》，载《法商研究》，2016 (4)，134 页。

第二十九章
占　有

本章概要

占有是现代民法上的一项重要制度，占有制度的确立在于保障物的流转顺利进行，维护交易安全。占有制度滥觞于罗马法，经由中世纪日耳曼法的发展，至近现代各大陆法系国家、普通法系国家均对占有制度予以确认，我国《民法典》也将其作为单独一分编予以规定，足见其重要性。我国《民法典》物权编占有分编寥寥5条，其中仅涉及占有的调整范围、无权占有情形下的损害赔偿责任、原物与孳息的返还以及占有的保护等问题，制度缺失之处较多。

第一节　占有概述

一、占有的含义

占有是占有人对物的事实上的控制和支配，由此可见：

1. 占有的主体是实施占有的人

自然人、法人、非法人组织均无不可，且不限于物的所有权人。由于占有是一种事实状态，所以，占有人不限于完全民事行为能力人，无民事行为能力人、限制民事行为能力人均可充任占有人。

2. 占有的客体是物

即不动产和动产。占有反映的是人对物的事实上的支配关系，因此，占有的客体仅限于物。占有与本权相互独立，不能成为本权客体的物并不必然不能充任占有的客体，如矿藏不得成为集体或个人所有权的客体，但经国家许可开采时，即可成为占有的客体。[①] 物的一部分或构成部分虽然不能作为物权的客体，但可以成为占有的客体，例如，

① 参见马俊驹、余延满：《民法原论》，2版，489页，北京，法律出版社，2005。

将房屋的一间卧室（甚至一个床位）出租给他人居住。对于那些不因物的占有而成立的财产权只能成立准占有，一些国家的立法承认财产权利也可作为占有的客体。准占有制度的立法宗旨在于对那些事实上行使权利的非权利人予以一定程度的保护。我国《民法典》对准占有未作规定。

3. 占有的内容是对物在事实上的控制和支配

首先，占有是一种事实。关于占有的性质，学界存在“事实说”和“权利说”之争。[①] 在我国，“事实说”为学界通说[②]，并为立法所采纳，亦即，占有并非民事权利，而是一种事实状态，是民事主体对物在事实上的控制和支配。至于占有是否存在权利基础、是否具有正当性均不影响占有的成立，对于偷来、抢来的物也不妨碍成立占有。其次，占有是对物的实际控制和支配。控制是指物处于占有人的管理或影响之下，支配是指占有人能够对物加以一定的利用。[③] 对物的事实上的控制和支配，又称事实上的管领力。对物的控制和支配必须是现实的，即主体的支配力及于物，物处于占有人力量作用的范围内；对物的控制和支配必须是确定的，即人和物在时间上须有相当的继续性结合关系；对物的控制和支配还必须具备一定的外观（物在空间上所处的位置及物在法律上的地位），为外人所认识。[④]

实际生活中，占有人是否已经实际控制、支配了某物往往不易判断，有学者认为可以从空间关系、时间关系、法律关系等方面着手[⑤]：(1) 占有人与占有物具有空间上的结合关系。例如，一般认为房屋的所有权人对于放置在房屋内的各种物品成立占有关系。(2) 占有人与占有物具有时间上的结合关系，亦即占有人与物的结合在时间上应当具有相当的继续性，如果只是转瞬即逝的控制，则不成立占有。例如，甲为了吸烟向乙借用一下打火机，便不能构成占有。(3) 占有人与占有物具有法律上的结合关系。基于某些法律关系，尽管民事主体没有直接、亲自控制标的物，但仍然认为存在占有关系，这便是所谓的“占有的观念化”。“占有的观念化”主要包括三种情况：其一，间接占有。如房屋出租后，房屋所有权人为间接占有人。其二，依占有辅助人进行占有。例如，甲雇乙开车，乙为占有辅助人，甲为占有人。其三，依继承取得占有。例如，占有人死亡后，其继承人当然成为占有人。[⑥]

关于占有的成立除需具备上述“事实上的控制和支配”（体素）之外，是否还需要占有人具有占有的意思（心素），存在主观说、客观说与纯客观说等观点。[⑦] 学界较为一致的观点是客观说，即占有人应当具备占有意思。所谓占有意思。是指占有人意识到自己正在占有某物。如果对于自己占有某物毫无意识，或者意识到或者应当意识到是在为他

---

① 详细争论之介绍参见王利明、尹飞、程啸：《物权法教程》，435 页，北京，人民法院出版社，2007；梁慧星主编：《中国物权法研究》，1089 页以下，北京，法律出版社，1998。

② 参见王利明：《物权法研究》（下卷），4 版，695～696 页，北京，中国人民大学出版社，2018；梁慧星、陈华彬：《物权法》，6 版，353 页，北京，法律出版社，2016。

③ 参见刘保玉：《物权法》，452 页，上海，上海人民出版社，2003。

④ 参见马俊驹、余延满：《民法原论》，2 版，489 页，北京，法律出版社，2005。

⑤ 参见谢在全：《民法物权论》（下册），修订 5 版，511 页以下，北京，中国政法大学出版社，2011。

⑥ 参见温世扬：《物权法要义》，359 页，北京，法律出版社，2007。

⑦ 参见王利明：《物权法研究》（下卷），4 版，698 页，北京，中国人民大学出版社，2018。

人占有某物，则不具有占有意思，因此，无意识地占有物、占有辅助人的占有都不构成占有。此外，所谓占有的意思，并不意味着占有人应当具有为自己的利益而占有的意图，例如某人在拾得他人的遗失物后希望尽快返还原主，此时其并不具有为自己的利益而占有该物的意图，但是仍然构成占有。

二、占有与相关概念的区别

（一）占有与持有

持有是人对物的单纯的实体接触。关于占有与持有的关系，因对于是否以心素为占有的构成要件认识不一而观点有所不同。依主观说，占有人有占有意思（所有意思、支配意思或为自己的意思）的，则为占有，反之，则为持有；依客观说，占有人有一般占有意思的，即为占有，占有与持有并无本质区别；依纯客观说，占有仅以对物客观上的控制为要件，占有与持有几乎没有区别。①

虽然在我国《刑法》中采用了“持有”的概念（如非法持有毒品罪），但在我国民事立法中并未采纳“持有”的概念。持有与占有的不同主要表现在以下几个方面：第一，占有是民法上的一项重要制度，而持有仅是对事实状态的简单描述，不发生法律效力。第二，占有依抽象状态可以形成双重占有，即直接占有和间接占有，而持有只是一种实际控制状态，不存在双重状态。第三，占有的客体为流通物，不包括限制流通物和禁止流通物，而持有的客体可以为限制流通物和禁止流通物。第四，占有具有权利推定的效力，占有人在占有物上行使权利，可推定其适法有此权利，而持有则不发生此类效力。第五，占有依法定事实可以移转和继承，而持有则不能。

（二）占有与占有权、占有权能

虽然占有是一种事实状态，但法律基于维护社会经济秩序的需要亦对之予以保护，并赋予占有一定的法律效力。理论上因此将占有概括为“占有权”。占有权就是以占有的事实为基础，因法律对现实占有物的人给予一定保护而产生的效力，即只有占有事实才为占有权的原因。这就决定了占有事实存在与否，直接影响到占有权的得丧。占有人的占有可能基于其享有本权，也可能根本无本权，但法律均赋予其一定的法律效力，只不过是其效力强弱不同而已。如占有人无本权，占有权不能对抗本权，在本权与之对抗并得到证明时，即可解除其占有。但在解除占有之前，占有人在法律上仍享有排除他人妨碍其占有的权利。可能正因为如此，德国学者耶林认为，在占有之诉中，强盗与小偷亦受保护。

占有既然不能被认为是一种权利，自与所有权的占有权能有别。占有人的占有权，并非基于所有权，而是基于占有的事实和占有制度，占有权与所有权没有因果关系，占

① 参见马俊驹、余延满：《民法原论》，2版，491页，北京，法律出版社，2005。

有权也并不是所有权派生出来的权能。[①]

三、 占有的功能

（一）保护功能

占有的保护功能，是指占有具有保护现实存在的状态不受第三人侵犯，从而维护法律秩序稳定的功能。占有是对物的一种事实上的控制/支配状态，这种状态可能是来源于合法的权利，也可能是占有人通过非法手段而取得对某物的占有，但是就现实生活而言，这种事实上的支配状态构成了一种重要的法律地位，其意义就如同一种暂时的权利。[②] 因此，占有一旦存在即受法律保护。任何人不得以私力改变占有的现状，即使是非法占有，也应当受到占有的保护。除了有关国家机关依法可以剥夺占有人的占有之外，任何人不得没收、强占占有人占有的标的物，否则，占有人有权行使占有保护请求权。

（二）公示功能

占有的公示功能，是指占有具有的表彰本权的作用。占有人占有某物往往以一定的财产权利为基础，故从另一个角度来说，占有是其背后权利的外在表现。占有的公示功能主要体现在三个方面：（1）权利移转效力，即动产物权的变动自移转占有时发生效力；（2）权利推定效力，即占有人在占有物上行使权利的，推定其合法享有该项权利；（3）善意取得效力，即尽管属于无权处分，但善意受让人仍然能够自取得标的物的占有之时起，取得标的物的所有权。

第二节　占有的分类

一、有权占有和无权占有

根据占有人是否具有本权，可将占有分为有权占有和无权占有。这是我国《民法典》认可的一种分类。所谓本权，是指占有人所享有的可以占有某物的权利。例如，所有权人有权对所有物进行占有、使用、收益和处分，因而所有权是一种本权。本权既可以是物权（如所有权、土地承包经营权、质权），也可以是债权（如租赁权），还可以是身份权（如父母基于亲权可以占有未成年子女的财产）。

有权占有是指本权的占有，如土地承包经营权人对承包地的占有、质权人对质押财产的占有。无权占有是指无本权的占有，如拾得人对遗失物的占有、承租人在租赁关系消灭后对租赁物的占有。

---

① 参见马俊驹、余延满：《民法原论》，2版，492页，北京，法律出版社，2005。

② 参见王利明、尹飞、程啸：《物权法教程》，549页，北京，人民法院出版社，2007。

区分有权占有和无权占有的意义在于：（1）有权占有除受占有制度的保护外，还受其他法律制度如所有权制度、他物权制度及合同法规定的保护；无权占有则只能根据其占有事实及状态受占有制度的保护。我国《民法典》第458条规定："基于合同关系等产生的占有，有关不动产或者动产的使用、收益、违约责任等，按照合同约定；合同没有约定或者约定不明确的，依照有关法律规定。"此即关于有权占有法律适用的规定。（2）在有权占有，占有人可以拒绝他人为本权的行使，不返还占有之标的物；而在无权占有，如遇本权人行使返还请求权，则占有人应当返还占有标的物。（3）作为留置权的成立要件的占有必须是有权占有，如果是无权占有，则占有人不因此而享有留置权。

二、善意占有与恶意占有

根据占有人的主观心理状态的不同，可以将无权占有进一步区分为善意占有与恶意占有。这也是我国《民法典》上认可的一种分类。善意占有是指无权占有人不知道，也不应当知道自己的占有为无权占有的占有。恶意占有是指无权占有人知道或应当知道自己的占有为无权占有的占有。例如，甲抢走了乙的手机，甲对手机的占有为恶意占有；假设甲将该手机赠与给不知情的丙，则丙对手机的占有为善意占有。由于占有人的主观心理状态很难从外观加以证明，所以，除非有相反证据证明占有人的占有为恶意或者占有人在基于本权的诉讼中败诉外，通常推定占有人的占有为善意占有。

区分善意占有与恶意占有的意义在于：善意占有与恶意占有受法律保护的程度不同，善意占有受法律保护的程度较高。具体而言：（1）只有善意占有人才能依据善意取得制度取得所有权或者他物权，而恶意占有人无法取得；（2）占有人因使用占有的不动产或者动产，致使该不动产或者动产受到损害的，恶意占有人应当承担赔偿责任；（3）不动产或者动产被占有人占有的，权利人可以请求返还原物及其孳息，但应当支付善意占有人因维护该不动产或者动产而支出的必要费用；（4）占有的不动产或者动产毁损、灭失，该不动产或者动产的权利人请求赔偿的，占有人应当将因毁损、灭失而取得的保险金、赔偿金或者补偿金等返还给权利人；权利人的损害未得到足够弥补的，恶意占有人还应当赔偿损失。

三、直接占有与间接占有

根据占有人是否直接占有其物，可以将占有分为直接占有与间接占有。直接占有，是指占有人直接对物的控制和支配。例如，土地承包经营权人占有承包地即属直接占有。间接占有，是指占有人并未直接占有某物，而是基于一定的法律关系，对于直接占有人享有占有物返还请求权。例如，甲出租房屋给乙，乙为直接占有人，甲为间接占有人。

区分直接占有与间接占有的意义在于，直接占有可以独立存在，而间接占有不能独立存在，间接占有人与直接占有人之间必须存在一定的法律关系。也有观点认为，间接占有严格地说并非真正的占有，只是在法律上被视为占有并加以保护，而法律关于占有保护之规定有时仅限于直接占有人。①

四、自主占有与他主占有

根据占有人是否以所有的意思对占有物加以占有，可以将占有分为自主占有与他主占有。所谓“所有的意思”，无须是基于法律行为而取得所有权的意思，凡是事实上对于物具有与所有权人为同样支配并排斥他人的意思的，均属“所有的意思”。自主占有是指占有人以所有的意思对物进行的占有。自主占有包括三种情况：（1）占有人确实是物的所有权人。（2）占有人误信自己为所有权人。（3）占有人将他人之物据为己有，例如，偷窃者对盗窃物的占有。他主占有是指占有人非以所有的意思对物进行的占有。一般情况下，如承租人、保管人等，根据债权或他物权对物进行的占有，均为他主占有。

区分自主占有与他主占有的意义在于，依时效或先占取得所有权时，均以自主占有为成立要件，亦即，只有自主占有人才能依时效或先占取得占有物的所有权。我国《民法典》没有区分自主占有和他主占有，法律对占有人的保护，不因占有人为自主占有或他主占有而不同。

五、自己占有与占有辅助

根据占有人是否亲自进行占有，可以将占有区分为自己占有与占有辅助。自己占有，是指占有人自己对物进行事实上的控制和支配。占有辅助，是指受占有人的指示而对物进行事实上的控制和支配。如甲雇用乙操作某台机器，乙完全按甲的指示而占有机器。对该机器的占有而言，甲为自主占有人，而乙为占有辅助人。

区分自己占有与占有辅助的意义在于，占有辅助人虽然事实上控制某物，但并不因此而取得占有，而是以他人为占有人。占有辅助人既然非占有人，自然不享有或承担基于占有所产生的权利或义务。如公司的收款员丢失支票，只有该公司（占有人）而非该收款员（占有辅助人）才可以申请公示催告。②

第三节　占有的取得、变更与消灭

一、占有的取得

（一）占有的初始取得

占有的初始取得，是指不以他人的占有为根据而取得对物的占有，如遗失物的拾得、

---

① 参见刘保玉：《物权法》，457页，上海，上海人民出版社，2003。

② 参见王泽鉴：《民法物权》，2版，438页，北京，北京大学出版社，2010。

无主物的先占。占有的初始取得具有以下特点：(1) 占有的初始取得并非基于法律行为，而是基于事实行为、违法行为或者其他法律事实，因此，不要求占有人在取得占有时有完全民事行为能力。(2) 占有的初始取得，主要是针对直接占有而言的。关于间接占有能否初始取得，学界存在不同的观点："肯定说"认为，在某些特殊情形下，间接占有也可能原始取得[①]；"否定说"认为，间接占有的取得以直接占有为基础，在性质上应属于继受取得。[②] (3) 占有的原始取得，并不以取得人亲自进行为限，也可以指示辅助占有人代为进行，如雇人出海捕鱼。(4) 占有的原始取得的标的物既可以是无主物（如捡垃圾），也可以是有主物（如盗窃）；既可以是动产（如拾得遗失物），也可以是不动产（如强占他人房屋）。

（二）占有的继受取得

占有的继受取得是指基于他人既存的占有而取得对物的占有。占有的继受取得可分为占有的创设取得和占有的移转取得。

(1) 占有的创设取得。占有的创设取得是基于他人既存的占有再创设占有而取得，主要针对间接占有而言。占有的创设取得主要包括以下三种情形：1) 直接占有人为自己创设间接占有。例如，质权的出质人将对物的直接占有让与他人，从而自己成为间接占有人。2) 直接占有人为他人创设间接占有。例如，出卖人出卖标的物的同时与买受人约定租赁该物，在此种情况下，买受人对标的物的占有为间接占有。3) 直接占有人将直接占有移转给他人，同时为另一人创设间接占有。例如，在融资租赁关系中，出卖人将对标的物的直接占有移转给承租人，出租人取得对标的物的间接占有。[③]

(2) 占有的移转取得。占有的移转取得是指就他人既存的占有，不变更其原状而受让。占有的移转取得主要包括让与和继承两种情况。第一，让与。占有的让与即占有人以法律行为将其占有物交付他人，该他人因而取得占有。占有的让与须具备以下要件：一是须有移转占有的意思表示，二是须有占有物的交付。占有的让与须有占有物的交付始生效力，但此交付不以现实交付为限，观念的交付亦包括在内。第二，继承。我国《民法典》继承编未明文规定占有也属于遗产，但占有对于占有人而言在法律上具有一定的利益，而且不具有专属性，因而占有可以成为继承的标的。换言之，占有可因继承关系自被继承人移转于继承人。依继承而取得占有，是基于法律的直接规定，无论继承人是否已经在事实上控制了标的物，一旦继承开始，继承人当然取得对继承标的物的占有。

二、占有的变更

占有的变更，是指占有从一种类型转向另一种类型。比较重要的占有变更主要有：

1. 有权占有变为无权占有

占有人丧失其本权后仍进行占有的，其有权占有变为无权占有。例如，承租人在租

---

① 参见谢在全：《民法物权论》（下册），修订5版，1167页，北京，中国政法大学出版社，2011。

② 参见王泽鉴：《民法物权》，2版，457页，北京，北京大学出版社，2010。

③ 参见温世扬：《物权法要义》，362页，北京，法律出版社，2007。

赁期限届满仍不向出租人返还租赁物时，其有权占有变为无权占有。当占有人的有权占有变更为无权占有时，物的所有权人有权行使返还请求权，要求无权占有人返还原物。

2. 善意占有变为恶意占有

在无权占有人知道或者应当知道其占有没有合法根据之时，善意占有变为恶意占有。此外，依据传统民法，善意占有人在本权诉讼中败诉后，自裁判生效之日起，被视为恶意占有人。例如，甲认为其是某物的所有权人而对该物进行占有，当真正的所有权人乙提起诉讼，要求返还原物而获得生效的胜诉裁判时，甲即被视为恶意占有人。

3. 他主占有变为自主占有

在他主占有人向使自己成为占有人的人表示了所有的意思之时，他主占有成为自主占有。例如，承租人向出租人表示自己是租赁物的所有权人，此时承租人所进行的他主占有变为自主占有。这种他主占有人所作出的表示为单方法律行为，一经作出即生效力。表示的形式可以是言辞，也可以是行为。例如，拾得遗失物的甲起初希望找到失主，此时其属于他主占有。后来甲将遗失物卖给了或赠给了丙，则这种出售或赠与的行为就是甲所作出的所有的意思。之所以要求他主占有人将其所有的意思加以表示，主要是为了保护使他主占有人取得占有的人的利益，以便其及时行使权利防止占有人的时效取得。①

三、占有的消灭

（一）直接占有的消灭

直接占有因占有人对占有物取得事实上的控制和支配而发生，也因占有人对占有物丧失事实上的控制和支配而消灭。对于占有物控制和支配的丧失的认定尚需结合具体事实，依法律规定及一般社会观念予以确认。

直接占有既可基于占有人的意思而消灭（如出卖人将货物交付给买受人），也可能因占有人意志以外的原因而消灭（如占有物被盗、遗失、意外灭失）。

（二）间接占有的消灭

间接占有的消灭有如下原因：

（1）直接占有人丧失占有。直接占有是间接占有的基础，间接占有不能独立存在，如果直接占有人丧失占有，间接占有也随之消灭。例如，甲将电脑交由乙保管，乙为直接占有人，甲为间接占有人。如果保管期间电脑被丙盗窃，则甲的间接占有随之消灭。

（2）直接占有人拒绝承认间接占有。直接占有人对间接占有人表示不承认其间接占有人的地位，则间接占有归于消灭。例如，甲将手机借给乙使用，乙为直接占有人，甲为间接占有人。假设乙以怨报德，将该手机据为已有，则甲的间接占有归于消灭。

（3）返还请求权消灭。之所以承认间接占有为占有的一种形态，主要是因为间接占有人享有占有物的返还请求权。倘若这种请求权消灭，间接占有也就随之消灭。例如，

---

① 参见王泽鉴：《民法物权》，2版，448页，北京，北京大学出版社，2010。

甲将汽车出质给乙，乙为直接占有人，甲为间接占有人。假设甲到期不履行债务，则甲无权要求乙将汽车返还，甲的间接占有归于消灭。[①]

第四节　占有的效力

占有的效力，是指法律赋予占有的一定法律效力。一般来说，占有的效力主要包括权利推定的效力、状态推定的效力、占有人的权利与义务等方面。

一、占有的权利推定效力

占有的权利推定效力，是指基于占有之背后真实权利存在的盖然性，为保护占有人的权益，实现占有制度的立法宗旨，法律所作的占有人基于其占有而产生的各种权利外象具有真实的权利基础的推定。也就是说，对于占有人于占有物上行使之权利，法律推定其适法有此权利。占有的权利推定效力，是占有的最主要的效力。

关于占有的权利推定效力，应当说明以下几点：（1）受权利推定的占有人，免负举证责任。就其有无实质权利发生争议时，占有人可直接援用这一推定予以对抗。但若对方提出反证，则占有人应承担推翻反证的举证责任。（2）权利的推定，不仅占有人自己可以援用，而且第三人也可以援用。（3）权利的推定，一般是为占有人的利益而设，但是在对其产生不利益时，也可以援用。（4）占有的权利推定效力是消极性的，占有人不得利用这种推定作为其行使权利的积极证明。换言之，占有的权利推定效力在于表彰权利的存在，而不具有使占有人确实地取得某项权利的作用。

二、占有的状态推定效力

占有的状态推定效力，是指法律为了更好地保护占有人的利益，实现占有制度设立的宗旨，而作出的在无相反证明的情况下，推定占有人之占有为无瑕疵占有等。也就是说，在没有他人举出有力的反证证明时，法律上推定占有人的占有为自主、善意、和平、公开占有；占有人主张继续占有的，只需证明前后两端有占有，即可推定期间为无间断的继续占有。占有的状态推定又称占有的事实推定，以区别上述权利推定。

占有的状态不同，其效力也往往不一样。如果要求占有人对其占有属于何种状态一一予以证明，操作起来必将十分困难，不利于保护占有人的利益。为此法律承认占有的状态推定效力。

占有的状态推定既然系基于推定，当然可以反证推翻，并且只有在有反证时才能被推翻。至于举证责任，应由意图推翻无瑕疵占有之人承担。

---

① 参见温世扬：《物权法要义》，364 页，北京，法律出版社，2007。

三、占有人的权利与义务

占有人的权利与义务包括有权占有人的权利、义务和无权占有人的权利、义务。有权占有人通常可依其权利而不必借助占有进行自我保护，所以这里只涉及无权占有人的权利、义务。

（一）占有物的使用、收益权

依照《民法典》的规定，如果善意占有人因使用占有的不动产或者动产，致使该不动产或者动产受到损害的，其不负赔偿责任，但是恶意占有人应当承担赔偿责任。善意占有人在主观上没有过错，为保护善意占有人的利益，一般认为善意占有人对占有物享有使用权。如果善意占有人因使用占有物，致使占有物受到损害，则该善意占有人无须承担损害赔偿责任。恶意占有人在主观上有过错，其对占有物并不享有使用权。如果恶意占有人因使用占有物，致使占有物受到损害，该恶意占有人应承担赔偿责任。

《民法典》第460条规定："不动产或者动产被占有人占有的，权利人可以请求返还原物及其孳息……"这就意味着善意占有人和恶意占有人都应当返还占有物及其孳息。此点与其他国家关于善意占有人取得由占有物产生的孳息的规定不同，其主要原因在于：既然占有人是无权占有，那么其本来就没有权利获得孳息，权利人当然有权请求返还。况且，《民法典》已经排斥了善意占有人因使用占有物而承担的赔偿责任，而善意占有人维护占有物的费用依法也可以得到偿还，所以在孳息返还的问题上没有必要再优待善意占有人。

（二）费用偿还请求权

善意占有人对占有物所支出的必要费用，在返还原物时，有请求权利人偿还的权利。我国《民法典》第460条规定："不动产或者动产被占有人占有的，权利人……应当支付善意占有人因维护该不动产或者动产支出的必要费用。"所谓必要费用，是指为保存占有物所支出的费用。是否为必要费用，应依支出当时的情事、依客观标准而定。必要费用可分为通常必要费用与临时必要费用（又称特别必要费用）。通常必要费用是指在通常情况下保存占有物所应支出的费用，如普通修缮费、饲养费、捐税等。对此费用，如占有人已取得占有物的收益，无论其收益能否与费用相抵，均不得再请求偿还；善意占有人只有在没有任何收益的情况下，才有权请求偿还。临时必要费用是指因不可预期的原因致物损坏而对物进行大修所支出的费用。对此费用，善意占有人有请求收益抵销后的差额的权利。[①] 至于恶意占有人支付的必要费用如何处理，《民法典》未作规定，一般认为恶意占有人可以依据无因管理的规定请求返还。[②]

---

① 参见马俊驹、余延满：《民法原论》，2版，501页，北京，法律出版社，2005。

② 参见谢在全：《民法物权论》（下册），修订5版，1209页，北京，中国政法大学出版社，2011。

（三）返还占有物的义务

无论是善意占有人还是恶意占有人，对于真正的权利人皆有返还占有物的义务。在认定占有人的占有物返还义务时，应把握以下三点：第一，只有无权占有人才负返还义务，有权占有人不负此义务。第二，无权占有人若属于善意占有人，同时又符合善意取得的构成要件，则也不负返还义务。换言之，只有恶意占有人和不符合善意取得要件的善意占有人才负返还义务。第三，善意占有人和恶意占有人返还占有物时须返还孳息。

（四）赔偿损失的义务

赔偿损失的义务是指无权占有人对于返还请求权人因占有物毁损、灭失所受损失的赔偿义务。

当占有物因可归责于占有人的原因而毁损、灭失时，占有人负有向权利人赔偿损失的责任。但这种赔偿因占有人是善意还是恶意而不同：（1）善意占有人对占有物行使的权利被推定为合法，其当然不能预见到自己应负何种责任。这时如使善意占有人对占有物的全部损失负赔偿责任，未免失之过苛。我国《民法典》对善意占有人规定了较轻的赔偿责任，善意占有人仅在其因占有物的毁损、灭失所得到的利益（保险金、赔偿金或者补偿金）范围内负赔偿责任。（2）恶意占有人的占有既无法律上的根据，又缺乏道德上的正当性，在法律上没有予以保护的必要，因此，我国《民法典》对于恶意占有人规定了较重的责任。对于可归责于恶意占有人的占有物之毁损、灭失，按侵权行为的原则处理，恶意占有人应负赔偿全部损害的责任。

当因不可归责于占有人的原因而致占有物毁损、灭失时，善意占有人不负赔偿责任，而恶意占有人有可能要负一定的赔偿责任。此“赔偿责任”实为一种损失的分担机制。我国《民法典》第459条规定：“占有人因使用占有的不动产或者动产，致使该不动产或者动产受到损害的，恶意占有人应当承担赔偿责任。”

第五节　占有的保护

虽然占有只是一种事实状态，而不是一项民事权利，但是，为维护社会财产秩序和生活秩序的稳定，法律对占有同样给予保护。与对物权的保护可以分为私力救济和公力救济、物权请求权保护与债权请求权保护一样，法律对占有的保护也可以分为自力救济和公力救济、物权请求权保护与债权请求权保护。

一、占有人的自力救济

在占有人的占有受到侵害时，如果侵害人没有比占有人更强的权利，则占有人有权依其占有进行自力救济。对于占有人的自力救济权，各国立法例并不一致：法国、日本民法对此没有规定，而德国、瑞士民法明文规定了占有人的自力救济权。但有学者认为，占有制度的目的在于维护社会的安宁秩序，以谋求交易的安全与迅速之调和，因此，不论占有之性质是否为权利，其保护贵在迅速，如占有被侵害，视为目前社会安宁秩序的破坏，恢复原有秩序的必要至为迫切，自应承认占有的自力救济。① 对于占有人的自力救济，我国《民法典》未设明文规定，但依据民法基本原理，应认为占有人可以依法进行自力救济。

占有人的自力救济包括自力防御和自力取回。占有人的自力防御，是指占有人对于侵夺或妨害其占有的行为，有权以自己的力量进行防御，以排除侵害。例如，房屋占有人在他人非法侵入其房屋时，有权将其驱逐。占有人的自力取回，是指占有人于占有物被侵夺时，有自行取回其物的权利。如果被侵夺之物是不动产，占有人有权即时排除侵害而取回；如果是动产，则可以就地或追踪向侵害人取回。需强调的是，占有人行使自力取回权，以“即时”、“就地”或“追踪”取回为条件，否则，占有人只能请求公力救济。

二、占有保护请求权

占有保护请求权，又称为占有人的物上请求权、占有人的请求权、占有物上请求权、基于占有而发生的请求权。我国《民法典》第 462 条第 1 款的规定包含了占有保护请求权：“占有的不动产或者动产被侵占的，占有人有权请求返还原物；对妨害占有的行为，占有人有权请求排除妨害或者消除危险……”可见，占有保护请求权包括占有物返还请求权、排除妨害请求权、消除危险请求权三种。

1. 占有物返还请求权

占有物返还请求权，是指占有人在其占有物被他人侵夺以后，可依法请求侵占人返还占有物的权利。其构成要件是：第一，必须存在侵夺占有物的事实。所谓侵夺，是指占有人对占有物的控制被他人非法夺取，占有人丧失对物的控制和支配。第二，请求权人必须为占有人，包括直接占有人和间接占有人，但占有辅助人一般不得行使该请求权。第三，必须针对侵占占有物的行为人提出该项请求。占有物返还请求权的实现将使占有人恢复对占有物的占有。

我国《民法典》第 462 条第 2 款规定：“占有人返还原物的请求权，自侵占发生之日起一年内未行使的，该请求权消灭。”该期间是除斥期间。②

2. 排除妨害请求权

排除妨害请求权，是指占有人在其占有受到他人妨害时，有权请求他人除去妨害。其构成要件是：（1）必须存在着妨害行为。妨害是指采用侵占以外的方法而妨碍占有人对占有物的控制和支配。（2）请求权人必须是占有人。（3）必须向妨害人提出请求。不管是对于直接实施妨害行为的人，还是对于间接造成他人占有妨害的人，占有人均可以

---

① 参见谢在全：《民法物权论》（下册），修订 5 版，1218 页，北京，中国政法大学出版社，2011。

② 参见黄薇主编：《中华人民共和国民法典解读·物权编》，789 页，北京，中国法制出版社，2020。

提出请求。占有人请求妨害人排除妨害时，也有权请求妨害人负担排除妨害的费用。

3. 清除危险请求权

清除危险请求权，又称防止妨害请求权，是指占有人的占有有可能遭受他人的妨害时，占有人有权请求他人采取一定的措施以防止发生妨害占有的后果。占有人可否行使该项请求权，必须根据一般社会观念和当时周围环境加以判断，而不能根据占有人的主观臆断决定。①

三、占有的损害赔偿请求权

如果占有人是基于物权而占有某物，他人对该物加以侵占或妨害并造成损失时，该占有人不仅可以基于物权而行使物权请求权，还可以基于占有行使占有保护请求权，就所遭受的损害行使侵权损害赔偿请求权或违约损害赔偿请求权。《民法典》第 462 条第 1 款规定："……因侵占或者妨害造成损害的，占有人有权请求损害赔偿。"这一规定，意味着将占有这一事实状态纳入侵权法的保护范围，赋予了占有人损害赔偿请求权。这是因为：我国民法没有将侵权法的保护范围限制在权利，利益也能得到法律保护。虽然占有是一种事实，但它对占有人毕竟有经济上的利益，所以它可以成为侵权法的保护对象。②

《问题与思考》

1. 试比较占有与占有权、占有权能。
2. 什么是有权占有？什么是无权占有？区别两者有何意义？
3. 什么是善意占有？什么是恶意占有？区别两者有何意义？
4. 如何理解占有的权利推定效力？
5. 占有保护请求权包括哪些内容？

① 参见王利明：《物权法研究》（下卷），4 版，749 页，北京，中国人民大学出版社，2018。
② 参见王利明、尹飞、程啸：《物权法教程》，561 页，北京，人民法院出版社，2007。

图书在版编目（CIP）数据

民法．上册/王利明主编．-- 10版．-- 北京：中国人民大学出版社，2023.12

新编21世纪法学系列教材/曾宪义，王利明总主编

ISBN 978-7-300-32525-5

Ⅰ.①民… Ⅱ.①王… Ⅲ.①民法-中国-高等学校-教材 Ⅳ.①D923

中国国家版本馆CIP数据核字（2024）第005925号

普通高等教育“十一五”国家级规划教材
教育部全国普通高等学校优秀教材（一等奖）
新编21世纪法学系列教材
总主编　曾宪义　王利明
民法（第十版）（上册）
主　编　王利明
Minfa

出版发行	中国人民大学出版社		
社　　址	北京中关村大街31号	**邮政编码**	100080
电　　话	010－62511242（总编室）		010－62511770（质管部）
	010－82501766（邮购部）		010－62514148（门市部）
	010－62515195（发行公司）		010－62515275（盗版举报）
网　　址	http://www.crup.com.cn		
经　　销	新华书店		
印　　刷	天津中印联印务有限公司	**版　　次**	2000年6月第1版
开　　本	787 mm×1092 mm　1/16		2023年12月第10版
印　　张	37.25 插页1	**印　　次**	2025年6月第4次印刷
字　　数	843 000	**定　　价**	158.00元（上、下册）

《　　　　　　》※任课教师调查问卷

为了能更好地为您提供优秀的教材及良好的服务，也为了进一步提高我社法学教材出版的质量，希望您能协助我们完成本次小问卷，完成后您可以在我社网站中选择与您教学相关的1本教材作为今后的备选教材，我们会及时为您邮寄送达！如果您不方便邮寄，也可以申请加入我社的**法学教师QQ群：436438859（申请时请注明法学教师）**，然后下载本问卷填写，并发往我们指定的邮箱（cruplaw@163.com）。

邮寄地址：北京市海淀区中关村大街31号中国人民大学出版社806室收

邮　　编：100080

再次感谢您在百忙中抽出时间为我们填写这份调查问卷，您的举手之劳，将使我们获益匪浅！

基本信息及联系方式：※

姓名：__________ 性别：__________ 课程：____________________

任教学校：____________________ 院系（所）：________________

邮寄地址：____________________ 邮编：____________________

电话（办公）：__________ 手机：__________ 电子邮件：__________

调查问卷：※

1. 您认为图书的哪类特性对您使用教材最有影响力？（　　）（可多选，按重要性排序）
   A. 各级规划教材、获奖教材　　B. 知名作者教材
   C. 完善的配套资源　　D. 自编教材
   E. 行政命令
2. 在教材配套资源中，您最需要哪些？（　　）（可多选，按重要性排序）
   A. 电子教案　　B. 教学案例
   C. 教学视频　　D. 配套习题、模拟试卷
3. 您对于本书的评价如何？（　　）
   A. 该书目前仍符合教学要求，表现不错将继续采用。
   B. 该书的配套资源需要改进，才会继续使用。
   C. 该书需要在内容或实例更新再版后才能满足我的教学，才会继续使用。
   D. 该书与同类教材差距很大，不准备继续采用了。
4. 从您的教学出发，谈谈对本书的改进建议：____________________

____

____

选题征集：如果您有好的选题或出版需求，欢迎您联系我们：

联系人：黄　强　联系电话：010-62515955

索取样书：书名：______________________________

书号：____________________________________

备注：※ 为必填项。